民法改正対応版

時効の管理

弁護士 酒井廣幸 著

新日本法規

は　し　が　き

　平成29年に成立した改正民法では、消滅時効法も対象となっており、新設された改正事項と共に、時効中断が完成猶予と更新に分離されたことにより改正以前の時効の管理についても大きな影響が生じた。本書は、改正民法の施行を控えて、旧「時効の管理〔新版〕」を〔民法改正対応版〕に改めるものである。また、これに伴い、「時効の管理〔新版〕」以降に出された判例も追加して、旧稿を改訂した。

　改正された時効法では、改正法における時効理論とその解釈が隅々まで明確に議論、検討されて、その結果としての改正法が成立したわけではない。国会における審議も詳細な議論をするわけでもなく、論点の核心に迫るものではない。民法のような市民法は、専門家とくに法制審議会での議論が全てであるとの感を深くした。そのため改正時効法における理論や解釈における不明な点は、これまでに発行された解説本も参酌しつつ、手探りの状態で一応の解釈を明らかにするよう努めた。

　今後は、読者より本書の内容に対して大いに御批判をいただき、多くの議論がなされ、それが深まることを期待し、本書がその一助となれば幸いである。

　なお、本書を執筆することに支援を惜しまなかった妻準子に感謝する。

平成30年6月

　　　　　　　　　　　　　弁護士　酒　井　廣　幸

凡　　例

＜法令等の表記＞

　本文（根拠）で使用される法令の表記は原則正式名称とした。

　「民法」については、①平成29年法律第44号による改正後の民法およびその条数については「改正民法」および「改正民法○条」（例1）、②平成29年法律第44号による改正前の民法およびその条数については「旧法」および「旧○条」、③平成29年法律第44号による改正がない民法の条数については、単に「○条」と表記した。

　なお、特に本文（根拠）に説明のない限り、「改正○○（法令名）」は平成29年法律第45号による改正後の当該法令、「旧○○（法令名）」は平成29年法律第45号による改正前の当該法令を示している（例2）。

（例1）　平成29年法律第44号による改正後の民法第166条第1項第2号＝改正民法166条1項2号
（例2）　平成29年法律第45号による改正前の商法第526条第2項＝旧商法526条2項

　その他の略記例および略語は、次のとおりである。

改正法	民法の一部を改正する法律（平成29年法律第44号）
整備法	民法の一部を改正する法律の施行に伴う関係法律の整備等に関する法律（平成29年法律第45号）
要綱	民法（債権関係）の改正に関する要綱
中間試案	民法（債権関係）の改正に関する中間試案
中間試案の補足説明	民法（債権関係）の改正に関する中間試案の補足説明
中間的な論点整理の補足説明	民法（債権関係）の改正に関する中間的な論点整理の補足説明
部会資料○・○	法制審議会民法（債権関係）部会資料○　○頁
○回会議・議事録○	法制審議会民法（債権関係）部会第○回会議　議事録○頁
第○分科会第○回会議・議事録○	法制審議会民法（債権関係）部会第○分科会第○回会議　議事録○頁

＜判例の表記＞

判例の略記例および略語は、次のとおりである。

最判平8・11・12民集50・10・2591＝最高裁判所平成8年11月12日判決、
最高裁判所民事判例集50巻10号2591頁

また、判例の主な出典および文献の略語は、次のとおりである。

民集………	大審院民事判例集、最高裁判所民事判例集		新聞………	法律新聞
			曹時………	法曹時報
民録………	大審院民事判決録		判決全集…	大審院判決全集
東高民法…	東京高等裁判所判決時報（民事）		判時………	判例時報
			判タ………	判例タイムズ
下民………	下級裁判所民事裁判例集		判評………	判例評論
金沢………	金沢法学		判民………	判例民事法
家判………	家庭の法と裁判		評論………	法律評論
金判………	金融・商事判例		ひろば……	法律のひろば
金法………	旬刊金融法務事情		法協………	法学協会雑誌
銀法………	銀行法務21		法教………	法学教室
交民………	交通事故民事裁判例集		法時………	法律時報
裁判集民…	最高裁判所判例集民事		北法………	北大法学論集
裁判例……	大審院裁判例		民商………	民商法雑誌
ジュリ……	ジュリスト		立命………	立命館法学
訟月………	訟務月報		リマークス…	私法判例リマークス

主要参考文献一覧

【平成29年民法改正前】

○単行本等

(編著者名)		(書　名)	(出版社名等)
梅謙次郎	著	民法要義巻之一総則編〔訂正増補第版〕	有斐閣、1898年
藤原弘道	著	時効と占有	日本評論社、1985年
埼玉弁護士会	編	民事時効の法律と実務	ぎょうせい、1996年
草野元己	著	取得時効の研究	信山社出版、1996年
金融法学会		金融法研究＝資料編(14)	1998年
金融法学会		第15会大会〔資料〕	1998年
藤原弘道	著	取得時効法の諸問題	有信堂高文社、1999年
辻　伸行	著	所有の意思と取得時効	有斐閣、2003年
伊藤　進	著	「民事執行手続参加と消滅時効中断効」	商事法務、2004年
民法（債権法）改正検討委員会	編	詳解債権法改正の基本方針Ⅲ－契約および債権一般(2)	商事法務、2009年

○雑誌の特集

(タイトル)	(雑誌名等)
「銀行実務からみた時効中断をめぐる諸問題」	金法1129号
「新版金融取引と時効」	手形研究475号
「時効管理の理論と実務」	金法1398号
「不動産競売と時効の管理」	金法1469号
「最新保証判例10選」	金法1476号
「最近の判例にみる時効の管理」	銀法532号
「時効の中断・再中断と未解決な問題」	銀法565号
「管理・回収上の最新判例と実務対応」	銀法560号
「最新の時効「援用」判例と派生する問題」	銀法573号

【平成29年民法改正後】

○単行本

(編著者名)		(書　名)	(出版社名等)
日本弁護士連合会	編	実務解説　改正債権法	弘文堂、2017年
債権法研究会	編	詳説　改正債権法	金融財政事情研究会、2017年

大阪弁護士会民法改正問題特別委員会	編	実務解説 民法改正－新たな債権法下での指針と対応	民事法研究会、2017年
第一東京弁護士会司法制度調査委員会	編	新旧対照でわかる 改正債権法の逐条解説	新日本法規出版、2017年
TMI総合法律事務所	編	100問100答 改正債権法でかわる金融実務	金融財政事情研究会、2017年
潮見佳男ほか	編	Before/After民法改正	弘文堂、2017年
平野裕之	著	民法総則	日本評論社、2017年
大村敦志道垣内弘人	編	解説 民法（債権法）改正のポイント	有斐閣、2017年
松尾博憲編著		Q＆A民法改正の要点－企業契約の新法対応50のツボ	日本経済新聞出版社、2017年
阿部泰久	著	企業法制からみた 改正債権法の実務ポイント	新日本法規出版、2017年
山野目章夫	著	民法概論(1) 民法総則	有斐閣、2017年
井上 聡松尾博憲	編	practical金融法務 債権法改正	金融財政事情研究会、2017年
中田裕康ほか	著	講義 債権法改正	商事法務、2017年
筒井健夫村松秀樹	編	一問一答・民法（債権関係）改正	商事法務、2018年

○雑誌の特集

（タイトル）	（雑誌名等）
「鼎談10のテーマから学ぶ改正債権法の全体像」	金法2072号
「民法改正と金融取引における対応ポイント」	銀法819号
「担当者解説 民法（債権法）改正の要点(2)金融実務に関連する項目を中心に」	金法2074号
「立案担当者解説民法（債権法）改正の概要」	第1回・ＮＢＬ1106号、第2回・ＮＢＬ1108号
「契約不適合責任のシステム：請負契約を中心に」	ジュリ1511号

目　　次

第1章　総　論

ページ

1　改正前の消滅時効法のどこが問題とされたか。……………………1
2　民法改正により時効制度の存在理由についての考え方は変わ
　ったか。………………………………………………………………2
3　時効の規定の改正法は、いつから適用されるか。………………7

第2章　援用権

4　時効援用権の法的性質については、改正されたか。………………10
5　民法改正において、時効完成の効果としての履行拒絶権構成
　が採用されたか。……………………………………………………11
6　貸金債権の時効が完成した場合でも、その弁済を請求できる
　か。……………………………………………………………………12
7　「時効の利益の放棄」と「時効援用権の喪失」とはどう違う
　か。……………………………………………………………………15
8　時効完成後の一部弁済等の後になお時効を援用できる場合が
　あるか。………………………………………………………………18
9　物上保証人が、被担保債権の時効完成後に債務承認あるいは
　一部弁済したときは、なお時効を援用できるか。………………20
10　貸金元本についての消滅時効の援用は、利息についても援用
　したことになるか。…………………………………………………23
11　時効の援用または消滅時効の主張が信義則違反、権利濫用と
　して許されない場合があるか。……………………………………25
12　時効援用後の債務は自然債務として存続するか。………………33
13　休眠預金に関する時効の援用はどうなるか。……………………37

第3章　援用権者

14　時効の援用権者の範囲に関して、改正による変更があったか。………39
15　改正民法145条は、いつから適用されるか。……………………………42
16　時効援用権を有しない者の範囲は。……………………………………42
17　担保の目的となっている債権の譲受人は、その担保の被担保
　　債権の消滅時効を援用できるか。…………………………………………44
18　取得目的の売買予約に基づく所有権移転請求権保全の仮登記
　　に後れる抵当権者は、その予約完結権の消滅時効を援用できる
　　か。…………………………………………………………………………46
19　担保目的の売買予約に基づく所有権移転請求権保全の仮登記
　　に後れる抵当権者は、予約完結権の消滅時効を援用できるか。…………50

第4章　時効の客観的起算点

20　10年の時効期間の客観的起算点である「権利を行使すること
　　ができる時」とはいつか。………………………………………………53
21　主観的起算点からの5年の短期時効と客観的起算点からの10
　　年の長期時効という二元的構成をとっているのはなぜか。……………54
22　債権者の意思により除去可能な法律上の障害がある場合、客
　　観的起算点はいつか。……………………………………………………56
23　弁済期の定めがない貸金債権の消滅時効の客観的起算点はい
　　つか。………………………………………………………………………57
24　期限の利益喪失約款付債権の客観的起算点はいつか。…………………59

〔預金関係〕

25　普通預金の時効の客観的起算点はいつか。………………………………62
26　当座預金の払戻請求権の消滅時効の客観的起算点はいつか。…………64
27　自動継続定期預金の消滅時効の客観的起算点はいつか。………………65
28　当座貸越債権の消滅時効の客観的起算点はいつか。……………………66
29　通知預金の消滅時効の客観的起算点はいつか。…………………………68

第5章 主観的起算点－総 論

30 主観的起算点とは何か。……………………………………………72

31 主観的起算点（改正民法166条1項1号）における「権利を行使
することができる」は、客観的起算点（改正民法166条1項2号）
におけるそれと同じ意味か。……………………………………75

32 時効の起算点として、新たに主観的起算点（改正民法166条1
項1号）が導入されたのはなぜか。……………………………78

33 「権利行使できることを知る」に関して、不法行為による損
害賠償請求権における主観的起算点と同一に解釈されるか。………82

34 「権利を行使することができること」を知った時と「債権発
生の原因及び債務者」を知った時とは同じか。……………………85

35 「知った」に「知り得た」場合を含むか。………………………87

36 主観的起算点となるためには、権利行使ができるという法的
評価についても認識していることが必要か。……………………88

37 いわゆる法定債権についても、主観的起算点は適用されるか。………90

38 主観的起算点の導入は、客観的起算の解釈に影響を及ぼすか。………91

39 主観的起算点からの時効期間経過後も、時効援用権の濫用と
して援用が許されない場合があるか。……………………………93

第6章 主観的起算点の主体

40 権利を行使することができることを知ったという場合の認
識・判断の主体とその対象は何か。………………………………95

41 弁済期が到来した時に、高齢者が自己の債権を適切に管理す
ることが困難となっていた場合に、主観的起算点からの時効は
進行するか。……………………………………………………98

42 債権者が、成年後見開始の審判を受けていないが事理を弁識
する能力を欠くに至った場合、主観的起算点からの5年の時効
との関係はどうなるか。…………………………………………100

43 債権者に相続が生じた場合に、被相続人が有していた債権の
主観的起算点はいつか。…………………………………………103

第7章　主観的起算点—各　論

44　確定期限の定めのある債権について、権利を行使することが
できることを知った時とはいつか。……………………………………… 107

45　期限に関する特約として、期限の利益の当然喪失事由が定め
られているとき、権利を行使することができることを知った時
とはいつか。………………………………………………………………… 108

46　不確定期限の定めのある債権・条件付債権について、権利を
行使することができることを知った時とはいつか。………………… 109

47　期限の定めのない債権について、権利を行使することができ
ることを知った時とはいつか。………………………………………… 109

48　普通預金に係る消滅時効の主観的起算点はいつか。……………… 111

49　契約に基づく債務の不履行による損害賠償請求権について、
権利を行使することができることを知った時とはいつか。…………… 112

50　金融商品の取引における債務不履行に基づく損害賠償請求権
について、権利を行使することができることを知った時とはい
つか。………………………………………………………………………… 115

51　安全配慮義務違反に基づく損害賠償請求権について、権利を
行使することができることを知った時とはいつか。………………… 117

52　セクハラ・パワハラによる精神的抑圧が続き、そのために権
利行使ができなかったときでも、主観的起算点から時効期間が
進行するか。………………………………………………………………… 120

53　契約に基づく債務の履行不能による損害賠償請求権の消滅時
効について、主観的起算点はいつか。………………………………… 121

54　事務管理に基づく費用償還請求権について、権利を行使する
ことができることを知った時とはいつか。…………………………… 123

55　不当利得返還請求権について、権利を行使することができる
ことを知った時とはいつか。…………………………………………… 124

56　過払金返還請求権の主観的起算点はいつか。……………………… 125

57　保険契約者が保険事故の発生は認識していたものの保険契約
の内容を十分に理解していなかったために保険金請求を失念し
ていた場合、主観的起算点をどのように考えるか。………………… 127

58　権利の存在を知ることが困難な特別法上の権利に関する主観
的起算点はいつか。………………………………………………………… 129

第8章　時効期間―総　論

59　貸金債権についての消滅時効の客観的起算点は、弁済期日か、
　　あるいは弁済期日の翌日か。……………………………………………131

〔職業別の短期消滅時効〕

60　旧170条から旧174条までの1年から3年の短期時効期間制度
　　は、廃止されたか。………………………………………………………133

61　旧170条から旧174条までの1年から3年の短期時効期間の廃止
　　は、いつから適用されるか。……………………………………………134

62　旧170条から旧174条までの1年から3年の短期時効期間はなぜ
　　廃止されたか。……………………………………………………………134

63　職業別の短期消滅時効期間の廃止が、今回の時効法改正にど
　　のような影響を及ぼしたか。……………………………………………137

64　民法改正前の10年の時効期間は、なぜ短縮されなければなら
　　なかったか。………………………………………………………………138

65　客観的起算点から10年の時効期間以外に、事業者の消費者に
　　対する債権については3年間の時効期間を設ける提案は、立法
　　化されたか。………………………………………………………………140

〔商事関係〕

66　5年の商事時効期間を規定する旧商法522条は、なぜ削除され
　　たか。………………………………………………………………………142

67　旧商法522条が削除されたことにより実務にどんな影響があ
　　るか。………………………………………………………………………143

68　取締役の任務懈怠による損害賠償請求権の時効期間は何年
　　か。…………………………………………………………………………145

69　旧会社法701条による社債の償還請求権等の時効期間は改正
　　されたか。…………………………………………………………………148

〔労働基準法〕

70　労働基準法による賃金債権、退職手当請求権の時効期間は、
　　改正されたか。……………………………………………………………149

6 目　次

〔不正競争防止法〕

71　旧不正競争防止法15条による期間制限は、どのように改正さ
れたか。……………………………………………………………… 151

〔その他特別法〕

72　特別法における消滅時効期間・除斥期間は、どのように改正
されたか。…………………………………………………………… 153

第9章　時効期間－主観的起算点からの

73　主観的起算点からの時効期間は何年か。……………………… 158
74　主観的起算点からの時効期間が5年になった理由は何か。………… 160
75　主観的起算点から5年の時効期間以外に客観的起算点からの
10年の時効期間があるのはなぜか。………………………………… 162
76　客観的起算点から9年目に権利行使が可能となったことを知
った時に、10年で終わるのか、9年プラス5年目で終わるか。………… 163

第10章　時効期間－客観的起算点からの

77　権利を行使できる時から10年間行使しないときは消滅すると
の規律はどのように改正されたか。……………………………… 165

第11章　時効期間－定期金債権

78　定期金債権の消滅時効の起算点および時効期間は、どのよう
に改正されたか。…………………………………………………… 167
79　定期金の債権の主観的起算点からの時効期間は、何年か。………… 169

目　　次　　7

80　定期金の債権の客観的起算点からの時効期間は、何年か。…………170

第12章　時効期間－定期給付債権

81　定期給付債権の5年の短期消滅時効制度が、廃止されたのは
　　なぜか。………………………………………………………………172
82　貸付債権の利息についての時効期間はどのように考えたらよ
　　いか。………………………………………………………………173
83　マンション管理組合が区分所有者に対して有する管理費・特
　　別修繕費に係る債権の時効期間は何年か。………………………174

第13章　時効期間－損害賠償請求権

〔生命・身体の侵害における時効期間の特則〕

84　債務不履行による人の生命または身体の侵害に基づく損害賠
　　償請求権の時効期間は何年か。……………………………………177
85　債務不履行による生命・身体の侵害の場合の客観的起算点か
　　らの20年の時効期間が適用になるのはいつか。…………………179
86　不法行為による生命・身体の侵害による損害賠償請求権の時
　　効期間は、何年になったか。………………………………………180
87　生命・身体侵害の損害賠償請求権に、なぜ時効期間の特則が
　　設けられたか。………………………………………………………182
88　身体の侵害の具体的内容は何か。…………………………………183
89　1つの事故によって同時に人損と物損が発生した場合の時効
　　期間はどうなるか。…………………………………………………185
90　ＰＴＳＤ（心的外傷後ストレス障害）は、身体への侵害に含
　　まれるか。………………………………………………………………186
91　性的自由の侵害の場合、身体の侵害に含まれるか。……………187
92　名誉権その他の人格権は、特則の対象となるか。………………188
93　不法行為による生命・身体に対する損害賠償請求権の主観的
　　起算点からの5年の時効期間はいつから適用になるか。…………189

〔不法行為による損害賠償請求権〕

94 旧724条前段では、損害および加害者を知った時からの時効
期間は3年間としていたが、改正により変更されたか。………………190

95 不法行為責任による損害賠償請求権の主観的起算点からの時
効期間が5年に延長されなかった理由は何か。……………………………191

96 加害者を知るということは賠償義務者を知るということと同
じか。………………………………………………………………………………………193

97 不法行為の時から20年間が除斥期間から長期消滅時効期間へ
と改正されたのはなぜか。…………………………………………………………194

98 20年の長期時効期間の起算点としての不法行為の時とは、い
つか。………………………………………………………………………………………195

99 不法行為の時から20年の時効期間とする改正規定は、いつか
ら適用されるか。………………………………………………………………………197

100 改正法施行時にすでに20年経過している場合に改正民法724
条2号の20年を消滅時効とする改正規定は適用されるか。………………198

101 20年の時効期間が、更新（中断）される場合とは、どのよう
な場合か。…………………………………………………………………………………199

〔その他〕

102 生命・身体侵害による製造物責任の期間制限は、どのように
改正されたか。…………………………………………………………………………201

第14章　時効期間—時効期間の延長

103 旧174条の2が規定していた確定判決等による時効期間の延
長は、改正されたか。…………………………………………………………………203

104 主たる債務者に対する判決が確定したとき、保証債務の時
効期間も延長されるか。……………………………………………………………205

105 連帯保証人に対し確定判決があったときに、主債務の時効
期間も延長されるか。………………………………………………………………207

106 債務不存在確認訴訟で、被告の債権主張が認められ請求棄
却となった場合、当該債権の時効期間は10年に延長されるか。………209

107 訴訟上の和解または訴え提起前の和解が成立したとき、和
解条項の中で債務につき期限の猶予を与えたときでも時効期間
は10年に延長されるか。……………………………………………… 211

第15章　完成猶予—総　論

108 新設された時効の完成猶予というのは、どのような効果を
生じるものか。……………………………………………………………… 214
109 時効の完成猶予は、時効期間の進行停止と同じか。……………… 216
110 権利行使型の時効の完成猶予制度はなぜ導入されたか。………… 217
111 時効の完成猶予は、いわゆる「裁判上の催告理論」とどのよ
うな関係があるか。……………………………………………………… 218
112 「裁判上の催告」理論は、民法改正後もなお存続するか。……… 220
113 一定の場合に時効完成が猶予される期間が手続終了後6か月
とされているのはなぜか。……………………………………………… 224
114 時効障害事由としての完成猶予制度は、いつから適用され
るか。……………………………………………………………………… 225
115 時効の完成猶予期間中に再度の時効完成猶予事由があった
場合どうなるか。………………………………………………………… 226

第16章　完成猶予—裁判上の請求等

〔総　論〕

116 裁判上の請求等に完成猶予制度が導入された理由は何か。……… 230
117 改正民法147条の条文は、どのような構造になっているか。……… 231
118 中間試案にあった一部請求の場合の残部の時効停止案はど
うなったか。……………………………………………………………… 232
119 裁判上の請求等による完成猶予の効力は、どの範囲の人に
及ぶか。…………………………………………………………………… 234
120 時効に関する民事訴訟法上の条文は、どのように改正され
たか。……………………………………………………………………… 234

10　　目　次

〔完成猶予事由〕

121　裁判上の請求等の手続で、時効完成猶予事由になる手続として何があるか。……………………………………………………237

122　民事調停を申し立てると、時効障害の関係はどうなるか。…………240

123　改正民法147条1号の裁判上の請求に労働審判の申立ては含まれるか。…………………………………………………………242

124　改正民法147条1号の裁判上の請求に家事審判の申立ては含まれるか。…………………………………………………………243

125　民事訴訟法137条により訴状が却下された場合、時効完成猶予の効果が生じるか。……………………………………………244

126　債権の数量的な一部請求がなされた場合、残部について完成猶予の効力が生じるか。……………………………………246

127　訴えの交換的変更をしたとき、時効完成猶予の効力はどうなるか。…………………………………………………………248

128　時効完成猶予事由が生じたときに、時効完成はいつまで猶予されるか。…………………………………………………………250

第17章　完成猶予―強制執行等

〔総　論〕

129　強制執行等に時効完成猶予の効力が認められたのはなぜか。………251

130　強制執行等により時効完成猶予の効力はいつ生じるか。……………252

131　強制執行等による時効完成猶予の効力はいつまで続くか。…………253

132　強制執行等の申立てが取り下げられた場合、時効完成猶予の効力は生じるか。…………………………………………………255

133　強制執行等の申立てが却下された場合、完成猶予の効力が生じるか。…………………………………………………………257

〔完成猶予事由〕

134　強制執行等の手続の場合の時効の完成猶予事由になりうる手続として、どのようなものがあるか。……………………………259

135　間接強制の申立て、代替執行の申立てをした時に、時効完成猶予の効力が生じるか。……………………………………261

目　次　　11

136　民事執行法51条の配当要求は、時効完成猶予事由になるか。………263

〔債権執行〕

137　債権を差押えまたは仮差押えしたとき、当該差し押さえられた債権につき時効の更新または時効完成の猶予の効力を生じるか。……………………………………………………………………………265

〔不動産執行〕

138　物上保証人に対する不動産競売開始決定において、時効完成猶予の効力が生ずるためには、開始決定が債務者に送達されたことが必要か。…………………………………………………………269

139　物上保証人に対する不動産競売開始決定が時効期間満了後に債務者に送達されたとき、時効完成猶予の効力は生じているか。………………………………………………………………………………270

140　物上保証人に対する不動産競売において、開始決定が債務者に書留に付する送達がされたとき、時効完成猶予の効力が生じるか。………………………………………………………………………………272

141　不動産競売手続において、裁判所の催告に応じて（根）抵当権の被担保債権につき債権届出をしたとき、完成猶予の効力を生じるか。………………………………………………………………………………274

142　不動産競売手続において、（根）抵当権の被担保債権につき裁判所の催告に応じて債権計算書を提出したとき、完成猶予の効力を生じるか。……………………………………………………………………277

第18章　完成猶予－仮差押え・仮処分

143　民法改正以前に時効中断事由とされていた仮差押え・仮処分が、時効完成猶予事由とされたのはなぜか。……………279
144　仮差押えによる時効完成猶予の効力は、いつ生じるか。…………280
145　仮差押えの申立てが却下された場合、完成猶予の効力が生じるか。……………………………………………………………………282

146 仮差押えが取り消されたとき、完成猶予の効果はどうなる
か。……………………………………………………………283
147 仮差押解放金を供託したため、仮差押執行が取り消された
とき、完成猶予の効力はどうなるか。………………………284
148 仮差押えにおける事由の終了とはいつか。………………285
149 不動産仮差押命令の登記が競落により抹消されたとき、時
効の関係はどうなるか。………………………………………287
150 不動産仮差押え後、判決を得て強制競売を申し立て、開始さ
れたが、剰余がないということで強制競売が取り消されたとき、
時効完成猶予の効力はどうなるか。…………………………289
151 催告をして、その6か月以内に仮差押えがなされたとき、仮
差押えによる時効の完成猶予の効力は生じるか。…………291
152 連帯保証人に対して仮差押えをして、これを主債務者に通
知すれば主債務の時効は完成猶予となるか。………………292

第19章　完成の猶予―催　告

153 催告については、どのように改正されたか。………………296
154 過払金返還請求をする前提としての取引履歴開示請求は、
催告となるか。…………………………………………………297
155 催告の内容証明郵便が、不在のため留置期間経過により返
送されてきた場合、時効完成猶予の効力が生じるか。……………299
156 催告を受けた債務者が、回答の猶予を求めた場合、6か月の
期間はいつから起算するか。…………………………………301
157 時効期間満了前に催告を複数回行ったとき、6か月の期間は
どの催告の時点から起算されるか。…………………………304
158 催告により時効が完成猶予されている6か月以内に催告をし
たとき、時効完成の猶予の効力は続くか。……………………305
159 協議の合意をして時効完成が猶予された場合に、完成猶予
期間の終了間際に催告をしたとき、完成猶予の効果が得られる
か。………………………………………………………………307
160 催告による完成猶予期間中に訴えの提起をしたが手続上の
理由により却下されたとき、後に行われた裁判上の請求による
完成猶予の効力が生じるか。…………………………………308

目　次　　　13

161　催告により時効の完成が猶予されている6か月以内に破産手
　　続参加をしたが、権利の確定に至らずに異時廃止となった場合、
　　破産手続参加による時効完成猶予の効力が生じるか。………………310
162　時効完成直前になって催告をしたところ、6か月以内に一部
　　弁済があったとき、時効更新となるか。…………………………………311

第20章　完成猶予―協議の合意

163　協議を行う旨の合意による時効完成の猶予制度が創設され
　　た理由は何か。……………………………………………………………313
164　協議の合意による時効の完成猶予制度はいつから利用でき
　　るか。………………………………………………………………………315
165　権利についての協議を行う旨の合意がなぜ必要か。………………316
166　協議の合意による時効完成猶予の終期はいつか。…………………317
167　協議を行う旨の合意に書面が要件とされたのはなぜか。…………319
168　書面とは電磁的記録によるものでもよいか。………………………321
169　一般の契約書の中で権利関係に争いが生じた場合は、協議
　　をする旨の条項あるいは裁判管轄条項が挿入されていた場合、
　　協議の合意に該当するか。………………………………………………321
170　協議を行う旨の合意の書面は、協議を行う期間を定めるこ
　　とが必要か。………………………………………………………………322
171　協議を行う期間を定める場合、何年でもよいか。…………………323
172　協議を行う旨の合意書面は、どのような文言で作成するか。……324
173　書面による続行拒絶通知とは何か。…………………………………326
174　協議の合意を繰り返すことはできるか。……………………………328
175　催告によって時効の完成が猶予されている間に、協議を行
　　う旨の合意をしたときは、時効完成猶予の効力を生じるか。………330
176　協議の合意による時効完成猶予制度は、ＡＤＲでの話合い
　　において利用できるか。…………………………………………………332
177　どのような場合に協議を行う旨の合意による時効完成猶予
　　制度を利用できるか。……………………………………………………332

第21章　完成猶予―天災等の権利行使障害型

178　後見開始の審判を受けていないが事理を弁識する能力を欠く常況にある者に改正民法158条が類推適用されるか。……………334
179　相続人が順次相続放棄の手続をして相続人が確定しない間は、改正民法160条により時効の完成が猶予されるか。……………336
180　天災等による時効の停止は、どのように改正されたか。…………336

第22章　時効の更新―総　論

181　時効期間の更新は、以前からの時効の中断と同じものか。…………339
182　旧法の「時効の中断」から改正民法の「時効の更新」へ変更されたのはなぜか。………………………………………………340
183　今回の改正によって、時効の中断という用語は消滅したか。………342
184　改正前の時効中断事由による時効中断の効力は、いつまで利用できるか。………………………………………………342
185　改正民法による時効の更新事由は何か。……………………343
186　旧147条の条文は、改正民法の条文ではどのようになったか。……345
187　時効が更新される根拠は何か。………………………………346

第23章　更新事由―裁判上の請求等

188　裁判上の請求等がなされたときに時効が更新される事由は何か。………………………………………………………349
189　時効更新事由として「裁判上の請求に準ずるもの」が認められるか。……………………………………………………351
190　公正証書に対する請求異議の訴えにおいて、債権者が応訴して債権の存在を主張した場合、当該債権の時効完成猶予または更新の効力が生じるか。………………………………………355

目　次　　15

第24章　更新事由－強制執行等

〔総　論〕

191　強制執行等により時効の更新の効力を生じるか。 …………………357

192　強制執行手続等の終了により時効が更新される根拠は何か。 ………358

193　債権の一部に限定して執行申立てをしたとき、残部についてどうなるか。 ……………………………………………………360

194　更新の効力が生じる「事由が終了した時」とはいつか。 …………362

195　時効の更新が生じないこととなる「法律の規定に従わないことによる取消し」とは何か。 ……………………………………364

196　強制執行等の事由が終了したことにより時効の更新があったときの時効期間は何年か。 ……………………………………366

〔動産執行〕

197　動産執行において、債務者の所在不明あるいは差し押さえるべき財産がないとの理由で執行不能に終わったときに、時効更新の効力が生じるか。 ……………………………………368

〔債権執行〕

198　債権執行事件において、取り立てたが取立（完了）届未提出により、事件終了に至っていない場合、時効更新の効力はどうなるか。 ……………………………………………………370

199　債権差押えをしたところ、被差押債権が不存在であったために取下げした場合、時効更新の効力が生じるか。 ……………371

〔不動産執行〕

200　剰余のないことを理由に不動産競売が取り消されたときでも、更新の効力が生じるか。 ……………………………………374

201　売却の見込みがないことを理由に競売が取り消されたときでも、更新の効力が生じるか。 ……………………………………376

202　執行手続に配当要求をしたときに、更新の効力が生じるか。 ………377

203　競売手続に配当要求をしたところ、後に競売申立てが取り下げられたとき、配当要求による更新の効力は生じるか。 ……………380

204 競売事件において、配当異議訴訟があった場合、更新の効力
   はいつ生じるか。 ……………………………………………… 382
205 第三者申立ての不動産競売手続において、一部につき配当
   を受領したとき、更新の効力を生じるか。 ……………………… 384

〔その他〕

206 差押えを経ない代替執行や間接強制は、時効更新事由とな
   るか。 ……………………………………………………………… 387
207 財産開示手続は、時効の更新事由となるか。 ………………… 388
208 財産開示手続により更新の効力を生ずる時期はいつか。 ……… 389
209 留置権に基づく競売や民商法その他の法律による換価のた
   めの競売（狭義の形式競売）は、時効の更新事由になるか。 ………… 390

第25章　更新事由－権利の承認

210 時効中断事由であった債務承認に関しては、どのように改
   正されたか。 ……………………………………………………… 392
211 債務が存在することの認識の表明は、債権者に対してする
   ことを要するか。 ………………………………………………… 393
212 認知症である債務者から債務承認を取りつけた場合、時効
   の更新の効力を有するか。 ……………………………………… 395
213 承認により時効の更新があったとき、時効期間はどうなる
   か。 ……………………………………………………………… 397
214 預金からの自動振替による支払は、その都度権利の承認と
   なるか。 ………………………………………………………… 398
215 元金と利息、損害金がある場合に、利息あるいは損害金の支
   払は元本について権利の承認となるか。 ……………………… 401
216 継続的取引において、債務者が個々の取引を指定しないで、
   一部支払をしたとき、残債務全額の承認をしたことになるか。 ……… 402
217 債務承認を撤回すると、一度生じた時効更新の効力は失わ
   れるか。 ………………………………………………………… 405
218 会社の債務につき、会社休眠後に代表取締役が自己の小切
   手を振り出して一部支払ったとき、会社の債務承認として時効

目　次　　17

更新するか。……………………………………………………………… 407
219　債務者が第三者をして弁済させた場合、承認として時効更
　　新するか。………………………………………………………………… 411
220　小切手によって債務の一部支払があったとき、時効更新の
　　効力はいつ生じるか。………………………………………………… 413

第26章　完成猶予・更新の効力の及ぶ範囲

221　貸金債権の元本が時効完成猶予または時効更新されたとき、
　　利息債権も時効完成猶予または時効更新されたことになるか。……… 415
222　旧155条の通知による時効中断の効力の拡張は、どう改正さ
　　れたか。…………………………………………………………………… 416

〔抵当権の物上保証人・第三取得者〕
223　債務者との間での抵当権の被担保債権につき、完成猶予ま
　　たは更新の効力があったとき、物上保証人に及ぶか。………………… 418
224　債務者による時効利益の放棄は物上保証人に及ぶか。………… 419
225　物上保証人から提起された（根）抵当権設定登記抹消請求訴
　　訟で被担保債権を主張することは、債務者に対して時効障害事
　　由になるか。……………………………………………………………… 420
226　債務者との間での抵当権の被担保債権につき、完成猶予ま
　　たは更新の効力があったとき第三取得者に及ぶか。…………………… 423

第27章　所有権と時効

227　取得時効の要件たる所有の意思（自主占有）とは何か。どの
　　ような場合に成立するか。……………………………………………… 426
228　10年の短期取得時効における「無過失」はどのような場合に
　　認められるか。…………………………………………………………… 431
229　不動産売買の買主は、取得時効の適用を受けられるか。………… 435

230 不動産の売主が取得時効を援用するときの時効の起算点は
　　いつか。……………………………………………………………………439
231 譲渡担保設定者に取得時効は成立するか。………………………………442

　　〔境界確定訴訟との関係〕
232 境界確定訴訟は、時効障害事由になるか。………………………………446
233 境界確定の訴えを提起した後に、係争地の所有権確認請求
　　に訴えを変更した場合、時効完成の猶予および更新の効力はど
　　うなるか。…………………………………………………………………448
234 係争地に取得時効が成立した場合、境界確定訴訟における
　　当事者適格はどうなるか。…………………………………………………450

第28章　農地と時効

　　〔消滅時効〕
235 農地の買主が売主に対して有する、知事に対する農地所有
　　権移転許可申請協力請求権は時効にかかるか。………………………452
236 他人の農地売買における買主の売主に対する農地所有権移
　　転許可申請協力請求権の消滅時効の客観的起算点はいつか。…………456
237 農地の条件付所有権移転請求権の仮登記に後れる抵当権者
　　は、許可申請協力請求権の消滅時効を援用できるか。…………………457

　　〔取得時効〕
238 農地は取得時効の対象となるか。また知事の許可は必要か。………459
239 農地売買における買主が取得時効を主張する際の自主占有
　　の要件は何か。……………………………………………………………462
240 農地の賃借権の取得時効は認められるか。……………………………466

第29章　（根）抵当権と時効

〔消滅時効〕

241 抵当権設定登記抹消請求訴訟において、被告として被担保債権の存在を主張することは、同債権の時効完成猶予または更新となるか。根抵当権の場合はどうか。 …………………… 468

242 根抵当権設定登記抹消請求訴訟で、根抵当権が未確定のとき、被担保債権の存在の主張は時効障害の関係で何らの効果も生じないか。 ………………………………………………… 471

243 抵当権の被担保債権が時効で消滅した場合、時効を援用できるのは誰か。 …………………………………………… 474

244 後順位抵当権者は、先順位抵当権者の被担保債権の消滅時効を援用しうるか。 …………………………………… 477

245 （根）抵当権は、被担保債権と独立して、それ自体消滅時効にかかるか。 ……………………………………………… 479

246 明治・大正時代の抵当権登記が付いたままの不動産があるが、抹消するために、裁判をしなければならないか。 ………… 481

〔取得時効〕

247 抵当不動産の第三取得者は、その不動産の取得時効による抵当権の消滅を主張しうるか。 ………………………… 484

248 抵当権の存在を知って、抵当不動産を10年占有した者は、完全な所有権を時効取得するか。 ………………………… 487

第30章　債権者代位権

249 債権者代位権によって時効援用権を代位行使しうるか。 ………… 491

250 代位行使を受ける第三債務者は、債権者代位権の基礎たる債権の消滅時効を援用できるか。 ……………………… 494

第31章 詐害行為取消権

251 詐害行為取消権の期間制限は、どのように改正されたか。………497

252 債権者代位権の行使により債権者取消権の出訴期間をクリアーしたといえるか。…………………………………………498

253 詐害行為取消権の2年の出訴期間の起算点はいつか。…………500

254 債権者が、受益者を相手取って詐害行為取消権を行使したとき、その基礎とした債権につき時効完成猶予または更新の効力が生じるか。………………………………………………502

255 詐害行為の受益者は、詐害行為取消権の基礎たる債権の消滅時効を援用できるか。…………………………………………505

第32章 連帯債務・債務引受

〔連帯債務〕

256 連帯債務者の1人について時効が完成した場合にその連帯債務者の負担部分の限度で絶対的効力を生ずることを規定していた旧439条は、なぜ削除されたか。…………………………507

257 連帯債務者A、B（負担分2分の1とする）のうち、Aについて時効が完成すると、Bはその時効を援用できるか。…………508

258 連帯債務者の1人に対する請求は、時効の関係で他の連帯債務者へどのような効果を生じるか。……………………………509

259 連帯債務者の1人に対し判決が確定したとき、他の連帯債務者の時効期間も10年に延長されるか。…………………………510

〔債務引受〕

260 併存的債務引受において1人に対する時効が完成したとき、他の債務者へどのような効果が生じるか。……………………513

261 併存的債務引受人は、債務者の債務の消滅時効を援用できるか。………………………………………………………514

目　次　　21

第33章　保　証

262　保証人は、主たる債務の消滅時効を援用できるか。……………516
263　主債務の時効完成後に保証人が一部弁済し、その後に主債
　　務者が時効を援用したとき保証人も援用できるか。……………517
264　主債務者への履行請求は、時効障害の関係で保証人へどの
　　ような効果を生じるか。…………………………………………520
265　保証人が一部弁済を継続している場合に、主債務の時効は
　　更新されるか。……………………………………………………521
266　保証人が主たる債務を単独相続したことを知りながら保証
　　債務を弁済した場合、主債務者としての承認となるか。………522
267　主債務が時効完成しそうになったので、保証人との間で保
　　証債務を目的とする準消費貸借契約を締結するとどうなるか。………523

第34章　連帯保証

268　連帯保証人Ｂへの請求は、時効の関係で主債務者Ａへどの
　　ような効果を生じるか。…………………………………………526
269　連帯保証債務を被担保債務とする抵当権につき、物上保証
　　人に対する競売申立てがなされたとき、主債務の時効障害とな
　　るか。………………………………………………………………528
270　連帯保証人の1人に対する請求は、時効の関係で他の連帯保
　　証人に対しどのような効果を生じるか。…………………………530
271　会社が借り入れ、代表者が連帯保証した場合、会社倒産後に
　　その会社の代表者が一部弁済したとき主債務の時効は更新する
　　か。…………………………………………………………………533
272　主債務者が行方不明の場合に時効の完成を阻止するために
　　採ることができる手段としてどのようなものがあるか。………534

第35章　供　託

273　供託金取戻請求権の消滅時効の客観的起算点はいつか。 ……………538
274　宅建業の免許の有効期間が満了した者の営業保証金の取戻請求権（取戻し公告がなされなかったとき）の時効の客観的起算点はいつか。 ………………………………………………………540

第36章　求償権

275　信用保証協会の求償権は、何年の時効にかかるか。 ………………543
276　保証人の主債務者に対する求償権に時効の完成猶予および更新が生じたときに、他の共同保証人に対する求償権に時効完成猶予および更新されるか。 ……………………………544

〔事前求償権〕

277　事前求償権を取得した保証人が代位弁済により事後求償権を取得したとき、その消滅時効は事前求償権が発生した時から進行するか。 ……………………………………547
278　事前求償権に時効完成猶予または更新があったときに、事後求償権も時効完成猶予または更新されるか。 ……………549

〔代位との関係〕

279　代位弁済によって移転を受けた根抵当権に基づき競売申立てをなしたとき、求償権について時効の完成猶予および更新となるか。 ………………………………………552
280　担保不動産競売手続中に代位弁済して、差押債権者の地位を承継した場合、代位弁済者の求償権の時効障害はどのようになるか。 ……………………………………………557
281　主たる債務者の破産後、保証人として代位弁済し、破産債権の名義変更届を提出した場合、求償権が時効完成猶予および更新するか。また、その時効期間は10年に延長されるか。 ………559

目　次　　23

第37章　相　殺

282　自働債権の消滅時効期間経過後に相殺適状が生じた場合、
なお自己の債務と相殺できるか。……………………………………563
283　時効が完成した債権で相殺するとき、いつまでの債権額で
相殺しうるか。……………………………………………………………565
284　時効完成した手形債権を自働債権として相殺する場合の注
意点は何か。………………………………………………………………567
285　時効が完成した債権を譲り受けて、相殺できるか。………………570
286　相殺の結果債権が残るとき、当該残債権につき催告の効力
が生じるか。これとは逆に債務が残るとき残債務につき承認と
なるか。……………………………………………………………………571
287　主債務者に対する債権の消滅時効が完成した場合、連帯保
証人に対し債務を負担していた債権者は、保証債務履行請求権
でもって相殺できるか。…………………………………………………573

第38章　契約解除権

288　契約解除権は時効にかかるか。かかるとして時効期間は何
年か。………………………………………………………………………576
289　法定解除権の消滅時効はいつから進行するか。……………………578
290　契約解除による原状回復請求権の消滅時効はいつから進行
するか。……………………………………………………………………581

第39章　売　買

291　売買の担保責任における買主の救済期間はどのように改正
されたか。…………………………………………………………………583
292　買主の救済期間の1年の起算点はいつか。…………………………585
293　1年という期間を遵守するためには、どのようなことをすれ
ばよいか。…………………………………………………………………586

24 目　　次

294　1年の期間制限がある種類・品質に関する契約不適合（瑕疵）
　　責任は、それ自体に消滅時効が適用されるか。……………………587

第40章　使用貸借

〔期間制限・消滅時効〕

295　用法違反による損害賠償および費用償還請求権に関する期
　　間制限があるか。………………………………………………………590
296　用法違反による損害賠償の請求権に関する1年の時効完成の
　　猶予とは何か。…………………………………………………………591

〔取得時効〕

297　使用借権を時効取得できるか。……………………………………593

第41章　賃貸借

〔期間制限・消滅時効〕

298　賃借人の用法違反による損害賠償請求に関し期間制限があ
　　るか。……………………………………………………………………595
299　用法違反による損害賠償の請求権に関する消滅時効の完成
　　猶予とは何か。…………………………………………………………596
300　賃借人からの費用償還請求権に期間制限があるか。………………597
301　長期間にわたる賃料不払を理由とする契約解除権の主観的
　　起算点はいつか。………………………………………………………598
302　無断転貸を理由とする賃貸借契約の解除権の消滅時効の主
　　観的起算点はいつか。…………………………………………………600

〔取得時効〕

303　賃借権の時効取得は認められるか。………………………………603
304　抵当権設定登記後に賃借権の時効取得に必要な期間不動産

目　次　　25

を用益した者が、賃借権の時効取得を不動産の競売による買受
人に対抗することができるか。 ……………………………………607
305　転借権の時効取得は認められるか。 ……………………………609

第42章　請　負

306　請負人の担保責任は、どう改正されたか。 ……………………613
307　土地工作物に関する5年または10年の担保責任を定める旧
638条は、削除されたか。 ………………………………………618
308　請負人の不適合責任の期間制限は何年か。 …………………619
309　1年の期間制限が適用されない場合があるか。 ……………621
310　不適合責任の1年の期間制限の起算点は、いつか。 ………622
311　担保責任を保存するための権利行使は、どのようにするか。 ………623
312　住宅の品質確保の促進等に関する法律94条の住宅の新築工
事の請負人の瑕疵担保責任期間の特例は、どう改正されたか。 ………624

第43章　寄　託

313　寄託物返還後の損害賠償・費用償還請求についての期間制
限があるか。 ………………………………………………………627
314　寄託物の一部滅失・損傷による損害賠償の請求権に関する
時効完成の猶予とは何か。 ………………………………………628

第44章　手形・小切手

315　民法改正に伴い、手形法の消滅時効規定はどのように改正
されたか。 …………………………………………………………630
316　民法改正に伴い、小切手法の時効消滅規定はどのように改
正されたか。 ………………………………………………………632
317　手形債権の時効完成猶予の効力が生ずるために、手形の所

持または呈示が必要か。………………………………………… 633

318　手形貸付の場合、手形債権とは別に発生する貸金債権につ
いて、いつから時効が進行するか。……………………………… 634

319　手形上の権利が時効消滅したとき、原因債権を行使できる
か。……………………………………………………………………… 636

320　手形債権による裁判上の請求等・強制執行等は、原因債権の
時効完成猶予または更新となるか。……………………………… 640

321　手形債権につき確定判決を得たとき、原因債権の時効期間
は10年に延長されるか。…………………………………………… 642

322　手形債務の承認は、原因債務についても承認となるか。………… 645

323　原因債権による裁判上の請求等・強制執行等は、手形債権の
時効完成猶予または更新となるか。……………………………… 646

324　原因債権につき確定判決を得たとき、手形債権の時効期間
も10年に延長されるか。…………………………………………… 648

325　割引手形の振出人に対する請求権が時効で消滅したとき、
特約による買戻請求権も消滅するか。…………………………… 649

第45章　破産手続

〔総　論〕

326　時効中断事由としての破産手続参加はどのように改正され
たか。…………………………………………………………………… 652

327　民法改正に伴い破産法上の期間制限はどのように改正され
たか。…………………………………………………………………… 653

〔届　出〕

328　債権者による破産手続開始申立ては、申立ての資格を基礎
付ける債権につき時効完成猶予の効力が生じるか。………… 655

329　債権者による破産手続開始の申立てが取り下げられた場合、
申立ての原因になった債権の時効はどうなるか。…………… 657

330　破産債権届出期間の留保がされている場合、どのように時
効の完成を阻止すべきか。………………………………………… 659

331　破産債権の届出が却下された場合、時効完成猶予の効力は

生じるか。……………………………………………………………………… 660
332　破産手続に届出をした破産債権に異議を言われたとき、時
　　効完成猶予の効力は生じるか。…………………………………………… 661
333　破産手続（債務者申立てによる破産）が廃止された場合、時
　　効の完成猶予または更新の効力が生じるか。………………………… 663
334　破産手続開始決定が取り消されたとき、届出による時効完
　　成猶予の効力はどうなるか。……………………………………………… 665
335　破産手続終結決定があったが、免責許可の申立てがある場
　　合、いつまで時効の完成が猶予されるか。…………………………… 667
336　破産手続参加による更新の効力はいつ生じるか。………………… 668
337　破産法178条による法人の役員の責任追及の申立てがあった
　　場合に損害賠償債務の時効完成猶予または更新はどうなるか。……… 670

〔保　証〕
338　法人の破産手続が終結した場合の、保証債務の時効の管理
　　は、どのようにすればよいか。…………………………………………… 672

第46章　民事再生手続

339　小規模個人再生手続参加により時効更新の効力が生じるか。……… 674
340　小規模個人再生におけるみなし届出に時効完成猶予の効力
　　が生じるか。………………………………………………………………… 675

第47章　会社更生手続

〔完成猶予〕
341　更生計画において弁済するとされた債務について、更生手
　　続参加によって生じた時効完成猶予の効力はいつ終了するか。……… 677

〔時効期間〕
342　更生計画において認められ、新たな弁済期が定められた更

生債権の時効期間は10年に延長されるか。・・・・・・・・・・・・・・・・・・・・・・・・・ 680

〔保証債務との関係〕

343　更生債権として届出し異議なく確定した場合、連帯保証債
　　務の時効期間も10年に延長されるか。・・・・・・・・・・・・・・・・・・・・・・・・・・・ 683

344　届出更生債権に連帯保証人がある場合に、更生計画におい
　　て当該債権が免除されたとき、更生手続参加によって生じた保
　　証債務の時効完成猶予の効力の終期はいつか。・・・・・・・・・・・・・・・・ 685

345　届出更生債権に連帯保証人がある場合に、更生計画におい
　　て存続が認められ弁済期が定められたとき、更生手続参加によ
　　って生じた保証債務の時効の完成猶予の効力の終期はいつか。・・・・・・・・・ 687

346　更生計画で免除された債権につき連帯保証人がいる場合、
　　時効の管理においてどのような点を注意すべきか。・・・・・・・・・・・・・・・ 690

〇判例年次索引・・・ 695

第1章　総　論

1　改正前の消滅時効法のどこが問題とされたか。

結　論

時効期間の多様性、債権者の事情が十分考慮されていないこと。

1　現行法の問題点の指摘

　民法（債権法）改正検討委員会が指摘した現行消滅時効法の問題点は2つである（民法（債権法）改正検討委員会編・別冊ＮＢＬ126・198）。

　1つ目は時効期間の多様性から生ずる問題で、透明性の低下と不合理な差別が指摘されている（佐久間・金法1881・8）。時効期間が多様であるために、どの程度の備えをすればよいのかをあらかじめ知ることができず、時効の安心機能が失われている。時効期間が多種あるとどれに該当するか明確にならず、その境界（適用範囲）もはっきりしない（民法（債権法）改正検討委員会編・詳解　債権法改正の基本方針Ⅲ151）。また、不合理な差別とは、それぞれの規定における時効期間の違いに合理性があるのか疑わしく、不合理な差別にも見える状況を発生させていることである。

　2つ目は、時効によって不利益を受ける債権者の事情が十分考慮されていないことである（民法（債権法）改正検討委員会編・詳解　債権法改正の基本方針Ⅲ151）。債権者の事情が十分考慮されていない点としては、①債権保全の現実的可能性を問わない時効完成、②ハードルの高い時効障害事由、具体的には債務承認以外は訴えの提起に代表されるハードな公的措置をとる以外にないことや、取下げや却下の場合に時効中断の効果がないこと（佐久間・金法1881・8）、③判例や学説による時効援用権者の範囲の拡大、などに現れているとされる（民法（債権法）改正検討委員会編・別冊ＮＢＬ126・198）。

2　反　論

　しかし、上記の指摘に対する反論も可能である。1つ目に対しては、民法の時効期間の原則が10年であるから、あらかじめの備えとして10年という期間を設定して時効の管理をすればよく、これよりも短期時効の適用があれば、

大は小を兼ねることになる。また、2つ目に対しては、②は時効中断事由を念頭においた批判であろうが、時効はそもそも権利不行使に対する非難を含むものであるから、明確かつ確実な権利行使をしなかった権利者は不利益を受けてもやむを得ないともいえる。小さくて弱い債権者を念頭におけば、時効中断手続の負担が大きいとも言えるが、社会一般では債権者よりも債務者が多く、原則的な時効期間が10年とされているのは債権者の利益がすでに10年という時効期間として考慮されているともいえる。

また、そもそも、消滅時効制度は政策的対立が深い領域であるので、今回の改正の趣旨に照らして回避すべきであるとして、消滅時効に関する改正それ自体に反対する見解もあった（吉田・法時82・12・83）。

2 民法改正により時効制度の存在理由についての考え方は変わったか。

結　論	変わらないと考えるが、議論がある。

1　時効制度の目的

時効制度の目的に関して、従前は、取得時効と消滅時効の両者について統一的な説明をされることが多かった。民法改正以前の時効制度の存在理由としては、①永続している状態を社会的に安定させるために法律効果を付与する必要性、②長期間の権利不行使によって生じうる立証困難という訴訟上の問題の回避、③権利の上に眠る者の保護の不必要性が挙げられていた（我妻・新訂民法総則431。最近の検討として平野・民法総則374以下）。その結果、消滅時効の制度趣旨が今ひとつ明確に理解されないという問題が生じていた（取得時効と消滅時効の違いを意識した説明として例えば、松久・別冊ＮＢＬ122・13参照）。消滅時効制度に焦点をあてて表現すれば、前記②は時間の経過と共に困難となる弁済証拠保全の救済である。これは、弁済証拠を保持すべき債務者の負担に限界を画するという機能を生ずる。前記③は、消滅時効は権利行使を怠った者に対する制裁とはいえないから、決定的意義を有しない。

改正民法では、時効期間を短くするという考えが先にあって、時効期間を短くすることによる早期の権利失効を防ぐために、時効期間の起算点を主観化することにつなげ（改正民法166条1項1号）、合わせて時効障害事由も細かく充実させるという方向につなげている。改正民法のように主観的起算点からの

第1章　総　論　　　3

時効期間を5年と短くしたときに、消滅時効制度について従来言われていた
権利の上に眠る者は保護しないという考え方は採ることができない。消滅時
効とは、権利不行使に対するペナルティーという考え方からは時効期間はで
きるだけ長い方が相当であるからである。ただ、この点に関しては、法務省
民事局による「民法（債権関係）の改正に関する説明資料」では、消滅時効
の意義として、依然として権利の上に眠る者は保護しないことが明記されて
いる。

　ちなみにドイツ新消滅時効法では、消滅時効の目的として、第1に債務者か
らの立証困難からの保護と権利不行使状態の継続によって債務者のもはや弁
済をしなくてもよいという信頼の保護、第2に請求の不確実性を消滅させ、法
取引の安定性と法的平和に資することとされている（齋藤・別冊ＮＢＬ122・156
参照）。

2　審議の経過（中間的な論点整理補足説明286）

　法制審議会民法（債権関係）部会第12回会議においては、時効の制度趣旨
に関する意見が提出された。改正民法の下では失権を実質的に正当化するこ
とに無理が残る（山野目・12回会議・議事録6）。そこで、消滅時効の本質は、「時
の経過による事実関係の曖昧化によって生じうる諸々の負担と危険から人び
とと取引社会を解放し、人びとの日常生活の安心と取引社会の安定を維持す
ること」との説明が提案された（民法（債権法）改正検討委員会編・別冊ＮＢＬ126・
198）。

　しかし、法制審議会の部会では、時効制度の存在理由については、正面か
ら議論がされなかった。ただ、法務省民事局による「民法（債権関係）の改
正に関する説明資料」では、消滅時効の意義として、①長期間の経過により
証拠が散逸し、自己に有利な事実関係の証明が困難となった者を救済し、法
律関係の安定を図る、②権利の上に眠る者は保護しない、ことが明記されて
いる。債権法改正部会員4名の著書である中田ほか・講義債権法改正33でも、
改正民法は時効の本質論については決着をつけなかったと報告されている。

3　時の経過による事実関係の曖昧化によって生じうる諸々の負担 と危険からの解放

　時の経過による事実関係の曖昧化によって生じうる諸々の負担と危険から
解放する要請は、取引関係より生じたのではない不法行為に基づく損害賠償
請求権の短期消滅時効における債務者（加害者）においてさえこれほど強く
は要請されていなかった。例えば、最判平14・1・29民集56・1・218は、「民

法724条の短期消滅時効の趣旨は、損害賠償の請求を受けるかどうか、いかなる範囲まで賠償義務を負うか等が不明である結果、極めて不安定な立場に置かれる加害者の法的地位を安定させ、加害者を保護することにあるが〔中略〕、それも飽くまで被害者が不法行為による損害の発生及び加害者を現実に認識しながら3年間も放置していた場合に加害者の法的地位の安定を図ろうとしているものにすぎず、それ以上に加害者を保護しようという趣旨ではないというべきである」と判示していた。また、加害者（債務者）にとって防御が困難になると、なぜ被害者（債権者）の負担によって権利が短期間で消滅すべきということになるのかという疑問も出されていた（松本・時効と正義36）。

4　時効制度により得られる利益

　消滅時効制度の存在理由を考えるにあたっては、消滅時効制度によって得られる利益は何であるのかを検討することも重要である。少なくとも、債務があるのに単にそれを免れさせることを目的とするものではないことについてはほぼ意見は一致している。そうすると、①弁済したがその証拠を持たない債務者の保護であるのか（弁済者保護説）、②債権の存否をめぐる係争それ自体からの解放であるのか、あるいは、③権利不行使という不安定な状態からの解放（権利の存在がはっきりしていても一定の時間が経ったら権利の強制的な実現を許さないとするものであるのか（未弁済者保護説））が問題となってくる。これらの点は、曖昧化の意味と対象を詳しく分析することにより明らかになる（松久・ジュリ1392・129以下）。

5　曖昧化の意味とその対象

　長期間の経過によって立証が困難となるのが、①権利者による権利の存在の立証であるのか、それとも②権利を主張される相手方にとっての権利不存在の立証なのか、という論点がある（川島・民法総則431）。さらに後者の立場においても、権利発生に関する防御的立証＝債務不存在の反証なのか（一般的に権利の存在は、権利者が立証責任を負うため）、権利発生後の消滅の立証＝弁済等による債務消滅の立証であるのかが問題となる。

　①によると、消滅時効制度は時間の経過による権利関係曖昧化のリスクを「権利者側」に負わせる制度と説明をすることになる。しかし、この説明は権利一般の立証の問題であり、消滅時効制度独自の存在理由としての色彩に乏しい（松久「消滅時効の起算点と存在理由」金判1344・1）。そして、権利発生の証明責任は通常は当該権利を主張する者が負うべきとされるので、債務者は権利不発生を防御的に反証する負担を負うに過ぎない。

第1章　総　論　　5

　これに対して、発生した権利が弁済等により消滅したとの抗弁は、これを免れる「債務者」に立証する責任が負わされているので、時の経過による立証困難というリスクが債務者に存在する。旧民法では時効の効果は、免責の法律上の推定であった（明治29年法律89号による制定前の民法証拠編89条本文）。今回の民法改正より以前の立法担当者は、すでに権利を失った狡猾な債権者が相手方が証拠のないことを奇貨として古証文を利用して不正な利益を得ようとすることがあり、これを阻止するために受取書その他証書を永久に保存せしめる負担から解放せんとするものと説明している（梅謙次郎・民法要義巻之一総則編327）。ここで曖昧になるのは、債務者が弁済して債務が消滅したかどうかであって、債権が発生していたかではない。ここから、真実弁済した債務者の証明困難を救済することが消滅時効の存在理由との理解がされてきた（たとえば四宮＝能見・民法総則［第8版］・359）。また、時効完成の法的効果としても、「権利消滅」の法定証拠を義務者に与えるとする学説（川島・前掲書447）などにも表現されていた。星野・民法論集(4)303も弁済者保護説に立っていた。

　しかし、検討委員会の考え方においては、余りにも古い債権の存否や探求自体に限界を画することを目的として、曖昧になるのは債権自体が発生したかどうかに拡大されている。すなわち、債権時効制度は、一定の期間が経過した後は、債権の存否に係る法律関係（元から債務がなかったり既に弁済するなどして債務を負っていない人）を実質的判断に踏み込まずに処理することであり（民法（債権法）改正検討委員会編・別冊ＮＢＬ126・198）、その核心は、「債務者としていわれのない履行請求を受けるおそれに備えるために証拠の収集・保全を長期にわたって強いられることから解放されることにある」（佐久間・金法1881・11）。解放とは、消滅時効のための証拠保存の負担からの解放をいうが、その前提として、証拠収集の負担からの解放、証拠収集の要否判断の負担からの解放も含まれるとされる。「債権がある」（発生した、履行されていない）ということは、法的判断を経て初めて認められることであり、事実関係の曖昧化は、この判断そのものを困難にする。そして、そのために、人びとや社会に負担や危険をもたらすものである。したがって、「債権がある」という主張を一定の場合にそもそも認めない、権利の存否の判断に踏み込まない、とする点に債権時効制度を設ける意味がある、と説明されるのである（民法（債権法）改正検討委員会全体会議第5準備会からの報告）。

6　時の経過による事実関係の曖昧化

　事実関係の曖昧化までも消滅時効制度でフォローしようとする考え方に対しては、金融実務家から次のような批判がある。いわく、電子署名・認証制

度や記録の電子化の進展により膨大な記録が長期間かつ確実に保管できるようになるから時の経過に起因する事実関係の曖昧化は理由とならないとか、電子化社会として細かいところまで記録が残る時代に本当に3年とか5年の間に権利関係が曖昧になるだろうか、権利関係を早期に明確にするのが時代の要請とするとしても期間を短くすることが全ての立場の者にとって理に適うのかどうか疑問、というものである。

　しかし、この批判は、債権者・債務者間に取引関係が存在する場合で、しかも電子化社会に対応できる大きくて強い債務者には妥当する意見である。しかし、このような大きくて強い債務者でも保存期間の長期化によるコストを考えると、短期化はやはりメリットがある。そして「債権時効」が不法行為を原因として生ずる債権にも適用されるとすると（民法（債権法）改正検討委員会編・別冊ＮＢＬ126・200）、不法行為の債務者は自己の行為が不法行為であり、かつ損害賠償責任が生じる行為であること自体を認識し得ないことが多いが故に、記録の保存・保管それ自体が自覚的でなくなり証拠収集の必要性の認識から遠くなることから、事実関係の曖昧化による債務者側のリスクは高まる。このように検討委員会案が曖昧化の対象を債権の発生の存否にまで拡大しているのは、不法行為の時効に関する旧724条を廃止し、取引関係から生じた債権の消滅時効と統一せんとすることが大きく影響していると推測される。そこで、不法行為による消滅時効を対象に含めて議論するのか、あるいは含めないで議論するのかによって制度の作り方が大きく異なってくる。私は、不法行為による消滅時効との統一化に反対する。統一化しないことで、証拠収集からの解放ではなく、弁済した債務者の証明困難を救済することが消滅時効の核心的な存在理由との説明が維持できると考えるからである。義務を負っていないことの「反証」からの解放は、義務を負ったけれども消滅したことの「立証」からの解放の派生的な効果にすぎず、消滅時効の核心的な存在理由として位置づけるべきではないと考えるものである。

第1章 総論　　7

3 時効の規定の改正法は、いつから適用されるか。

結 論

項　　目	適　　用
消滅時効の期間・起算点	施行日以後に生じた債権（停止条件付法律行為または効力始期付法律行為により債権が生じた場合は、施行日以後にこれらの法律行為がされた場合）
生命・身体の侵害による債務不履行に基づく損害賠償請求権	施行日以後に契約関係に起因して発生した生命・身体に関連する損害賠償請求権
不法行為による損害賠償請求権の20年の時効期間	施行日前に不法行為による損害賠償請求権が生じた場合でも、施行日において、旧724条後段の20年の期間が経過していないとき
生命・身体の侵害による不法行為に基づく損害賠償請求権	施行日前に不法行為による損害賠償請求権が生じた場合でも、施行日において、旧724条前段の3年の期間が経過していないとき
時効の更新・完成猶予	施行日以後に更新または完成猶予の事由が生じた場合
協議による時効の完成猶予	施行日以後に、権利についての協議を行う旨の合意が書面でされた場合（電磁的記録によってされた場合を含む。）
時効の援用	施行日以後に生じた債権。施行日以後に債権が生じた場合でもその原因である法律行為が施行日前にされたときは、改正法は適

用されない。

1 消滅時効の期間・起算点 （改正法附則10条4項）

施行日前に債権が生じた場合（施行日以後に債権が生じた場合であって、その原因である法律行為が施行日前にされた場合を含む。）におけるその債権の消滅時効の期間については、従前の例による。施行日前に債権が生じた場合について改正後の民法を適用すると、債権者および債務者の予測可能性を害し、多数の債権を有する債権者にとって債権管理上の支障を生ずるおそれもあるからである（部会資料85・2）。

ただし、施行日以後に債権が生じた場合であっても、その原因である法律行為が施行日前にされたときは、「施行日前に債権が生じた場合」に含まれ（改正法附則10条1項かっこ書）、従前の規定が適用される。例えば、施行日前に締結された保証委託契約に基づき、施行日以後に代位弁済がなされて求償権が発生したような場合の時効期間は、従前の例によることになる。

2 生命・身体の侵害による債務不履行に基づく損害賠償請求権 （改正法附則10条4項）

施行日前に生命・身体の侵害による債務不履行に基づく損害賠償請求権が生じた場合は、従前の例による。よって、施行日以後に契約関係に起因して発生した生命・身体に関連する損害賠償請求について、改正民法167条が適用される。

3 不法行為損害賠償請求権の20年の時効期間 （改正法附則35条1項）

旧724条後段に規定する20年の期間（判例により除斥期間と解されている。）が、施行日の際既に経過していたときは、その期間の制限は、従前の例による。施行日前に不法行為による損害賠償請求権が生じた場合でも、施行日において、旧724条後段の20年の期間が経過していないときは、改正民法が適用され時効期間とされる。これは、不法行為の加害者の期待よりも被害者の保護を優先させたものである（部会資料85・2）。

4 不法行為による生命・身体の侵害による損害賠償請求権の消滅時効 （改正法附則35条2項）

旧724条前段に規定する3年の期間が、施行日の際既に経過していたときは、その期間の制限は従前の例による。施行日前に不法行為による損害賠償請求

権が生じた場合でも、施行日において旧724条前段の3年の期間が経過していないときは、改正民法の規定（3年の期間を5年に改める規定）が適用される。これは、不法行為の加害者の期待よりも被害者の保護を優先させたものである（部会資料85・2）。

5　時効の更新・完成猶予（改正法附則10条2項）

　施行日前に旧147条に規定する時効中断事由または旧159条から旧161条までの時効の停止事由が生じた場合には、なお従前の例による。施行日前に時効の更新または完成猶予（中断または停止）の事由が生じた場合について、改正民法の規定を適用すると、当事者の予測可能性を害するからである（部会資料85・2）。

6　協議による時効の完成猶予（改正法附則10条3項）

　施行日前に、権利についての協議を行う旨の合意が書面でされた場合（電磁的記録によってされた場合を含む。）、改正民法は適用されない。

7　時効の援用（改正法附則10条1項）

　施行日前に債権が生じた場合（施行日以後に債権が生じた場合であって、その原因である法律行為が施行日前にされた場合を含む。）には、従前の例による。

第2章　援用権

4 時効援用権の法的性質については、改正されたか。

| 結　論 | 時効援用権の法的性質については、中間試案では改正項目として採り上げられていたが、改正を見送られた。

1　確定効果説と不確定効果説

旧145条を実体法的にどのように理解するか、すなわち消滅時効による債務消滅という効果と時効の援用との関係については、従前から確定効果説と不確定効果説の対立があった。確定効果説は、時効期間の経過によって当然に権利消滅という効果が発生するが、弁論主義の制約から裁判所は職権で時効を元に裁判をすることはできず、当事者による訴訟上の主張が必要であるとし、旧145条はそのことを定めたものであると解釈する立場である。これに対しては、時効の完成による義務の消滅は確定的なものではなく、援用を停止条件として、あるいは援用しないことを解除条件として生ずるとする不確定効果説が主張されてきた。

2　中間試案

中間試案の第7・8(2)では、「消滅時効の援用がされた権利は、時効期間の起算日に遡って消滅するものとする。」との項目が採り上げられていた。これは、144条が、「時効の効力は、その起算日にさかのぼる」と規定していることと対比して理解すると、消滅時効の効果について、援用があって初めて権利の消滅という効果が確定的に生ずるという不確定効果説を明文化したものである（中間試案の補足説明89）。判例（最判昭61・3・17民集40・2・420）もこのような理解を前提としていると言われている。

3　改正からの見送り

しかし、結局今回の改正ではこの項目は採り上げないことにされた。その理由は、確定効果説を採る立場の者からの批判があったからである。また、実務上のニーズも高くないからである。その結果として、時効の効果として

確定効果説か停止条件説かを決めないで、民法改正以前のままということになった。すなわち、時効の効果を主張する者は、①時効の起算点、②時効期間の経過、③時効の援用の意思表示の3点を主張・立証しなければならない。

5 民法改正において、時効完成の効果としての履行拒絶権構成が採用されたか。

| 結　論 | 採用されなかった。 |

1 履行拒絶権構成

　時効完成の効果としての履行拒絶権構成とは、時効の効果は、一定期間が経過すると権利が消滅するという大胆な効果を与えるまでもなく、債務者は債務の履行を拒絶できる事とすれば十分である、との考え方である（内田・債権法の新時代146）。すなわち、債権時効は時の経過による事実関係の曖昧化に起因する負担と危険から人々と社会を解放することを目的とする制度であり、債権時効の効果をこの制度の趣旨に忠実に定めようとする観点から、債権時効の効力を必要以上に強いものにすべきでないとする主張である。多くの場合に短期間で時効期間が満了することと適合する効果としては、請求力と強制力（実現のために法の助力を得る力）を消滅させることで足りると考えているのである。508条が、「時効によって消滅した債権がその消滅以前に相殺に適するようになっていた場合には、その債権者は、相殺をすることができる」と規定しているのは、時効にかかった債権も完全には消滅していないという発想の現れといえる。

　改正の審議の過程では、債権時効の原則的期間を、主観的起算点から3年を中心に、比較的短期間としていることを前提に、旧167条のように原則的期間を10年間とする場合には、「時の作用による弁済」として債権の消滅を語ることができるかもしれないが、原則的な債権時効期間を3年などの短期とするときには、法が現実に債権の存在を認めながら、そのような短い期間で消滅させるとすることには違和感が強く残るといった意見があり、検討されていたものである。

2 反対意見

　これに対して、債権が消滅する旨を規定すべきであるとする意見もあった。その理由としては、①履行の請求をすることができない債権の存在を民法上

明確にする結果として、その債権の税務会計上の取扱いが不明確となるのではないかとの意見、②債務が消滅しないとすれば、債務者は債権者が請求するたびに履行を拒絶することができるにすぎないことになるとの意見、③時効が完成した債権を被担保債権とする保証人・物上保証人も被担保債権が消滅したことを理由として保証債務や抵当権の消滅を主張できなくなるのではないかとの意見、④債務が消滅したと規定しないことにより、時効完成後も取立行為を誘発するのではないかとの懸念が示された。

もっとも、税務会計上の取扱い上の問題を指摘する意見に対しては、それは時効援用前の現在の法律状態でも同じ問題があるのではないかとの指摘や、比較法的には消滅時効の効果を履行拒絶権や抗弁権という構成にしている立法例が多く、それで国際会計基準との関係で支障が生じていないのではないかとの指摘などがあった。

パブコメでの反対意見にも、消滅構成とする方が分かりやすく妥当であって、履行拒絶権構成では当該債権が譲渡された場合の履行拒絶権の存否や譲受人の取引安全との調整等の時効の効果の調整の問題が生じるのではないかとする意見が多かった。また、履行拒絶権構成の場合、例えば、貸金請求訴訟において、被告が「支払わない」と述べた場合どうなるのかなど履行拒絶権の行使か単なる支払拒絶かの区別が不明確で混乱を生じさせることについて懸念する意見もあった（最高裁の意見）。

3 結論

以上の議論から、結局、履行拒絶権構成は改正事項として採り上げられなかった。

6 貸金債権の時効が完成した場合でも、その弁済を請求できるか。

結 論	できる。

1 時効完成と援用の関係

時効期間が満了し、消滅時効が完成した場合の効果について、民法は、一方で債権は「消滅する」と表現して、実体法上の債務消滅原因であるかのように定めながら（改正民法166条1項）、他方で「時効は、当事者〔中略〕が援用しなければ、裁判所がこれによって裁判をすることができない」（改正民法145

第2章 援用権   13

条）と定めている。民法があえて時効の援用を必要としたのは、消滅時効に
関していえば、弁済に関する通常の証拠で決着をつけようとしている債務者
に裁判所があえて時効の利益を強いる必要はないという点にある（梅・民法要
義巻之一 総則編〔訂正増補第6版〕331。なお、加賀山・民法体系1 総則・物権165は、裁
判所が信義則により制限する余地のためという。）。本問を考えるに当たっては、こ
の両者の関係がどうなるかを見ておかなければならない（杉本「第7章時効にお
ける実体法と訴訟法」消滅時効法の現状と改正提言・別冊ＮＢＬ122・63以下）。
　ちなみに、裁判所が時効の援用を強いた裁判例として、東京地判昭62・12・
22判時1287・92がある。数量指示売買の対象土地中に国有の「畦畔」が含ま
れて数量が不足している場合において、取得時効を援用しさえすれば所有と
なるので、援用しないで代金減額請求権を行使することは権利濫用となると
した。

2　確定効果説
　この点については、確定効果説、不確定効果説、訴訟法説、二段階説の各
説がある。まず、確定効果説は、時効完成により権利消滅という効果は確定
的に生じ、時効の援用は裁判官の職権に制限を加えたにすぎないと説く。以
前の判例は、基本的にこの説によっていたと思われる（大判明38・11・25民録11・
1581）。しかし、消滅時効制度は、債権者からの請求という場面で債務者側で
これを防ぐために対抗的に機能するものであるから、時効完成により権利が
消滅し、請求それ自体ができないと構成する必要がない。また、この説によ
ると、時効完成によって権利が確定的に消滅しているにもかかわらず、時効
の援用がなければ、裁判所は権利が消滅していないという裁判をすることに
なり、実体権利関係と裁判との間に矛盾が生ずるという欠点がある。
　本問の場合、この説では、時効完成後は権利が消滅しているのであるから、
請求もできず弁済を受領する権限もないことになるが、しかし裁判で請求し
て、援用がなければ支払えという判決がでるわけで、その意味で請求できな
いともいえず、また受領権限が全くないということもできず、結局前記の矛
盾点をそのまま反映した結論になろう。

3　不確定効果説
　これに対して、不確定効果説は2つに分けられる。1つは、時効が完成して
も確定的に権利が消滅するわけでないとし、援用があればそのまま確定する
が、援用がないことあるいは時効利益の放棄があるときは、権利消滅の効果
が発生しなかったこととなるという意味で解除条件的であるとする説（解除

条件説）と、権利消滅という効果は、時効援用があって初めて確定的に生じるという意味で停止条件的であるとする説（停止条件説－現時の通説）に分かれる。

これを本問に当てはめると、解除条件説では、消滅時効が完成したからといって請求できないわけではなく、弁済は時効不援用の意思表示であり、確定的に消滅しなかったことになり、停止条件説では、請求は当然できるし弁済も有効である。

なお、停止条件成就のための時効援用は、消滅時効という制度の適用を受ける意思の表示と理解すると、裁判所以外の場所でもすることができ、実務では、一般的に内容証明郵便による通知の方法により行われている。

4 法定証拠説

次に、法定証拠説（訴訟法説）では、時効の援用は、裁判上、請求権消滅の法定証拠を提出することだとし、援用つまり訴訟上の主張を待って、初めて権利が消滅するという。したがって、この説では当然に請求できるし、弁済受領も可能である。

5 二段階説

二段階説は、時効完成によって時効の援用権が生じ、援用することで実体的な権利得喪の効果が生じるとする。これによっても、時効完成の段階では権利は消滅しておらず、請求は可能である。

6 判 例

以上の各説のうち、古い判例は、確定効果説に立っているようなので、消滅時効完成後の請求、弁済はやや問題があったが、最判昭61・3・17民集40・2・420は、「（民法）145条及び146条は、時効による権利消滅の効果は当事者の意思をも顧慮して生じさせることとしていることが明らかであるから、時効による債権消滅の効果は、時効期間の経過とともに確定的に生ずるものではなく、時効が援用されたときにはじめて確定的に生ずるものと解するのが相当」として、確定効果説から不確定効果説へ立場を変更した（注）。

他方、最高裁判所は、更に時効完成後の弁済は、時効援用権の喪失になるとし（最判昭41・4・20民集20・4・702）、その請求、受領が違法あるいは不当利得返還原因になることを否定しているので、判例によっても弁済を求め受領することは許されているとみるべきである（石川・金法1398・80。井上・最高裁判所判例解説民事篇平成8年度14事件320は、時効消滅後に不動産競売手続で配当として受領し

第2章　援用権　15

ても援用がない以上有効な弁済となるとする。)。なお、請求はしたが弁済を得られない場合は、時効援用権の喪失とはならないのであるが、訴えを提起し、口頭弁論終結前に時効を援用しないときは、判決確定後にその時効を援用して請求異議の訴えを起こすことはできないので（大判昭9・10・3新聞3757・10、最判昭53・1・23民集32・1・1）、判決が確定してしまえば、その後に強制執行をして弁済を受けることに何らの支障もない。

　なお、消滅時効が完成した貸金債権に保証人がいるような場合、保証人が一部弁済しても、主債務者が時効を援用すれば、保証人は、改めて主債務の時効を援用できるとするのが判例（大判昭7・12・2新聞3499・14）であるから、この場合、主債務者からも、弁済あるいは承認を受けておく必要があろう（主債務者、保証人の両者が時効援用権喪失となる）。

(注)　なぜ判例変更を明示しないのかとの疑問があるが（遠藤・金判921・2）、従前の判例が厳密には確定効果説に立つものではないとの理解による（柴田・最高裁判所判例解説民事篇10事件昭和61年度175）。

7　民法改正との関係

　中間試案の第7・8・(2)では、「消滅時効の援用がされた権利は、時効期間の起算日に遡って消滅するものとする」との提言がなされていた。これは、消滅時効の効果について、援用があって初めて権利の消滅という効果が確定的に生ずるという一般的理解（最判昭61・3・17民集40・2・420）すなわち不確定的効果説を明文化したものと説明されていた。しかし、最終的に採り上げられなかった。

7　「時効の利益の放棄」と「時効援用権の喪失」とはどう違うか。

結　論　法的効果は同じであるが、要件、認める根拠、権限等が異なる。

1　定　義

　時効の利益の放棄とは、時効の利益を受ける者が、その利益を受けないという意思を表示することで、民法は、時効の利益は、時効完成前にあらかじめ放棄できないという形で規定する（146条）。これは、援用と同じく、時効制度の社会的立場と個人の意思とを調和させ、時効の利益は、これによって利

益を受ける者の意思によって、享受させるべきという民法の時効制度に関する思想を表わすものである。消滅時効の場合のみならず、取得時効についてもあり得る（札幌地判平3・11・7判時1420・112—放棄を認めなかった。）。

これに対し、時効援用権の喪失は、最判昭41・4・20民集20・4・702によって認められたもので、消滅時効完成後に、債務者が債権者に対し承認等をした場合、時効完成の事実を知らなくても、その後その時効を援用することができないというものである（反対、星野ほか・民法講座第1巻　民法総則586）。判例では、時効完成後に義務を履行した債務者だけでなく、単に自己の債務を承認したにすぎない者も同様に時効援用権を失う。このことについては学説からの批判がある。

2　両者の関係

こう並べてみると、両者は全く関係ないように見えるが、実は密接な関係がある。そもそも、従来から、時効完成後に承認のような行為があった場合をどう処理するかという問題があった。判例は、結論として債権者を保護すべきで、その後の時効の援用を許すべきではないが、それを導く法的構成として、実定法上は時効利益の放棄の制度しかなかった。ところが、時効の利益の放棄は、その要件として時効の完成を知っていることが前提要件（この前提要件に対する否定的な検討として、佐久間・民法の基礎1　総則〔第3版〕429参照）であったため、判例は、「時効完成後において債務者がその債務を承認した場合には別段の事情なき限りその承認は時効完成の事実を知って為したものと推定する」（大判昭8・6・29評論22民837）として、挙証責任を債務者に転換させて、債務者に知らなかったことの立証を求め、しかもその債務者の知らないでしたものという挙証を容易に認めなかったので、結論として債務者の援用がなかなか認められなかった。

ところが、経験則からいうと、消滅時効が完成した後に、債務の承認をするような場合、債務者がその時効完成の事実を知っているのはむしろ異例で、知らないのが通常であると学説から批判され、最高裁判所もこの批判を受け入れてこの推定をやめたが、援用できないとする結論は変えないため、時効の利益の放棄とは別の「時効援用権の喪失」という理論を採用し、これによって援用できないとする結論を導いたのが、前掲昭41・4・20の最高裁判決なのである（もっとも「時効援用権の喪失」という言葉は使用していない。）。

時効が完成していることを知ってこれを放棄し、時効の援用ができなくなるとするのと、時効完成を知らないで承認のような行為をしたため結果的に時効の援用ができなくなるとするのとでは、全く同じ価値的評価をすること

第2章　援用権　　17

はできないと考える。一般社会では時効に関する知識が乏しく、後者の場合の方が圧倒的に多い。そこで、時効完成後に承認のような行為に至るまでには様々な事情が介在するのが通常であるから、その事情を結論の妥当性に反映する理論を介在させるのが望ましい。判例が、信義則を持ち出したのはこの意味で評価できる。

3　要　件

まず、要件として、時効の利益の放棄は、債務者において時効完成を知っている必要があるが、援用権喪失の場合はその必要はない（判例理論。これに対し、我妻・民法講義第1　民法総則〔新訂版〕454は時効の利益放棄の場合でも時効完成の事実を知らなくてよいという。）。

次に、援用権喪失理論を認める根拠は、判例によると、①時効完成後における債務の承認は、時効による債務消滅の主張と相容れない行為であること、②相手方においても、債務者は時効の援用をしない趣旨であると考えること（この点に対する否定的な検討として、佐久間・前掲書430参照）、時効の援用を認めないのが信義則に照らし相当であることを挙げ、信義則にその根拠を求めている。この点、時効制度の社会的立場と、個人意思との調和に根拠を置く時効利益の放棄とは、理論的根拠が異なるというべきである。このように、信義則に根拠を置く援用権の喪失であるから、債権者が欺瞞的方法を用いて一部弁済をすれば残債務はないと誤信させて弁済させたとか（東京地判平7・7・26金判1011・38）、債務者の無知に乗じて一部弁済を促したり、取立行為が違法な場合（東京簡判平11・3・19判タ1045・169）においては、なお援用権を失わないと解すべきである（反対説として、平野・民法講義　民法総則〔第2版〕502）。

したがってまた、個人意思に根拠を置く時効の利益の放棄においては、権利処分行為であるから処分能力および処分権限（未成年者、成年被後見人、被保佐人は処分能力を持たない）を必要とするとされている。これに対して、援用権の喪失は、時効完成を知っていることという要件を必要とせず、債権者の信頼を根拠とする信義則上のものであるから、処分能力および処分権限を必要とせず管理能力、または管理権限のみで足りるというべきである（我妻・前掲書457、幾代・民法総則〔第2版〕551。反対説として、四宮＝能見・民法総則〔第7版〕381）。

4　再度の時効の進行

次に、法的効果について、時効利益の放棄の場合、義務を免れることができる地位を失うので、放棄した後に再び時効期間が進行する余地はないと解

されてきたが、既に経過した時効期間はなかったこととなり、以後あらためて時効が進行すると解する。なぜなら、一度時効利益を積極的に享受しないという意思を表明したからといって、債務は存続しその後再び弁済をめぐる紛争は生じ得るのであり、時効期間が経過したときに援用することができないとすることは相当でなく、その時に改めて援用するか放棄するかを個人意思に委ねればよいからである。

　これに対し、援用権の喪失の場合は明らかでなかったが、最判昭45・5・21民集24・5・393は、時効完成後承認があった場合でも、既に経過した時効期間について消滅時効を援用し得ないというに止まり、再び新たな時効期間が進行するとしたので明確となった。したがって、この効果の点においては両者は異ならない。

5　相対的効果

　また法的効果として、時効利益の放棄の効果は、相対的であると解されている。すなわち、放棄することのできる者が多数ある場合に、そのうちの1人の放棄は、他の者に影響を及ぼさない。例えば、主債務者の時効の利益の放棄は、保証人や物上保証人に影響を及ぼさないから、保証人や物上保証人は、別に主債務の時効を援用して、保証債務や物的責任を免れることができる。

　これに対し、援用権の喪失の場合は明らかでないが、その認められる根拠からみてやはり相対的と解すべきであろう（石井＝伊藤＝上野・手形研究460・65以下。物上保証人および担保目的物の第三取得者に関して、大阪高判平7・7・5判時1563・118）。したがって、この効果の点において、両者は異ならないというべきである。

8　時効完成後の一部弁済等の後になお時効を援用できる場合があるか。

結　論	できる場合がある。

1　問題の提示

　本問につき、時効の管理〔増補改訂版〕333では、時効完成後にその事実を知らないで債務承認弁済履行契約書を作成し、その後に一部弁済した事件（石畔「弁護始末記」時の法令1387・50）を紹介して検討したが、その後、同種の問題事案が続出した。時効完成後の債務承認は信義則上、その後に時効を援用す

ることができないというのが確立した判例理論（最判昭41・4・20民集20・4・702）
であったからである。そこで最判昭41・4・20の判例理論との関係で、債務者
が時効完成後に一部でも弁済すれば、いかなる事情で弁済したかを問わず時
効の援用権を喪失するのかが問題となる。文献として、石松「消滅時効完成
後に一部弁済を行った債務者につき、時効援用権を喪失していないとされた
事例」銀法619・91がある。

2　下級審判決

　下級審判決は、なお時効を援用できる場合があることを認めている。すな
わち、債権者が欺瞞的な方法を用い、一部弁済をすれば残債務はないと誤信
させて弁済させたような場合（東京地判平7・7・26金判1011・38）、債務者の無知や
畏怖に乗じて甘言を弄して一部弁済をさせた場合（札幌簡判平10・12・22判タ
1040・211）、債務者の無知に乗じて欺瞞的な方法を用いて一部弁済を促したり、
取立行為が違法な場合（東京簡判平11・3・19判タ1045・169）、消費者金融業者が威
圧的言動を用いて一部支払を迫り、その結果恐怖心から支払った場合（福岡地
判平13・3・13判タ1129・148）、支払が合意した支払案に基づくものではないこと、
一部支払ったとしてもその支払に対する債権者の信頼の内容や程度には自ず
と限界があること、支払額が債務総額に比しわずかであり、支払回数も少な
い場合（福岡地判平14・9・9判タ1152・229）、消費者金融業者が債務者の無知に乗
じて債務の内容を説明せず、誤信を生じたことに乗じて一部弁済を促し一部
弁済した場合（大阪簡判平17・3・25刊行物未登載）、などの判例は、信義則上援用
権を喪失させる事情に当たるとはいえない、としている。近時のものとして、
宇都宮簡判平24・10・15金法1968・122、大阪地判平26・3・13（刊行物未登
載）、大阪高判平27・3・6（刊行物未登載）、浜松簡判平28・6・6金法2055・
91がある。

3　検　討

　時効完成後の債務承認があった場合は、その後に時効の援用ができないこ
とは確定した判例理論であるが、その理論構成は、債務承認があれば時効援
用権を喪失するという考え方（川島・民法総則466）ではなく、また、援用権喪失
の理由につき長期の無催告状態から生じる債務は免除されたとの債務者の期
待の保護（信頼の保護）にあるとするもの（加賀山・民法体系1総則・物権169）で
もなく、時効完成後に債務承認があったときは、「時効の援用を認めないこと
が信義則に照らし相当」とする理論によっている。1条の信義則規定は、いわ
ゆる一般条項であり、その判断に際しては、様々な具体的事情が考慮される。

したがって、判例理論によるときは、完成後に債務承認があってもなお、信義則上、なお援用が許される場合があると解することになる（岡本・手形研究319・135、稲本・基本法コンメンタール民法Ⅰ150、遠藤・民法判例百選Ⅰ〔第3版〕97など）。

もっとも、判例による信義則による時効援用権喪失理論の根拠は、時効が完成した後に債務承認があった場合に、その後の時効の援用は、①時効完成後の債務承認とは矛盾する行為であること、②債務者は時効を援用しないと考えた債権者の期待に反すること、の2点である。①に対しては、時効の完成を知らないでした債務承認については妥当せず、時効完成の知・不知を検証しないまま道徳律を時効制度に持ち込み、債務者の時効の利益を奪っているとの批判（沢田・判タ1115・43）があるほか、②に対しても、債権者において債務者が弁済してくれるだろうと期待してももはや時効中断措置はないからそれ自体では法的保護に値しない、との批判（石松・前掲94）がある。

そこで、信義則による時効援用権喪失の判例理論のよって立つ理論的根拠を、「実は実質的正義・具体的衡平のため信義則に基づき、単に援用権の行使は許されない」としたに過ぎないと理解した上、債務者の帰責性と債権者が抱いた債務の履行に対する期待や信頼の要保護性の2つを相関的、総合的に検討した判断をすべきとする見解（石松・前掲94）があり、支持したい。

4　民法改正との関連

民法改正の議論の中で時効期間満了後の「弁済」と「承認」とを区別し、「弁済」をした場合には時効の利益享受とは相容れない矛盾行為であるので時効援用権等を喪失するが、「承認」にとどまる場合にはその後に弁済を拒むことは矛盾行為とはいえないので、時効援用権等を喪失しないことを明文化する案が検討されたが（部会資料31第1・3(3)）、改正として実現しなかった。

9　物上保証人が、被担保債権の時効完成後に債務承認あるいは一部弁済したときは、なお時効を援用できるか。

結　論	原則として援用できないと考えるが、原則として援用できるとする学説がある。

1　前　提

本問についてはいくつかの前提を必要とする。まず、本問で物上保証人の

「債務承認」とあるが、最高裁判例は、被担保債権の消滅時効について物上保証人に旧147条3号の「承認」をなし得る資格を認めていないので（最判昭62・9・3判時1316・91。同旨、塩崎・金法1247・15）、ここでは事実上、当該物上保証あるいは被担保債権の存在を認めることを意味する。被担保債権につき、既に時効が完成している点からいっても、更新事由としての債務承認ではないことが明らかである。また、物上保証人が被担保債権の消滅時効の援用権者であることも当然の前提である（改正民法145条。最判昭42・10・27民集21・8・2110、最判昭43・9・26民集22・9・2002）。

2　保証人の場合との比較による場合分け

　物上保証人の時効援用権の制限については、人的保証たる保証人の場合と対比して、類型化して分析している労作（淡路＝新美＝椿「保証法理の物上保証人等への適用可能性(2)」金法1264・28）があるので、まずそれを紹介しよう。

　第1の問題として、保証の場合、主債務の時効完成前に保証人が保証債務を承認したことにより、保証債務の時効が更新しているにもかかわらず、主債務が時効消滅したとき、保証人はなお主債務の時効を援用して付従性により保証債務の消滅も主張できるか、という論点がある。物上保証の場合では、被担保債権の時効完成前に、物上保証人が代位弁済を申し込んできたため、競売の申立てを見合わせているうちに、消滅時効が完成した場合、物上保証人はなお被担保債権の消滅時効を援用できるか、という論点となる。

　第2の問題は、保証の場合、主債務の時効完成後に「保証債務の時効利益の放棄」をした保証人が、主債務の消滅時効を援用し、付従性による保証債務の消滅を主張できるか、という論点である。物上保証の場合では、被担保債権の時効完成後に「物上保証ないし抵当権の時効利益を放棄」をした物上保証人が、被担保債権の時効を援用できるか、という論点となる。

　第3の問題は、保証の場合、主債務の時効完成後に主債務の時効利益を放棄した保証人（保証債務の時効の利益を放棄した保証人とは異なる）が、主債務の時効を援用して付従性による保証債務の消滅を主張できるか、という論点である。物上保証の場合には、被担保債権の承認ないしは時効利益を放棄した物上保証人が被担保債権の消滅時効を援用できるか、という論点となる。

　本問は第3の問題の範疇に属する。ただ、単なる被担保債権の「承認」と「時効の利益の放棄」とでは、一応の区別を必要とする。なぜなら、時効完成の事実を知らなくとも時効利益の放棄となるという学説（例えば我妻・民法総則〔新訂版〕454）を採用すれば格別、判例は時効利益の放棄の前提として時効完成したことを知っていることを必要とし、時効完成後にこれを知らないでする債

務承認を信義則理論の適用によって制限し、時効利益の放棄と同様の効果を導いているからである（最判昭41・4・20民集20・4・702）。実務では、時効の完成を知って債務承認や一部弁済をすることは稀であるから、判例理論に依拠して、本問の債務承認や一部弁済も時効完成の事実を知らず、したがって時効利益の放棄に該当しないことを前提とする。したがって、ここでは時効完成後に債務承認をした「債務者」について、信義則により時効援用権を制限した上記最判昭41・4・20の判例理論が、物上保証人にもそのまま適用されるのかが問題となる。

3　物上保証人の債務承認権限と信義則

　物上保証人の債務承認と信義則による援用権の制限については、物上保証人の「時効完成前」の債務承認は完成後の援用につき信義則違反とはならないとする上記最判昭62・9・3の判決がある。もっともこの判決は、「原審の確定した事実のほか、記録にあらわれた原審における上告人（債権者）の主張事実を含めて勘案しても」と判示しており、一般論として物上保証人に対し信義則による援用権喪失理論を適用しないことまでも判示しているわけではない。

　学説も、その事案が物上保証人からの代位弁済申込や調停申立によって、債権者の担保権実行の機会が阻害されたり遅延された事情がないことをもってこの最高裁判決の結論に賛成する者が多い（塩崎・金法1247・10、吉田「物上保証人のした債務の承認と時効の中断」判タ711・79、淡路＝新美＝椿・前掲31）。これを人的保証と対比してみると、保証人の債務承認は、保証債務の時効中断となるものの、中断効の相対性の原則により主債務の時効中断とならないから、主債務が時効完成し、その時点で先の保証人が改めて主債務の時効を援用することが信義則に違反しないかという論点として議論されている。判例は、保証人はなお主債務の時効を援用できると解しているが（大判昭7・6・21民集11・12・1186、大判昭5・1・29新聞3092・15など）、これを否定する学説もある（松久・北法31・2・430）。

4　私　見

　本問のごとく、時効完成後の物上保証人の債務承認が信義則違反になるかについては、明言する学説は少ないが、原則として信義則に反しないとの立場が多いようである（以下「例外説」という。）。すなわち、「特別の事情のない限り信義則に反しない」とか（半田・判評373・25）、「信義則違反になるという判断は慎重であるべき」だとする（淡路＝新美＝椿・前掲32）。その根拠は①保証

第2章　援用権　　23

人と物上保証人の責任の類似性から出発して、物上保証人は他人の債務について責任を負う者にすぎないから抵当権消滅の期待を保護すべきであること、②このような援用制限を認めると、物上保証人の求償権の喪失の結果を生じさせること、③保証人と異なり物上保証人には承認し得る自己固有の債務もないこと（寺田・手形研究475・190）という点にある。

　しかし、私は、これらの学説とは反対に、むしろ原則として信義則違反となり、特別の事情のある場合に限ってなお援用できると解すべきものと思う。人的保証の場合より財産を債権者に提供するという明確な意識と責任意識の見られる物上保証の場合、さらに債権者に対する効力を弱くして抵当権消滅の期待を保護すべきではないと解することが、信用取引社会において妥当と考える。

　ただ、このような見解は上記最判昭62・9・3の判決の価値判断とは若干のズレがある。物上保証人に時効完成後の債務承認がある場合、原則として援用できないとするなら、時効進行中の債務承認についても、「承認」としての更新事由とはならないものの、なお時効完成後の援用は信義則に反するという結論につながるはずだからである。しかし、この点は同じ債務承認でも時効進行中と時効完成後とでは、債権者のそれに対する信頼の程度が異なるということはいえるであろう。

10 貸金元本についての消滅時効の援用は、利息についても援用したことになるか。

| 結　論 | 反対の意思が明らかでない限り、援用したことになる。 |

1　利息債権

　利息債権については、元本に対して一定期に一定率の利息を生ずることを目的とする基本的な利息債権と、この債権の効果として、一定期において一定額を支払うべき支分権と2つに分けて考えることができ、前者を基本権たる利息債権といい、後者を支分権たる利息債権という。ここでは、後者の支分権たる利息債権の問題である。

2　援　用

　時効の援用（改正民法145条）とは、時効によって利益を受ける者が、時効の利益を受けようと主張することであるが、古い判例は、権利が消滅時効にか

かると、時効完成の時に既に権利は消滅しているのであり、時効の援用は、訴訟上の防禦方法であって、援用がなければ権利が消滅したという事実認定ができないとしていた（大判明38・11・25民録11・1581、大判大8・7・4民録25・1215）。しかし、最高裁判所は、時効による債権消滅の効果は、時効期間の経過によって確定的に生ずるものではなく、時効が援用されて、そのときに確定的に生ずると判示した（最判昭61・3・17民集40・2・420）。

3　判　例
そこで、貸金の元本について時効援用した場合、支分権たる利息債権についても援用があったとして、利息債権の時効消滅を認めてよいのかがここでの問題である。この問題については、2つの異なった判例がある。

大判大6・8・22民録23・1293は、原判決の引用する第一審判決の事実摘示から、利息債権の請求に対し、独立の消滅時効を援用していないことが明白であるので、元本については時効消滅を認め、利息債権について時効消滅を認めなくても正当であると判示した。

これに対し、大判昭12・12・17裁判例11民311は、元本債権だけの時効を援用して、利息債権の時効援用の意思のないことが明白でない限り、利息債権についても同時に時効の点を審理すべきと判示している。

結局は元本債権について時効を援用している以上、利息債権についても援用するという意思かどうかの援用の意思解釈の問題であるが、学説は、とくに反対の意思を示さない限り、援用の効果が利息債権についても及ぶとしている（川井・注釈民法第5　総則54、460、川島・民法総則460、四宮＝能見・民法総則〔第7版〕379など）

4　実務上の注意
このようであるので、実務においては、時効を援用するときは、元本および利息の双方について援用する意思を明確にしてする必要がある。

第2章 援用権　　25

11 時効の援用または消滅時効の主張が信義則違反、権利
濫用として許されない場合があるか。

結　論	ある。

1　援用または消滅時効の主張

　時効制度は、一定の事実状態が永続するときは、社会はその事実状態の上
に様々な法律関係を築き上げるとともに、過去に生起した事実に関する関係
資料を廃棄・処分するにいたる。したがって、一定の事実状態が永続した後
に権利義務関係の存否が争いとなったとき、正当な権利関係を証明しようと
するときは、この時間の経過が障碍となる。この時間の経過による証明困難
に対処しようとすれば大変な準備と費用の負担を要する。しかし、これに対
する準備をしないと、現在存在する権利義務関係が一挙に覆るという大きな
リスクを負担することになる。時効制度は、このような証明困難という事態
を時間の経過という永続した事実状態を媒介として、その事実状態が法の一
定の要件の下に長期間継続したときは、その事実状態を権利関係にまで高め、
もって法律関係生活の安定性を図る公益的な制度である。

　公益的な制度であることは、時効が完成する前に、時効が完成してもその
利益を受けない旨の約束を、あらかじめしておいても無効である（146条）こ
とや、同様の趣旨から、時効の完成を困難にする特約、例えば時効期間の延
長、中断の排斥などはやはり効力を生じないとされていることより明らかで
ある。

　しかし他方、時効制度においては、このような公益的立場と個人の意思の
調和の制度も設けている。時効が完成しても、援用するかしないかは個人の
自由であるし、時効の利益を放棄することも自由である。

　なお、会計法31条1項、地方自治法236条2項においては、国または、普通地
方公共団体に対する金銭の給付を目的とする権利の時効による消滅につき、
時効の援用を要しないと規定しているから、援用ではない「消滅時効の主張」
それ自体が信義則によって制限を受けるのか否かの論点があるが、後記最判
平19・2・6の判決は、これを積極に解している。

2　1条の適用

　このように個人の意思との調和をはかっているのであるが、時効を援用し

たときに、時効制度が公益的制度だからといって、1条の定める信義誠実の原則、権利濫用の禁止の大原則（ただし、両原則の適用領域については議論がある。）の適用を免れることにはなるはずがない。すなわち、これらは、法における正義（時効制度それ自体に含まれる不正義の側面は時効制度それ自体の中で克服されている。）の具体化であって、時効援用権といえども、社会全体としての調和や具体的紛争における個別的妥当性を保たなければならないからである。したがって、権利が存在しない明白な証拠がある場合、あるいは債務が存在する明白な証拠がある場合などの特段の事情があるときに時効を援用することが権利濫用となるとする見解（加賀山・民法体系1　総則・物権153・154）や、逆に1条の適用それ自体を否定する見解があるが、疑問である。判例においても、以下のように時効援用を権利濫用として許さないものが数多くある。以下、現在までに現われた判例（損害賠償請求権に関するものを除く。）を列挙すると次のとおりである（判例の整理として半田「消滅時効の援用と信義則」ジュリ872・79、渡辺「時効の援用と信義則・権利の濫用（上）（下）」判評407・2、同408・2、渡辺「除斥期間と信義則・権利の濫用をめぐる適用関係論」判評419・2）。

3　最高裁判所判決

① 　最判昭41・4・20民集20・4・702

　　債務者が時効完成後に借受金元本の分割弁済を申し出た事案で、時効完成後における債務の承認は、時効の援用を認めないのが信義則に照らし相当とした。

② 　最判昭51・5・25民集30・4・554

　　家督相続をした長男が、家庭裁判所における調停により、母に対し、その老後の生活保障と妹らの扶養および婚姻費用等に充てる目的で農地を贈与して引渡を終わり、母が20数年これを耕作し、妹らの扶養および婚姻等の諸費用を負担した等の事実関係の下においては、母から農地法3条の許可申請に協力を求められた長男が、その許可申請協力請求権につき消滅時効を援用することは権利の濫用である。

③ 　最判昭57・7・15民集36・6・1113

　　約束手形所持人Xの裏書人Yに対する償還請求において、Yが振出人の義務の時効消滅による償還義務の消滅を主張したところ、Yは、振出人の債務とは関係なく自己固有の義務として支払うかのような期待を抱かせながら後に態度をひるがえさせ、その後の手形訴訟でも、偽造の抗弁を出すなどして審理を引き延ばし、振出人に対する時効中断措置をとるのを妨げた。

第2章　援用権　　27

④　最判平19・2・6民集61・1・122
　　ブラジルに移住した被爆者からの原子爆弾被爆者に対する援護に関する
　法律等に基づく健康管理手当請求事件で、被爆者が外国に出ると手当が受
　けられなくなるという厚生労働省の通達により未払いとなった分につき、
　通達自体が違法であったとし、違法な通達を定めて受給権者の権利行使を
　困難にしていた行政自身が地方自治法236条の5年の時効を主張すること
　（援用することではない。）は信義則に反し許されない。なお、藤田裁判官
　の補足意見がある。

4　下級審判決（損害賠償請求権以外のもの）
①　広島高松江支判昭46・11・22判時656・65（債務不存在確認、根抵当権設
　定登記抹消登記手続請求本訴、貸金請求反訴事件）
　　Y銀行はXに対する貸付債権と、Xの無記名定期債権と相殺して決済を
　すませたところ、無記名定期債権の債権者はXとは別人との判決が確定し
　た。Xより債務不存在確認、根抵当権設定登記抹消登記手続請求の本訴が
　提起され、Yは先の相殺は無効として反訴として貸付債権を請求したとこ
　ろ、Xが消滅時効を援用。裁判所はこの相殺について、Xが自己が無記名
　定期預金の債権者であるかの如く振る舞い、誤信を利用し、持続せしめた
　ことを重視。
②　名古屋地判昭49・4・19判時755・94（貸金返還請求事件）
　　終戦直後、青島において在留邦人引揚げの資金として、日本国総領事に
　対する貸金について、昭和27年在外公館借入金の実施に関する法律により
　一部弁済を受け、残金を請求した事案。
③　東京高判昭50・7・15判時791・79（土地所有権移転登記手続請求控訴事
　件）
　　前記3②掲記の最判昭51・5・25民集30・4・554の原審判決。
④　水戸地判昭54・9・4判タ403・151（農地所有権移転許可申請協力請求事
　件）
　　昭和26年の農地売買につき、買主の相続人が売主の相続人に農地法3条
　所定の許可申請手続を求めた事案で、長期占有・耕作・滞納税金の支払・
　売主の承認を重視。
⑤　東京高判昭54・9・26判時946・51（建物収去土地明渡請求控訴事件）
　　土地賃借権の2分の1の無断譲渡（昭和28年）による契約解除（昭和49年
　2月）に基づく明渡請求。解除権の消滅時効を主張。賃借権持分譲渡の事
　実を秘し、譲受人を建物の間借人にすぎないと偽っていた点を重視。

28　　　　　　　　　　第2章　援用権

⑥　仙台高判昭56・9・11判タ462・116（土地引渡請求事件）
　　自作農創設特別措置法により土地を取得したXが、兄Yが復員したため、
Yに譲渡し、その際の条件としてYがXに建物を建築して提供する約束を
したが、Yは素行不良で母や姉とも折り合いが悪く家を建てないままであ
ったのでXが契約解除、土地引渡を請求した事件。Yの取得時効を排斥。
⑦　東京地判昭57・12・27判時1079・61（建物収去土地明渡請求事件）
　　建築請負代金の代物弁済として土地の引渡しを受けたが、譲渡取得税を
免れようとする注文者の意向により移転登記未了であった事案で、援用を
権利濫用とした。
⑧　東京高判昭58・2・28判時1073・73（預金返還請求控訴事件）
　　Xの先代Aが社長をしていた会社BのY銀行からの借受金の担保のため
に、Aは架空名義の定期預金を20作った。ところが、Y銀行の次長Cがこ
れを無断で解約し費消してしまった。Xの定期預金の返還請求に対し、Y
は消滅時効を援用。ここではYの責任ある担当者がYのCおよび身元保証
人に対する損害賠償請求訴訟で勝訴すれば払戻しを受けられるとの発言を
し、Xがこれを待っていたことを重視。
⑨　東京高判昭58・10・25判タ519・255（約束手形金請求控訴事件）
　　約束手形の所持人Xが、裏書人Yに対し、満期から間もなく訴訟提起し
たところ、Yは裏書が偽造であるとの抗弁を提出し、1審で筆跡鑑定された
がY敗訴。Yは控訴して争い、ここでも筆跡鑑定。そうしているうちに、
予備的抗弁として手形振出人の債務が3年の時効で消滅していることを理
由に遡求義務も消滅したと主張。判決はYが自分の裏書を認め、Xに支払
っていれば容易に再遡求できたとして権利濫用。
⑩　仙台地判昭58・12・28判時1113・33（地位確認等請求事件）
　　新聞社Yの嘱託社員Xが女子の定年を45歳と定める就業規則によって解
雇されたことによる差額賃金の支払を請求した事案。賃金・賞与請求権が
2年の時効にかかるとしても、無効な定年制を適用して、違法状態を10年あ
まり継続してきた使用者側が援用するのは許されないとしたもの。
⑪　東京地判昭59・11・27判時1166・106（建物明渡請求事件）
　　無断転貸を理由とする解除に対し、転貸の時から10年の時効消滅を主張
した事案で、転借人を賃借人が経営する会社の使用人にすぎないと称し、
賃借人・転借人間で転貸の事実を隠蔽する目的で書面が作成されていたこ
とを重視。
⑫　東京高判昭60・3・19判タ556・139（所有権移転仮登記抹消登記手続請求
事件）

第2章　援用権　　29

　Xが農地を転用目的で買い受け、代金320万円のうち300万円はすでに支払っていた。耕作を続けていたYに、農地法5条による許可申請協力を求めた事案。Yが第三者に対してもXの所有であることを認める言動をとり続けたこと、代金も殆ど支払われていることを重視。

⑬　名古屋高判昭61・10・29判時1225・68（所有権移転登記手続義務不存在確認等請求事件）

　Xらは、Y（町）の仲介あっせんにより、A会社の工場用地にするため農地を売ったが、その後の地価上昇により再評価をせまって、転用許可申請に協力しなかった。AはYに土地を寄付した。Xらが農地法5条に基づく届出協力請求権の消滅時効を理由に移転登記義務不存在確認。Xらの阻止行動および売買契約後すぐ代金全額を受領していることを理由に権利濫用とした。

⑭　東京地判昭62・4・30判時1266・31（法人格否認による売買代金請求事件）

　Xは、有限会社Aに対する重油売却代金につき、Aの代表取締役Y_1、平取締役Y_2に対し、法人格否認の法理により、訴提起した。その後の和解期日において、Y_2は、Y_1Y_2に対する訴を取下げ、Aに対し新訴を提起するなら和解に応ずる旨表明したため、Xは、Aに対する新訴の提起とY_1Y_2に対する取下書を提出した（ただし取下書は裁判所で処理を留保）。その後$Y_1$$Y_2$から2年の短期消滅時効を援用。$Y_2$の信義に反する訴訟活動を重視。

⑮　東京高判平3・7・11判時1401・62（条件付所有権移転仮登記抹消登記手続請求事件）

　農地法5条に基づく許可申請協力請求権について売主側の代金全額受領、固定資産税立替分の償還を受けていたこと、耕作を一切放棄し何らの占有・管理をしていないこと、買主は漫然権利行使を怠っているものではないことを重視。

⑯　東京地判平3・11・28判タ791・246（通行権確認等請求事件）

　私道変更申請を行政庁に提出し、必要書類作成に互いに協力すると調停上の義務につき、該調停に基づく通行権を主張し、通行の利益を得ていることを理由に協力義務の時効消滅を排斥。

⑰　東京地判平4・7・30判時1477・65（オーダー整理金請求事件）

　石油の円環状の売買契約においてオーダー整理が行われ、中間売主による売買代金請求に対して、民法173条1号の2年の短期消滅時効を援用することは権利濫用とならない。

⑱　東京地判平5・12・21判時1507・144（農地所有権移転許可申請協力請求権確認請求事件）

農地法3条の許可申請協力請求権について、服役中手続を行わず、出所後も手続するといいながら態度を急変させたこと、などから消滅時効完成を主張することは権利濫用。

⑲　大阪高判平6・7・7金法1418・64（預金払戻請求事件）
　　預金債権につき、消滅に関する記録がないことから、特別事情があり、銀行の援用が権利濫用に当たらない。

⑳　東京高判平7・12・21判時1559・49（請求異議事件）
　　離婚に伴う財産分与および慰謝料として一定金員の支払を命ずる判決確定後、動産執行をしたが売却の見込みがないために取り下げ、10年経過後相手方が相続した土地共有持分につき強制競売を申し立てた事案。離婚前後の事情を考慮して、時効援用は権利濫用。

㉑　東京地判平8・7・1判時1598・122（売買代金請求事件）
　　Aの資金繰りを援助する方法として、A→Y→X→A→X→Yの順で空売りに係る商品代金請求権につき、YはBを誤信させ代金をXに振り込ませ、その後BからXへの不当利得返還請求訴訟でも補助参加してXが無益な争いをするに任せた事情の下では、2年の短期消滅時効の援用は信義則に反する。

㉒　大阪高判平9・7・16判時1627・108（所有権移転登記手続請求事件）
　　義理の叔母との間で農地の交換契約をし、休耕田補助金・転作補助金の支給を受け、反割別の負担をし、円満な親族関係が継続し、いつでも農地法3条の許可申請に協力し移転登記に応じてくれると考えていても無理からぬ場合、時効の援用は権利濫用となる。

㉓　東京地判平10・12・25判時1689・92（土地所有権移転仮登記抹消登記手続請求事件）
　　開発目的で日本住宅公団（現「独立行政法人都市再生機構」）が農地法5条の許可を条件として開発目的で買い受けた市街化調整区域内にある農地につき時効援用を認めることは、永年にわたる開発の結果を対価なくして公益特別法人から奪い、市街地開発による更なる利益享受し得るという著しく不当な結果を招く。保証金名目での売買代金の支払も完了済のケース。

㉔　大阪高判平17・1・28（平16（ネ）2216）（過払金返還請求事件）
　　消費者金融業者に対する過払金請求につき、過払い状態後もなお債務が残っているとして請求を続け、消滅時効の完成は大部分が債権者の対応によりもたらされたものであるから、時効の援用は信義則に反し許されない。

㉕　名古屋地判平20・9・5判時2044・106（貯金返還請求事件）

昭和52年預入れの定額郵便貯金をしたが、平成3年に死亡、平成15年に相続人が郵便局職員に権利消滅について現存照会したところ、相続問題が解決するまでは権利消滅を全て止めることができると説明していたのであるから、権利消滅を主張することは権利濫用に当たる。

㉖　東京地判平27・7・16判時2283・51

マンションがC社→B社→Y（B社の代表者）へ譲渡されたところ、管理組合Xが滞納管理費等をBとYに請求した事案である。その消滅時効期間は旧169条により5年の消滅時効に当たるところ、Yは、①Bからマンションを取得した後も組合員変更の届出をしなかったこと、②B名義で管理費等を支払い続けていたこと、③組合Xにおいては区分所有者が多数いることからYに変更されたことを認識することができなかったのはやむを得なかったことから、Yが援用することは信義則に反し、権利濫用とした。

5　類型化

以上の判例に表れた事案を類型化してみると、大まかに5つのタイプに分けることができる。1つは、消滅時効を援用する債務者において、債権者が時効期間内に権利行使をしないことに積極的に関与していた場合である。4─①、4─⑤、4─⑧、4─⑫、4─㉔、4─㉕、4─㉖の各判例がこれである。

2つ目は、消滅時効を援用する債務者側の違法性、不当性が強い場合である。3─④、4─⑨、4─⑩の各判例がこれに含まれるであろう。なお、やや特殊な事案であるが、戦時中に第一勧業銀行が台湾で発行した割増金付戦時貯蓄債券の償還請求において、国家間の取極めを期待して支払を拒んできた態度の不当性を否定的に評価されたものとして東京高判昭59・7・30判時1124・189がある。

3つ目は、消滅時効援用による権利の消滅の効果が、法における正義の観点からみて容認できない場合である。3─②、4─②の各判例がこれに含まれよう。

4つ目は、他の法理論や法解釈によって同じ結論を出すことができる可能性があったにもかかわらず、判例のとる一定の立場を固持するため、個別的な事件について、そこから生ずる不都合を除去するために、権利濫用の法理が使われたと思われる場合である。3─①、3─②の各判例の場合がそうである。例えば、3─①の判例は、時効完成後に債務承認があったときは、信義則により援用できないとしているが、これを時効の利益の放棄と構成すれば、同じ結論が得られる（例えば我妻・民法総則〔新訂版〕453）。ただ判例は、時効の利益の放棄は、時効の完成を知ってなされなければならないとする立場をと

るために、信義則に解決を求めたものである。また、3―②の判例においては、贈与を受けた母は、20数年耕作し続けたのであるから、取得時効が成立したとして同じ結論をとることもできた。しかし判例は、この事件当時においては農地の取得時効については、所有権の移転が許可にかかるため、許可のない状態での譲受人に容易に自主占有を認めないため、取得時効の成立する場合が著しく少なくなっていた（この点についての批判につき、藤原・民商77・5・679）。

5つ目は、訴訟上の言動なり、訴訟活動の反信義性を理由として、援用を否定するものであり、3―③、4―⑨や、4―⑭の各判例がそうである。

6　適用の抑制か活用か

このように信義則、権利濫用の法理によって、時効の援用が許されない場合を見てきたが、その中には他の法解釈によって解決できた場合も含まれていた。そこで、「長期間経過後に信義則の名の下に個々の援用の妥当性を検討することは、本来不可能を強いるばかりでなく、時として時効制度自体を無意味とする危険を招来する」ので、時効援用が違法、不当と評価されるためにはかなり明白に特殊異常な要件を満たす場合に限定されるべきであるとの批判がある（内池・判評217・17。その一事例の検討として中田・判評453・34）。これに対しては、時効によって権利を失うことになる者の財産権保護の見地から、立証困難という事情がなく、時効援用権者の利益保護の要請が希薄であり、かつ、第三者の法的利益を害する事情がない場合には、時効の援用の信義則による制限は積極的に活用されて良い、との見解がある（佐久間・民法の基礎1総則〔第3版〕430）。

結局、権利者における権利行使の態様と義務者における義務履行過程の態様を基礎に置きつつ、時効制度が達成しようとする目標以上に権利者の損失において義務者に不当な利益を与えることにならないよう調整する機能が信義則に期待されているというべきである。

7　民法改正との関係

不法行為による損害賠償請求権との関係で不法行為の時から20年の期間の性質が、改正民法724条2号により除斥期間から消滅時効期間に改正された。これにより、従前、除斥期間だから援用権の信義則違反や権利濫用の主張はできないとされていた問題は解消された。

12 時効援用後の債務は自然債務として存続するか。

結 論 見解が分かれるが、完全消滅すると考える。

1 援用後の債務

　民法は、消滅時効の効果を債権または財産権が「消滅する」という表現を
している（改正民法166条以下）。もっとも、民法改正により削除された旧171条
のみが「その責任を免れる。」と表現していた。もとより、このような法的効
果と改正民法145条に定める当事者の「援用」との関係については、確定効果
説、不確定効果説、訴訟法説の対立があるところである。判例は、従前の確
定効果説から不確定効果説中の停止条件説にその立場を変えた（最判昭61・3・
17民集40・2・420）。このような学説のうち、確定効果説は、時効完成と同時に
債権消滅という時効の効果が確定的に発生するというが、いったん消滅した
債権が当事者の不援用によって復活する余地があり、確定的に生ずるという
もやはり援用を必要とする。本問は、以上のいずれの見解に立つも、当事者
の援用後の債務消滅の効果を検討するものである。

2 学 説

　援用後の債務消滅の効果についての考え方は、大きく4つに分けられる。1
つ目は、時効による債権の消滅は、弁済による債権の消滅のような絶対的な
ものではなく、訴求可能性・強制可能性は失うが、なお何らかの法的効力（特
に債務者から弁済受領の効力）を持っていると解し、この法的状態を自然債
務ないし不完全債務と表現する立場である（我妻・債権総論〔新訂版〕70、於保・
債権総論〔新版〕72、林＝石田＝高木・債権総論〔改訂版〕62、加藤「新民法大系Ⅲ　債権
総論第7回　自然債務」法学教室277・81。以下「自然債務説」という。）。2つ目は、援用
に関する訴訟法説の立場からのもので、時効の援用とは時効という法定証拠
の提出であり、時効が完成すると債権者は訴訟において積極的に債権を請求
できなくなるだけで、債権自体が消滅するのではないとする。そして、上記
の自然債務説に対して、債権の時効消滅と自然債務の承認とは論理的に矛盾
すると批判する（岡本・手形研究475・7）。3つ目は時効が援用されれば、それに
よって債務は絶対的に消滅するという説（黒田・手形研究319・46。以下「完全消滅
説」という。）である。4つ目は消滅制度に求められている機能を実現するには
債権そのものが消滅するとまで考える必要はなく、消滅時効の効果を権利の

消滅ではなく、時効援用された権利の履行を請求することができなくなるだけだという考え方である（中間試案第7・8(2)の注記参照）。この見解は、時効援用後に債務者からの弁済が行われた場合については不当利得を構成しないものと解するのが合理的であり、かつ、その帰結を無理なく導くためには、援用後も債権の給付保持力は失われないものと解すべきであることを論拠とする。

なお、英米法においては、時効によって請求の訴権を消滅せしめられるにすぎず、債権そのものは有効に存続すると考えられている（谷口・大阪商大経済研究年報第1号366）。ドイツでも、債務者が時効を援用すれば訴えは効力を失うが、債権はなお一定の効果を存続してもつと解するのが一般とされている（石田・民法研究第2巻　自然債務論序説78）。

3　判　例

大審院の判例は、以上の考え方のうち、自然債務説を採らないで完全消滅説を採るようである。すなわち、「一定の債務が一度消滅時効に因り消滅したるときは仮令其の後該債務が強制執行に因り履行せられたる後と雖も債務者にして其の時効の利益を放棄したる事実の存在せざる限り尚之が援用を為すことを妨げられることなきと同時に斯くの如き時効援用ありたるときは該時効は其の起算日に遡りて効力を生じ前記強制執行に因る履行は債務なくして為したる履行として不当利得返還請求権発生の原因となる」と判示している（大判昭7・4・8法学1・10・106）。

4　自然債務説の検討

以上の考え方のうち自然債務説が通説とされている。そこで、通説が自然債務とする根拠の各場合を批判的に検討する。自然債務説の最大の根拠は、債務者が時効援用後に任意に弁済したとき非債弁済とならず、その返還を請求できないという帰結を説明するためには、自然債務という概念が有用であるという点にある。この点については、「この意味における債務性ならその債務性を語ることはできない」という批判（大河・民法学4・9）があるほか、時効を援用したのちに任意に弁済するのは、債務の消滅を知りながら弁済したものとして、返還請求できなくなるので（705条。悪意の非債弁済）、自然債務になるとしなくとも同様の結論に達し得る。また、たまたま錯誤によって弁済したとしても、悪意の推定が強く働き、錯誤の立証は事実上困難であるから同様であろう（於保・前掲書74）。

第2章　援用権　　35

5　保証人がいる場合

もっとも、保証人がいるような場合は若干局面が異なる可能性がある。すなわち、主債務者が時効を援用すれば、付従性により保証人の援用を要せず保証債務も消滅する。そこで、保証人が主債務者の援用の事実を知らないで弁済したとき、保証債務もなお自然債務として存続していると考えれば、保証人はその弁済を不当利得として返還請求できないことになるが、完全に消滅していると考えれば、不当利得として返還請求できることになる（黒田・前掲46）。もっともこの場合、保証債務の消滅は、付従性によるものであるから主債務は自然債務として残っても、保証債務は完全に消滅すると考える方が素直であり、保証人の責任をそこまで徹底することも疑問であるから、やはり不当利得として返還請求できると解される。なお、保証人が主債務者の時効援用の事実を知って弁済したときは、悪意の非債弁済として返還請求できないことはいうまでもない。

6　援用権の喪失

以上の議論は、時効援用後の弁済であった。そこで、悪意の非債弁済による処理ができた。問題は、時効期間経過後に時効完成を知らないで債務者が一部弁済したような場合である。判例理論によるとこのような債務者は信義則上、時効の援用そのものが許されない。この場合、弁済した債務者はもう絶対に援用できないのか（この考え方をとる者として、石田・注釈民法(18)614）、あるいは信義則に反しない場合には、債務弁済後といえども援用できるのか（この考え方を採る者として、岡・手形研究319・135、遠藤・民法判例百選 I〔第三版〕97）は、争いがある。後者の考え方に立って、自然債務説を採ると、弁済分は、なお不当利得として返還請求できないことになる（前掲岡論文は不当利得として返還請求できるとする）。この点については、信義則に照らしてもなお援用を相当とするような場合には、むしろ債権者から弁済分を不当利得として債務者に返還させるのが妥当と考えられる。

7　相　殺

508条は、時効で消滅した債権がその消滅以前に相殺適状にあった場合には、これを自働債権として相殺をなし得ると規定している。これは自然債務は相殺の自働債権となし得ないのが原則であるが、この例外を定めるものと説明される（我妻・前掲書71）。すなわち、時効で消滅した債権の自然債務性を相殺可能であることの根拠にしている。この点については、「相殺は、債権者が原則として国家機関の手を介して債務者の責任財産に対して有する攫取権

を、一定の場合に特定の個人に委ねた制度であるとみるかぎり、訴求・強制執行可能性を欠く債権に相殺可能性を与えるのは、それ自体論理矛盾である―強制的に弁済させたことになるからである―」との批判がある（石田・前掲書76）。508条を自然債務性からではなく、相殺制度の性格から説明すれば、ここでも自然債務性は不要となる。

8　更改等
　自然債務説は、時効消滅した債務についても、更改・準消費貸借・保証・担保の目的となるとする。しかし、その効力について意思解釈によるとしつつも、更改・準消費貸借によって成立する債務または保証債務もまた自然債務として成立するという（石田・前掲書76）。しかし、意思解釈上はむしろこのような場合は、時効消滅した債務とは別個に独立した債務として負担する意思に基づき完全な債務として成立すると解する方が自然である。

9　更生計画・再生計画による責任免除
　会社更生計画認可決定または再生計画認可決定の確定によって、一部免除された債権との関係で問題を生ずる（会社更生法204条、民事再生法178条）。すなわち、これらによって一部免除された部分の債権については、完全に消滅するという学説や判例もあるが、なお自然債務として残るという学説や判例もある。債務者たる更生会社や再生債務者に保証人がいるような場合に、免除部分が主債務たる自然債務として残るという考えに立つと、その時効による消滅という問題が発生する。時効によって消滅した債務は自然債務として残るとする説によれば、一部免除部分はもともと自然債務であったのであるから時効にかかっても自然債務であることに変わりはなく、したがっておよそ時効による消滅ということ自体が無意味となる。

10　検討結果
　以上検討したごとく、時効援用後の債務を自然債務として存続される実質的意味はないと考えられ、完全消滅説が相当と考える。

第2章　援用権　　　37

13　休眠預金に関する時効の援用はどうなるか。

結　論　消滅時効を援用することは想定されない。

1　預金の時効援用の実情

　預金の時効援用の実情に関して、預金を弁済していないのに消滅時効期間が経過したから時効を援用することはどこの銀行もやっておらず、預金を弁済したことは間違いがないが弁済した証拠が見つからないという限られたケースについてのみ時効の援用を例外的にやっているとの報告がある（岡本・34回会議・議事録24）。

　学説としても、銀行において表見預金者においても、預金契約が存続し、預金債権が明かな場合において、ただたんに、最後の預入れないし払戻しからそのまま10年経過しただけで、銀行が時効を援用して返還請求を拒むことは不当であるとの見解がある（平井・金判1184・62）。

2　休眠預金等活用法

　平成28年12月2日に「民間公益活動を促進するための休眠預金等に係る資金の活用に関する法律」（以下「休眠預金等活用法」という。）が成立し、平成30年1月1日に法全体の施行がなされた。同法において「休眠預金等」とは、「預金等」であって、当該預金等に係る最終異動日等から10年を経過したものをいうと定義されている（休眠預金等活用法2条6項）。「預金等」とは、預金保険法における一般預金等もしくは決済用預金または農水産業協同組合貯金保険法に規定する一般貯金等もしくは決済用預金であって、同法施行規則で定めるものを除くとされている（休眠預金等活用法2条2項）。除外されるのは、勤労者財産形成促進法に規定される財形貯蓄、デリバティブが組み込まれた仕組預金や、いわゆるマル優などである（休眠預金等活用法施行規則3条）。

　この法律自体は、休眠預金等という個人資産にかかる資金を民間の公益に資する活動に活用することで、国民生活の安定向上および社会福祉の増進に資することが目的とされている。

3　休眠預金等移管金の納付と休眠預金債権の消滅

　金融機関は、最終異動日等から9年を経過した預金等があるときは、預金者等に通知した上で、当該預金等に係る最終異動日から10年6か月を経過するまでに、最終異動日等に関する事項を公告しなければならず、その公告をし

た日から2か月を経過した休眠預金等があるときは、公告をした日から1年を経過するまでの間に、「休眠預金等移管金」（その納付の日において現に預金者等が有する当該休眠預金等に係る債権の額に相当する額の金銭をいう。）を預金保険機構に納付しなければならない（休眠預金等活用法4条1項、休眠預金等活用法施行規則9条）。

　休眠預金等移管金の全額の納付があった場合には、納付の日において現に預金者等が有する当該休眠預金等に係る債権は消滅する（休眠預金等活用法7条1項）。もっとも、預金者であった者は、預金保険機構に対して「休眠預金等代替金」の支払を請求することができる（同条2項）。実際には、預金保険機構から委託を受けた各金融機関が支払等業務を行うことになる。この休眠預金等代替金が支払われることにより、預金者の財産権の侵害にはならないようにされている。この代替金請求権は、相続の対象となり、請求期間に制限はない。

4　休眠預金等活用法施行後の時効援用

　休眠預金等活用法施行後は、残高が残っている預金等については、同法に従って、休眠預金等移管金を納付することが求められているため、消滅時効を援用することは想定されない。

　預金者等であった者が預金保険機構に預金者であった旨の申し出を行う場合に、金融機関の同意を得たときは、休眠預金等移管金の納付による債権の消滅がなかったとすれば、休眠預金等代替金の支払日において当該預金者等であった者が有していた預金債権を取得する方法によって、休眠預金等代替金の支払を受けることができる（休眠預金等活用法施行規則13条2項）。このような場合に、休眠預金等活用法施行前の基準により、消滅時効が援用されることがまれにあり得ると考えられる。

第3章　援用権者　　39

第3章　援用権者

14　時効の援用権者の範囲に関して、改正による変更があったか。

結　論　旧145条にかっこ書が付され、保証人、物上保証人、第三取得者その他権利の消滅について正当な利益を有する者を含むとされた。

1　中間試案での表現
改正民法145条は、次のような表現になっている（下線は筆者）。

> 時効は、当事者（消滅時効にあっては、保証人、物上保証人、第三取得者その他権利の消滅について正当な利益を有する者を含む。）が援用しなければ、裁判所がこれによって裁判することができない。

ちなみに、中間試案では、次のように表現されていた。

> 時効期間が満了したときは、当事者又は権利の消滅について正当な利益を有する第三者は、消滅時効を援用することができるものとする。

2　改正前との相違点
旧145条と比べると、改正民法145条では、当事者にかっこ書を付けて、消滅時効に関してのみ「当事者」を具体的に列挙し、かつ、その他権利の消滅について「正当な利益を有する者を含む」として包括的な表現を加えている点が相違点である。すなわち、消滅時効の場合の援用権者の範囲について、「当事者」とあるだけで条文をみても分からない旧法の状況を少しでも明確にして改善したいという意図から、明文による解決を与えたものである。これまでの判例において、「利益を受ける」ことが要件とされているのは、他人の財産についての消滅時効を援用することが正当化される程度に、自己の利

益が影響を受けるかどうかを考慮する趣旨であると考えられるため、そのような考慮の実質に即した文言として、「権利の消滅について正当な利益を有する者」という文言が用いられることとなったものである（筒井ら・ＮＢＬ1108・26）。

しかしながら、これは一定の第三者に援用権が認められることを条文上明らかにするにとどめ、援用権者の具体的な範囲については引き続き解釈に委ねる趣旨であり、援用権者に関するこれまでの判例を変更することを意図するものではない（部会資料69Ａ・24）。ちなみに、援用権者の範囲の問題は、時効期間の短期化とも関連する問題である。すなわち、時効期間を短くし、その効果を債権の消滅とし、かつ援用権者を広くすると、余りにも債権の効力を弱くするのではないかとの批判があるのである。

3 取得時効の援用権者

なお、取得時効の援用権者の範囲の問題は、改正前と同じく「当事者」概念に委ねられている点に注意されたい。改正民法145条は、取得時効についても適用される時効に関する総則規定であるが、取得時効についての援用権者の範囲に関する判例の蓄積が少なく、学説上もそれほど確立した考え方が示されているところではない。そこで、取得時効については「当事者」という文言を別の言葉に置き換えることは適切ではないので、現行法の規律を維持することとしたものである。

4 批判的見解

これらの点に関しては、消滅時効についてだけ援用権者の具体例を挙げることはバランスがとれないだけでなく、条文中に一部の具体例を書き込むということに疑問であるとする意見がある（松久・法時86・12・63）。

5 当事者の意味

「当事者」の言語的表現として、従前の判例は、「時効によって直接に利益を受ける者及びその承継人」（大判明43・1・25民録16・22）という形で限定していた。もっとも、判例は、具体的な援用権者については、改正民法145条に列挙されているような者にも拡大していた。

改正民法145条における「当事者」の意義については、従来よりも明確な基準を提示しているというよりも、当事者以外に援用権者がいるということを明確にするという観点から、基本的には現在の判例を維持することを前提に、それを抽象的に表す言葉としてこの案が提示されたと説明されている。な

お、審議の過程では、現行法の当事者は限定しすぎで、一定の範囲は判例でも認められているから、範囲については今後の判例に委ねるが、「当事者」という言葉自体が不適切なのでこれを「法律上の正当な利害関係」等に改めようとの意見も出されていた。

6 「その他正当な利益を有する者」

改正民法は、時効の援用権者について、保証人、物上保証人、第三取得者を例示として挙げつつ、「その他正当な利益を有する者」という一般的な基準を明らかにしたものである。当事者以外で時効を援用することができる者を表す文言については、上記大判明43・1・25が提示している「直接利益を受ける者」という文言は必ずしも適当でないという批判があった。そこで、これに代わるものとしては、①「保証人、物上保証人その他の法律上の正当な利害関係を有する者」（検討委員会試案）や、②「時効の利益を受ける当事者」（研究会試案）、③「正当な利益を有する第三者」（時効研究会試案）とする考え方などの立法提案がなされていた。「直接」という基準が必ずしも適切でないという指摘があるので、それに代わるものとして「正当な利益を有する者」という文言を提示したものである。

なお、法文上に「その他」とあり、「その他の」とは表現されていないので、保証人、物上保証人が援用権者であることは明らかで、それ以外の類型として「正当な利益を有する者」が例示されていることになる。その結果、具体例と後ろに挙げられた一般的基準とがずれることを容認していることになると思われる。

7 実務への影響

改正民法145条の改正は、従前判例理論の明文化にすぎないので、従前実務への影響はない。したがって、改正民法145条に明記された者以外の時効の援用権者についても、従前の判例がそのまま維持される。例えば、詐害行為の受益者は援用権が認められ（最判平10・6・22民集52・4・1195）、後順位抵当権者は、援用権が否定される（最判平11・10・21民集53・7・1190）。

15 改正民法145条は、いつから適用されるか。

結　論　施行日前に生じた債権（施行日以後に債権が生じた場合であって、その原因である法律行為が施行日前にされたときを含む。）には、改正法は適用されない。

1　改正法附則10条1項

改正民法145条の債権の消滅時効の援用に関する経過措置として、改正法附則10条1項は、次のように規定している。

> 施行日前に債権が生じた場合（施行日以後に債権が生じた場合であって、その原因である法律行為が施行日前にされたときを含む。以下同じ。）におけるその債権の消滅時効の援用については、新法第145条の規定に関わらず、なお従前の例による。

2　実務への影響

施行日前に債権の発生原因となる法律行為が行われたものについては、消滅時効の援用については、改正前の旧145条が適用される。もっとも、改正民法145条は、それまでの判例理論を条文上明示しただけで、援用権者に関するこれまでの判例を変更するものではないので、実務上の影響はない。

16 時効援用権を有しない者の範囲は。

結　論　単なる一般債権者・後順位抵当権者・係争土地を取得時効し得べき者からその所有する建物を賃借しているにすぎない建物の賃借人である。

1　援用権者の範囲に関する4つの見解

時効の援用権者につき、判例で用いられる「時効により直接権利を受ける者」という表現は、必ずしも機能していない。そこで「法律上の正当な利害関係を存する者」、「時効の利益を受ける当事者」、「当事者又は権利の消滅について正当な利益を有する第三者」などが提案されていた。具体的な援用権

者の範囲に関する従来の見解は、以下の通り、4つに区分できる。

① 判例は、援用権者を時効によって直接利益を受ける者としているが、その実質的内容は、森田後掲書によれば、時効を援用しようとする者とその相手方との間に、時効援用の効果によって消滅する直接の法律関係が存在する場合と定式化される。

② 我妻・民法総則〔新訂版〕446は、時効によって直接権利を取得しまたは義務を免れる者のほか、この権利または義務に基づいて権利を取得しまたは義務を免れる者とする。

③ 松久「時効援用権者の範囲－最近の判例を契機として－」金法1266・6は、時効の目的は義務からの解放であるから、第1基準として、援用により自己の義務を免れる者とし、次に直接の当事者には援用するかしないかの自由があるから、第2基準として、直接の当事者が第三者の為に時効を援用すべき関係にあるか否かを問題とし、第三者のために援用すべき関係にある時は第三者に援用権を認めるべきであり、第3基準として、第三者に援用を認めるべき特別の理由がある場合にはその第三者に援用権を認めるべき、とする。

④ 森田「時効援用権者の確定基準について(一)(二)」曹時54・6・1、同54・7・1は、第1に、時効を援用しようとする者とその相手方との間に直接の法律関係があり（直接性）、第2に、その法律関係が実体法上、当該援用権者との相対的な関係においてのみ消滅したと扱うことができるであろうような他から別個独立の可分なものであることが必要（可分性）、とする。

2 時効を援用し得ない者の具体的範囲

現時点で、判例上、時効を援用できないとされる者の具体的範囲は、以下の通りである。

(1) 消滅時効

(ア) 一般債権者－債務者Ｂが他の債権者Ｃに対して負担している債務について、債務者Ｂの一般債権者Ａ（大判大8・7・4民録25・1215、大決昭12・6・30民集16・16・1037）。その理由は、債務者の債務が消滅しても一般債権者の債権自体には変化がないからである。ただし、債権者代位権による援用は許される（最判昭43・9・26民集22・9・2002）。

(イ) 後順位抵当権者－先順位抵当権の被担保債権について、後順位抵当権者（最判平11・10・21民集53・7・1190）。消滅時効により先順位抵当権の被担保債権の消滅により後順位抵当権者の受ける配当額増加という利益は、順位上昇によって反射的にもたらされる利益にすぎず、また、援用できないとしてもその地位が害されないからである。

(2) 取得時効

(ア) 係争土地の取得時効し得べき者からその所有する建物を賃借しているにすぎない建物の賃借人は、賃貸人の敷地に対する所有権の取得時効について、土地の取得時効の完成により直接利益を受ける者ではないから、土地所有権の取得時効の援用ができない（最判昭44・7・15民集23・8・1520）。

(イ) 土地賃貸人のその土地に対する取得時効について、土地の賃借人の時効援用権を肯定するものとして、東京地判平元・6・30判時1343・49、東京高判平21・5・14判タ1305・161、森田・前掲(二)22、丸山・法教381・131があり、否定する裁判例として東京高判昭47・2・28判時662・47がある。

3 改正民法との関係

改正民法145条は、消滅時効の援用権者につき、かっこ書を付記し、「当事者（消滅時効にあっては、保証人、物上保証人、第三取得者その他権利の消滅について正当な利益を有する者を含む。）」と規定しているが、従前の判例理論に変更を及ぼすものではない。

17 担保の目的となっている債権の譲受人は、その担保の被担保債権の消滅時効を援用できるか。

結 論	援用できないとする古い大審院判例があるが、積極に解すべきである。

1 債権の上の担保

債権が担保の目的となっている場合としては、大きく分けて当事者間の約定による場合と法律によって発生する場合との2つがある。約定による場合は、正式担保である質権のほか譲渡担保があり、また代理受領や振込指定のようにいわゆる事実上の担保取得方式もある。これに対して法律によって発生する場合とは、民事執行法や民事保全法などの法律に基づき担保を立てた場合に（民事執行法15条、民事保全法4条）、担保を立てられた相手方はその金銭または有価証券の上に質権を有するというような場合（民事訴訟法77条）である。

2 大審院の判例

古い大審院の判例は、強制執行停止のための保証金につき、その供託金払戻請求権の譲受人から執行債権者の損害賠償債権について消滅時効の援用がなされた事案で、「或ル債権ノ担保タル権利ノ主体ノ如キハ右債権ノ消滅時効ヲ援用スル適格ヲ欠クコトハ夙ニ当院ノ判例トスルトコロナリ」と判示して援用を否定した（大判昭7・4・13新聞3400・12）。

3 援用権者の拡大

本問の債権の譲受人は、不動産担保たる抵当権と対比してみると、抵当不動産の第三取得者と同様な地位がある。大判明43・1・25民録16・22は、抵当不動産の第三取得者を被担保債権の消滅時効によって直接利益を受けるものではないことを理由にその援用権を否定していた。前記大判昭7・4・13が夙に当院の判例とするところといっているのは、この大判明43・1・25の判決が念頭にあってのことであろう。この抵当不動産の第三取得者の援用権を否定した判例の態度については、学説から抵当権は債権の担保という従たる存在にすぎないから、主たる債権についてその永続的不行使の結果消滅すべき社会的要求が現れたときは、従たる抵当権もまた同一の社会的要求に従うべきであり、この意味においては、抵当不動産の第三取得者は判例のいう直接の当事者であるとか（我妻・民法研究第2　総則199）、第三取得者も債権の消滅につき強い利害関係を有すること、代価弁済・滌除などを通じて直接の設定者と近い関係にあること、また目的物の権利の承継者として結果的に物上保証人に近い立場にあることなどを理由として（川井・民商58・5・776）援用権を認めるべきとする者が多い（ただし、利益衡量からの慎重論として星野・法協85・10・1432）。

このような学説からの批判を考慮して、判例も他人の債務のために、自己の不動産をいわゆる弱い譲渡担保に提供した者についてその他人の債務の消滅時効の援用権を認め（最判昭42・10・27民集21・8・2110）、ついに上記大判明43・1・25の判例を変更して、抵当不動産の第三取得者の被担保債権の消滅時効の援用権を認めた（最判昭48・12・14民集27・11・1586）。その後も仮登記担保権の設定された不動産の第三取得者（最判昭60・11・26民集39・7・1701）、売買予約に基づく所有権移転請求権保全仮登記の経由された不動産の第三取得者（最判平4・3・19民集46・3・222）にも援用権を認める。

これに対し担保権の目的となっている債権の譲受人の被担保債権の消滅時効の援用の可否についての判例は、前記大判昭7・4・13がこれを否定しているが、判例の推移、抵当不動産の第三取得者について前記のような判例変更がなされたことからみて、大判昭7・4・13もいずれは変更されるものと思われる。

4 学 説

学説においては、幾代・総合判例研究叢書第2　第8　民法117は、判例の結論は疑問とし、石田・民法総則552は、債務者が立証に自信があることを理由に時効利益の放棄をしたときは援用を認める。この中にあって直接の当事者が第三者のために時効を援用すべき関係にあるか否かが第三者の援用権の有無の主たる基準となるとする説 (松久「時効援用権者の範囲―最近の判例を契機として―」金法1266・6) によれば、権利を移転した者は、移転を受けた者のために時効を援用すべき関係にあり、それは権利の移転が時効完成の前か後で異ならないから、権利の移転を受けた者に被担保債権の消滅時効の援用権を認めてもよいと説明される。

私自身は、消滅時効制度の趣旨は、権利関係の成立・存否が時間の経過によって不明確となる場合の義務者による債務不存在・消滅についての立証からの解放の反射的効果として実体法上も権利消滅という効果を生じさせるものと考える。このように考えると、担保の目的たる債権の譲受人は、直接自分が債務を負担しているわけではないが、その負担は被担保債権の存否にかかっている。したがってその被担保債権の存否についての立証の負担について解放される利益があり、援用権を肯定してよいと考える。

5 民法改正との関係

改正民法145条は、旧145条にはなかった「(消滅時効にあっては、保証人、物上保証人、第三取得者その他権利の消滅について正当な利益を有する者を含む。)」という文言を付加したのであるから、一層その援用権を肯定する見解に傾く。

18 取得目的の売買予約に基づく所有権移転請求権保全の仮登記に後れる抵当権者は、その予約完結権の消滅時効を援用できるか。

結 論	判例はできるとする。

1 判例の事案

本問は、最判平2・6・5民集44・4・599で扱われた問題である。事案はA所有の農地につき、昭和35年11月11日売買予約による所有権移転請求権保全の

第3章　援用権者　　47

仮登記がなされ、それから10年以上経過した昭和61年4月17日、X信用金庫が
Bに対する貸金債権の担保のために抵当権設定登記を経由した（ただし、ど
ういうわけか抵当権設定契約そのものは昭和55年6月26日）。Xの競売申立て
により同年6月6日、競売開始決定がなされ、Xは予約完結権の10年の消滅時
効を主張して、仮登記の抹消を求めたのが本件である。

2　取得目的の場合

　なお、断定し得ないが、本件土地は農地であって、売買予約による仮登記
は、担保目的のそれではないと考えられる。前記事案につき最高裁判所は、
時効を援用し得る者は、権利の消滅により直接利益を受ける者に限定される
ところ、本件のXは「予約完結権が行使されると、いわゆる仮登記の順位保
全効により、仮登記に基づく所有権移転の本登記手続につき承諾義務を負い、
結局は抵当権設定登記を抹消される関係にあり（不動産登記法105条・146条1項）、
その反面、予約完結権が消滅すれば抵当権を全うすることができる地位にあ
るというべきであるから、予約完結権の消滅によって直接利益を受ける者に
当た」るとして、Xの援用を肯定した（最判平2・6・5民集44・4・599）。

3　担保目的の場合

　前記のように、本判決の事案は、担保目的ではない売買予約仮登記後の後
順位抵当権者の援用に関する判断であって、担保目的の場合いわゆる仮登記
担保権つき不動産上の抵当権者の援用については、本判決の射程外と理解さ
れている（松久・判評388・14）。
　ちなみに、担保目的の売買予約に基づく所有権移転請求権保全の仮登記の
ついた不動産の第三取得者の予約完結権の消滅時効に関しては、最判平4・3・
19民集46・3・222がこれを肯定している。

4　判例の基準

　判例が、時効の援用権者を時効により直接に利益を受ける者という枠をは
めるのは、大判明43・1・25民録16・22以来一貫した態度である。ただ、その
具体的中味は、判例の流れにおいて変わってきている。すなわち当初は、消
滅時効の直接の効果として消滅時効にかかる当該権利に対応する義務者と考
えていた。この理解に立つと、この抵当権者は、売買予約につき何らの義務
を負担するものではないから、時効の直接の効果として義務を免れ利益を受
ける者ではないから、援用し得ないという結論になる（広島高判平2・2・22判時
1356・95参照－ただし第三取得者）。しかし、その後、最高裁判所は、①他人の債

務のため自己の所有物をいわゆる弱い譲渡担保に供した者（最判昭42・10・27民集21・8・2110）、②物上保証人（最判昭43・9・26民集22・9・2002）、③抵当不動産の譲渡を受けた第三取得者（最判昭48・12・14民集27・11・1586）、④仮登記担保権の設定された不動産の第三取得者（最判昭60・11・26民集39・7・1701）につき、担保権の被担保債務につき消滅時効を援用し得るとした。ここでは、権利義務関係消滅の直接の当事者以外の第三者にも時効援用権を認めているわけである。このように、判例の採用している「直接利益を受ける者」という概念は、援用し得る者とできない者とを区別する基準としては実質的に全く機能していないが、判例がなおこの概念を使用しているのは、援用権者の範囲につき無制限説を援用せず制限説を援用する以上、何らかの基準がなければならないが当面これに代わる適当な基準がないこと、また一般債権者が他の債権者の消滅時効を援用する場合とか、後順位抵当権者が先順位抵当権の被担保債権の消滅時効も援用する場合などのように、援用によって利益だけを得、義務を免れるということのない者の援用権を否定する根拠が必要という意味で、なお維持していると解される（債権者につき大判昭11・2・14新聞3959・7、後順位抵当権者につき最判昭43・9・26民集22・9・2002は、いずれも援用を否定する。）。

5　担保目的の場合との比較検討

　次に、このような判例の立場を、①本問のような純粋な売買予約のための仮登記後の抵当権者、②債権担保目的のための売買予約仮登記（いわゆる仮登記担保）後の抵当権者、③先順位の抵当権がある場合の後順位抵当権者の3つの類型の中において比較検討してみたい。

　前記のように、現在の判例は、時効による利益の存否を判断するに際し、消滅時効の対象となる直接の権利に対応する義務の消滅ではなく、何らかの義務の消滅を判断要素の1つとしていると考えられる。本件では、仮登記に基づく所有権移転の本登記手続につき承諾義務を負担し、この義務が消滅することを挙示している。先順位が抵当権の場合には、後順位抵当権者はこれに対応するような義務を負担してはいない。そこで、純粋売買予約の場合は援用が認められ、先順位が抵当権の場合は認められないという結論になるが、仮登記担保の場合は複雑である。仮登記担保たる売買予約の場合でも、仮登記担保権者がこの担保仮登記に基づき、本登記をなすには原則として後順位抵当権者の承諾書または承諾を命じた裁判の謄本が必要である。この意味で本登記手続につき承諾義務がある。ただし仮登記担保契約に関する法律18条は、一定の要件の下において登記上の利害関係を有する第三者のうち、物上代位のできる後順位の担保権者が清算金を差し押さえたときは、仮登記担保

第3章　援用権者　　　　49

権者は、その差押えを証する書面（債権差押命令書）および清算金を供託したことを証する書面（供託書正本）をもってその者の承諾書に代えることができるとしている。ただ仮登記担保の場合、全ての場合に仮登記の本登記承諾義務があるわけではない。すなわち、仮登記担保契約に関する法律に定める先着主義により後順位の抵当権者が担保権実行としての競売の申立てをし、その競売開始決定が仮登記担保権者の清算金支払義務の弁済前（清算金がないときは清算期間の経過前）になされた場合には、仮登記担保権者は目的物の所有権を取得することは認められず（仮登記担保契約に関する法律15条1項）、競売手続において仮登記の順位に従い、抵当権者と同様に優先弁済を受け得るにとどまる（仮登記担保契約に関する法律13条・16条）。

　注目すべきはこの場合、「順位に関しては、その担保仮登記に係る権利を抵当権とみなし、その担保仮登記のされた時にその抵当権の設定の登記がされたものとみなす」（仮登記担保契約に関する法律13条1項）とされていることである。そこで従前の判例の考え方によると、後順位抵当権者は、仮登記担保権者がその担保権実行としての本登記手続を請求する場合には、消滅時効の援用ができるが、先着主義により単に先順位抵当権とみなされて優先弁済を受け得るにすぎない場合は、時効援用できないことになると思われるが、このような結論が妥当かは疑問である。学説にはこの点につき、後順位抵当権者は先順位抵当権者の被担保債権の消滅時効を援用できないとした上で、仮登記担保権の目的不動産上に抵当権の設定を受けた者についても、後順位抵当権者と同様に解することになるとする説があるが（松久「時効援用権者の範囲－最近の判例を契機として－」金法1266・14注(18)）、こちらの考え方が首尾一貫している。このように、何らかの義務を免れることも利益を受けるか否かの判断要素とすることは、論理の破綻をきたすことになると思う。

6　時効援用による利益についての検討

　次に、援用を認めることによって何らかの利益を受けるという点について検討する。本件では、「予約完結権が消滅すれば、抵当権を全うすることができる」との点が利益と認められている。本件のXは、売買予約の仮登記があることを知りながら、その後順位として抵当権を設定した者である。この場合Xとしては、仮登記が本登記になれば自己の抵当権もそれによって覆されることを十分周知した上での抵当権取得であったはずである。この場合に、Xの時効援用権を認めてやらなくてもXに不測の損害を負わせることはない。かえって、Xに援用権を認めると覆されるはずの自己の抵当権が100％生き返って思いがけない利益を得ることになる。この関係は、後順位抵当権

者が先順位抵当権の被担保債権の援用ができるとした場合の後順位抵当権者の順位上昇の利益よりはるかに大きい。にもかかわらず、先順位に担保目的でない売買予約の仮登記が存する場合には援用できて、先順位抵当権の場合は援用できないと区別する理由があるのか明確に説明し得ない。

ただし、このような本件Ｘの立場の評価については、本件でＸが競売申立てに着手していたことを時効援用権肯定の重要な要因と評価する見解もある（牧山「売買予約に基づく所有権移転請求権保全の仮登記に後れる抵当権者と予約完結権の消滅時効の援用」金法1278・21、松久・前掲15)。

7　その他の問題点

このように判例の結論は、他の場合との関連で検討するといろいろな問題を含むものである。なお前掲の事案は、売買予約仮登記後10年以上経過した後に抵当権を設定した場合であった。その意味で予約完結権の時効による消滅を信じて抵当権を設定した場合であるとすると、Ｘの消滅時効による保護もある意味では首肯し得るものがある（ただ、仮登記は抹消されずに残っているのであるから、その期待には必ずしも合理性があるとはいえない。)。しかし、10年以上経過しない間に抵当権を設定した者は、この意味での信頼がないとして援用できないとすると考えることもできる。その意味で、たやすく予約完結権の仮登記のついたもので、これに後れる抵当権者に援用権を認めることは問題であるとの見解もあり得よう（第三取得者についてであるが、星野・判民昭和40年度22事件、民法論集第4巻175参照)。また、予約完結権は形成権であるから、担保目的ではない売買の予約における予約完結権については、除斥期間と解し、期間の経過のみで権利消滅の効果が生じ、時効援用権は問題とならないと解釈することを検討すべしとの見解（松久・前掲15)もある。

19 　担保目的の売買予約に基づく所有権移転請求権保全の仮登記に後れる抵当権者は、予約完結権の消滅時効を援用できるか。

| 結　論 | 援用できないと解する。 |

1　担保目的でない仮登記と抵当権者の場合

最高裁判所は、売買予約に基づく所有権移転請求権保全仮登記の経由され

第3章　援用権者　　51

た不動産につき抵当権の設定を受け、その登記を経由したものは、予約完結
権が行使されると、いわゆる仮登記の順位保全効により、仮登記に基づく所
有権移転の本登記手続につき承諾義務を負い、結局は抵当権設定登記を抹消
される関係にあり、その反面予約完結権が消滅すれば抵当権を全うすること
ができる地位にあるというべきであるから、予約完結権の消滅時効を援用で
きると判示した（最判平2・6・5民集44・4・599）。この判決の仮登記の対象となっ
た土地は農地であり、売買予約による仮登記は担保目的のものではないよう
である。したがって、上記判決は、担保目的ではない売買予約仮登記後の後
順位抵当権者の援用に関する判断であって、担保目的の場合、いわゆる仮登
記担保権つき不動産上の抵当権者の援用については、その判決の射程外と一
般に解されている（松久・判評388・13）。

2　担保目的の仮登記と第三取得者の場合

担保目的の売買予約に基づく所有権移転請求権保全の仮登記のついた不動
産の第三取得者による予約完結権の消滅時効の援用に関しては、最判平4・3・
19民集46・3・222がこれを肯定している。その根拠は、仮登記担保不動産の
第三取得者は、予約完結権が行使されると、仮登記の順位保全効により仮登
記に基づく本登記手続の承諾義務があり、所有権取得が否定されて所有権移
転登記が抹消される関係にある反面、予約完結権の消滅時効の援用が許され
るなら所有権の確定的な取得を仮登記担保権者に主張し得る関係にあるか
ら、時効を援用することにより直接の利益を受けるものといい得るからであ
る。

3　担保目的の仮登記と抵当権者の場合

仮登記担保契約に関する法律の適用のある売買予約については、後順位担
保権者は、清算期間内は、自己の債権の弁済期到来前であっても競売の請求
ができ（仮登記担保契約に関する法律12条）、この担保不動産競売においては、そ
の担保仮登記権利者は順位に関して抵当権とみなされて担保仮登記がされた
ときに抵当権の設定登記がされたものとみなされ、優先弁済を受け（仮登記担
保契約に関する法律13条）、競売申立てが清算金支払債務の弁済後でない限り本
登記請求できず（仮登記担保契約に関する法律15条）、競売による売却があったと
きは担保仮登記に係る権利は消滅する（仮登記担保契約に関する法律16条）から、
後順位担保権者にも順位に応じた優先弁済権が保障されており、後順位担保
権者が仮登記担保権の実行により直接その権利を失うという関係にはないか
ら、後順位抵当権者は、仮登記担保権の予約完結権を援用し得る地位にない

と解される（魚住・最高裁判所判例解説民事篇平成2年度11事件176、森田「時効援用権者の確定基準について(一)」曹時54・6・26）。

　ちなみに、最判平11・10・21民集53・7・1190は、先順位抵当権と後順位抵当権との関係の場合、後順位抵当権者は先順位抵当権者の被担保債権の消滅時効を援用することができないと判示している。これは、後順位抵当権者が先順位抵当権者の担保権実行により直接その権利を失うという関係にはないことを援用権否定の実質的根拠としていると理解せられ、上記解釈とも符合する。

第4章　時効の客観的起算点　　53

第4章　時効の客観的起算点

20　10年の時効期間の客観的起算点である「権利を行使することができる時」とはいつか。

結　論　「権利を行使するための法律上の障害がなく、権利の性質上、その権利行使を現実に期待することができる時」という判例理論に変更はない。

1　民法改正前の学説・判例

　旧167条1項は、債権の時効期間を10年間とし、旧166条1項は、その消滅時効の起算点を「権利を行使することができる時」と規定していた。改正民法166条1項2号では、「権利を行使できるときから10年間行使しないとき」は、時効によって消滅するとされた。

　権利を行使することができる時の意義について、学説では、権利行使について法律上の障害がなくなったときと解する見解（通説）と、権利行使が事実上期待可能となったときとする見解の対立があった。折衷的な見解として、法律上の障害がないという原理的な基準を具体的に個々の事案に当てはめる場合のその認定判断に際しての補充的な基準として、「その権利行使が現実に期待できるものであることを要する」という判断基準があるとする者もあった（瀧澤・銀法694・36）。判例では「権利を行使することをできる時」とは、権利を行使するための法律上の障害がなく、権利の性質上、その権利行使を現実に期待することができる時」をいい（最判昭45・7・15民集24・7・771、最判平8・3・5民集50・3・383）、権利を行使するための事実上の障害があっても、消滅時効の進行には影響がない（大判大4・3・24民録21・439、大判昭12・9・17民集16・1435）、と解されていた。すなわち、権利者が権利の発生自体や権利を行使することができることを知らなくても、法律上権利行使が可能であれば、時効は進行すると理解されていた。

2　民法改正との関係

　上記のように、条文上の構成に変化はあったが、客観的起算点に関する改

正前の上記の学説・判例の見解は、改正民法の下でも何らの変更はない。

　なお、民法（債権関係）部会での議論の過程においては、この客観的起算点についても、債権の種類や発生原因等によって必ずしも明確とは言えず、紛争が少なくないとの指摘があることから、一定の類型ごとに規定内容の明確化を図ることを検討してはどうかとの提案があった（部会資料14−2・15）。しかし、具体的な類型化が容易ではないことから、今回の民法改正では採り上げられていない。

3　主観的起算点導入の影響の有無

　上記のように、判例では「権利を行使することができる時」の解釈において一切の事実上の権利行使の可能性を排除していたわけではなかった。この点に関し、改正民法166条1項1号の主観的起算点の導入によりこのような解釈に修正がかかり、より客観化し柔軟な解釈がされなくなるおそれがあるとの指摘がある。

　この指摘に対しては、旧166条の「権利を行使することができる時」の解釈において債権者の現実的な権利行使可能性を考慮した判例は、当該事案の客観的事情に照らした権利行使の可能性を考慮したものに過ぎず、債権者の主観そのものを考慮したものではない。また、主観的起算点を導入している不法行為に基づく損害賠償請求権においても、旧724条後段の20年における「不法行為の時」を事案の特殊性に応じて柔軟に解釈している判例がある（最判平16・4・27民集58・4・1032）。これらの判例実務に鑑みれば、主観的起算点が「権利を行使することができる時」の解釈に影響を及ぼすものではない、と反論されている（部会資料69A・4）。

　この反論に対しては、主観的起算点に「認識しえたとき」を加え、客観的起算点に「権利行使が（期待）出来るとき」を加えざるを得ないとすれば、起算点をめぐる解釈の曖昧さが二重期間化によって解消されるとは必ずしもいえない、との指摘もある（松尾・ジュリ1436・95）。

21　主観的起算点からの5年の短期時効と客観的起算点からの10年の長期時効という二元的構成をとっているのはなぜか。

| 結　論 | 主観的起算点の要件が満たされない限り時効が永久に完成しないという弊害に対処したものである。 |

第4章　時効の客観的起算点　　55

1　時効期間の単純化要請との背反

　改正民法では、時効期間は可能な限り単純化するのが望ましいとの価値観から、1年から3年の職業別の短期消滅時効期間は廃止され、商事債権に関する5年の時効制度も削除された。しかし、他方で、時効期間の短縮化の要請から、主観的起算点からの5年の短期時効と客観的起算点からの10年の長期時効という二元的構成が出現した。この二重期間制は、時効期間の単純化の要請に背反していると思われるが、研究者からは、債権者保護と債務者保護のバランスも良く、近時の時効法の国際的動向にも調和しているとの評価がされている（松久・法時86・12・57）。

　ちなみに、不法行為による損害賠償請求権の消滅時効に関しては、改正前は3年の短期消滅時効（709条）と20年という長期の「除斥期間」（旧724条後段。判例の立場。しかし、20年は消滅時効期間であるとの見解が有力であった。）の二重構成であった。改正民法724条2号では、20年の長期間を除斥期間ではなく消滅時効期間と改正しているので、不法行為による損害賠償請求権の時効に関しても二重期間構成を採ることがより明確になった。

2　二重期間構成を採る理由

　主観的起算点からの短期時効期間以外に、客観的起算点からの長期時効期間という制度を採用するのは、主観的要件が満たされない限り時効が永久に完成しないという弊害に対処したものである。つまり、「起算点を主観化すると、権利を行使することを知らなければ、いつまで経っても時効が走らないということになる。これでは困る」からである（内田・債権法の新時代140）。

　その結果、債権者が権利行使できることを知ることなく、客観的起算点から10年を経過すると、時効によりその権利は消滅する。また、客観的起算点から7年後に権利行使が可能と認識したときは、主観的起算点からの時効期間は5年であるはずであるが、主観的起算点から3年つまり客観的起算点から10年目で時効により消滅する。

3　批判的意見の紹介

　債権管理の観点から起算点は可能な限り明確にすべきであり、起算点を2種類設けることは債権管理を煩雑にする可能性があり、妥当ではないとの批判がある（島岡＝貞包＝佐成「民法（債権関係）改正の論点－企業の視点から」ひろば2013・5・42）。また、民法以外の他の法律は一元的起算点のまま維持されてゆくのに対し、一般法の民法が二元的起算点になるのは、一般法としての民法

の自殺現象であるとする批判もある（加藤・第92・国会・衆議院法務委員会）。

4　人の生命または身体の侵害による損害賠償請求権の時効期間

なお、客観的起算点からの10年の時効期間は、人の生命または身体の侵害による損害賠償請求権については10年ではなく20年である（改正民法167条）。

22　債権者の意思により除去可能な法律上の障害がある場合、客観的起算点はいつか。

| 結　論 | 原則として時効の進行を妨げないが、債権者に当該行為を要求することが契約等の趣旨に反する場合は、当該法律上の障害がなくなるまで進行しない。 |

1　法律上の障害

改正民法166条1項2号（旧166条1項）は、10年間の時効期間の起算点として、「権利を行使することができる時から」と規定している。判例・通説は、法律上の障害と事実上の障害（債権者の病気や不在という個人的事情）という区別を立てて、いわゆる権利を行使できるとは、権利行使につき法律上の障害がないことを意味すると解釈してきた。

2　債権者の意思で除去可能な法律上の障害

法律上の障害がある場合であっても、債権者の意思で除去可能な法律上の障害もある。例えば、債務者の側に同時履行の抗弁権があるような場合では、債権者が自分の側で履行の提供をしさえすれば除去可能であるから、時効の進行開始を止めないと解されている。また、返還の時期を定めない消費貸借契約の貸主の返還請求権では、貸主はいつでも「相当の期間を定めて」返還請求ができ（改正民法591条1項）、この相当期間経過後に期限が到来したことになる。このように、法律上の障害の除去について債権者の行為と一定期間の経過が必要な場合には、当該債権者の行為が可能となった時点からさらに上記一定期間が経過したときから、消滅時効が進行すると解されている（大判大3・3・12民録20・152）。

3　意思により除去することが契約の趣旨に反する場合

しかし、債権者の意思により除去可能な法律上の障害であっても、債権者

第4章　時効の客観的起算点　　57

に法律上の障害を除去する行為を要求することが契約等の趣旨に反する場合には、当該法律上の障害がなくなるまで、消滅時効は進行しないと解されている。契約等の趣旨に反する場合として、判例上明らかにされたのは、次のような場合である。

① 最判平19・4・24民集61・3・1073は、自動継続定期預金における預金払戻請求権の消滅時効は、預金者による解約の申入れがされたことなどによりそれ以降自動継続の取扱がされることのなくなった満期日が到来したときから進行すると判示した。ここでは、預金者は継続停止の申し出をすることは常に可能であるが、それは預金者の自由に委ねられている以上、初回満期日の預金の払戻しを前提とすることは、自動継続定期預金契約の趣旨に反することから、実際の申し出以後最初の満期日から進行するとされた。

② 最判平21・1・22民集63・1・247は、継続的な金銭消費貸借取引に関する基本契約が、過払金が発生したときにはその過払金をその後に発生する新たな借入金債務に充当する旨の合意を含む場合には、過払金返還請求権の消滅時効は、特段の事情がない限り、「取引が終了した時」から進行する、と判示した。これは、過払金充当合意には、取引終了時において、過払金が存在していれば、その返還請求権を行使することとして、それまでは過払金が発生してもその都度その返還を請求することはせず、これをそのまま後に発生する新たな借入金債務への充当の用に供するという趣旨が含まれていることを理由とする。弁済時説を採ることは、過払金が発生すれば上記取引を終了させることを求めるに等しいのであり、過払金充当合意を含む基本契約の趣旨に反するとするものである。

23 弁済期の定めがない貸金債権の消滅時効の客観的起算点はいつか。

| 結　論 | その貸借成立の時。 |

1　問題の提示

　金銭の貸付けの法的性質は、消費貸借である。消費貸借に関する改正民法591条1項によると、当事者が返還の時期を定めなかったときは、貸主は、相当の期間を定めて返還の催告をすることができると規定されている。そこで、このような弁済期の定めのない貸金債権について、改正民法166条1項2号

の「権利を行使することができる時」とはいつかがここでの問題である。ちなみに、期限の定めのない債権について権利を行使できる時とは債権の成立時とされている（大判昭17・11・19民集21・1075）。

なお、生命保険契約の契約者貸付制度の利用による貸付債権について、貸付期間の定めがあるにもかかわらず保険金または解約返戻金の支払義務発生時から消滅時効が進行するとした判例がある（大阪高判平12・4・26判タ1051・316）。

2 判 例

考えられる時点としては、①貸借成立の時、②催告の有無にかかわらず、貸借が成立して、そこから相当期間が経過した時、③催告の時、④催告をしてそこから相当の期間経過した時、などの4つが挙げられる。

古い判例は、①の立場をとる。すなわち、民法591条における相当の期間を定めて催告することは、貸主が返還請求権を行使するための絶対的必要条件でなく、借主に認められた1つの抗弁にすぎないから（大判大2・2・19民録19・87）、消費貸借成立の時から消滅時効が進行するとする（東京控判昭2・2・3新聞2677・9、大判昭4・9・25法律新報200・13）。また、判例がこの立場をとる根拠として、上記理論的前提の外、もしこのような債権の消滅時効が、債権者の催告の時から進行するものとすると、債権者において催告をしないと、消滅時効は永久に進行しない結果を来たし、何もしないでいた債権者の方が得をするのみならず、法律が時効制度を設けた立法の精神を没却するという点も指摘されている（朝鮮高民昭10・8・21評論24民1187）。

3 判例の問題点

しかし、この判例のように貸借成立の時からと解すると、これを基準として算定された時効期間に比べて、現実に債権者が権利を行使し得る期間が短くなって（相当の期間の経過を要するから）、不公平であるという批判がある（幾代・民法総則〔第2版〕508）。そこで、貸借成立の時から相当の期間を経過した時から、消滅時効は進行すると解すべきであるとの説がある（我妻・民法総則〔新訂版〕486、平井・注釈民法(5)291など）。下級審の判例でも、この説に立つものがある（東京高判昭41・6・17金法449・8、東京地判昭44・1・20判時555・58、東京高判昭51・8・30判タ344・201、東京地判平19・6・26（平18（リ）24048））。

4 相当の期間の算定

ただ、この立場に立つと、起算点決定の基準となる相当の期間は、貸金使途、金額、貸金契約を締結するに至った事情により、個々的に決定されるの

第4章　時効の客観的起算点　　59

であるから、消滅時効の起算点が、一律に決し得ないという曖昧さが残る。前記東京地裁昭和44年1月20日の判決は、貸主の妻と借主の妻が姉妹の関係にあって、借主が経営する会社の経営資金とするために、金100万円を貸したところ、その会社が3か月後に不渡りを出して倒産したという事案で、「3か月」が相当の期間と判示している。この外に、木材等の売掛代金債権を目的として、準消費貸借を締結した事案で、元来の債権が売掛債権であることを考慮して、「1か月」を相当期間とする判例もある（東京高判昭51・8・30判タ344・201）。また、単純に1カ月とするものもある（前掲東京地判昭41・6・17）。前掲東京地判平19・6・26は、1000万円の貸付けにおいて1月24日の金銭授受からその年の12月末までには相当期間が経過しているとしている。

5　実務での処理
　そこで、実務においては、「貸借成立の時」から消滅時効が進行するものとして、時効管理することが望ましいというべきである。

6　民法改正との関係（主観的起算点）
　改正民法166条1項1号は、5年の時効期間の債権の主観的起算点につき、「権利を行使することができることを知った時から」と規定している。そこで、期限の定めのない貸金債権における主観的起算点はいつであるのかが問題となるが、「消費貸借成立から相当期間が経過したことを知った時」であるとする見解がある（部会資料78Ａ・8）。この見解によると、相当期間の経過それ自体が不確定であることに加え、債権者の知ったという主観も加わり、より一層一律に決しえない。なお、ここで債権者が知ったという場合の債権者とは、当該具体的な貸付債権者本人であるが、行使することができるかどうかの判断主体は当該債権者本人においてではなく、一般的な債権者を想定していると理解すべきであろう。

24 期限の利益喪失約款付債権の客観的起算点はいつか。

| 結　論 | 当然喪失事由該当の場合は喪失事由が生じた時、請求喪失の場合は喪失の意思表示をした時。 |

1　期限の利益喪失約款
　期限の利益とは、始期または終期が到来しないことによって当事者が受ける利益である。この期限の利益の喪失については、137条に喪失事由の規定

があるが、これ以外にも当事者間の特約で期限の利益の利益を喪失する事由を定める場合が多い。これを一般に「期限の利益喪失約款」という。この喪失約款にも2種類あり、①その事由が生じたら当然に期限が到来するという当然喪失事由を定める場合と、②その事由が生じたら債権者が期限の利益を喪失させる意思表示をすることにより期限の利益が失われるという請求喪失を定める場合である。

このような期限の利益喪失約款の定めがある場合に、当該喪失事由が発生したとき、その債権の消滅時効がいつから進行するのかが改正民法166条1項2号の「権利を行使することができる時から」進行する、との関係で問題となるのである。

2 当然喪失の場合

当然喪失の場合は、当該喪失事由の発生により当然に期限が到来するのであるから、この時が権利を行使しうる時であり、喪失事由が生じた時から時効が進行することにつき争いはない。判例として、東京地判昭62・3・26金判775・38がある。なお、時効期間の計算は、その翌日からである。

当然喪失事由として「支払停止」と規定してある場合では、夜逃げなどの場合にはその時期を明確に決めがたいし、「破産手続開始の申立」と規定してある場合には申立ての時期を容易に知ることができないので、時効の管理上、管理担当者の考えていた時期より客観的起算点が早まる可能性があるので、注意が必要である。

3 請求喪失の場合

これに対し、請求喪失の場合には争いがある。1つは、債権者はいつでも期限を喪失させて請求できるのであるから、まだ喪失の意思表示をしていない事実をもって債権の行使を妨げている事情とみるべきではなく、権利を行使できる時を起算点とする旧166条1項の趣旨からして、喪失事由が生じたときから時効が進行するとの見解である（我妻・〔新訂〕民法総則487など）。他は、喪失させるか否かは債権者の事由であり、債権者が債務者のことを考えてその行使を控えているのに、時効がどんどん進行してしまうのは債権者に酷であると反対する（柚木・判例民法論（2・下）434など）。

この対立にあって、判例は後者の説をとり、債権者が残債務全額の弁済を求める旨の意思表示をしたときに限り、その時から全額につき消滅時効が進行するとした（最判昭42・6・23民集21・6・1492、横浜地判平3・1・21判タ760・231）。これは、自己の意思のみで期限を到来させることが可能な場合であっても、

第4章　時効の客観的起算点　　61

それが契約上その自由に委ねられた行為を事実上行うよう要求するに等しく、契約の趣旨に反する場合（それにより取引や法律関係の終了を強制させる結果となるような場合）には、なお権利を行使しうる時とは言えないとの考え方によるものである（森田・法教372・103。自動継続定期預金に関する最判平19・4・24民集61・3・1073、過払金返還請求権に関する最判平21・1・22民集63・1・247参照）。

〔預金関係〕

25 普通預金の時効の客観的起算点はいつか。

| 結　論 | 預金契約が解約され、口座取引が終了した時と解する。 |

1　普通預金の法的性質

　普通預金の法的性質につき、最判平28・12・19民集70・8・2121の大法廷判決は、次のように判示している。「一旦契約を締結して口座を開設すると、以後預金者がいつでも自由に預入れや払戻しをすることができる継続的の取引契約であり、口座に入金が行われるたびにその額についての消費寄託契約が成立するが、その結果発生した預貯金債権は、口座の既存の預貯金債権と合算され、1個の預貯金債権として扱われるものである。〔中略〕いずれも、1個の債権として同一性を維持しながら、常にその残高が変動しうるものである。」

2　民法改正前の判例・学説

　預金債権の消滅時効の客観的起算点について、判例は自動継続特約付の定期預金契約における預金払戻請求権については、自動継続の取扱いがされることがなくなった満期日が到来した時から消滅時効が進行するとしており（最判平19・4・24民集61・3・1073）、また、当座預金債権については当座勘定契約の終了時から進行するとの見解を採ったものがある（大判昭10・2・19民集14・137）。これに対し、普通預金債権についての最高裁判例は見当たらない。

　学説上は、預金者にとって銀行に預けていること自体が権利行使であって時効は進行しないという考え方、債務者が利子を元本に組み入れる帳簿上の記録を行うことをもって時効の完成を遅らせる何らかの事由と見るべきだという考え方、預入れや払戻しなど最後の取引の時から時効期間が起算されるとの考え方等があり、議論が分かれている。

3　民法改正時の議論

　民法（債権法）改正検討委員会からは、普通預金のように債務者たる金融機関が記録し、債権者である預金者からの照会に応じるべき債権について、主観的起算点の例外として、債務者が債権者に対して、債権の内容を示して時効の進行を開始させる趣旨の通知をした時から時効が進行するものとすべ

きであるという立法提案があった（内田・債権法の新時代141、民法（債権法）改正検討委員会編・詳解　債権法改正の基本方針Ⅲ181、民法（債権法）改正検討委員会編・別冊ＮＢＬ126・200）。これは、主観的起算点の到来時期を原則よりも遅らせたものである（佐久間・金法1881・11）。

　しかし、全銀協から、預金債権についても払戻しの社内記録はあるものの払戻請求書等による立証ができない古い預金等において時効を援用することが必要であり、提案のように通知を行うことを時効期間開始の要件とすることは、預金事務コストを引き上げることとなり、預金実務に多大な支障を及ぼす等の反対があった。

　そこで、預金債権等については一般原則に委ねた上で、その不都合が明らかになった段階で改めて立法的手当てをするという趣旨から、現段階では特則を設けないこととされた。

4　検　討

　普通預金に預入れや振込みなどの入金がなされるごとに、既存の残高債権と融合して1個の残高債権が成立し、それが一体として消滅時効にかかるという法律構成からは、預入れや支払によって取引が継続している間は、時効の進行は開始しないことになるから、当初の預入れ時から消滅時効が進行するということは実際上ほとんど意味を失う。そうすると、入金や支払などの預金口座に係る最終の取引がなされたときからとする「最終取引説」か、あるいは預金口座の解約による「契約終了時説」のいずれかになる。

　この関係で、自動継続特約付定期預金に関する最判平19・4・24民集61・3・1073は、預金者が継続停止の申し出によって満期日を到来させることが可能であっても、継続停止の申し出をしない限り最終的な満期日が到来しないという取引に継続性を付与する自動更新特約の趣旨から、時効は進行しないと判示している。この理論によれば、最終取引以後でも、普通預金口座には振込みの受領先や支払などの決済機能が存続しており、そのような預金取引の継続性への利益が残っていることから、預金者に権利行使を期待することができず、最終取引時を起算点とすることは不都合であることになる（森田・法教374・116）。

　そうすると、預金契約が解約され、口座取引が終了したときが、権利を行使することができる時となると解せられる（同旨・山野目・民法総則339）。ちなみに、主観的起算点に関しての検討は、問題〔48〕参照。

26 当座預金の払戻請求権の消滅時効の客観的起算点はいつか。

| 結 論 | 当座勘定契約終了の時。 |

1 当座勘定取引

銀行は、取引先の個々の商取引についての決済事務を取引先に代わって引き受け、現金決済の煩雑さや危険を避け、支払事務を合理化するという役割を負うことがあり、このような取引を「当座勘定取引」という。当座勘定取引は、銀行と取引先との間の「当座勘定契約」に基づくものであり、その内容は、当座勘定規定と商慣習によって定まっている。当座勘定契約の法的性質は、取引先の振り出した手形・小切手の支払を銀行に委託する「支払委託契約」と、支払資金を銀行に当座預金として預けておく「当座預金契約」とを主な内容とする複合契約であると考えられている。そこで、このような当座勘定契約に基づく当座預金債権の消滅時効の客観的起算点（改正民法166条1項2号）がいつであるのかが問題となる。判例・学説の整理については、森田・法教371・108以下を参照されたい。

2 民法改正前の判例

大判明43・12・13民録16・937は、起算点を預金関係の生じたときからとしていた。その理由は、当座預金のような債権はいつでも払戻を請求することができるからというものである。すなわち、当座勘定契約の支払委託契約的側面を小切手によってのみ払戻しを受けるという技術的手続的制約にとどまるに過ぎないとして重視せず、権利行使は当座預金発生の時から可能であるからという考え方に立つものである。

その後に、大判昭10・2・19民集14・137は、上記明治43年判決を変更し、「当座預金契約が終了したときから」進行すると判示した。その理由は、この場合の預金は、単なる利殖のための預金とは全く趣を異にし、預金者の振出しにかかわる小切手の資金たる性質を有するとともに、その預金は当該取引を構成する不可分なる　要件に外ならず、したがって契約の存続する限り預金者は小切手によらないで払戻しを請求することができず、契約終了時をもってはじめて請求することができることになり、消滅時効もこの時から進行することになる、というものである。

第4章　時効の客観的起算点　　65

3　検　討
　当座預金契約が単なる消費寄託契約とは異なり、当座勘定契約という1個の包括的な契約関係の一環として取り込まれているため、当座預金発生の時から預金の払戻しは可能であることを理由に消滅時効を進行させるのは包括的な当座勘定契約の趣旨を害することになるという考え方からは、当座勘定契約終了の時と解するのが相当と考えられる。

27　自動継続定期預金の消滅時効の客観的起算点はいつか。

結　論	預金者からの解約申入れにより、それ以降自動継続の扱いがされなくなった満期日が到来した日である。

1　自動継続定期預金
　自動継続的預金とは、普通の定期預金にその継続に関する特約を付したものである。すなわち、一般的には、満期日までに預金者より申し出のない限り、満期日にそれまでの元金または元利金合計額を元本として、従来と同一の預入期間の定期預金に自動的に継続するという特約が付されているものであり、満期日までに自動継続停止の申し出があるときはこの特約は解除され、以後普通定期と同様になり、満期日到来以後払戻請求されるというものである。
　その自動継続の法律的性質につき、銀行の処分が必要とする処分説と、これを要しないとする特殊期限説が紹介されている（岡本・金法1406・18）。

2　2つの考え方
　自動継続定期預金の客観的起算点についての考え方は、大きく分けて、自動継続定期預金は期間満了前に預金者からの申し出がない限り期間満了とともに契約が更新される合意のもとに成立した預金であるから、預金者は権利の上に眠る者ではなく、銀行もまた継続補完を予定するものであるから、消滅時効は進行しないとする意見と、預金者は払戻しを受けようと思えば、最初の満期日に払戻しを受けることができるのであり、この最初の支払満期日が「権利を行使することができる時」であるから、その時から時効が進行するという意見である。

3 最高裁判例

最高裁は、自動継続回数に制限がないケースで、満期日に継続停止の申し出をして払戻しを請求をすることができることから消滅時効に関してただちに初回満期日あるいは継続された満期日から消滅時効を進行させることは、自動継続が反復されていると信頼して権利行使をしなかった預金者の保護に欠け、預金者に対して契約上その自由に委ねられた行為を事実上行うように要求することに等しいから、預金者による解約申入れによりそれ以降自動継続の扱いがされなくなった満期日が到来した日が起算点となる、と判示した（最判平19・4・24民集61・3・1073）。これは、債権者の意思により除去可能な法律上の障害であっても、債権者に法律上の障害を除去する行為を要求することが契約等の趣旨に反する場合には、当該法律上の障害がなくなるまでは消滅時効は進行しないとの考え方によるものである。

また、最判平19・6・7判時1979・56は、自動継続の回数に制限のあるケースでは、あらかじめ約定された自動継続回数に到達した後の最初の満期日が到来した時が起算になると判示した。

4 146条との関係

146条は、時効の利益はあらかじめ放棄することができない、と規定している。上記最高裁判例の立場は、この146条に実質的に反するのではないかという疑問に対しては、自動継続が反復されている限り最終的な弁済期が到来しないとする特殊な弁済期を定め、その反射的効果として、申し出がない限り最終的な弁済期が到来しないことになっても、時効制度の趣旨に反しないとの説明がなされている。

28 当座貸越債権の消滅時効の客観的起算点はいつか。

結　論 ｜ 判例は、当座貸越契約終了の時とするが、個々の貸越しの時からとして処理すべきである。

1 当座貸越契約の法的性質

当座貸越契約は、取引先が当座預金の残高を超えて、一定限度まで小切手を振り出すことができ、銀行がこれを立替支払するという取引である。この貸越契約は、当座勘定契約に付随して締結されるものであって、当座勘定契約の追加契約となっている。

第4章　時効の客観的起算点　　67

その法的性質については考え方が分かれ、①消費貸借の予約としてとらえ、貸越しの実行によって消費貸借が成立するという説、②小切手支払事務の委任の範囲を貸越極度額まで拡張したものとする説、③与信を内容とする一種の無名契約とする説、④小切手支払に関する委任契約と超過額が支払われることを停止条件として、求償権を消費貸借の目的とする準消費貸借とを含む契約とする説などがある。このうち①の消費貸借予約説が多数説のようであるが、いずれの説によっても、具体的な当座貸越債権の性格にさほど影響はない。

2　当座貸越債権の弁済期

　この当座貸越債権の消滅時効の起算点を考えるに当たっては、改正民法166条1項2号の「権利を行使することができる時から」との原則に照らして考える必要がある。すなわち、当座貸越債権の弁済期が何時かをまず確定する必要がある。

　この点については、2つの立場がある（香川ほか・銀行窓口の法務対策2000講・中貸出編108）。1つは、貸越契約ないし貸越取引の期限が、貸越債権の弁済期となるとする立場（堀内＝石井・手形研究475・53、田中・判批・ジュリ1351・112）である。具体的には、このほかにも貸越取引が解約によって終了した時とか、貸越しが中止された時や、貸越極度額の減額により減額後の極度額を超えることになった場合（貸越しの中止や極度額の減額が実際に行われた例はないようである）には、その極度額の減額時なども貸越債権の弁済期となることもある。これらの考え方によると、あらかじめ定められた期限が到来するまでは、貸越金を弁済する義務がなく、その間に行われる当座勘定への入金は、期限前の債務弁済ということになる。なお、当座貸越利用予定表等の提出を受けて期日管理を行う単名型の当座貸越の場合は、当該期限が起算点となるとするものがある（階＝上原・銀法638・64）。

　これに対し、もう1つの立場は、貸越債権の弁済期は、貸越しの期限などとは無関係であって、貸越債権はすべて弁済期の定めのない債権として成立しているという考え方である。これによると、弁済期の定めがないのであるから、債権者は何時でも請求し得るということになる。

3　判　例

　このいずれの考えを採るかは、当座貸越契約書の各条項の解釈によるところが大である。これらの考え方につき、判例は、当座貸越契約終了時に弁済期が到来するという考え方を採った（大判昭10・12・24判決全集3・1・6、大判昭11・

12・24新聞4100・11、大判昭15・4・26民集19・10・771、東京地判平10・5・18金判1055・51、東京地判平17・4・27金判1228・45―個人小切手当座貸越契約に関するケース）。したがって、当座貸越債権の消滅時効は、貸越契約の終了した時から進行するという立場を採っている。したがって、期間満了または解約の申入れにより当座貸越契約が終了したときは、その満了日の翌日または解約の意思表示の到達した日の翌日が起算日となる。

4　実務上の処理
実務上は、当座貸越債権の弁済期について、期限の定めなき債権として成立するという考え方も存在する以上、前記大審院の判決にかかわらず、個々の貸越しの実行の時から時効が進行するものとして処理するのが相当というべきであろう。

29　通知預金の消滅時効の客観的起算点はいつか。

結　論　据置期間経過時と考えるが、反対説がある。

1　通知預金
通知預金とは、一定の据置期間と払出しの時に予告をすることを条件とする預金である。この通知預金については、昭和49年9月の全銀協の通知預金規定のひな型によると、据置期間は、預入日から7日間であり、予告とは払出し前より2日前に予告すること（予告の日と払戻日の間の中に1日おけばよい）である（野村・金融法大系2・268）。現在の通知預金規定（通帳式）ひな形では、据置期間や予告期間は具体的な期間の特定がない。

2　客観的起算点
この通知預金払戻請求権の消滅時効の客観的起算点については、学説が分かれる（学説の詳細については、山崎・金融法大系2・396）。
1つは、預金者の払戻請求の予告があり、その予告期間を経過した時が起算点であるとする見解である（田中・銀行取引法〔新版（4全訂版）〕154）。その理由は、通知預金は、通常の定期預金のように、1個の預金返還債権が発生することが明らかであるから、その債権の行使をなし得る時を消滅時効の起算点とするのであり（旧166条）、通知預金の払戻しには常に予告が必要で、予告をし

第4章　時効の客観的起算点　　69

ない限り払戻債権の行使はできないから、予告のない場合には消滅時効の起算点は存在しないとする。

　これに対しては、据置期間経過の日から払戻しを受けることが可能であるから、予告のない場合にもこの日から時効が進行するという見解がある（西原・金融法118、中馬・手形研究475・48、後藤・手形研究364・94、鴻ほか「座談会　預金取引〔第27回〕」金法814・41）。その理由は、①予告期間経過時を起算点とする説によると、予告がない限り権利を行使し得る日が存在せず、時効が永久に進行しないことになるが、それでは時効制度を設けた立法の精神を没却すること、②予告は権利行使についての手続的制約にすぎず、債権者としては、いつでもこれを行使することが可能であること等である。

　第3に、上記の折衷的な見解として、預金者から解約の通知があった場合には、その日から2日後が払戻しを受けることのできる日であるから、この日から消滅時効が進行するが、何らの通知もない場合には、支払期日ではないが、払戻しを制限されている据置期間を経過したときから払戻しを受けることができるのであるから、この日から時効が進行するという説もある（金融財政事情研究会・銀行窓口の法務対策2200講・上・預金編　223）。

3　予告と据置期間

　まず、予告と据置期間の法的性質についてみると、2日前の予告というのは、沿革的には、銀行が資金をコール市場で無条件のものを運用していて、これを引き上げるのに必要な準備期間として要求されているものである。次に据置期間の法的性質については、据置期間中は期限付の債権であって、2日前の予告を停止条件として期限の定めのない債権になるという説明、あるいは、据置期間中であると否とを問わず払戻予定の2日前の予告によって、以後期間の定めのない債権となるという解説が紹介されているが（鴻ほか「座談会　預金取引〔第25回〕」金法812・27村山発言）、今一つ明解ではない。据置期間中でも予告することは可能であるが、その場合でも据置期間の7日を経過しなければ払戻しを受けることは不可能であるから、7日の据置期間はこれを期限と解せられる。そして、2日前の予告は催告期間と考えるべきであろう（鴻ほか・前掲座談会〔第25回〕31吉原発言）。

4　予告・据置期間と改正民法166条1項2号

　そこで問題は、消滅時効の起算点を権利を行使することができる時からと定める改正民法166条1項2号の規定と、この予告・据置期間の関係をどのように位置付けるかである。前記学説を見てみると、「権利を行使することがで

きる時」という民法の規定を通知預金に適用する場合において、基本的に2つの考え方に分けられる。

1つは、権利行使可能という意味を、預金の現実的な払戻可能とする考え方である。したがって、予告がない以上、現実に払戻しが受けられないので、据置期間が経過しただけでは、権利行使可能ではないと考えるものである。

2つ目は、予告というのは債権者の意思一つで実現できる条件であるから、権利行使可能という意味を予告して払戻しを受け得る可能（現実的な払戻可能よりも可能性としては抽象的可能になる）ととらえる考え方である。

5 判 例

判例を見てみると、大判大3・3・12民録20・152は、「債権者が履行の請求を為したる後一定の期間内に債務を履行すべき特約ある債権関係に於いては、債権者は債権成立後何時にても任意に履行請求権を行使し、履行期を到達せしめ得べきものなれば、斯る債権関係に付ては、其成立後契約の期間を経過したる時より、債権の消滅時効の期間を起算すべきものとす」と判示している。これは、任意に履行期を到来し得る可能な時をもって権利行使可能とする考え方であって、前記②の考え方に基づくものであろう。

これに対して最判昭42・6・23民集21・6・1492は、割賦金弁済契約において、1回の不履行があったときは、債権者の請求によって残債務全額を一時に支払うべき特約（いわゆる期限の利益喪失約款で請求喪失にかかるもの）があった場合に、1回の不履行があっても、各割賦金債務について約定弁済期の到来ごとに順次消滅時効が進行し、全額について消滅時効が進行するのは、債権者が特に残債務全額の弁済を求める旨の意思表示をしたときに限り、その時から進行すると判示した。ここでは、1回の不履行があれば、債権者は、自己の意思一つで、いつでも債務全額につき期限の利益を喪失させ、期限を到来させて権利を行使することが可能であるにもかかわらず、不履行の時を起算点とせず、期限の利益喪失の意思表示の時を起算点としている点で、前記①の考え方に分類されるであろう。

上記2つの判例につき、原則は大正3年大審院判決であるが、債権者に法律上の障害を除去する行為を要求することが、契約の趣旨に反する場合にはその例外となると定式化すると、昭和42年最高裁判決はその例外にあたると理解することも可能である。

6 私 見

前記①の考え方と②の考え方のいずれが相当かは、結局、消滅時効の制度

の目的や機能をどのように考えるかによって評価が異なる。すなわち、消滅時効制度を、債務者の債務弁済が長年月の経過によって、その関係証拠が散逸するため、その弁済に関する立証の負担から解放させるところにあると考えるときは、予告なりあるいは期限の利益喪失の意思表示を現実にしていない以上、債務者の弁済も現実的にあり得ないから、時効が進行していなくても何ら債務者に不利益を与えることにはならない。これに対し、消滅時効制度を、弁済に関する立証の負担からの解放だけではなく、長年月の経過によって、そのような債権債務関係の成立自体が不明確となり、この点について、債務者の立証負担からの解放（もちろん訴訟上の立証責任という意味では成立を立証する債権者にあるのだが、それは理論的な問題にすぎない）も含まれると理解するときは、債権者の意思表示次第で、現実的な権利行使が可能となる以上、消滅時効の進行を是認してもよいと考えられる。前記大判大3・3・12が、履行請求後一定期間を経過した時から消滅時効が進行すると解することは、債権者が履行の請求をしなければ消滅時効が永久に進行しないこととなって、法が時効制度を設けた立法精神を没却すると批判し、その時効制度につき、民法が時効制度を設け、永続せる権利の不行使状態をもって権利喪失の原因となしたのは、永久に過去の事実に基づき権利行使を認めるときは、法律関係の紛争を来たし、共同生存の安全を保つことができなくなるからであると判示しているのは、前述の後者の考え方によるものである。このような考え方は正しいものを含み、支持できる。よって、私は、据置期間経過から時効が進行するという考え方を採りたい。

第5章　主観的起算点－総　論

30　　主観的起算点とは何か。

| 結　論 | 時効の起算点につき、当該債権者の具体的な事情（主観的事情）を考慮する考え方。 |

1　客観的起算点との対比

旧166条は、「消滅時効は、権利を行使できる時から進行する」と規定していた。ここでの「権利を行使できる時」とは、権利行使について法律上の障害がなくなった時をいい、権利者において事実上の権利行使ができるか否かを問わないというのが判例の基本的な立場であったので、権利者が権利発生の事実等を知らなくても時効期間が進行するという意味で、客観的起算点（債権の一般的行使可能性）と呼ばれていた。

これに対して、「主観的起算点」とは、起算点につき債権者の認識等の主観的事情を考慮する考え方を指す。民法改正前においては、不法行為による損害賠償請求権の消滅時効の起算点として用いられていた（旧724条前段参照）。これは、比較的短期の時効期間によって債権者の権利行使が否定されることを正当化するためには、債権者に権利行使の機会が実質的に保障されていることが必要であるという考え方に基づく（部会資料31・7参照）。しかし、その意味は分かりやすいとは言えない。改正民法成立後の解説本を見ても明解ではない。

2　債権者の認識等

債権者の認識等を基礎とするといっても、次のような2つの理解がある。

Aの理解	債権の発生原因を認識していること（民法（債権法）改正検討委員会編・別冊ＮＢＬ126・199）。
Bの理解	債権の発生原因を認識していること＋権利

第5章　主観的起算点—総　論　　73

> 行使の現実的・具体的可能性（森田・法教374・
> 116、平野・民法総則433）。

　Aの見解は、債権の発生原因を認識していること＝権利行使の現実的・具体的可能性を得たと理解している。Bの見解は、権利行使の現実的・具体的可能性というのは債権の発生原因を認識していることのみによって定まるものではない、と理解している。

3　債権者の認識の程度

　時効が進行する時点について債権者の認識を考慮するといっても、考慮する程度については各立法提案で意見が分かれていた。

　時効研究会の立法提案では、債権者が債権および債務者を認識していなくても、認識可能性があれば「権利行使期待可能性」が認められるので、認識までも要求するものではないとしていた（金山直樹編・別冊ＮＢＬ122・302）。この見解では、そもそも権利行使期待可能性の中身自体がブラックボックス的であり、さらに認識可能性は個々の事案により様々であるので、具体的には判例の蓄積を待つほかないとされ、明確性に欠けた。

　これに対して、民法（債権法）検討委員会の立法提案では、「債権発生の原因及び債務者を知ったときは、その知ったとき」とされていた（民法（債権法）改正委員会編・別冊ＮＢＬ126・198）。同委員会での「債権発生の原因」とは、債権の発生ないし存在を知ったことまでは要しないとの趣旨であった（佐久間・インタビュー「債権法改正の基本方針」のポイント—企業法務における関心事を中心に・別冊ＮＢＬ133・113）。

4　主観的起算点と客観的起算点とが乖離する場合

　主観的起算点と客観的起算点とが乖離する場合についてできるだけ多くのケースを挙げて対比できれば、主観的起算点のイメージがより具体的になると思われる。しかし、どのような時点が主観的起算点となるのかについて明確ではないので、個別のケース毎の判断であると逃げられてより理解が難しくなっている。内田・民法改正のいま22では、「契約上の債権」については、主観的起算点と客観的起算点とが分離することは稀であるので、主観的起算点をとったからといって起算点の判断が難しくなることはない、と解説されているがそう単純でもない。上記の内田自身、債務不履行によって損害が発生したような場合では、両起算点が異なることが想定されると述べている。

5 具体的な運用のイメージ

　主観的起算点の認定が主に問題となるのは、事務管理、不当利得、不法行為であると考えられるが、仮に主観的起算点を規定した上で、時効期間を短期に設定するとすれば、現在では債権の性質から客観的に確定できていたものが、常に債権者の主観を判断する必要が生じて審理が複雑化し、訴訟を長期化させるおそれがある（最高裁パブコメ意見）。

　主観的起算点として、「債権発生の原因及び債務者を知ったとき」と「債権者に権利行使を期待することができるとき」が提案されていたが、いずれもその内容が不明確で一義的に定まっているとはいえない。また、現在の判例法理は、客観的起算点としての「権利を行使することができる時」（旧166条1項）の解釈において、「権利の性質上その権利行使が現実に期待できるものであったか」という基準をも含めているが、仮に主観的起算点を設定した場合、現在の判例法理を変更して客観的起算点については弁済期という客観的起算点のみから判断することになるのか否かが不明確であるという点も考慮する必要がある（最高裁）。

6 不法行為における主観的起算点と対比

　主観的起算点を新たに導入した場合に、それが各債権毎に非常に個別的なものになるのか、あるいは一般的なものになるのかについても判然としない。

　以下のように不法行為に基づく損害賠償請求権の時効における主観的起算点の要件のうちから下記の一要素を取り出して、取引上の債権と対比すると、以下の問題点が浮かび上がってくる。

不法行為に基づく損害賠償請求権	取引上の債権
不法行為であることを知った時（旧724条の解釈）。	債権の発生原因を知った時だけで足りるのか、あるいは、当該発生原因から生じた具体的な債権を知ることまで必要であるのか、未確定。

　不法行為の主観的起算点の場合は、発生する権利としては損害賠償請求権1本であるので、当該具体的な権利を知ることが必要かどうかはことさら問題にはならない。これに対して、取引上の債権の場合で当該発生原因から生じた具体的な債権を知ることまで必要であると理解すると、主観的起算点は各債権毎に非常に個別的なものになる。これに対して、債権の発生原因を知

ったときだけで足りると理解すると、主観的起算点はより一般的なものになる。上記2で述べたように、民法（債権法）検討委員会の起算点のイメージでは、現に債権の発生を知らなくても、債権があると主張する者に債権を行使したり保存したりすることを期待して良い状態になったならば、主観的起算点は到来するとの立場である。

7 改正民法における主観的起算点（私見）

改正民法166条1項1号に主観的起算点が、上記の考え方のいずれを採用したものであるかは、部会での議論や部会資料を見ても明確にはなっていない。今後の解釈論次第ということであるが、私としては、上記2のＢの理解を基本とすべきではないかと考えている。立法担当官による筒井＝村松・一問一答・民法（債権関係）改正57では、債権者が権利を行使することができることを知ったというためには、「権利行使を期待されてもやむを得ない程度に債権者が権利の発生原因等を認識する必要がある。」と解説されている（下線は筆者）。これは、上記2のＢの理解と同旨をいうものであろう。すなわち、「権利行使を期待されてもやむを得ない程度」という表現が、権利行使の現実的・具体的可能性を表わしていると理解されるのである。

31 主観的起算点（改正民法166条1項1号）における「権利を行使することができる」は、客観的起算点（改正民法166条1項2号）におけるそれと同じ意味か。

結　論	異なると解する（私見）。

1 問題点の提示

旧166条1項の「権利を行使することができる時」の解釈については、権利行使につき法律上の障害がなくなった時をいい、権利者が権利を行使できることを知っている必要はないとする法的可能時説と、権利を行使することが現実に期待できた時とする現実的期待可能時説の対立があった。改正民法166条1項では、主観的起算点から5年の時効を同項1号に、客観的起算点から10年の時効を同項2号にそれぞれ規定しているが、両号とも「権利を行使することができる」という文言を用いている。そこで、主観的起算点を規定する改正民法166条1項1号で用いられている「権利を行使することができる」と、

客観的起算点を規定する同項2号で用いられている「権利を行使することができる」とは同じ意味であるか、という疑問が生じる。

2 改正前の議論

民法（債権法）改正検討委員会は、民法（債権法）改正検討委員会編・別冊ＮＢＬ126・199において、客観的起算点＝債権の一般的行使可能時、主観的起算点＝債権の現実的権利行使期待可能時として、両者の違いを説明していた。

70回会議での鹿野委員は、中間試案第7・2に記載された甲案および乙案後段に使用されている「権利を行使することができる時」という言葉は、同じ文言であるが意味に違いがあるとの発言をした。乙案後段とは、「『債権者が債権発生の原因及び債務者を知ったとき（債権者が権利を行使することができる時より前に債権発生の原因及び債務者を知っていたときは、権利を行使することができる時）』という起算点から［3年間／4年間／5年間］という時効期間を新たに設け」と表現されていた。これを踏まえて、鹿野委員は、「乙案では、後段のほうの『債権発生の原因及び債務者を知ったとき』という概念が、むしろ、権利行使の現実的な期待可能性の部分を捉えており、これについては特に短期の3年、4年ないし5年の期間で時効が完成する旨の規定を置いているようにも思われます。」と指摘した（70回会議・議事録23）。

これに対して、立法担当官である筒井幹事は、「乙案による場合に、『権利を行使することができる時』という文言についての解釈は、現在とは異なるものとなる可能性があるということは、そのような御指摘があるという点ではその通りであろうと認識しております。」と回答している（70回会議・議事録24）。

3 中間試案の補足説明

鹿野委員は、同じ文言で意味するところに違いがあり得るとすれば、どこかに書いておいて欲しいと要望していたが、中間試案の補足説明72では、「乙案においても、『権利を行使することができる時』については、現状の解釈が維持されることを想定している。」とされているのみである。

4 国会での説明

衆議院と参議院の法務委員会で、小川民事局長は、債権者が権利を行使することができることを知ったというためには、「権利行使を期待されてもやむを得ない程度に権利の発生した原因などを認識していることが必要であ

る」と説明している。これは、前記の鹿野委員の認識と共通しているとも理解できる。

また、193回参議院法務委員会でも、改正民法166条1項2号の客観的起算点と同項1号の主観的起算点における「権利を行使することができる」の解釈として、新設された同条同項1号の「権利を行使することができる」とは、これまでよりも狭い、あるいは起算点が遅くなることによって時効の完成が被害者に有利に働くという理解でよいかという仁比委員からの質問に対して、「ただいまの理解でよろしいかと思う。」と答弁されている。さらに、改正案の趣旨に流れているのも被害実情を考慮に入れた議論であるのかとの質問に対しても、今指摘のあった考え方が基本的なベースになる、と答弁されている。

また、同委員会では、幼少の時に叔父から性的虐待によってPTSDを発症した女性からの損害賠償請求権について、時効の起算点として被害者本人が成人したあるいは親の支配から完全に独立したときを起算点とすべきではないかとの質問に対して、小川民事局長は、家庭内の事情やそれまでの経緯についても1つの考慮要素になると答弁している（ただし、権利濫用あるいは信義則違反に関する判断に限定している趣旨とも読める。）。

5　具体例

例えば、債権の発生原因と弁済期限を知っていたが、履行期限到来前に認知機能の障害により全てを失念していたようなケースで、履行期限が到来したときに主観的起算点が走るのかどうかを考えた場合に、客観的起算点と同じであるとする説では主観的起算点から進行していると解するのに対して、現実的期待可能性説では、当該債権者に現実的な権利行使期待可能性が存在しないから、主観的起算点は進行しないと解することになるように思われる。

6　改正後の学説

改正後の学説をみると、2つの理解がある。1つは、改正民法166条1項の1号と2号の法文の表現どおりに理解するものであり、例えば、山野目・民法総則341では、主観的起算点は、債権者が客観的起算点の到来を知ったときである、とされている。ただし、同書340では、権利者の個人的事情をどこまで考慮するかは、主観的起算点で問われるとされる。また、中田ほか・講義債権法改正36〔中田裕康〕は、2号では旧166条の解釈がそのまま維持され、1号はそのような意味での「権利を行使することができること」を知ったときである、とされている。ここでの旧166条の解釈とは、権利の行使に法律上の障害がないことであるが、債権者に権利行使を強いることがその債権発生の基礎と

なる制度または契約の趣旨に反するようなときはなお法律上の障害があると解する立場を指している。

これに対して、平野・民法総則433は、改正民法166条1項2号の客観的起算点では、法律上の権利行使可能性を問題にしながら実質的に権利行使可能性を考慮した改正前の解釈が引き継がれ、1号の主観的起算点では権利行使期待可能性がさらに必要とされる、との整理を示している。日本弁護士連合会編・実務解説改正債権法65〔山形康郎〕では、主観的起算点については違法性の認識を踏まえた権利行使ができることの具体的な認識まで必要とされたことを踏まえれば、1号と2号とで「権利を行使することができる」という文言に変わりがないから、客観的起算点における厳格な解釈は排除されることが予想されるとの見解を示しているが、これは実質的には平野説と同旨と理解される。

7　私　見

改正民法166条1項が、1号と2号に書き分けられていること、および改正前の議論を踏まえると、2号の客観的起算点の解釈としては、民法改正前に示された法的可能を基本としつつ実質的な権利行使可能を考慮した判例理論は、そのまま維持されることを前提として、「権利を行使することができる」とは、1号ではこれに続く「知ったとき」という文言と一体として理解し、当該債権者において権利を行使することが現実に期待できた時とする現実的行使可能時と捉えるべきであり、2号では単に法的な行使可能時と捉えるべきであろう。立法担当者による筒井＝村松・一問一答・民法（債権関係）改正57では、債権者が権利を行使することができることを知ったというためには、「権利行使を期待されてもやむを得ない程度に債権者が権利の発生原因等を認識する必要がある。」と解説されている（下線は筆者）。これは、国会での小川民事局長の答弁と同じであるが、上記の私見と同旨であると理解される。

32　時効の起算点として、新たに主観的起算点（改正民法166条1項1号）が導入されたのはなぜか。

結　論	原則としての時効期間を10年から5年に短縮するためである。

1　改正民法166条1項1号

改正民法166条1項1号は、次のように規定して、原則的な時効期間である5

第5章　主観的起算点―総　論　　79

年の時効期間の起算点を、「権利を行使することができることを知った時から」として主観的起算点を導入した（下線は筆者）。

> 債権は、次に掲げる場合には、時効によって消滅する。
> 一　債権者が権利を行使することができることを<u>知った時から</u>5年間行使しないとき。

　なお、不法行為による損害賠償請求権の3年間の消滅時効においては、民法改正以前から主観的起算点が採用されていた。しかし、不法行為の主観的起算点では、「損害及び加害者を知った時から」と表現しており（旧724条、改正民法724条1項1号）、同じ主観的起算点といっても条文上の表現が異なっていることに着目されたい。

2　主観的起算点導入の理由
　主観的起算点の導入の可否に関しては、法制審議会での議論の当初から検討対象とされていた（部会資料14−2・14）。しかし、主観的起算点を導入する必要性と主観的起算点の意義に関しては、考え方は一様ではなかった。
　時効研究会は、時効の進行開始のための要件として「権利行使期待可能性」が必要との考え方をとる。これは、単に権利を知るという主観的起算点ではなく、権利の存在を知るだけでは足りないものとして主観的起算点にプラスする権利保障と調和させるための要件として、「権利行使の期待可能性」という要件を要求したものである（時効研究会「時効法改正のための諸提案をめぐる座談会・下」法時82・5・100）。
　これに対して、民法（債権法）検討委員会は、債権者から権利を奪う時効制度においては債権者に何らかの不利益負担の理由（帰責事由）が必要であることを前提として、債権行使の現実的可能性を得たのに債権を放置することが具体的な帰責事由に該当する事を根拠とする（民法（債権法）改正検討委員会編・詳解債権法改正の基本方針Ⅲ162、164）。
　部会資料69Ａ・2では、その時点から債権者が自己の判断で権利を行使することが現実的に可能な状態になったといえるからである、としている。
　結局、下記の背景事情をみると、時効期間を改正前の10年からその半分の5年に短期化した場合に、債権者が知らないうちに債権が消えることはおかしいからとの山野目教授の説明が的を射ている。つまり、時効期間の短期化の要請が最優先にあり、原則の時効期間を5年に短期化することに反対する意見に対し、5年に短期化しても起算点が主観化されているので、実際上の時

効期間の差異はさほどでもないと説得するツールとして採用されたのである（部会資料63・6参照）。参議院法務委員会で小川民事局長は、短期消滅時効制度の廃止→廃止により10年と大幅に延長される→10年を短期化する必要→5年の時効期間→「債権者の認識に着目した5年の時効期間の導入により、権利行使が可能であることを容易に知ることができない債権の時効期間が短くなることを避けながらも、その余の多くの債権については時効期間が短くなり」と、導入の因果関係を説明している（同様の説明として、筒井＝村松・一問一答・民法（債権関係）改正56）。権利行使が可能であることを容易に知ることができない債権とは、例えば不当利得に基づく債権や安全配慮義務違反に基づく債権が挙げられている。内田・債権法の新時代139では、すでに平成21年の段階で、「一般の契約から生ずる債権の時効期間も、起算点を主観化することで、短期化する余地があるということになる」と述べられていた。そして、時効期間が3年という極端に短い不法行為による損害賠償請求権の時効での運用が、主観的起算点を採用しながらも何ら不都合が生じていない具体例として示されたのである。

3　主観的起算点導入の背景

　このような主観的起算点を導入した背景事情として、次の2つの事情を指摘できる。
　1つ目は、外国法制と調和である。ドイツ民法199条1項（2002年施行）の改正時効法では、原則的な時効期間を30年から3年に短縮し、その起算点を請求権が発生し、かつ、債権者が請求権を基礎付ける事情および債務者を知りまたは重大な過失がなければ知っていたはずの年の終了の時から起算するものとした（齋藤由起「ドイツの新消滅時効法─改正時の議論を中心に」別冊ＮＢＬ122・157参照）。
　2つ目は、客観的起算点を前提として時効期間を従前の10年から短縮することだけでは、債権者が請求権を認識する前に時効が完成してしまうため、債権者保護の観点からの強い反対があり、この反対に対して、権利を行使できることを知っているのに5年間も権利を行使しなければ時効により債権を消滅させられても債権者に酷とは言えないと説得できると考えられたことからである。

4　批判的意見と反論

　主観的起算点の導入に関しては、次のような批判とそれに対する反論がある（部会資料63・4以下）。

第5章　主観的起算点－総　論　　81

① 時効制度の存在理由の観点からの批判として、消滅時効制度の趣旨は、債務者を証拠保存義務から解放するという点にあるところ、「債務者」が覚知することのできない「債権者」の主観的事情を起算点とすることは、上記趣旨に合致しない。
② 現実の運用上の問題点として、主観的起算を採用すると起算点がいつであるかについての判断が難しくなり、起算点を巡る争いをいたずらに増やすだけで法的安定性の面から妥当でない、とする反対がある（63回会議・議事録42、大島・88回会議・議事録36、パブコメ（最高裁、愛知県弁護士会）、中井・79回会議・議事録13）。

　これらの反対に対しては、不法行為の3年の起算点についての判断がそのまま妥当すると反論される。また、現在でも不法行為に基づく損害賠償請求権についての債権者の認識を要件とした起算点で運用されているのに対して特段の問題が生じていないことから、契約に基づく取引上の債権等についても、主観的な要素を取り込んだ起算点を設けても不明確にはならず、特段の支障はないとの反論がある（部会資料31・8参照）。

　しかし、不法行為では加害者や損害の発生が分からないことが多いことから、被害者を保護するために主観的起算点から起算する意味があり、取引債権の場合とは異なるとの反論がなされる。また、不法行為に基づく損害賠償請求権の主観的起算点を巡っては、特段の問題が生じていないのではなく、権利行使が可能な状況の中で、権利行使が可能な程度に知ったという程度の定式化しかできておらず、個別の事案の中で判断決定されているという現状があり、争点の定番ひいては審理の長期化の要因になっており（朝倉・34回会議・議事録12）、一般的な予測が不可能な状況にある。
③ 客観的起算点と主観的起算点の2本立て構成にすると、債権の時効管理が複雑化し、コスト増になるという問題が生じる（岡本・ひろば2011・5・47）。
④ 主観的起算点の導入により、「権利を行使することができる時」からという客観的起算点の解釈が現行法上の解釈よりも客観化し、柔軟な解釈がされなくなるおそれがある、との指摘がある。

　これに対しては、従前の判例実務はやや特殊な事案であることに鑑みれば、主観的起算点を導入したとしても、「権利を行使することができる時」の解釈に影響が及ぶものではない、との反論がなされる（部会資料69A・4）。
⑤ 不当利得返還請求権や安全配慮義務違反に基づく損害賠償請求権について、実質的に時効期間が短期化し、その債権者に不利益となる。

　これに対しては、これらの債権は一般的な取引債権と比べてごく例外的なものと考えられるとの反論がある（部会資料63・6）。

33 「権利行使できることを知る」に関して、不法行為による損害賠償請求権における主観的起算点と同一に解釈されるか。

| 結　論 | 立法担当者は、旧724条前段の「損害及び加害者を知った時」の解釈が基本的に妥当するとする。 |

1　問題点の提示

「権利行使できることを知る」に関して、不法行為による損害賠償請求権における主観的起算点（旧724条前段）の解釈を持ち込み、これと同一に理解すべきであるか、という問題点がある。中井委員は、不法行為に基づく債権の発生と契約関係から生じる債権の発生とは根本的に原因が違うとの発想から（74回会議・議事録17）、不法行為における主観的起算点の判断基準が本当にそのまま機能するか不明であるとの問題点を指摘した（79回会議・議事録13）。これに対しては、内田委員から、比較法的には契約と不法行為とで責任の発生原因が重なりつつあることから、別の原因であるから区別すべきであるとの議論は説得力を持たないとの反論がなされた（74回会議・議事録20）。しかし、この反論は具体的な検証の中身を提示していないので中井委員の疑問は依然として残る。

2　部会資料の見解

部会資料69Ａ・3では、旧724条前段の「損害及び加害者を知った時」の解釈が基本的に妥当するとし、同4では現に不法行為に基づく損害賠償請求権について主観的起算点が安定的に運用されていることからすれば、債権の消滅時効についても、基本的には不法行為に基づく損害賠償請求権の主観的起算点に関して蓄積された判例法理を前提に安定的な運用がされ得るとの見解を示している。しかし、最高裁は、主観的起算点の導入に関して、解釈が安定しないことから反対していた。

部会資料78Ａ・7では、不法行為での主観的起算点の解釈が債権の消滅時効についても基本的に妥当する理由として、債権の消滅時効の主観的起算点は債権の現実的な権利行使の機会を確保する趣旨で設けるものであって旧724条前段の主観的起算点と全く同じ趣旨に基づくものであるから、と説明している。

3 比 較

議論に資するため、主観的起算点を構成する要素に関して、74回会議の山本（敬）幹事の意見（74回会議・議事録19）をもとに、不法行為に基づく債権と契約関係から生じる債権とで大雑把な対比を試みると以下のようになる。

不法行為に基づく損害賠償請求権	取引上の債権
加害者を知った時（旧724条）。	債務者を知った時。
損害を知った時（旧724条）。	債権の発生原因を知った時。
加害者の過失や因果関係を知る。	インタビュー「債権法改正の基本方針」のポイント－企業法務における関心事を中心に・別冊ＮＢＬ133・113における佐久間発言によると、債権の発生原因の認識の中には含まれないとされている。
不法行為であることを知った時（旧724条の解釈）。 （注）判例は、加害行為が不法行為を構成することについて被害者が知ったことも必要としている（大判大7・3・15民録24・498、最判昭42・11・30裁判集民89・279、最判昭46・7・23民集25・5・805）。これに対して、単に責任を争うことができるとの判断程度で足りるとの見解もある（佐久間・判批・金法1928・47）。	債権の発生原因を知ったときだけで足りるのか、あるいは当該発生原因から生じた具体的な債権の発生ないし存在を知ることまで必要であるのか、未確定。
時効対象となる権利は、金銭債権としての損害賠償請求権	時効対象となる権利は、金銭債権に限定されない。

4 不法行為の解釈の持込みの当否

債権関係の主観的起算点として、改正民法166条1項1号は、「権利を行使することができることを知った時」としている。不法行為関係における主観的起算点とは権利を行使できる時という上位の概念でみるときはさほどの差異がないように見えるが、次のような大きな違いがある。すなわち、権利という以上は、法的な評価の過程を経ているのであり、その結果債権関係にいう権利には多種多様なものが含まれる。他方、不法行為による損害賠償請求においては、権利とは金銭債権としての損害賠償請求権という単純かつ固定した権利である。ただ、発生原因である不法行為それ自体に多種多様なものを含み、不法行為であるか否かについては法的な評価を含む。このように債権関係では知る対象である権利が多様なものを含み、他方、不法行為では発生原因である不法行為であるという法的評価において多様なものを含んでいるので、「行使できるときを知る」という次元でみると両者は著しく異なっている。

また、権利という点でみても、損害賠償請求権は単なる金銭請求権であり、不法行為の場合には損害の発生という社会通念で判断できる事実を前提としているが、取引関係により発生する権利の種類は多様であり、権利の発生を一般人が容易に知ることはできないとも考えられる。さらに社会保障関係法により救済のために特殊な権利が付与されている場合もあり、このような特殊な権利については、より一層その存在自体を知ることが困難である。

以上の様な大きな差異があるにもかかわらず、不法行為による損害賠償請求権における主観的起算点を一般の取引により生ずる債権や法定債権における主観的起算点に持ち込んでくることの妥当性は、どこにあるのか疑問である。

さらに、改正民法724条における主観的起算点は、不法行為の被害者の救済を目的として、その解釈が分かれることが多く、法的安定性を欠いている現状がある。特に不法行為では、原則的な時効期間が3年と極端に短かったため、裁判実務上、不法行為における被害者保護のため、主観的起算点の解釈を操作して、時効完成を困難にしてきたという実務がある。

5 不法行為への影響

主観的起算点から5年を債権の原則的な時効期間としている改正民法において、そこでの主観的起算点の解釈が、不法行為の主観的起算点の方に影響を及ぼし、被害者保護のために時効の完成を困難にする方向で形成されてきた判例法理が縮減されるのではないかという心配もある。

第5章　主観的起算点―総　論　　　85

34　「権利を行使することができること」を知った時と「債権発生の原因及び債務者」を知った時とは同じか。

| 結　論 | 同じではない（私見）。

1　中間試案における表現

　民法（債権法）検討委員会の試案や中間試案第7・2の乙案においては、主観的起算点を「債権発生の原因及び債務者を知った時（債権者が権利を行使することができる時より前に債権発生の原因及び債権者を知っていたときは、権利を行使することができる時）」と表現していた。これは、契約に基づく一般的な債権については、その発生時に債権者が債権発生の原因および債務者を認識しているのが通常であるため、3年／4年／5年という時効期間によって時効期間の大幅な長期化を回避することができるようにしたものである（部会資料58・25、部会資料63・5）。この考え方の背後には、債権者が発生原因事実と債務者を知ったにもかかわらず、債権を放置するときには、債権者に具体的な帰責性が認められるとの価値判断がある。しかし、この中間試案におけるこの表現は次のような変遷を経た。

2　債権発生の原因を知る

　このうち「債権発生の原因を知る」という要件に対しては、債権者の認識の対象が具体的に何であるのかが必ずしも明確でないなどの指摘があった。また、債権発生の原因という言葉は、売掛債権とか請負代金債権とかの定型的な取引上の債権の場合には、これでも良いかも知れないが、損害賠償請求権に転嫁したときには、この言葉では、起算点が早くなりすぎると指摘があった（岡・63回会議・議事録44）。

3　権利を行使することができることを知った時

　そこで、部会資料69Ａ・1では、「債権者が権利を行使することができること及び債務者を知った時から」というように表現が変更された（下線は筆者）。
　その理由は、「主観的起算点から時効が進行するのは、<u>その時点から債権者が自己の判断で権利を行使することが現実的に可能な状態になったといえるからである。</u>そして、債権者がそのような状態になったといえるには、『権利を行使することができる時』（民法第166条第1項、素案(2)参照）が到来したことを認識する必要があると考えられる。このことを端的に表現するため、

素案(1)では『権利を行使することができること…を知った時』と改めている。」(部会資料69Ａ・2)。なお、ここでいう素案(2)というのは客観的起算点のことであり、素案(1)というのは主観的起算点のことである。

したがって、改正民法における主観的起算点からの消滅時効は、当該債権者が権利行使が可能であることを認識したときから進行すると解される（大阪弁護士会民法改正問題特別委員会編・実務解説民法改正43）。

4 債務者を知った時の削除

改正民法166条1号の法文では、「債権者が権利を行使することができることを知った時から」とのみ規定して、中間試案にあった「債務者を知った時」という文言が削除されている。これは、要件事実からはずしたということではなく、債権とは、特定の人（債務者）に対して特定の給付を請求することができる権利であるから、権利を行使することができることを知ったことには当然に債務者を知ることも含まれることから、権利を行使することができることを知ったことと債務者を知ることが文理として重複しているため、部会資料78Ａの案における「及び債務者」の文言を削除したと説明されている（部会資料80−3・2、会田・92回会議・議事録22）。もっとも、債務者を知ったということが債権者が権利を行使することができることを知った時に含まれるのであれば、「債務者に対して権利を行使することができることを知ったとき」とか「債務者に対して権利を行使することができるとき」という書き方にしてもいいのではないかという意見もあった。

95回会議では、重層下請構造の末端下請で労働災害が発生したとして、安全配慮義務違反の責任を負う会社が複数存在し、これらの会社が不真正連帯責任を負っているけれども、その内の1社がブローカー的ダミー会社であって、その会社名等が判明しないようなケースにおいては、債務者が分からなければ権利を行使することができるとは言えないから時効は進行しないという結論が確認されている（95回会議・議事録6）。

5 期限の到来との関係（中間試案のかっこ書）

中間試案においては、「債権発生の原因及び債務者を知った時（債権者が権利を行使することができる時より前に債権発生の原因及び債権者を知っていたときは、権利を行使することができる時）」とあって、かっこ書が付されている。このかっこ書が示す意味については、契約に基づく一般的な債権であっても、履行期の定めがあるなどの事情のために、債権者が債権発生の原因及び債務者を知った時にはまだ権利を行使することができない場合があるの

で、この［3年間／4年間／5年間］という短期の時効期間については、権利を行使することができる時から起算されることがかっこ書で示されている（商事法務編・別冊ＮＢＬ143・25）。改正案段階の一般文献においても、「債権者が権利を行使することができることを知った時」とは、債権者が権利を行使することができる時よりも前に債権発生の原因および債務者を知っていたときは、権利行使することができる時であると説明するものがある（大江・新債権法の要件事実390）。わかりにくいが、例えば確定期限が当該債務にあるような場合には、期限が到来したことを知った時が権利行使できることを知った時ということになる（同旨、松尾・Ｑ＆Ａ民法改正の要点261）。

35 「知った」に「知り得た」場合を含むか。

| 結 論 | 含まないと解する（私見）。

1 知ったと知り得たの違い

山本（敬）幹事は、74回会議で、比較法的にみると主観的起算点が主張されるときには、単に知った時だけではなく、評価的な要素を更に入れるものがよく見受けられると紹介している（74回会議・議事録12）。そして、知っていたか知っていないかという事実だけでは判断しきれない事情があり、不注意な者ほど権利は保護され、注意した者ほど権利を早く失うことが公正ではないという観点を考慮すると、知っていたときだけでなく、合理的にみて知ることができた時が主観的起算点になるとの解釈もあり得なくはないことを指摘されている。

2 準主観的起算点（規範的な客観的起算点）

松久・時効制度の構造と解釈588では、規範的な客観的起算点（準主観的起算点）として、ドイツ民法199条の「重過失なく知るべきであった」、フランス民法2224条の「知りうべかりし時」が紹介されている。その機能として、実際の裁判において、短期の起算点の到来の認定が容易になされる。知っていたに等しい場合、知っていたと同じに扱って良い場合があり得るから、「規範的な客観的起算点」の導入は意味があるが、規範的な客観的起算点の認定は慎重になされるべきである、とされている。

第5章　主観的起算点一総　論

3　私　見

　しかし、主観的起算点の導入が不法行為時効での主観的起算点を導入した
ものと理解されること、評価概念を要件とすると、起算点の到来をめぐる争
いが深刻化し安定性を害することからは、「知った」の中に「知り得た」場合
を含まないと解されるべきである（同旨、松尾・Q＆A民法改正の要点261）。民法
改正後の学説としても、知ったことを要求し、別に10年の二重の期間制限を
設定しているため、知り得た場合に拡大すべきではないとする見解がある（平
野・民法総則429）。

36　主観的起算点となるためには、権利行使ができるとい
　　　　う法的評価についても認識していることが必要か。

| 結　論 | 権利行使できるという法的評価についての認識が必要
であるが、原則として、一般人としての評価で足りる。
ただし、一般人にとって権利の行使ができるという法的
評価が難しい権利関係においては、専門家の法的評価を
知ったときと解する（私見）。 |

1　問題の提示

　中井委員は、79回会議で、具体的な基礎事実を認識していれば、主観的起
算点が進行するのか、あるいは違法性の認識をして初めて請求できることを
知ったと言えるのか、という論点を提示し（79回会議・議事録13以下）、主観的起
算点から時効が進行するのは、その時点から債権者が自己の判断で権利を行
使することが現実的に可能な状態になったといえるからであるが、債権者が
債権発生の原因と債務者を知っただけでは、権利を行使することをできるこ
とを知ったといえない場合があり、具体例として、絶対儲かりますといわれ
て金融商品を購入した場合や、その勧誘の言葉を知っているだけでは足りず、
説明義務に違反しているとの法的評価を受けることを知らない場合には、権
利行使ができることを知ったことにはならない、との見解を示された（中井・
自由と正義2015・5・12）。石井・金法2029・38においても、一般人ないし通常人
の判断以上に評価的な要素を入れ込む方向での議論は疑問であるとしつつ、
説明義務や安全配慮義務等の付随義務違反についての損害賠償請求について
は、義務違反の基礎となる事実を認識すれば足りるのか、あるいは一定の法

的評価に関する認識を要するのか等については争いがあり、この点は今後の解釈に委ねられた問題となっているとの指摘がある。

そして、説明義務違反や安全配慮義務違反についての損害賠償請求について、衆議院法務委員会において國重委員からも、単に違反の事実を認識するだけでは足りず、一定の法的判断に関する認識をも要するのかという質問がなされた。

2　部会資料の見解

部会資料78A・7では、契約に基づく債務の不履行による損害賠償請求権について、「当該債権の法的評価（例えば、債務不履行に基づく損害賠償請求権であれば、債務不履行の要件を充足すること）については、一般人の判断を基準として決すべきであると考えられる。」との見解が表明されている。

しかし、他方で、金融商品の取引における債務不履行に基づく損害賠償請求権に関しては、専門的知識のない「一般人にとって、それが債務不履行に該当すると判断することは困難であることから、〔中略〕当該事案における債権者の具体的な権利行使の可能性を考慮して判断される」とされている（部会資料78A・9）。これは、当該債権者に違法性の認識を必要とすることを言うものであろう。

同様に、安全配慮義務違反に基づく損害賠償請求権に関しては、「一般人にとって、それが安全配慮義務に違反し、債務不履行に該当するかどうかの判断が困難な場合もあり得ることから、〔中略〕当該事案における債権者の具体的な権利行使の可能性を考慮して判断される」としている（部会資料78A・10）。

3　衆議院法務委員会における答弁

衆議院法務委員会における小川法務省民事局長は、國重委員からの上記質問に対して、次のように答弁している。すなわち、説明義務違反のような場合、単に損害を被ったことを認識したとしても直ちに債権者において債務不履行に基づく損害賠償請求権を行使することは期待することができない性質のものであるから、一般人であれば説明義務または安全配慮義務に違反し、債務不履行が生じていると判断するに足りる事実を知っていたことが必要である。

4　法的評価の要否と判断主体

この問題は、権利の行使が可能という以上は、一定の法的評価を前提とせざるを得ない。しかし、その法的評価について個別具体的な当該債権者本人を基準とすると、法的評価能力について非常に低い者があることから主観的

起算点が進行しないケースが出てきて相当ではない。他方、裁判官や法律実務家を基準とすると、主観的起算点からの時効期間が早い段階で進行することになり、これも主観的起算点の導入と引替えに5年という時効期間の短縮を図った改正民法の趣旨に合致しない。そこで、一般人の判断という基準が生じてくるわけである（同旨、阿部・企業法制からみた改正債権法改正の実務ポイント41）。

しかし、一般人を基準とするといってもどの程度の能力を前提とするのか曖昧にならざるを得ない。不法行為による損害賠償請求権における不法行為であることを知る主体に関して、社会一般の平均人ではなく、当該被害者が属する職業、地位にふさわしい「一般標準人」であると説明する学説がある（山田編・新・現代損害賠償法講座(1)総論266）。結局、裁判官の立場からみて、一般人として権利行使を期待できる程度に法的評価を認識していたという判断になろうか。

5　法的評価が難しい分野

上記部会資料が述べるように、一般人にとって権利行使ができるという法的評価が難しい権利関係があるのは確かであり、そのような権利関係においての一般人とは、専門家による法的評価を知った一般人ということにならざるを得ないと考える。

37　いわゆる法定債権についても、主観的起算点は適用されるか。

| 結　論 | 適用される。ただし、不法行為債権については旧724条前段が存置されている。 |

1　法定債権の意義

法定債権とは、債務不履行による損害賠償請求権、不当利得返還請求権、不法行為債権のことをいう。民法（債権法）改正検討委員会は、債権時効期間は、債権者の属性、債務者の属性、債権の種類、法的性質等の違い等にかかわらずできる限り一律に設定すべきとの立場から（民法（債権法）改正検討委員会編・詳解　債権法改正の基本方針Ⅲ164）、法定債権についても原則として取引上の債権と同一の時効期間を設定すべきであると提案していた（民法（債権法）改正検討委員会編・詳解　債権法改正の基本方針Ⅲ163）。その理由は、①時の経過に

第5章　主観的起算点―総　論　　91

よる事実関係の曖昧化は債権の法的性質によって異ならないこと、②債権発
生原因により時効期間の違いを設けることは合理的理由のない区別となるこ
とからである（民法（債権法）改正検討委員会編・詳解　債権法改正の基本方針Ⅲ164）。

2　債務不履行による損害賠償請求権

　債務不履行による損害賠償請求権にも主観的起算点が適用されるのは、実
質的に取引上の履行請求権に代わるものがあるからである。

3　不当利得返還請求権

　不当利得返還請求権にも主観的起算点が適用されるのは、給付利得債権は
取引上の債権の裏返し（無効な消費貸借契約により給付した金銭の返還を求
めることと有効な消費貸借契約により貸金の返還を求めること）のものとい
うことができ、また、契約の効力に争いがある場合に、無効を理由とする不
当利得返還に代えて当事者が返還のために新たな契約を結ぶこともある。そ
うであれば、これも取引上の債権と別異に扱うべきではないからである。
　ただし、契約に基づく一般的な債権とは異なる配慮を必要とする不当利得
返還請求権にも主観的起算点を導入すると、実質的に時効期間を短期化し、
その債権者にとって不利益となるとの反対意見がある。

4　不法行為債権

　不法行為債権における主観的起算からの時効期間は、改正民法724条1号に
おいて、旧724条と同様に3年間とされており、民法改正による変更はない。
ただし、改正民法724条の2において、生命または身体を害する不法行為によ
る損害賠償請求権についての主観的起算点からの時効期間については、その
特則として5年間に延長されている。

38　主観的起算点の導入は、客観的起算の解釈に影響を及
ぼすか。

| 結　論 | 及ぼさないと考えられる。 |

1　問題点

　民法改正が審議される過程で、主観的起算点が導入されることにより、「権
利を行使することができる時」という客観的起算点の解釈が改正前の解釈よ

りも客観化し、柔軟な解釈がされなくなるおそれがあるのではないか、という指摘がなされた。すなわち、中井委員は、63回会議で、近時の最高裁判例においては客観的起算点における「権利を行使することができる」には、単純に法律的障害がないというだけではなく、権利行使の期待可能性がないという要素を考慮して起算点を考えている。つまり、10年を超えた場合であっても救済するために起算点について柔軟な解釈を与える言葉として機能しているところ、主観的起算点として「権利を行使することができる」ことを知った制度を導入したときは、客観的起算点の純化が進行することになる、との危惧を示していた（63回会議・議事録46）。このような純化により、改正前よりも客観的起算点からの時効が早期に完成してしまうのではないかという心配をする意見もあった（三浦＝林＝飯島＝松尾・ジュリ1436・89）。

2　中間試案段階における立法当局による説明

上記の指摘について、部会資料69Ａ・4では、次のように説明されている。

「確かに、民法第166条の『権利を行使することができる時』という起算点の解釈について、債権者の現実的な権利行使の期待可能性を考慮したとされる判例も存在する。しかし、これらは当該事案の客観的事情に照らした権利行使の期待可能性を考慮したに過ぎず、必ずしも当該債権者の主観そのものを考慮したものではないと考えられる。そして、主観的起算点が導入されている不法行為に基づく損害賠償請求権においても、民法第724条後段の『不法行為の時』を、同法第166条に関する上記判例と同様に、事案の特殊性に応じて柔軟に解釈している判例がある（最判平成16年4月27日民集58巻4号1032号参照）。これらの判例実務に鑑みれば、主観的起算点を導入したとしても、『権利を行使することができる時』の解釈に影響が及ぶものではないと考えられる。」

3　私　見

民法改正後の学説では、平野・民法総則433が、法律上の権利行使可能性を問題にしながら実質的に権利行使期待可能性を考慮した判決は、改正民法166条1項2号の解釈に引き継がれるとされる。判決の理由中に用いられている「権利の性質上」という文言をどう位置付けるかにもよるが、主観的起算点における「権利を行使することができることを知った」という意味が『権利行使が可能な状況のもとで』という前提があると理解すると、民法改正後は、改正民法166条1項1号の解釈に溶融されてゆくと考えられる。

第5章 主観的起算点―総 論 93

39 主観的起算点からの時効期間経過後も、時効援用権の濫用として援用が許されない場合があるか。

結 論 　主観的起算点からの消滅時効完成についても、時効援用権の濫用法理の適用がある。

1 立法段階での意見

　主観的起算点の導入に際し、その導入を支持する立場からは、次のような意見がなされていた（部会資料69Ａ・4）。これは、主観的起算点からの時効期間経過後も、なお時効援用権の濫用として援用が許されない場合があることを肯定する見解である。

　「権利行使の可能性を認識していても、権利行使ができないまま数年が経過してしまう場合もあり、主観的起算点から5年間という時効期間はなお短期に過ぎるとの指摘もあり得る。

　しかし、債務者側に権利行使を妨げるような事情が存在する場合や、債権者側に適時の権利行使又は時効中断措置を講ずることが不可能又は著しく困難な客観的事情が認められるような場合等においては、時効の援用が信義則に反するとされることもあり、実務上は事案に応じた適切な救済がされている。例えば、安全配慮義務違反に基づく損害賠償請求権について、使用者側の消滅時効の援用が信義則に反すると判断された事例（東京高判平成7年5月31日判タ896号148頁）や、不法行為に基づく損害賠償請求権の消滅時効について、消滅時効の援用が信義則に反すると判断された事例（東京地判平成17年9月15日判時1906号10頁）などが参考となる。」

2 東京高判平7・5・31判タ896・148

　東京高判平7・5・31判タ896・148のケースは、銀行の窓口業務、公金収納業務などに従事していた女性行員からの手の痛みなど安全配慮義務違反に基づく損害賠償請求の事案である。銀行と従業員組合との間で、救済措置実施に関する確認書が締結され、民事訴訟の提起を行った場合は救済しない旨の定めがあったことから、救済を受けている間に時効が進行した結果消滅時効が完成した旨を主張することは信義則に反し許されない、と判示したものである。

　しかし同判決は、「債務不履行による損害賠償請求権については、具体的に債務不履行の事実が存し、これに基づいて損害が発生していれば、債権者の

知・不知を問わず消滅時効が進行するものと解される」として、主観的起算点を踏まえた判示をしているわけではない。

3　東京地判平17・9・15判時1906・10

また、東京地判平17・9・15判時1906・10（国労採用差別・鉄建公団訴訟）のケースは、日本国有鉄道が、国労を嫌悪し、国労組合員であった原告らを差別してＪＲ各社の採用候補者名簿に記載しないという不利益取扱いをするという不法行為に関して、原告らは国労の方針に従って、採用候補者名簿に記載されなかった者をＪＲに採用された者として扱えとの救済命令を求めていたという適時の権利行使または時効中断を困難にする客観的事情が認められるために時効援用は権利濫用としているが、傍論である。

4　検　討

改正民法166条1項1号は、債権者が権利を行使することができることを知った時を時効の起算点とすると規定しているが、ここでの「債権者」とは、当該具体的な債権者個人であるが、権利を行使することができるかどうかの判断主体は一般人が想定されている。一般人として権利を行使することができることを知ったと評価されたときには、主観的起算点から時効が走ることになる。しかし、当該具体的な債権者個人において個別具体的な状況を踏まえて現実的な権利行使が不可能であった事情があり、それが債務者からの不当な関与による場合など特段の事情が存する場合には、なお、債務者の時効援用が権利濫用になるとの考えは、それなりに意味があり賛成できる。

第6章　主観的起算点の主体

40 権利を行使することができることを知ったという場合の認識・判断の主体とその対象は何か。

| 結　論 | 以下の表に示したとおりである。 |

認識・判断の対象	認識・判断の主体
債権の発生を基礎付ける事実	当該債権者
当該債権が発生したとの法的評価	個性を捨象した一般人
履行期	当該債権者
行使できることを知る	個性を捨象した一般人

1　権利行使の現実的な可能性の認識

部会資料69Ａ・2における説明では、「権利を行使することができることを知った時」とは、抽象的には、「債権者が権利行使の現実的な可能性を認識」することと表現されている。しかし、これでは、具体的にどのような事実をどの程度認識した時点を指すのかが不明確である。これまでに明らかにされた説明としては、以下のものがある。

2　請求原因事実の充足を知るとの説明

より具体的な説明としては、権利行使が可能であるとは、「権利行使に係る請求原因事実の全てが充足されること」であり、権利行使が可能であることを知るとは、「権利行使に係る全ての請求原因事実が充足したことを知ったということ」であるとの説明がある（山野目・「《座談会》債権法改正の審議経過と残された課題」金法1986・11）。ただ、取引に基づき発生した債権以外の微妙な性質

の債権に関しては、簡明ではないとの留保が付されている。この説明における「請求原因事実」とは、イコール債権発生の原因であるとすれば、債権発生の原因を知ったときとする中間試案の表現と何ら変わりはないことになる。

3　権利行使が事実上可能な状況のもとにおいて、債権者がその請求が可能な程度にこれらを知ったとの説明

　総論的な理解として、部会資料69Ａ・2以下では、不法行為による損害賠償請求権の主観的時効の起算点の判例理論を類推する形で、次のように説明されている（下線は筆者）。

　「この問題については、民法第724条前段の『損害及び加害者を知った時』の解釈が参考になると考えられる。判例は、『損害及び加害者を知った時』とは、加害者に対する賠償請求が事実上可能な状況のもとにおいて、被害者がその請求が可能な程度にこれらを知った時を意味し（最判昭和48年11月16日民集27巻10号137頁）、『損害…を知った時』とは、被害者が損害の発生を現実に認識した時をいうとしている（最判平成14年1月29日民集56巻1号218頁）。また、『損害…を知った時』とは、単に加害者の行為により損害が発生したことを知っただけではなく、その加害行為が不法行為を構成することをも知った時との意味に解するのが相当であり（最判昭和42年11月30日裁判集民事89号279頁）、損害を被ったという事実及び加害行為が違法であると判断するに足りる事実を認識した時点から時効が進行すると判断している（最判平成23年4月22日裁判集民事236号443頁）。〔中略〕学説上は、不法行為を基礎付ける事実については被害者が現実に認識していることが必要であるが、不法行為であるという法的評価については一般人ないし通常人の判断を基準とすべきであるとする見解が多数説である。そして、認識の程度については、損害賠償請求訴訟で勝訴する程度にまで認識することを要しないと理解されている。

　上記の解釈は、素案(1)の主観的起算点についても基本的に妥当すると考えられる。すなわち、これを債権一般の消滅時効に即していえば、『権利を行使することができること及び債務者を知った時』とは、<u>債務者に対する権利行使が事実上可能な状況のもとにおいて、債権者がその請求が可能な程度にこれらを知った時を意味し</u>、例えば、安全配慮義務違反に基づく損害賠償請求権であれば、一般人ならば安全配慮義務違反に基づく損害賠償請求権を行使し得ると判断するに足りる基礎事実を債権者が現実に認識した時点を指すと考えられる。

このように考えれば、債権者の現実的な権利行使の期間を十分に確保しつつ、かつ、主観的起算点が遅くなりすぎることもないと思われる。」

4　債権の発生と履行期の到来を現実に認識した時との説明

その後の部会資料78Ａ・6以下では、部会資料69Ａを敷衍して、次のように説明されている（下線は筆者）。

「『権利を行使することができること…を知った』というためには、『権利を行使することができる時』（民法第166条第1項）が到来したことを認識する必要があると考えられる。その具体的な認識の対象については、同法第724条前段の『損害…を知った時』の解釈が参考になると考えられる。

判例は、『損害…を知った時』とは、被害者が損害の発生を現実に認識した時をいい（最判平成14年1月29日民集56号1巻218号）、単に加害者の行為により損害が発生したことを知ったのみではなく、その加害行為が不法行為を構成することも知った時との意味に解するのが相当であり（最判昭和42年11月30日裁判集民事89号279頁）、損害を被ったという事実及び加害行為が違法であると判断するに足りる事実を認識した時点から時効が進行するとしている（最判平成23年4月22日裁判集民事236号443頁）。学説上は、不法行為を基礎づける事実については被害者が現実に認識していることが必要であるが、不法行為であるという法的評価については一般人ないし通常人の判断を基準とすべきであるとする見解が多数説である。そして、その認識の程度については、損害賠償請求訴訟で勝訴する程度にまで認識することを要しないと理解されている。

上記判例の解釈は、素案(1)の主観的起算点の解釈にも基本的に妥当すると考えられる。なぜならば、素案(1)の主観的起算点は債権者の現実的な権利行使の機会を確保する趣旨で設けるものであって、民法第724条前段の主観的起算点と全く同じ趣旨に基づくものであると考えられるからである。そして、上記判例の解釈を前提とすれば、素案(1)の「権利を行使することができること…を知った時」とは、債権者が当該債権の発生と履行期の到来を現実に認識した時をいうと考えられる。当該債権の発生を現実に認識したというためには、債権者が当該債権の発生を基礎づける事実を現実に認識する必要があるが、当該債権の法的評価（例えば、債務不履行に基づく損害賠償請求権であれば、債務不履行の要件を充足すること）については、一般人の判断を基準として決すべきであると考えられる。」

5 一般人か当該債権者か

債権の発生を知るという場合、そこには、債権発生を基礎付ける事実に基づく法的な評価を前提としている。民法改正以前から主観的起算点を採用していた不法行為に基づく損害賠償請求においては、特に「不法行為であることを知る」という点で具体的な被害者の判断を基準とするのかあるいは個性を捨象した一般人の判断を基準とするのかという問題が提起されていた。

民法改正に関する意見の中では、債権者として一般人（非商人）を想定すると時効期間は5年が無難であるとの意見があった（松久・ジュリ1392・134）。

当該債権者ごとの個別の判断を基準とすると、判断能力の程度は人により千差万別であり、特に法的な判断は一般人には困難であるから主観的起算点が遅くなりすぎる。そうかといって個性を捨象した一般人を基準にして判断されれば、当該債権者の判断よりも早くなり、時効期間を半減したことによる不利益を回避するための主観的起算点導入の趣旨に反することになり、債権者にとって酷な結果になりうるとの問題点がある。さらに、個性を捨象した一般人というのは、いかなる人を想定しているのか不明確であるという問題もある。結局、制度として安定的な運用を考えると、裁判官においてその取引分野に置かれた一般人を想像して、ケースごとに判断するより外はないと考える（同旨、白石・鼎談「10のテーマから学ぶ改正債権法の全体像」金法2072・13）。

6 個別事例での検討

なお、仮に主観的起算点を導入するとしても、契約各論その他の具体的な場面毎に検討しなければ、導入の是非が判断できないという意見に鑑み、部会資料78Aでは個別的なケースでの検討が示されており、本書でも個別に紹介・検討している。

---

41 弁済期が到来した時に、高齢者が自己の債権を適切に管理することが困難となっていた場合に、主観的起算点からの時効は進行するか。

| 結 論 | 権利行使ができることを知ったとは言えないと考える（私見）。 |

第6章　主観的起算点の主体　　99

1　問題の提起

79回会議において能見委員から、高齢者などで判断力が低下してきて自分で債権を管理できない人に対して主観的起算点がどう適用されるのか明らかではないとの問題点が指摘された（79回会議・議事録6）。判断能力低下と主観的起算点との関係を議論する場合、判断能力低下の時期がいつであったかにより結論を異にしうる。債権発生の時に、当該債権者が債権の発生を基礎づける事実と履行期の到来を現実に認識し得ない場合には、主観的起算点からの時効は進行しないと考えられる。問題は、弁済期が到来した時点で、認知機能の低下により債権と履行期の到来を関係づけることができないような場合である。

2　部会資料の考え方

部会資料78A・11では、高齢者が自己を適切に管理することが困難となった場合、どの点が主観的起算点になるかという点につき、次のような考え方が示されている（下線は筆者）。

「素案において、権利を行使することができることの認識を要求する趣旨は、権利行使の現実的な機会を確保する点にある。そうすると、当該債権者が債権の発生を基礎づける事実と履行期の到来を現実に認識しない限り、主観的起算点からの時効期間は起算されない。もっとも、例えば、確定期限の定めのある債権の場合に、債権者が弁済期以前のいずれかの時点において債権の発生を基礎づける事実と弁済期を認識していれば、後は弁済期が到来しさえすれば権利行使の現実的な機会が確保されているといえることから、基本的には、弁済期の到来時に債権の存在を忘れていたとしても、それによって主観的起算点が後れることはないと考えられる。ただし、債権者が行為能力を喪失したという事情がある場合には、民法第158条により時効が停止し得る。」

履行期に債権の存在を忘れていても主観的起算点から時効が走るとしていることからすると、この見解は履行期の到来を認識できなくても、認識能力が具備していたときに履行期を認識していれば、主観的起算点からの時効が進行すると考えられていると思われる。

民法改正後の学説として、筒井＝村松・一問一答・民法（債権関係）改正58は、確定期限到来前に意思能力を喪失する事態に至っても、「知った」ものと扱われる、との見解を示している。

3 債権者の帰責性

そもそも、主観的起算点の導入は、時効期間を10年から5年に半減した代償として、権利行使における債権者の主観的事情を時効制度に採り入れようとするものであった。提唱者はその導入の理由として、債権者が債務の発生（原因事実）と債務者を知ったにもかかわらず、債権を放置するときには、債権者に帰責性＝不利益負担の理由が認められ、この帰責性は比較的強いものであるために債務者および取引社会の危険と負担からの早期解放を優先し、その時から［3年／4年／5年］の経過により、時効期間が満了する、としていた（民法（債権法）改正検討委員会編・別冊ＮＢＬ126・199）。

4 検 討

このような帰責性＝不利益負担の理由の観点から見ると、単なる失念と認知機能障害による失念では意味が異なり、履行期限が到来したときに、単なる失念ではなく認知機能の障害により履行期の到来を認識できないときは、事実上権利行使ができず、権利行使ができることを知っていたとは言えないのではなかろうか。また、改正民法166条1項1号の法文は、債権者が権利を行使することができることを「知ったときから5年間行使しないとき」と表現して、権利行使が可能な状態で5年が経過することが必要であり（筒井ら・ＮＢＬ1108・30）、認知機能の障害により履行期の到来を認識できなかったときは、権利行使が可能な状態で5年が経過したとはいえないからである。

このように解しても、主観的起算点からの5年の消滅時効が進行しないというだけで、客観的起算点からの10年の消滅時効は、期限が到来したときから進行するのであるから、上記のように、主観的起算点から進行しなくとも、客観的起算点から10年の時効期間は進行するのであるが、この場合にこそ判例のいう旧158条の類推適用がなされるものである。

42 債権者が、成年後見開始の審判を受けていないが事理を弁識する能力を欠くに至った場合、主観的起算点からの5年の時効との関係はどうなるか。

| 結 論 | 事理を弁識する能力を欠くに至った時点で5年の時効期間の進行が停止すると解する（私見）。 |

第6章　主観的起算点の主体　　101

1　問題の提示

債権の発生時に事理を弁識する能力がない場合は、権利行使が可能な状況にはないのであるから、主観的起算点からの時効は進行しないと解される。問題は、主観的起算点からの時効が進行した後に、事理を弁識する能力を欠くに至った場合である。まず最初に旧158条の時効完成の停止（民法改正前）あるいは改正民法158条の時効完成の猶予（民法改正後）の適用あるいは類推適用が問題となる。しかし、これらはいわゆる「時効期間の進行の停止」を認めるものではなく、時効期間はなお進行することを認めながら時効の「完成を猶予」する効果を生ぜしめるにすぎない。

2　改正民法158条1項の適用の検討

改正民法158条1項は、成年被後見人に法定代理人がいないときは、成年被後見人が行為能力者となった時または法定代理人が就職した時から6か月を経過するまでの間は、成年被後見人に対して時効は完成しない、と定めている。その趣旨は、成年被後見人は法定代理人がいない場合には、時効完成猶予事由または更新事由の措置を採ることができないのであるから、法定代理人を有しないのにかかわらず時効の完成を認めるのは、成年被後見人に酷であるとして、これを保護するところにある（最判平10・6・12民集52・4・1087参照）。しかし、「成年被後見人」とは、後見開始の審判を受けた者であるから（8条）、精神の障害により事理を弁識する能力を欠く常況にある者として後見開始の要件を満たしていても後見開始の審判を受けていない者は、ここでの「成年被後見人」には該当しない（東京高判平25・3・19金判1447・26）。

3　改正民法158条1項の類推適用の検討

ただ、上記最判平10・6・12民集52・4・1087は、不法行為の被害者が不法行為の時から20年を経過する前6か月以内において、不法行為を原因として心神喪失の状況にあるのに法定代理人を有していなかった場合において、その後当該被害者が禁治産宣告を受け、後見人に就職した者がそのときから時効の期間の満了前6か月以内に損害賠償請求を行使したなどの特段の事情があるときは、旧158条の法意に照らし、旧724条後段の効果は生じない、と判示していた。これは、旧724条後段の20年の除斥期間に関する判示である。

そこで、旧158条の類推適用が問題となった。その後、最判平26・3・14民集68・3・229は、「精神上の障害により事理を弁識する能力を欠く常況にある者に法定代理人がない場合において、少なくとも、時効の期間の満了前の申立てに基づき後見開始の審判がされたときは、民法158条1項の類推適用によ

り、法定代理人が就職した時から6箇月を経過するまでの間は、その者に対して、時効は、完成しない」と判示して、旧158条の「類推適用」を認めた。なお、判決文の中には、少なくとも時効の期間の「満了前の申立て」に基づき後見開始の審判がされたときと文言があるが、これは、これ以外に類推適用され得ることを排除した趣旨ではないと解されている（畑・ジュリ1493・63）。

上記最判平26・3・14民集68・3・229は、主観的起算点が導入される民法改正前の判示であり、事案は、1年の短期消滅時効が認められた遺留分減殺請求権（1042条）の時効消滅に関するものであった。すなわち、1042条は、遺留分減殺請求権に関する1年の短期消滅時効の起算点を「遺留分権利者が、相続の開始及び減殺すべき贈与又は遺贈を知った時から」と規定しており、形式上は、遺留分減殺請求権の短期消滅時効に関する「主観的起算点」について、旧158条1項の類推適用を認めたもので、主観的起算点一般についての解釈を示したものではない。

4　部会資料の見解

部会資料78Ａ・11では、改正民法158条により時効の完成が猶予されるとの見解が示されている（下線は筆者）。

「例えば、確定期限の定めのある債権の場合に、債権者が弁済期以前のいずれかの時点において債権の発生を基礎づける事実と弁済期を認識していれば、後は弁済期が到来しさえすれば権利行使の現実的な機会が確保されているといえることから、基本的には、弁済期の到来時に債権の存在を忘れていたとしても、それによって主観的起算点が後れることはないと考えられる。ただし、債権者が行為能力を喪失したという事情がある場合には、民法第158条により時効が停止し得る。」

なお、この見解の中で時効が停止し得るとあるが、民法改正後では、完成の猶予である。この見解では、あくまでも完成猶予であるから時効期間の進行自体は止まらないことが前提である。

5　検　討

主観的起算点導入の提唱者はその理由として、債権者が債務の発生（原因事実）と債務者を知ったにもかかわらず、債権を放置するときには、債権者に帰責性＝不利益負担の理由が認められ、この帰責性は比較的強いものであるために債務者および取引社会の危険と負担からの早期解放を優先し、その時から［3年／4年／5年］の経過により、時効期間が満了する、としていた（民法（債権法）改正検討委員会編・別冊ＮＢＬ126・199）。このような帰責性＝不利益負

担の理由の観点から見ると、認知機能の障害により事実上権利行使ができないときは、債権者に帰責性＝不利益負担がなく、5年という短期の時効期間による早期の権利消滅を生じさせることはできないのではなかろうか。

また、改正民法166条1項1号の法文は、債権者が権利を行使することができることを「知った時から5年間行使しないとき」と表現して、権利行使が可能な状態で5年が経過することが必要であり（筒井ら・ＮＢＬ1108・30）、認知機能の障害により権利行使ができなかったときは、権利行使が可能な状態で5年が経過したとはいえないからである。

そうすると、改正民法の消滅時効制度に時効期間の停止という制度は導入されなかったが、本問のようなケースでは、事理を弁識する能力を欠くに至った時点で5年の時効期間の進行が停止すると解すべきであると考える。

43 債権者に相続が生じた場合に、被相続人が有していた債権の主観的起算点はいつか。

| 結　論 | 議論が分かれるが、相続人の認識を基準とすると考える（私見）。 |

1 問題の提起

79回会議において能見委員から、確定期限がある債権を被相続人が持っていて相続が発生したとき、相続人はきちんと整理してみなければ分からないと思うが、主観的起算点がどう適用されるのかという問題が提起された（79回会議・議事録6）。相続においては被相続人の権利義務を承継するのは被相続人の死亡時であるが（882条）、死亡の時と相続人たるべき者が被相続人の死亡を知り自己が相続人となったことを知った時期との間には自ずとずれがある。その上、被相続人の死亡を知りその権利義務の承継を知ったとしても、承継した権利の具体的な内容は詳しく調べてみないと分からないので、権利行使することができることを知る時期はさらに遅れる。

2 不法行為の場合

東京地判昭48・5・29交民6・3・936は、交通事故（昭和40年）による死者（原告らの弟）の第一順位の相続人である原告らの母が昭和31年頃から行方不明で、事故から5年余経過した後に、母親に失踪宣告が下され（昭和46年に

失踪宣告確定)、死者の兄と姉である原告らが相続したというケースである。被告は、失踪宣告を受けるのに相当な期間を経過したときが起算点になると主張したが、裁判所は、損害賠償請求権を相続した場合には、相続人において自己が相続人であることを知った時から進行すると判示した。正確には、被相続人に損害賠償請求権があることを知っていた相続人の場合には、自己が相続人になったことを知った時に知ったものとするの意味であろう。

3　類型ごとの分析

上記の問題意識の下に、問題となるケースを分類すると、①被相続人の時に主観的起算点が進行している場合と、②被相続人の時に未だ主観的起算点が進行していない場合に区分されると思われる。後者の②の場合のように、主観的起算からの時効が進行する前に相続があった場合は、相続人の認識を基準とする以外はない。問題は、①の場合である。①の場合でも、さらに、⑴被相続人の認識時とするか、⑵相続したときからか、⑶相続したことを知ったときからか、⑷具体的に相続財産の中に当該権利が含まれていたことを知ったときからかは、なお検討する余地がある。

①被相続人の時にすでに主観的起算点が進行している場合	⑴　被相続人の認識時
	⑵　相続した時
	⑶　相続したことを知った時
	⑷　具体的に相続財産の中に当該権利が含まれていたことを知った時
②被相続人の時に未だ主観的起算点が進行していない場合	

ちなみに、確定期限が付されているケースで、当該確定期限が到来する前に相続が発生したような場合が、上記①の類型に入るのか、あるいは②の類型に入るのかの問題もある。①の類型に入るとする学説があるが（筒井＝村松・一問一答・民法（債権関係）改正58）、私は②の類型に入るべきものと考える。

4 部会資料の見解

部会資料78Ａ・11では次のような考え方が示されている（下線は筆者）。

「民法第160条は、相続財産について、相続人が確定した時から、また、相続人がいない場合は管理人が選任された時から6か月を経過するまでの間は、時効の完成が猶予されることを規定している。そうすると、現行法は、相続による権利・義務の主体の変更は時効の進行自体に影響を及ぼさず、時効の完成を一定期間猶予することによって権利行使の機会を確保することとしていると考えられる。したがって、債権者に相続が生じた場合であっても、主観的起算点からの時効の進行に影響はなく、同条によって時効の完成が猶予され得るにすぎないと考えられる。」

この見解は、①の場合には、被相続人の認識を基準とすると考え方（④の見解）であろう。

これに対しては、相続が開始したが相続人が相続開始の事実や相続預金の存在を知らない場合は、債権者が権利を行使できるがそのことを知らない場合に該当するとの見解がある（亀井・銀法800・13）。

5 検 討

改正民法により、時効期間がそれまでの10年から5年に短縮されたのは、主観的起算点から時効が進行することが条件とされたからである。換言すれば、当該債権者において権利行使が可能であるのに10年の時効期間は長すぎるとの判断によるものである。そうすると、相続人が相続により権利承継したことを知らないとか、相続財産の中に当該権利が含まれていたことを知らない場合には、当該相続人にとって権利行使が可能であったということができないし、あるいは当該権利を行使することを期待できたともいえないから、相続人がこれらの事実を知ったときを起算点とすべきことになると思われる。

主観的起算点導入の提唱者はその理由として、債権者が債務の発生（原因事実）と債務者を知ったにもかかわらず、債権を放置するときには、債権者に帰責性＝不利益負担の理由が認められ、この帰責性は比較的強いものであるために債務者および取引社会の危険と負担からの早期解放を優先し、その時から［3年／4年／5年］の経過により、時効期間が満了する、としていた（民法（債権法）改正検討委員会編・別冊ＮＢＬ126・199）。このような帰責性＝不利益負担の理由の観点から見ると、相続人が事実上権利行使ができないときは、債権者に帰責性＝不利益負担がなく、5年という短期の時効期間による早期の権利消滅を生じさせることはできないのではなかろうか。

また、改正民法166条1項1号の法文は、債権者が権利を行使することができることを「知った時から5年間行使しないとき」と表現して、権利行使が可能な状態で5年が経過することが必要であり（筒井ら・ＮＢＬ1108・30）、相続という当然の包括承継があっても、具体的に相続した権利行使ができなかったときは、権利行使が可能な状態で5年が経過したとはいえないと考えられる。

このように解しても、客観的起算点から10年の時効は重ねて適用されているので、時効期間が極端に長くなるということはない。

第7章　主観的起算点—各　論

44　確定期限の定めのある債権について、権利を行使することができることを知った時とはいつか。

> **結　論**　確定期限の到来を知った時（私見）。

1　部会資料78Ａ・7の見解

本問につき部会資料78Ａ・7は、「確定期限の定めのある債権については、債権者が債権の発生時に、これを基礎づける事実を現実に認識しているのが通常であり、期限の到来によって現実的な権利行使が可能になることから、主観的起算点は期限の到来時となり、客観的起算点と一致することになると考えられる。」との見解を示している（同旨、山野目・民法総則337、筒井＝村松・一問一答・民法（債権関係）改正58）。

上記見解は、確定期限の定めのある債権の発生を認識した時には、確定期限がいつであるかについても知っていることになり、当該期限が到来するまでは法的に権利行使ができないことから、当該期限が到来した時が主観的起算点となる、と理解していると思われる。

2　期限の到来の知の要否

上記部会資料の見解では、期限が到来した事実は知らなくても当該期限が到来すれば主観的起算点からの時効が進行するかのようにも読める。山野目・民法総則337では、「ふつう、歴日で定められる確定期限の到来は公知の事実であって債権者もその到来の時に知るから」と説明されている。

しかし、確定期限の定めを知っていることと、その確定期限が到来したことを知っていることとは、理論的には区別されるべきものである。客観的起算点の場合には、法的な権利行使可能性だけを問題にすればよいから、現実に確定期限が到来していれば法的な権利行使が可能となるので時効が進行するが、主観的起算点においては確定期限が到来していることを知らなければ権利行使ができることを知っているとは言えないから、理論的には確定期限が到来していることを知っていることも必要であると解される。

45 期限に関する特約として、期限の利益の当然喪失事由が定められているとき、権利を行使することができることを知った時とはいつか。

| 結　論 | 当然喪失事由の発生を知り、期限の利益が喪失したことを知った時であると解する。 |

1　問題の提示

金銭消費貸借契約やローン契約においては期限の利益喪失事由を定めることが多い。その場合、当該事由が発生した場合は、①債権者からの通知催告がなくとも当然に期限の利益を失うとする「当然喪失」と、②債権者からの請求により期限の利益を失うという「請求喪失」がある。そのうち、当然喪失事由として「借主についての相続の発生」や「借主の行方不明」とする定めがなされていた時、主観的起算点はいつになるのかという疑問が生じる。

2　客観的起算点

改正民法166条1項2号が定める客観的起算点は、原則として法的な権利行使が可能になった時であるから、当然喪失事由が発生したことを知らなくても、債権者として法的に権利行使が可能になった相続が発生したときや行方不明になった時が客観的起算点になる。

3　主観的起算点

客観的起算点の場合には、法的な権利行使可能性だけを問題にすればよいから、現実に期限が到来していれば法的な権利行使が可能となるので時効が進行するが、主観的起算点においては期限が到来していることを知らなければ権利行使ができることを知っているとは言えないから、理論的には期限が到来していることを知っていることも必要であると解される。そうすると、相続が発生したことや行方不明になったことを知らない場合は、当然喪失事由による期限が到来していることを知らないのであるから、権利を行使するができることを知ったことにはならないので、主観的起算点からの5年の時効期間は走らないと解される。

第7章　主観的起算点―各　論　　109

46　不確定期限の定めのある債権・条件付債権について、権利を行使することができることを知った時とはいつか。

結　論　期限の到来を現実に知った時。

1　不確定期限

不確定期限とは、到来することは確実であるが、その時期がいつかは不明である期限をいう。例えば、ある人の死亡する時という期限である。また、出世払いのように成功の時または成功不能が確定した時に支払うという契約は、履行に付けた特殊な不確定期限である。借り主に返済する余裕ができたときに返すというのも、不確定期限付き貸付とされる（東京地判平25・7・19（平24（ワ）27797））。

2　部会資料78Ａ・7の見解

本問につき、部会資料78Ａ・7は、「不確定期限付きの債権における主観的起算点は期限の到来を現実に知った時、条件付き債権については条件成就を現実に知った時となると考えられる。」との見解を示している（同旨、山野目・民法総則337、筒井＝村松・一問一答・民法（債権関係）改正58）。

3　条件付債権

条件付債権については、条件成就によって債権が生じるのであり、条件成就を知ることが必要であるのは当然であるが、成就した債権について確定期限、不確定期限が付いているであろうから、正確には、条件成就を知り、かつ当該期限の到来を知った時が主観的起算点になるというべきであろう。

47　期限の定めのない債権について、権利を行使することができることを知った時とはいつか。

結　論　期限の定めがない債権の成立を知った時。

1　部会資料78Ａ・7の見解

本問につき部会資料78Ａ・7は、次のような見解を示している。「期限の定

めのない債権について、民法第166条第1項の「権利を行使することができる時」は債権の成立時であると理解されている（大判昭和17年11月19日民集21巻1075頁など）。これを前提にすると、『権利を行使することができることを知った時』は債権の成立を知った時となり、契約に基づく期限の定めのない債権の場合には、基本的には客観的起算点と一致することになると考えられる。」

　すなわち、期限の定めのない債権の客観的起算点は、債権成立の時とするのが判例である。そこで、主観的起算点についても債権の成立を知れば権利を行使することができることを知ったといえるとの考え方である（同旨、山野目・民法総則337）。

2　期限の定めのない消費貸借契約に基づく貸金返還請求権

　部会資料78Ａ・8は、次のような見解を示している（下線は筆者）。「期限の定めのない消費貸借契約に基づく貸金返還請求権については、契約成立から相当期間の経過後でなければ返還を請求することができないため、『権利を行使することができる時』とは、消費貸借契約の成立から相当期間が経過した時であるとする考え方がある（東京高判昭和41年6月17日金融法務事情449号8頁、東京高判昭和51年8月30日判タ344号201頁など）。この考え方を前提にすれば、期限の定めのない消費貸借契約における主観的起算点は、消費貸借契約の成立から相当期間が経過したことを知った時と解釈されるものと考えられる」。

3　相当期間

　まず、相当期間判定の標準として、従前の学説は、「その消費貸借の目的となっているその種類の物を返還するについて、個々の場合において、取引上一般に必要だと認められる期間であり、契約の目的や金額その他の具体的事情により、客観的に決すべき」としている（浜田・新版注釈民法(15)46）。しかし、下級審の裁判例をみると、事案ごとに長いもので1年、あるいは3か月、短いもので1か月を相当期間としているのであり、一律に決し得ないという曖昧さが残っている。

4　相当期間の経過を知る

　それに加えて、相当期間の経過を当該債権者が「知った」という主観も、判断要素も加わると曖昧さはより一層増すということになる。

　なお、主観的起算点における評価的要素の知・不知の判断基準は一般人と

第7章　主観的起算点―各　論　　　111

解されるから、債権者が相当期間の経過を知ったという場合の債権者とは、当該具体的な貸付債権者本人ではなく、一般人としての債権者と理解すべきである。したがって、消費貸借契約の成立から相当期間が経過したことを知った時とは、一般人が返還するについて取引上一般的に必要だと認められる期間が経過したことを知ったときと言い換えることになる。

48　普通預金に係る消滅時効の主観的起算点はいつか。

| 結　論 | 預金契約が解約され、口座取引が終了した時。 |

1　普通預金の法的性質
　普通預金の法的性質につき、最判平28・12・19民集70・8・2121は、次のように判示している。「一旦契約を締結して口座を開設すると、以後預金者がいつでも自由に預入れや払戻しをすることができる継続的取引契約であり、口座に入金が行われるたびにその額についての消費寄託契約が成立するが、その結果発生した預貯金債権は、口座の既存の預貯金債権と合算され、1個の預貯金債権として扱われるものである。〔中略〕いずれも1個の債権として同一性を保持しながら、常にその残高が変動し得るものである。」

2　民法改正前における客観的起算点に関する議論
　普通預金は、流動性を有する預金の典型であり、預け入れた時からいつでも払戻し請求できるのであるから、民法改正前には、預入れ時から進行するという預入れ時説が主流であった。そして、第三者による振込みや口座からの引落としにより口座の残高が変動し、その事実が金融機関内部における元帳に記録されたときは、「債務承認に準ずる行為」として時効中断を認める学説があった。これに対しては、債権者である預金者に対する表示がないのに債務承認として時効中断するのは、論理矛盾であるとの批判がなされた。
　そこで、普通預金に預入れや振込みなどの入金がなされるごとに、既存の残高債権と融合して1個の残高債権が成立し、それが一体として消滅時効にかかるという法律構成が提示された。これによると、預入れや支払によって取引が継続している間は、時効の進行は開始しないことになるから、当初の預入れ時から消滅時効が進行するということは実際上ほとんど意味を失う。そうすると、入金や支払などの預金口座に係る最終の取引がなされたときからとする最終取引説か、あるいは預金口座の解約による契約終了時説のいず

れかになる。

民法改正審議の段階では、最終取引時とするか預金解約時とするかで説の対立があったが、その問題は引き続き残り、民法改正後は解釈問題で対応できるとの認識が示されていた（中田・79回会議議事録11）。

3　最終取引時説と主観的起算点

前記2での見解は、いわゆる客観的起算点についての議論であった。これに対して、改正民法166条1項1号の主観的起算点では、「権利を行使することができることを知った時」とされているので、この適用の関係を検討する必要がある。この関係で、自動継続特約付定期預金に関する最判平19・4・24民集61・3・1073は、預金者が継続停止の申し出によって満期日を到来させることが可能であっても、継続停止の申し出をしない限り最終的な満期日が到来しないという取引に継続性を付与する自動更新特約の趣旨から、時効は進行しないと判示している。この理論によれば、最終取引以後でも、普通預金口座には振り込みの受領先や支払などの決済機能が存続しており、そのような預金取引の継続性への利益が残っていることから、預金者に権利行使を期待することができず、最終取引時を主観的起算点とすることは不都合であることになる（森田・法教374・116）。

4　口座取引終了時説と主観的起算点

そうすると、預金契約が解約され、口座取引が終了したときが、権利を行使することができることを知った時となると解せられる。

49　契約に基づく債務の不履行による損害賠償請求権について、権利を行使することができることを知った時とはいつか。

| 結　論 | 債務不履行を基礎付ける事実、損害の発生、因果関係を知った時（私見）。 |

1　問題の提示

74回会議において、岡崎幹事から、部会資料63・6の(2)のアイウの類型に関して、アとイに該当する契約上の債権について、債務不履行があった場合における、債務不履行を理由とする損害賠償請求権は多くの場合ウの類型に

第7章　主観的起算点—各　論　　113

該当するのではないかとの指摘があった（74回会議・議事録8）。ウとは債権の発生に際して債権者がそれを認識していない可能性が想定されるものである。

ア	現在は職業別の短期消滅時効が適用されている契約上の債権
イ	現在は職業別の短期消滅時効が適用されていない契約上の債権であって、下記ウの債権を除いたもの
ウ	現在は職業別の短期消滅時効が適用されていない契約上の債権であって、債権の発生に際して債権者がそれを認識していない可能性が想定されるもの（例えば、安全配慮義務違反に基づく損害賠償請求権）
エ	事務管理・不当利得に基づく債権

2　部会資料78Ａ・8の見解

部会資料78Ａ・8は、次のような見解を示している（下線は筆者）。

「判例は、契約に基づく債務の不履行による損害賠償請求権について、民法第166条第1項の「権利を行使することができる時」とは、本来の債務の履行を請求し得る時をいうとしている（契約の解除に基づく損害賠償請求権につき最判昭和35年11月1日民集14巻2781頁、履行不能による損害賠償請求権につき最判平成10年4月24日判時1661号66頁）。この解釈は、債務不履行に基づく損害賠償請求権のうち、契約に基づく本来の債務の不履行による損害賠償請求権に妥当するものであることから、債務不履行に基づく損害賠償請求権であっても本来の債務とは異なる債務の不履行に基づく損害賠償請求権（例えば付随義務違反など）については妥当しないと考えられる。

上記解釈を前提とすると、素案の考え方を採った場合の主観的起算点は、本来の債務の履行を請求することができることを知った時になると考えられる。例えば、履行期から一定の期間が経過した後に目的物が滅失した場合の履行不能による填補賠償請求権の主観的起算点は、本来の債務の履行を請求することができることを知った時となる。このように解釈しても、債権者が本来の債務の履行請求権について時効中断の措置をとれば、填補賠償請求権の時効も中断されることから、債権者に実質的な不都合はないものと考えら

れる。」

3 債務不履行を基礎付ける事実の知

上記部会資料見解では、主観的起算点における認識の対象は、本来の債務の履行請求権であって、債務不履行の事実を知らなくても、本来の債務の履行を請求することができることを知った時から主観的時効が進行するということのようであるが、「権利を行使できることができることを知った時から」という条文の文言を字義通りに適用すれば、「債務不履行による損害賠償請求権」という権利を行使できることができることを知った時というのは、債務不履行の事実を知った時でなければならないはずである（同旨、岡・63回会議・議事録43）。

例えば、胃切除の手術の際に腹腔内にタオルが25年間も残置されたというケース（東京地判平24・5・9判時2158・80）、産院における新生児取違えが約60年後に判明したケース（東京地判平25・11・26判時2221・62）などにおいて、上記部会資料見解では妥当な結論を導くことができないであろう。

さらにいえば、損害賠償請求権であるから、損害の発生や債務不履行と損害との因果関係を知ることも必要になるはずである。

4 債務不履行という法的評価

部会資料78Ａ・7では、契約に基づく債務の不履行による損害賠償請求権について、「当該債権の法的評価（例えば、債務不履行に基づく損害賠償請求権であれば、債務不履行の要件を充足すること）については、一般人の判断を基準として決すべきであると考えられる。」との見解が表明されている（同旨、阿部・企業法制からみた改正債権法改正の実務ポイント41）。これは、その法的評価について個別具体的な当該債権者本人を基準とすると、法的評価能力について非常に低い者があることから主観的起算点が進行しないケースが出てきて相当ではなく、他方、裁判官や法律実務家を基準とすると、主観的起算点からの時効期間が早い段階で進行することになり、これも主観的起算点の導入と引替えに5年という時効期間の短縮を図った改正民法の趣旨に合致しない。そこで、一般人の判断という基準が生じてくるわけである。

5 帰責事由を根拠付ける事実の知

旧415条は、履行不能の場合に限って債務者に「帰責事由」がない場合には債務者は責任を負わない旨を規定していたが、判例は、履行遅滞など履行不能以外の債務不履行についても債務者に帰責事由がない場合には責任を負わ

ないとしていた。改正民法415条1項は、この判例理論を明文化するとともに、同項ただし書において損害賠償の免責事由の主張・立証責任が債務者にあることを規定している。したがって、契約に基づく債務の不履行による損害賠償請求権を行使することができることを知ったというためには、帰責事由を根拠付ける事実を知ったことは不要であると考えられる。

50 金融商品の取引における債務不履行に基づく損害賠償請求権について、権利を行使することができることを知った時とはいつか。

| 結　論 | 債務不履行を基礎付ける事情の認識にプラスして専門家の意見を知った時など、ケースバイケース（私見）。 |

1　問題点

民法改正の審議過程において、金融商品の取引に関して債務不履行に基づく損害賠償を請求する場合、例えばワラント取引や商品先物取引などにおいて適合性違反や説明義務違反があり、債務不履行に基づく損害賠償を請求する場合の主観的起算点については議論があった。金融機関の実務家からは、銀行の説明義務違反が問題となるような場合のように、ある状況が債務者の債務不履行に該当するということを債権者において認識することができるかどうかはケースバイケースとの意見があった（岡本・金法2003・35）。

2　部会資料の考え方

部会資料78A・9では次のような考えが示されている（下線は筆者）。

「現状においては、ワラント取引や商品先物取引に関する債務不履行に基づく損害賠償債権について、『権利を行使することができる時』（民法第166条第1項）からの消滅時効は、損害額が確定した時点から起算されるとの判断が下級審裁判例において定着しているものと考えられる（大阪地判平成11年3月30日判タ1027号165頁など）。他方で、その時効期間については、民法第167条第1項の10年の時効期間が適用されると判断したもの（前掲大阪地判平成11年3月30日、津地判平成21年3月27日証券取引被害判例セレクト33巻83頁など）と、商法第522条の5年の時効期間が適用されると判断したもの（名古屋地判平成24年8月24日先物取引裁判例集68号83頁、東京高裁平成25年4月10日など）とがあり、必ずしも10年の時効期間の適用が実務上定着しているもの

ではないと思われる（ここでも民法・商法の時効期間の適用関係の不明確さという問題が顕在化していると考えられる）。

素案の考え方を採用した場合に、この種の取引に関する債務不履行に基づく損害賠償請求権の主観的起算点が具体的にどの時点になるのかという問題については、不法行為責任が認められた事案における「損害及び加害者を知った時」（民法第724条前段）の判断が参考となる。下級審裁判例においては、一連の取引が終了した時が「損害及び加害者を知った時」であると判断された事案がある一方で（大阪高判平成8年4月26日判タ931号260頁など）、弁護士に相談するまでは損害が発生した事実を知っていたとはいえないと判断された事案（広島地判平成25年1月11日）や、弁護士から違法な商品先物取引による被害である可能性がある旨指摘された時点から起算されると判断された事案（名古屋高判平成25年2月27日先物取引裁判例集68号104頁）もあり、必ずしも損害確定時から消滅時効が起算されると判断されているわけではない。これは、一般的な不法行為責任であれば、債権者が不法行為を基礎付ける客観的な事実を知れば、通常は違法性を認識することができると考えられるのに対し、この種の取引においては、不法行為を基礎付ける客観的な事実を知ったとしても、専門的知識のない一般人にとって、それが違法な行為であると判断することが困難であることを考慮したものと考えられる。これを前提にすれば、この種の取引に関する債務不履行責任についても、<u>単に債務不履行を基礎付ける客観的な事実を知ったのみでは、一般人にとって、それが債務不履行に該当すると判断することは困難であることから、主観的起算点は、</u>損害の確定時から起算されるとは限らず、<u>当該事案における債権者の具体的な権利行使の可能性を考慮して判断されるものと考えられる。</u>」

参議院法務委員会での小川民事局長の答弁は、次のようなものであった。

「説明義務違反の有無は当事者の属性や契約に至る経緯などを総合考慮し〔中略〕て判断するものでありますため、単に被害を被ったことを認識したとしても、直ちに債権者において債務不履行に基づく損害賠償請求を行使することは期待することはできない、こういう理解でございます。」

3　下線部の意味

上記の見解中下線部を付した「当該事案における債権者の具体的な権利行使の可能性を考慮して判断される」とはいかなる意味であるのか。まず、下線部中の当該事案における「債権者」とは、その事案における具体的な債権者その人を指すのではないであろう。それは、「権利を行使できることを知った」かどうかの判断は、一般人の立場で判断する準則との解釈を前提とする

からである。部会資料78A・7では、「当該債権の法的評価（例えば、債務不履行に基づく損害賠償請求権であれば、債務不履行の要件を充足すること）については、一般人の判断を基準として決すべきであると考えられる。」との記述がある。そうすると、判断の構造としては、一般取引における債務不履行に基づく損害賠償請求の場合と異ならないが、複雑な金融取引規制の中で一般人が債務不履行と考えて損害賠償請求できることを知ったといえるのは、債務不履行を基礎付ける事実を知ること以外に、違法性に関する専門家の意見に接するなどの事情が必要であるということであろう。それは、個別のケースごとに判断するより外はない。

51 安全配慮義務違反に基づく損害賠償請求権について、権利を行使することができることを知った時とはいつか。

| 結　論 | 当該債権者において安全配慮義務違反を基礎付ける事実関係を現実に認識し、一般人において当該認識事実を基礎として安全配慮義務違反と判断できた時（私見）。 |

1　安全配慮義務

最判昭50・2・25民集29・2・143は、安全配慮義務とは、ある法律関係に基づいて特別な社会的接触の関係に入った当事者間において、当該法律関係の付随的義務として当事者の一方または双方が相手方に対して信義則上負う義務として、一般的に認められるべきものであって、国と公務員との間においても別異に解すべき論拠はない、と判示している。通常このような関係が認められやすいのは契約関係であるが、必ずしも当事者間に直接の契約関係がなくても差し支えないと解されている。そして、労働契約上の安全配慮義務の法的根拠としては、現在、労働契約法5条がある。すなわち、「使用者は、労働契約に伴い、労働者がその生命、身体等の安全を確保しつつ労働することができるよう、必要な配慮をするものとする」と規定している。同法は、民法の特別法であるが「義務」という表現を避けている。また、同法5条に安全配慮義務の要件や効果の明記はない。

安全配慮義務が契約上の付随義務であるとの理解に立つと、その違反の効果は債務不履行として損害賠償責任が生じる。

2 改正前の起算点の考え方

安全配慮義務違反に基づく損害賠償請求権について、民法改正以前の消滅時効の起算点としては、同請求権を行使しうる時（一般的には損害発生時）から進行し、長期にわたって症状が進行するじん肺の場合は、じん肺法所定の管理区分についての最終の行政上の決定を受けた時（最判平6・2・22民集48・2・441）あるいは死亡時（最判平16・4・27民集58・4・1032）と判断されていた。これは、権利を行使できるときという客観的起算点のみであった民法改正前での解釈である。

一般的な取引債権とは異なる安全配慮義務違反による損害賠償請求権について、権利を行使できることを知った時という主観的起算点を導入すると、安全配慮義務違反に基づく損害賠償請求権の発生に際して、債権者がそれを認識していない可能性が高いので起算点の判断が困難になるとか、実質的に現状よりも時効期間が短縮され、その債権者にとって不利益となる、といった反対があった。

3 部会資料の考え方

主観的起算点の不明確さに対する批判に関しては、部会資料69Ａ・3では、「一般人ならば安全配慮義務違反に基づく損害賠償請求権を行使し得ると判断するに足りる基礎事実を債権者が現実に認識した時点を指すと考えられる」とされている。ここで注意すべきは、権利行使が可能かどうかの判断主体として、当該個別の債権者ではなく「一般人」が想定されている点である。

さらに、部会資料78Ａ・10では、次のような考え方が示されている（下線は筆者）。

「仮に、主観的起算点が導入された場合に、債権者が具体的にどのような事実を認識した時点から起算されるのかが問題となるが、この点についても、安全配慮義務違反に基づく損害賠償請求において民法第724条前段の『損害及び加害者を知った時』の解釈が問題となった事案が参考になると考えられる。

まず、陸上自衛隊員が徒手格闘訓練中に死亡した事案について、亡自衛官の両親が『加害者を知った』のは、早くとも事故調査委員会が作成した調査報告書等を入手した平成20年8月頃であると判断したもの（札幌地判平成25年3月29日労働判例1083号61頁）がある。また、使用者の安全配慮義務違反によって労働者が石綿に曝露し、中皮腫により死亡した事案について、労働者の遺族が『損害及び加害者を知った』のは、どれほど遅くとも石綿健康被害救済法特別遺族年金支給請求書を作成した時点であると判断したもの（横浜

地判平成23年4月28日労働経済判例速報2111号3頁）もある。

このように、下級審裁判例においては、債権者が『損害及び加害者を知った』時期について、損害賠償請求をすることが可能な程度の認識があったか否かが債権者の具体的な事情に即して判断されており、必ずしも債権者が客観的な損害の発生という事実を知った時であると判断されているわけではない。これは、単に損害の発生という事実を知ったのみでは、一般人にとって不法行為に該当するかどうかの判断が困難な場合があり得ることを考慮したものであると考えられる。そうすると、債務不履行に基づく損害賠償の請求を行う場合においても、単に損害の発生という事実を知ったのみでは、一般人にとって、それが安全配慮義務に違反し、債務不履行に該当するかどうかの判断が困難な場合もあり得ることから、主観的起算点は、債務不履行に該当するか否かの判断が可能な程度に事実を知ったといえるか、当該事案における債権者の具体的な権利行使の可能性を考慮して判断されるものと考えられる。」

参議院法務委員会での小川民事局長の答弁は、次のようなものであった。

「安全配慮義務の有無などにつきましても当事者が従事した職務の内容や危険性などを総合考慮して判断するものでありますため、単に被害を被ったことを認識したとしても、直ちに債権者において債務不履行に基づく損害賠償請求を行使することは期待できない、こういう理解でございます。」

4　安全配慮義務違反を構成する具体的な事実の認識

最判昭59・4・10民集38・6・557は、「使用者の〔中略〕安全配慮義務の具体的内容は、労働者の職種、労務内容、労務提供場所等安全配慮義務が問題となる当該具体的状況等によって異なるべき」と判示している。結局、具体的・個別的な労働関係を検討し、そこにみられる諸事情を総合的に考慮するしかないとされている。そうすると、当該個別の債権者自身において安全配慮義務を生じさせる総合的な事情をまず認識している必要がある。

5　債務不履行であることを知る

上記部会資料は、「債務不履行に該当するか否かの判断が可能な程度に事実を知ったといえるか」としか言わないので、債務不履行に該当するとの判断は不要であるかのようにも読めるが、その判断が可能な程度に事実を知っても、安全配慮義務違反による損害賠償請求権は、契約上の本来の義務ではなく付随的義務の債務不履行に基づく損害賠償請求権であるから、債務不履行であるとする認識も必要となる（松尾・Ｑ＆Ａ民法改正の要点261は義務違

反を知ったときとする。）。債務不履行であると判断しなければ権利を行使することができることを知ったとは言えないから、安全配慮義務に違反しているとの判断も、主観的起算点として必要になろう。不法行為による損害賠償請求権の主観的起算点においても、不法行為であることを認識することが要件となっているからである。

　ただ、この判断を当該具体的な債権者ごとにすると、主観的起算点が個別になりすぎるとともに、遅くなりすぎるという問題点が生ずるので、判断主体は一般人を想定し、その意味では規範的な判断になろう。立法担当官である筒井＝村松・一問一答・民法（債権関係）改正58でも、「一般人であれば安全配慮義務に違反し、債務不履行が生じていると判断するに足りる事実を知っていたことが必要であると解される。」としている。

52 セクハラ・パワハラによる精神的抑圧が続き、そのために権利行使ができなかったときでも、主観的起算点から時効期間が進行するか。

結　論　一般人において当該精神的抑圧によれば権利行使ができない程度にあった場合には、主観的起算点が進行しないと解する（私見）。

1　問題提起
　衆議院法務委員会において、國重委員からセクハラ・パワハラによる精神的抑圧があり、そのために権利行使ができなかったときでも、権利行使をすることができることを知った時に該当するかという質問がなされた。

2　衆議院法務委員会における説明
　上記質問に対して、小川民事局長は、主観的起算点の進行を遅らせるべきであるかは、解釈論であって一概に答えることができない、と答弁している。

3　改正民法166条1項1号および2号の「権利を行使することができる」の意味
　この問題は、まさに改正民法166条1項1号の主観的起算点における「権利を行使することができる」という文言と、同条同項2号の客観的起算点における「権利を行使することができる」という文言が同じであるのか、という論点

第7章　主観的起算点―各　論　　　121

に関係する。

　改正経過での公式説明では、両文言は同じと説明されており、かつ、法的な障害がない場合を権利行使することができるとの伝統的な解釈によれば、本問に対しては進行しているとの回答になる。これに対して、主観的起算点における「権利を行使することができる」という文言に、権利行使が現実に期待できる状態を含ませると、本問に対しては消極の方向で検討されることになる。

4　私　見

　精神的抑圧による権利行使ができなかったという事態については、個人差があり、当該被害者のみを基準にして精神的抑圧による権利行使ができなかったから主観的起算点が進行しないとすると、余りにも個別的になりすぎて、客観的なルールとして機能しなくなるおそれがある。そこで、上記公式見解ではなく、主観的起算点における「権利を行使することができる」という文言に、権利行使が現実に期待できる状態を含ませるとの解釈に立ったとして、一般人において当該精神的抑圧によれば権利行使ができない程度にあった場合には、主観的起算点が進行しないと解するのが相当であると考える。

53　契約に基づく債務の履行不能による損害賠償請求権の消滅時効について、主観的起算点はいつか。

結　論　債権者において履行不能であることを認識していたことが必要であると解すべきであるが、「履行不能を認識していた」というのは、当該債権者において履行不能であると判断していたことが必要という意味ではなく、一般人において履行不能であると判断できる事情を認識していたという意味に理解すべきである。

1　債務の履行不能による損害賠償請求権（改正民法415条）

　改正民法415条1項は、「〔前略〕債務の履行が不能であるときは、債権者は、これによって生じた損害の賠償を請求することができる。ただし、その債務の不履行が契約その他の債務の発生原因及び取引上の社会通念に照らして債務者の責めに帰することができない事由によるものであるときは、この限りでない。」と規定している。ここでは、債務者に帰責事由がない場合には債務

者は債務不履行に基づく損害賠償責任を負わないことと免責事由の主張・立証責任が債務者にあることを示している。そして、改正民法412条の2では、「債務の履行が契約その他の債務の発生原因及び取引上の社会通念に照らして不能であるときは、債権者は、その債務の履行を請求することができない。」と規定している。ここでは、履行不能が、「契約その他の債務の発生原因及び取引上の社会通念に照らして」判断されることを示している。

2　要件事実

上記の法条により、民法改正後の履行不能に基づく損害賠償の請求原因事実は、①債権の発生原因事実、②（債権成立後に）履行が契約その他の債務の発生原因および取引上の社会通念に照らし不可能になったこと、③損害の発生と数額（因果関係）であり、抗弁事実は④債務者の帰責事由の不存在である。帰責事由の有無は、「契約その他の債務の発生原因及び取引上の社会通念に照らして」判断される（改正民法415条1項）。

3　部会資料69Ａ・3の考え方

74回会議においては、契約に基づく債務の履行不能による損害賠償請求権の消滅時効について、主観的起算点がいつであるのか不明確であるとの指摘があった。そこで、部会資料69Ａ・3では、以下の見解を示している（下線は筆者）。

「現行法の解釈として、判例は、契約に基づく債務の履行不能による損害賠償請求権は、本来の履行請求権の拡張ないし内容の変更であって、本来の履行請求権と法的に同一性を有すると見ることができるとの理由から、その消滅時効は、本来の債務の履行を請求し得る時から進行するとしている（最判平成10年4月24日裁判集民事188号263頁）。この判例法理を前提とすれば、「権利を行使することができること…を知った時」も、<u>本来の債務の履行を請求することができることを知った時</u>となると考えられる。もっとも、上記判例の考え方に対しては異論もあるところであり、本来の給付に代えて履行不能に基づく填補賠償を請求する場合の客観的起算点は履行不能時とすべきであるとの立場からすれば、債権者が履行不能の事実を知らない限り、現実的な権利行使を期待することはできないのであるから、主観的起算点は、<u>履行不能を知った時</u>と解釈すべきであるとの意見もあり得る。」

この部会資料と同様に本来の債務の履行を請求できるときとする見解として、松尾・Ｑ＆Ａ民法改正の要点261、山野目・民法総則339がある。

第7章 主観的起算点—各 論　123

4 検 討

履行不能かどうかの判断基準として、「契約その他の債務の発生原因及び取引上の社会通念」とあり、「取引上の社会通念」という表現が入っているのは、契約当事者の主観的意思のみによって定まるものではなく、当該契約の性質、契約した目的、契約締結に至る経緯その他の取引を取り巻く客観事情をも考慮して定まることがあり得ることを示すためのものである（潮見・民法（債権関係）改正法案の概要48）。したがって、履行不能は、評価的な要素を多分に含む概念である。

そして、改正民法が、10年の時効期間を5年に短縮したのは、5年の時効期間が主観的起算点から進行することが条件とされたからである。換言すれば、主観的に権利行使が可能であるのに10年の時効期間は長すぎるとの判断によるものである。そうすると、主観的起算点が進行するためには、債権者において履行不能であることを認識していたことが必要であると解すべきである。ただ、ここでの「履行不能を認識していた」というのは、当該個別の債権者において履行不能であると判断していたことが必要という意味ではなく、一般人において履行不能であると判断できる事情を認識していたという意味に理解すべきである。

54 事務管理に基づく費用償還請求権について、権利を行使することができることを知った時とはいつか。

> **結 論** 事務管理の成立を知った時。

1 702条の事務管理の費用償還請求権

702条1項は、管理者は、本人のために必要な費用を支出したときは、本人に対し、その償還を請求することができる、と規定している。

2 部会資料の考え方

部会資料78A・10では、次のような考え方が示されている。

「現状では、民法第166条第1項の『権利を行使することができる時』は、事務管理の成立の時（最判昭和43年7月9日判時530号34頁）であると理解されており、素案の主観的起算点を導入した場合には、事務管理の成立を知った時から起算されるものと考えられる。そして、通常は、事務管理の成立時において債権者は事務管理の成立を知っていることから、客観的起算点と主観

的起算点とが一致すると考えられる。」

3 検 討

民法改正前の客観的起算点からの消滅時効については、起算点は費用支出時との見解があった（三宅・新版注釈民法(18)296）。事務管理による費用請求権の要件事実は、①本人のためにする意思をもって本人の事務をしたこと、②その事務につき有益な費用を支出したことおよびその額である。額の点を除いた①②に該当する事実を知った時が主観的起算点ということになろう。

55 不当利得返還請求権について、権利を行使することができることを知った時とはいつか。

結 論 請求者の損失によって相手が利得した事実を知り、かつ、その利得が法律上の原因に基づかないという法的評価を知った時（私見）。

1 703条の不当利得返還請求権

703条は、法律上の原因なく他人の財産または労務によって利益を受け、そのために他人に損失を及ぼした者は、その利益の存する限度において、これを返還する義務を負うと規定している。改正民法によれば、この不当利得返還請求権の時効期間は、従来の10年から原則5年に半減された。取引上の債権と異なり、一般的に債権発生の原因と債務者それ自体を認識していないことが多いので、5年の時効期間は短期に過ぎるとの批判がなされた。この批判をかわすツールとして主観的起算点が導入されたという立法経過がある。

2 部会資料78A・11の考え方

不当利得返還請求権に主観的起算点を導入した場合の権利を行使することができることを知った時の考え方に関しては、部会資料78A・11（下線は筆者）では、次のような考え方が示されている（同旨、山野目・民法総則338）。

「現状では、民法第166条第1項の『権利を行使することができる時』は、不当利得返還請求権の発生時（大判昭和12年9月17日民集16巻21号1435頁）であると理解されている。また、過払金充当合意を含む基本契約に基づく継続的な金銭消費貸借取引については、同取引継続中は、過払金充当合意が権利行使の法律上の障害となることから、同取引により発生した過払金返還請求

権の消滅時効は、特段の事情がない限り、同取引が終了した時点から進行すると理解されている（最判平成21年1月22日判タ1289号77頁）。

素案の主観的起算点を導入した場合には、基本的には債権者が不当利得返還請求権の発生を知った時から起算されるものと考えられる。もっとも、過払いの事案では、単に不当利得返還請求権の発生原因となった事実（弁済を行ったこと）を知ったのみでは、一般人が不当利得返還請求権を行使することができるか否かを判断することは困難な場合もあり得ると考えられる。そのような場合には、不当利得返還請求権を行使することができるか否かの判断が可能な程度に事実を知ったといえるか、当該事案における債権者の具体的な権利行使の可能性を考慮した判断がされるものと考えられる。」

3 不当利得返還請求権の要件事実との関係

不当利得返還請求権の要件事実として、一般には、①請求者の損失、②相手方の利得、③として①と②の因果関係、④として②が法律上の原因に基づかないことが要件事実とされている。そうすると、主観的起算点としては、①ないし④までの要件に該当する事実を知ったときとなる。この場合、④の法律上の原因に基づかなかったという要件は、法的な評価を経る必要があるので、その評価の過程を経て、現実的に権利行使が可能な程度にこれを知ったときが主観的起算点となろう。

一般的に主観的起算点における「権利を行使することができることを知った」という要件においては、当該債権者が権利行使に関する法的な評価を知ることまでは要求されないが、不当利得返還請求権に関しては、「法律上の原因に基づかない」ことが要件事実とされているので、かかる意味での法的な認識が必要であると考えられるのである。部会資料78Ａ・11の「不当利得返還請求権を行使することができるか否かの判断が可能な程度に事実を知った」というのも、上記のように理解すれば首肯しうる。

56 過払金返還請求権の主観的起算点はいつか。

| 結　論 | 過払返還金の有無の計算により、過払金の返還請求ができることを知った時と解する（私見）。 |

1 問題の呈示

74回会議で岡崎幹事から過払金返還請求権の主観的起算点に関し、発生原因を知った時に債権発生の原因および債務者を知ったと考えるのであれば、

多くの場合に過払金発生時に債権発生の原因および債務者を知ったことになり、過払金発生時が主観的起算点になり客観的起算点とは別に主観的起算点を設ける意味はあまりないのではないか、他方、過払金返還請求権が発生したとの認識を有するときに至って初めて債権発生の原因および債務者を知ったと考えるのだとすると、消滅時効の起算点を過度に主観化してしまうことになるのではないか、という問題が指摘された（74回会議・議事録7）。

2　客観的起算点

　最判平21・1・22民集63・1・247は、旧166条1項の起算点の解釈として、継続的な金銭消費貸借に関する基本契約が、借入金債務につき利息制限法1条1項所定の制限を超える利息の弁済により過払金が発生したときには、弁済当時他の借入金債務が存在しなければ上記過払金をその後に発生する新たな借入金債務に充当する旨の合意を含む場合は、同取引継続中は過払金充当合意が法律上の障害となるべきであるから、上記取引により生じた過払金返還請求権の消滅時効は、特段の事情がない限り、上記取引が終了した時から進行する、と判示している。

　本判決は、取引の継続中は、発生した過払金につきその都度返還請求権を行使するのではなく、過払金は将来債務のために温存し、取引終了時に精算するというのが契約当事者の合理的意思解釈であり、過払金返還請求権の精算方法および精算時期につき取引終了時に一括精算するとする旨の内容が含まれていると解し、それまでは「法律上の障害」があると判断したものである（中村・最高裁判所判例解説民事篇平成21年度（上）82）。

3　部会資料78Ａ・11の見解

　部会資料78Ａ・11では、以下のような見解を示している（下線は筆者）。
　「過払いの事案では、単に不当利得返還請求権の発生原因となった事実（弁済を行ったこと）を知ったのみでは、一般人が不当利得返還請求権を行使することができるか否かを判断することは困難な場合もあり得ると考えられる。そのような場合には、不当利得返還請求権を行使することができるか否かの判断が可能な程度に事実を知ったといえるか、当該事案における債権者の具体的な権利行使の可能性を考慮した判断がされるものと考えられる。」

4　法務省民事局による「民法（債権関係）の改正に関する説明資料」の見解

　法務省民事局は、客観的起算点である権利を行使できる時とは、取引終了時であり、主観的起算点は過払いであることを知った時である、と説明をし

第7章 主観的起算点―各 論　　127

ている。

5 検 討

　改正民法166条1項は、1号で主観的起算点を2号で客観的起算点を規定して、客観的起算点は「権利を行使することができる時」、主観的起算点は「権利を行使することができることを知った時」からとしている。過払金返還請求権の客観的起算点につき、最判平21・1・22民集63・1・247の判例理論を前提とすると、上記の条文の文言構造からは、主観的起算点は「基本契約に基づく金銭消費貸借契約が終了したことを知った時」になるはずである。

　しかし、改正民法における主観的起算点は、当該具体的な債権者における権利行使可能時を起算点としたものであり、過払金返還請求権についてこれを当てはめると、単に「基本契約に基づく金銭消費貸借契約が終了したことを知った」だけでは、過払金返還請求権の権利行使が具体的に可能となるとはいえず、上記部会資料見解がいうところの当該事案における債権者の具体的な権利行使の可能性を考慮すると、専門家による過払返還金の有無の計算による結果、過払金の返還請求ができることを知った時が主観的起算点となると解すべきであろう。

57　保険契約者が保険事故の発生は認識していたものの保険契約の内容を十分に理解していなかったために保険金請求を失念していた場合、主観的起算点をどのように考えるか。

| 結　論 | 客観的起算点からの時効が進行し、3年の時効にかかる。 |

1 問題の提示

　74回会議で岡崎幹事から、保険契約者が保険事故の発生は認識していたものの、保険契約の内容を十分に理解していなかったための保険金請求をしていなかった場合の主観的起算点をどのように考えるのかという問題提示がなされた (74回会議・議事録7)。すなわち、「保険事故の発生」を認識したときからとするのか、「保険金請求権の発生」を認識するまでは消滅時効は進行しないと考えるのかということである。

　ただ、民法では主観的起算点からの時効期間は5年であるが、保険法ではこ

れより短い客観的起算点から3年の時効期間を定めており、保険金請求権の消滅時効における主観的起算点がいつであるかを具体的に検討する必要がないと考えられる。

2　保険法95条

平成29年法律第45号による改正前の保険法（以下「旧保険法」という。）95条1項は、保険給付を請求する権利は、「3年間行わないときは、時効によって消滅する。」と規定していた。これは、民法改正前の10年の時効期間の原則、商行為によって生じた債権の5年の原則に対し、特則としての3年という短期の消滅時効期間を定めたものである。

3年の時効期間に関する起算点については、旧保険法95条はなんら規定しておらず民法の一般原則によるとされていた。ここでの一般原則とは、法律上の障害がなくなったとき、すなわち、保険事故発生時と解する見解が多数であった。旧保険法95条は、民法改正に伴う整備法により、「これらを行使することができる時から3年間行使しないときは」というように改正された。ここで「行使することができる時」というのは、客観的起算点を規定している改正民法166条1項2号の「権利を行使することができる時」と同じである。主観的起算点を規定している改正民法166条1項1号の「権利を行使することができることを知った時」とは改正されてはいない。

3　民法改正前の判例

最判平15・12・11民集57・11・2196は、約款の解釈として提示されたものであるが、生命保険契約に係る保険約款中の被保険者の死亡の日の翌日を死亡保険金請求権の消滅時効の起算点とする旨の定めにつき、それは、当時の客観的状況に照らし、被保険者の死亡の時からの保険金請求権の行使が現実に期待できないような特段の事情が存する場合には、その権利行使が現実に期待することができるようになったとき以降において消滅時効が進行する趣旨と解すべきである、と判示している。

これは、旧166条1項の「権利を行使することができる時」の解釈として、法律上の障害がないというだけではなく、さらに権利の性質上、その権利行使が現実に期待することができるようになったときを意味するとの理解を示したものである。

4　主観的起算点の導入による客観的起算点の解釈への影響

客観的起算点に関する上記判例の立場は、民法改正後も基本的に変更はな

いと考えられる。ただ、民法改正により主観的起算点が導入されたことから、そこでの理解が客観的起算点の解釈にも影響を及ぼすのではないかという論点がある。岡崎幹事からの問題提起は、かかる論点として検討する意味がある。

しかしながら、本問のケースのような当該具体的な保険金請求権者において、「保険契約の内容を十分に理解していなかった」というだけでは主観的起算点においても考慮に値する事情ではなく、客観的起算点への影響はないと考えられる。

58 権利の存在を知ることが困難な特別法上の権利に関する主観的起算点はいつか。

結 論	当該事案における債権者の具体的な権利行使の可能性を検討する観点から、特殊な権利が存在すること自体を知った時であると解する（私見）。

1 問題の提示

権利の存在を知ることが困難な特別法上の権利とは、例えば、戦没者の遺族に対する特別弔慰金支給法（以下「特別弔慰金支給法」という。）に定める特別弔慰金請求権のような権利である。特別弔慰金支給法は、基準日において、戦没者の遺族の中に戦傷病者戦没者遺族等援護法に定める遺族年金等の年金給付を受ける権利を有する遺族がいない場合に、「戦没者等の遺族」のうち先順位者1名に対し、特別弔慰金を支給することを定めている。特別弔慰金を受ける権利の裁定は、厚生労働大臣が行うこととされているが、具体的な事務は、戦没者等が除籍された当時の本籍地の都道府県知事が行うものとされ（第一号法定受託事務）、地方公共団体に対する権利であるとされる（地方自治法236条3項により民法の規定を準用）。この特別弔慰金の消滅時効の起算点に関し、その存在や行使の可能性を知らなかったと争われたケースとして、大阪地判平19・11・30（平19（行ウ）57）がある。

改正民法による主観的起算点導入前の事件であったので、裁判所は、権利行使をする上で法律上の障害がなくなった時点が起算点であるとの立場から、「各改正法により特別弔慰金請求権を取得し、当該権利は各改正法の各施行日に行使できたのであるから、同日が消滅時効の起算点となる」と判示し

た。

改正民法が導入した「権利を行使することができることを知った時から」という主観的起算点の解釈として、特別弔慰金支給法に定める特別弔慰金請求権のような権利の存在自体を知らないような場合、主観的起算点からの時効期間が走るのか走らないのかという問題がある。

2　検　討

権利を行使することができることを知ったというのは、法的な権利の存在を知っていることが要件であるということではない。法的な権利の存在を知っていることが要件であるとすると、法律の専門家以外の一般人が権利者であるときはほとんどの場合は主観的起算点の適用がなくなってしまうからである。しかし、行政法関係特に社会保障の分野では、特別法により様々な救済のための権利が認められているが、一般人は、かかる特殊な権利の存在自体を知らないことが多い。そこで、権利の行使が可能な状況の下で、権利を行使することを可能な程度に知ったというためには、行政担当者あるいは法律の専門家により、かかる特殊な権利が存在すること自体を知った時に初めて権利を行使することができることを知ったと評価できる。したがって、かかる特殊な権利が存在すること自体を知った時が主観的起算点となると解すべきである。

第8章　時効期間─総　論　　131

第8章　時効期間─総　論

59　貸金債権についての消滅時効の客観的起算点は、弁済期日か、あるいは弁済期日の翌日か。

結　論　時効の起算点は弁済日であるが、時効期間を計算する際には弁済日を算入せず弁済日の翌日から計算する。

1　客観的起算点と時効期間の計算

改正民法166条1項2号は、消滅時効は権利を行使することができる時から（日ではない）進行すると定める。したがって、例えば弁済期日を3月31日の午後2時と定めた場合、消滅時効はその時刻から進行を始める。ただ、140条において、「日、週、月又は年によって期間を定めたときは、期間の初日は、算入しない。ただし、その期間が午前零時から始まるときは、この限りでない」と規定されている。消滅時効期間は、年または月をもって法定されており、その期間の最終日を決定するについては当然140条を適用しなければならない。したがってこの例の場合、午後2時からであるから140条ただし書に該当せず、本文により初日たる3月31日は期間計算において算入せず、4月1日から時効期間を計算するということになる。このように初日不算入の原則とは、期間の計算に関する原則であって、期間の開始時点を定めるものでなく、起算点と時効期間の計算の2つを明確に区別して考える必要がある（損害賠償債務の時効に関するものであるが最判昭57・10・19判時1059・64参照）。大判大6・11・8民録23・1762は、「消滅時効は権利を行使することを得る時より進行すべきは、民法166条の規定する所なれども、其時効期間の計算をなすに付き、其期間が日週月又は年を以て定めたるものなるときは、期間の初日を算入せざるは民法140条の明文上毫も疑を容れざる所なり」としている。ただし、解説書の中には、起算点を「時効期間の起算日」の意味に使用する例もあるので、注意を要する（例えば菅原・手形研究475・44）。

第8章

2 弁済の時

(1) 民法改正前の判例

ところで実務においては、上記のような弁済期日に、時刻まで約束している例はまれであろう。そこでただ単に、弁済期日として3月31日とある場合に、権利を行使し得る時とはいつかを決めなければならない。民法改正以前においては当事者の意思解釈の問題として扱われ、考えられる意思解釈としては、①3月31日の午前零時、②3月31日の取引時間の初刻、③3月31日の取引時間の最終刻あるいは午後12時の3つであろうが、判例は②の前提をとり、取引時間の初刻より進行すべきで、午前零時より進行すべきものでないから、140条本文によって初日たる弁済期日はこれを算入せずその翌日から計算すべきとしていた（大判昭6・6・9新聞3292・14、同旨・幾代・総合判例研究叢書〔第2〕第8民法6、森島・注釈民法(5)283）。学説では、弁済期日その日から起算されるべきものとするものもあった（川島・民法総則510）。

(2) 民法改正との関係

民法改正以前においては、弁済の時間に関する規定は、民法においては存在せず商法520条において「法令又は慣習により商人の取引時間の定めがあるときは、その取引時間内に限り、債務の履行をし、又はその履行の請求をすることができる。」と規定していた。改正民法484条2項は、この商法520条の規律を必ずしも商取引に特有のものではないことから一般化して民法に導入した。これに伴い商法520条は削除された。これによると、特別の事情がない普通の場合、取引時間内に限り弁済の請求をすることができるから、初日たる弁済期日は算入しないで、その翌日から時効期間を計算することになる。ただし、実務上は、初日算入という前提で時効期間を計算しておく慎重さが望ましい。

3 手形法の規定

なお手形法73条は、140条本文と同旨の初日不算入の原則を規定するが、140条ただし書のような例外はない。これは、手形上の権利行使は満期日における取引時間の初刻以後であって、140条ただし書のような午前零時から権利を行使し得ることはないからであるとされる。したがって、手形関係については、当事者の意思解釈というような問題はなく、常に初日不算入で計算すればよいから明確である。

第8章 時効期間―総 論 133

〔職業別の短期消滅時効〕

60 旧170条から旧174条までの1年から3年の短期時効期間
制度は、廃止されたか。

| 結 論 | 廃止された。 |

1 旧170条から旧174条までの削除

旧170条から旧174条までは、それぞれ3年、2年、1年の短期消滅時効を定め
ている。ここで列挙されている債権は、日常頻繁に生ずる上に、額も多くな
いのが通常であり、受取証書が交付されなかったり、交付されてもあまり長
くは保存されなかったりすることが多いと考えられるため、法律関係を早期
に確定し、紛争を生じさせないとの趣旨から、短期消滅時効の特則が設けら
れている。

改正民法では、旧170条から旧174条までの短期消滅時効の規定が削除され
た。

2 削除の効果

削除されたことにより、旧170条から旧174条までに規定されていた各場面
での債権については、改正民法166条1項が規定する5年または10年の一般規
定で処理されることになる。ただし、特別法においてこれと異なる時効期間
の定めがあるときは別である。

3 削除の影響

短期消滅時効規定の中で取引界に浸透していたのは、旧173条1号のいわゆ
る売掛金債権に関する2年の消滅時効であろう。同号は、生産者、卸売商人ま
たは小売商人が売却した産物または商品の代価にかかる債権は、2年間行使
しないときは、消滅すると規定していた。これは日常大量に発生し、その決
済も短期間で終了する売掛金債権については、取引の記録や支払の領収証を
長期にわたり保存する負担を軽減する機能を果たしていた。旧173条の削除
により、今後は支払日から5年間は取引記録や領収書等の関係書類を保存し
ておく必要が生じたことになる。

61 旧170条から旧174条までの1年から3年の短期時効期間の廃止は、いつから適用されるか。

結　論　債権発生の原因である法律行為が施行日以後になされた時。

1　改正法附則10条4項

時効期間に関する経過措置を定める改正法附則10条4項は、次のように規定している。

> 施行日前に債権が生じた場合〔施行日以後に債権が生じた場合であって、その原因である法律行為が施行日前にされたときを含む。〕におけるその債権の消滅時効の期間については、なお従前の例による。

2　注意点

施行日前に債権の発生原因となる法律行為が行われた時は、その消滅時効期間は改正前の時効期間によることとされているので、旧170条から旧174条までの1年から3年の短期時効期間になる。したがって、5年よりも短期間で時効消滅するので、時効の管理には注意が必要である。

---

62 旧170条から旧174条までの1年から3年の短期時効期間はなぜ廃止されたか。

結　論　制度としての合理性を欠く上、実際上も支障を生じていたから。

1　廃止の理由

旧170条から旧174条までの1年から3年の短期時効期間が廃止されたのは、1年から3年の短期消滅時効の区別が、今日では合理的な理解の範囲を超えているからとされている（内田・債権法の新時代139）。これに対しては、業種の分け方が現在の観点から見て非常に不合理だというのか、期間が短いことが不合理であるというのか区別して議論すべきであるとの指摘がある（松本・34回会議・議事録28）。

2 部会資料69Ａ・7の説明

部会資料69Ａ・7では、上記の廃止理由を更に敷衍して、次のように説明をしている。

① 「これらの規定については、時代の変化によって職業や契約内容が多様化し、列挙されたものに隣接する類型の職種等が生じたことにより、短期消滅時効の適用を受ける債権であるか否かの判断が困難となっているという問題がある。例えば、民法第170条第1号は「医師」の「診療」に関する債権につき3年の消滅時効期間を定めているが、この規定が、あん摩マッサージ指圧師、はり師、柔道整復師といった隣接する職業についても適用ないし類推適用されるのかについて疑義が生じている。同様の問題は同法第171条及び第172条にもあてはまる。ほかに、生産者が売却した「産物」に係る債権（同法第173条第1号）について、個別注文に合わせて作成される物で、流通を予定していないものは除外されるとして、旅館の宣伝用パンフレットの印刷供給契約の代金債権への適用が否定された判例（最判昭和44年10月7日民集第23巻10号1753頁）や、「動産の損料」（同法第174条第5号）の適用範囲について、極めて短期の動産賃貸借に基づく賃料をいうとして、土木建築用の重機械が営業のため数か月間賃貸された場合の賃料債権への適用が否定された判例（最判昭和46年11月19日民集25巻8号1331頁）などがある。」

② 「また、民法第170条から第174条までについては、時代の変化に伴い、列挙されている債権とその他の債権との時効期間の差異を合理的に説明することが困難になってきているという問題もある。前述のとおり、列挙されている債権は、現行法の制定当時、比較的低額で、短期決済が通常であり、証拠の不発行・不保存の慣習があると考えられていた代表的な債権であるが、現代社会においては、このような趣旨が妥当すると思われる債権は列挙されたもの以外にも多く存在し、逆に、列挙された債権の中に必ずしも前記の立法趣旨が当てはまらないものも生じてきている。例えば、医師の診療に関する債権は時効期間が3年とされている（民法第170条第1号）が、大病院で行う高度先進医療に関する高額の債権に同条の趣旨はおよそ妥当し難いと考えられる。」

3 反対意見の紹介

旧170条から旧174条までの1年から3年の短期時効期間制度の廃止に対しては、以下のような反対意見があった。

① 類型的に比較的低額で、短期決済が通常であり、証拠の不発行・不保存

の慣習がある債権が存在することを認めていながら（例えば旧174条5項のレンタルビデオ料金）、なぜ制度自体をなくしてしまうのかという疑問がある。

② 文言に時代錯誤性があるのであるならば、その現代版に書き換えれば足り、廃止要請もないのに一掃しても良いものか疑問（吉田・判時2270・9）。

③ 改正法によると、改正以後は、上記のような債権であっても、全ての領収書を5年、場合によっては10年間保管しなければならなくなり、国民の家計管理の負担を増大させる。

④ 短期消滅時効の分類・時効期間の区分が合理的でないならば合理的に改正すれば足り、なくすことまでの必要はない（加賀山・民法改正案の評価8）。

⑤ 例えば、消費者に対する事業者の債権について、住宅ローン債権を除くなど一定の金額以下のものに限定した上、短期消滅時効を新たに創設すべきである。

4　批判に対する反論

このような批判に対しては、現代において類型的に比較的低額で、短期決済が通常であり、証拠の不発行・不保存の慣習がある債権を改めて選別し、適宜の時効期間を定めるという方法で対処することも考えられる。しかし、「契約が多様化・複雑化した現代社会においては、債権の類型について、隣接する類型と適用範囲を明確に画することのできる定義付けを行うことは非常に困難である上、当該類型だけを区別して扱う理由を合理的に説明することも難しい」として（部会資料69Ａ・8）、削除されたものである。

5　国会での審議と付帯決議

衆議院法務委員会において、民進党・無所属クラブから、「個人が債務者となる、書面によらない契約により生じた少額の債権について、権利を行使できるときから2年間行使しないときは時効によって消滅する特例を設ける。」との修正案が提出されたが否決された。そのかわり、「職業別の短期消滅時効等を廃止することに伴い、書面によらない契約により生じた少額の債権にかかる消滅時効について、本法施行後の状況を勘案し、必要に応じ対応を検討すること。」との付帯決議がなされた。

6　旅客の運送人についての短期消滅時効の規定の新設（改正商法592条ノ2)

上記のとおり、改正民法は、職業別の短期消滅時効の特例を廃止した。しかし、陸上運送における旅客運送については、旧174条3号が適用されていた

第8章　時効期間—総　論　　137

ため、運送賃に係る債権の消滅時効期間が1年とされていたところ、特例の廃
止後も同様の規律にするために、改正商法592条ノ2を新設して、陸上旅客運
送人について、その運送賃に係る債権の消滅時効の期間を1年とする新たな
規定が設けられた（改正商法592条ノ2による改正商法567条の準用）。

63 職業別の短期消滅時効期間の廃止が、今回の時効法改正にどのような影響を及ぼしたか。

結　論 時効期間の短縮や主観的起算点の導入など多方面で影
響を与えた。

1　時効期間短縮への影響

　職業別の短期消滅時効期間を廃止し、他方で原則的な時効期間を10年のま
まとすると、契約に基づく債権のかなりの部分に職業別の短期消滅時効の規
定が適用されている現状において、これを廃止する一方で、権利を行使でき
るときから10年という時効期間を維持した場合においては、多くの場合にお
いて時効期間を大幅に長期化することになる（川嶋・63回会議・議事録40）。そこ
で、旧167条1項の10年の時効期間を客観的起算点を維持した上で（改正民法
166条1項2号）、5年間に短縮するとされた（部会資料52・11における甲案）。

2　起算点への影響

　単純に5年に短縮する案に対しては、事務管理や不当利得に基づく債権や
契約に基づく債権であっても安全配慮義務違反に基づく損害賠償請求権のよ
うに、契約に基づく一般的な債権とは異なる考慮を要する者については、債
権者の保護が後退するとの批判がなされた。そこで、時効期間を10年から5
年に短縮した場合、知らないうちに権利行使ができなくならないように、主
観的起算点を導入して起算点を柔軟化した（内田・34回会議・議事録30）。

3　時効障害事由改正への影響

　結局、法務省の高官がいうように、短期消滅時効の廃止を震源地としなが
ら、時効期間の短期化、時効期間の起算点の見直し、時効期間が短期化する
ことになったら時効期間の進行を容易に止めることができるようにしておく
必要があるから時効障害事由の見直しと言う風に、見直しの対象が制度全体
に及んできたということである。

4 援用権者の範囲への影響

時効期間の原則期間が長期であることが時効を援用できる者の範囲の拡張の基礎にあったとするなら、原則的な時効期間の短縮化に伴い、時効援用権者の範囲の限定も視野に入ってくるとされていた（民法（債権法）改正検討委員会編・詳解債権法改正の基本方針（Ⅲ）163）。しかし、この点は、改正につながらなかった。

5 時効完成の効果への影響

消滅時効の効果を弱める方向での検討が提案されていた。すなわち、時効期間が満了した場合の効果が現行のままでよいか検討すべきとの意見である（民法（債権法）改正検討委員会編・前掲書151）。しかし、この点も、改正につながらなかった。

64 民法改正前の10年の時効期間は、なぜ短縮されなければならなかったか。

| 結 論 | 職業別の短期消滅時効期間を廃止する必要性があったから。 |

1 部会資料による説明

民法改正前の10年の時効期間は、なぜ短縮されなければならなかったのかについて、部会資料78Ａ・12では、債権の消滅時効について時効期間を統一する必要性があることが理由である、との説明がされている。すなわち、1年、2年、3年（旧170条〜旧174条）、5年（旧商法522条）、10年（旧166条1項・旧167条1項）という多様な時効期間を単純化する必要があるが、そうすると、どの程度の期間で統一するのかが次に問題となる。これを単純に5年に短縮するのは、債権者が権利行使の可能性に気づかないまま時効期間が徒過する事案が増えて妥当ではないことから、権利行使をすることができることを知っている場合に5年の短期時効を適用すれば債権者の権利行使の機会を奪うことなく、比較的早期の法律関係の安定を図ることができ、また、適用される時効期間についての煩雑な判断が不要となるメリットがあると説明された。

2 債務者サイドからの理由

消滅時効制度を、弁済した誠実な債務者を弁済の証拠を保存する負担から解放する制度であることを重視すると、大量の取引が迅速に行われている現代社会において、10年もの間証拠保存を義務付けるのは債務者に酷であるとの意見がある（中井・自由と正義2015・5・11）。また、消滅時効制度を時の経過による事実関係の曖昧化によって生じうる諸々の負担と危険から人々と取引社会を解放し、人々の日常生活の安心と安定を維持することにあるとの立場からも、取引が格段に増大した現代社会において、この負担と危険を軽減するために時効期間は短くすべきであるとの意見がある（佐久間・金法1881・10）。

しかし、一方で、旧170条が規定していた3年間の短期時効、旧173条が規定していた2年間の短期時効、旧174条が規定していた1年間の短期時効は、いずれも削除され、一般消費者の分野では、むしろ時効期間が長期化されたという結果になっている。別の言い方をすると、改正前よりも領収証等の保存期間がより長期化されるというより重い負担を課したことになっているのである。そこで、この問題点を解消するために、消費者契約に基づく事業者の債権は5年よりもさらに短期化（例えば3年）にすることも検討されたが、「事業者」、「消費者」の定義が明確でなく、難しい判断を迫られることから、見送られた。

3 債権者サイドからの理由

10年の時効期間を5年に短縮する理由を債権者側から説明する意見として、権利を行使できることを知っているのに、5年間も権利を行使しなければ時効により権利を消滅させても債権者に酷とは言えないとするものがある（中井・前掲論文11）。外に、債権行使の現実的可能性を得たのに債権を行使せずに放置することは、具体的な帰責事由に該当するから、時効期間は短期とすべきであるとの意見がある（金沢弁護士会消費者委員会・パブコメ）。

4 職業別の短期消滅時効期間を廃止

旧170条から旧174条までの1年から3年の短期時効期間制度を廃止する要請がまず一番先にあり、廃止すると従前の短期時効期間が原則の10年に一気に長期化することになるが、それは妥当ではないので、10年の期間の短期化が必要になったというのが短期化の理由である。

65 客観的起算点から10年の時効期間以外に、事業者の消費者に対する債権については3年間の時効期間を設ける提案は、立法化されたか。

| 結　論 | されなかった。 |

1　中間試案の別案

　職業別の短期消滅時効制度を廃止した後の時効期間のあり方として、中間試案第7・2の債権の消滅時効における原則的な時効期間と起算点においては、甲案、乙案の外に、別案として、「権利を行使することができる時」(旧166条1項) という起算点を維持するとともに、10年間 (旧167条1項) という時効期間も維持した上で、事業者間の契約に基づく債権については5年間、消費者契約に基づく事業者の消費者に対する債権については3年間の時効期間を新たに設けるという別案が付記されていた。この別案は、時効期間を10年から5年に短縮することによる債権者保護の後退を回避しつつ、職業別の短期消滅時効制度の適用を受けていた債権の時効期間の大幅な長期化を回避しようとするものである (部会資料52・13)。

2　別案のメリット

　別案のメリットとしては以下の点が挙げられていた (部会資料63・4)。
① 起算点について現行制度の規律を変更しないこと。
② 職業別の短期消滅時効が適用されている債権については、新たな2種類の短期消滅時効が適用されることにより、時効期間の大幅な長期化が避けられること。
③ 甲案と異なり、不当利得返還請求権や安全配慮義務違反に基づく損害賠償請求権などの債権については、現状と同じ10年間の時効期間が適用されることから、その債権者の不利益を回避することができること。
④ さらに、消費者契約に基づく事業者の消費者に対する債権についての時効期間の特則により、職業別の短期消滅時効制度が消費者保護の面で果たしている機能も維持することができること。
　上記の④は、日常頻繁に繰り返される消費生活上の弁済証拠の保管期間が、短期消滅時効制度の適用により、10年よりはるかに短くなっており、これが消費者の利益になっていたことをいうものである。

第8章　時効期間―総　論　　141

3　別案に対する批判

別案に対しては、以下のような批判があった。

① 　「事業者」、「消費者」の定義が必ずしも明確にされておらず、3年間と5年間のいずれの時効期間が適用されるのか判断が難しい場合が生じ得ること。

② 　消費者契約に基づく事業者の消費者に対する債権と一概に言っても様々なものが含まれており、事業者の側の債権だけを取り出して短期の特則を設ける理由が合理的に説明されていないこと。

③ 　契約の相手方が事業者であるか消費者であるかによって時効期間が異なるため、時効の管理が複雑化することなどの問題点が指摘されている。

④ 　また、そもそも民法に「事業者」、「消費者」といった概念を持ち込むこと自体に批判的な意見も少なくない。

4　改正民法

結局、立法されなかった。このため、消費者のための短期消滅時効の不存在が新たな消費者問題の火種になるとの危惧が指摘されている。

〔商事関係〕

66 5年の商事時効期間を規定する旧商法522条は、なぜ削除されたか。

結 論 適用関係が不明確で国民に分かりにくく、改正民法で主観的起算点からの5年の時効が新設されたため。

1 旧商法522条の削除

5年の商事時効期間を規定する旧商法522条は、「商行為によって生じた債権は、この法律に別段の定めがある場合を除き、5年間行使しないときは、時効によって消滅する。」と規定していた。この規定は、整備法3条により削除された。

2 削除の理由

旧商法522条は、時効期間が10年の民法の原則に対して、商事関係の迅速な取引関係を考慮して、5年の短期時効を定めるものであった。しかし、この規定については、次のような批判があった。

①まず、適用範囲が不明確であるとの批判があった。すなわち、「同条には、民法の10年の時効期間（同法第167条第1項）と商法の5年の時効期間（同法第522条）の適用関係が明確ではなく、いずれの時効期間が適用されるのかの判断が必ずしも容易ではないという問題がある。同条の短期消滅時効が適用されるためには、債権が商行為によって生ずれば足り、債権者にとっての商行為によるか債務者にとっての商行為によるかを問わないと理解されている（大判明治44年3月24日民録17輯159頁など）。また、判例は、商行為によって生じた債権に「準ずるもの」にも同条が類推適用されるとしており（最判昭和55年1月24日判時955号52頁など）、「準ずるもの」に該当するか否かの判断は、当該取引が迅速な解決を必要とするか否かの観点から個別具体的に判断されるものと考えられる。そのため、同条と民法の10年の消滅時効との適用関係は不明確であり、いずれの時効期間が適用されるのかの判断が容易でない事案が少なくない。」（部会資料78A・12）。

②また、旧商法522条の適用を受ける債権と受けない債権との時効期間の差異を合理的に説明することが困難な事案が生じているという問題もある。

第8章　時効期間—総　論　　　143

例えば、銀行の貸付債権は5年の商事時効にかかるが、信用金庫の貸付債権では信用金庫は商人ではないから10年の民事時効にかかるという帰結を合理的に説明することが困難な事案も生じていた。

このような批判があり、民事か商事かの判断を間違えるおそれがあり、国民にとってわかりやすい時効制度とはいえないとされた。他方で、改正民法166条1項は、主観的起算点からの時効期間を5年間としている。そうすると、10年の特則としての5年の時効期間の規律の存在意義がなくなるので、削除されたものである（部会資料80—3・1）。

3　反対意見の紹介

95回会議において、佐成委員から旧商法522条の削除ではなく、現行法の客観的起算点から5年というのを商事としては残すという考え方も選択肢としてあり得るとの意見があった（95回会議・議事録8）。岡委員も79回会議において、旧商法522条を削除する点につき、主観的起算点は不明確であるので商人は証拠を10年保存しなければならなくなるから、削除しない方が安定感があるとの意見を述べられていた。

4　削除の効力が生じる時期

旧商法522条の削除の効力がいつから生じるのかに関しては、整備法4条7項によると、施行日前にされた商行為によって生じた債権に係る消滅時効の期間については、なお従前の例によるとされているので、施行日以後にされた商行為に対して削除の効果が生じる。

67　旧商法522条が削除されたことにより実務にどんな影響があるか。

> 結　論　　①債務者である商人は、時効の起算点が不明瞭になった。②5年の商事時効の適用範囲に関する難しい判断が不要になった。③信用組合、信用金庫における10年の時効期間が適用されなくなった。

1　視　点

商法3条は、当事者の一方のために商行為となる行為については、この法律をその双方に適用すると規定しているので、削除された旧商法522条を適用

する場合においても、債権者側が商人である場合と、債務者側が商人である場合があった。そこで、旧商法522条が削除された影響を検証するに際しても、この両者の側面から検討する必要性がある。

2　客観的起算点から主観的起算点への移行

旧商法522条が削除され、民法の原則5年の時効が適用されることになったということは、5年という時効期間だけで比べれば変わりはないが、客観的起算を前提としていた旧商法522条の5年と、主観的起算点を前提とする改正民法の5年とでは、次のような違いがある。

(1)　期間計算の困難性

旧商法522条が削除されたことにより、従前の商事債権の5年の時効期間の起算点が客観的起算点から主観的起算点に変更された。これにより、起算点の把握という面において従来よりも不明確性が増したといえる。すなわち、債務者の立場からすると、主観的起算点というのは権利者側に属する事項であるので、債務者において容易に把握することができない。そうすると、債務者が商人の場合を考えると、弁済証拠等の関係資料をいつまで保存しなければならないのかについても、一応5年であるが、最悪を考えて10年間証拠保全しておかなければならなくなる。パブリックコメントの中にも、主観的起算点の考え方は、金融機関における取引帳票や伝票などの保存期間がかえって不確定となり、長くなるなどの影響があるとの全国信用金庫協会からの意見があった。もっとも、通常の取引債権については、権利を行使できることを知った時の把握は債務者でもさほど困難ではないとの反論（山野目・79回会議・議事録12）もあり得るところである。

(2)　権利行使可能期間

旧商法522条の5年は、その起算点が客観的起算点からであったので、これが主観的起算点から5年の時効期間が経過しないと時効が完成しないとされたということは、商事債権者からみると、法制度上は実質的に商事債権の時効期間が伸長されたといえないこともない。逆に商事債務者からすると時効期間が短縮されたことにはなっていないということになる（山下・74回会議・議事録9）

ただし、商取引関係においては、債権関係が成立したときに、権利を行使することができることを知っていると言えることが通常であるので、実態としては従前と変わらないといえるかもしれない。小川民事局長は、参議院法務委員会でこのように述べて、実質において大きな変更はなく、その影響は小さいと答弁した。

第8章　時効期間—総　論　　145

3　商行為から生じた債権に準ずるもの

旧商法522条当時の判例理論においては、直接に商行為から生じた債権でなくても、商行為に属する法律行為から生じたものに「準ずるもの」は、旧商法522条の類推適用により5年の商事時効にかかるとされていた。この結果、旧商法522条の適用を受ける債権と適用を受けない債権の判断が難しくなっていた。また、その適用の有無による旧167条1項による10年の時効期間と商事関係であることによる5年の時効期間との差異を合理的に説明することが困難な事案が生じているとの批判がなされていた。改正による旧商法522条の削除により、これらの問題点が解消される。

4　金融機関への影響

信用金庫や信用組合は、商人ではないとされ（信用組合につき最判昭48・10・5判時726・92、信用金庫につき最判昭63・10・18民集42・8・575）、5年の商事時効の適用がなかったことから、その時効期間は10年とされていたが、今回の改正により、消滅時効期間が10年から5年に短縮されることになる。

5　経過措置

施行日前に債権が生じた場合（施行日以後に債権が生じた場合であって、その原因である法律行為が施行日前にされたときを含む。）におけるその債権の消滅時効の期間については、従前の例による（改正法附則10条4項）。したがって、施行日前の商行為によって生じた債権の時効期間は、従前の例による（整備法4条7項）。

68 取締役の任務懈怠による損害賠償請求権の時効期間は何年か。

結　論　改正民法166条により、主観的起算点より5年、客観的起算点より10年である。

1　取締役の損害賠償責任

株式会社の取締役は、その任務を怠ったときは、会社に対し損害賠償責任を負う（会社法423条1項）。平成17年の会社法制定以前の商法266条1項5号では、「法令又ハ定款ニ違反スル行為ヲ為シタルトキ」と規定していた。法令・定

款違反の責任が、会社法では任務懈怠の責任に文言が改められたものである。

　ちなみに、会社法制定以前の商法266条1項5号に関して、学説では、「法令」に限定はないとしたうえ、具体的法令違反行為は、会社との関係で取締役の責任が根拠付けられるためには、それが善管注意義務に違反するものと評価されなければならないとする一元説があった。これに対して、会社法の立法担当者は、会社法428条が「任務を怠ったこと」と「責めに帰することができない事由によるものであること」とを区別していることから、任務懈怠と過失を別の要件として把握する二元説に立っていると説明している（相澤＝石井・別冊商事法務295・117）。

　問題は、このような取締役の賠償責任が何年の消滅時効にかかるかであるが、民法改正以前において検討の対象となりえたのは、①旧724条の不法行為における3年、②旧商法522条による商事時効として5年、③旧167条1項による一般民事時効としての10年の3つであったが、民法改正により旧商法522条が削除されたことで②の検討は不要になった。また、一般民事時効期間としても、主観的起算点からは5年、客観的起算点からは10年というように改正された（改正民法166条）。

2　不法行為責任としての3年の検討

　民法709条の不法行為責任は、当該不法行為につき故意または過失を必要としている。これに対して会社法423条における「任務懈怠」は違法性を表現するものであり、取締役・会社間の契約によっても免除することができない法律上の任務については、取締役の行為が客観的に法律上の要件を満たさない場合にはそれを違法と評価するための概念である（相澤＝石井・前掲117）。損失補償の私的独占の禁止及び公正取引の確保に関する法律19条違反の責任が問題となった最判平12・7・7民集54・6・1767（野村證券損失補填株主代表訴訟・上告審）は、取締役が会社をして会社を名宛人とする規定に違反させる行為をしたときには、その行為が取締役の一般的義務を定める規程に違反することになるか否かを問うまでもなく、会社法制定以前の商法266条1項5号の法令違反行為をしたときに該当すると判示し、具体的法令違反の場合には、善管注意義務違反の場合と「任務懈怠」の判断を分けてとらえる二元説の立場を採っていた。会社法でも同様に二元説であるとの立法担当者の見解については、上記のとおりである。

　これによると、不法行為責任の場合とは規範の構造が異なるのであるから、不法行為に関する消滅時効を定める改正民法724条の3年または20年の消滅時効は適用されないと解される。

3　債務不履行責任の検討

旧415条は、債務者が債務の本旨に従った履行をしないときの損害賠償責任を規定していたが、債務が履行されなかったことにつき債務者の責めに帰すべき事由が必要であると解されていた。そこで、取締役の任務懈怠による損害賠償責任も旧415条の債務不履行による損害賠償責任を定めたものとする見解があった（虎・金法1608・53）。

しかし、会社法の立法担当者の解説および最判平20・1・28民集62・1・128によると、会社法423条1項が旧415条と別個に規定されているのは、取締役の任務が単に委任契約の内容によってのみ定まるものではなく、当事者の意思にかかわらず法律上当然に生じる場合もあることを考慮して、その法律上の任務に違反する場合にも会社に対する損害賠償責任を生じさせるためであるから、旧415条と同じではない。

4　特殊責任説（最判平20・1・28民集62・1・128）

会社法制定以前の商法266条1項5号の法令・定款違反に基づく取締役の会社に対する責任の消滅時効期間問題に関し、上記最判平20・1・28民集62・1・128は、会社法制定以前の商法266条1項5号の責任は、取締役がその任務を懈怠して会社に損害を被らせることによって生ずる債務不履行責任であったが、取締役の会社に対する職務上の義務は、契約当事者の合意の内容のみによって定められるものではなく、法令によってその内容が規定される側面を有することからすれば、法によってその内容が加重された特殊な責任であって、商行為たる委任契約上の債務が単にその態様を変じたにすぎないものといえない、と判示した。

そして、取締役の第三者に対する責任は不法行為責任の性質を有するものではないこと、取締役は、責任の発生範囲につき未知の当事者間の偶然の事故に関する不法行為責任におけるような不安定な立場に立たないから、短期消滅時効を定める旧724条を適用すべき実質的根拠がないことを理由に、旧167条1項により10年の時効にかかると判示した。

5　10年の時効期間における客観的起算点

改正民法166条1項2号によると、10年の時効期間は、「権利を行使することができる時」から進行する。上記最判平20・1・28民集62・1・128および最判平26・1・30判時2213・123を前提とすれば、その損害賠償請求権は期限の定めのない債務として成立するのであるから、客観的起算点はその債権が成立

したときである（東京地判平7・10・26判時1549・125）。

6　5年の時効期間における主観的起算点

改正民法166条1項1号によると、5年の時効期間は、「権利を行使できること
を知った時」から進行する。知ったというのは、一般的には債権発生の原因
および債務者を知ったときであるが、具体的な法令違反が任務懈怠責任の発
生原因であり、その判断は一般人には難しいから、法律の専門家に相談する
などして、その違法性を具体的に認識した時が、行使できることを知った時
に該当すると解すべきであろう。

69　旧会社法701条による社債の償還請求権等の時効期間は改正されたか。

| 結　論 | 時効期間は変わらず、客観的起算点であることが明記された。 |

1　改正会社法701条

旧会社法701条は、1項で社債の償還請求権の時効期間を10年、2項で社債の
利息請求権等の時効期間を5年と定めていたが、その条文にいずれも「これを
行使することができる時から」という文言を加えて、これらの期間が客観的
起算点から起算されることを明記した。

第8章　時効期間—総　論　　149

〔労働基準法〕

70　労働基準法による賃金債権、退職手当請求権の時効期間は、改正されたか。

| 結　論 | 改正されず、時効期間は民法改正前と変わらない。 |

1　労働基準法による時効期間

　労働基準法115条は、客観的起算点からの賃金債権その他の請求権の時効期間を2年、退職金債権の時効期間を5年と規定している。これは、月またはこれより短い時期によって定めた使用人の給料に係る債権が1年で消滅時効にかかることを定める旧174条1号の特則である。74回会議で岡崎幹事から、労働基準法上の賃金債権・年休権についての2年の消滅時効期間と主観的起算点との関係につき、問題提起がなされた（74回会議・議事録8）。中井委員からは、1つの整理として、特別法の時効期間は全て客観的起算点からの特別法であるとの理解が示された（74回会議・議事録10）。

　改正民法においては、前記1年の短期消滅時効期間を定める規定それ自体が削除されるとともに、主観的起算点から5年間の時効期間が原則とされた（改正民法166条1項1号）。しかし、民法改正の整備法には、労働基準法115条に定める2年の賃金債権・5年の退職金債権の消滅時効期間についての改正は盛り込まれなかった。整備法に特段の手当がなされなかったということは、民法改正前と変わらないということである。

2　改正されなかった理由

　その理由として、専門家を含めた場において多面的に検証した上で、更に議論を深めるべきとして見送られたとのことである。参議院法務委員会で、賃金債権が2年の短期時効にかかる労働基準法115条が改正の対象外とされた理由について質問があり、①労働基準監督官の業務など労働関係の実務への影響、②企業での実務での影響、具体的には賃金債権に関する関係書類の保全を考慮した結果であると説明があった。これに対して、委員からは民法の5年よりも労働者が保護されないのはおかしいとの意見があった。

3　検討の開始

　平成29年7月に、厚生労働省の労働政策審議会で、見直しの検討が開始された。同年12月26日に第1回賃金請求権の消滅時効の在り方に関する検討会が開催された。検討会は、厚生労働省労働基準局長が学識経験者および実務経験者を集めて開催するものである。経営側からは、仮に5年に延長されると、①未払いの残業代の支給が必要な期間が現在の2.5倍に延び経営リスクが高まる、②有給休暇も最大で100日（20日×5年）間まで取ることができるといった問題があり、できるだけ短くしたいというのが本音である。他方、労働者側からは、残業代の未払いがある会社では、多額の残業代を請求されるリスクが生じることから企業の労働時間の管理体制の改善が進み、有給休暇についても計画的取得の促進につながる効果が生ずることになる。

4　改正への視点（時効制度から）

　消滅時効期間の統一化・単一化は、今回の民法改正における大きな目標であった。この目標の下に、1年〜3年の職業別短期消滅時効期間が廃止され、その代償として、主観的起算点からの5年の消滅時効期間が原則的な期間とされた（改正民法166条1項1号）。他方、1年〜3年の短期消滅時効制度は、日常生活において頻繁に生ずる少額かつ零細な債務者による弁済証拠保存の負担から解放しようとするものである。それは、債権者の権利を短期で消滅させようとする意図を持つものではない。さらに、改正民法が主観的起算点を採用したのは、当該具体的な債権者の置かれた個別的な事情を権利行使可能性の判断に取り入れようとするものである。以上の視点からは、現行の労働基準法による時効期間の見直しは必至であろう。

第8章　時効期間─総　論　　151

〔不正競争防止法〕

71 旧不正競争防止法15条による期間制限は、どのように改正されたか。

結　論	20年が消滅時効期間に改正された。

1　整備法による改正

　平成27年法律第54号による不正競争防止法の改正により10年が20年に伸長され、整備法294条により、20年の期間が除斥期間ではなく時効期間であることが明記された（下線は筆者）。

第15条　第2条第1項第4号から第9号までに掲げる不正競争のうち、営業秘密を使用する行為に対する第3条第1項の規定による侵害の停止又は予防を請求する権利は、次に掲げる場合には、時効によって消滅する。
一　その行為を行う者がその行為を継続する場合において、その行為により営業上の利益を侵害され、又は侵害されるおそれがある保有者がその事実及びその行為を行う者を知った時から3年間行わないとき。
二　その行為の開始の時から20年を経過したとき。

2　3年の時効期間

　改正不正競争防止法15条1号は、同法2条1項4号から9号までに掲げる不正競争のうち、営業秘密を使用する行為に対する同法3条1項の規定による侵害の停止または予防を請求する権利は、その行為を行う者がその行為を継続する場合において、その行為により営業上の利益を侵害され、または侵害されるおそれがある保有者が、その事実およびその行為を行う者を知った時から3年間行わない時は時効によって消滅する、と規定する。

　3年の短期時効の趣旨は、主として、営業秘密は情報という無体物であるため、時間が経過するにつれて不正な行為に該当するか否かが不明確になるため、できるだけ早期に裁判の結果を確定させようとするものである。

3 20年の長期時効期間

　同条2号は、その行為の開始の時から20年を経過した時は、時効によって消滅することとしている。平成27年法律第54号による不正競争防止法の改正により、10年の期間が20年に伸長された。平成27年法律第54号による不正競争防止法の改正以前は、契約上の守秘義務の履行請求権の消滅時効（旧167条1項）を考えて10年とされていた。これを20年に伸長したのは、①近時、侵害発生時から長期間が経過している場合であっても、被害者救済を図る必要がある事例が生じていること、②技術の寿命が比較的長い素材産業のような産業においては、10年を超えてもなお当該技術を保護する必要性が高いものが存在すること、からである。

　この長期期間について、民法改正前の法文は、「同様とする」と表現され（平成5年法律第47号による全部改正以前は「亦同ジ」と表現されていた。）、短期期間の方は「時効によって消滅する」と規定しているから、長期期間も時効期間であるかの如くにも読めるが、上記立法趣旨からは、いわゆる除斥期間と解されていた。しかし、民法改正により、不法行為に関する旧724条の20年の長期間が判例理論による除斥期間から消滅時効期間に改正されたことに伴い、明文をもって不正競争防止法の20年間も時効期間と改正された。

第8章　時効期間—総　論　　153

〔その他特別法〕

72　特別法における消滅時効期間・除斥期間は、どのように改正されたか。

結　論　改正されないものもあるが、改正された場合でもその期間の性質が明確化されることはあるものの、基本的に期間の長さや起算点等の実質的な改正はない。

1　鉱業法

整備法274条による115条の改正。

改正前	改正後
（消滅時効） 第115条　損害賠償請求権は、被害者が損害及び賠償義務者を知ったときから3年間行わないときは、時効によつて消滅する。損害の発生の時から20年を経過したときも、同様とする。	（消滅時効） 第115条　損害賠償請求権は、次に掲げる場合には、<u>時効によつて</u>消滅する。 　一　被害者が損害及び賠償義務者を知つた時から3年間行使しないとき。 　二　損害の発生の時から20年間行使しないとき。
（新設）	2　人の生命又は身体を害した場合における損害賠償請求権の消滅時効についての前項第1号の規定の適用については、<u>同号中「3年間」とあるのは、「5年間」とする。</u>
2　前項の期間は、進行中の損害については、その進行のやんだ	3　<u>前2項</u>の期間は、進行中の損害については、その進行のやんだ

時から起算する。	時から起算する。

2 大気汚染防止法

整備法350条による25条の4の改正。

改正前	改正後
（消滅時効） 第25条の4　第25条第1項に規定する損害賠償の請求権は、被害者又はその法定代理人が損害及び賠償義務者を知つたときから3年間行わないときは、時効によつて消滅する。損害発生の時から20年を経過したときも、同様とする。	（消滅時効） 第25条の4　第25条第1項に規定する損害賠償の請求権は、次に掲げる場合には、時効によつて消滅する。 一　被害者又はその法定代理人が損害及び賠償義務者を知つたときから5年間行使しないとき。 二　損害発生の時から20年を経過したとき。

3 水質汚濁防止法

整備法352条による20条の3の改正。

改正前	改正後
（消滅時効） 第20条の3　第19条第1項に規定する損害賠償の請求権は、被害者又はその法定代理人が損害及び賠償義務者を知つたときから3年間行わないときは、時効によって消滅する。損害発生の時から20年を経過したときも、同様とする。	（消滅時効） 第20条の3　第19条第1項に規定する損害賠償の請求権は、次に掲げる場合には、時効によつて消滅する。 一　被害者又はその法定代理人が損害及び賠償義務者を知つたときから5年間行使しないとき。

| | 二　損害発生の時から20年を経過したとき。 |

4　土壌汚染対策法

整備法356条による8条の汚染の除去等の措置に要した費用の請求権の改正。

改正前	改正後
（汚染除去等計画の作成等に要した費用の請求） 第8条　①〔略〕 2　前項に規定する請求権は、当該指示措置等を講じ、かつ、その行為をした者を知ったときから3年間行わないときは、時効によって消滅する。当該指示措置を講じたときから20年を経過したときも、同様とする。	（汚染除去等計画の作成等に要した費用の請求） 第8条　①〔略〕 2　前項に規定する請求権は、次に掲げる場合には、<u>時効によって消滅する</u>。 一　当該指示措置等を講じ、かつ、その行為をした者を知った時から3年間行使しないとき。 二　当該指示措置等を講じた時から20年を経過したとき。

5　犯罪被害者等の権利利益の保護を図るための刑事手続に付随する措置に関する法律

整備法35条による28条の改正。

改正前	改正後
（時効の中断） 第28条　損害賠償命令の申立は、前条第1項の決定（同項第1号に該当することを理由とするものを除く。）の告知を受けたとき	（時効の完成猶予） 第28条　損害賠償命令の申立てについて、前条第1項の決定（同項第1号に該当することを理由とするものを除く。）の告知があっ

は、当該告知を受けた時から6月以内に、その申立てに係る請求について、裁判上の請求、支払督促の申立て、和解の申立て、民事調停法（昭和26年法律第222号）若しくは家事事件手続法（平成23年法律第52号）による調停の申立て、破産手続参加、再生手続参加、更生手続参加、差押え、仮差押え又は仮処分をしなければ、時効中断の効力を生じない。	たときは、当該告知を受けた時から6月を経過するまでの間は、<u>時効は、完成しない。</u>

6 自動車損害賠償保障法

（1） 19条

整備法323条により、自動車損害賠償保障法16条1項の被害者の保険会社に対する損害賠償請求権、17条1項の仮渡支払請求権の消滅時効に関する同法19条の改正。

改正前	改正後
（時効） 第19条　第16条第1項及び第17条第1項の規定による請求権は、3年を経過したときは、時効によつて消滅する。	（時効） 第19条　第16条第1項及び第17条第1項の規定による請求権は、<u>被害者又はその法定代理人が損害及び保有者を知つた時から3</u>年を経過したときは、時効によつて消滅する。

上記改正は、主観的起算点からの消滅時効であることを明らかにした。時効期間の改正はない。

（2） 75条

整備法323条により、自動車損害賠償保障法72条1項の請求権（政府の自動車損害保障事業から受ける損害のてん補）等の消滅時効に関する75条の規定

第8章　時効期間—総　論　　157

の改正。

改正前	改正後
（時効） 第75条　第16条4項若しくは第17条4項（これらの規定を第23条の3第1項において準用する場合を含む。）又は第72条第1項の規定による請求権は、3年を経過したときは、時効によつて消滅する。	（時効） 第75条　第16条4項若しくは第17条4項（これらの規定を第23条の3第1項において準用する場合を含む。）又は第72条第1項の規定による請求権は、これらを行使することができる時から3年を経過したときは、時効によつて消滅する。

　上記改正は、客観的起算点からの消滅時効であることを明らかにした。時効期間の改正はない。

7　船舶の所有者等の責任の制限に関する法律
　整備法21条による54条の改正。

改正前	改正後
（時効の中断） 第54条　責任制限手続への参加は、時効中断の効力を生ずる。ただし、その届出が取り下げられ、又は却下されたときは、この限りでない。	（時効の完成猶予） 第54条　責任制限手続への参加がある場合には、責任制限手続への参加が終了する（責任制限手続終結の決定によらないで責任制限手続への参加が終了した場合にあつては、その終了の時から6月を経過する）までの間は、時効は、完成しない。

第9章　時効期間－主観的起算点からの

73 主観的起算点からの時効期間は何年か。

結　論	5年。

1　改正点

改正民法166条1項1号は、次のように規定している（下線は筆者）。

> 債権は、次に掲げる場合には、時効によって消滅する。
> 一　債権者が権利を行使することができることを知った時から<u>5年間行使しないとき</u>。

旧167条1項の10年の時効期間の原則は、債権者が権利を行使することができることを「知ったとき」から5年間に短縮された。すなわち、民法改正前の客観的起算点から10年の時効期間の外に、債権者が権利を行使できることを知ったときという主観的起算点を採用し、主観的起算点からは5年の消滅時効にかかるとして、時効期間を5年に短縮したものである。改正民法により廃止された旧民法下の「短期消滅時効」と区別する意味で、これを便宜的に「短縮消滅時効」と呼ぶ者がいる。主観的起算点を採用することによって、10年という時効期間を大幅に短縮することができたのである。このような2種類の時効期間を組み合わせるという扱いは、不法行為による損害賠償請求権の時効期間の制限と同様のものである。

なお、旧724条前段の不法行為における損害賠償請求権についての主観的起算点からの時効期間は、生命・身体の侵害の場合を除き3年のまま改正されていない。これは、不法行為に基づく法律関係が、通常、未知の当事者間に予期しない偶然の事故に基づいて発生するものであり、加害者は極めて不安定な立場に置かれることから、加害者を保護するためであるとされ、主観的起算点から5年間という原則が立法化された後においても、一定の合理性があるものとして存続している。

2　改正前の時効期間

　ちなみに、改正前の時効期間としては、「権利を行使することができるとき」という客観的起算点（旧166条1項）から10年であった（旧167条1項）。10年とされた経緯としては、民法立法の当時、フランス民法、ドイツ民法では30年であり、日本では5年であったが、財産権の消滅時効期間の原則を20年とするも、債権についてはこれを20年とすると権利に激変が生じ、取引界に混乱が生じるおそれがあるので、権利行使の容易性と普通の取引上頻繁に生ずるものであるが故に、この関係が不確定では事業の発達を妨げるから客観的起算から10年に短縮したという沿革がある。

3　批判的意見の紹介

　かかる時効期間の短縮については、以下のような批判がある。

① 　情報収集能力や法的知識の乏しい弱者にとって、財産的な不当利得返還請求権等が客観10年から主観5年に縮まるのは良くないとの批判がある（岡・92回会議・議事録19、日本弁護士連合会消費者委員会有志・パブコメなど）。この点に対する反論としては、10年を単純に短期化するものではなく、債権者が権利行使の現実的な可能性を認識しない限り主観的起算点からの短期の時効は進行しないのであるから、現状よりも単純に短期化するものではないと反論された（部会資料69Ａ・2）。

② 　安全配慮義務違反などの権利侵害型の債務不履行に基づく損害賠償請求型の場合、契約の場面で当事者は色々な事情が分かっているので、主観から5年とすると現状の10年よりも時効期間が短縮され、被害者保護が削減されるおそれがある、との批判もあった。この点に対する反論としては、不法行為による損害賠償請求権の消滅時効との比較という観点からは、債権者が権利行使の現実的な可能性を認識してから5年間は権利行使の機会が確保されている点で、債権者の保護は十分に図られていると反論された（部会資料69Ａ・2）。

③ 　預金保険機構からは、旧経営者の善管注意義務違反、忠実義務違反による損害賠償請求による責任追及が困難になると反対された（吉岡＝林・金法1932・93）。

　批判的意見については、結局、主観的起算点である「権利を行使することができることを知った時」という要件がどのように解釈され、運営されるか如何に関わってくる。

4　経過措置

　主観的起算点からの時効期間が5年となるのは、施行日後に生じた債権である（改正法附則10条4項）。ただし、施行日以後に債権が生じた場合であっても、その原因である法律行為が施行日前にされたときは、なお従前の時効期間となる（改正法附則10条1項かっこ書）。

　この結果、改正民法施行後に発生した債権の時効期間は、施行前に発生した債権よりも時効期間が短くなり、先に時効消滅する逆転現象が生じる。

74　主観的起算点からの時効期間が5年になった理由は何か。

結　論	時効期間を短期化する懸念、現行実務への影響を考慮した結果、比較的安定感があるから。

1　時効期間短縮に関する改正前の議論状況

　改正民法では、旧民法の時効期間の10年から、原則として主観的起算点からの5年間に縮減された。しかし、法制審議会の議論においては、一般的に消滅時効期間を短縮すること自体に反対があった（第12回会議における能見教授の反対意見、大阪弁護士会・パブコメなど）。

（1）　時効期間の短縮の必要性を強調する意見は、次の通りである。

　①　ドイツの消滅時効法改正の際、ツィンマーマンは、2年の時効期間を提案した。その理由として、①債権者が請求権を裁判上の手段で貫徹するかどうかを決めるのに十分な期間である、②債権者がこの2年間に何もしなければ、もはや請求を受けないという債務者の信頼が惹起される、③今日の経済生活の展開は、異常な迅速さと予見不能を示す、と説明していた。改正後のドイツ民法は、2年ではなく3年を採用した（部会資料14−2・44）。2008年の私法学会シンポジウム資料で平野教授は、これに付加して、現代社会においては、取引量が飛躍的に増大しており、債権管理業務を軽減する必要性が高くなっていることを挙げている（NBL887・61）。

　②　日本弁護士連合会法務研究財団主催の平成25年9月6日北海道研修会での曽根教授は、①取引量の増大により権利の滞留が社会的コストになっていること、②交通通信手段の発達による時間感覚の短縮化が生じていることから、時効期間の短縮は歴史的・世界的趨勢であ

るという意見を述べた。

③　金山・ＮＢＬ887・43

イ　市場の拡大→取引量の拡大→領収書の保管の負担→時効期間の短縮→保管費用の節減。ただし、領収書の保存が期待できない分野では別異に扱うべき。

ロ　権利の広がりと普及によって権利行使を躊躇することが少なくなるので、時効期間を短縮しても権利者を害することは少ない（フランス）。

ハ　権利の普及と行使の容易さが懈怠罰としての時効のサンクションを正当化する。ただし、不法行為の領域では、上記①から③までイ・ロの要因が見られない領域であり特別の規定が必要。

(2)　時効期間の短縮に消極の意見は次のとおりである。

①　消滅時効制度が、戦後補償などの近時の訴訟に見られるような深刻な政策的問題をはらんでおり、関係被害者サイドにとっては重大な改正であり、国民に分かりやすい時効規定という改正題目に滑り込ませるやり方は現に慎むべき（吉田・ジュリ1368・109）。

②　電子化社会として細かいところまで記録が残るあるいは残せる時代に、本当に3年とか5年の間に権利関係が曖昧になるのか疑問（座談会「民法（債権法）改正への未来を見据えて〔下〕」銀法701・29〔三上発言〕）。

③　市民に使いやすい司法制度が物的にも人的にも整備されていないことから提訴が容易であるとは言えない状況にあることおよび紛争発生から短期間で司法手段の利用を決断する法文化・法意識が一般化していない（松本・法律時報増刊　民法改正を考える103）。

2　審議の経過

中間試案の乙案では、主観的起算点から3年間／4年間／5年間という選択肢が提示されていた。そして、改正の審議期間中に、原則的な時効期間である10年を5年に短縮しなければならない立法事実はあるのかという疑問が常に発せられてきた（岡・79回会議・議事録7）。しかも、そのうちからなぜ5年が選択されたのか、なぜ5年でなければならないのかを説明することは大変難しい（74回会議・議事録4以下参照）。時効制度に関する一般理論から答えを導き出せるものではないからである。

3　3年説

短縮する場合の3年説の根拠は次のとおりである。①一般人の関係する債

権は、速やかに決済され、債権の発生・弁済のいずれについてもきちんとした証拠が作成されないことが通常であり、こういった場合にはごく短期の時効期間とするのが適用であること、②724条前段は、賠償義務があることを往々にして知らない加害者を長期経過後の意想外の請求から保護するために、3年という期間を定めているが、この趣旨は今後妥当すると考えるならば、3年が妥当である（佐久間・金法1881・11）。

4 4年説

4年説は、3年では短すぎるという強い感覚を考慮し、5年の商事債権よりも短くするという意味で、4年も選択肢の1つであるとする。

5 5年説

時効研究会の案では、債権者に権利行使を期待できるときから5年としていたが、5年としたのは、感覚的に10年は長すぎる、3年は短すぎる、この中間を取るのが妥協として良いし、商事債権が5年、公法上の債権が5年、民事債権も平均を出したら5年くらいであり、5年としても実質的に現行法を大きく変更するものではないとの考えからであった（時効研究会座談会「2008年度私法学会シンポジウム『消滅時効法の改正に向けて』を振り返って」ＮＢＬ912・69）。

6 5年選択の理由

このうち、5年間が選択されたのは、「時効期間の単純化・統一化を図る際に、現在よりも時効期間が短期化する債権が生ずることへの強い懸念が示されていることを考慮すると5年間という選択は相対的に優れていると評することができる」からである（部会資料63・6）。

75 主観的起算点から5年の時効期間以外に客観的起算点からの10年の時効期間があるのはなぜか。

結 論 主観的起算点の要件が満たされない限り、いつまでも時効が完成しないことは適当ではないから。

1 二重の時効期間

改正民法166条1項は、次のように規定して、時効期間は二重になっている（下線は筆者）。

第9章　時効期間─主観的起算点からの　　　163

> 　債権は、次に掲げる場合には、時効によって消滅する。
> 一　債権者が権利を行使できることを<u>知った時</u>から5年間行使しないとき。
> 二　権利を行使することが<u>できる時</u>から10年間行使しないとき。

2　理　由

　このように主観的起算点から5年の時効期間以外に客観的起算点からの10年の時効期間があるのは、最長期間を画したものである。すなわち、事務管理・不当利得に基づく一定の債権などには、債権者が債権発生の原因および債務者を認識することが困難なものもあり得ることから、主観的起算点の要件が満たされない限り、いつまでも時効が完成しないことは適当ではないので、権利を行使できる時を起算点とする10年の時効期間を二重に規定したものである。結局、主観的起算点と客観的起算点を組み合わせ、いずれかが充足して5年ないし10年が経過したならば、消滅時効が完成するということになる。主観的起算点から時効期間を算定することによる権利の不安定な状態に10年という限定を付することによって払拭することにつながる。

76　客観的起算点から9年目に権利行使が可能となったことを知った時に、10年で終わるのか、9年プラス5年目で終わるか。

| 結　論 | 10年で終わる。 |

1　問題の提示

　改正民法166条1項は、次のように規定して、時効期間は二重になっている（下線は筆者）。

> 　債権は、次に掲げる場合には、時効によって消滅する。
> 一　債権者が権利を行使することができることを<u>知った時</u>から5年間行使しないとき。
> 二　権利を行使することが<u>できる時</u>から10年間行使しないとき。

このような二重期間構成になっているのは、主観的起算点の要件が満たされない限り、いつまでも時効が完成しないことは適当ではないからである。したがって、客観的起算点から10年以内に主観的起算点が到来しないときは、10年目で時効消滅する。

　しかし、本問のように主観的起算点が客観的起算点からの10年以内に生じ、客観的起算点から10年の終期が当該主観的起算点からの5年間よりも早く到来するような場合に、10年目で時効消滅するのかあるいは、10年を超えて主観的起算点から5年後に時効消滅するのかという問題がある（第12回会議での鎌田質問・議事録28）。後者の結論は、債権行使の具体的可能性を得た時期が遅かった債権者を特に保護する見地から、主観的起算点からの5年の時効期間は、客観的起算点からの10年の時効期間よりも優先して、最低限その期間だけは時効期間を確保しようとする考え方である。

2　審議中の見解

　民法改正研究同人会・民法大改正ガイドブック19は、前者の見解により、いずれか先に到来する方で時効完成となるとするが、12回会議での潮見幹事は、後者の見解を示唆している（潮見・12回会議・議事録28）。また、立法提案として主観的起算点からの時効期限を3年とした場合に限って、3年が経過するまでは時効期間は満了しないことを提案する者もあった（民法（債権法）改正検討委員会編・詳解債権法改正の基本方針Ⅲ174）。

3　検　討

　債権者において権利行使できることを知ったときという主観的起算点は、債権者の領域に属する事情であり、債務者が容易に知り得る事情ではない。消滅時効期間が債務者にとっての取引関係書類あるいは弁済に関する証拠の保存期間として機能することを考えれば、その期間は、債務者にとって明確に計算して了知できる期間であることが必要であり、その意味で、客観的起算点から10年間がその機能を保障する期間であることを考えると、本問のような場合は、10年目で時効完成となる見解が妥当であると考える（同旨、日本弁護士連合会編・実務解説改正債権法67、松尾・Ｑ＆Ａ民法改正の要点260）。

第10章　時効期間－客観的起算点からの

77　権利を行使できる時から10年間行使しないときは消滅するとの規律はどのように改正されたか。

結論　起算点が二重化し、客観的起算点から10年、主観的起算点から5年になった。

1　客観的起算点から10年の時効期間

改正民法166条1項2号は、次のように規定している。

> 　債権は、次に掲げる場合には、時効によって消滅する。
> 一　〔略〕
> 二　権利を行使することができる時から10年間行使しないとき。

　この規定は、旧166条1項および旧167条1項と同じである。したがって、この部分は何ら改正されず、改正民法の下でも維持されている。これは、時効期間の短期化という要請による実現を最小限に留め、債権者への影響をできる限り少なくせんとする配慮からである。ただし、改正民法は、この客観的起算点から10年の時効期間以外に、次のような主観的起算点から5年の時効期間を創設した。

2　主観的起算点から5年の時効期間

改正民法166条1項1号は、次のように規定している。結局、時効期間に関しては、二元的なシステムに改正された。

> 　債権は、次に掲げる場合には、時効によって消滅する。
> 一　債権者が権利を行使することができることを知った時から5年間行使しないとき。

3 両者の関係

主観的起算点から5年という10年よりも短い消滅時効期間が存在するのにもかかわらず、さらに客観的起算点から10年という時効期間が設けられているのは、5年間の時効期間の起算点が権利を行使することができることを「知った時」とされており、権利を行使することができることを知らなかった場合（例えば過払金返還請求権など）にはいつまでも時効が進行せず、したがって5年の時効期間が経過しないことになるから、「権利を行使することができる時から」という客観的起算点を設けて時効を進行させ、その期間を10年としたものである。

4 人の生命・身体に対する侵害の場合の特則

なお、人の生命・身体に対する侵害による損害賠償請求権の場合の客観的起算点からの時効期間は、10年ではなく20年に延長されている（改正民法167条）。

第11章　時効期間－定期金債権

78 定期金債権の消滅時効の起算点および時効期間は、どのように改正されたか。

結　論	起算点の基準を支分権に置き、主観的起算点から10年、客観的起算点から20年。

1　定期金の債権の意義

　「定期金の債権」とは、終身年金のように定期に一定の金銭その他の代替物を給付させることを目的とする権利のことである。定期金の債権ではなく、「定期金債権」の方が理解しやすいという意見がある。一定の期日到来によって具体化したところの「支分権たる給付請求権」と（改正民法の法文では「定期金の債権から生ずる金銭その他の物の給付を目的とする各債権」と表現されている。）、このような具体的請求権を発生せしめるところの「基本権としての定期金債権」がある（改正民法の法文では、「定期金の債権」と表現されている。）。

　旧民法においては、支分権についての消滅時効は旧169条が規定し、基本権たる定期金債権の消滅時効は旧168条が規定していた。旧168条は、支分権について権利行使が全くされないときに、支分権を発生させる法的根拠そのもの（基本権である定期金の債権）が時効にかかることを容認していた。そこで、改正民法においては、支分権である定期金の債権から生ずる金銭その他の物の給付を目的とする各債権の不行使によって基本権である定期金の債権が時効消滅するという構成を採用した。

　ちなみに、旧169条が規定していた「定期給付債権」の5年の短期消滅時効は、改正民法では規定事項の全部が削除され、改正民法169条は判決で確定した権利の消滅時効に置き換えられている。

2　改正民法168条

　基本権としての定期金の債権につき、民法改正前においては客観的起算点に基づいた時効期間に関する規律のみが定められていた。しかし、債権者が

基本権である定期金の債権の存在を知っていたとしても、支分権の行使可能性を知らない限り現実的な権利行使を期待することができない。そこで、改正民法168条1項1号は主観的起算点を導入して、債権者が定期金の債権から生ずる金銭その他の物の給付を目的とする各債権を行使することができることを知った時（主観的起算点）から10年とし、主観的起算点における認識の対象を「各債権を行使することができること」としている。これは、主観的起算点から5年という原則（改正民法166条1項1号）の特則を定めるものである。

また、同条1項2号では支分権たる各債権を行使することができる時を客観的起算点として、各債権を行使できる時から20年間としている。これは、客観的起算点から10年という原則（改正民法166条1項2号）の特則を定めるものである。

このように、時効期間が原則としての時効期間より2倍になっているのは、旧168条1項における20年という時効期間が、旧167条1項が定めていた10年の原則に対して2倍であったことを踏まえたものである。

3　旧168条1項後段の削除

旧168条1項後段は、最後の弁済期から10年間行使しないときも同様に時効消滅すると規定していたが、削除された。これは、最後の弁済期が到来し、全ての支分権が発生した以上は、基本権である定期金の債権を問題にすることに意味はないとの考えによるものである（部会資料69A・6）。

4　時効更新の証拠を得るための承認書の交付請求

定期金の債権者は、時効の更新の証拠を得るため、いつでも、その債務者に対して承認書の交付を求めることができる（改正民法168条2項）。旧168条2項では、「時効の中断」とあったのが、「時効の更新」と改められた。

5　基本権から生ずる支分権の消滅時効

基本権たる定期金債権から発生する毎期の支分権たる債権は、どのような時効にかかるのかに関しては、改正後の債権の消滅時効における原則的な時効期間と起算点が適用される。

第11章　時効期間─定期金債権　169

79　定期金の債権の主観的起算点からの時効期間は、何年か。

| 結　論 | 10年である。 |

1　改正民法168条1項1号

改正民法168条1項1号は、基本権としての定期金の債権の主観的起算点からの時効期間について、次のように規定している。

> 定期金の債権は、次に掲げる場合には、時効によって消滅する。
> 一　債権者が定期金の債権から生ずる金銭その他の物の給付を目的とする各債権を行使することができることを知った時から10年間行使しないとき。

定期金の債権の消滅時効についても、消滅時効における原則的な時効期間の起算点を主観的起算点とすることと平仄を合わせ、新たに主観的起算点から10年の消滅時効を設けることとしたものである。

2　「定期金の債権から生ずる金銭その他の物の給付を目的とする各債権」の意義

定期金の債権から生ずる金銭その他の物の給付を目的とする各債権とは、基本権から生じた支分権のことを意味している。基本権たる「定期金債権」と、基本権から生じる支分権たる「定期給付債権」(旧169条) との区別を分かりやすくするために導入された表現である。すなわち、「定期金の債権から生ずる金銭その他の物の給付を目的とする各債権」とは、削除された旧169条の定期給付債権に関する条文表現を参考に、基本権から生じた支分権のことをより分かりやすく表現したものである (部会資料80−3・2)。また、「各債権」というのは各期に発生した支分権のいずれかをいうことを意味している (第79回会議における「各定期金」についての合田関係官の説明・議事録15)。

3　10年の時効期間の起算点

改正民法は、定期金の債権の消滅時効にも主観的起算点からの短期の消滅時効を新たに設けるべきであるとの考えを採用した。債権者が基本権である定期金の債権の存在を知っていたとしても、支分権の行使可能性を知らない

限り、現実的な権利行使を期待することはできないからである。定期金の債権の消滅時効について、主観的起算点における認識の対象は「各債権を行使することができること」としている（部会資料69Ａ・6）。

4 時効期間

改正民法は、主観的起算点における認識対象を「各定期金を行使できる時から」とした上で、この主観的起算点からの時効期間を債権の原則的な時効期間である5年の2倍の10年とした。改正民法における主観的起算点からの時効期間の原則は5年であるが、これよりも長い10年としているのは、定期金の債権が通常の債権と異なり、支分権を発生させつつ長期間にわたり存続する性質を持つことからである。そして、客観的起算点からの時効期間が20年とされていることから、主観的起算点からの時効期間は債権の原則的な時効期間である5年の2倍とするのが適当と考えられたことによる（部会資料69Ａ・6）。

80 定期金の債権の客観的起算点からの時効期間は、何年か。

| 結 論 | 20年である。 |

1 改正民法168条1項2号

改正民法168条1項2号は、次のように規定している。

> 定期金の債権は、次に掲げる場合には、時効によって消滅する。
> 一 〔略〕
> 二 前号に規定する各債権を行使することができる時から20年間行使しないとき。

これは、定期金の債権につき、客観的起算点からの消滅時効期間を20年としたものである。

2 客観的起算点

改正民法における客観的起算点とは、債権者が定期金の債権から生ずる金銭その他の物の給付を目的とする「各債権」を行使することができる時をいう。「（改正前）民法第168条第1項前段が定める20年の時効期間は、その起算

第11章　時効期間－定期金債権　　171

において債権者の主観を考慮していない。もっとも、定期金債権についても、個人年金保険契約において保険契約者と保険金受取人が異なる場合など、権利者が定期金債権の存在や支分権の行使可能性を知らない場合もあり得ることからすれば、同条第1項前段の20年は、権利者に現実的な権利行使を期待することができない場合をも念頭に置いた期間であると考えられる。」（部会資料69A・5）。

3　20年の時効期間

　客観的起算点からの時効期間が20年間とされたのは、旧168条前段が「定期金債権は、第1回の弁済期から20年間行使しないときは消滅する」と規定し、民法改正前の債権の原則的な時効期間である10年の2倍である20年としていたこと、および定期金の債権が通常の債権と異なり、支分権を発生させつつ長期間にわたり存続する性質を持つことから、原則的な時効期間よりも長期の時効期間とすることが適当であると考えられたことによるものである。

第12章　時効期間－定期給付債権

81　定期給付債権の5年の短期消滅時効制度が、廃止されたのはなぜか。

結　論　主観的起算点からの5年時効が新設されたため。

1　旧169条の削除

民法改正により定期給付債権についての5年の短期消滅時効期間を定めていた旧169条は削除され、いわゆる「定期給付債権」にも主観的起算点から5年の消滅時効に関するルールが適用される。ちなみに、改正民法169条は、判決で確定した権利の消滅時効期間という全く別の内容が規定されている。

2　定期給付債権

旧169条は、「年又はこれより短い時期によって定めた金銭その他の物の給付を目的とする債権は、5年間行使しないときは、消滅する。」と規定していた。年またはこれより短い時期によって定めた金銭その他の物の給付を目的とする債権のことを「定期給付債権」と呼んでいた。例えば、賃料、小作料、利息、給料、年金、扶養料、マンションの管理規約に基づいて発生する管理費・特別修繕費（最判平16・4・23民集58・4・959）、ＮＨＫの受信料債権（最判平26・9・5判時2240・60）などである。これらについては、一般の債権の時効期間が10年という原則に対して、その特例として5年という短期の消滅時効にかかっていた。これは、上記の債権については、慣習上、長期にわたり弁済が滞ることが少なくないことや、金額がそれほど多額でなく受取証を長く保存する者も少ないことなどから、10年という旧法の時効期間よりも短期の時効期間としたものである。

3　削除の理由

旧169条が削除されたのは、民法改正で導入された主観的起算点から5年の消滅時効制度により独自の存在意義を失うことになるからである。また、その方が合理的であると考えられたことによる（筒井ら・ＮＢＬ1108・30）。部会資

第12章　時効期間―定期給付債権　　173

料69Ａ・8によると次のように削除の理由が説明されている。

「一般に、契約上の債権においては、債権者が『権利を行使することができる時』に権利行使の可能性を認識しているのが通常であるから、主観的起算点と『権利を行使することができる時』とが一致することとなる。そうすると、定期給付債権について5年程度の比較的短期の時効期間が相当であるとした同条の趣旨は、この規定がなくてもおおむね実現され、同条の存在意義は現在よりも乏しくなる。もっとも、債権者が権利行使の可能性を認識しておらず、主観的起算点が『権利を行使することができる時』と一致しない場合もあり得る。しかし、権利行使の可能性を認識しない間に5年の経過によって債権が消滅するというのは、定期給付債権の性質を考慮したとしても債権者にいささか酷な面があり、専らこのような適用場面を念頭に置いてあえて短期の時効期間の特則を維持することは相当でないと考えられる。」

4　削除後の扱い

旧169条は削除され、これに代わる扱いは定められていないため、上記に掲げた利息等（年またはこれより短い時期を定期的に弁済期とする支分権をいう。）の改正後の時効期間は、一般原則たる主観的起算点から5年、客観的起算点から10年となる。もっとも、主観的起算点と客観的起算点とが一致することが多いため、債務者の立場からは結果的には、改正前とほぼ同様の5年の結果となると思われる。ただし、同じ5年でもその起算点は債権者が権利を行使することができることを知ったときからであるから、理論的には改正前の5年より長くなる可能性も残している。

82　貸付債権の利息についての時効期間はどのように考えたらよいか。

結　論	原則として5年。

1　利息債権

利息債権については、元本に対して一定期に一定率の利息を生ずることを目的とする基本的な債権と、この債権の効果として、一定期において一定額を支払うべき支分権が生ずるものと、2つに分けて考えることができ、前者を「基本権たる利息債権」といい、後者を「支分権たる利息債権」という。

2　旧169条

ところで、旧169条は、「年又はこれより短い時期によって定めた金銭その他の物の給付を目的とする債権は、5年間行使しないときは、消滅する」と定める。いわゆる定期給付債権の短期消滅時効である。ここで、「年又はこれより短い時期によって定めた金銭その他の物の給付を目的とする債権」とは、基本権たる定期金債権から発生する支分権であって、かつその支分権の発生に要する期間が1年以下であるものをいう。毎年、毎月、または半年ごとに支払うことを約束した利息も、これに該当する（大判大11・9・23判例彙報34上民64、利息の支払時期を毎年12月20日と定めた例）。

そこで民法改正前においては、利息の支払期を毎年、半年ごと、または毎月と定めて貸し付けた場合の利息は、元本債権とは別個に弁済期から5年間の短期消滅時効にかかった。ここでの5年の消滅時効期間の起算点は、いわゆる客観的起算点からカウントされるものである。

3　旧169条の削除

しかし、旧169条は、民法改正により新設された主観的起算点からの5年の消滅時効制度により独自の存在意義を失うことになるので、改正民法においては削除されてしまった。その結果、利息債権は、元本に対して一定期に一定率の利息を生ずることを合意することによって生ずるものであり、債権者はその権利を行使できることを知っているのが通常であるから、改正民法166条1項1号により各弁済期から5年の時効期間となる。

83　マンション管理組合が区分所有者に対して有する管理費・特別修繕費に係る債権の時効期間は何年か。

| 結　論 | 5年。 |

1　管理費・特別修繕費

マンション管理組合規約の中には、組合員である区分所有者は、敷地および共用部分等の管理に要する経費に充てるために管理費および特別修繕費を管理組合に納入しなければならず、その額については各区分所有者の共用部分の各共有持分に応じて算出し、毎会計年度の収支予算案により総会の承認をうけ、これらを毎月支払うと規定しているものがある。

第12章　時効期間－定期給付債権　　175

　民法改正前においては、ここでの管理費等請求権において旧169条が前提とする「基本たる定期金債権」に相当するものが存在するのかという論点があった。最判平16・4・23民集58・4・959は、基本権たる定期金債権に相当するものは管理規約の規定であり、基本権たる定期金債権から派生する支分権に相当するものは、月ごとに支払われる総会の決議によって確定する具体的な額であるとして、旧169条の適用を認めた。その実質的な論拠は、①長年放置後の突然の管理費等の請求は債務者を困窮させるものであること、②中古マンション取引における予測可能性を高めるべきこと、③温情的な管理組合を保護する視点は、管理組合の強化を通じてマンション管理の適正化を図る近時の流れに逆行すること、などにある。

　なお、福田裁判官の補足意見には、長期的な収支の見通しの下で計画的な積立てを行って共用部分の経年劣化に対処するための修繕積立金が短期消滅時効の適用により延滞者がその義務を免れることになることへの警鐘が述べられている。

2　旧169条の削除

　旧169条は、「年又はこれより短い時期によって定めた金銭その他の物の給付を目的とする債権は、5年間行使しないときは、消滅する」と規定していた。すなわち、基本権たる定期金債権から発生する支分権であって、その支分権の発生に要する期間が1年以下であるものをいう（平井・注釈民法(5)342）。利息、定期金、借賃、給料など、厳重に弁済がなされなければ債権者に支障が生じるので、慣習上債権者が長く請求を怠ることは少なく、債務者もその弁済を怠ることが少なく、かつその額も通常多額ではないので受取証を保存する者がまれであることから、短期消滅時効を定めたと説明されている（梅・民法要義巻之一　総則編〔訂正増補第6版〕380）。

　この旧169条は、民法改正により削除された。よって、上記平成16年判決は、その根拠を失った。

3　改正民法166条

　改正民法166条は、主観的起算点からの5年の時効期間、客観的起算点からの10年の時効期間という二重期間構成を採用した。管理費・特別修繕費については、債権者はその権利を行使できることを知っているのであるから、5年の時効期間になる。よって、民法改正以前と何ら変わらない。

4 競売における評価との関係

なお、中古マンションの競売における評価に際して、滞納管理費等の控除を行うにあたり、5年を超える管理費等の時効消滅を考慮することができるとの裁判例がある（千葉地決平20・5・26金法1849・61）。

第13章　時効期間—損害賠償請求権

〔生命・身体の侵害における時効期間の特則〕

84　債務不履行による人の生命または身体の侵害に基づく損害賠償請求権の時効期間は何年か。

| 結　論 | 主観的起算点から5年、客観的起算点から20年である。 |

1　改正民法167条

債務不履行による人の生命または身体の侵害に基づく損害賠償請求権につき、改正民法167条は、次のように客観的起算点からの時効期間である10年の原則（改正民法166条1項2号）に対してこれを20年に伸長している。

> 人の生命又は身体の侵害による損害賠償請求権の消滅時効についての前条第1項第2号の規定の適用については、同号中「10年間」とあるのは、「20年間」とする。

これに対し、主観的起算点からの時効期間は、改正民法166条1項1号により権利を行使できることを知った時から5年という原則のままであり、主観的起算点からの場合には時効期間の延長はない。

	一般の債権（原則）	生命・身体侵害による損害賠償請求権
客観的起算点から	10年	20年
主観的起算点から	5年	5年

2　客観的起算点から20年とされた理由

10年間の原則に対して「20年間」に延長し、改正前の時効期間よりも長期化が図られた理由は、「生命や身体は重要な法益であることから、その侵害による損害賠償請求権については、他の債権よりも権利行使の機会を保護する必要性が高いといえる。また、生命・身体について深刻な被害が生じた場合には、債権者が通常の生活を送ることも困難な状況に陥り、時効完成の阻止に向けた措置を速やかに行うことが期待できない場合も少なくない。他方、他人の重要な法益に深刻な被害を生じさせた加害者である債務者に対しては、他の場合よりも重い負担を負わせることに合理性があるといえる。」からである（部会資料69A・12）。

3　主観的起算点から5年とされた理由

他方で、債権の主観的起算点については、権利を行使することができることを知った時から5年が原則であり（改正民法166条1項1号）、債務不履行による生命または身体の侵害に基づく損害賠償請求権においても、この原則が適用される。この点、労働契約上の安全配慮義務違反に基づく請求や、医療過誤に基づく請求を行う場合を想定すると、改正前民法では10年間行使が可能であったところ、主観的起算点からの5年間だけと比較すれば、時効期間が短縮されている。

改正前の10年が5年に短縮される点については、特に労働契約における安全配慮義務違反の事案において債務不履行に基づく損害賠償を請求するとき、10年の時効期間が短期化するのは相当でなく、生命・身体侵害の場合には、主観的起算点からについても10年の特則を置くべきであるとの意見が出されていた（74回会議・議事録22参照）。これに対しては、①現状よりも時効期間が短期化することは避けられないが、現実的な権利行使の機会は5年間保護されていることや、被害者が権利行使の具体的な可能性を知った後、時効中断の措置をとることができない状況が5年以上継続することは実際上それほど多くはないと考えられることからすれば、短期化による実質的な弊害はそれほど大きくない。また、②主観的起算点からの時効期間を10年とした場合には、軽微な身体侵害の場合も10年となり、現状と比較して債務者側の負担が重いものになる事例が生じる。これらの事情を踏まえ、債権者側と債務者側双方の利害を考慮したバランスのよい特則を設けるという観点からすると、主観的起算点からの時効期間は5年とすることが適切であるとされたものである（部会資料78A・18）。

4 批判的意見の紹介

最高裁は、パブコメ意見で、生命・身体等の侵害による損害賠償請求権について時効期間を長期とする特則を設けることに反対していた。その理由は次の通りである。①現行法においては、時効期間を一律に適用すると具体的妥当性を欠く場合には解釈や当てはめにより個別に調整が行われているところであり、生命・身体の侵害といっても程度は様々であって、超長期の時効期間を適用することが妥当性を欠く事例もあるので妥当な解決が図られなくなるのではないか。②個別事案における生命・身体等の侵害について仮に長期の時効期間を設けるとなると、被侵害利益の範囲が明確にされないと混乱を招き、他方でその明確化は困難ではないか。③特に交通事故等のような様々な権利侵害が同時に発生する事例では、明確に区別することができるか、仮にできたとして、権利ごとに取扱いを異にすることが妥当なのかなどの点について疑問がある。

85 債務不履行による生命・身体の侵害の場合の客観的起算点からの20年の時効期間が適用になるのはいつか。

| 結　論 | 施行日以後に発生した損害賠償請求権。 |

1 施行日前に債権が発生した場合

時効期間に関する改正法附則10条4項では、施行日前に債権が生じた場合におけるその債権の消滅時効期間については、なお従前の例によると規定されているので、施行日前に債権が発生した場合、時効期間を20年とする特則は適用されない。施行日以後に生じた損害賠償請求権について、客観的起算点からの時効期間が20年になる。

2 契約関係が施行日以前にある場合

改正法附則10条4項においては、施行日前に債権が生じた場合その債権の時効期間についてはなお従前の例によると規定されているが、改正法附則10条1項においては、「施行日前に債権が生じた場合（〔中略〕その原因である法律行為が施行日前にされたときを含む。以下同じ。）」と規定されているので、損害賠償請求権の原因となる契約関係が施行日より前に発生している場合については、施行日以後に損害が発生したとしても、従前の時効期間の適用を受けると解する説（日本弁護士連合会編・実務解説改正債権法62）がある。この説によると、改正民法による長期化の特則の適用を受けるのは、契約関係が施行日以後に生じた場合に限られることになる。

第13章　時効期間－損害賠償請求権

86 不法行為による生命・身体の侵害による損害賠償請求権の時効期間は、何年になったか。

結　論　主観的起算点から5年間、客観的起算点から20年間である。

1　主観的起算点からの5年

改正民法724条の2は、人の生命または身体を害する「不法行為による」損害賠償請求権の主観的起算点からの消滅時効期間を、原則である3年（改正民法724条1項1号）から5年に伸長している。

> 　人の生命又は身体を害する不法行為による損害賠償請求権の消滅時効についての前条第1号の規定の適用については、同号中「3年間」とあるのは、「5年間」とする。

3年から延長されたのが10年ではなく5年とされたのは、①特則の趣旨として被害者の権利行使が困難であるという点を重視すれば5年が適当であること、②権利行使が可能であることを被害者が知った後、時効中断の措置を採ることができない状況が5年以上継続することは少ないこと（部会資料69Ａ・13）、③軽微な身体侵害も特則の適用対象に含まれているため、10年とした場合に債務者側の負担が重いものになる事例が生ずること（部会資料78Ａ・18）からである。

2　客観的起算点からの20年

他方、客観的起算点からの消滅時効期間は、改正民法724条2号によって、不法行為の時から20年間とされた。この改正により、20年の期間制限が消滅時効期間であることが明らかとなり、時効の更新や完成猶予が認められ、また信義則や権利濫用の法理を適用することによる被害者救済につながることになった。

3　債務不履行に基づく場合との統一

改正民法によると、「生命・身体の侵害」による損害賠償請求権の時効期間は、不法行為によるものかまたは債務不履行（安全配慮義務違反・保護義務違反）によるものかを問わず、主観的起算点から5年、客観的起算点から20年となった。これは、生命・身体の侵害による損害賠償請求権に関して、債務

不履行責任か不法行為責任かで時効期間に違いを生じさせることなく、統一的に扱うことを目指したものである。

ちなみに、条文の文言として、債務不履行の場合は、「生命又は身体の侵害」であり、不法行為の場合は「生命又は身体を害する不法行為」であり、「生命又は身体の侵害」ではないことに注意されたい。

4　起算点の表現の違い

上記のように生命・身体の侵害による損害賠償請求権の消滅時効期間は、不法行為によるものかまたは債務不履行によるものかを問わず両者とも5年または20年であるが、起算点については以下のように表現の違いがある。

	主観的起算点	客観的起算点
不法行為	被害者またはその法定代理人が損害および加害者を知った時	不法行為の時
債務不履行	債権者が権利を行使することができることを知った時	権利を行使することができる時

しかし、このような起算点の表現の違いについては、不法行為と債務不履行とで実質的には同じになるであろうことが前提とされている（潮見・民法（債権関係）改正法案の概要44）。

5　人の生命または身体を害する場合以外

以上の結果、人の生命または身体を害する不法行為と債務不履行とで、各規定の主観的起算点・客観的起算点の表現は異なるものの、いずれの損害賠償請求権も主観的起算点から5年、客観的起算点から20年で統一される。しかし、人の生命または身体を害する場合以外の損害賠償請求権の時効期間については、不法行為による場合は3年間であり（改正民法724条1号）、債務不履行の場合は原則5年間である（改正民法166条1項1号）。消滅時効期間には差異があることに注意されたい。これは、財産侵害の損害賠償請求権についても時効期間を長期化することは、取引実務や国民生活に対する影響が大きく、反対意見も少なくないため、立法事実を踏まえて慎重な検討を行う必要性が高いと考えられて、見送られたものである（部会資料80−3・2）。

182　第13章　時効期間—損害賠償請求権

87　生命・身体侵害の損害賠償請求権に、なぜ時効期間の特則が設けられたか。

結　論	生命・身体に対する侵害の場合は、①被害者に他の債権者と同様の行動を求めがたいこと、②深刻な被害を他人に生じさせた債務者は通常よりも重い負担を課されても仕方がないことからである。

1　立法趣旨

　生命・身体の侵害による損害賠償請求権の消滅時効については、原則的な時効期間よりも長期の時効期間とする特則を設けられたのは、以下の理由による（部会資料63・8、部会資料69Ａ・12。なお、筒井ら・ＮＢＬ1108・31、佐久間・金法1881・12参照）。

① 　身体・生命の侵害による損害賠償請求権については、重要な法益について債権者に深刻な被害が生じ、通常の生活を送ることが困難な状況に陥ることから、債権者に時効完成の阻止に向けた措置を期待することができず、それを要求することも適当でない場合が少なくない。20年の特則の対象となるのが「生命・身体」の侵害に限られているのは、かかる理由に基づくものである。

② 　生命・身体という重要な法益の侵害による損害賠償請求権については、財産的な利益等の他の債権よりも保護すべき度合が強く、権利行使の機会を確保する必要性が高い。

③ 　他方、他人の重要な法益に深刻な被害を生じさせた加害者である債務者については、他の場合に比べて重い負担を負わせることにも合理性がある。

④ 　安全配慮義務違反による損害賠償請求権のように不法行為構成を採用した場合の時効期間が短いために債務不履行構成を採用することに意義がある問題への対応として、主観的起算点から5年というように時効期間を短期化した場合、現在よりも時効期間が短くなり債権者保護が後退するとの批判があるが、生命・身体侵害による損害賠償請求権について特則を設けることにより、このような不都合を回避することができる。

2　加害者の相続人への影響

　このような特則を設けた場合には、加害者本人ではなくその相続人が損害賠償請求の相手方となる事態が少なからず生じる。相続人は、相続対象に賠償責任が含まれていることを予見し得ず、相続放棄や限定承認をしなかった相続人が長期にわたり賠償責任にさらされるおそれがある。

第13章　時効期間－損害賠償請求権　　183

3　20年とされた理由

　ドイツ民法199条2項では、生命・身体、健康または自由の侵害の場合の時効期間は、30年としている。大阪弁護士会は、中間論点整理に対する意見として、生命および身体の侵害を中心に、加害者の主観的態様により限定して対象範囲を定め、現行の20年をさらに長期化させるべきとしていた。また、パブリックコメントの中には、刑事訴訟法の改正により一定の罪について公訴時効が撤廃されたこととの均衡から、生命に対する侵害については客観的起算点からの時効にかからないものとし、それ以外の侵害については30年程度とするのが妥当と考えられるとの意見もあった。

　しかし、改正法は、上記のような相続人への不利益を避けるために、特則としての時効期間を20年とした（部会資料69Ａ・13）。しかし、この理由に対しては、加害者が自然人ではない政府や企業などでは、相続が生じないから、30年に延長しない理由にはならないとの指摘がある（衆議院法務委員会での藤野委員）。

　また、衆議院法務委員会での小川政府参考人は、①20年から30年に変更すると、反証が困難となる債務者保護という公益機能が大きく損なわれるおそれがあること、②不法行為の損害賠償請求権の長期の権利消滅期間を除斥期間から時効期間へ改めたので、加害者による消滅時効の援用が権利濫用として許されないとすることができるようになり、個別の事情に応じて被害者の救済を図ることが可能である、と説明している。

88　身体の侵害の具体的内容は何か。

結　論	健康を含み、軽微であってもよいが、身体の自由に対する侵害を含まない。

1　身体の侵害が特則の対象に加えられた理由

　特則を設ける対象を生命侵害の場合に限るべきであるとの意見もあった。その理由は、①損害の軽微な事案で、時効期間を長期化すると混乱を生む、②傷害被害の場合の起算点は症状固定時とされており、重症事案では、起算点を不法行為の時よりもかなり後の時点とされているので、身体傷害を時効期間の長期化の督促の対象にする必要はない、というものである。しかし、①身体の侵害は生命と並んで手厚く保護されるべき利益であり、特則を設ける趣旨が当てはまること、②生命と身体をセットで扱うことは民事法の分野において先例があり、特則の要件として安定感があることから、特則対象に

含められたものである（部会資料63・9）。

2　軽微な身体の侵害

　身体侵害が軽微な場合、特則の適用から外れるかという問題がある。時効期間の原則に対する特例として長期の時効間を設けた趣旨が、被害者を通常の対応を期待することができないほど深刻な状態に追いやったことだけを強調すると、身体侵害は相当重大なものに限られるべきであるということになる。しかし、①身体の侵害は一般的には生命と並んで手厚く保護されるべき重要な利益であり、重大性を要件とすると重大という要件が必ずしも明確ではないため境界がはっきりしないということや、重大性を巡って争いが生じうる。また、②特例としての期間が10年ではなく5年とされたことそれ自体が、軽微な身体侵害を含むことを前提としている。したがって、身体侵害が重大であるか軽微であるかは何ら問われることはない。

3　健　康

　なお、「健康」を挙げる立法提案もあったが、これは「身体」に含まれるものと理解されている。ちなみに、ドイツ民法199条2項では、生命、身体、健康または自由の侵害の場合には、数年後になって初めて認識可能な損害が生じることは希でなく、時効期間が30年とされている（金山編・別冊ＮＢＬ122・158）。

4　身体の自由に対する侵害

　部会資料31（民法（債権関係）の改正に関する論点の検討(4)）・11において、特則の対象となる損害の範囲につき、次の2つの考え方が提示されていた。

甲案	生命・身体の侵害のほか、これらに類するもの（例えば、身体の自由）の侵害を対象とする。
乙案	生命・身体の侵害のほか、名誉その他の人格的利益の侵害を対象とする。

　甲案は、身体の自由の侵害は、身体の損傷を伴わないものであってもこれに比肩すべき深刻な被害を及ぼすことが少なくないと考えられることから、これを付加するとされたものである（上記部会資料13）。中間試案では、ブラケットを用いて「生命・身体［またはこれらに類するもの］」として、身体の自由を含める意見に配慮していた。しかし、対象となる被侵害利益の外延が不明確になることから、除外されたものである。

第13章　時効期間―損害賠償請求権　　185

89 　1つの事故によって同時に人損と物損が発生した場合の時効期間はどうなるか。

| 結　論 | 損害の性質ごとに時効期間が異なると解する。

1　問題点

改正民法によれば、客観的起算点からの時効期間は10年であるが（改正民法166条1項2号）、人の生命または身体の侵害による損害賠償請求権の時効期間は20年である（改正民法167条）。交通事故のように様々な権利侵害が同時に発生するような事案において、損害項目毎に消滅時効の期間が異なることになれば、裁判実務上混乱が生じる、との意見もある（三浦・ジュリ1436・85）。また、交通事故でなくても、住宅の基礎工事に手抜きがあったため、地震で建物が倒壊し、人身傷害や死亡したような場合に、建物倒壊による損害賠償請求権は10年で時効にかかるが、生命・身体侵害による損害賠償請求権は20年で時効にかかるという不均衡が生じる。

2　議論の状況

これに対しては、現在は、加害行為が1個で人損と物損が両方同時に発生した場合、通説によれば訴訟物は1個である。1つの訴訟物で、請求権が1個の場合に、損害の費目によって、時効の起算点が違っていたり、時効満了日が違っているのは現在でもあり得る。こういう特則を設けて、人損と物損とで時効期間が異なるとしても、現在でも時効が費目によって異なりうるのであれば、理論的に特に問題はないと反論されている（合田・79回会議・議事録20）。

これに対して、本問につき、生命・身体侵害の場合に特則を設けて20年に延長しているのは、生命・身体侵害の場合に早期に損害賠償請求権を行使することの困難性が挙げられていることから、生命・身体侵害と財産権侵害が同時に行われた場合には、事故全体について早期の権利行使が困難といえるから、物的損害に関する損害賠償請求権についても20年となる考えを示唆する見解がある（潮見ほか編著・Before／After民法改正91〔松本〕、民法（債権法）改正検討委員会編・詳解債権法改正の基本方針Ⅲ197）。

3　立法趣旨からの検討

20年に延長された理由として、生命・身体という重要な法益の侵害による損害賠償請求権については、他の債権よりも権利行使の機会を確保する必要

性が高いという立法趣旨にも着目すれば、同時性があるからといって、財産権侵害も20年になるということもできない。

90　ＰＴＳＤ（心的外傷後ストレス障害）は、身体への侵害に含まれるか。

結　論　精神的な機能障害も身体への侵害に含まれると解する。

1　問題の提示

　ＰＴＳＤ（心的外傷後ストレス障害）は、身体の侵害に含まれるかという問題提起が34回会議の山本委員（34回会議・議事録40）、74回会議の安永委員（74回会議・議事録22）から提示された。山本委員は、ＰＴＳＤやストーキング等にあって不安や恐怖に駆られたことから精神的なダメージを受けるような場合は、「身体」の侵害に含められるのか疑義が残る可能性があるので、「健康」侵害を明記すべきとの意見を出された。安永委員も、パワーハラスメントなどによって、ＰＴＳＤ等を含め精神障害に関する労災事案が多くなっていることに鑑み、精神的な健康の侵害などが含まれることが明確となる規定を置くべきとの意見であった。

　なお、民法改正前の研究として、松本「児童期の性的虐待に起因するＰＴＳＤ等の発症についての損害賠償請求権の消滅時効・除斥期間」立命349・1108以下がある。

2　立法時の議論

　部会資料31・13、部会資料63・10では、「健康」は身体の侵害に含まれるものと理解する余地があるとの考えを示している。衆議院法務委員会での小川政府参考人は、「単に精神的な苦痛を味わったという状態を超えいわゆるＰＴＳＤを発症するなど精神的機能の障害が認められるケースにつきましては、それを身体的機能の障害が認められるケースと区別すべき理由はない」と説明をしている。

3　検　討

　改正民法167条の人の生命・身体の侵害による損害賠償請求権の消滅時効

第13章　時効期間―損害賠償請求権　　187

期間の特則を設けた趣旨が、①生命・身体に対する侵害の場合は、被害者に
他の債権者と同様の行動を求めがたいこと、②深刻な被害を他人に生じさせ
た債務者は通常よりも重い負担を課されても仕方がないことからは、単に精
神的な苦痛を受けたという状態を超えたような場合は、特則の適用対象とな
ると解すべきである（同旨、筒井＝村松・一問一答・民法（債権関係）改正61、松尾編
著・Ｑ＆Ａ民法改正の要点267）。

91 性的自由の侵害の場合、身体の侵害に含まれるか。

| 結　論 | 含まれると解する。 |

1　問題の提示

　問題提起として、74回会議において安永委員から、被侵害利益としての「身
体の侵害」の定義や射程距離が明確になっておらず、性的自由の侵害、身体
的自由の侵害、精神的な健康の被害が含まれるか訴訟上の重要な争点となる
との懸念が示された（74回会議・議事録21）。

2　改正前の立法論

　改正以前の立法論としても、性的被害に関わる特別の時効停止規定を新設
する意見があった。すなわち、被害者が成年に達してから5年間または、債務
者との家族共同体の終了から5年間は消滅時効は完成しないとして、債権者
の保護を図るべきであるとの意見があった（松久・法時86・12・61、松本「消滅時
効の起算点・中断・停止の立法について」法時臨時増刊　民法改正を考える105）。

　実際にも、原告が昭和53年1月上旬から58年1月上旬までの間、叔父である
被告から数回にわたりわいせつ行為および姦淫行為を受け、外傷性ストレス
（ＰＴＳＤ）等の精神疾患を発症したとして平成23年4月28日に損害賠償請
求の本訴を提起した事件がある（釧路地判平25・4・16判時2197・110請求棄却、その
控訴審として札幌高判平26・9・25判時2245・31原判決変更、上告審として最決平27・7・8
家判4・66上告棄却、上告不受理）。

3　外国の立法例

　フランス民法2226条2項では、「拷問、野蛮行為、暴力または未成年者に対
する性的侵害を原因とする民事責任訴権は、20年で時効にかかる。」と規定さ
れている（金山編・別冊ＮＢＬ122・166）。ドイツ民法208条では、「性的自己決定

権の侵害に基づく請求権の時効は、債権者が満21才になるまで停止する。性的自己決定権の侵害に基づく請求権の債権者が消滅時効の開始時に債務者と同一の家族共同体にあるときは、家族共同体の終了まで停止する。」と規定している（金山編・前掲160）。

4 部会資料63・10

部会資料63・10は、特則を設ける趣旨は、生命・身体等の侵害の場合、被害者である債権者は時効完成の阻止に向けた措置を採ることが困難な状態に陥ることや、重要な法益についての深刻な被害については保護の必要性が高いことから、債権者に十分な権利行使の機会を保障する点にあることから、性的自由の侵害、身体的自由の侵害、精神的な健康の被害についても、これらの趣旨が当てはまるとして、いずれも身体の侵害に含まれると理解する余地があるとしている。

5 私 見

以上の議論からは、本問は、積極に解釈されるべきである。なお、消極に解する場合でも、被害者が若年であるケースなどで加害者から周囲に被害を申告しないように圧力がかけられていたといった事例では、加害者の消滅時効の援用が信義則違反等に当たるとされうることは当然である（筒井ら・金法2074・36）。

92 名誉権その他の人格権は、特則の対象となるか。

結 論 ならない。

1 問題の提示

名誉権その他の人格権についても、深刻な被害が生ずることがあり得る。立法提案の中には、名誉その他の人格的利益の侵害の場合も対象としているものもあった。ドイツ民法199条2項では、生命、身体、健康または自由の侵害の場合には、数年後になって初めて認識可能な損害が生ずることは希でなく、その損害賠償請求権の時効期間が30年とされているが、一般的人格権への適用の可否については、学説上争いがある（金山編・別冊ＮＢＬ122・158）。

2 検 討

改正民法においては、名誉権その他の人格権は、特則の対象外とされている。その理由は、①名誉権その他の人格権の侵害については、その外延が不明確であること、②債権者に時効完成の阻止に向けた措置を期待し難い事情が長期にわたり継続するとは必ずしも想定されないこと、からである（部会資料63・10）。特に名誉権については、加害者とされる側は、その行為が公共の利害に関する事実に係り、かつ、専ら公益を図る目的によるものであっても、その摘事事実が真実または真実と信ずることにつき相当な理由があることを立証する必要があるが、特例を設けるとマスコミが取材記事の原資料を相当長期間保存しておく必要が出てくるという問題点がある。

93 不法行為による生命・身体に対する損害賠償請求権の主観的起算点からの5年の時効期間はいつから適用になるか。

結 論 施行日において3年が経過していないときに、時効期間が5年に延長される。

1 改正法附則35条2項

改正民法724条の2は、不法行為による生命・身体に対する損害賠償請求権による時効期間について、主観的起算点からの時効期間を3年から5年に延長した。この延長された5年の時効期間がいつから適用されるのかにつき、改正法附則35条2項は、次のように規定している。

> 新法第724条の2の規定は、不法行為による損害賠償請求権の旧法第724条前段に規定する時効がこの法律の施行の際既に完成していた場合については、適用しない。

2 適用時期

これは、施行日において主観的起算点から既に3年を経過している場合には、旧法が適用になって、3年経過により成立した時効消滅には、影響を及ぼさない。他方、3年による時効が完成していない場合には、改正民法が適用されて、主観的起算点からの時効期間は5年に延長される。

〔不法行為による損害賠償請求権〕

94 旧724条前段では、損害および加害者を知った時からの時効期間は3年間としていたが、改正により変更されたか。

| 結　論 | 変更されない。ただし、生命または身体を害した場合の特則が新設された。 |

1　主観的起算点から3年の時効期間

　不法行為による損害賠償請求権の主観的起算点からの時効期間は、改正民法724条1号において、旧724条と同様に3年間とされており、民法改正による変更はない。ただし、改正民法724条の2において、生命・身体を害する不法行為による損害賠償請求権についての時効期間については、特則として主観的起算点から5年に伸長されている。

2　契約責任と不法行為責任との不統一

　したがって、民法改正後においても、生命・身体侵害の損害賠償請求権による主観的起算点からの時効期間については、契約責任か不法行為責任かを問わず5年に統一されているが（改正民法166条1項1号・724条の2）、生命・身体侵害以外の損害賠償請求権では、契約責任では主観的起算点から5年であるが（改正民法166条1項1号）、不法行為責任では3年であり（改正民法724条1項1号）、統一されていない。そこで、生命・身体侵害以外の損害賠償請求権では、契約責任または不法行為責任のいずれを原因とするかによって、消滅時効期間に違いがある。

3　旧724条の廃止の提案

　改正法の審議の過程では、不法行為債権だけを契約上の損害賠償債権から全く切り離して特別に規定を設けるという形をそのまま維持することの妥当性についても疑問が提起された。

　検討委員会案では、債権時効としての統一化のために、旧724条の規定する不法行為による損害賠償債権の消滅時効に関する規定の廃止が提案されている（民法（債権法）改正検討委員会編・別冊ＮＢＬ126・199）。廃止する根拠は、3つで

第13章　時効期間―損害賠償請求権　　191

ある（民法（債権法）改正検討委員会編・前掲200）。理由の①は、主観的な起算点すなわち具体的に権利を行使することができるようになった時から例えば3年とか5年といった時効期間を設けるとともに、客観的起算点からの10年という時効期間も残して、二重の時効期間を設けるという考え方によると、不法行為について特別な規定を設ける必要がなくなる。理由の②は、1つの事実を不法行為と債務不履行といずれにも構成できることは珍しくないが、債務不履行と構成するか不法行為と構成するかにより時効期間を異にすべき理由はないこと。理由の③は、廃止の代わりに、人格的利益等の侵害に関する損害賠償の特例を新設して時効期間につき長期の例外を提案していること、等である。

4　廃止反対意見

旧724条の廃止を提案する意見に対しては、不法行為から生じた損害と取引関係から生じた損害とを、その損害賠償請求権は同じく債権であるから債権時効としてこれを一括りにしてよいのかという疑問が投げかけられた。この疑問の背景には、不法行為による損害賠償請求は単なる金銭請求に留まるものではなく、違法な行為者への責任追及や社会的な不正義の告発、具体的正義の実現などの趣旨を含むものであるからとの理解がある。また、1つの事実を不法行為と債務不履行とのいずれにも構成することにより賠償請求するのは、不法行為構成の時効期間が3年と短いためにこれを乗り越えて具体的な正義を追及せんがためである。そこには不法行為の場合の3年の消滅時効期間は短すぎるという実情がある。

5　今後の立法課題

以上の議論を踏まえて、契約責任と不法行為責任における消滅時効期間の統一問題は今後の立法課題とされた。

95　不法行為責任による損害賠償請求権の主観的起算点からの時効期間が5年に延長されなかった理由は何か。

結　論　　①加害者が不安定な地位に置かれていること、②生命・身体侵害の場合は、5年に延長されていること、③反対意見が強いこと。

1　主観的起算点から5年の時効期間との不統一

改正民法166条1項1号においては、債権の時効期間につき、主観的起算点からの時効期間を5年間としている。これと不法行為の場合における主観的起算点からの3年間とを対比すると、不法行為の場合の方がより短くされている。生命・身体侵害以外の理由による損害賠償請求の場合、契約責任か不法行為責任のいずれに基づくものであるかにより、消滅時効期間に違いが生じている。そこで、不法行為における損害賠償請求権の主観的起算点からの時効期間3年をなぜ5年に延長しないのかという点が問題になる。

2　5年に延長されない理由

その理由については、次のように説明されている（部会資料78Ａ・16、部会資料80－3・2）。

第1に、最判昭49・12・17民集28・10・2059で言及された3年の短期時効とした立法趣旨が引用され、不法行為に基づく法律関係が、通常、未知の当事者間に予期しない偶然の事故に基づいて発生するものであり、加害者は極めて不安定な立場に置かれていることから、被害者において損害および加害者を知りながら相当な期間内に権利行使に出ないときには損害賠償権が時効にかかるものとして加害者を保護することにあるという点から、債権の原則的な時効期間よりも短期のものとすることに一定の合理性がある。

第2に、保護の必要性の高い生命・身体の侵害による損害賠償請求権に限って主観的起算点からの時効期間を5年間に延長したことで、当面の手当はなされている。

第3に、不法行為における生命・身体侵害を除く財産権侵害の損害賠償についても時効期間を長期化することは、取引実務や国民生活に与える影響が大きく、反対意見も少なくない。

結局、あえて5年にしない積極的な理由があるのではなく、旧法を変えるだけの議論の蓄積がないということのようである（鎌田・92回会議・議事録23）。

3　批判的見解の紹介

なぜ不法行為の場合だけ被害者の権利行使期間が短縮されるのか証拠の散逸ということだけでは説明が付かないとか（潮見・92回会議・議事録15）、長期の方は不法行為の被害者の権利保護の見地から通常よりも長い20年間とされているのに、短期の方が一般債権の5年よりも短いというのはアンバランスである（鹿野・88回会議および92回会議）などといった批判がある。

第13章　時効期間－損害賠償請求権　193

96 加害者を知るということは賠償義務者を知るということと同じか。

| 結　論 | 加害者＝賠償義務者と読み替える。 |

1　改正民法724条1項1号の文言

改正民法724条1項1号では、旧724条の文言と同じである。したがって、3年の時効期間の起算点が「損害及び加害者を知った時から」という表現も変化はない。この点に関し、パブリックコメントにおいて、旧法の「加害者」を「賠償義務者」とすることで、加害者と賠償義務者の離齬を防止すべきとの意見があった（法友全期会）。

2　旧724条の加害者の解釈

旧724条前段の加害者とは、「不法行為者そのもの」を指すのか（大判大5・5・5民録22・865は、取締役の職務執行に伴う不法行為責任について、加害者とは損害賠償責任を負う者ではないとする。）、「損害賠償義務者」を指すのかについては、学説が別れているが、損害賠償義務者とするのが通説とされる（末川・権利侵害と権利濫用661、内池・不法行為責任の消滅時効135、我妻・判例コンメンタール(6)310、植林・注釈民法(19)379など）。その根拠は、不法行為による損害賠償請求権を行使しうるためにはその相手方たる賠償義務者を知って初めて可能となるからである。例えば、715条の使用者責任を追及する場合において、不法行為者自身を知った時から時効が進行すると、「被用関係及使用者を知らずして、使用者に対し請求を為し得ざるに拘らず、之に対し短期消滅時効の進行を開始すべく、法律が特に使用者に対する賠償請求権を認めたる趣旨を没却する」ことになる（大判昭12・6・30民集16・19・1285。上記大正5年判例を変更）。よって、法文の「加害者」は「賠償義務者」と読み替えることになる。鉱業法115条1項では損害および「賠償義務者」を知った時からと明定されている。

3　読　替

結局、加害者＝賠償義務者と読替されている現状を前提として、あえて文言を替える必要はないとされたものであろう。

194　　第13章　時効期間―損害賠償請求権

97　不法行為の時から20年間が除斥期間から長期消滅時効期間へと改正されたのはなぜか。

> **結　論**　時効中断・停止（改正法適用後では更新・完成猶予）が認められ、また、信義則や権利濫用の法理を適用することによる妥当な被害者救済を図るため。

1　改正民法724条2号
改正民法724条柱書は、「不法行為による損害賠償の請求権は、次に掲げる場合には、時効によって消滅する」と規定し、2号として「不法行為の時から20年間行使しないとき」と規定している。これは、改正前の判例（最判平元・12・21民集43・12・2209）において、旧724条後段の20年の期間の性質が「除斥期間」と解されていたものを、「時効期間」であることに改正したものである。

2　除斥期間から時効期間へ改正された理由
その理由は、次のとおりである（部会資料69A・10）。
①　除斥期間は援用を必要としないとの理解の下では、信義則違反や権利濫用の主張は失当となり、被害者の側にいかなる権利行使上の困難があっても不法行為の時から20年の経過によって損害賠償請求権が消滅することとなり、著しく正義・公平の理念に反し、被害者にとって酷な結論となる場合があり得る。これに対し、時効期間とすることで援用が必要となり、この時効援用に対して信義則や権利濫用の法理を適用することによる妥当な被害者救済の可能性が広がる。
②　除斥期間は中断や停止（改正法適用後では更新・完成猶予）の規定の適用がないため、期間の経過による権利の消滅を阻止することができないとされていた。これに対し20年の期間制限が消滅時効とされることにより、中断や停止（改正法適用後では更新・完成猶予）が認められ、期間の経過による権利の消滅を阻止することができるようになる。
③　また、判例は旧724条後段の期間制限を除斥期間であるとした上で、事案ごとの解釈により被害者の救済を行っているが、そうであるならば、同条後段の期間制限の法的性質を端的に消滅時効とすることにより、具体的事案での適切な解決を図るべきである。
④　同条の立法過程に照らしても、起草者は20年の期間制限を消滅時効であると考えていた。

第13章　時効期間—損害賠償請求権　　195

3　批判的意見の紹介

20年の消滅時効期間とすることに対しては、時効期間とするのではなく、端的に除斥期間とした上で、20年の期間について相応の長期化を図るべきであり、例えば50年間とするとの意見があった。

4　20年が消滅時効期間とされたことによる影響

20年の期間が除斥期間から長期消滅時効期間とされたことによる具体的な影響としては、①除斥期間とすることにより、時効停止規定の類推適用や法意を根拠に、旧724条後段の適用を制限する場面がなくなる、②時効の援用、完成猶予、更新等の時効総則規定が適用され、時効の完成を防ぐための措置を採ることが可能となる、③個別の事案における具体的な事情に応じて、時効の援用が信義則違反ないしは権利濫用とされることがあり得る、ことの3つである。これらにより被害者の救済が図りやすくなる。例えば、上記2③との関係では、性犯罪の被害者が加害者に対して有する損害賠償請求権について、被害者が若年であるケースなどで加害者から周囲に被害を申告しないよう圧力がかけられていたといった事例では、加害者からの消滅時効の援用の主張が信義則違反等に当たるとされることがあり得ることになる（筒井＝村松・一問一答・民法（債権関係改正64）。

98　20年の長期時効期間の起算点としての不法行為の時とは、いつか。

結　論	損害発生の時（私見）。

1　問題点

74回会議で中井委員から現行の「不法行為の時から」という文言は、「不法行為があって、かつ、損害が発生した時」というように損害発生の時を意味するのかという問題提起があった（74回会議・議事録26）。パブリックコメントの中にも、「不法行為の時から」を「損害発生の時から」とすることで、後遺症や潜伏期間のある損害に関する起算点の問題を解消するべきであるとの意見があった。

2　民法改正前の判例

民法改正前の判例は、旧724条後段の20年を除斥期間であるとしつつ、公害

や薬害事例等の遅発性の損害のケースを中心に、不法行為の時からという文言にもかかわらず、起算点を実際の不法行為の時よりも遅らせる解釈により、被害救済を図って来た。例えば、最判平16・4・27民集58・4・1032では、石炭鉱山のじん肺による国家賠償請求事件において、加害行為が行われた時に損害が発生する不法行為の場合には加害行為時が起算点となるが、「身体に蓄積した場合に人の健康を害することとなる物質による健康被害や一定の潜伏期間が経過した後に症状が現れる損害のように、当該不法行為により発生する損害の性質上、加害行為が終了してから相当の期間が経過した後に損害が発生するような場合には、当該損害の全部又は一部が発生したときが起算点となると解すべきである」とした。その理由は、①このような場合に損害の発生を待たずに除斥期間の進行を認めることは被害者にとって著しく酷であること、②加害者としても、自己の行為により生じうる損害の性質から見て、相当の期間が経過した後に被害者が現れて損害賠償の請求を受けることを予期すべきであるからである。最判平18・6・16民集60・5・1997（Ｂ型肝炎訴訟）も、乳幼児期に受けた集団予防接種等によってＢ型肝炎ウィルスに感染し、Ｂ型肝炎を発症したことによる損害は、その損害の性質上、加害行為が終了してから相当期間が経過した後に発生するものと認められるから、除斥期間の起算点は加害行為（集団予防接種等）の時ではなく、損害の発生（Ｂ型肝炎の発症）の時とした。これは、じん肺に関する最判平16・4・27を肝炎を発症したことを損害とする損害賠償請求権の除斥期間の起算点にあてはめたものである。

　改正民法は、これらの判例法理をどのように反映しているのか分かりづらい。

3　立法提案

　長期期間の起算点としての不法行為の時について、松久・時効制度の構造と解釈589では、①損害が発生していなくても進行すると、賠償請求の可能性がないまま時効にかかる不都合がある。②損害発生の時からとすると、損害が遅発の場合長期になりすぎる。そこで、損害発生から短期消滅時効期間と同じ期間は、時効の完成を猶予とする制度がよい、との提案をしていた。

4　私　見

　改正民法は、上記の議論を解釈に委ねる趣旨である。後遺症や潜伏期間のある損害に関しては、権利の性質上、損害発生の時に初めて権利を行使する

第13章　時効期間—損害賠償請求権　　197

ことが可能となるから、この時点が起算点となると解される。

99 不法行為の時から20年の時効期間とする改正規定は、いつから適用されるか。

結　論　施行時において不法行為時から20年を経過していない不法行為債権については、20年の期間は時効として扱われ、既に20年を経過している不法行為債権については、20年はなお除斥期間として扱われる。

1　問題の提起

96回会議に、改正法施行前に生じた不法行為に対して、改正法で明確化される旧724条後段が時効であるという解釈の適用が排除されないよう、経過措置に関する適切な提言をされることを求める、との吉野弁護士ほかの意見書が提出された。

2　改正法附則35条1項

改正法附則35条1項は、次のように規定して、施行時において不法行為時から20年を経過していない不法行為債権については、20年の期間は時効として扱われ、既に20年を経過している不法行為債権については、20年はなお除斥期間（最判平元・12・21民集43・12・2209）として扱うことを規定している。

> 旧法第724条後段〔中略〕に規定する期間がこの法律の施行の際既に経過していた場合におけるその期間の制限については、なお従前の例による。

一般に民事法規の改正の場合には、改正法は、改正法施行当時より後に生じた法律関係に適用されるという経過措置を定めることが多いが、改正後新たに発生する不法行為に基づく損害賠償請求権についてのみ20年の時効規定が適用されないとすると20年後にしか改正の趣旨が実現されないということになる。しかし、上記附則では、改正法施行時に20年を経過していない債権についても「時効」であるとの改正規定が適用になることを規定したものである。

3　20年を経過している債権の扱い

したがって、改正法は、被害者保護の観点から、施行時において不法行為時から20年を経過していない不法行為債権について適用され、既に20年を経過している債権については適用されない。

この点、改正の趣旨に照らし、20年を経過している債権についても20年は除斥期間ではなく時効期間と解釈すべきであり、最高裁においては判例変更をもって対処すべきとの意見がある（松久・法時86・12・60、中井・自由と正義2015・5・13、日本弁護士連合会編・実務解説改正債権法62）。同様の趣旨は、衆議院と参議院の法務委員会でも問題提起がなされた。

100　改正法施行時にすでに20年経過している場合に改正民法724条2号の20年を消滅時効とする改正規定は適用されるか。

| 結　論 | 適用されない。最高裁の判例は、旧724条後段の20年を除斥期間としていたので、消滅時効期間として適用するには判例変更が必要である。 |

1　改正法附則35条1項

改正法附則35条1項は、20年の消滅時効期間の適用に関して、次のように経過措置を規定している。

> 旧法第724条後段〔中略〕に規定する期間がこの法律の施行の際既に経過していた場合におけるその期間の制限については、なお従前の例による。

結局、施行日において、旧724条後段の20年の期間が経過していない場合に限って改正法を適用する（消滅時効期間となる）こととしている。

2　「従前の例」の意味

上記改正法附則35条1項の「従前の例」とは、旧民法が適用されるということをいっているに過ぎず、旧724条後段は、これを除斥期間と明記しているわけではなく、判例により除斥期間であると解釈されているに過ぎない。

第13章　時効期間―損害賠償請求権　　199

3　判例変更による対応

そこで、少なくとも消滅時効であれば援用権の濫用としうる事案では消滅時効と解すべきであり、最高裁は判例変更をもって対応すべきとの意見がある（松久「民法（債権関係）改正による新時効法案の審議と内容」日本民法学の新たな時代264、日本弁護士連合会編・実務解説改正債権法62）。同様の趣旨は、衆議院と参議院の法務委員会でも問題提起がなされた。

101　20年の時効期間が、更新（中断）される場合とは、どのような場合か。

結　論　　債務者による権利の承認がある場合。

1　問題の提示

不法行為における時効期間はいわゆる二重期間制を採用している。すなわち、損害および加害者を知った時から時効が走る主観的起算点からの3年あるいは生命・身体侵害の場合の5年と、かかる主観的起算点からの時効が走らない場合の不法行為の時からの20年である。松久・時効制度の構造と解釈434や79回会議における能見委員から、20年の期間それ自体の中断が論理的にありうるのか、という問題が提起されていた（79回会議・議事録19）。

2　更新（中断）事由としての権利行使がある場合

時効の更新（中断）事由としての請求や差押えといった権利行使がある場合には、そもそも損害と加害者を知っているといえるので、主観的起算点からの3年または5年の時効期間となり、20年の時効期間にならない。

3　債務者による権利の承認

そうすると、債権者からの更新（中断）事由ではなく、債務者からの更新（中断）事由を検討することになる。これまでの議論では、①原子力損害賠償のような多数の被害者が生じた場合に、債務者である加害者が、新聞やウェブサイト等で一般的に債務承認をしたような場合、被害者の中には自分に損害賠償請求権があるかどうか分かっていない者もいるから、20年の時効期間が債務承認として時効中断する（能見・79回会議・議事録20）、②債務者である加害者が匿名で謝罪文と賠償金の一部を送ってきた場合は債務承認となりう

る（松久・前掲書434）、などが挙げられている。①の場合は、損害あるいは不法行為であることを知らないので主観的起算点からの時効期間は進行していない。②の場合は、加害者を知らないので主観的起算点からの時効期間は進行していない。

〔その他〕

102 生命・身体侵害による製造物責任の期間制限は、どのように改正されたか。

結　論　①人の生命・身体を侵害した場合には、主観的起算点からの時効期間が3年から5年に延長された。②製造物を引き渡した時から10年間の除斥期間としていたのを消滅時効期間とした。

1　製造物による生命・身体侵害

74回会議で、潮見委員から、製造物で生命・身体の侵害が起こる場合、民法で長期化した時効期間がこの製造物責任の場合について連動して見直しの対象になるのかという質問がなされた (74回会議・議事録27)。

2　製造物責任法改正の概要

今回の民法改正に伴い、不法行為による損害賠償請求権や生命・身体の侵害による損害賠償請求権に関する改正がなされたことを踏まえて、整備法96条により製造物責任法による損害賠償請求権についての規定も改正された。すなわち、旧製造物責任法5条1項前段 (被害者等が損害および賠償義務者を知ったときから3年の消滅時効期間) を1号とし、旧1項後段 (製造業者等が製造物を引き渡したときから10年の除斥期間) を2号として除斥期間から時効期間に変更し、旧2項 (身体に蓄積した場合に人の健康を害することとなる物質による損害または一定の潜伏期間が経過した後に症状が現れる損害については、その損害が生じた時から起算) を3項に繰り下げ、新たに2項として、人の生命または身体を侵害した場合における損害賠償の請求権の消滅時効についての前項1号の規定の適用については、同号中「3年間」とあるのは「5年間」と改正している。

3　改正点1

旧製造物責任法5条1項とは、損害および賠償義務者を知った時から3年とする時効期間の定めであり、改正製造物責任法5条2項を新設して、人の生命または身体を侵害した場合における損害賠償の請求権の消滅時効について

は、3年を5年に延長するとしている（改正製造物責任法5条2項）。この改正点は一般不法行為に関する改正民法724条の2による改正とパラレルである。

4　改正点2

改正製造物責任法5条1項2号では、旧1項後段が製造物を引き渡した時から10年間の除斥期間としていたのを消滅時効期間という位置付けに改正した（改正製造物責任法5条1項柱書・2号）。この改正点は、人の生命・身体を侵害した場合でも10年のままであり、20年に延長されていない（改正民法724条2号と対比せよ。）。

5　条文の対比（下線は筆者）

旧5条	改正後5条
（期間の制限） 第5条　第3条に規定する損害賠償の請求権は、被害者又はその法定代理人が損害及び賠償義務者を知った時から3年間行わないときは、時効によって消滅する。その製造業者等が当該製造物を引き渡した時から10年を経過したときも、同様とする。	（消滅時効） 第5条　第3条に規定する損害賠償の請求権は、次に掲げる場合には、時効によって消滅する。 一　被害者又はその法定代理人が損害及び賠償義務者を知った時から3年間行使しないとき。 二　その製造業者等が当該製造物を引き渡した時から10年を経過したとき。 2　人の生命又は身体を侵害した場合における損害賠償の請求権の消滅時効についての前項第一号の規定の適用については、同号中「3年間」とあるのは、「5年間」とする。
2　前項後段の期間は、身体に蓄積した場合に人の健康を害することとなる物質による損害又は一定の潜伏期間が経過した後に症状が現れる損害については、その損害が生じた時から起算する。	3　第1項第2号の期間は、身体に蓄積した場合に人の健康を害することとなる物質による損害又は一定の潜伏期間が経過した後に症状が現れる損害については、その損害が生じた時から起算する。

第14章　時効期間―時効期間の延長

103　旧174条の2が規定していた確定判決等による時効期間の延長は、改正されたか。

| 結　論 | 内容の改正はない。 |

1　改正民法169条1項

> 確定判決又は確定判決と同一の効力を有するものによって確定した権利については、10年より短い期間の定めがあるものであっても、その時効期間は、10年とする。

改正民法169条1項は、旧174条の2と条文の表現は若干異なるが、内容は変わっていない。旧174条の2は、昭和13年の民法改正で追加された規定である。その時の立法理由は、判決が確定した後も従前の短期の時効期間と同一であるとすれば、①債権者は、再び時効完成を阻止するために短期間の内に訴えを提起しなければならなくなって、実際上不都合であるし、②短期消滅時効制度の趣旨の1つとして短期間に決済するべき債権債務については、債権の存在が公的に確定された以上、短期で消滅させる理由に乏しいことなどからであった。

なお、この確定判決等による10年の時効期間の延長は、改正民法が主観的起算点から5年、客観的起算点から10年という二重期間構成を導入したにもかかわらず、一律10年に延長される。

2　延長された10年の性格

確定判決等で確定したことにより10年に延長された時効期間は、それ以前の時効期間と何か性格が異なるものとして位置付けられるのかという理論上の論点がある。それ以前の時効期間とは性格が異なるとの意見もあるが（佐久間・金法1881・14）、その内容まで踏み込んで展開されていない。ここで性格が異なるとは、確定判決等債権においては、債権発生の原因や当事者の特殊

性が捨象されて、一律に確定判決等によって確定される固有の類型の債権になるとの理解かと思われる（民法（債権法）改正検討委員会編・詳解債権法改正の基本方針Ⅲ192参照）。

3　10年から短縮の検討

34回会議で、現行の10年の時効期間が長すぎるからその短縮を提案する側から、判決で確定した場合でも10年より短くするという提案がないのが不思議で、10年を維持する積極的根拠は何であるかとの問題提起がされた（34回会議・議事録49）。それ以前でも、判決に従ってその債務を履行した債務者の履行の証拠自体は、3年や5年で散逸してしまうかも知れず、権利関係は曖昧になるかも知れないのに、判決を取ったら権利関係が10年間は曖昧にならないというのは、時効期間の短縮化の説明と矛盾すると指摘されていた（座談会・銀法701・30〔三上発言〕）。

4　10年から短縮されない理由

改正民法166条1項1号では、原則的な時効期間は主観的起算点から5年というように、旧法の客観的起算点から10年という時効期間が短縮されたわけであるが、それにもかかわらず、確定判決または確定判決と同一の効力を有するものによって確定した権利についてなぜ5年に短縮されないのかという説明は、34回会議以降見当たらない。10年から短縮されない理由としては、確定判決等により確定した権利の時効期間が10年に延長されることに理論的な根拠があるわけではなく、①債権の存在と内容が最高度の確実性を持って確定されていること、②それにもかかわらず短い期間では債権者がその短期間の内に再度の訴訟提起や無益な執行に追い立てられる不都合が生じることを避けるためである。このことから、原則5年の時効期間とした場合でも、その例外的な扱いとして存続された。つまり、短期間の経過による権利消滅というドラスティックな法的効果を、確定判決まで取った債権者の努力を評価して緩和せんとしたものである。

5　主観的起算点を設けない理由

174条の2で規定されている10年の時効期間は、債権の原則的な時効期間における10年（旧166条1項・旧167条1項）とは異なり、権利を行使することができることを権利者が知っていることを前提としており、その上で、確定判決等により権利の存在が公に確定されたことに鑑みて規定されたものである。そこで、二重期間制を採用した改正民法の下でも主観的起算点を設けないこと

第14章　時効期間─時効期間の延長　　205

とされている（部会資料69Ａ・20）。

104 　主たる債務者に対する判決が確定したとき、保証債務の時効期間も延長されるか。

| 結　論 | 10年に延長される。 |

1　改正民法169条1項の立法趣旨

　改正民法169条1項は、「確定判決又は確定判決と同一の効力を有するものによって確定した権利については、10年より短い時効期間の定めがあるものであっても、その時効期間は、10年とする」と定める。したがって、主債務者に対する確定判決があったときは、主債務は10年に延長される。これは、改正前の旧174条の2とほぼ同じ文言であり内容は同じである。

　旧174条の2の立法趣旨については、短期消滅時効制度の存在理由の1つとして短期間に決済するべき債権債務の弁済証拠の不明確さを防ぐことにあるから、債権の存在が公に確定され、強い証拠力が与えられた以上、短期消滅時効制度を適用する理由は乏しいし、短期に再び時効にかかりその中断のためにさらに訴提起が必要とするは煩わしいからであると説明されていた（川井・注釈民法(5)369、四宮＝能見・民法総則〔第7版〕355など。なお、差押え・仮差押えがあった場合にも類推適用する見解として、金山・判タ882・35があった）。しかし、改正民法により短期消滅時効制度それ自体が廃止されたため、改正民法下では、①債権の存在と内容が高度の確実性をもって確定されていること、②それにもかかわらず短い時効期間では債権者がその短期間の内に再度の訴訟提起や無益な執行に追いたてられる不都合が生じることを避けるためである、と理解される。

　これに対して、旧174条の2の立法趣旨を、遅滞している債務者に対する強制執行上の対策として、消滅時効を10年となし、強制執行の可能期間を延長して債権者の保護を図ったもの、とする見解がある（船越・判評239・14）。しかし、既判力はあるが執行力のない確認判決でも10年延長規定は適用されるのであるから、強制執行可能期間を延長したものとはいえないであろう。

2　民法改正前の判例

　そこで、上記の立法趣旨から本問を考えると、判決で認められ確定したの

は主債務のみであって、保証債務ではないのであるから、主債務についてのみ10年に延長せられ、保証債務には何ら影響しないという結論になろう。

ところが、最高裁判所は、主債務の確定により保証債務も10年に延長されるとした（最判昭43・10・17判時540・34、最判昭46・7・23判時641・62）。その根拠は、旧457条1項が保証債務の附従性から主債務者に対する「時効の中断」は保証債務に及ぶことを定め（この点を理論的に言及した判例として、東京地判平10・10・2金法1561・79参照）、これは主たる債務が時効によって消滅する前に、保証債務が時効によって消滅することを防ぐための規定であり、この附従性の趣旨からすると保証債務も10年に延長されるとするものである。

物的担保たる抵当権の場合、396条が被担保債権と同時でなければ時効によって消滅しないと規定しており、人的担保たる保証についてこれと類似の結果を導くものである。学説もこれを支持する（幾代・民法総則〔第2版〕528など）。

3　民法改正との関係
保証債務との関係については、改正民法457条1項でも「主たる債務者に対する履行の請求その他の事由による時効の完成猶予及び更新は、保証人に対しても、その効力を生ずる。」と規定しているので、上記最高裁判例は、民法改正後も判例としての意味を有する。

4　再生計画認可決定との関係
なお、附従性に関して、主債務につき再生計画認可決定が確定した場合、主債務については再生債権者の権利は再生計画の定めに従い変更されるのに対し（民事再生法179条1項）、保証債務については、再生計画によって再生債権者が有する権利は影響を及ぼされることはなく（旧法177条2項）、附従性が切断されているようにみえる。そこで、主債務につき再生計画認可決定が確定したことにより、再生債権者表の記載は確定判決と同一の効力を有することになるので（民事再生法180条2項）、その債権の時効期間も10年になるが、上記附従性の切断によって、保証債務の消滅時効期間は10年に延長されないのではないかという論点が浮上する。この点につき、東京地判平26・7・28判タ1415・277は、附従性の例外を設けているからといって主債務者が破綻等の危機的状態に陥り、保証債務がまさにその人的担保としての機能を果たすべきときに、附従性が消滅して保証債務のみが短期消滅時効に服するという解釈は、保証の趣旨および保証契約を締結する当事者の合理的意思に反し、債権者の権利を著しく害するものであって採用することができない、と判示している。

第14章　時効期間—時効期間の延長　207

105 連帯保証人に対し確定判決があったときに、主債務の時効期間も延長されるか。

| 結　論 | 延長されない。ただし疑問がある。 |

1　民法改正前の判例・学説

　本問と逆の場合、すなわち主債務者に対し確定判決があったときには、保証債務の時効期間も10年に延長されるとするのが判例である（最判昭43・10・17判時540・34）。その理由は保証債務の付従性を根拠とするもので、主債務の時効が完成しない間に、保証債務のみ短期の時効にかかるのは、不当だという判断によるものである。

　本問については、裁判例は、旧174条の2は、当該判決の当事者間においてのみ発生する効力であること、連帯保証人に生じた事由のうち、時効期間の延長のような旧434条ないし旧439条に定めのない事由は主債務者に効力が及ばない（旧458条）ことを理由として、連帯保証人に確定判決があっても、主債務は依然として短期消滅時効にかかると判示していた（大判昭20・9・10民集24・2・82、東京高判平5・11・15判時1481・139、岡山地判平5・3・25判時1499・107裁判上の和解のケース、東京地判平8・8・5金法1481・61、熊本地判平14・1・31刊行物未登載）。

　学説はこれを支持するものと（兼子・判民昭和20年度8事件）、疑問とする見解（我妻・民法総則〔新訂版〕501、四宮・民法総則〔第4版補正版〕312、山野目・判評415・162など）に分かれる。

　なお、旧174条の2は、法文の形式や表現の点では若干異なるものの、同一の内容にて改正民法169条として存続している。

2　検　討

　まず、理論的にいって、たしかに主たる債務に確定判決があったわけでないし、また上記最高裁判決のいうような主債務が保証債務に従属するという関係はなく、この面からいうと否定説が相当にも思われるが、連帯保証債務の存在が確定判決で認められたということは、当然その前提である主債務の存在も明らかになったものというべく、改正民法169条の立法趣旨からいって、同条を適用する理論的根拠がないとはいえない。否定説は、旧174条の2の効果が確定判決のあったことに基づく付従的効果であるから、時効中断の効果は確定判決の既判力が及ぶ者、したがって通常は当事者間に限って認められるというが、そのように狭く解する理由はないと考えられる。時効中断

に関する最高裁判例に限ってみても、訴訟物と既判力の関係で時効中断の範囲を厳格に考える立場は変更を余儀なくされている。

3 利益衡量

上記検討のみならず、利益衡量からいっても、適用なしとすると、例えば主債務が5年で連帯保証債務が10年という事態になるが、保証債務の付従的性質からすると主債務よりも長い保証債務の時効期間を認める必要もないし（平野・民法総則428。主債務が5年のままだとすると、保証債務を10年とする意味がないとする。）、担保たる保証債務が長い時効期間であるならば、当然主債務も確定判決を契機にして担保たる保証債務に合わせられるとしても不当ではない。さらに、せっかく連帯保証人に対して確定判決を得て時効期間が10年になっても、主債務が短期時効で消滅すれば保証債務も消滅してしまうのであるから、10年に延長されたことが無意味になってしまう。債権者としてこの結果を避けようとすれば、改めて主債務者に時効中断手続をとらなければならず、無用の負担を課すことになる。もっとも、この点は、消極説からはもともと主債務者に対して請求するのが債権管理上の当然の措置だとする反論がある（例えば上記熊本地判平14・1・31）。

4 密接な関係にある権利

そしてこの点につき、判決で確定した権利とは別個の権利であるが両権利が密接な関係にあり、上記のような利益衡量をした結果、旧174条の2の適用を認めた最高裁判例が現われた（最判昭53・1・23民集32・1・1）。すなわち同判決は、手形債権につき支払命令が確定した時は、これに応じて原因債権の消滅時効期間も同じくその時から10年に変ずるとした。その理由はこのように解しないと、手形債権の確定により時効期間が10年に延長されたのに、原因債権の消滅時効完成によって債務名義の執行力が排除されることがあり、もし手形債権者がその結果を避けようとすれば、原因債権について別個に中断手続をとらなければならず、手形債権者の通常の期待に著しく反する結果になるからというものである。

この論理は本問の場合にもあてはまる。すなわち、手形債権が原因債権の担保のために存するという点で保証と主債務も同様であり、原因債権が時効で消滅すれば手形債権の支払を拒み得るという点でも主債務の時効消滅により付従性から保証債務も消滅する点で同様であるからである。上記東京地判平8・8・5は、上記最高裁判決は、手形訴訟の特殊性に加え当事者が同一の場合であるから事案を異にし適切でないと指摘するが、両権利関係の位置づけ

が時効の点で同様に取り扱うべき実質を同じくするといえる。

5　実務上の注意点
ただし、実務においては、反対の大審院判例および近時の下級審判例もあり、主債務は10年に延長されないという前提で、時効の管理をする必要があろう。

106　債務不存在確認訴訟で、被告の債権主張が認められ請求棄却となった場合、当該債権の時効期間は10年に延長されるか。

結　論	延長される。

1　問題点
債務者から、債権者に対して債務不存在確認訴訟を提起することは、実務上多く見られる。この場合、通常は債権者の方から反訴として、債権支払請求訴訟を提起する。まれに、別訴として、債権者からの給付請求訴訟が提起されることがある（この場合に訴訟物が同一であるから、二重起訴禁止に触れると解する説と、消極的確認訴訟と給付請求訴訟という審判形式が異なるから、二重起訴禁止に触れないとする見解がある）。問題は、このような反訴などを提起しないまま、被告として準備書面等で当該債権を主張し、その結果、債務者の請求が棄却となった場合である。2つの関係で問題となる。1つは、債務不存在確認訴訟での被告の債権の主張が時効の完成猶予・更新の効力を有するか否かという問題と、2つ目は、時効期間が10年に延長されるか否かの問題である。前者の問題を否定に解すれば、後者の問題も当然に否定されることになろう。なぜなら、時効更新を認める根拠事実さえもない以上、時効期間を延長する理由も当然に存在しないからである。

2　民法改正以前の判例
民法改正以前における時効中断の効力については、判例は、いわゆる権利行使説の立場からアプローチをしている。すなわち、古い判例（大判大11・4・14民集1・187、大判昭6・12・19民集10・12・1237など）は、時効中断の根拠たる権利行使たるには、権利者より義務者に対し積極的に確認の訴えなどを提起して

いくものであり、消極的確認訴訟において権利の存在を主張してこれに対抗しているのは、相手方の請求に対し、防禦しているだけで、目的たる権利を行使しているとはいえないことを理由に、時効中断の効力を否定していた。

ところが、判例は、後にこの見解を改め、時効中断の効力を認めるに至った（大判昭14・3・22民集18・4・238）。その理由は、①消極的確認訴訟で、債権者が自己の権利を主張して請求棄却の判決を求めることも裁判上の権利行使の一態様であること、②もし時効中断しないと解すると権利関係の存否を訴訟上争っている間にその権利が時効で消滅するという結果を招来することになるが、この結果は不合理であること、③債務不存在確認請求を棄却する判決が確定したときは、債務存在確認請求訴訟において、原告たる債権者の勝訴の判決が確定したのと同様であることの3つである。

3　検　討

①の理由は、権利行使説の主張を取り入れたものであり、③の理由は権利確定説の主張を取り入れたものであり、その結論は両説から支持されている（学説の分布については、岡本・注釈民法(5)78）。そして、民法改正前の旧174条の2による時効期間の延長の効果を既判力に結びつけ、その範囲に限定する考えは、もはや古いものとなったといわなければならないが、既判力の効果として説明することが可能なものもあえて排除する必要はない。債務者である原告の請求棄却判決によって債権者の債権が公の手続によって認められたと考えれば、その確認判決の効果として時効期間が10年に延長されることもまた当然である。

4　連帯保証人からの保証債務不存在確認請求訴訟

民法改正前において連帯保証人から保証債務不存在確認訴訟が提起され、債権者がその訴訟手続で債権を主張しそれが認められて勝訴した場合に、そこでの時効中断の効果が主債務に及ぶかという問題があった（石井＝伊藤＝上野・手形研究457・36）。債務不存在確認訴訟における権利主張を消滅時効の関係では「請求」と位置付けると、旧458条・434条により、主債務に及ぶという結論になる。

ところが改正民法458条では、連帯保証人に対する履行の請求が絶対的効力事由から相対的効力事由に変更された（旧458条が準用していた旧434条の削除）。よって、結論としては民法改正以前とは反対に主債務に及ばないことになる。

第14章　時効期間─時効期間の延長　　211

107 訴訟上の和解または訴え提起前の和解が成立したとき、和解条項の中で債務につき期限の猶予を与えたときでも時効期間は10年に延長されるか。

| 結　論 | 延長されると考えるが、反対説および反対判例がある。 |

1　訴訟上の和解

「訴訟上の和解」とは、民事訴訟法267条が規定しているもので、訴訟の係属中、当事者双方が訴訟物についての主張を譲り合って、訴訟を終わらせる旨の期日における合意をいう。これに対し「訴え提起前の和解」とは、民事訴訟法275条が規定しているもので、簡易裁判所において一般民事紛争について当事者が訴訟手続、督促手続、調停手続のいずれかによるまでもなく当事者間に当該権利義務につきある程度合意に達したので、その合意内容につき裁判所の判断を求め、その結果が調書に記載されることにより、訴訟上の和解と同じ効力が与えられるものである。訴え提起前の和解は、訴訟提起前であるから訴訟上の和解ではないが、裁判所の面前における和解であるから、訴訟上の和解と同じ効力が与えられ、訴訟上の和解と訴え提起前の和解とを合わせて「裁判上の和解」という。以上いずれの和解も確定判決と同一の効力を有する（民事訴訟法267条）。

2　問題提起

ところで、改正民法169条1項は、確定判決によって確定した権利の時効期間は10年に延長され、裁判上の和解のような確定判決と同一の効力を有するものによって確定した権利についても同様とする。ところが、同条2項は、確定の時にまだ弁済期の到来していない債権には前項の規定は適用しないとしている。実務で裁判上の和解が行われる場合、互譲の結果認めあった債務に期限の猶予を与えて分割して支払うという約束をすることが一般である。そこで、このような条項のある裁判上の和解が成立したとき、上記法条の1項によるべきか、それとも2項が適用され10年に延長されないのかが、ここでの問題である。

3　消極説の判例・学説

この問題につき、実務に携わる裁判官、弁護士の多くは10年に延長されるものと考えているようである。しかし、東京地判昭42・3・14判タ208・180は、

商事債権たる貸金債権について債権者、債務者間で昭和29年6月10日起訴前の和解が成立し、和解条項として「昭和29年6月末日を第1回として同33年7月末日まで50回にわたり毎月末3万円宛分割して支払う」とあった場合に、最初の弁済期が昭和29年6月30日とされているから、和解が成立した同年6月10日当時は弁済期が未到来であったので、旧174条ノ2第2項（当時）により10年に延長されないとした。水田「保証債務を目的とする準消費貸借と主債務の時効との関係」金法496・20はこの判例を支持する。その理由は、このような場合、旧174条ノ2第2項（当時）の規定により、旧174条ノ2第1項（当時）の規定の適用は排除されるというものである。

4 検 討

　私は、上記判例を支持し得ない。理由は次のとおりである。上記法条2項の立法趣旨は、弁済期が到来しない以上消滅時効は進行しないのであるから、短期時効期間を10年に延長する実質的理由に乏しいというものである（平井・注釈民法(5)371）。ところで、このような裁判上の和解が成立するに至ったのは、債務者が弁済期限を徒過したので債権者からアクションをおこして裁判手続に持ち込み、それが裁判上の和解として結実したものであり、一度期限が到来し、その段階で権利が公の手続によって確定した以上10年に延長されるべきであり、また和解成立後も、債権者に短期時効期間内に改めて時効の完成を阻止する手続（事情によっては再度の訴提起もあり得る）をとらなければならないとすることも、債権者に無用の負担を課すことになり、そのような負担を除去しようとした上記法条1項の立法趣旨にも合致しない。したがって裁判上の和解が成立したとき、期限の猶予がされても1項を適用して時効期限は10年に延長されると考える。

5 積極説の判例

　大阪地判昭38・3・23判タ145・76は、「同条2項は、・・和解による互譲や調停の結果、当事者間において、履行期未到来の債権が、そのようなものとして直接確定された場合に適用されるものというべく、・・和解当事者間において、すでに履行期の到来した債権すなわち即時給付請求権の存在が直接確定され、それと同時に、和解の方法として、別に履行の猶予が約された場合には、……同条（174条ノ2）2項の適用がないものと解すべきである」と判示している。また、岡山地判平5・3・25判時1499・107も同旨であって、請求債権全てを認め、一部を分割弁済（期限の利益喪失特約付）とする裁判上の和解が成立した事案で、「各分割金の弁済期又は期限の利益喪失の日の各翌日か

ら10年の経過をもって、各分割金又は全債務の消滅時効が完成する」と判示している。

　なお、最判昭43・10・17判時540・34は、債権者・主債務者間に調停が成立し主債務が10年に延長されたという事案であるが、調停の具体的内容は判然としない。

第15章　完成猶予―総　論

108　新設された時効の完成猶予というのは、どのような効果を生じるものか。

結　論　時効期間の進行は止まらないが、一定の手続を採ることにより、その事由が終了するまでの間、またはその事由終了の時から6か月を経過するまでは、時効は完成しない。

1　意　義

民法改正により新設された時効の完成猶予とは、猶予事由が発生しても既に経過した時効期間はその意義を保ちつつ、時効期間の進行は止まらないが、時効が完成すべき時が到来しても一定期間に限り時効が完成しないものとすることである。すなわち、権利の行使があったとみられる一定の事由がある場合には、その事由が終了するまでの間、またはその事由終了の時から6か月を経過するまで、または一定の期間が経過するまでは、時効は完成しないという効果を生じるものである。注意すべきは、時効完成猶予事由があった場合でも、時効期間の進行それ自体は止まらないということである。いわゆる、「時効期間の進行の停止」というものとは全く異なる考え方であるので注意が必要である。

2　権利行使困難型の完成猶予と権利行使型の完成猶予

民法改正以前にあった「時効の停止制度」の外に、時効中断制度を受け継いだ「時効の完成猶予制度」が導入された結果、完成猶予には、異質な2つの制度が含まれている。改正前に「時効の停止」と呼ばれていた旧158条から161条までにおいては、時効が完成するに際して権利者が時効中断の措置を講ずることに障害がある場合には、障害が消滅した後に一定期間が経過するまでは時効が完成しないこととしている。これは、「権利行使困難型」の時効の完成猶予である。「権利行使障害型」とも呼ばれる。これに対して、訴の提起やその他の手続の申立て等では、権利行使手続が進行して初期の目的を達

した場合（例えば訴提起をして認容判決が確定した場合）にはその時点で「時効の更新」となるが、その手続が初期の目的を達することなく終了した場合には、時効完成猶予の効力だけが生じるとすることになる。これは、権利行使の意思を明らかにしたという事由が生じた場合に時効完成を猶予するという「権利行使型」の時効の完成猶予である。

3　権利行使型の時効の完成猶予事由

どのようなものが権利行使型の時効完成猶予事由になるかは、民法改正前の時効中断事由であった事由を中心に、裁判上の請求等に関しては改正民法147条1項、強制執行等に関しては改正民法148条1項、仮差押え・仮処分に関しては改正民法149条、催告については改正民法150条1項、協議を行う旨の合意に付いては改正民法151条1項に規定されている。これにより、改正前は時効中断事由として規定されていた事由も、改正後の「時効の更新」ではなく、単なる「時効完成の猶予」にすぎない事由もあるので注意が必要である。

4　「時効の停止」から「時効完成の猶予」への表現の変更

民法改正以前においては、旧158条で未成年者または成年被後見人、旧159条で夫婦間の権利、旧160条で相続財産、旧161条で天災等の各場合に、「時効の停止」として規定されていた。そこでの時効の停止とは、「時効期間満了の延期」のことで、時効期間の満了間際に一定の事由が生じた場合に、時効期間の満了がその事由の終了後に一定の期間が経過するまで延期される場合をいうものであった。すなわち、時効期間算定の一般原則によると時効が完成していると解すべき場合でも、民法の規定する一定期間内は時効が完成しないものとするものである。改正までの経過においては、要綱仮案(4)までは「停止」という用語が使われていたが、要綱の原案（その2）からは「完成猶予」という用語が使われるようになった。民法改正後の改正民法158条から161条まででは、「時効の停止」からその効果の内容を端的に表現するために時効の「完成猶予」というように表現が変更されている。

旧158条の見出し	改正民法158条の見出し
未成年者または成年被後見人と時効の停止	未成年者または成年被後見人と時効の完成猶予
旧159条の見出し	改正民法159条の見出し

夫婦間の権利の時効の停止	夫婦間の権利の<u>時効の完成猶予</u>
旧160条の見出し	改正民法160条の見出し
相続財産に関する時効の停止	相続財産に関する<u>時効の完成猶予</u>

（下線は筆者）

5　時効完成が猶予される期間

　時効完成が猶予される期間については、時効の完成猶予事由毎に異なるので、法文ごとに直接参照して確認する必要がある。ちなみに、改正法の条文は、時効の完成猶予の効力が生ずる期間が明確になるように、更新の効力が生ずる場合についての規律とは別に設けられて表現されていることに注意されたい。

109　時効の完成猶予は、時効期間の進行停止と同じか。

結　論　異なる。なお、時効期間の進行停止制度は、立法されなかった。

1　時効期間の進行の停止

　時効期間の進行の停止とは、民法改正内容の議論の過程で、新たなカテゴリーとして提案されていたもので、一定の事由の発生により、時効期間の進行が一時的に停止し、当該事由の終了後に時効期間の進行が再開し、残存期間の経過により時効期間が満了することをいう。当事者が手続の継続中はその手続の帰趨を見守ってよく、他の時効中断措置を期待されるべきでない間は時効を完成させないという考え方（佐久間・民法の基礎1総則［第3版］414）に基づく。

　ちなみに、旧158条から旧161条までは、「時効の停止」を規定していたが、そこでの時効の停止は、時効期間の停止ではなく、停止事由の発生によって時効の完成が猶予されるとするものであり、改正民法では時効の完成猶予として位置付けられている。

2 時効期間の進行の停止の趣旨

新たなカテゴリーが提案された趣旨は、主観的起算点からの時効期間が現行民法より大幅に短縮されることから、債権者保護の充実として意味を持つとされ（民法（債権法）改正検討委員会編・詳解債権法改正の基本方針（Ⅲ）契約および債権一般(2)218）、債権者が債権実現のプロセスに入った場合（民法（債権法）改正検討委員会編・前掲書204）、曖昧化は解消されないが、曖昧化の進行を債務者が止められる状態になったならば、その時点で時効の進行を止めてよいとの考え方に基づく（民法（債権法）改正検討委員会編・前掲書202・217に詳細な理由説明がある。）。

3 問題点

しかし、時効期間の進行を止めると時効期間の計算が複雑になり、時効期間の満了時点を容易に知ることができないという事態が生じうる。そのため、反対が強く、結局、改正事項として採用されなかった。

110 権利行使型の時効の完成猶予制度はなぜ導入されたか。

結 論 ┃ 時効の完成を容易に食い止めるようにするためおよび裁判上の催告理論を明文化する必要からである。

1 基本的な考え方

合理的に見て、債権者に権利の行使や保全を期待することができない状態で債権の実質が奪われることを極力避けなければならないという要請が存する（民法（債権法）改正検討委員会編・詳解債権法改正の基本方針Ⅲ契約および債権一般(2)158）。ここから、債権の消滅という重大な効果を認めるに当たってその不利益を負担させられる者の事情を考慮しないという一般的態度は適切であるとは言い難い。一定の権利行使をその事由の終了するまでの間または終了から一定期間内は時効の完成が猶予されるという制度は、このような考え方から出発するものである（民法（債権法）改正検討委員会編・前掲書162・163参照）。

2 完成猶予制度新設の理由

時効完成猶予制度が新設されたのは、短期消滅時効制度を廃止して、時効

の統一化ないしは単純化を図るとともに、原則的な時効期間を10年から5年に短縮化するのであれば、それに関連して、権利者が不要に権利を失うような自体が生ずることを避けるため、その時効が容易に完成しないように時効の進行を容易に止めることができるようにしておく必要が生じたことからである。別言すれば、消滅時効制度は、一定の期間の経過のみで権利喪失という不利益を権利者に生じさせるものであるので、この結果を少しでも緩和させるための配慮としてである。そこで、債権の存否が確定されないまま手続が終了したような場合でも、債権者が不当に不利益を被ることがないように配慮する必要があるとされたのである。

3 裁判上の催告理論との関係

　また、判例は、裁判上の請求や破産手続参加について、いわゆる「裁判上の催告」としての効力を認め、手続終了の時から6か月以内に旧153条記載の手続を採れば、時効が中断するものとしており（破産申立てを取り下げた場合について、最判昭45・9・10民集24・10・1389）、この判例による裁判上の催告理論を明文化する必要もあった。しかし、改正民法で採用された時効の完成猶予なるものが、いわゆる裁判上の催告理論と全く一致したものであるか否かは（筒井＝村松・一問一答・民法（債権関係）改正48参照）今後の検討と解釈・運用の結果をみる必要がある。

111　時効の完成猶予は、いわゆる「裁判上の催告理論」とどのような関係があるか。

　　　　結　論　裁判上の催告理論を立法化し、かつ拡張したものである。

1 裁判上の催告理論

　時効の完成猶予は、①従前の「裁判上の催告」に関する判例法理を明文化するとともに、②解釈上不明確であった部分を明確化したものである。

　従前の裁判上の催告理論とは、催告が裁判上の請求という形で行われた場合に、取下げ、却下またはその他の理由により当該手続が終了するまで催告としての効力が続き（改正前民法における単なる催告にはこのような効力はなかった）、その終了から6か月以内に訴えの提起その他の確定的な時効中断事由を取ればよいとするものである。

判例として、最判昭38・10・30民集17・9・1252（株券引渡請求に対する留置権の抗弁）、最判昭43・12・24裁判集民93・907（後の所有権移転登記手続請求における知事に対する所有権移転の許可申請請求）、最判昭45・9・10民集24・10・1389（債権者による破産申立ての取下げ）、最判昭48・10・30民集27・9・1258（顕名しない代理人の商行為に基づく請求）、最判平10・12・17判時1664・59（横領を理由とする損害賠償請求における不当利得返還請求）、最判平25・6・6民集67・5・1208（明示の一部請求における当該残部）があった。

なお、従来の裁判上の催告理論においては、機能的に時効中断事由としては失効した裁判上の請求を転換する役割を果たすものの外、裁判上の請求による時効中断効の客観的範囲を催告としての効力の限度で拡張する機能を果たすものもあった。例えば、明示的一部請求における当該残部について生ずる場合である。民法改正の議論において、明示的一部請求においても債権の全部について時効完成猶予事由とすることを求める意見が出されたが、立法化は見送られた。

2　裁判上の請求等による完成猶予との関係

改正民法147条1項は、機能的に時効中断事由として失効した裁判上の請求を転換するための裁判上の催告理論を完成猶予として立法化したものであるが、ここでの両者が、同一のものであるかどうかは、なお検討を要する。

3　差押え等と裁判上の催告理論

裁判上の催告理論において解釈上不明確であった部分とは、差押え等にも裁判上の催告理論の適用があるかという論点である。改正民法148条1項は、差押え等についても完成猶予として裁判上の催告理論の適用を認めている。差押え等にも裁判上の催告理論の適用があるものとして拡張されたのは、次のような理由に基づく（部会資料69Ａ・16）。

① 差押え等は、権利の満足に向けられた手続であり、手続の申立ての中に義務者に対する権利行使の意思が包含されており、差押え等の中に請求の意思が含まれていないと解して適用を否定するのは説得力がない。

② 権利者としては、手続の継続中はその成り行きを見守るのが当然であり、この間に時効中断の措置を別途採ることを要求するのは酷であることからすれば、手続の帰趨が明らかになるまでの時間の経過を権利者の不利に考慮すべきでなく、その手続の継続中は権利行使の意思も継続していると考えるべきである。

112

「裁判上の催告」理論は、民法改正後もなお存続するか。

結　論　存続する。

1　時効完成猶予事由としての催告

旧153条は、「催告」が時効中断事由たることを認めていたが、改正民法150条では催告は時効更新事由ではなく、その時から6か月を経過するまでの間は、時効は完成しないという時効完成猶予事由とされた。ここで「催告」というのは、公の手続外で、債権者が、私的に債務者に対して、その履行を求めることであって（問題となった事例として、東京地判平10・6・8金法1531・67）、立法当時、このような私的な形での時効中断事由を認めてよいか大いに議論がなされた結果、結局認めることにしたものである。

2　民法改正前における裁判上の催告理論の基礎

ところで、単なる催告が債権者の私的な行為にとどまらず、公の手続を通してなされていると評価できる場合がある。例えば、訴えの提起自体は旧149条で独立の中断事由として規定されていたが、他方では債務者に催告していると評価できる面もないではない。もちろんこの場合、訴えの提起自体が独立の中断事由となっていたから、催告としての時効中断ということを認める実益はない。しかし、旧149条は、その訴えの提起も、訴えの却下または取下げの場合には、時効中断の効力を生じないとしている。この場合、時効中断の効力を生じないとは、初めから全く生じないの意味である。しかし、訴えの提起をしておいて、それが何らかの理由で不適法却下されたとき、時効中断の効力が全く生じていなかったとすると、その時点で時効が完成しているかもしれず、債権者に酷な結果となる。のみならず、時効中断の理論的根拠からいっても、債権者の権利行使とみられる客観的な事実がある以上、事実の平穏な状態が破られるのであって、ある種の中断の効力を認めてよいと考えられる。そこで提唱されたのが「裁判上の催告」という理論で、我妻「確認訴訟と時効中断」法協50巻6号、7号で初めて明らかにされた。裁判手続中に継続的に催告がされているという効果に着目して「継続的催告」という表現をする者もある（四宮＝能見・民法総則〔第7版〕363）。ただし、学説の中には、裁判上の催告という概念を認めることに反対し、訴えが却下されたような場合は、旧151条を類推適用し、訴訟終了後1か月以内に他の中断手続をと

ればよいとするものがある（石田・民法総則578）。なお、文献として、平井一雄「裁判上の催告について」銀法536・4参照。

3　民法改正前の判例

判例もこの「裁判上の催告」という理論を認めていた。最高裁判所で認められた「裁判上の催告」は以下の6つである。

① 最判昭38・10・30民集17・9・1252

　株券の引渡請求に対して、留置権の抗弁を提出し、その理由として被担保債権の存在を主張した場合、その被担保債権につき裁判上の催告を認めた。

② 最判昭43・12・24裁判集民93・907

　農地の所有権移転登記手続請求には、知事に対する所有権移転の許可申請をせよという催告が含まれているとする。

③ 最判昭45・9・10民集24・10・1389

　債権者が破産申立てをした場合、その申立てを取り下げても、破産手続上権利行使の意思が表示されていたことにより、継続してなされていたものとみるべき催告としての効力は、消滅しないとした。

④ 最判昭48・10・30民集27・9・1258

　顕名しない代理人の商行為によって、債権を取得した本人が相手方に対し債権請求訴訟を提起し、その係属中に相手方が平成17年改正前の旧商法504条ただし書に基づき、債権者として代理人を選択した時は、本人の請求は代理人の債権につき裁判上の催告としての効力を生ずるとした。

⑤ 最判平10・12・17判時1664・59

　財物の着服横領を理由とする損害賠償請求の訴訟係属中は、同額の金員の不当利得返還請求権につき催告が継続していたものであり、不当利得返還請求を追加することにより確定的に時効中断の効力が生じる。株券の引渡請求権と株券売却代金相当額の不当利得返還請求権についても同様。

⑥ 最判平25・6・6民集67・5・1208

　明示的一部請求の訴えが提起された場合、特段の事情のない限り、当該訴えの提起は、残部について裁判上の催告として時効中断の効力を生ずる。

　なお、最判昭50・11・28民集29・10・1797は、二重訴訟を解消する方法として、旧訴訟を取り下げた場合、訴えを取り下げても訴提起による時効中断の効力は存続すると判示しているが、その理由については、裁判上の催告の理論により、二重訴訟の場合、旧訴を取り下げてもその時既に同一請求についての訴えが係属しているのであるから、旧訴の提起による催告

は、新訴の追行とあいまって確定的な時効中断の効力を生ずると解することもできる、と指摘されている（田尾・最高裁判所判例解説民事篇昭和50年度58事件615。下級審の判例として東京高判昭56・5・12判時1007・54）。

4　2つの類型

上記3の最高裁判所が認めた「裁判上の催告」は、次の（Ⅰ）と（Ⅱ）の2つの類型に分けることができるとされている。この2つの類型は相互に相容れないものではなく、両者の要素を併せ持つ場合もある。

（Ⅰ）　1つは、裁判上の請求が取り下げられることによって、裁判上の請求としての時効中断の効力が遡及的に消滅するが、その裁判上の請求を権利行使意思の表示という面でとらえて、催告という形で時効中断効を認めるものであり、上記3③がその典型であり上記3④やなお書記載の最判昭50・11・28もこれに含めることができよう。機能的に失効した裁判上の請求を転換する役割を果たすものである（横山・最高裁判所判例解説民事篇昭和45年度（上）53事件505）。

（Ⅱ）　これに対して上記3①は、訴訟物たる権利との関係から、いわゆる「裁判上の請求に準ずるもの」とまで認められないため、「裁判上の催告」として、時効中断の効力が認められるもので、時効中断事由たる「裁判上の請求」の外延を補充的に拡張する機能を果たすもの（横山・前掲505）あるいは裁判上の請求の客観的範囲を拡張する機能を有するものと説明されているものであり、上記3②、⑤および⑥もこれに含まれよう。特に上記3⑤の判決は、訴訟物を異にする裁判上の請求の訴訟係属に、基本的な請求原因を同じくする請求で経済的に同一の給付を目的とする関係にある請求権について、裁判係属中の継続的な催告を認めたもので、裁判上の催告の範囲を更に拡張する考え方を示したものである。

5　単なる催告との違い

民法改正前の「裁判上の催告」が、単なる催告と異なるのは次の点であった。すなわち、普通の催告は、その催告が債務者に到達した時から6か月以内に、訴の提起その他の確定的な中断事由をとらなければならないのに対し、「裁判上の催告」は、取下げ、却下またはその他により手続が終了するまで催告としての効力が続き（単なる催告はこのようなことはない）、その終了から6か月以内に訴えの提起その他の確定的な中断事由をとればよいとされる点である。これは、催告が、裁判上の請求という形で行われた場合、その手続中に訴えの提起など他の強力な中断手続をとることを期待するのは不合理

であると考えられるからであり、6か月の起算点を、訴えの取下げや却下等の手続終了の日の翌日からとしたものである。この点で、普通の催告より時効中断の効力が強化されていた。

6 改正民法における裁判上の催告理論の扱い

改正民法は、従前の裁判上の催告理論のうち、（Ⅰ）の類型に属するものについて、イこれを明文化し、ロ解釈上不明確であった部分を明確化し、仮差押え・仮処分については時効中断事由から時効完成猶予事由に引き下げ、裁判上の催告理論に位置付けた。

イ　時効完成猶予事由として明文化

まず、明文化に関しては、裁判上の請求者に関する改正民法147条1項から明らかなように、その効力を「その事由が終了する（確定判決又は確定判決と同一の効力を有するものによって権利が確定することなくその事由が終了した場合にあっては、その終了の時から6箇月を経過する）までの間は、時効は、完成しない。」と明文化した。ちなみに、中間試案においては、「時効の停止」とされていたが、改正民法は時効完成猶予事由であることを明確にした。

ロ　解釈上不明確部分の明確化

これは、裁判上の催告理論は、裁判上の請求に限って生ずるものか、差押えや仮差押えの場合にも同様の効果が認められるのかにつき、争いがあったことから、改正民法148条1項および同149条では、差押え、仮差押えの場合にも時効完成猶予事由として位置付けることを明文化した。

7 民法改正後における裁判上の催告理論の帰趨

改正民法においては、上記のごとく判例理論にすぎなかった裁判上の催告理論を整理して明文化したが、裁判上の催告として扱われるのは、（Ⅰ）の類型の場合だけでなく、（Ⅱ）の類型の場合もあり、改正民法における整理と列挙がそれ以外の場面での裁判上の催告理論の適用を否定し限定したと理解するのは相当ではないと考える（同旨、山本・金法2001・21）。

第15章　完成猶予─総　論

113　　一定の場合に時効完成が猶予される期間が手続終了後6か月とされているのはなぜか。

結　論　　時効期間の進行自体は所定の手続中でも停止されないため、手続終了時点で時効期間が経過しているおそれがあるため。

1　一定の場合

　時効の完成猶予は、明確な権利行使意思が表明されたと評価できる事由ある場合に、その手続中は時効が完成しないとする時効障害であるが、改正民法147条、同148条、同149条、同151条1項3号によると、一定の事由による手続終了の場合には、その終了の時から6か月以内はなお時効は完成しない、として時効の完成を延期している。その事由とは次の場合である。

完成猶予の種類	一定の事由
裁判上の請求等	確定判決または確定判決と同一の効力を有するものによって権利が確定することなくその事由が終了した場合（改正民法147条1項かっこ書）
強制執行等	申立ての取下げまたは法律の規定に従わないことによる取消しによってその事由が終了する場合（改正民法148条1項かっこ書）
仮差押え・仮処分	終了したとき（改正民法149条）
協議を行う旨の合意	協議の続行を拒絶する旨の書面による通知がなされた場合（改正民法151条1項3号）

2　理　由

　時効期間満了の間際に手続の申立てがされる場合には、時効期間の進行自体は停止されないので、手続中に時効期間が満了するおそれがある。このよ

うな場合に、例えば訴えの取下げがなされると直ちに時効が完成してしまう危険性があることを考慮して、手続の終了後6か月を経過するまではさらに時効の完成が延期されるとしている。

114 時効障害事由としての完成猶予制度は、いつから適用されるか。

結　論	施行日以後に完成猶予事由が生じた時から。

1　改正法附則10条2項
改正法附則10条2項は、次のように経過措置を規定している。

> 　施行日前に旧法第147条に規定する時効の中断の事由〔中略〕が生じた場合におけるこれらの事由の効力については、なお従前の例による。

旧147条は、1号で請求、および2号で差押え、仮差押えまたは仮処分を時効中断事由としていたが、改正民法は、これを時効完成猶予事由（改正民法147条1項・148条1項・149条）と時効更新事由（改正民法147条2項・148条2項）に分解してそれぞれの効力を規定した。上記の経過措置によれば、施行日以前に旧法の時効中断事由が生じた場合は、旧法の時効中断の効力が生じる。そこで、施行日以降に時効完成猶予事由が生じた場合に、新法が適用される。

2　施行日前に生じた債権
施行日前に生じた債権であっても、施行日以後に完成猶予事由が生じた場合は、改正民法が適用される。これに対して、施行日前に生じた債権について、施行日前に請求、差押え、仮差押え、仮処分の手続が採られたときは、旧法の「時効中断」の効力が生ずる。

第15章 完成猶予―総 論

115 時効の完成猶予期間中に再度の時効完成猶予事由があった場合どうなるか。

| 結 論 | 再度の完成猶予事由が、当初の完成猶予事由とは異なる種類の完成猶予事由であった場合には、なお完成猶予の効力が生じると解する（私見）。 |

1 問題の提示

改正民法では、いわゆる「催告」や「協議を行う旨の合意」について時効完成猶予事由と位置付けているが（改正民法150条1項・151条）、①催告によって時効の完成が猶予されている間にされた再度の催告（改正民法150条2項）や、②催告によって時効の完成が猶予されている間にされた協議を行う旨の合意（改正民法151条3項前段）、あるいは③協議を行う旨の合意により時効完成が猶予されている間にされた催告（改正民法151条3項後段）は、時効の完成猶予の効力を有しないと規定している。

しかし、これら明文で規定された以外の完成猶予対象行為を繰り返す場合の規律については明文の規定がない。例えば、裁判上の請求が更新事由に至らず手続が終了したが、完成猶予期間中に再度の裁判上の請求をした場合や、訴えの提起をした後に他の完成猶予行為をするとか、催告後に仮差押えをしたとか、仮差押えの申立てを取り下げた後に民事調停の申立てをしたような場合、仮差押えした後に5か月以内に破産手続開始決定がなされたが債権調査が行われないまま破産手続が廃止された場合（三上委員・70回会議・議事録24）などである。

2 民法改正前の最判平25・6・6

催告の後の第2の催告が「裁判上の催告」であった場合については、判例がある。すなわち、最判平25・6・6民集67・5・1208は、明示の一部請求をしたケースにおいて、特段の事情のない限り、当該訴えの提起は、残部について裁判上の催告として時効中断の効力生じるが、第1の催告から6か月以内に「裁判上の催告」があっても催告の繰り返しであるから、消滅時効の完成を阻止することができないと、判示している。

この判例の射程が問題になるが、調査官解説では、本判決は第2の催告が明示的一部請求の訴えの提起による裁判上の催告である場合について判示したものであって、裁判上の催告一般についておよそ催告に繰返しによる時効中

断効を否定したものではないと解説されている（武藤・最高裁判所判例解説民事篇平成25年度328）。

3　中間試案での規定

　中間試案第7・7・(1)・後段では、時効の停止事由に関して、「この場合において、その期間中に行われた再度のこれらの手続については、時効停止の効力を有しないものとする。」と規定していた。これは、時効完成猶予事由となる手続の申立と取下げを繰り返す事によって時効の完成が永続的に阻止されることを防ぐためである（中間試案の補足説明84）。しかし、「再度の」という文言について、特に本問のような問題点を意識した上での表現ではなかったようである（川嶋・70回会議・議事録24）。上記最判平25・6・6の判決については、そこで示された論理が訴提起以外の方法による場合についても妥当するのか解釈が分かれる。そこで、改正された民法の完成猶予事由に関しては、この中間試案段階での規律は採用されていない。

4　同一の時効完成猶予事由の場合における検討

　同一の時効完成猶予事由が繰り返されるケースとして、裁判上の請求が更新事由に至らず手続が終了したが、完成猶予期間中に再度の裁判上の請求をした場合が挙げられる（松久「民法（債権関係）改正による新時効法案の審議と内容」『日本民法学の新たな時代』264）。例えば、時効完成前3か月以内に訴提起し、訴提起から5か月後に訴提起を取り下げ、取下げ後3か月以内に再度訴提起をしたようなケースである。

　学説として、上記のケースで完成猶予期間中に再度の訴提起をしているから、時効は完成していないとする見解と（松久・潮見ほか編著・Before/After民法改正63）、同一または類似の完成猶予事由を重ねて、時効の完成を先送りすることは時効制度の運用によってもたらされる法律関係全体の安定からいって好ましくないから完成猶予の効力を生じないとの見解がある（パネルディスカッション債権法改正と金融実務への影響・金法2004・37の山野目発言）。

　①完成猶予制度の位置付けから、同一の時効完成猶予事由が繰り返されることによって時効完成を延び延びにすることは制度本来の趣旨から逸脱すること、②時効完成の有無が不明確になること、③債務者保護の必要性があることから、同一の時効完成猶予事由が繰り返される場合は、時効完成猶予期間中に行われた時効完成猶予事由による完成猶予の効力は生じないと解すべきである。

5　異なる時効完成猶予事由の場合における検討

そこで、仮差押えの申立てを取り下げた後6か月以内に（改正民法149条）民事調停の申立て（改正民法147条1項3号）をした場合のように、異種の時効完成猶予事由を組み合わせた場合にも上記のこのルールが適用されるか、引き続き検討する必要があるとされていた（中間試案の補足説明85）。全国銀行協会の中間試案に対するパブリックコメントにおいては、民事調停手続において調停に代わる決定が異議申立てにより失効した後あるいは仮差押えの執行をした後に、破産手続が開始され、債権調査未了のまま破産手続が廃止されたような場合に、当該破産債権の届出に時効完成猶予の効力を認めるべきであると主張されていた。しかし、改正法の審議過程におけるその後の検討結果は不明であり、結局改正法成立後の個々の解釈問題として積み残されたようである（中井・自由と正義2015・66・13参照）。確かに、異種の時効完成猶予事由の組合せは様々なバラエティーがあり得るのであって、その全てを網羅するような一般理論を打ち立てることは困難であるが、あえて大まかな組合せを想定して検討すると、私見では以下のようになる。

6　裁判外の催告とこれ以外の時効完成猶予事由の場合

民法が規定する時効完成猶予事由は、大きく分けて①催告のような裁判所が関与しない事由と、②裁判所が関与する手続事由の2つに区分できる。裁判所が関与する手続には、さらに㋑仮差押え・仮処分のように権利の保全に関する手続、㋺裁判上の請求のような権利を公の手続で確定させる手続、㋩強制執行のような権利を実行し満足に至らしめる手続、というように異なる性質を有する3つの手続に区分できる。そこで、裁判外の単なる催告と裁判所が関与する手続事由を組み合わせたような場合、例えば、裁判外の催告をした後に仮差押えの申立てをしたとか、催告して時効完成猶予期間内に訴提起したが却下されたような場合になお却下されてから6か月間は時効完成猶予の効力生ずるか、という形で問題になる。

この論点に関しては、①これらの各事由は、それぞれに異なる目的と異なる効果を有するものでありそれぞれに独自の手続的意義を有していること、②権利者が権利行使とみられる行動を採っている間は、時効が完成することがないようにしようとする完成猶予制度の趣旨、③後の権利行使が国家機関の手続を通してなされていること等の理由から、催告後の完成猶予事由による時効完成猶予の効力は生じると解することができると考える。ただし、後の裁判所が関与する手続において、債権者が当該手続を取り下げることによって手続が終了したような場合には、後の手続による時効完成猶予の効力は

生じないと解すべきであろう（山田・法教422・9）。なぜなら、訴えの却下のような場合には、訴訟要件に関する裁判所の判断によるので債権者としてはなすべき事はしたと評価できるが、自らの取下げの場合はさらに時効完成を猶予してまで救済する必要がないからである。

7　裁判所が関与する手続間の場合

　問題は、例えば、訴えを取り下げて民事調停を申し立てるとか、訴提起後に被告が破産手続開始の決定を受けたため、訴えを取り下げて、破産債権の届出をした場合のように裁判所が関与する上記6の⑦から㈥までの各グループ内の事由による組合せの場合である。しかし、この場合も、権利行使におけるそれぞれの手続は独自の目的と効果を有しており、権利実現という終局目標に向かったためにそれらを様々に組み合わせて利用する必要性も認められるのであるから、それぞれの手続を執ったことに伴う時効完成猶予の効力は生じると解すべきであろう。ただし、この場合も、債権者自らが手続を取り下げたような場合は、後の手続による時効完成猶予の効力は生じないと解すべきであろう。

第16章 完成猶予―裁判上の請求等

〔総　論〕

116 裁判上の請求等に完成猶予制度が導入された理由は何か。

| 結　論 | 債権の存否が確定されないまま、裁判上の請求等の手続が途中で終了した場合でも、時効障害に関し意味ある効果を生じさせるため。 |

1　裁判上の催告に関する判例理論の明文化

裁判上の請求等に完成猶予制度が導入された理由につき、部会資料69Ａ・16では、次のように説明されている。

「民法第147条以下に規定する時効の中断事由が生じた場合には、それまでの時効期間の経過が無益なものとなり、中断した時効は、その中断の事由が終了した時から（裁判上の請求によって中断した時効は、裁判が確定した時から）、新たな進行を始めるものとされている（同法第157条）。

現行法は、催告及び承認を除く中断事由について、手続の申立て等により時効が中断すると規定しながら、他方で、一定の事由により手続が途中で終了した場合には、遡って時効中断の効力が生じないとしている（同法第149条から第152条まで、第154条）。条文を形式的に解釈すれば、このような場合には時効中断の効力が初めから生じなかったことになるはずであるが、判例は、裁判上の請求や破産手続参加について、いわゆる「裁判上の催告」としての効力を認め、手続の終了時から6か月以内に同法第153条所定の手続をとれば時効が中断するものとしており（破産申立てを取り下げた場合について、最判昭和45年9月10日民集24巻10号1389頁）、この結論には学説上も異論は見られない。しかし、このような規律を条文から読み取ることはできない。

そこで、裁判上の催告に関する判例法理を明文化する必要があると考えられる。」

第16章 完成猶予ー裁判上の請求等　　231

2　裁判上の請求等による時効の完成猶予

このように、いわゆる「裁判上の催告理論」と裁判上の請求等による完成猶予との関係につき、完成猶予は、裁判上の催告に関する判例法理を明文化したものである。改正民法147条は、改正前は時効の中断事由とされていた裁判上の請求（旧149条）、支払督促の申立て（旧150条）などの事由を、新たに時効完成の猶予事由とするものである。これらの手続の途中にあっては、時効が完成するということはない。そして、これらの手続が進行して権利確定という所期の目的を達した場合（認容判決が確定した場合など）には、更新事由に該当し、新たな時効期間が進行することになる。他方、その手続が権利確定という所期の目的を達することなく終了した場合には、時効完成の猶予の効力のみを有することとなる。なお、当然のことであるが、債権の存在を否定する判断が確定したときは、もはや時効期間を問題とする余地がなくなる。

117　改正民法147条の条文は、どのような構造になっているか。

| 結　論 | 1項が基本形としての時効完成猶予の効力を定め、2項が発展形としての時効更新の効力を定めている。 |

1　裁判上の請求等に関する改正民法147条の条文

① 次に掲げる事由がある場合には、その事由が終了する（確定判決又は確定判決と同一の効力を有するものによって権利が確定することなくその事由が終了した場合にあっては、その終了の時から6箇月を経過する）までの間は、時効は、完成しない。
一　裁判上の請求
二　支払督促
三　民事訴訟法第275条第1項の和解又は民事調停法（昭和26年法律第222号）若しくは家事事件手続法（平成23年法律第52号）による調停
四　破産手続参加、再生手続参加又は更生手続参加
② 前項の場合において、確定判決又は確定判決と同一の効力を有するものによって権利が確定したときは、時効は、同項各号に掲げる事由が終了した時から新たにその進行を始める。

このように、時効完成猶予の効果のみが生じる場合（1項）と、時効完成猶予の効果と時効更新の効果の2つの効果が生じる場合（2項）とがある。

2　1項と2項

1項は、改正民法147条1項が規定する事由によって時効の完成猶予の効力が生ずるとともに、その効力が継続する期間を明らかにしている。同147条1項が規定する事由が生ずる場合には、当面、時効完成猶予の効力が生ずることとなるが、その後に、①新たな時効が進行を始める時効更新に至ることがある一方で、②債権の存否が確定されないまま当該手続が終了した場合には時効完成猶予の効力のみが認められ、当該完成猶予事由が終了した時から6か月を経過するまで時効の完成が猶予されるにとどまることもある。1項は、①および②の両方を通じて、時効完成猶予の効力が生ずることを定めるとともに、基本形として上記②の効力を規定している。他方、上記①の時効更新の効力については、2項以下で定めている。このような構造とされたのは、完成猶予事由ごと更新事由ごとに分けて規定すると、完成猶予の効力が生じていることが分かりにくいという意見に配慮したものである。

3　時効の更新の効力

時効の更新の効力は、裁判上の請求等の事由により完成猶予の効力が生じ、その後に、確定判決または確定判決と同一の効力を有するものによって権利が確定した時を捉えて、これ以降は時効期間が更新される。

118　中間試案にあった一部請求の場合の残部の時効停止案はどうなったか。

結　論	見送られた。

1　中間試案第7・7(2)

中間試案第7・7(2)では、裁判上の請求による「時効の停止の効力は、債権の一部について訴えが提起された場合であっても、その債権の全部に及ぶものとする。」としていた。

この立法提案がされた理由は、「①債権の一部について請求がされるときには、相応の理由があって一部請求を選択した債権者を保護する必要があり、また、②一部の請求であることが明らかにされていれば、債務者は残部につ

いての争いに備えるべきことを認識することができることからすると、一部請求であることを明らかにして訴えの提起がされた場合には、当該債権の全部について時効障害（時効期間の進行停止／時効の停止）の効果が生ずることとすべきであるという考え方があり得る。本文は、このような考え方に基づく提案である。」というものであった（部会資料31・30）。

これによる民法改正が実現したときは、一部請求を明示して債権の一部についての訴えを提起した場合に、その後に請求の拡張をしようとしても、その時までにすでに当該債権の残部について時効が完成しているという事態は生じないことになる。しかし、この立法提案は、明文化されなかった。

2　最判平25・6・6

民法改正以前の最判平25・6・6民集67・5・1208は、「明示的一部請求の訴えが提起された場合、特段の事情のない限り、当該訴えの提起は、残部について、裁判上の催告として、消滅時効の中断の効力を生じ、債権者は、当該訴訟の終了後6か月以内に民法153条所定の措置を採ることにより、残部について消滅時効を確定的に中断することができる」と判示した。

この最高裁判例については、明示的一部請求の残部については訴訟物とはならないという判例理論を変更するものか、そうでないとすれば訴訟物ではない残部について訴訟物たる一部と扱いを同じくする理論的根拠はなにかについては説明されておらず、理論的な根拠は明確に判示されていない。

3　立法推進派

上記中間試案に対しては、弁護士会を中心に支持する意見が多かった。債権の一部についての権利行使であったとしても、債権全部に停止効が及ぶとすべきで、訴提起の場面における一部請求に限定すべきではないとか、最高裁判決があっても訴提起があったときはその債権の全部に及ぶと書いた方がよい、との積極的な意見があった。

4　採り上げられなかった理由

しかし、請求に入る外のものについての反対解釈の可能性や、この最高裁判決が裁判上の請求に限ったものであるのか、支払督促などの外の中断事由（例えば「裁判上の請求に準ずるもの」）についてどのように解釈するのかの議論が必要なため、今回の改正で訴えの提起だけを取り出して明文化するのは適切でなく、取り上げないこととされた（第79回会議の合田関係官の説明・議事録27）。部会資料69Ａ・24では、この点につき、明文化せずとも、当事者の意思解釈の問題として対処することも可能との考えが述べられている。

第16章　完成猶予─裁判上の請求等

119　裁判上の請求等による完成猶予の効力は、どの範囲の人に及ぶか。

結　論　完成猶予事由が生じた当事者及び承継人。

1　改正民法153条1項

改正民法153条1項は、「第147条〔中略〕の規定による時効の完成猶予又は更新は、完成猶予又は更新の事由が生じた当事者及びその承継人の間の間においてのみ、その効力を有する。」と規定している。

2　旧148条

旧148条では、「〔前略〕時効の中断は、その中断の事由が生じた当事者及びその承継人の間においてのみ、その効力を有する。」との規定があった。これは、いわゆる時効中断の効力が相対的であることを定めたものであって、中断行為の当事者およびその承継人に限って生じるとしている。上記改正民法153条1項は、この考え方を新たに設けた時効完成猶予に適用するものである。

120　時効に関する民事訴訟法上の条文は、どのように改正されたか。

結　論　時効完成猶予についても適用されるよう文言が見直された。

1　整備法による民事訴訟法の改正

時効に関する規定は、民法だけではなく民事訴訟法に中にも規定されている。それらは、整備法27条により、以下のように改正された。

2　民事訴訟法49条

旧民事訴訟法49条は、権利承継人の訴訟参加の場合に、前主の起訴による時効中断、期間厳守の効力を自己のために保持できることを規定したものである。改正民事訴訟法49条は、改正民法により新設された時効完成猶予についても及ぶように改正されたものである（下線は筆者）。

第16章　完成猶予─裁判上の請求等　　235

	改正前	改正後
見出し	権利承継人の訴訟参加の場合における時効の中断等	権利承継人の訴訟参加の場合における時効の完成猶予等
1項	訴訟の係属中その訴訟の目的である権利の全部又は一部を譲り受けたことを主張して、第47条第1項の規定により訴訟参加をしたときは、その参加は、訴訟の係属の初めにさかのぼって時効中断又は法律上の期間の遵守の効力を生ずる。	訴訟の係属中その訴訟の目的である権利の全部又は一部を譲り受けたことを主張する者が、第47条第1項の規定により訴訟参加をしたときは、時効の完成猶予に関しては、当該訴訟の係属の初めに、裁判上の請求があったものとみなす。
2項		＜新設＞前項に規定する場合には、その参加は、訴訟の係属の初めに遡って法律上の期間の遵守の効力を生ずる。

3　民事訴訟法147条

旧民事訴訟法147条は、訴の提起に関して時効中断およびこれに準ずべき期間の遵守について規定していた。改正民事訴訟法147条は、改正民法により新設された時効完成猶予についても及ぶように改正されたものである（下線は筆者）。

改正前	改正後
時効の中断又は法律上の期間の遵守のために必要な裁判上の請求は、訴えを提起した時又は第143条第2項（第144条第3項及び第145	訴えが提起されたとき、又は第143条第2項（第144条第3項及び第145条第4項において準用する場合を含む。）の書面が裁判所に提出された

条第4項において準用する場合を含む。）の書面を裁判所に提出した時に、その効力を生ずる。	ときは、その時に時効の完成猶予又は法律上の期間の遵守のために必要な裁判上の請求があったものとする。

第16章　完成猶予―裁判上の請求等　237

〔完成猶予事由〕

121　裁判上の請求等の手続で、時効完成猶予事由になる手続として何があるか。

結　論　訴え、支払督促、訴え提起前の和解申立て、民事調停、家事調停、破産手続・再生手続・更生手続への債権届出。

1　改正民法147条1項各号

改正民法147条では、手続終了の仕方を2つに区分して規定している。1つ目は、確定判決または確定判決と同一の効力を有するものによって権利が確定したとき、2つ目はそれ以外による事由により終了したときである。同条1項は、後者の場合に関し、「次に掲げる事由がある場合には、その事由が終了する（確定判決又は確定判決と同一の効力を有するものによって権利が確定することなくその事由が終了した場合にあっては、その終了の時から六箇月を経過する）までの間は、時効は、完成しない。」と規定している。これが、完成猶予事由である。同条2項が前者の場合を規律し、その場合は、時効の更新事由となり、更新の効力が生じる。

2　改正前の規律

改正前の民法では、裁判上の請求（旧149条）、支払督促（旧150条）、和解の申立て・民事調停法もしくは家事調停法による調停の申立て（旧151条）、破産手続参加・再生手続参加・更生手続参加（旧152条）は、時効中断事由として位置付けられ、訴えの提起・申立て・届出により時効中断し、これらの手続が取下げや却下等で手続が途中で終了したときは、遡って時効中断の効力を生じないとされていた。他方で、これらの手続が進行している間は催告が継続されているものとみて（いわゆる「裁判上の催告」）、その終了時から6か月間は時効が完成しないと解されていた（最判昭45・9・10民集24・10・1389等）。改正法は、これらの裁判上の催告に関する判例理論を、時効完成の猶予事由として再編成したものである（中間試案の補足説明85）。

3 具体的な完成猶予事由

具体的な完成猶予事由は、以下の表に整理した通りであるが、一般的に言えば、明確な権利行使の意思を明らかにしたと評価できる事実が生じた場合である。

完成猶予事由	説　　明
1号　裁判上の請求	裁判上の請求とは、民事訴訟法133条の訴えの提起のことである。 　なお、訴訟が裁判をするのに熟したときは、終局判決がされる。この判決が不服申立手段によって争うことができなくなる状態のことを「判決の確定」という。判決が確定した時は、時効更新の効力を生ずる。
2号　支払督促手続	支払督促とは、民事訴訟法382条による簡易裁判所書記官が発する支払命令である。 　なお、仮執行の宣言を付した支払督促に対し督促異議の申立てがないとき、または督促異議の申立てを却下する決定が確定したときは、支払督促は、確定判決と同一の効力を有し（民事訴訟法396条）、時効更新の効力を生ずる。
3号　民事訴訟法275条の訴提起前の和解	訴提起前の和解とは、民事訴訟法275条の簡易裁判所で行われる和解のことである。旧民法は、単に「和解の申立て」と表現していたが、明確にするために「民事訴訟法第275条第1項の和解」とした。 　なお、和解を調書に記載したときは、その記載は、確定判決と同一の効力を生じ（民事訴訟法267条）、時効更新の効力を生ずる。
民事調停法による民事調停	民事調停とは、民事調停法による裁判所での調停である。調停において当事者間に合意

第16章　完成猶予－裁判上の請求等　　239

	が成立し、これを調書に記載したときは調停が成立したものとし、その記載は、「裁判上の和解」と同一の効力を有する（民事調停法16条）。　なお、裁判上の和解が記載された和解調書は、確定判決と同一の効力を生じ（民事訴訟法267条）、時効更新の効力を生じる。
家事事件手続法による家事調停申立て	家事調停とは、家事事件手続法による家庭裁判所での人事に関する訴訟事件・家庭に関する事件についての調停である。　なお、調停において当事者間に合意が成立し、これを調書に記載したときは調停が成立したものとし、その記載は確定判決（別表第2に掲げる事項にあっては、確定した第39条の規定による審判）と同一の効力を有し（家事事件手続法268条）、時効更新の効力を生ずる。
4号　破産手続参加	破産手続参加とは、破産法111条による破産債権の届出のことである。　なお、確定した破産債権については、破産債権者表の記載は、確定判決と同一の効力を有する（破産法221条）。権利の確定に至り、手続が終了したときは、時効更新の効力を生じる。
再生手続参加	再生手続参加とは、民事再生法94条による再生債権の届出のことである。　なお、再生債権に基づき再生計画の定めによって認められた権利については、その再生債権者表の記載は、再生債務者に対して、確定判決と同一の効力を有する（民事再生法180条2項）。権利の確定に至り、手続が終了したときは、時効更新の効力を生ずる。
更生手続参加	更生手続参加とは、会社更生法138条による

	更生債権の届出のことである。 　権利の確定に至り、手続が終了したときは、時効更新の効力を生ずる。

4　完成猶予の効力が生ずる時期

　改正民法147条1項の法文では、1号から4号までの各事由が列挙され、その列挙されている事由の文書中に「申立て」という表現は使用されていない。この点、旧149条では「訴え」、旧151条では「和解の申立て」、「調停の申立て」という表現が用いられていた。そこで裁判上の請求等による時効の完成猶予の効力がいつ生じるのかが問題になる。時効の完成猶予制度が、債権者による債権実現のための具体的措置を講じたことを理由に時効期間満了の延期という効果を生じさせることからすると、当該手続の申立ての時と解することができる。

122　民事調停を申し立てると、時効障害の関係はどうなるか。

結　論	調停申立てにより時効完成猶予の効力を生じ、成立により更新の効力を生ずる。

1　旧151条の変遷

　民事調停とは、民事に関する紛争につき、当事者の互譲により条理にかない、実情に即した解決を図ることを目的として、裁判官を含む調停委員会が和解のあっせんを図るものである。

　平成16年改正前の民法151条は、民事調停法による調停申立てについては何ら規定していなかったので、債権について調停を申し立てると、時効中断の効力が生じるか明確ではなかった。判例は、「和解の性質を有する調停申立もまた民法151条を類推して時効中断事由たるべきもの」と中断事由となることを認めていた（大判昭16・10・29民集20・22・1367、最判平5・3・26民集47・4・3201）。調停は、当事者間において合意が成立し、これを調書に記載したときに調停が成立し、その記載は裁判上の和解と同一の効力を有する（民事調停法16条）のであるから、実質は平成16年改正前民法151条の起訴前の和解と同じであり、調停申立てに時効中断の効力を認めてよい。そこで、平成16年改正

第16章　完成猶予－裁判上の請求等　　241

民法151条は、民事調停法による調停申立ては、相手方が出頭せず、または調停が調わないときは、1か月以内に訴えを提起すれば時効中断の効力を生じる、と規定した。

2　改正民法147条1項3号・2項

改正民法147条1項3号では、民事調停法による調停は、その事由が終了するまでは時効は完成せず、権利が確定することなくその事由が終了した場合にあっては、その終了の時から6か月を経過するまでの間は、時効は完成しないと規定されている。ここでは、旧151条の1か月が6か月に伸長されている。そして同条2項で、確定判決と同一の効力を有するものによって権利が確定した時は、時効が更新されると規定された。

3　民事調停法19条との関係

手続法たる民事調停法19条は、民事調停が不成立に終わったときは、申立人がその通知を受けた日から2週間以内に調停の目的となった請求について訴えを提起したときは、調停申立ての時にその「訴えの提起があったものとみなす」、と規定している。この規定は、時効に関し民法を制限するものではなく、調停制度の利用者の保護を図ることを目的とし、時効だけではなく、印紙等の手数料についても適用があると理解されている（綿引・最高裁判所判例解説平成5年度20事件530）。

4　各種のケース

ところで、調停申立てによる時効障害の効力については、調停申立ての結果、①調停が成立した場合と、②調停不成立に終わった場合（調停の不成立とは、調停委員会または調停を行う裁判官が調停が成立しないと判断し、この判断に基づき事件を終了させる処分をした場合をいう。）、③調停申立てを取り下げた場合とでは、いろいろその効力に差が生じてくる。

（1）調停成立の場合

まず調停が成立した場合は、裁判上の和解と同一の効力を有し（民事調停法16条）、裁判上の和解は確定判決と同一の効力を有するのであるから（民事訴訟法267条）、改正民法147条2項により時効更新の効果が生じ改正民法169条1項により、時効期間が10年に延長される。したがって、調停成立の時から時効がまた進行する。

（2）調停が不成立に終わった場合

この場合は上記のように手続法たる民事調停法に規定があり、その旨の通

知を受けた日から2週間以内に、調停の目的となった請求について訴えを提起したときは、調停申立ての時に訴えの提起があったものとみなされる（民事調停法19条）。訴えの提起は、改正民法147条1項1号の「裁判上の請求」であり、時効完成猶予の効力が生じ、確定判決を得られれば時効が更新される。なお、この関係で、訴提起前の調停申立書に相当額の金銭支払を求める旨の記載があって、一定金額の記載がなくても差し支えないとの判例がある（大津地判昭46・3・15判時631・87）。

　問題は、この2週間以内に訴えの提起をしなかった場合である。改正民法147条1項・2項によれば、確定判決と同一の効力を有するものによって権利が確定することなくその事由が終了した場合に当たるから、その終了の時から6か月を経過するまでの間は時効は完成しない。ちなみに、民法改正以前は、裁判上の催告理論が適用されるか否かについて議論があった。

5　調停を取り下げたとき

　次に、調停が不成立に終わった場合でなく、民事調停法19条の2により調停申立自体を取り下げた場合はどうであろうか。取下げは、調停申立ての撤回の意思表示であり、合意ができなくて調停申立てを取り下げる場合は、調停不成立でなく、やはり取下げである。

　改正民法147条1項・2項によれば、確定判決と同一の効力を有するものによって権利が確定することなくその事由が終了した場合に当たるから、その終了の時から6か月を経過するまでの間は時効は完成しない。ちなみに、民法改正以前は、裁判上の催告理論が適用されるか否かについて議論があった。

6　債務者からの調停申立て

　なお上記は、債権者からの調停申立てであったが、債務者から債務を認めてその弁済方法について調停を申し立てることもあり、その場合は債務承認として時効が中断し、その中断の効力は調停が終了するまで存続するとの民法改正前の判例がある（東京高判昭36・2・27下民12・2・381）。

123　改正民法147条1号の裁判上の請求に労働審判の申立ては含まれるか。

| 結　論 | 含まれる。 |

第16章　完成猶予－裁判上の請求等　　243

1　問題の提示

旧149条の「裁判上の請求」に関して、判例（大判大5・2・8民録22・387）は、「時効の目的たる権利を民事訴訟手続によりて主張する」こと、言い換えれば民事上の訴えの提起を意味すると解していた。他方、労働審判法に基づく労働審判手続は、労使の参加を促すために、非訟事件手続として整備され、手続の実質は調停である。そこで、79回会議で、岡委員から裁判上の請求に労働審判の申立ては含まれるかとの質問がなされた（議事録79・30）。

2　労働審判の申立て

これに対して立法事務当局から、労働審判に適法な異議が申し立てられた場合は、労働審判はその効力を失い（労働審判法21条3項）、申立てに係る請求については労働審判申立ての時に遡及的に訴えの提起があったとみなされ（同法22条1項）、審判に異議がない場合は、労働審判は裁判上に和解と同一の効力を有することから（同法21条4項）、積極であるとの回答がなされた。

3　労働審判での認容の確定

したがって、労働審判手続の申立てをすれば、時効完成猶予の効力を生じ、申立てに係る請求を認容する労働審判が確定すれば、裁判上の和解と同一の効力が生ずるので（労働審判法21条4項）、時効更新の効力が生ずる。

124　改正民法147条1号の裁判上の請求に家事審判の申立ては含まれるか。

| 結　論 | 含まれると解する。 |

1　家事審判事件

平成23年には家事審判法に代わる家事事件手続法が制定された（平成23年法律第52号）。家事事件手続法は、「家事事件の手続」を定めるものであるが（同法1条）、ここで家事事件の手続とは、「家事審判」に関する事件および「家事調停」に関する事件の手続をいう。

旧家事審判法における家事審判の法的性質については、①裁判所が訴訟の形式によらないで事件を処理する手続であること、②旧家事審判法7条が非訟事件手続法総則の規定を準用していることから「非訟手続」であると解されていた。なお、②に関して、家事事件手続法では、非訟事件手続法の規定

を準用していない。

2　問題の提起

　旧149条の「裁判上の請求」に関して、判例（大判大5・2・8民録22・387）は、「時効の目的たる権利を民事訴訟手続によりて主張する」こと、言い換えれば民事上の訴えの提起を意味すると解していた。また、旧151条では、家事事件手続法による調停の申立てを時効中断事由として規定していた。時効中断事由を時効の停止事由として再編成した中間試案でも家事事件手続法による「調停の申立」とされていた。そこで、79回会議で、岡委員からの裁判上の請求に家事審判の申立ては含まれるかとの質問がなされた（79回会議・議事録30）。これに対して、村松関係官の説明では、入ると回答されている。ちなみに、裁判上の請求等による時効の完成猶予事由を定めた改正民法147条1項においても、同項3号においては「家事事件手続法（平成23年法律第52号）による調停」と表現されている。

3　審判の執行力

　家事事件手続法75条は、金銭の支払、物の引渡し、登記義務の履行その他の給付を命ずる審判は執行力のある債務名義と同一の効力を有すると規定している。審判がいわゆる既判力を有するかについては争いがあるところであるが、終局的な効力として執行力を有する以上は、審判手続中に時効が完成することを容認するのは適当ではなく、審判手続中は、完成が猶予されると解する。

125　民事訴訟法137条により訴状が却下された場合、時効完成猶予の効果が生じるか。

| 結　論 | 訴状却下されても、時効完成猶予の効果は生じると解する（私見）。 |

1　民事訴訟法137条の裁判長による訴状却下

　民事訴訟法137条1項は、訴状が同法133条2項の規定に違反する場合には、裁判長は、相当の期間を定め、その期間内に不備を補正すべきことを命じなければならず、民事訴訟費用等に関する法律の規定に従い訴えの提起の手数料を納付しない場合も、同様とする、と規定している。ここで、同法133条2項とは、訴状には、当事者および法定代理人（1号）ならびに請求の趣旨およ

第16章　完成猶予－裁判上の請求等　　245

び原因（2号）を記載しなければならないとの規定である。そして、同法137
条2項では、前項の場合において、原告が不備を補正しないときは、裁判長は、
命令で、「訴状を却下」しなければならないとしている。その趣旨は、訴状の
記載要件は形式的なものが多いので、要件具備の有無を審査することが比較
的容易であるからである。訴状が却下された場合には、当然に被告に訴状が
送達されることはない。なお、裁判長の訴状却下の命令は、訴え却下の判決
のような対立当事者の存在を前提とする受訴裁判所のする裁判ではない。

2　学　説
　民法改正以前の旧149条では、裁判上の請求は「訴えの却下」の場合は、時
効中断の効力を生じないと規定していた。そこで、民法改正後においても、
民事訴訟法137条により訴状が却下（訴えの却下ではない）された場合、完成
猶予の効力は生じないとする見解がある（石井・金法2029・40、債権法研究会編・
詳説改正債権法37注41〔石井〕、筒井＝村松編著・一問一答・民法（債権関係）改正48）。
その理由は、訴状が却下されるのは、訴訟物または当事者が不特定で補正が
なされない場合であり、実質的には訴えの不受理と同義であり、裁判上の請
求があったということ自体が難しく、完成猶予効を付与する前提を欠くとい
うものである。

3　私　見
　しかし、私は、訴状が却下された場合でも、却下の理由の如何を問わず完
成猶予の効力は生じると解する。改正前の旧149条では、訴えの提起の時点
で時効が中断するという強力な効果を定め、訴え却下の場合にはこの効力が
生じないと規定されていた。これに対し、改正民法は、訴え提起の時点では
更新の効力が生ぜず、完成猶予の効力のみが生ずるとする立場に変更してい
る。他方、改正民法147条1項は、完成猶予の効力が生じる場合に関して、「確
定判決又は確定判決と同一の効力を有する者によって権利が確定することな
くその事由が終了した場合」と規定していて、裁判上の請求を取り下げた場
合でも完成猶予の効力は生じる。また、却下された場合を排除しておらず、
しかも却下の理由を限定してはいない。完成猶予制度は、時効期間の短期化
に伴う債権者への影響を緩和するために債権者の事情をできる限り考慮する
ことから、新設された制度である。却下や取下げの理由も様々であり、それ
らの場合には債権者は保護を要しないと一概に言うことができない。当事者
や訴訟物の不特定といっても、裁判所との見解が違い、絶対的なものがある
わけでもない。むしろ、訴えを起こした債権者は、債権を守るための措置を
一旦講じており、債権者としてはその裁判での債権の認定を期待しており、
その後に却下になったとしてそれまでの間は手続の帰趨を見守るのが当然で

あって、却下によって不利に扱われるべきではない。強制執行等による時効の完成猶予においても法律の規定に従わないことによる取消しであってもその終了の時から6か月を経過するまでは時効は完成しないとされている（改正民法148条1項）。

126 債権の数量的な一部請求がなされた場合、残部について完成猶予の効力が生じるか。

結　論	生ずる（私見）。

1　明示の一部請求

可能な債権のうちの一部のみを請求するいわゆる一部請求は、印紙代が多額に上るときとか訴訟の結果が不確定で予測が困難であるときなどに時々行われ、それも損害賠償請求の場合に多く行われる。一部請求をした場合に残部を後訴で請求できるかという問題に関して、判例は、一部であることの明示がある場合には訴訟物になるのは当該債権の一部のみであって全部の存否ではないとして残部の請求を認め（最判昭37・8・10民集16・8・1720）、その明示がない場合には残部請求を認めない（最判昭32・6・7民集11・6・948）。

どのような場合に明示の一部請求であるといえるかについては、学説上一致した基準があるわけでもなく、判例も必ずしも明確な基準を示しているわけではないが、判例は、例えば一口の貸金元金のうちの一部を請求するようないわゆる数量的一部請求については、明示を厳格に要求している。

そこで、このような明示の一部請求の場合に、当該訴訟で請求している部分につき時効の完成猶予または更新の効力が生ずることは言うまでもないが、残部について完成猶予の効力が生じるかがここでの問題である。

2　改正民法との関係

改正後の民法は、一部請求における残部についての完成猶予または更新に関しては、中間試案で時効停止とする案が提案されていたが、立法化されないまま解釈に委ねるとして、特定の立場を採っていない。

3　民法改正前の時効中断に関する最高裁判例

一部請求と時効中断に関する最高裁判例の立場は、1個の債権の数量的な一部についてのみ判決を求める旨を明示して訴えが提起された場合、訴訟物となるのはその債権の一部であって全部ではないから、訴え提起による消滅

第16章　完成猶予―裁判上の請求等　　247

時効中断の効力はその一部の範囲においてのみ生ずるが、一部請求の趣旨が明示されていないときは、その債権の全部が訴訟物になっていると言うべきであって、この場合はその全部について時効中断の効力が生じるとする（最判昭34・2・20民集13・2・209、最判昭45・7・24民集24・7・1177）。ちなみに、最判昭32・6・7民集11・6・948は、前訴の請求が結果的に見れば一部請求であった場合でも、前訴における原告の主張から判断して全部請求であったと見られるならば、後訴においていまさら一部請求であった旨を主張することは許されないと判示している。

　そして、明示の一部請求における残部の取扱いに関しては、「債権者が将来にわたって残部をおよそ請求しない旨の意思を明らかにしているなど、残部につき権利行使の意思が継続的に標示されていないとはいえない特段の事情のない限り、当該訴えの提起は、残部について裁判上の催告として消滅時効中断の効力を生ずる」としている（最判平25・6・6民集67・5・1208）。したがって、債権者は、当該訴訟の終了後の6か月以内に旧153条所定の措置を採ることにより、残部について消滅時効を確定的に中断することができることになる。その理由は、①請求された部分と請求されていない残部とは、請求原因事実を基本的に同じくすること、②明示の一部請求をする債権者の意思としては、原則として、その訴訟係属中は残部についても権利行使の意思が継続的に表示されているものとみることができるからである。

4　学　説

　民法改正以前においては、残部について裁判上の催告としての効力を生じる説（我妻・新訂民法総則467）、一部請求であることを知っている場合は残部につき時効中断の効力を生じないとする説（石田・民法総則571）、一部請求を認容する判決は、残部につき時効中断の効力を生ずる説（川島・民法総則478、内田・民法Ⅰ総則・物件総論〔第3版〕317）などがあった。

　改正民法下において、明示的一部請求の訴えの場合に、残部について時効完成猶予の効力が生じるとの見解として、潮見・民法（債権関係）改正法案の概要34、山野目・民法概論(1)民法総則348がある。その理由は、あえて請求の範囲を厳粛する債権者の態度に即して、残部については直ちには更新の効力が生じないと考えるべきであることからである（山野目・前掲書348）。

5　検　討

　改正民法は、改正民法147条1項において改正前の判例理論である「裁判上の催告理論」を時効の完成猶予制度として立法化した。そうすると、明示の

一部請求における残部に裁判上の催告の効力を認めていた上記最判平25・6・6に基づき、改正民法下では、時効の完成猶予の効力が生じると解してよい。ただ、この点に関しては、残部に完成猶予の効力を認めることに疑問を呈する意見もある（鹿野＝高須・ジュリ1515・76〔高須〕）。

6　実務上の注意点

改正民法150条2項では、単純な催告の繰返しは時効完成猶予の効力を生じないとしている。これは、催告から6か月以内に再び催告をしたにすぎない場合にも時効の完成が阻止されることになれば、催告が繰り返された場合にはいつまでも時効が完成しないことになりかねず、時効期間が定められた趣旨に反し、相当ではないからである（前掲最判平25・6・6参照）。そこで、単純な催告をした後にそこから6か月以内に明示の一部請求をしたような場合、残部請求部分に完成猶予の効力が生じないと解釈される余地があるので、注意する必要がある。

127　訴えの交換的変更をしたとき、時効完成猶予の効力はどうなるか。

結　論　紛争が実質的の同一である場合には、交換された新訴について旧訴による時効完成猶予の効力が維持されていると解する。

1　交換的変更と追加的変更

訴えの変更とは、例えば、境界確定請求からその境界までの所有権確認請求に変えるとか、物の引渡し請求に代償請求を加えるなどのように、当初の訴えによって審判を申し立てた事項を変更することをいう（民事訴訟法143条）。民法改正以前において、通説は、訴えの変更の態様として追加的変更と交換的変更の2種類を認める。追加的変更は、従来の請求をそのままにしてこれに別個の請求を追加する場合であるのに対して、交換的変更とは旧請求に代えて、新請求について審判を申し立てる場合である。交換的変更を認めるのは、旧請求による時効中断効の存続や、新請求を審判する際の従来の訴訟資料利用の必要からである。

これに対して、最判昭32・2・28民集11・2・374は、訴えの変更としては追加的変更のみであり、交換的変更は独自の訴えの類型ではなく、訴えの追加

第16章　完成猶予―裁判上の請求等　　249

的変更と旧請求の取下げが組み合わさっているにすぎないとする。

2　民法改正以前の判例

　最判昭38・1・18民集17・1・1は、原告が昭和21年12月25日、山林の境界確定ならびに立木伐採による損害賠償請求の訴訟を提起したところ、被告において昭和8年1月1日から20年間の占有による取得時効の抗弁が出され、その後原告が昭和34年2月に境界確定の訴えを所有権確認の訴えに交換的に変更した（したがって、境界確定の訴えは取り下げた）というケースで、「本件係争地域が被上告人の所有に属することの主張は終始変わることなく、唯単に請求の趣旨を境界確定から所有権確認に変更したにすぎないこと、‥このような場合には、裁判所の判断を求めることを断念して旧訴えを取り下げたものとみるべきではないから、訴えの終了を意図する通常の訴えの取下げとはその本質を異にし、民法149条の律意に徴して同条にいわゆる訴えの取下げの中には、このような場合を含まないものと解する。」として、訴えの交換的変更であるにもかかわらず、旧訴えによって生じた所有権取得時効中断の効力はその後の訴の交替的変更にもかかわらず失効しないと判示した。

　この判例の理論構成は明確ではなく、結論の妥当性のみを重視している嫌いがなくもないが、最高裁調査官によれば、「紛争が実質的に同一であれば、訴訟のいわば形式に変更があっても、前後同一の訴えとして扱うべきだ」という思想が本判決の根底にある、と解説されている。

　ちなみに、紛争の実質的同一性を否定して、訴え変更の時点で時効消滅していたとする裁判例として、東京地判平24・6・28（平22（ワ）29028）がある。

3　改正民法における検討

　改正民法は、訴え提起時に時効が中断し、当該訴えが取り下げられたときは時効中断の効力が遡及的に失効するという旧法の立場を変更し、訴え提起時には時効の完成猶予の効力のみが生じ、確定判決または確定判決と同一の効力を有するものによって権利が確定することなくその事由が終了した場合にあっては、その終了の時から6か月以内は、時効は完成しないと改正した(改正民法147条1項)。

　訴えの交換的変更においては、紛争が実質的に同一であれば訴訟の技術的変更があっても前後同一の訴えとして扱うべきであるとの判例理論からは、旧訴えの提起により完成猶予の効力が生じ、交換的変更があっても、交換された新訴について旧訴による時効完成猶予の効力が維持されていると解することになる。

128 時効完成猶予事由が生じたときに、時効完成はいつまで猶予されるか。

結　論　その事由が終了するまでの間あるいは確定判決または確定判決と同一の効力を有するものによって権利が確定することなくその事由が終了した場合にあっては、その終了の時から6か月間。

1　猶予の期間

裁判上の請求等における完成猶予事由は、裁判上の請求、支払督促、即決和解、調停、法的倒産手続の参加であり、これらの手続の申立てあるいは債権の届出をすれば、手続が終了するまで時効の完成が猶予され、かつ、確定判決または確定判決と同一の効力を有するものによって権利が確定することなくその事由が終了した場合にあっては、その終了の時から6か月間は、時効が完成しない（改正民法147条1項かっこ書）。

確定判決または確定判決と同一の効力を有するものによって権利が確定したときは、「時効更新事由」になるので、改正前の時効中断と同じく各事由が終了した時から時効期間が再スタートすることになる（改正民法147条2項）。

2　考え方

手続継続中は、時効が完成しないとしているのは、債権者は債権の実現について成り行きを見守り、他の実現方法を講じないのが普通であり、そのような態度は不当とはいえないため、すなわち、時効期間満了を阻止するための他の措置を講じることにつき合理的期待可能性がないと評価できるため、手続継続を理由として債権者を害すべきではないからである。

債権の存否が確定されないまま手続が終了した場合には、その終了の時から6か月間は単純に時効期間が満了したとせず時効が完成しないとしているのは、例えば、時効期間満了間際に訴え提起等がされたような場合には、手続継続中だけ時効完成を有するだけでは、取下げをしてもよいと考えられる場合も事実上取り下げられなくなるからである。また、催告との権衡から（改正民法150条1項参照）、手続継続中のほか、手続終了時から一定期間（催告により時効期間の満了が延期される期間）、時効期間は満了しないものとするのが適当であるからである。

第17章　完成猶予―強制執行等　　251

第17章　完成猶予―強制執行等

〔総　論〕

129 強制執行等に時効完成猶予の効力が認められたのはなぜか。

結　論 裁判上の催告理論を強制執行等にも拡張したことによる。

1　民法改正前の議論

強制執行手続がなされたときにいわゆる「裁判上の催告理論」が適用されるのかどうかは、旧147条2号が時効中断事由として「差押え」としか規定されておらず、かつ、旧154条が、差押えは権利者の請求によりまたは法律の規定に従わないことにより取り消されたときは、時効中断の効力を生じないと規定していたことから、意見が分かれていた。改正民法は、以下の理由から、裁判上の催告理論を強制執行等の手続にも拡張した。

2　拡張の理由

部会資料69Ａ・17では、次のように説明されている。

「差押え等は、権利の確定を予定しているものではないが、いずれも権利の満足に向けられた手続であるから、手続の申立ての中に義務者に対する権利行使の意思が包含されており、義務者への通知・送達によって催告がされたとみることができる。そして、権利者としては、手続の継続中はその成り行きを見守るのが当然であり、この間に時効中断の措置を別途とることを要求するのは酷であることからすれば、手続の帰趨が明らかになるまでの時間の経過を権利者の不利に考慮すべきではなく、その手続の継続中は権利行使の意思も継続していると考えるべきである。

そこで、差押え等についても裁判上の催告としての効力を認め、従来不明確であった裁判上の催告の効力に関する規律を明確にする必要があると考えられる。」

252　第17章　完成猶予―強制執行等

130　強制執行等により時効完成猶予の効力はいつ生じるか。

結　論　債権者の権利行使があったと評価できる当該強制執行等の申立て時である（私見）。

1　問題の提示

改正民法148条1項は、強制執行等による時効完成猶予制度を新設したが、猶予事由を1号から4号までに規定し、その事由が終了するまでの間は、時効は完成しないと定めるのみであって、完成猶予の効力がいつ生じるのかについては、「次に掲げる事由がある場合には」とだけ規定している。掲げられた事由も、強制執行、担保権の実行、民事執行法195条による担保権の実行としての競売の例による競売、財産開示手続とあるだけで、その申立てという文言はどこにも見当らない。そこで、完成猶予の効力が生ずる時期が執行手続を申し立てた時であるか、あるいは実際に当該申立てに基づく手続が開始された時であるのか疑問が生ずる。

2　時効中断の始期に関する民法改正前の扱い

民法改正以前においては時効完成猶予制度はなかったが、時効中断の効力発生に関する時期については、以下の様に考えられていた。

裁判上の請求については、旧民事訴訟法147条が、訴状が被告に送達されるまでの間でも、訴提起の時に時効中断の効力が生ずると規定していた。民法改正に伴い旧民事訴訟法についても、「訴えが提起されたとき、又は第143条第2項（第144条第3項及び第145条第4項において準用する場合を含む。）の書面が裁判所に提出されたときは、その時に時効の完成猶予又は法律上の期間の遵守のために必要な裁判上の請求があったものとする。」というように改正された（整備法27条）。

差押えによる時効中断効の発生時期は、時効中断事由はあくまでも「差押え」であるが、「差押え」がされる前でも、不動産の場合は競売申立ての時であり（大判昭13・6・27民集17・1324）、動産の場合についても、判例は差押着手時としていた大判大13・5・20民集3・203を変更して、動産執行申立て時とした（最判昭59・4・24民集38・6・687）。

これらのように解される理由は、①明確な権利行使があった以上、時効制度の適用を受ける基礎がなくなったから、それが債務者に現実に認識されて

第17章　完成猶予―強制執行等　253

いなくても中断効を認めるべきであるというという点と（例えば、有泉・判民昭和13年度83事件324）、②訴状送達の時期や差押え着手の時期は、裁判所あるいは執行官の事務手続により左右されるので、これにより時効中断の時期が左右されることに合理性がないという点である。

3　民法改正下での検討

①強制執行等による時効の完成猶予制度は、改正前のいわゆる「裁判上の催告」理論を強制執行手続にまで拡大したものであり、その効力も時効更新の効力が生ずることはなく、あくまでも当該手続期間中あるいは、取下げ等による事由終了の時から6か月を経過するまでの間に過ぎない。これに加えて、②改正民法では、旧法が「差押え」を「時効中断事由」としていたのを強制執行手続等を「時効完成猶予事由」と整理したのであるから、完成猶予の効力が生じるためには「差押え」は不要である。また、③債権者の権利実行とは関係のない裁判所等の事務手続により完成猶予の時期が異なるのも合理性がない。これらの点からは、端的に、債権者の権利行使があったと評価できる当該強制執行等の申立て時に、完成猶予の効力が生じると解することができる（同旨、日本弁護士連合会編・実務解説改正債権法79、大阪弁護士会民法改正問題特別委員会編・実務解説民法改正58、鹿野＝高須・ジュリ1515・77）。

ただし、財産開示につき、開始決定時とする見解がある（井上・松尾編著、三井住友ファイナンスグループ三井住友銀行総務部法務室著・practical金融法務債権法改正44〔長谷川〕）。

131　強制執行等による時効完成猶予の効力はいつまで続くか。

| 結　論 | 当該手続が終了するまで。取下げ・取消しによる手続終了の場合は手続終了の時からなお6か月間。 |

1　改正民法148条1項

改正民法148条1項は、強制執行等による時効完成猶予は、「その事由が終了するまで」の間、あるいは、取下げまたは法律の規定に従わないことによる取消しによって終了した場合にあっては「その終了の時から6箇月間」は、時効は完成しないと規定している。取下げまたは取消しの場合に、終了の時からさらに6か月は完成が猶予されるとしているのは、改正民法150条による「催

告」との権衡からである。

2 申立ての取下げ

旧154条では、「権利者の請求により又は法律の規定に従わないことにより取り消されたときは」時効中断の効力を生じないと規定していた。ここでの権利者の請求による取消しとは、申立ての取下げによる差押え等の消滅を指すと理解されていた。民法制定当時は、執行債権者による差押えの放棄があったときは、裁判所によって強制執行が取り消され、手続が終了すると考えられていたが、現在では申立ての取下げによって執行手続は当然に終了するものと考えられており、民事執行手続において「権利者の請求により〔中略〕取り消されたとき」に該当する事由は存在しなくなっている。そこで、この文言を現在の手続に即したものとするため、「権利者が申立てを取下げたとき」と改められたものである（部会資料80—3・5）。

3 具体的な時期

強制執行等の手続の終了の仕方には2通りある。①申立ての取下げ・法律の規定に従わないことにより取り消された場合と、②予定された手続が終了した場合である。時効完成猶予の効力が生ずるのは、①の場合である。具体的に整理すると、以下のとおりである。

開始された手続の最終段階として予定された行為が完結したとき	時効の更新の効力が生じる（改正民法148条2項）。
債権者が申立てを取下げたとき	手続中および手続終了から6か月を経過するまで時効完成が猶予される。
執行取消文書の提出によって民事執行の終局的な停止および既に行われた執行処分の取消しがなされたとき	同上
その他の事由による執行手続の取消しがあったとき	同上

（中野・民事執行法〔増補新訂6版〕826、石井・金法2029・42）

第17章　完成猶予―強制執行等　　255

4　更新との関係
改正民法148条1項各号が定める強制執行等の事由があった場合、時効完成猶予の効果のみが生じる場合（1項）と、時効完成猶予の効果と時効更新の効果の2つの効果が生じる場合（2項）とがある。強制執行等の手続が、最終段階として予定された行為が完結したときは、更新の効力が生じて、当該手続が終了したときから新たにその進行を始める（改正民法148条2項）。もっとも、当該手続によって執行債権または被担保債権の全てが満足されたときは、およそ消滅時効自体が問題にならない。

132　強制執行等の申立てが取り下げられた場合、時効完成猶予の効力は生じるか。

結　論	取下げの時から6か月を経過するまでは、時効完成が猶予される。

1　改正民法148条1項かっこ書
改正民法148条1項かっこ書によれば、強制執行等の申立てが取り下げられた場合、取下げの時から6か月を経過するまでは、時効完成が猶予される。

> 〔前略〕（申立ての取下げ又は法律の規定に従わないことによる取消しによってその事由が終了した場合にあっては、その終了の時から6箇月を経過する）までの間は、時効は完成しない。

この点で、民法改正前においては、申立てが取り下げられたときは時効中断の効力が遡及的に失効することになっていたのとは異なる。

2　旧154条1項の「権利者の請求により取り消されたとき」との関係
旧154条では「権利者の請求により〔中略〕取り消されたとき」は、差押えによる時効中断の効力を生じないとされ、権利者の請求により取り消されたとは、申立ての取下げによる差押え等の消滅を指すと理解されていた。民法制定当時は、執行債権者による差押えの放棄があったときは、裁判所によって強制執行が取り消され手続が終了すると考えられていたが、現在では申立ての取下げによって執行手続は当然に終了するものと考えられており、民事

執行手続において「権利者の請求により〔中略〕取り消されたとき」に該当する事由は存在しなくなっている。そこで、この文言を現在の手続に即したものとするため、「権利者が申立てを取り下げたとき」と改められたものである（部会資料80−3・5）。

3　民法改正前における議論

民法改正前においては、競売の取下げにより差押えとしての時効中断効が遡及的に生じなかった事になっていたが、その場合でも判例が採用していたいわゆる裁判上の催告理論が適用されるのではないかということが議論になり、これを肯定する見解もあった。しかし、最判平8・9・27民集50・8・2395は、抵当権としての競売手続は、被担保債権に関する裁判上の請求またはこれに準ずる消滅時効の中断事由には該当せず、執行裁判所による競売開始決定正本の送達は旧153条の催告としての時効中断の効果はなく、結局、旧147条1号の請求には該当しないと判示していた。

4　裁判上の催告理論との関係

改正民法148条1項の強制執行等における時効の完成猶予は、これまで判例理論であった裁判上の催告理論を立法化して制度として安定させると共に、裁判上の請求以外の強制執行等の権利行使の場合にも裁判上の催告理論を拡張させたものである。この事から、改正民法148条1項かっこ書で、取下げの時から6か月を経過するまでは、時効完成が猶予されると規定されている。

5　時効更新の効力との関係

改正民法148条2項ただし書では、申立ての取下げによりその事由が終了したときは、時効更新の効力が生じないことを規定している。そこで、強制執行等を取り下げた場合の全てにおいて時効更新の効力が生じないかというと、時効更新の効力が生ずる根拠との関係で個別に検討する必要があると思われる。例えば、債権差押命令の申立てをし、差押命令が発令されたが被差押債権が存在しなかったため取下げをしたような場合は、なお時効更新の効力が生ずることもあり得ると考える。

第17章　完成猶予－強制執行等　　257

133　強制執行等の申立てが却下された場合、完成猶予の効力が生じるか。

| 結　論 | 民事執行の申立てが却下されても、時効完成猶予の効力は生じると解する（私見）。 |

1　旧法での却下

旧法下の時効中断事由に関して、却下の文言が使用されていたのは裁判上の請求に関する旧149条が、訴えの却下の場合には時効中断の効力を生じないと規定し、破産手続等参加に関する旧152条が、その届出が却下されたときは時効中断の効力を生じないと規定していた。いずれも、旧147条1号が規定していた時効中断事由としての「請求」に関するものであり、同条2号が規定していた「差押え」に関しては、却下の文言は見当たらず、旧154条に「差押え、仮差押え及び仮処分は、権利者の請求により又は法律の規定に従わないことにより取り消されたときは、時効の中断の効力を生じない。」と規定されていたのみである。

なお、時効中断事由としての請求における却下には、訴訟法上の不適法を理由とするものだけでなく、実体法上の理由による却下（例えば、手形金請求訴訟中の手形の譲渡による却下）も含み、棄却も含むというのが早くからの判例の立場であった（大判明42・4・30民録15・439）。

2　改正民法下での却下の位置付け

改正民法における裁判上の請求や破産手続等に関する改正民法147条では、却下の文言は見当たらない。それも当然のことであり、改正民法は、旧法が一定の手続申立ての時に時効が中断し、当該手続が却下された時は遡って時効中断の効力が喪失するという構造を採っていたのに対し、改正民法は、かかる構造がわかりにくいということから、申立てにより時効の完成猶予の効力が生じ、その事由が終了まで続いたときに、それをもって時効の更新が生ずるという構成に変更したためである。したがって、改正民法147条1項各号に規定されている申立てなり届出が却下された場合は、時効の完成猶予の効力が生じる。

3　改正民法下での強制執行等の申立てと却下

強制執行の申立てをしたときの時効中断に関して、旧147条2号は、「差押え」

を時効中断事由としていた。したがって、強制執行の申立てをしたが、却下されて差押えがなされないときは、当然に時効中断の効力が生じないことになる。そのため、あえて却下された場合について規定を設ける必要がなかった。しかし、改正民法は、強制執行に関する時効中断に関して、差押えを不要とし、改正民法148条1項各号に民事執行の各手続を列挙している。そこで、改正民法下でも、裁判上の請求と同様に民事執行の申立てに対する却下という事態が生じることになる。

4 検 討

本問に関しては、執行債権が特定を欠くために申立てが却下された場合は、完成猶予効を付与する前提を欠くため、完成猶予の効力は生じないとする見解がある（石井・金法2029・40注34、債権法研究会編・詳説改正債権法39注49〔石井〕）。これは、執行債権が特定を欠くために申立てが却下されたような場合には、権利の実行があったと評価しえないが故に時効完成猶予の効力を認めるに足りないと判断するものであろうが、民事執行は、執行の迅速性を確保するために、基本的に実体法上の請求権の存否の判断を留保し、一定の文書の存在をもって執行を開始するのであり、執行債権の特定を厳格に論ずることは適当とは思われない。また、申立てが法律の規定に従わないことにより取り消された場合であっても、それによる終了の時から6か月を経過するまでは、時効は完成しないとされている（改正民法148条1項かっこ書）。したがって、民事執行の申立てが却下されても、時効完成猶予の効力は生じると解する。

第17章　完成猶予—強制執行等　　259

〔完成猶予事由〕

134　強制執行等の手続の場合の時効の完成猶予事由になり
うる手続として、どのようなものがあるか。

結　論　強制執行、担保権の実行、民事執行法195条に規定する
担保権の実行としての競売の例による競売、民事執行法
196条に規定する財産開示手続。

1　強制執行等の手続の場合の時効の完成猶予事由（改正民法148条1項）

改正民法148条1項では、次のように規定されている。

次に掲げる事由がある場合には、その事由が終了する〔中略〕までの
間は、時効は、完成しない。
一　強制執行
二　担保権の実行
三　民事執行法（昭和54年法律第4号）第195条に規定する担保権の実行
としての競売の例による競売
四　民事執行法第196条に規定する財産開示手続

　これらは、債権者が権利行使の意思を明らかにしたと評価できる事実とし
て列挙されたものである。旧147条2号では、「差押え」を時効中断事由として
いたが、改正民法では差押えを経ない民事執行手続にも時効完成猶予の効力
を与えている。改正民法が差押えに限らず完成猶予の効力を付与したのは、
これらの手続は「いずれも権利の満足に向けられた手続であるから、手続の
申立ての中に義務者に対する権利行使の意思が包含されており、義務者への
通知・送達によって催告がされたとみることができる。そして、権利者とし
ては、手続の継続中はその成り行きを見守るのが当然であり、この間に時効
中断の措置を別途とることを要求するのは酷であることからすれば、手続の
帰趨が明らかになるまでの時間の経過を権利者の不利に考慮すべきではな
く、その手続の継続中は権利行使の意思も継続していると考えるべきであ
る。」とされたことによる（部会資料69A・17）。

ちなみに、旧148条は、時効中断の効力が及ぶ者の範囲についての規定であり、改正民法148条とは対応していない。この意味で、改正民法148条は新設規定である。

2　中間試案における文言

中間試案の文言では、「強制執行、担保権の実行としての競売その他の民事執行の申立て」と表現されていた。これは、民事執行法1条が、次のように規定している事を踏まえた表現であった（筒井・34回会議・議事録60）。

> 強制執行、担保権の実行としての競売及び民法〔中略〕、商法〔中略〕その他の法律の規定による換価のための競売並びに債務者の財産の開示（以下「民事執行」と総称する。）については、他の法令に定めるもののほか、この法律の定めるところによる。

しかし、この用語法は一般に分かりにくいため、改正民法においては、条文上も、「その他の民事執行」には形式競売や財産開示手続も含まれることが明記された。ちなみに、部会資料31・22では、民事執行（民事執行法1条参照）のうち強制執行については、差押えを伴わない間接強制や代替執行をも含めて更新事由とするのが相当であるが、換価のための競売や財産開示を更新事由に含めるのは適当でないと考えられる、とされていた。

3　担保不動産収益執行や物上代位

民事執行法1条の「担保権の実行としての競売」には、担保不動産収益執行や物上代位も含まれる（中間試案の補足説明81、筒井・65回会議・議事録31）。

4　形式競売

民事執行法195条は、留置権による競売、民法・商法その他の法律の規定による換価のための競売については、担保権の実行としての競売の例による、と規定している。これらはともに目的物の換価を目的とし、この点で共通性を有するところからまとめて「形式競売」と呼ばれている。形式的競売は、直接的には債権者の権利を満足させることを目的とした手続ではないが、債権者としての権利行使の側面も否めない上、留置権に基づく競売においては、実務上留置権者に配当を行う場合もあり得ることからすれば、「差押え」と同様に取り扱うのが相当であると考えられたことから、時効完成猶予事由とされたものである。

5 財産開示手続

　民事執行法196条以下の財産開示手続は、請求権実現の前段階の手続であり直接に請求権の満足を実現させる手続ではないが、完成猶予事由とされたのは債務名義を有する権利者による権利の実現に向けられた強制執行の一種の前置的手続であり、権利実現手続の一翼を担うことからである。仮差押えや仮処分のような手続の暫定性はないことからすれば、旧法の差押えと同様に扱うべきとされたものである。もっとも、財産開示手続は、現状利用例が少なく、制度の実効性を増大させるための民事執行法の改正が審議されている。ちなみに、時効障害対策に資するか否かの検討として、井上・松尾編著、三井住友ファイナンスグループ三井住友銀行総務部法務室著・practical金融法務債権法改正43以下〔長谷川〕がある。

135 間接強制の申立て、代替執行の申立てをした時に、時効完成猶予の効力が生じるか。

結　論	生じる。

1 差押えのない民事執行の扱い

　旧147条2号は、時効中断事由として「差押え」と表現して、強制執行や民事執行を時効中断事由としてはいなかった。民事執行法172条が規定する間接強制手続では、執行裁判所が、債務者に対し、遅延の期間に応じまたは相当と認める一定の期間に履行しないときは直ちに、債務の履行を確保するために相当と認める一定の額の金銭を債権者に支払うべき旨を命ずる方法により行う。また、民事執行法171条が規定する代替執行手続は、代替的作為義務を命ずる債務名義に基づき、債権者が裁判所に、債務者の費用でその代替的作為を債務者以外の者にさせることを債権者に授権する決定を求め、この授権決定に基づき、授権決定において指定された者があるときはこの者が、指定された者がないときは債権者自身あるいは債権者が委任した者が、代替的作為義務を実現することである。これらいずれの手続においても「差押え」は経由されていない。

　しかし、改正民法148条では、旧147条2号のように「差押え」ではなく、「強制執行」という文言を用いて、差押えを経由しない強制執行手続についても、時効完成猶予の効力または更新の効力が生ずることにした。

2　その理由

差押えでなく、強制執行を時効完成猶予または更新事由としたのは、①民事執行手続の中には、代替執行や間接強制など差押えを経由しない執行手続もあるが、時効障害の点で差押えを経由する執行手続の場合と区別すべきでないこと、②差押えがされた後に債務名義の効力が否定されることが起こりうるから、差押えがされただけで時効期間の更新を認めることは時期尚早との考え方からである（民法（債権法）改正検討委員会・詳解債権法改正の基本方針Ⅲ207）。

3　代替執行手続の終了の時期

改正民法148条1項・2項によれば、代替執行手続が終了するまでの間は時効の完成が猶予され、手続が終了したときから時効更新の効力が生じる。そこで、代替執行手続が終了する（法文では、「事由」が終了する）時が具体的にいつであるかが問題となる。代替執行手続では、執行裁判所による授権決定の発令と、授権決定に基づく債権者による代替執行の実施という手続に区分される。授権決定に基づく代替執行の実施までと解すると、実施時期は債権者の選択によるのであり、いつまでも時効が完成しないという事態が生じるおそれがある。しかし、最判昭41・9・22民集20・7・1367によると、代替的作為を実施する者の行為は、債権者の委任した第三者が行うのであれ、債権者の委任した執行官が行うのであれ、単なる私人の行為ではなく、国の公権力の行使であるとされている。この点を考慮すると、「事由の終了」とは、代替執行の実施された時と解すべきであり、具体的事案で不都合が生じるときは、信義則違反あるいは権利濫用の法理により対処すべきである。

4　間接強制手続の終了の時期

第2分科会第1回会議において、山本委員から、間接強制もいまいちどこで終わっているのかよく分からないところがあって、強制金決定を出せば終わりなのか、その強制金決定に基づく執行の部分というのが別の執行になるのかとかという、必ずしもちょっとよく分からないところがある、との問題点が指摘された（第2分科会第1回会議・議事録32）。間接強制の決定（民事執行法172条1項）がなされたがなお債務の履行がなされない場合、債権者は、債務の履行の遅延の期間に応じ、または相当と認める一定の期間内履行しないときは直ちに、間接強制により命じられた金銭の支払を債務者に請求でき、任意に支払わないときは、債権者は、間接強制の決定を債務名義として、これに基づき債務者の財産に対して強制執行できる。このように、強制金決定と後の強制執行手続とは、分断されていると評価できるので、間接強制の決定発令ま

第17章　完成猶予－強制執行等　　263

でと解しうる。

136 民事執行法51条の配当要求は、時効完成猶予事由になるか。

結　論　　なると解する（私見）。

1　配当要求

配当要求とは、自分以外の他の債権者の申立てにより執行手続が開始された後に、その執行手続に参加し、執行機関に対し、同一財産から債権額に比例した弁済を求める旨の意思表示である。不動産執行において配当要求ができるのは、①債務名義を有する債権者、②差押登記後に仮差押えの登記をした仮差押債権者、③一般先取特権の存在を立証した債権者のみである（民事執行法51条1項・188条）。

2　問題の提示

配当要求については、強制執行等による時効完成猶予事由を定める改正民法148条1項1号から4号までの各事由としての明文の規定がなく、したがって、同法2項による時効の更新の効力を生ずるのかも明確ではない。更新に関する改正民法148条2項が「前項の場合には」と規定しているので、時効完成猶予事由が終了した時点で更新の効果が生じる構造として立法されているので、時効の完成猶予事由と更新事由とは連続一体のものであることが前提とされている。そこで、更新事由にならない事由は、完成猶予事由にもならないといえる。

3　時効中断に関する民法改正以前の判例

民事執行法が制定される前の民事訴訟法強制執行編による配当要求に関しては、大判大8・12・2民録25・2224は、強制執行手続により債権の弁済を請求するものであるから、旧147条1号の「請求」に該当し、旧152条の「破産手続参加」と同等の効力があるとしていた。また、民事執行法が制定される前の旧競売法による競売手続においても、大判昭12・6・26判決全集4・12・19が、他の抵当権者が競売手続において売得金に対し抵当債権の行使としてこれの交付を請求するのも、「裁判上の請求たる性質」を有し、旧152条の破産

手続に類似する時効中断の効力を有するとしていた。ちなみに、これらの大審院判例は、民事訴訟法による強制競売と旧競売法による任意競売事件の二元的な構成を採っていた旧法時代のものであり、しかも、旧法は債務名義を有しない無名義債権についても配当要求ができることを認めていた。これに対し、上記両方を統一した現在の民事執行法の下では、原則として債務名義（民事執行法22条）を有しない債権者（無名義債権者）の配当要求を認めていない。

これに対して、最判平11・4・27民集53・4・840は、配当要求は債務名義に基づいて能動的にその権利を実現する点では、強制競売の申立てと異ならないという理由で、「差押えに準じる」ものとして時効中断効を認めた。

4　改正法審議の状況

時効完成猶予事由は、その後に時効更新事由に接続しうる性質を有するものである。そこで、配当要求が時効完成猶予事由になるかどうかは、配当要求が時効更新事由であるかどうかの検討が必要となる。この点については、改正審議の経過においては、一貫しなかったようである。

部会資料31・19では、具体的な時効の更新事由としては、「債権者が強制執行又は担保権の実行としての競売の申立てをした場合（他の債権者の申立てによるこれらの手続において債権者が配当要求をした場合を含む。）」との提案がなされていた（下線は筆者）。その理由として、配当要求については、判例上、差押えに準ずるものとして消滅時効を中断するとされているので（最判平11・4・27民集53・4・840）、更新事由に含めるのが相当であると考えられる。

ところが、中間試案の補足説明81では、時効更新事由に配当要求が含まれるかは、引き続き検討される必要がある、との態度を取っている。

5　検　討

「権利行使型」の時効の完成猶予では、権利行使手続が進行して初期の目的を達した場合にはその時点で「時効の更新」となるが、その手続が初期の目的を達することなく終了した場合には、時効完成猶予の効力だけが生じるとすることになる。これは、権利行使の意思を明らかにしたという事由が生じた場合に時効完成を猶予するというものである。配当要求は、明確な権利行使であり、私見では配当要求は時効更新事由になりうるものであるから、時効完成猶予事由になりうると解する（同旨、山野目・民法総則348、債務名義を有することに基づく権利行使であることを理由とする。）。

なお、当然であるが、かかる配当要求があった事実が債務者に知らされる事が条件となる。

第17章　完成猶予－強制執行等　　265

〔債権執行〕

137 債権を差押えまたは仮差押えしたとき、当該差し押さえられた債権につき時効の更新または時効完成の猶予の効力を生じるか。

| 結　論 | 生じないと解する。 |

1　問題の提示

　債権執行として、債務者の第三債務者に対する債権の差押え、または仮差押えをしたときに、申立ての基本となった債権について、時効の更新または時効完成の猶予の効力が生ずることは明らかであるが、差し押さえられた債務者の第三債務者に対する債権（以下「被差押債権」という。）につき、差し押さえられたことによって、時効の更新または時効完成の猶予となるかどうかは明らかではない。

　なぜこのようなことが問題にされるかといえば、例えば債務者の給料債権を仮差押えしたとすると、給料債権中、労働基準法11条にいう労働者の賃金債権は、労働基準法115条により2年の消滅時効にかかるが（本書執筆当時、改正検討中）、このように被差押債権の消滅時効期間が短期の場合に、仮差押債権者が回収するためには債務名義をとらなければならず、この債務名義取得のための本案訴訟がともすると1～2年で終わらず、勝訴判決を得て本執行に移行した段階で、被差押債権の消滅時効を援用されると、当初の目的を達し得ないという不都合が生ずるからである。また、離婚に伴う財産分与請求権を被保全債権として退職金債権を仮差押えしたような場合、具体的な権利内容が確立し、債務名義が生ずるまでに長時間を必要とするので、同様の不都合が生ずる。なお、債権者代位権に基づき代位して第三債務者に請求した場合は、時効の更新または時効完成の猶予が生ずることとの不均衡も問題となる。

2　時効の停止

　この不都合を解消するため、被差押債権の消滅時効がそもそも進行しなければよいわけであり、差押えによって改正民法161条の天災等による時効完成の猶予とならないかを、まず検討する必要がある。改正民法161条は、時効

完成猶予の制度を定め、「時効の期間の満了の時に当たり、天災その他避けることのできない事変のため第147条第1項各号又は第148条第1項各号に掲げる事由に係る手続を行うことができないときは、その障害が消滅した時から3箇月を経過するまでの間は、時効は、完成しない」と定める。これは、事実上権利を行使し得ない者をして、時効によってその権利を失わせないための制度である。差押え等がこの時効停止事由になるかについては、最高裁判所は、民法所定の停止事由に当たらないことを理由にして、否定している（最判昭42・11・17判時509・29、仮差押えの事例。ただし、仮差押え決定が取り消されている。）。

3　民法改正前の判例

　そこで、本問に戻って中断しないかであるが、旧法当時、下級審判例は次のように分かれていた。なお、抵当権者による火災保険金請求権の物上代位による差押えについては、当該火災保険金請求権の消滅時効は、中断されないとする最高裁判例がある（最判昭63・7・15裁判集民154・333）。

　(1)　肯定するもの
①　大阪地岸和田支判昭39・12・17判時401・55（国税滞納処分として代表取締役の報酬債権を差し押さえた事例）
②　東京高判昭51・3・13判時816・55（給料債権を仮差押えした事例）
③　横浜地判昭54・3・15判時946・96（不動産任意競売により生じた剰余金交付請求権を仮差押えした事例）
　(2)　否定するもの
①　大判大10・1・26民録27・108（滞納処分として酒代金債権を差し押さえた事例）
②　東京高判昭51・6・29判時831・44（請負代金債権を仮差押えした事例）
③　東京地判昭56・9・28判時1040・70（滞納処分として請負代金債権を差し押さえた事例）
④　福岡高判昭62・12・10判時1278・88（滞納処分として不法行為に基づく損害賠償債権を仮差し押さえた事例）
⑤　東京地判平15・12・16金判1183・36（死亡事故発生後の生命保険金請求権を仮差押えしたもの）
⑥　東京高判平16・6・23金判1195・6（⑤の控訴審判決）
⑦　東京高判平25・4・18金判1425・33（被保全債権を離婚に伴う将来の財産分与請求権として自衛隊に勤務している者の退職金債権を仮差押えしたもの）

4 民法改正前の学説

学説も肯定するもの（我妻・民法総則〔新訂版〕468等）、差押債権者による取立訴訟の場合は既判力が債務者に及び、差押えの時に時効が中断し、転付命令の場合は、転付命令確定の時から1か月以内に給付訴訟を提起（旧151条類推）すれば、差押えの時に時効中断するという説（石田・民法総則579）、裁判上の催告に準ずるものとして中断するという見解（秦・銀法636・34）と、否定するもの（川島・民法総則492、上野＝浅野・金法1549・6、平井・CHUKYOLAWYER vol.2101等）に分かれる。

(1) 肯定説の理由付け

肯定説の理由付けは、①旧147条は、差押えによって時効中断される債権が請求債権であるのか被差押債権であるのかについて何ら規定していないこと、②差押え決定が、第三債務者に送達されることによって、被差押債権が客観的に行使されたと同視される事実状態が現出され、不行使の事実状態が破られること、③差押えによって、債務者は第三債務者に対して被差押債権を行使できない拘束を受けるので、権利の上に眠っているとはいえないこと、④仮差押えの場合は、本案が長期化した場合に係争中に被仮差押債権が時効により消滅するという事態が生じること、等である。

また、裁判上の催告に準ずるものとして中断するという見解の理由は、①被差押債権についても債権者の権利行使の意思が差押令令の形で第三債務者に伝えられそれが裁判所の記録の上で公に保存されること、②債権者代位権による行使との機能上の類似および代替性等である（これに対する批判として、上記平井論文参照）。

(2) 否定説の理由付け

これに対して否定説の理由付けは、①旧147条2号・旧154条・旧155条の規定からは、差押えによって時効中断の対象となる権利として想定されているのは（仮）差押えにかかる請求債権であって被差押債権ではないこと、②差押えがあっても被差押債権者自身の権利行使でないこと、③また差押えがあったからといって、権利不行使状態の継続を何ら遮断するものではないこと、④このように解しても、債務者は被差押債権について給付訴訟を提起する権限を失うものではないから権利行使し得るし、債権者においても債権者代位権によって訴提起し得るから、不当な結果とならないこと、⑤また権利確定説の立場から、執行裁判所が債権差押命令を発したという事実は、被差押債権の存在について、公の確証たる価値を付け加えるものではないこと、等が挙げられる。

5 検 討

　以上の判例、学説の対立にあって、民法改正以前には私は肯定説を支持していた。しかし、改正民法149条は、仮差押えにつき時効更新の効力を否定し、時効完成猶予の効力にとどめた。そうすると、民法改正以前のように肯定説に立つと、本差押えの場合は時効更新となり得るが、仮差押えであると時効完成猶予の効力しか生ぜず、被差押債権にこのような効力の違いが生ずることを合理的に説明することができない。よって改正民法下では否定説が相当であると変更する。

第17章　完成猶予－強制執行等　269

〔不動産執行〕

138　物上保証人に対する不動産競売開始決定において、時
効完成猶予の効力が生ずるためには、開始決定が債務者
に送達されたことが必要か。

結　論　必要である（私見）。

1　債務者への通知

改正民法154条は、改正民法148条1項各号に掲げる事由に係る手続は、時効
の利益を受ける者に対してしないときはその通知をした後でなければ、改正
民法148条の規定による「時効の完成猶予の効力」を生じないと規定している。
改正前の旧155条も、差押えによる時効中断効に関して同趣旨を規定してい
た。改正民法は、時効の完成猶予制度を新設して、時効中断を完成猶予と更
新とに分離したので、旧155条の「時効の中断」は、改正民法154条において
「時効の完成猶予又は更新の効力」に置き換えられた。

2　完成猶予の効力と競売開始決定正本の送達

債務者への通知は、民法においては本来債権者自らによる通知を予定して
いたものであるが、最判昭50・11・21民集29・10・1537は、昭和54年の民事
執行法が成立する以前の、同法によって廃止された競売法（明治31年法律第
15号）による物上保証人に対する任意競売の申立てに関して、物上保証人に
対する競売申立てであっても、競売裁判所がその競売開始決定をした上、競
売手続の利害関係人である債務者に対する告知方法として同決定正本を当該
債務者に送達した場合には、債務者は旧155条により、当該被担保債権の消滅
時効の中断の効果を受けると判示していた。この理論は、競売法廃止後の民
事執行法下における担保権の実行としての不動産競売手続の場合においても
何ら異ならない。

そして、物上保証人に対する競売申立てをした場合、債務者に改正民法に
より新設された完成猶予の効力が生じるためにも、上記の判例理論の変更は
ないと解される。

3　改正民法154条

　改正民法下における時効完成猶予の効力が生じるためには「差押え」は不要であり、権利行使の意思を明らかにした評価できる事実が生じた場合に完成猶予の効力が生じるとしたものであり、しかも、時効更新の効力よりも軽い完成猶予の効力しか生じないことからすると、時効更新における債務者の更新事由の認識のような厳格な要件は必要なく、物上保証人に対する競売の申立てにより債務者に対する完成猶予の効力が生じると解することができる様にも思われる。

　しかし、物上保証人に対する担保不動産競売開始の申立ては、物上保証人である抵当権設定者に対する権利行使であって、抵当権の被担保債権の債務者に対する権利行使とはいえない。このように理解しないと改正民法154条が存置されている意義が説明できないのである。そうすると、完成猶予の効力が生じる根拠は、権利行使の意思を明らかにした評価できる事実が生じた場合であるとの理解に立ったとしても、債務者に向けた権利行使の意思を明らかにしたと評価できるのは、競売開始決定が債務者に送達された事実が必要であることになる。改正民法154条が旧155条にあった「時効の中断の効力を生じない」との法文を「時効の完成猶予又は更新の効力を生じない」と置き換えているのは、この趣旨を確認したものと理解される。

139　物上保証人に対する不動産競売開始決定が時効期間満了後に債務者に送達されたとき、時効完成猶予の効力は生じているか。

結　論	生じていないと解する。

1　問題の提示

　改正民法154条は、改正民法148条1項各号に掲げる事由に係る手続は、時効の利益を受ける者に対してしないときはその通知をした後でなければ、改正民法148条の規定による時効の完成猶予の効力を生じないと規定している。改止前の旧155条も、差押えによる時効中断効に関して同趣旨を規定していた。

　昭和54年の民事執行法が成立する以前の、同法によって廃止された競売法（明治31年法律第15号）による物上保証人に対する任意競売の申立てに関して、最判昭50・11・21民集29・10・1537は、物上保証人に対する競売申立て

であっても、競売裁判所がその競売開始決定をした上、競売手続の利害関係人である債務者に対する告知方法として同決定正本を当該債務者に送達した場合には、債務者は旧155条により、当該被担保債権の消滅時効の中断の効果を受けると判示していた。この理論は、競売法廃止後の民事執行法下における担保権の実行としての不動産競売手続の場合においても何ら異ならない。

この債務者への開始決定正本の送達は、競売申立ての時よりも遅れるのが一般である。その結果、時効期間満了前に物上保証人に対する不動産競売の申立てをしたが、債務者への開始決定正本の送達が時効期間満了後になされたときに、改正民法148条1項が新設した時効完成猶予の効力が生じるのかが問題になる。

2　民法改正以前の判例・学説

高松高判平5・7・19判時1484・80は、物上保証人に対する不動産競売の事案において、差押えの効力が生じることを条件に、債務者への開始決定の送達が時効期間満了後であっても、執行申立ての時に時効中断すると判示していた。学説としても、通知の到達を条件として、中断の効力は申立て時に遡るとするものがある（秦・金法1330・12、金山・判評428・43）。しかし、私自身は、通知到達時説に立ち、最判平8・7・12民集50・7・1901も、通知が到達した時に時効中断するとの通知到達時説を採用した。

しかし、改正民法では、時効中断事由として「差押え」を規定していた旧147条を削除し、裁判上の催告理論を強制執行に持ち込んで、完成猶予制度を新設したので、上記の判例・学説は、この点での再検討が必要となる。

3　完成猶予の効力が生じる時期

民法改正以前において、債務者に対する時効中断の効力がいつ発生するかについては、通知（開始決定正本）の到達を条件として競売申立て時に発生するとの見解と、通知（開始決定正本）が債務者に到達したときに発生するとの見解が対立していた。最判平8・7・12民集50・7・1901は、旧155条は、時効中断の効果が当該中断行為の当事者およびその承継人以外で、時効の利益を受ける者に及ぶべき場合に、その者に対する通知を要することとし、もって債権者と債務者との間の利益の調節を図った趣旨の規定であるところ、競売開始決定正本が時効期間満了後に債務者に送達された場合に、債権者が競売の申立てをしたときに遡って時効中断の効力が生ずるとすれば、当該競売手続の開始を了知しない債務者が不測の不利益を受けるおそれがあり、旧155条が時効の利益を受ける者に対する通知を要求した趣旨に反すること

なるから、債務者に対する時効中断の効力は、競売開始決定正本が債務者に送達された時に生ずる、と判示している。

上記判例は、債務者に対する時効中断の効力について判示したものであるところ、改正民法が新設した完成猶予の効力についても、同様に債務者への到達時と解されるかが問題となる。新設された時効の完成猶予の効力に関しても、債務者と債権者との利益調節のための通知はその意味を失わないから、債務者に対する時効完成猶予の効力は、競売開始決定正本が債務者に送達された時に生ずると解される。

140 物上保証人に対する不動産競売において、開始決定が債務者に書留に付する送達がされたとき、時効完成猶予の効力が生じるか。

結　論	生ずる。

1　債務者への通知

改正民法154条は、「第148条第1項各号又は第149条第1項各号に掲げる事由に係る手続は、時効の利益を受ける者に対してしないときは、その者に通知した後でなければ、第148条又は第149条の規定による事項の完成猶予又は更新の効力を生じない。」と規定している。その趣旨は、時効の利益を受ける者が不測の不利益を被ることがないように、時効の利益を受ける者に対して通知をすることにより、時効障害の効果がその当事者および承継人以外の者に拡張されることを図ったものである。この規定を根拠に、物上保証人に対する競売申立てがあったとき、物上保証人は直接時効の利益を受ける者ではないから、債務の時効完成猶予の効力は、債務者にその通知をした後でなければ、改正民法149条の規定による時効の完成猶予の効力は生じない（改正民法154条）。なお、旧155条は、改正民法154条と同趣旨を規定していた。

その通知方法に関して、最判昭50・11・21民集29・10・1537は、物上保証人に対する競売申立てであっても、競売裁判所がその競売開始決定をした上、競売手続の利害関係人である債務者に対する告知方法として同決定正本を当該債務者に送達した場合には、債務者は旧155条により、当該被担保債権の消滅時効の中断の効果を受けると判示していた。この判例理論は、民法改正後の時効の完成猶予の効力についても、同様に解せられる。

2 書留郵便に付する送達・公示送達

物上保証人に対して不動産競売の申立てがなされた場合の債務者への競売開始決定正本の送達に関しては、民法改正以前において、判例は書留郵便に付する送達と公示送達とを分けて、債務者への時効中断の効力の有無を判断していた。

最判平7・9・5民集49・8・2784によれば、競売開始決定正本の送達の効力はあくまでも手続法上の効果に過ぎず、実体法上の通知の効果とは別問題であるから、決定正本が「書留郵便に付して発送」（民事執行法20条、民事訴訟法107条）されただけでは、時効中断の効力が生ぜず、到達によって初めて生じるとしていた。郵便に付する送達は、交付送達ができない場合になされるが、書留等に付して発送するだけであるから、送達の受け手からすると、その方法自体において送達を受けるべき者がその書類を現実に受け取り、その内容を了知する機会が現実に保障されているものとはいえない。

ところが、競売開始決定正本の送達が「公示送達」によった場合には、平成8年民事訴訟法改正で同法113条が新設され、公示送達がされた書類における請求または防御方法に関する意思表示をする旨の記載がある場合に限定して、到達したものとみなす規定が設けられた。そこで、最決平14・10・25民集56・8・1942によれば、競売開始決定およびその正本の送達は競売手続の進行に必要不可欠のものであるから、これによってされる旧155条の通知について民事訴訟法113条を類推適用することとしても同条の趣旨に反するものではないとして、競売開始決定正本の送達が公示送達の場合に旧155条による通知が送達されたものとした。その根拠は、債務者の所在が不明である場合に、競売開始決定正本の公示送達のほかに、別途債務者に対する民法97条ノ2（現在の98条）所定の手続による通知を要するとすることは、債権者に無用の負担をかけるから、というものである。

このように、公示送達の場合と付郵便による送達の場合との不均衡については、公示送達の場合についてのみ民事訴訟法113条の規定が置かれた以上やむを得ず、付郵便送達の場合は債務者の所在は判明しているから現実に通知する方法がないわけではない、ということにより説明されていた（谷口・最高裁判所判例解説民事編平成14年度（下）37事件896）。

3 書留郵便に付する送達と完成猶予の効力

上記の書留郵便に付する送達に関する判例理論は、民法改正後の完成猶予の効力に関してもなお妥当するのであるか、検討の余地がある。というのは、民法改正前の時効中断は、民法改正により完成猶予と更新とに分離され、完

成猶予の効力は、原則としてその手続中は時効が完成しないという効力に留まるという軽減されたものにすぎなくなったからである。

改正民法154条が規定する債務者と債権者との利益調節のための通知は、新設された時効の完成猶予の効力に関しても、その重要性（上記最判昭50・11・21民集29・10・1537参照）を失わないから、上記の書留郵便に付する送達に関する判例理論は、民法改正後においても変わりはないと解される。

141 不動産競売手続において、裁判所の催告に応じて（根）抵当権の被担保債権につき債権届出をしたとき、完成猶予の効力を生じるか。

結　論	生じないと考える。

1　不動産競売手続における債権届出

民事執行法は、配当要求の終期が定められた時は、裁判所書記官は、担保権者に対し配当要求の終期までに、債権の存否、債権の発生原因および債権の現存額を執行裁判所に届け出るべき旨を催告しなければならないと定めている（民事執行法49条2項・50条・188条）。これは一般に「債権届出の催告」といわれているが、この裁判所の催告に応じて当該債権を届け出たときに、完成猶予の効力が生ずるかが問題になる。

民法改正時の議論においても、部会資料31・22では、次のような問題提起がなされていた。

「現行制度の下で、判例は、この債権の届出には時効中断の効力はないとしている（最判平成元年10月13日民集43巻9号985頁）。これに対して、第12回会議においては、上記④民事執行という事由が①確定判決や③相手方の承認と同様に扱われる根拠を明らかにする必要があり、例えば、債権の存否が争われることなく手続が最後まで進行したことをもって③相手方の承認に類するものと考えるならば、担保権者の債権届出も更新事由に含まれ得る可能性があるとの指摘がされた。現在の判例法理と異なる結論を採る実質的な必要性の有無ともかかわるが、どのように考えるか。」

ちなみに、中間試案の補足説明81では、引き続き検討とされた。

2　民法改正以前の判例・学説

最判平元・10・13民集43・9・985は、不動産競売手続において、催告を受

けた債権者がする債権の届出は、裁判上請求または破産手続参加またはこれらに準ずる時効中断事由にも該当しない、と判示している。

この判決に対しては、①結論に賛成であるが理由付けに反対とするもの（松久・民商103・1・97、淺生・手形研究473・359）、②配当要求と同様に時効中断事由とすべきとするもの（湊・金法1246・5、吉岡・手形研究452・26）、③裁判上の催告として暫定的中断効を認めるもの（村田・銀法565・5、伊藤・民事執行手続参加と消滅時効中断効101）、④債務者に対して内容証明郵便でもって債権の届出をした旨を通知することにより裁判上の催告としての効力があると提案するもの（塩崎・金法1259・25）、等がある。これらの学説に対する上記判例の立場からの反論については、富越・最高裁判所判例解説民事篇平成元年度18事件335注20以下がある。

なお、上記最高裁判決以後に、同様の立場を採った裁判例として、東京高判平4・1・29判タ792・166、岡山地判平5・3・25判時1499・107がある。

3　民法改正時の議論

(1)　積極説

畑委員は、担保権者は配当要求をするまでもなく当然に配当を受ける立場にあるので、そういう手続は進んでいるのに時効が着々と進行して行くというのは違和感があるとした上で（第2分科会第1回会議・議事録31）、少なくとも進行停止にはなるはずと見解を示された（同33）。なお、ここで言及されている「進行停止」は、改正民法においては採用されていない。

(2)　消極説

他方、第2分科会第1回会議で、山本委員は、畑意見に対する批判として、債権届出については、債務者に対して通知がされるということに限らない。そこは配当要求と違うところである。債務者、それから、それに対して債務者が争う可能性、争える可能性について、配当要求の場合は執行異議の申立ては可能だと思いますので、そういったようなところをどう考えるのか。だから、その権利行使という側面と、もう一つ、債務者がそれに対してどう対応できるのか。争えるのかという点も一つ、その時効の更新ないし進行停止事由として認められるかどうかの、一つの要素にはなり得るのではないか、との意見を述べられた（第2分科会第1回会議・議事録33）。

4　債権届出制度の目的

民事執行法上の債権届出制度の目的は2つある。1つは、裁判所の売却条件決定のための判断資料を得ることであり、例えば担保権設定登記と差押登記

との間に用益権設定登記がなされているときに、当該担保権の被担保債権が既に弁済済であれば、その用益権は有効なものとなり、その用益権の負担付で売却しなければならなくなって、売却条件に大きな違いが出てくる。2つめは無剰余取消（民事執行法63条）の有無を検討するための資料を得るということであり、担保権は優先債権であるから、その被担保債権の存否あるいは額によって申立債権者にとって無剰余となったりならなかったりして、無剰余であれば競売手続を取り消さなければならないので、その後の手続に決定的な影響を与える。したがって、債権届出と称しているが権利行使としての請求というよりも、裁判所の競売手続安定のための協力である。すなわち、民事執行法50条では、債権者に届出義務を課し、義務違反をした債権者に損害賠償義務を認めているのは、その届出義務の履行を確保し、ひいては競売手続の安定を図るためである。したがって、その届出先は裁判所であって債務者ではないから、債務者に対して権利行使をしたと評価することができない。

5　届出があったことの債務者への通知

さらに、この債権届出があったときには、配当要求と異なり（民事執行規則27条参照）、債務者に通知されることはない。強制執行等による時効の完成猶予または更新において、単に権利の行使と見られる事実があっただけでは足りず、それが債務者に何らかの形で認識されることが必要であることは、改正民法154条（旧155条）で改正民法148条1項に掲げる事由による手続は、時効の利益を受ける者に対してしないときは、その者に通知した後でなければ改正民法148条の規定による時効完成猶予または更新の効力を生じないと規定されていることなどから明らかである。

6　民法改正後の解釈

上記検討から、①担保権を設定していることそれ自体が時効障害事由ではないこと、②債権届出制度の目的や位置付け、③届け出られた債権が債務者へ通知されないこと、を考えると、民法改正前の最判平元・10・13民集43・9・985の考え方は、改正民法下でも変更がないと考える。

ちなみに、裁判所からの届出の催告に対応して届け出たという行為をもって、いわゆる「裁判上の催告」と同様の価値があると評価できるとの意見もあろうが、その届出先は裁判所であって債務者ではないから、債務者に対して権利行使をしたと評価することができない。また、競売手続中に継続的な催告があったとも評価できない。よって、時効完成猶予の効力は生じないと

解すべきであろう（同旨、山野目・民法総則348。改正民法148条1項1号の強制執行にも、2号の担保権の実行にも該当しないことを理由とする。）。

142　不動産競売手続において、（根）抵当権の被担保債権につき裁判所の催告に応じて債権計算書を提出したとき、完成猶予の効力を生じるか。

| 結　論 | 生じないと考える。 |

1　債権計算書

民事執行規則60条・173条1項は、裁判所書記官は、配当期日が定められたときは、各債権者に対し、債権の元本、配当期日までの利息、その他附帯の債権を記載した計算書を、1週間以内に執行裁判所に提出するよう催告しなければならないことを定めている。第三者申立ての不動産競売手続において、この催告に応じて債権計算書を提出したとき、時効完成猶予または更新の効力が生じるかという問題がある。

2　民法改正以前の学説

本問に関して、民法改正以前においては、「裁判上の催告」として暫定的な時効中断効が生じるとの見解があった（村田・銀法565・4、伊藤・民事執行手続参加と消滅時効中断効104）。改正民法は、改正以前においては明文の規定のなかった「裁判上の催告理論」を時効の完成猶予として明文化し、しかも、執行手続においても完成猶予の効力を認めた。そこで、民法改正以前の上記見解によれば、少なくとも完成猶予の効力は生ずるという結論になろう。

これに対して、否定的な見解として、東京地判平2・3・28判時1374・58、高山・金法1378・110、廣渡・銀法560・58などがあった。

3　検　討

債権計算書の提出は、あくまでも執行裁判所の配当計算の参考にするためであって、この計算書が債務者に送達あるいは通知されるといったものではない。強制執行等の手続が時効完成の障害となるためには、その事由が債務者に通知されるなどして債務者に認識されることが必要であり、単に債権者の権利行使と見られる事由があれば足りるというものではない。なぜなら

ば、債務者としては時効完成までの期間に応じて弁済関係証拠の保存・保管期間を予定しており、時効障害事由によりこれらの行動に変更を来すべき事由があるのであれば、その事由が債務者に認識され、それに伴った対応ができることにならなければ不測の不利益が生ずるからである。

これらの諸点からは、債権計算書の提出は、債務者に対する権利実行行為と評価できる事由ではなく、ましてや権利が存在すると評価できる事実でもないので、時効完成猶予または更新の効力は生じないと解せられる。

第18章　完成猶予─仮差押え・仮処分

143

民法改正以前に時効中断事由とされていた仮差押え・仮処分が、時効完成猶予事由とされたのはなぜか。

結　論　その暫定的な性質に鑑みて、時効期間の更新事由からは除外された。

1　改正民法149条

改正民法149条は、次のように規定している。

> 次に掲げる事由がある場合には、その事由が終了した時から6箇月を経過するまでの間は、時効は、完成しない。
> 一　仮差押え
> 二　仮処分

旧147条2号で時効の中断事由とされていた仮差押え・仮処分は改正民法では時効完成の猶予事由とされ、時効の更新事由から除かれている。

ちなみに、旧149条は、「裁判上の請求」を定めた条文であって、改正民法149条とは非対応である。

2　中断事由から完成猶予事由に引き下げられた理由

時効中断事由の根拠に関する権利行使説からは、権利主張によって時効の基礎たる事実状態が破られるから時効が中断するはずである。これに対して、時効中断事由の根拠に関する権利確定説からは、仮差押え・仮処分の手続を通してこれらの基本となった権利の存在が公に公証される段階に達したからということが時効中断の根拠とされていた。しかし、仮差押え・仮処分の手続はその開始に当たって債務名義は必要ではなく、あくまでも本案の訴えが提起されるまでの間、暫定的に被保全権利を認められただけであるから、権利の存在が公証されたといっても訴訟手続における判決等とは異なる。確定判決等との比較から、仮差押え・仮処分はその暫定的な性質に鑑みて、時

効期間の更新事由から除外されたものである（中間試案の補足説明79、筒井ら・ＮＢＬ1108・28）。

3　時効の完成が猶予される期間

改正民法149条は、「その事由が終了した時から6箇月を経過するまでの間は、時効は、完成しない」と規定している。ここでの「事由の終了」は、仮差押えの終了原因如何を問わない。これに対して、強制執行等による時効完成猶予の場合には、改正民法148条1項が、「〔前略〕その事由が終了する（申立ての取下げ又は法律の規定に従わないことによる取消しによってその事由が終了した場合にあっては、その終了の時から6箇月を経過する）までの間は、時効は、完成しない」と規定しているのと異なる。これは、強制執行等があった場合には仮差押え・仮処分とは異なり時効更新事由でもあるので、強制執行等の事由が取下げあるいは取消しによらないで終了した場合には時効更新の効力が生じるため、事由終了後さらに6か月間の時効完成猶予の効力を認める必要がないからである。

4　経過措置

仮差押え・仮処分は、民法改正以前は時効中断事由とされていたので、施行日前に仮差押え・仮処分により時効中断していた場合は、民法改正後もその効力は維持される（改正法附則10条2項）。

5　実務への影響

時効中断事由から完成猶予事由に引き下げられた点に関して、立法事務担当者からは、改正民法の下でも、仮差押え等に引き続いて本案訴訟が提起された場合には裁判上の請求に該当するから、確定判決によって時効の更新の効果が生じるため、実質的には大きな違いはないと解説されているが（筒井ら・ＮＢＬ1108・28）、実務では仮差押え等に引き続いて本案訴訟を提起することは少なく、かつ、完成猶予の効果の終期として改正民法149条が規定している「事由の終了」の解釈如何によっては、大きな影響が生じる可能性がある。

144　仮差押えによる時効完成猶予の効力は、いつ生じるか。

| 結　論 | 申立ての時と解する。 |

1 問題の提起

民法改正前の仮差押えは、旧147条2号において、差押えと並んで時効中断事由として規定されていた。他方で、旧154条は、差押えと並んで仮差押えは権利者の請求または法律の規定に従わないことにより取り消されたときは、「時効の中断」の効力は生じないと規定していた。時効中断事由の根拠に関する権利行使説からは、権利主張によって時効の基礎たる事実状態が破られるから時効が中断すると説明され、時効中断事由に関する権利確定説からは差押え・仮差押えの手続を通してこれらの基本となって権利の存在が公に公証される段階に達したからということが時効中断の根拠とされていた。したがって、仮差押えによる時効中断の効力が生ずる時期についても、差押えと同様に理解されていた。しかし、改正民法では、仮差押えは暫定的な権利行使にすぎないという理由から、時効の更新事由ではなく単なる完成猶予事由に引き下げられたので、時効完成猶予としての効力は、いつ生じるのかが改めて問題になる。考えられる時点としては、申立ての時、発令の時、仮差押命令が送達された時、仮差押えとして執行された時などがある。

2 民法改正前の学説

時効中断事由とされていた民法改正前では、旧147条2号の「差押え」による時効中断の根拠が国家機関による執行行為にあるとの理解から、「執行着手時」とする説もあったが、仮差押えによる時効中断の根拠はそれにより権利者が権利を行使したといえることにあるとの考え方からは、申立ての時とされていた（通説）。判例は、差押えに関してであるが、不動産執行の場合（大決昭13・6・27民集17・1324—旧競売法に基づく任意競売）、動産執行の場合（最判昭59・4・24民集38・6・687）のいずれも申立て時としていた。

3 完成猶予の効力の発生時期

完成猶予事由とされた民法改正後の見解として、申立ての時とするものがある（債権法研究会編・詳説改正債権法42〔石井〕。なお、民法（債権法）改正検討委員会編・詳解債権法改正の基本方針Ⅲ209参照）。完成猶予制度は、時効期間の短縮に伴い権利者の時効完成を阻止する手段を簡易に提供しようとするものであり、権利行使の意思を明らかにしたと評価できる事実が生じたときに、その手続中および当該手続終了から6か月以内は時効が完成しないとする暫定的な時効完成障害事由であること、および裁判上の請求等や強制執行等による時効の完成猶予の場合と異り、その後に時効の更新という効果が接続されていないことからは、権利行使の意思を明らかにしたと評価できる申立ての時と解してよい。

第18章 完成猶予―仮差押え・仮処分

145 仮差押えの申立てが却下された場合、完成猶予の効力が生じるか。

結 論 完成猶予の効力は生ずると解する。

1 問題の提起

仮差押申立ての手続においては、被保全権利の存在と保全の必要性が必要であり（民事保全法13条1項）、これを疎明できないときは申立ては却下される。他方、改正民法149条では、仮差押え手続を完成猶予事由として、民法改正前の時効中断事由からの変更を図っている。その完成猶予の効力の終期につき、「その事由が終了した時から6か月を経過するまでの間」と規定しているので、仮差押えの申立てが却下された場合に完成猶予の効力が生じるのかどうかが問題となる。

2 学 説

申立却下一般のケースではなく、被保全債権が特定を欠くために保全申立てが却下されたようなときは、完成猶予効を付与する前提を欠くため、完成猶予の効力は生じないとする見解（石井・金法2029・40）がある。被保全債権が特定されていなければ、当該権利を行使したとはいえないし、債務者に関係証拠の保全を働きかけるきっかけとなる意味を持たないことを理由にするものであろう。

3 検 討

しかし、一般に被保全債権が特定されないために申立てが却下されるということはあまりなく、結局被保全債権が不存在という範疇に含まれると思われる。改正民法が導入した完成猶予制度は、権利の存在の有無とは切り離しそれが明確な権利行使であることから時効障害事由としたものであること、保全手続が暫定的な権利行使に過ぎないこと、効果も時効の更新ではなく完成猶予の効力のみが生ずるにすぎないことを考えれば、一般的に申立てが却下されたときは、「事由が終了した」に該当し、その時から6か月を経過するまでは、完成猶予の効力が生じると解する。

4 再度の申立てがあったとき

仮差押えの申立てが却下され、6か月以内に再度仮差押えの申立てをなし

たとき、再度、完成猶予の効力が生じるかという問題が生じる。催告の繰返しの場合には、再度の催告に完成猶予の効力が生じないとする改正民法150条2項のような規定が、仮差押えの申立てに関しては明文規定がない。しかし、この場合は、否定に解し、再度の仮差押えの申立てには完成猶予の効力は生じないと解すべきである。そうでないと、仮差押えの申立てを繰り返せば永遠に時効が完成しないことになって不合理であるからである。

146 仮差押えが取り消されたとき、完成猶予の効果はどうなるか。

| 結　論 | 完成猶予の効果が生じている。 |

1　問題の提示

　保全異議（民事保全法26条以下）や起訴命令による本訴提起（民事保全法37条）をしなかったことによる保全命令の取消しがなされた場合（民事保全法32条1項・37条3項）、時効の完成猶予の効果が生じるのか、という問題がある。旧154条では、「〔前略〕仮差押え及び仮処分は、権利者の請求により又は法律の規定に従わないことにより取り消されたときは、時効中断の効力を生じない。」と規定していた。民法改正前においては、時効完成猶予制度は存在しておらず、仮差押えは時効中断事由と位置付けられていた。改正民法では、この時効中断事由から時効完成猶予事由に変更されているので、その後に取り消されたときでもなお時効完成猶予の効力が生じているかが問題となる。

2　旧154条が削除された理由

　旧154条が削除されたのは、改正民法において完成猶予の効力は仮差押えの終了原因を問わず生じる事としているので、不要とされたためである。したがって、保全異議や起訴命令による本訴提起をしなかったことによる保全命令の取消しがなされた場合でも完成猶予の効果が生じると解される（参議院法務委員会での小川民事局長の答弁）。単なる催告のみでも時効完成猶予の効力が生じることとの均衡からしても、この結果は当然である。

第18章　完成猶予―仮差押え・仮処分

147 仮差押解放金を供託したため、仮差押執行が取り消されたとき、完成猶予の効力はどうなるか。

結論 消滅しない。

1　仮差押解放金の供託による仮差押執行の取消し

民事保全法51条によると、債務者が仮差押解放金（民事保全法22条）を供託したことを証明したときは、仮差押執行は取り消される。執行の取消しは、通常次のような方法で行われる。不動産仮差押えの場合は、仮差押えの登記の抹消を嘱託し、当事者双方に取消決定を送達する。動産仮差押えの場合は、執行官に対して執行裁判所の取消決定を提出し、執行官は仮差押物の占有状態を執行着手前の状態に戻す。債権仮差押えの場合は、執行取消決定を第三債務者に送達する。

2　改正民法149条

改正民法149条は、仮差押えを旧法の時効中断の効力から時効完成猶予の効力に改めている。そして、その時効完成猶予の効力を「その事由が終了した時から6箇月を経過するまでの間は、時効は、完成しない。」としている。そこで、仮差押解放金の供託により仮差押執行が取り消されたとき、「その事由が終了した時」に該当するかが問題となる。

3　民法改正前の判例

旧154条は、仮差押えは、法律の規定に従わないことにより取り消されたときは、時効中断の効力を生じないと規定していた。本問につき、民法改正前の最判平6・6・21民集48・4・1101は、仮差押えの執行保全の効力は、供託金取戻請求権の上に存続しており、中断の事由は終了したとはいえないから、仮差押えによる時効中断の効力は仮差押解放金の供託による仮差押執行が取り消された場合において、なお継続すると判示していた。

4　改正民法下における結論

上記最判平6・6・21は、仮差押えが時効完成猶予の効力に改められた改正民法下でも、妥当すると考えられるから、時効中断の効力とあるのを時効完成猶予の効力と置き換えて、維持されると考える。

第18章　完成猶予－仮差押え・仮処分　　285

148 仮差押えにおける事由の終了とはいつか。

結　論　　一般的には発令手続が終了した時であるが、保全執行が予定される類型の民事保全であれば保全執行の効力が消滅する事由が生じた時と解する（不動産仮差押えの登記があれば、継続して時効の完成が猶予される。）。

1　問題の提起

改正民法149条は、仮差押え・仮処分を時効中断事由から完成猶予事由に変更した上で、仮差押え・仮処分は、「その事由が終了した時から6箇月を経過するまでの間は、時効は、完成しない」と規定している。民事保全の手続は、①保全命令に関する手続（保全命令手続）と、②保全執行に関する手続（保全執行手続）とからなっている。そこで、ここでの「事由の終了」とはこれらのいずれの手続を意味するのかが問題となる。

2　民法改正前の判例・学説

民法改正前の民事保全が時効中断事由とされていた当時は、非継続説と継続説との対立があった。非継続説は、不動産仮差押えによる時効中断効は、仮差押執行としての登記がなされるまで継続するに過ぎず、登記され債務者に告知された時から新たに時効が進行すると解していた（松久・判評309・36、東京高判平4・10・28判時1441・79、大阪高判平7・2・28金法1419・37）。非継続説には、被保全権利が疎明されているにすぎない暫定的な手続に確定判決を超える効果（改正民法169条）を与えるのは妥当ではないとの考えがある。ちなみに、発令手続と執行手続は別個独立の中断事由をなすとの学説もあった（山本・金法1396・36）。

他方、改正前の最判昭59・3・9判時1114・42は、「本件仮差押による時効中断の効力は、右仮差押の登記が抹消された時まで続いていた」と判示し、仮差押えによる時効中断効が仮差押えの執行中ずっと継続していたものとする考え方（継続説）を前提としていた。さらに、最判平6・6・21民集48・4・1101が、不動産仮差押えによる時効中断の効力は、仮差押解放金の供託により仮差押執行が取り消された場合においても、なお継続すると判示し、最判平10・11・24民集52・8・1737も、仮差押え・仮処分の効力が継続している限りは、時効中断の効力が維持されるとの継続説の立場をとる。

そこで、この判例の立場と改正民法における「事由が終了した時」との文

言との関係が問題となる。

3　立法担当官の説明

　民法改正審議が始まる以前には、仮差押えは債務名義を取得し本執行を保全するための手段的なものであるから、その時効完成猶予期間としてもせいぜい2〜3年が相当であるとの立法論があった。改正民法は、仮差押え・仮処分があった場合の効力を時効の中断から完成猶予に引き下げた。その理由は、民事保全手続の暫定性を根拠にするものであるが、そうであるとすると、民事保全手続は本案の訴えが提起されるまでの間、時効の完成を阻止するものに過ぎないから、非継続説に親和性があるとの見解がある（足立・銀法819・69）。

　79回会議において、保全執行の効力の継続と時効中断の効力継続の関係が問題になり、合田関係官は、従前判例理論を今回の提案で変更する意図はなく、「その事由が終了した時」というのは従来の判例理論における終了時点と同じ時点を指していると説明している（79回会議・議事録24）。したがって、改正民法の下でも、判例変更がない限り（日本弁護士連合会編・実務解説改正債権法81や鹿野＝高須・ジュリ1515・79は、判例変更の可能性に言及する。）、上記判例が示した継続説の立場は変更されないというのが、立法事務当局の立場であると思われる。

4　事由が終了した時

　以上のような結果、「事由が終了した時」とは、一般的には、保全執行が予定される類型の民事保全であれば保全執行が完了した時であり、そうでなければ発令手続が終了した時ということになるが（石井・金法2029・43。ただ、本案の訴え提起時とする考え方もありうる。）、保全執行が完了した時とは、執行の手続が完了した時であるのか、執行の効力が続いている間は完成猶予の効力が生じているのか、なお解釈の問題が残る。

　改正民法は、時効中断の効力を完成猶予と更新に分離するとともに、改正以前の「裁判上の催告」理論を明文化しこれを強制執行等にも拡張した。裁判上の催告理論の中核は、裁判上の請求という形で権利行使が継続している間はその手続中は権利行使が継続しており時効は完成しないという点にある。仮差押えについては改正前の時効中断の効力から完成猶予の効力に引き下げられたが、①裁判上の催告理論が仮差押えに拡張された結果が仮差押えの完成猶予の効力として明文化されたと理解できること、②仮差押えの効力が続いている間は国家機関による仮差押えという処分形式に包まれた債権者

の権利行使も継続していると評価でき、保全執行が予定される類型の民事保全であれば保全執行の効力が続いている間はなお時効が完成しないと解すべきである。

したがって、不動産仮差押の登記があれば保全執行の効力が続いており、継続して時効の完成が猶予され、保全異議によって保全命令が取り消された時や、本訴の不提起によって保全命令が取り消され、仮差押登記が抹消された時から6か月間はさらに時効の完成が猶予されるということになる。同旨の学説として、平野・民法総則407がある。

149 不動産仮差押命令の登記が競落により抹消されたとき、時効の関係はどうなるか。

結　論 不動産仮差押命令の登記が存続している限りにおいては、完成猶予の効力（改正民法施行日前の仮差押えについては時効中断の効力）が継続していると解する。

1　具体的なケース

本問の不動産仮差押命令の登記が競落により抹消されたときについて、その法的な意味を明らかにすると、次のような2つの場合がある。

(1)　移行した本執行における抹消嘱託登記

不動産仮差押権者が、その後に債務名義を得て本執行に移行し、強制競売手続が進行して、買受人が代金を納付したときは、仮差押登記は抹消される（民事執行法82条）。

(2)　民法改正以前の最判昭59・3・9の事案

最判昭59・3・9判時1114・42のケースは次のとおりである。貸金債権保全のため、建物につき仮差押えをしたところ、その後にその建物が第三者に所有権移転され、かつ、その者に対して建物の強制競売が実施され、競落されて平成8年改正前の旧民事訴訟法700条の規定により仮差押登記が抹消されたという事案である。原審は、仮差押登記が本執行に移行しないうちに抹消されたので、仮差押えによる時効中断の効力は生じなかったと判示した。しかし、最高裁判所は、本件仮差押登記の抹消をもって旧154条所定の事由があったものとはいえず、したがって、本件仮差押による時効中断の効力は、その仮差押登記が抹消された時まで続いていたものと判示した。

ちなみに、最判平10・11・24民集52・8・1737は、仮差押えによる時効中断

の効力は、仮差押えの執行保全の効力が継続する間は継続し、本案の勝訴判決が確定したとしてもこれに吸収されて消滅するものではない、と判示している。

2 改正民法における仮差押えの扱い

改正民法149条は、仮差押えを旧法の時効中断の効力から時効完成猶予の効力に改めている。そして、その時効完成猶予の効力を「その事由が終了した時から6箇月を経過するまでの間は、時効は、完成しない。」としている。民事保全の手続は、①保全命令に関する手続（保全命令手続）と、②保全執行に関する手続（保全執行手続）とからなっている。そこで、ここでの「事由の終了」とはこれらのいずれの手続を意味するのかが問題となる。「事由が終了した時」とは、一般的には、保全執行が予定される類型の民事保全であれば保全執行が完了した時であり、そうでなければ発令手続が終了した時ということになるが（石井・金法2029・43）、保全執行の完了がいつであるかは明確ではない。

3 改正前の判例との関係

民法改正の審議において、保全執行の効力の継続と時効中断の効力継続の関係が問題になり、合田関係官は、従来の判例理論を今回の提案で変更する意図はなく、「その事由が終了した時」というのは従来の判例理論における終了時点と同じ時点を指していると説明している（79回会議・議事録24）。これによると、民法改正後においては、不動産仮差押命令の登記が存続している限りにおいては、完成猶予の効力が継続していると解することになる。

4 検 討

改正民法は、時効中断の効力を完成猶予と更新に分離するとともに、改正以前の「裁判上の催告」理論を明文化しこれを強制執行等にも拡張した。裁判上の催告理論の中核は、裁判上の請求という形で権利行使が継続している間はその手続中は権利行使が継続しており時効は完成しないという点にある。仮差押えについては改正前の時効中断の効力から完成猶予の効力に引き下げられたが、仮差押えの効力が続いている間は国家機関による仮差押えという処分形式に包まれた債権者の権利行使も継続していると評価でき、保全執行が予定される類型の民事保全であれば保全執行の効力が続いている間はなお時効が完成しないと解すべきである。不動産仮差押えにおける登記は、債権者の権利行使が継続していることを公権的に公示する象徴ともいえる
（東京高判平6・3・30判時1498・83参照）。

第18章　完成猶予－仮差押え・仮処分　　289

したがって、不動産仮差押えの登記があれば保全執行の効力が続いており、継続して時効の完成が猶予され、保全異議によって保全命令が取り消されたときや本訴の不提起によって保全命令が取り消され、仮差押登記が抹消された時から6か月間はさらに時効の完成が猶予されるということになる。同旨の学説として、平野・民法総則407がある。

5　経過措置
なお、仮差押え・仮処分は、民法改正以前は時効完成猶予事由ではなく時効中断事由とされていたので、施行日前に仮差押え・仮処分により時効中断していた場合は、民法改正後もその効力は維持される （改正法附則10条2項）。

150　不動産仮差押え後、判決を得て強制競売を申し立て、開始されたが、剰余がないということで強制競売が取り消されたとき、時効完成猶予の効力はどうなるか。

結　論　仮差押えとしての執行が継続する限り時効完成猶予の効力が生じている。

1　問題の提示
民事執行法63条は、執行裁判所は、不動産の買受可能価額が執行費用のうち共益費用であるものの見込額または手続費用と差押債権者の債権に優先する優先債権の見込額の合計額に満たないと認めるときは、その旨を差押債権者に通知し、差押債権者がこの通知を受けた日から1週間以内に手続費用および優先債権の見込額の合計額を超える額を定めて、買受人がないときの買受けの申出および保証の提供をしないときは、執行裁判所は、差押債権者の申立てにかかる強制競売の手続を取り消すと規定している。本問では、債権者が不動産仮差押え後、債務名義を得て強制競売の申立てをなし、いわゆる本執行へ移行したが、この強制競売が、上記民事執行法63条の剰余を生ずる見込みがないとして、取り消された場合の仮差押えによる完成猶予の効力を問うものである。

2　前提問題
この問題を考える前提として、①不動産仮差押えによる完成猶予の効力はいつまで続くのか、②仮差押え後に債務名義を得て本執行に移行したとき、

完成猶予の効力はどうなるのか、③剰余のないことを理由として強制競売が取り消されたとき、完成猶予の効力がどうなるか、の各論点がある。

3 民法改正前の議論

まず、仮差押えによる時効中断は、一般的にいつまで続くかであるが、最判平10・11・24民集52・8・1737は、仮差押えによる時効中断の効力は、仮差押えの執行保全の効力が存続する間は継続し、本案の勝訴判決が確定したとしてもこれに吸収されて消滅するものではないとしている。

ところで、本問は、仮差押えが本執行に移行した後、その本執行が最後まで完結せず、途中で取り消されている。そこで、仮差押えから本執行への移行後の仮差押え自体の効力はどうなるかの問題をみておこう。この点については、①仮差押えは依然としてその効力を維持または回復しているとする見解（潜在説ないし併存説。大阪高決平11・7・15金法1564・71）と、②既に適法に開始された本執行により仮差押えはその目的を達し、仮差押えの効力は本執行に吸収されて、本執行と運命を共にすべく、したがって本執行が取消しにより手続が終了すれば、仮差押えの効力もそれと共に失効する、という見解（大阪高決昭42・8・3判時500・31、東京高判昭48・3・14判タ297・233）とがあったが、最判平14・6・7判時1795・108は、本執行移行後の仮差押えの効力につき、併存説を採用したので、本執行が目的を遂げたときは共に消滅するが、本執行が無効、申立ての取下げ、取消等により失効したときはなお存続していることになる。学説としても、無剰余による強制競売手続が取り消されただけで仮差押えによる時効中断の効力は消滅しない、とするものがあった（並木・金法1551・28）。

4 民法改正との関係

改正民法では、時効の完成猶予制度が新設され、時効中断は、完成猶予と更新に分離された。他方で、仮差押えは、時効中断事由から時効の更新事由に引き下げられた。そこで、改正民法の下でも仮差押えによる時効の完成猶予の効力の終期はいつであるかという問題が生ずるが、私見は、仮差押えの執行が続いている間は、国家機関による仮差押えという処分形式に包まれた債権者の権利行使も継続していると考えて、不動産に対する仮差押登記が抹消されないで存続している間は完成猶予の効力も生じていると考える。

上記の考え方によれば、強制競売手続は取り消されたとしても、仮差押えの効力は維持または回復しているのであるから、当該債権は仮差押（執行）手続中ということで、時効の完成は猶予されていることになる。

第18章　完成猶予－仮差押え・仮処分

151 催告をして、その6か月以内に仮差押えがなされたとき、仮差押えによる時効の完成猶予の効力は生じるか。

結　論	生じると解する（私見）。

1　問題の提示

改正民法150条1項によれば、催告があったときは、その時から6か月以内は、時効が完成しない。仮差押えは、民法改正以前は時効の中断事由であったが、民法改正により、完成猶予事由に引き下げられた（改正民法149条1号）。したがって、改正民法下では、両者とも完成猶予の効力しか生じない。ちなみに、催告が2回繰り返されたときについては、改正民法150条2項が、再度の催告は時効完成猶予の効力を有しないと規定している。

問題は、一般の債権回収実務で行われるように、催告した後に仮差押えに踏み切ったときに、後の仮差押えによって完成猶予の効力が生じるか否かである。厳密にいうと、催告がなされても、本来の時効期間が満了する前に仮差押えの申立てがなされたときは、完成猶予の繰返しにならないから、本問からは除外される。したがって、催告により本来の時効期間を超えて完成が猶予されている間に仮差押えがなされたときに仮差押えによる時効完成猶予の効力が生じるか否かということが問題になるのである。

2　催告＋協議を行う旨の合意による時効の完成猶予

催告による時効の完成猶予と催告以外の他の時効完成猶予事由との関係に関して、改正民法上に明文の規定があるのは、協議を行う旨の合意による時効の完成猶予事由だけである。すなわち、改正民法151条3項前段は、「催告によって時効の完成が猶予されている間にされた第1項の合意は、同項の規定による時効の完成猶予の効力を有しない。」と規定している。

3　催告＋裁判上の催告における判例

催告の後の第2の催告が「裁判上の催告」であった場合については、判例がある。すなわち、最判平25・6・6民集67・5・1208は、明示の一部請求をしたケースにおいて、特段の事情のない限り、当該訴えの提起は残部について裁判上の催告として時効中断の効力を生じるが、第1の催告から6か月以内に「裁判上の催告」があっても催告の繰返しであるから、消滅時効の完成を阻止することができない、と判示している。

この判例の射程が問題になるが、調査官解説では、本判決は第2の催告が明示的一部請求の訴えの提起による裁判上の催告である場合について判示したものであって、裁判上の催告一般についておよそ催告に繰返しによる時効中断効を否定したものではないと解説されている（武藤・最高裁判所判例解説民事篇平成25年度328）。

4 催告＋仮差押え

本問については、改正民法151条3項のような明文規定がないから、重畳適用は認められると解する見解がある（井上・松尾編著など・practical金融法務債権法改正43〔長谷川〕）。武藤調査官も、裁判外の催告から6か月以内に裁判上の請求など旧153条所定の措置を講じたものの、訴えの却下等によりそれが目的を遂げずに終了した場合には、債権者としてはすべきことをしており、保護する必要性が高いから、別異に解する余地があるとされる（武藤・前掲328）。

裁判外の催告と仮差押えでは、改正民法下においては同じ時効完成猶予の効力しか生じないと位置付けられているが、旧法では、仮差押えは時効中断の効力を付与されていた。両者の違いは、単なる催告は国家機関が全く関与しない単なる私的な権利行使に過ぎないが、仮差押えにおいては疎明で足りるとはいうものの被保全権利の存在が必要であり、裁判所がその存在を踏まえて、仮にではあるが債務者財産に対する処分禁止効を生じさせるという行為が予定されている。そうすると、同じ債権者の権利行使とはいっても、その権利行使の明確性や強度は単なる催告とは異なる。また、催告には存在しない裁判所による債権の存在に関する認定という過程による債権存在の蓋然性の高まりを考慮すると、単なる催告の繰返しと同じように解することはできないと考える。

152 連帯保証人に対して仮差押えをして、これを主債務者に通知すれば主債務の時効は完成猶予となるか。

| 結 論 | 完成猶予とならないと考える。 |

1 民法改正以前の議論

連帯保証人に対して仮差押えをしても、旧458条が準用する旧434条は請求に関してのみしか絶対効を認めていないから（大判大3・10・19民録20・777による

と、請求は履行を受けんと欲する意思表示であるが、差押えは、債権の弁済を得んがための債権者の行為であり、区別されるから）、その中断効は、仮差押権者と連帯保証人との間でしか生じせず（旧148条）、主債務の時効は当然には中断しない（最判平5・4・22裁判集民169・25）。そこで、旧155条は「（前略）仮差押え及び仮処分は、時効の利益を受ける者に対してしないときは、その者に通知をした後でなければ、時効の中断の効力を生じない」と規定しているので、旧155条を適用して仮差押えを為したことを主債務者に通知すれば、主債務の時効は中断するのではないか、という議論があった。

　なお、類似の論点として、保証人が保証債務を承認し、債権者がこれを主たる債務者に通知したとき、主債務の時効が中断するか、という問題がある（石田・民法総則582－消極）。

2　民法改正前の学説

(1)　積極説

　この問題につき、積極的に旧155条の適用を認め、主債務者に通知すれば時効中断するという実務家が多い。積極説の論拠は、①旧155条の文言は、物上保証人と人的保証人とを区別していないこと、②自ら主債務者に対して通知するという債権者の意思に基づく積極的関与があること、③消極説によると（仮）差押え後に連帯保証人との間で話合いが成立し、（仮）差押えを取り下げた場合、時効中断の効力が失われているから、連帯保証人に消滅時効の援用を認めるという不都合な結果となることなどである。

　また、旧155条の類推適用を認める学説（石田・民法総則581）もある。債権者においては、改めて主債務者に時効中断手続をとる負担から解放され、主債務者も連帯保証人に差押えがされていることの通知を受ければ不服申立てができるから、というのがその理由である。ちなみに、この見解によった場合の時効中断効の発生時期は、債権者が主債務者に通知を発した時あるいは、主債務者が差押えを知った時、とされる（石田・民法総則582注2）。

(2)　消極説

　これに対し、本問のような場合、適用なしとして明確に否定した学説として薬師寺・日本民法総論新講1082があり、差押えに限りこのような例外（簡易な中断措置）を認めることに疑問を残すものとして幾代・民法総則〔第2版〕576があり、物上保証人の場合に旧155条の適用を認めた最判昭50・11・21民集29・10・1537以後も、保証債務についての差押えを主債務についての差押えと同視するのは時効中断効の相対性から困難であり、旧155条の通知がこれを破る理論的根拠が存在しないとする松岡・金法1485・30がある。そして、

これら一部の否定学説があるためであろうか（また判例においても正面から本問のような場合に時効中断効を認めたものもないためであろうか）、実務においても本問を積極に解し、このような時効中断方法を実務に採り入れている例も聞かない。

3　民法改正との関係

まず、旧155条は改正民法154条となり、旧155条において「差押え、仮差押え及び仮処分は」とあったのを、「第148条第1項各号又は第149条各号に掲げる事由に係る手続は」と改正され、「時効中断の効力を生じない」となったのを、「第148条又は第149条の規定による時効の完成猶予又は更新の効力を生じない」と改正された。他方、連帯保証人と主債務者との関係については、請求の絶対的効力事由は、相対的効力事由にすぎなくされている。ただし、特段の特約のあるときは別である（改正民法458条）。

4　私　見

私も本問のような場合、改正民法154条の適用には消極である。以下その理由を述べる。

第1に、旧155条の立法者は、本条の適用ある場合として、物上保証人の提供した抵当不動産に対する差押えの場合や、第三者占有下にある債務者所有不動産に対する差押えなどの場合をあげ、保証人に対する差押えの場合は考えていないようである（立法時の議論の検討として、金山・判評428・39）。

第2に、積極説によると、連帯保証人の不動産を仮差押えすれば、解除するまで主債務は永久に時効にかからないことになり（仮差押えをしたのみで長期にわたる分割弁済を受け入れ、本執行に移行もしないし解除もされず、仮差押えの登記のみ長期間にわたって存続するという例も多い）、時効障害効の相対性の例外として余りに効力が大きくなりすぎる。

第3に、改正民法154条は、時効障害事由の中で差押え等を非常に優遇した規定である。これを判例が認めた物上保証人のみならず、本問のような人的保証の場合にまで適用を拡大するときは、さらにその不均衡を拡げるものとなる。

なお、上記昭和50年の最高裁判決は、物上保証人に対する差押えの場合に旧155条の適用を認めているので、同じ保証人に対しても肯定してよいのではないかとの反論もあろうかと思われるが、物上保証人は、責任のみを負い債務を負う者でないから、物上保証人のこの責任自体の消滅時効が進行して消滅するという法的立場になく、その意味で、物上保証人は、旧155条の「時

第18章 完成猶予―仮差押え・仮処分 295

効の利益を受ける者」でないが（なお、時効援用権がないということではない）、連帯保証人は、債権者に対し、直接保証債務を負担し、その消滅時効は主債務とは別個に進行するものであるから、連帯保証人に対して差押えがなされれば、むしろ「時効の利益を受ける者」に対して差押えがなされたのであって、改正民法154条の文言に合致しないと思われ、このように、両者はその法的性質を異にするから、物上保証人に認められる以上、連帯保証人にも認めてよいという結論にはならないと考える。

5　通知の方式

　なお、積極説に立った場合、主債務者に対する通知の方式をどうするか（例えば、仮差押命令の正本を添付しなければならないのか）、また、仮差押えを受けた保証人が通知した場合はどうかなどの問題が起こることになる（この点の検討として、山野目・判タ831・50）。このような手続面の明確性もないことから、通知によっては時効中断されないという前提で民法改正前における実務は動いていた（上野ほか・金法1398・31〔塚原発言〕）。

第19章　完成の猶予―催　告

153　催告については、どのように改正されたか。

結　論　更新事由（旧法の時効中断事由）としないで完成猶予事由とされた。

1　民法改正前の催告

旧147条1号では、催告も同号の「請求」の一種として「時効中断事由」と位置付けられているものの、旧153条では、催告のみでは完全な時効中断効は生ぜず、6か月以内に裁判上の請求や差押え等をして初めて時効中断の効力が生じるとされていた。すなわち、時効中断事由としての請求の一種とされていたが、現実には時効中断の手続をとるための期間であり、時効の完成間際に時効の完成を最長6か月間阻止する時効完成を猶予する機能しか果たしていなかった。

2　時効完成猶予事由

改正民法150条1項は、次のように規定している。

> 催告があったときは、その時から6箇月を経過するまでの間は、時効は、完成しない。

民法改正前は時効中断事由とされていた催告を、それが実際に果たしている機能を明文化させ、時効の更新事由としないで完成猶予事由としたものである。すなわち、改正民法における催告は、更新の効力を有する手続をとるための期間と位置付けられている。立法理由については、債権者からの催告があると、債務者に債権そのものあるいは債権を巡る争いの存在を認識させるものであり、それ以後の事実関係の曖昧化の進行を止めることに資するので、債権者に期間満了を差し当たり阻止する簡易な方法を認めるべきであるからと主張する者もある（民法（債権法）改正委員会編・詳解債権法改正の基本方針（Ⅲ）237参照）。

第19章　完成の猶予一催　告　　　297

　ちなみに、旧150条は支払督促についての規定であり、改正民法150条とは非対応である。

3　更新事由とされない理由
　催告は、時効の完成間際に一時的に時効の完成を阻止するにすぎないものであり、私的な権利行使にすぎず、債権の存否・内容の確定に資するものでもないから、時効更新事由にできない。

4　書面によらない催告
　時効完成猶予事由としての催告に書面は不要である。この点は、改正前と何ら変わりはない。

5　天災等による完成猶予との関係
　改正民法161条は、天災等による時効完成の猶予を、その障害が消滅した時から3か月間認めている。旧161条の法文に「時効を中断する」ことができないときはとあったのを「第147条第1項各号又は第148条第1項各号に係る手続を行うこと」ができないときは、と文言を修正している。したがって、天災等により催告をすることはできないが、裁判上の請求等を行うことができるといったような場合においては、天災等による時効完成猶予の効力は生じない。

154　過払金返還請求をする前提としての取引履歴開示請求は、催告となるか。

| 結　論 | 催告とならない。 |

1　問題の提示
　催告は、債権者が債務者に対して「債務の履行」を要求する「意思の通知」である。法律上の性質は、「準法律行為」であると解されている。催告は、通常、裁判外で行われ、特別の方式や表現は必要でないため、書面でも口頭でも良く、黙示の催告でも差し支えない。
　過払金の返還請求をするために、あらかじめ貸金業者に取引履歴の開示を求めることがある。この取引履歴開示の請求が、改正民法150条1項の催告による時効完成猶予の効力を生ずるかという問題がある。

2 簡易な時効完成阻止としての手段としての催告

催告があったときは、その時から6か月を経過するまでの間は、時効は完成しない（改正民法150条1項）。旧153条は、催告は、6か月以内に裁判上の請求、支払督促の申立て、和解の申立て、民事調停法もしくは旧家事審判法による調停の申立て、破産手続参加、再生手続参加、更生手続参加、差押え、仮差押えまたは仮処分をしなければ、時効中断の効力を生じない、と規定していた。この時効の完成が猶予されるという催告としての位置付けは、改正民法の下でも同じである。結局、催告は、本来的な時効の更新を生じせしめるために時間を稼ぐための簡易な時効完成阻止としての手段を提供するものに過ぎない。そうすると、「暫定的な時効中断は6か月と短期間であり、債権者に与えられる催告による中断の利益は、1回限りであるから、債務者が弁済の証拠を処分してしまうことによる二重弁済のリスクを回避するのは容易であり債務者にとって特に重い負担となるべきものではない。〔中略〕したがって、債務者がいかなる債務につき請求を受けたか了知しうるものであれば（了知しうるかどうかは規範的な判断である）、暫定的な時効中断の不利益は、もはや不意打ちとはならず債務者はこれを甘受すべきであり、民法153条の催告に当たるとしてよい」（松久・リマークス48・17）。

3 時効障害事由発生における債権の特定の必要性

しかし、債権の消滅時効というのは、当該特定された債権について生ずるのであり、複数の債権が一体となってあるいは複合的な債権債務関係が一体となって時効で消滅するという効果を発生させるものではない。したがって、時効の完成猶予および更新の効力についても当該債権ごとに生ずるものである。そこには、完成猶予および更新の対象となる債権が特定されていることが前提とされている。この観点からは、過払金返還請求に関して債務整理を行う旨の通知や任意整理の受任通知をもって改正民法150条の催告があったとはいえない（東京地判平22・10・25（平22（レ）1054）、東京地判平22・11・10（平21（ワ）34935））。

同様に、貸金業者に対するいわゆる過払金返還請求は、不当利得返還請求権を根拠とするものであるところ、取引履歴開示請求は、この不当利得返還請求権を行使するために密接に関連する行為ではあるが、これと同一の債権というほどのものではなく、また、実際上過払金として返還請求できるか否かは開示された結果を分析してみないと判明しないのであるから、取引履歴開示請求によって催告として時効完成猶予の効力を生じる債権として過払金返還請求権が特定されているとは言い難い。

4 民法改正前の裁判例

　民法改正前の裁判例として、弁護士の受任通知書に、取引履歴の開示を求める記載の外に、「なお、過払金が発生している場合は、本書面をもって発生しているすべての過払金の請求をします。」との記載があったケースで、旧153条所定の催告に係る債権の特定がなされたものと評価し得るとしたもの（東京高判平24・9・26判時2171・46）と、過払金返還とか請求とかの文言が一切なく、「取引履歴の開示をお願いします。」とのみ記載されていたケースで、催告に当たらないとしたもの（広島高判平23・6・9（平23（ネ）34）、東京高判平25・11・28金法1996・114）がある。しかし、この両判決の結論の違いは事案の内容によるものであり、対立するものではない。

---

155 催告の内容証明郵便が、不在のため留置期間経過により返送されてきた場合、時効完成猶予の効力が生じるか。

結　論	「既知の者」からの内容証明郵便を再配達の依頼や郵便局に取りに行かなかったときは、不在配達通知書を見て受領に必要と認められる相当の期間が経過したときに、到達が擬制され、完成猶予の効力が生ずる。

1 意思表示の到達（改正民法97条）

　改正民法97条1項は、「意思表示は、その通知が相手方に到達した時からその効力を生ずる。」と規定している。旧97条の条文から「隔地者に対する」という文言を削除したのみで、その内容に変化はない。

　到達の時期がいつであるかについて、中間試案では、「相手方等が意思表示を了知することができる状態に置かれたこと」との規定を予定していたが、その内容の抽象性の故に立法化されなかった。

2 催告の到達

　催告は、債権者が債務者に対して債務の履行を要求する「意思の通知」であり、法律上の性質は、「準法律行為」と解されている。したがって、意思表示の到達に関する旧97条の規定がそのまま適用されることにはならないが、意思表示に関する到達主義を定めた旧97条の適用あるいは類推適用により、相手方に到達することによって効力を生じると解されていた（幾代・民法総則〔第2版〕573、川島・民法総則489）。

民法改正前においては、催告が相手方に到達しなかった場合には時効中断の効力は生じないと一般に解されていた（石田・民法総則577）。これは、債務者の立場から見た場合、債権者からの権利主張や権利の実行行為がない以上、時効期間の満了により時効が完成したとして弁済に関する証拠を廃棄する可能性があり、このような債務者の利益を保護するためには、一定の権利主張や実行行為があったことを債務者に知らしめることが不可欠となるからである。最判平7・9・5民集49・8・2784は、旧155条の代替通知である競売開始決定正本が郵便に付して発送されただけでは、時効中断の効力が生ぜず、到達によって初めて生じると判示している。しかしこの点、①催告は賃貸借契約の解除など新たな権利変動を積極的に生じさせるものではないこと、②催告の効果として、民法改正前の「時効中断事由」から「時効完成猶予事由」に引き下げられたこと、③催告により、権利者の権利行使が明確な形式でなされ、権利の上に眠るとはいえないこと等から、催告という権利行使があれば債務者に到達せずとも完成猶予の効果が生じるという発信主義的な考え方を採ることもできないわけではない（東京地判昭61・5・26判時1234・94参照）。

3　到達に関する判例

　郵便配達員が不在により郵便物を持ち帰り、留置したが期間経過により返送されたような場合、従前の下級審判例では、意思表示の到達があったものと解する裁判例（東京地判昭43・8・19判時548・77、福岡地判昭51・5・13判タ357・298、東京地決平4・4・21金法1378・141、東京地判平5・5・21判タ859・195）と、了知しうるべき状態には置かれたとはいえず、到達があったものとはいえないとする裁判例（東京地判昭48・10・18判時732・70、大阪高判昭52・3・9判時857・86、札幌高判平8・9・30刊行物未登載）の2つに分かれていた。

　最判平10・6・11判時1644・116は、遺留分減殺の意思表示が記載された内容証明郵便物が留置期間経過により差出人に還付された場合に、①受取人が郵便物の内容を了知しうること、②郵便物が容易に受領可能であること、の2要件が充足される場合には、社会通念上受取人の了知可能な状態に置かれ、到達したものと判示した。2つの要件の内、②の要件は、長期不在などの特殊な事情がない限り、不在配達通知が差し入れられ、その郵便物の受取り方法も指定できるのであるから充足できると思われるが、①の要件は、あくまでも当該事案における個別的・具体的な判断によることになる。

4　改正民法97条2項による到達擬制

　旧法には意思表示の相手方によって意思表示の到達が妨げられた場合に関

する明文の規定はなかった。しかし、改正民法97条2項は、「相手方が<u>正当な理由なく</u>意思表示の通知が<u>到達することを妨げた</u>ときは、その通知は、通常到達すべきであった時に到達したものとみなす。」、と規定している（下線は筆者）。これは、公平を図る見地から、到達しなかったことの原因が相手方にあるときは、到達が擬制される規定を設けたものである（中間試案の補足説明30）。

「妨げた」には、不在配達通知によって書留内容証明郵便が送付されたことを知っていたのに、受領に必要な行為をしなかったというような不作為の場合も含まれる（筒井＝村松・一問一答・民法（債権関係）改正25、大阪弁護士会民法改正問題特別委員会編・実務解説民法改正20、中間試案の補足説明32）。

「正当な理由なく」という要件が設けられたのは、郵便物の差出人に心当たりがなく、相手方がその内容を知り得ない状況で到達を妨げたような場合にまで到達の擬制をすることは、相手方に不測の損害を与え、通知者との公平を欠くからである。当初案では、「正当な理由がないのに故意に」と表現されていたが、「故意に」との要件が狭すぎるのではないかとの指摘があり、「故意に」という要件は削除され表現が改められた。「正当な理由」の有無については、既知の者からの意思表示であるか、未知の者からの内容の不明な郵便物が配達された場合であるか等、個別の事案に即して判断されることになる。日本弁護士連合会編・実務解説改正債権法22は、内容を推知することができない場合には、到達が認められないと解している。

そうすると、①受取人が郵便物の内容を了知しうる状況をまず作りだした上で、②受取人が不在でその後に郵便物を取りにも行かず、結局配達されなかったとしても、到達したと擬制され、催告の効力が生じると解される。

受領に必要な行為をしなかったような不作為に関してこの到達擬制が認められる場合、その意思表示が通常到達すべきであったときとは、不在通知書が残された事案では、その後受領に必要と認められる相当の期間が経過した時に到達が擬制されることになる（中間試案の補足説明32）。相当の期間が経過した時とは、通常は留置期間が満了した時である。

156 催告を受けた債務者が、回答の猶予を求めた場合、6か月の期間はいつから起算するか。

| 結　論 | 債務者から相応の回答があった日の翌日から起算する。 |

1 問題の提示

時効完成直前になって、債務者に対して催告をなした債権者は、催告の時から、正確には、催告が相手方に到達した日の翌日から6か月を経過するまでの間は時効は完成しないから、訴えの提起その他の確定的な手続をとれば、その時点で時効期間を経過していても、消滅時効による権利消滅の効果は生じない（改正民法150条1項）。

債権者のこの催告に対して、債務者が、調査するのでしばらく待ってほしいと言ってきたときにも、債権者は、やはり催告が到達した日の翌日から、6か月以内に訴えの提起などの手続をとらなければならないのかがここでの問題である。

2 回答猶予の具体例

民法改正以前の過去の裁判例をみると、①国鉄に対する催告に対し、「岡山鉄道管理局長をして審理の上回答させるから了承願いたい」旨の回答をし、約1か月後に岡山鉄道管理局長から拒絶の回答があった場合（広島高岡山支判昭33・8・29判時163・13）、②「請求権の存否につき、調査のため駐留軍に対し照会した上、その解決に付善処する」旨約し、回答から約1年後に「相当複雑な問題もあるので協力を願う」旨回答した場合（最判昭43・2・9民集22・2・122）、③交通事故による損害賠償請求に対し「現在検察庁で刑事事件として事故の原因や責任の所在について取調べ中であり、…（中略）…いずれ遠からずその責任の有無等も明らかになるから被告としてはその最終的結論を待って善処したい。従って今直ちに原告の申出に応ずることはできない」旨回答した場合（大阪地判昭45・3・19判時596・76）等がある。

これらの場合に、上記判例は、いずれも旧153条所定の6か月の期間の延長を認める。その理由は、改めて回答がなされるまで、債務が承認されるか、否認されるかは未確定の状態にあるのに、なお催告後6か月以内に訴えの提起等のより強力な手段に訴えなければならないとすることは、しばしば債権者に酷であり、債務者の本意にもそぐわないこともあるからである。

3 理論構成

しかし、この結論を理論的に基礎付けようとすると、様々な困難に直面する。というのは、①6か月という期間は、どのような性質の期間と見るべきか、②その期間の延長や短縮ないし進行時点は、当事者の任意の意思の支配内にあるかどうか、③催告のあった場合、その債権の存否につき、調査のためしばらく猶予を請うという意思表示は、時効制度との関連においてどのような

法的意味を持つか、④この申出に対して債権者が承諾を与えた場合、当事者間にどのような法律関係が発生するのか、などの理論的諸問題が横たわっているからである（風間・判評96・10）。

判例は、債務者からの回答猶予の申出に対して、6か月の期間延長を認めているわけであるが、その延長する理論構成については2つの流れがある。1つは、回答猶予の申出があったときは、その催告後回答がなされるまでの間、「催告の効力が存続する」とするものと（大判昭3・6・28民集7・8・519および上記2①・③の判例および上記2②の最高裁判決の原審判決）、他は、旧153条所定の6か月の期間は債務者からの「回答があるまで進行しない」とするもの（上記2②の最高裁判決）である。

4　根拠付け

時効制度は公の秩序であり、その規定の多くは、強行法規であることにかんがみれば、判例が回答猶予の申出に対して、法定の6か月の期間延長を認めるのは、背理のようにも思われ、また「時効の公益的制度たる面をやや軽視する嫌いなしとしない」という批判（幾代・総合判例研究叢書第2　第8民法67）があることも確かである。しかし、法は時効制度の強行法規性を認めながらも、時効を援用するかしないかの自由や、時効利益の放棄等の制度も認めており、債務者の自由意思による真実の権利関係への復帰も容認するところであり、簡易な時効障害手続を認めるという立法趣旨を合わせて考えると、債務者の猶予の申出と債権者の容認に6か月の期間の延長の効果を認めることもあながち背理ではないと考えられる。

5　回答がない場合

上記2②最高裁判決は、回答があるまで6か月の期間は進行しないと判示するが、そうすると回答がない限り、6か月の期間の進行はいつまでも停止しているのかという問題がある。債務者の方で、猶予期間を限定して明示してあれば、その期間中は停止するということでよいが（上記2③の大阪地裁判決の場合、猶予期間を「刑事事件の確定判決まで」と解釈している。）、期間を定めないで猶予を求めた場合が問題である。このような場合、具体的な事情を基礎に、信義則によって「猶予すべき相当の期間」が決定されるとの見解がある（野田・最高裁判所判例解説民事篇昭和43年度10事件72）。なお、上記2②の最高裁判例は、昭和29年10月25日の催告後1年7か月余を経た、昭和31年6月2日の訴提起に時効中断の効力を認めている。

6　民法改正との関係

　民法改正時の議論においても、上記判例理論を否定する議論はなされなかった。他方、改正民法では、協議による時効完成猶予の制度が新設された。債務者から催告に対する回答猶予の申出があったときには、改正民法151条に基づいて権利についての協議を行う旨の合意を書面ですれば、合意があった時から1年間は時効の完成が猶予される。ただし、この合意は本来の時効期間が経過する前に合意することが必要であり、催告による時効完成の猶予の効力が生じている間にされた場合は、効力を有しない（改正民法151条3項）ことに注意が必要である。

157　時効期間満了前に催告を複数回行ったとき、6か月の期間はどの催告の時点から起算されるか。

結　論	最後の催告の時からと解する。

1　問題の提示

　催告のやり方についてはその方式は問われないから、文書で催告するときでも「催告」「請求書」「督促」などの用語、用字にはとらわれない。実務上は、請求書や督促状を送付することが多いが、これが複数重なった様な場合、6か月の時効完成猶予期間の起算となるのは、当初の催告であるのか最後の催告からであるかが問題となる。例えば、20ＸＸ年6月30日に時効期間が満了する債権について、2月1日に請求書を送付した後、5月1日に改めて内容証明郵便で督促し、10月1日に裁判で請求をしたというケースの場合、最初の請求書送付の時点から6か月を計算すると、訴え提起した時点では6か月を経過しているから、時効が完成しているということになる。これに対して、その後の内容証明郵便による催告の時点から6か月を計算すると時効完成猶予期間中に裁判上の請求をしたことになって、なお時効が完成していないということになる。

　ちなみに、改正民法150条2項は、催告によって時効の完成が猶予されている間にされた再度の催告は時効完成猶予の効力を有しないと規定しているが、本問は時効期間が経過していない間の複数の催告について検討するものであり、最初の催告による時効の完成猶予がされている間に再度の催告がなされたケースを検討するものではない。

2 民法改正前の学説

この問題について判示した裁判例は、見当たらないようであるが、民法改正以前の学説には、催告は時効完成間際になって他に適当な中断方法をとる余裕がないような場合、いわば応急措置として1回限り許されるものと解すべきであるから、催告の効力がなお継続している6か月以内に再度催告しても最初の催告後6か月以内に旧153条に列挙されている手段の1つがとられないときは、その債権本来の当初の時効期間満了の時に債権は消滅する、と解するものがあった（風間・判評96・10）。

3 検 討

時効期間満了前に複数の催告がなされているときは、最後の催告から起算して6か月以内は、時効の完成が猶予されていると解される。その理由は、①催告は、明確な権利行使があった事実を根拠に、時効完成を阻止する簡易な手段を提供せんとするものであり、上記の学説のようにこの催告は1回しか認められないと解する実質的な根拠はない。また、②判例理論は、いわゆる「裁判上の催告理論」を認めているが、そこでの催告は、一定期間継続して催告としての効力が認められる「継続的催告」ともいうべきものであり、2回目の催告を完成猶予事由としての催告と評価することは、上記のような継続的な催告が認められていることとも整合する。

158 催告により時効が完成猶予されている6か月以内に催告をしたとき、時効完成の猶予の効力は続くか。

結 論	後の催告に時効完成猶予の効果は生じない。

1 改正民法150条2項

改正民法150条2項は、次のように規定している（下線は筆者）。なお、ここで想定されているのは、裁判外の催告が繰り返された場合である。

> 催告によって時効の完成が猶予されている間にされた再度の催告は、前項の規定による時効の完成猶予の効力を有しない。

これは、催告による時効完成猶予が認められるのは、1回限りとしたもので

ある。したがって、時効完成が猶予されている6か月以内に催告を繰り返しても、再度の催告は、時効完成猶予の効力を生じない。たとえば、時効が完成する2か月前に催告をし、時効期間満了後3か月以内にさらに催告をしたようなケースでは、2回目の催告は1回目の時効完成猶予期間中の催告であるから、時効完成猶予の効力を有せず、結局時効期間満了時から4か月後に時効が完成する。

上記明文規定は、催告を繰り返しても時効の中断が継続するわけではないとする判例法理（大判大8・6・30民録25・1200）を反映したものである（中間試案の補足説明84）。最判平25・6・6民集67・5・1208も、消滅時効期間が経過した後、その経過前にした催告から6か月以内に再び催告をしても、第一の催告から6か月を経過することにより、消滅時効が完成するとして上記法理を明確にした。

2 考え方

催告を繰り返した場合の効果について、改正前は明文の規定がなかった。催告は、手軽に行えるため、催告の繰返しを認めると債権者が債権時効期間の満了を事実上永続的に阻止できることになりかねない。改正前における催告は、確定的な時効中断効を得るために前置される暫定的な手続であり、改正後における催告が時効の更新が生ずる手続を採るための暫定的な期間であるとすると、これを繰り返すことは本来予定されてはいないのである（合田・92回会議・議事録23）。

3 時効の完成が猶予されている間

本条は、条文の文言に、催告によって「時効の完成が猶予されている間」にされた再度の催告とあるように、時効期間満了前に催告を行った後、「時効期間満了後」の完成猶予期間中に催告を繰り返しても、後の催告には時効完成猶予の効力が生じないことを規定しているのであり、「時効期間満了前」にさらに催告が繰り返されたような場合の最後の催告の効力を否定しているものではない。

4 実務上の注意点

企業経営者や一般の債権者の中には、請求書を毎年送付すれば時効が中断しているとか、時効期間満了直前に請求書を送付し、これを繰り返せば時効で消滅することはないなどと誤解している者が多く、取引上注意すべきである。

第19章 完成の猶予－催　告　　307

159　協議の合意をして時効完成が猶予された場合に、完成
猶予期間の終了間際に催告をしたとき、完成猶予の効果
が得られるか。

結　論	時効完成猶予の効力を有しない。

1　改正民法151条3項

　協議の合意による時効完成猶予に関する改正民法151条3項後段は、「同項
の規定により時効の完成が猶予されている間にされた催告についても、同様
とする」と規定している。「同項」というのは同条1項の協議を行う旨の合意
のことであり、「同様とする」というのは、時効完成猶予の効力を有しないの
意味である。結局、協議を行う旨の合意によって時効の完成が猶予されてい
る間にされた催告も、再度の催告と同様に、時効完成猶予の効力を有しない。

2　基本的な考え方

　「協議の合意」も「催告」も時効の更新事由ではなく、更新の効力を有す
る手続をとるまでの間に時効完成を猶予する期間にすぎないと考えると、こ
のような更新の効力を有しない手続を重ねることによって、完成猶予の期間
がさらに延びるというのは不合理である（合田・95回会議・議事録23）。改正民法
150条2項が、催告による時効完成猶予期間中の再度の催告は時効完成猶予の
効力を有しないと規定しているのも、このような考え方に基づくものである。
あるいは、協議の合意後の協議中はいわば催告が継続している状況であると
理解すると、協議の合意が先行した場合に後の催告でさらに時効完成猶予の
効力を重複して認めるべきではない、と考えることもできる（松久「民法（債権
関係）改正による新時効法案の審議と内容」日本民法学の新たな時代259）。

3　時効の完成が猶予されている間

　改正民法151条3項後段では、「時効の完成が猶予されている間にされた催
告」と表現しているので、時効期間が満了する前に協議の合意による協議を
していたが、時効期間満了前に改めて催告したようなケースでは、この催告
は時効の完成が猶予されている間にされた催告に当たらないので、このよう
な催告は、改正民法150条1項による6か月の時効完成猶予の効力を生ずる。

160 催告による完成猶予期間中に訴えの提起をしたが手続上の理由により却下されたとき、後に行われた裁判上の請求による完成猶予の効力が生じるか。

| 結　論 | 積極に解する。 |

1　問題の提示

　裁判外の催告を繰り返したような場合に、再度の催告に時効完成猶予の効力を有しないことについては、改正民法150条2項による明文規定が置かれた。これに対して、裁判外で催告が行われた後に6か月以内に訴提起をしたが、却下されたり取り下げられたような場合、裁判上で再度の催告が行われたと評価できるが、後に行われた裁判上の催告に時効完成猶予の効力があるかという論点がある（潮見・民法（債権関係）改正法案の概要37）。これを肯定すると、時効の完成猶予期間が6か月＋6か月になることになる。

　改正民法151条3項では、催告によって時効の完成が猶予されている間にされた協議を行う旨の合意は、時効完成猶予の効力を有しないと規定している。これは、その両者とも裁判所外で行われかつ時効更新の効力を有しない手続であり、そのような手続を重ねて行うことを容認しないとの考え方からである。しかし、裁判外の催告後の訴提起などの裁判上の催告に関しては、このような明文規定は置かれていない。

2　民法改正前の最判平25・6・6

　民法改正前の最判平25・6・6民集67・5・1208は、時効期間満了前に裁判外の催告を行い、時効期間満了後、前の催告から6か月以内に明示的一部請求の訴提起により残部について裁判上の催告を行っていたと評価された事案において、後の裁判上の催告に時効中断の効力はないとした。もっとも、本判決は、第2の催告が明示的一部請求の訴えの提起による残部の裁判上の催告について判示したものであり、裁判上の催告の繰返し一般についておよそ催告の繰返しによる時効中断効を否定したものではない（武藤・曹時67・2・283）。

3　立法時の議論

　潮見・前掲書では、この判示内容を訴えの提起一般に拡張できるか、さらに、裁判上の催告一般に拡張できるかについては意見が分かれていることを指摘する。例えば、山本・金法2001・21は、訴えの取下げの場合には時効完

成してもやむを得ないが、訴え却下の場合には、訴訟要件を具備して6か月以内に再訴すれば、例外的に時効中断の余地があるとする。また、部会資料69A・24では、上記最判平25・6・6は第2の催告が明示的一部請求の訴えの提起による裁判上の催告である場合について判示したものであり、訴提起以外の方法により債権者としてすべきことをしたと評価できる事案については、なお結論を異にする余地はあり、明文化しないで解釈に委ねることとしたとの見解を示している。なお、92回会議の岡委員は、消極の意見を採るようである（92回会議・議事録20）。

4 検 討

本問につき、更新の効力を生じうる事由により権利行使をしたが、結果的に裁判上の催告の効果を生じた場合に限り積極に考える。裁判外での催告＋「裁判外の催告」と裁判外での催告＋「裁判上の催告」とで、時効障害事由としての評価において全く同じ評価になるとすることには違和感が残る（川島・民法総則490注41）。裁判外の催告では、6か月間しかその効力を有しないが、裁判上の催告では、その手続期間中は催告としての効力が継続するとされていたのは、その手続期間中は権利の確定に向けて国家機関としての関与があり、権利者の権利行使としての重みを評価したものであった。また、単純な催告を裁判外で繰り返すことは容易であるが、裁判外の催告後に訴提起などの手続を執ることは、その労務や費用の点からして容易ではない。さらに、訴提起後に訴えが却下されることにも様々な事情があり、一概になんらの効力もないとすることも相当でない場合がある。したがって、裁判外の催告後に、その時から6か月を経過するまでの間に改正民法147条1項各号や同法148条1項各号に規定する時効更新に至る手続を執り、結果としてそれが時効更新に至らなかったような場合にも、なおその手続の期間中または終了の時から6か月を経過するまでの間は時効完成猶予の効力が生じると解する（同旨、山野目・民法総則349）。

ただ、危惧されるのは、裁判外での催告後に裁判上の催告となる手続を繰り返したような場合、いつまでも時効完成しないという事態が生じうるのであって、濫用が心配されるところであるが、裁判外での催告と異なりその労務や費用の点からして繰返しがなされるとも思われず、万一そのような事態が生じた場合には、権利濫用等の法理で、時効完成猶予の効力を主張すること自体を制限することで対処できる。

第19章 完成の猶予─催 告

161 催告により時効の完成が猶予されている6か月以内に破産手続参加をしたが、権利の確定に至らずに異時廃止となった場合、破産手続参加による時効完成猶予の効力が生じるか。

結 論	積極に解する。

1 問題点の提示

改正民法150条1項によれば、催告があったときは、その時から6か月を経過するまでの間は、時効は完成しない。他方、改正民法147条1項によれば、破産手続参加として破産債権の届出をしたが、権利確定に至らず、異時廃止となった場合は、廃止による破産手続終了の時から6か月を経過するまでの間は時効は完成しない。本問は、裁判外の催告＋裁判上の請求による時効完成の猶予というケースで、時効完成の猶予の効力が生じるかを問うものである。このような問題点の指摘として、部会資料69Ａ・24、松久「民法（債権関係）改正による新時効法案の審議と内容」日本民法学の新たな時代257、潮見・民法（債権関係）改正法案の概要37がある。

2 裁判外の催告の繰返しに関する改正民法150条2項

改正民法150条2項は、催告によって時効の完成が猶予されている間にされた再度の催告すなわち裁判外の催告＋裁判外の催告のケースでは、時効の完成猶予の効力を有しないと規定しているだけである。上記部会資料では、判例法理として確立している「裁判外の催告」を繰り返した場合についてのみ明文化するに留め、後の行為が訴えの提起以外の方法により債権者としてすべきことをした場合は解釈に委ねる、とされた。

3 検 討

破産手続参加としての破産債権の届出は、破産手続による当該債権の確定に向けた行為であり、破産手続の中で確定すれば時効更新の効力を生じる（改正民法147条2項）。破産手続の実務では、異時廃止を見越して破産債権の届出を留保させるとか、破産債権としての届出があっても、債権調査手続を留保して破産手続を終了させる場合がある。このような場合、権利が確定しなかったのであるから、時効更新の効力は生じないのであるが、破産債権者としては、権利の確定に向けて国家機関の手続を通して権利行使をしているので

第19章　完成の猶予―催　告　　　311

あり、単なる私的な裁判外での催告を繰り返したのとは権利行使の性質や重みという点で異なる。したがって、結果的に破産債権として確定せず時効の更新に至らなかったとしても、なお時効完成猶予の効力は生じると解すべきである。

162　時効完成直前になって催告をしたところ、6か月以内に一部弁済があったとき、時効更新となるか。

結　論　一部弁済が時効期間経過後であっても更新の効力が生じる。

1　民法改正前の論点

民法改正前においては、催告は時効中断事由ではあったが、催告をした後6か月以内に裁判上の請求等の一定の手続をとらなければ、時効中断の効力は、遡及的に失効するとされていた（旧153条）。旧153条では、催告＋法定されている裁判上の手続等によって初めて時効中断の効力が生じ、旧153条で法定されている手続の中に「承認」が含まれていなかったので、催告後6か月以内に承認があった場合、時効中断の関係がどうなるのかという論点があった。学説は、旧153条に「承認」が明示されていないことから、催告後6か月以内であっても時効期間経過により時効が完成するが、時効完成後の承認であるから、判例が認めるところの「援用権」の喪失に当たるとする説と、催告後6か月以内に承認があったのであるから、催告後6か月以内に裁判上の請求があったのと同じく、催告の時点で時効中断の効力が生じ、そもそも時効自体が完成していないとする説とがあった。ちなみに、一部弁済が催告後の時効期間満了前であったときは承認として更新の効力が生じることは言うまでもない。

2　改正民法との関係

改正民法における催告は、旧法の時効中断事由から単なる「時効の完成猶予事由」に引き下げられ、6か月以内に裁判上の手続等をとることが完成猶予の効力を維持するための条件ではなくなった（改正民法150条）。そこで、時効期間満了直前に催告をしたところ、催告による時効の完成猶予中に債務者が一部弁済をしてきたときに、改正民法152条による権利の承認として、時効の

更新の効力が生じるかが問題となる。

　改正民法は、時効の完成猶予制度を新設して、時効中断を完成猶予の効力と更新の効力に分離した。そして、完成猶予事由が一定の時期に達したときに時効の更新の効力が生じるとの構成をしている。例えば、改正民法147条では、同条1項に規定されている裁判上の請求等の事由により完成猶予の効力が生じ、その事由により「確定判決又は確定判決と同一の効力を有するものによって権利が確定した時」に更新の効力が生じるとし (改正民法147条2項)、改正民法148条では、同条1項に規定されている強制執行等の事由により完成猶予の効力が生じ、その事由が終了した時に更新の効力が生じると規定している (改正民法148条2項)。この構図を公式化して言えば、完成猶予の効力＋権利存在の確証→更新の発生と位置付けていると理解される。そうであれば、本問は、催告による完成猶予の効力＋承認による権利存在の確証と整理できるので、積極に解される。

第20章　完成猶予—協議の合意

163 協議を行う旨の合意による時効完成の猶予制度が創設された理由は何か。

結論 当事者間で権利に関する協議が継続している間に時効完成を阻止するためだけに訴えを提起する事態を回避するためである。

1　時効完成猶予事由としての協議の合意

改正民法151条1項本文は、次のように規定して、協議の合意を時効完成猶予事由としている。

> 権利についての協議を行う旨の合意が書面でされたときは、次に掲げる時のいずれか早い時までの間は、時効は、完成しない。

ここで、協議の合意の効果が時効の更新事由とはされていないことに注意されたい。あくまでも、時効の完成を猶予するだけに過ぎない。これは、当事者間で自発的な紛争解決を促進する仕組みとして新設されたものである。

協議の合意により時効の完成が阻止される期間については、①協議の続行を拒絶する旨の書面による通知をした時から6か月 (改正民法151条1項3号)、②協議の合意があったときから1年 (改正民法151条1項1号)、③当事者が定めた1年未満の協議を行う期間 (改正民法151条1項2号) のいずれかを経過するまでの間と限定されている。

ちなみに、旧151条は、和解および調停の申立てに関する規定であり、改正民法151条とは非対応である。

2　協議の合意

この制度は、交渉や協議それ自体の「開始」を時効完成猶予事由とするものではなく、「協議の合意」を時効完成猶予事由とするものである (中間試案の補足説明86)。交渉や協議という事実状態自体を時効完成猶予事由とすると、

完成猶予の開始時期および猶予期間の終期が不明確になるおそれがあるので、より明確な時点である協議の合意を時効完成猶予事由にしたものである。また、払え・払わないという単なる交渉であると、催告との区別が付きにくいという判断もあったようである。

また、協議の合意による完成猶予制度は、時効の完成猶予それ自体を合意することではない。協議の合意という事実に時効の完成猶予という時効障害の効果を認めることとしたものである。

3 時効更新事由としての承認との違い

債務者が係争債権の存在を認めていれば、時効更新事由としての「権利の承認」（改正民法152条）に該当する事になるので、協議の合意は、係争債権の存否とは無関係に例えば債務者側が権利の存在を認めていない場合であっても、その存否等について協議すること自体を合意すれば完成猶予の効力を生じる点で違いがある。この点で、時効の更新が生ずる債務承認よりもハードルを低くしているわけであるが債務者が債務承認につながると誤解して単なる協議の合意であっても抵抗を示すおそれがある。

なお、金融機関における貸金債権に関しては、通常、債権の存在に疑いがなく、実務上わざわざ書面をもらっていながら、債務承認をとらないでそこを曖昧にするということは考えられないという実務家の意見がある。

4 時効完成猶予事由としての催告と違い

催告も時効完成猶予の効力を生じるが、催告は、債務者に対して履行を請求する債権者の意思の通知であって、債権者の一方的な行為であるので、債権者と債務者との合意が必要な協議の合意とはこの点で異なる。ただ、合意による協議中は、催告が継続しているものとも評価できる。

同じ時効完成猶予の効力を有する催告以外に、協議の合意による時効完成有の制度を設けた理由は、催告は、時効の完成間際において裁判上の請求などの時効更新の措置を講ずるための準備期間を与えることを目的とするものであるので、6か月という短期間に限り時効の完成を阻止するものであり、協議期間がこれよりも長くなることも少なくないという事情を踏まえると、催告では時効が完成しないようにするための手当としては充分ではないからである。

5 制度創設の理由

このような制度を創設する必要性につき、部会資料69Ａ・21～22では、次

のように説明されている。

「現行法においては、当事者間で権利に関する協議の合意がされた場合に時効の完成を阻止する方法は特に規定されていない。そのため、当事者間において権利をめぐる争いを自発的に解決するために協議を継続していても、時効の完成が間際となった場合には、その完成を阻止するためだけに時効中断の措置をとらざるを得ないという問題がある。しかし、協議の継続中は、権利者が時効中断の措置をとらないことをもって権利行使を怠っているとはいえず、義務者の側にも、権利者が強硬な手段に出ることはないだろうという期待があるといえる。そこで、協議の継続中は、時効の停止の効力が生じ、権利者が時効完成を阻止するためだけに時効中断の措置をとることを回避できるようにする必要があると考えられる。

仮に、協議の合意に時効の完成を猶予する効力を認めたとしても、協議の継続中は当事者が証拠の保全に努めるのが通常であるから、これによって事実の曖昧化が生ずるおそれは少ない。また、現行法上、義務の履行を請求する意思の通知にすぎない催告（民法第153条）に時効完成を停止する効力が認められているが、協議の合意にも権利者の義務者に対する権利行使の意思が現れているといえる。そこで、権利に関する協議の合意にも時効の完成を停止する効力を認めるべきである。」

これは、時効は公序に関する制度であるから当事者の合意で変更は許さないという従来の考え方に対して、時効制度の中に当事者の合意を持ち込もうとする考え方である。

6　信義則との関係

なお、部会の審議の過程では、時効完成間近に当事者間で交渉をしていて、時効期間が完了したときになって時効を援用することが信義に反するという、信義則を強調する意見もみられた。この考え方からは、要件として協議の合意を要求すること自体が不要との帰結を導く（例えば、中井・第2分科会第1回会議・議事録53）。

164 協議の合意による時効の完成猶予制度はいつから利用できるか。

| 結　論 | 改正民法施行日以後の書面による協議の合意から。 |

1　施行日以後の協議の合意

改正法附則10条3項は、改正民法151条の規定は、施行日前に権利について協議を行う旨の合意が書面でされた場合（その合意の内容を電磁的記録した場合を含む。）、改正民法は適用されないとしている。

> 　新法第151条の規定は、施行日前に権利について協議を行う旨の合意が書面でされた場合（その合意の内容を記録した電磁的記録（新法第151条第4項に規定する電磁的記録をいう。〔中略〕）によってされた場合を含む。）におけるその合意については、適用しない。

結局、施行日前に協議を行う旨の合意をしても何らの効果も生じないので、施行日以後に書面による協議の合意を行うことにより完成猶予の効力が生じる。

2　施行日前に生じた債権についての利用

施行日前に生じた債権についても、施行日以降に協議の合意による時効完成猶予の制度を利用することが可能であるが、そのためには、施行日以降に協議の合意をする必要がある。

165　権利についての協議を行う旨の合意がなぜ必要か。

結　論	交渉・協議という事由の外延と始期を明確にするため。

1　協議の外延の不明確さ

具体的に何をもって交渉あるいは協議というのか明確ではないという問題点のあることが指摘され、それ故に交渉・協議を時効完成障害事由とすることに反対する意見がみられた。例えば、①債務者による事実関係の調査申出はどうか、②債権者が「支払え」といい、債務者が「いや払わない」といって、これが繰り返されるのは交渉であるか、また、③「払え」、「支払をちょっと待ってください」というのはどうかというようなケースが問題になる。②も交渉だということになると、催告の繰返しと代わらなくなってしまうので、催告との区別が必要になってくる（松久＝香川＝金山・法時85・12・81）。また、③については、催告に対する債務承認になるかは微妙である。

時効研究会による改正提案〈08. 8. 3版〉149条では、「権利又はこれを基礎づける事実について交渉」と表現していた。「交渉」は、双方向であり、一

第20章　完成猶予―協議の合意　　317

方向だけの催告と区別されるとの前提がある。民法（債権法）改正検討委員会案3・1・3・60では、「債権者と債務者の間で債権に関する協議」と表現していた。これは、協議の対象を債権の存否や金額を念頭に置いたものである（内田・債権法の新時代145）。

2　協議の合意
　改正民法151条1項では、「権利についての協議」と表現しているが、中間試案では、「権利に関する協議」と表現していた。「合意」とは、問題とされている債権の存否や内容について協議を行うこと自体を合意することである（参議院法務委員会での小川民事局長の答弁）。時効の完成猶予を合意することではない。

3　協議の合意を必要とする理由
　そこで、改正民法151条では、交渉・協議という事由の外延と始期を明確化する観点から、債権に関する交渉・協議をする旨の合意を要するものとした。

4　合意の時期
　改正民法上、合意の時期に関しては特段の規定はないが、具体的な債権・債務関係について争いが生じた後に合意することが想定されている。

166　協議の合意による時効完成猶予の終期はいつか。

| 結　論 | 次のうちいずれか早い時期。 |

①	合意において、協議を行う期間を定めなかったとき	合意の時から1年
②	合意において、1年に満たない協議を行う期間を定めたとき	当該協議で定めた期間の末日
③	協議の続行を拒絶する書面による通知がなされたとき	続行拒絶通知の時から6箇月を経過した時

1 時効の完成が阻止される期間

改正民法は、事後の紛争を予防するために、以下のように時効完成猶予の効力が生じる期間を明確にしている。

ケース	時効完成の猶予の期間
① 協議を行う期間の定めがない場合	1年間と、協議の続行の拒絶する旨の書面による通知をしたときから6か月の、いずれか早い時期まで（改正民法151条1項1号・3号）。 （注）協議続行を拒絶する通知をした場合は、その通知の翌日から起算される6か月の経過で時効が完成する。
② 1年未満の協議を行う期間の定めがある場合	当該1年未満の期間と、協議の続行の拒絶する旨の書面による通知をしたときから6か月の、いずれか早い時期まで（改正民法151条1項2号・3号）。
③ 協議を行うとして1年以上の期間の定めがある場合	1年間と、協議の続行の拒絶する旨の書面による通知をしたときから6か月の、いずれか早い時期まで（改正民法151条1項2号かっこ書・3号）。

（部会資料83-2・7、潮見・金法2003・11）

したがって、合意があったときから1年以内に消滅時効期間が経過するケースでなければ、本制度を利用する意味はない。

2 実務上の注意点

協議の続行を拒絶する旨の書面による通知がされた場合には、通知があったときから6か月を経過するまで時効完成が猶予される（改正民法151条1項3号）。これは、権利者が時効の更新に向けた措置を講ずるための期間を確保する必要があることから、催告による時効完成猶予期間が6か月であることを考慮して、時効完成までに6か月の猶予を認めたものである。

協議の期間を定めなかった場合は1年間のみ、1年未満の協議の期間の定め

がある場合には当該期間を経過するまでの期間のみが時効の完成を猶予されるにすぎず（改正民法151条1項1号・2号参照）、続行拒絶通知があった場合のように当該期間が経過した時からさらに6か月の時効完成猶予期間が設けられているわけではないので、当該期間の終了が近づいてきたら、別の時効更新措置をとる必要が出てくる。

167 協議を行う旨の合意に書面が要件とされたのはなぜか。

> **結　論** 時効の完成が猶予される期間を明確にするため。

1　要件としての書面による合意

　改正民法151条1項は、「権利についての協議を行う旨の合意が書面でされたときは」と規定して、時効完成猶予事由としての協議の「合意」に「書面」を要件としている。これは、事後的に時効の完成猶予がされたか否かなどを巡り紛争が生じ、法律関係が不安定となる事態を避けるためである。

　協議に関して「合意」を必要している理由は、協議という概念は、外延が不明確であり、その存否が判然としない場合があり得るので、協議の存否を明確にするためである。したがって、話合いをしませんかと持ちかけ、協議が始まっただけでは、協議の合意による時効完成の猶予は得られない。合意の内容は、「権利に関する協議を行うこと」であり、時効の完成を猶予することではない。また、協議の合意に関して「書面」が要求される趣旨は、時効の完成が猶予される期間を明確にするためである。書面まで要件とすると知識のない一般人に不利となる等の理由から反対する意見もあったが、新設の制度であるので、まずは保守的に作るということも背景にあった。

2　書面の方式

　書面の様式自体は法定されておらず、特段の制限はない。書面または電磁的記録に当事者双方の協議意思が表れていればよい。なお、書面といっても必ずしも1つの書面の中で、協議の申込みと承諾がなされる必要はない。差入書方式でも良いし、協議の申込みとこれに対する承諾が別の書面でなされても良い。また、当事者の署名や記名押印も必要ではない。

3　書面が作成されなかった場合

　話合いをしませんかと持ちかけただけで、書面は作成されないまま協議を行い、当事者間で交渉が行われ双方の意見が記載された書面が交換され、「協議を行う旨の合意が黙示的に行われたような場合」でも、協議の合意が書面で行われていないときは時効完成猶予の効力は生じない（参議院法務委員会での小川民事局長の答弁）。ただ、その話合いの内容の中で債務者による債務承認と認められる事実があれば、債務承認として時効の更新の効果が得られる。

4　協議途中での書面作成

　なお、書面は作成されないまま協議を行った場合、その話合いの途中で、必要に応じて書面を作成すれば、協議の合意があったものとして扱われる。その場合の時効完成が猶予される期間については、協議の合意による時効完成の猶予される期間は、「その合意があったときから1年」という制限があるが、協議の途中で書面が作成された場合は、その時点から1年の期間が起算されることになる（部会資料69Ａ・22）。

5　債権者側の実務上の注意点

　法を熟知していないために、書面を作成しないまま協議の合意をして協議を続けた債権者にとっては、協議期間中に時効が完成してしまうという思わぬ不利益が生じるおそれがあるので（松久・法時86・12・62）、注意が必要である。

6　書面を要求することへの批判的見解

　審議の過程では、交渉・協議という客観的・外形的な事実があれば足り、書面とかできつく縛るのは適当でなく使いやすい制度にするべきであるとの意見や、パブリックコメントの中には、①債権者と交渉しようとする債務者に書面の作成を求めるのは非現実的であり（債務承認に当たるのではないとかと危惧されて書面の作成に難色を示すような場合）、債務者の交渉に対するモチベーションを失わせるおそれがある、②債務者が承認ととられるおそれがある書面の提出に応ずるものとも思われず、書面化のために時間を要することになる、③公害の被害者である債権者等が協議による時効障害の利益を受けにくくなる、などの理由から反対する意見も見られた。

第20章　完成猶予—協議の合意　　321

168　書面とは電磁的記録によるものでもよいか。

結　論　差し支えない。

1　電磁的記録による協議を行う旨の合意

改正民法151条4項は、「第1項の合意がその内容を記録した電磁的記録（電子的方式、磁気的方式その他人の知覚によっては認識することができない方式で作られる記録であって、電子計算機による情報処理の用に供されるものをいう。〔中略〕）によってされたときは、その合意は、書面によってされたものとみなして、前三項の規定を適用する。」と規定している。

2　具体例

協議の申込みの電子メールに対し応諾のメールが返信される場合、あるいはパソコンで合意のデータを作成し、これをメールに添付し（あるいはメール本体に貼り付け）、相手方の了解を得た場合（平野・民法総則409）も、電磁的記録による協議の合意に当たる。このように、電磁的記録による場合でも、書面の場合と同様に当事者双方の協議意思が表れていることが必要である。

169　一般の契約書の中で権利関係に争いが生じた場合は、協議をする旨の条項あるいは裁判管轄条項が挿入されていた場合、協議の合意に該当するか。

結　論　該当しないと解する。

1　問題の提示

当初の契約時における契約書の中で、「権利関係に争いが生じた場合は協議をする旨の条項」あるいは裁判管轄条項が挿入されていた場合が協議の合意に該当するか、という問題は、参議院法務委員会で、佐々木委員から質問があった問題である。これは、消費者あるいは債務者保護の視点からの問題提起である。

なお、文例としては、「本借入れの期限到来時から5年後の応答日までに銀行から協議の申入れの意思表示があった場合には、新151条の協議合意の効力が生じるものとします。」との想定文例が検討の対象として紹介されてい

る（井上・松尾編著、三井住友ファイナンスグループ三井住友銀行総務部法務室著・practical金融法務債権法改正46）。

2 契約書中の協議条項
協議を行う旨の合意に時効の完成猶予の効力を認めたのは、債権の存否や内容について具体的に紛争が生じていることを前提に、その紛争の解決を協議で行うことについて合意をしたときに、その協議のための時間を確保させようとするものであるから、紛争が生じる以前の契約締結の段階で将来的に協議を行う旨の合意がされたとしても、その合意を完成猶予の効力が生じる旨の合意があったとは認められない（参議院法務委員会での小川民事局長の答弁）。

3 約款中の協議条項
65回会議で加納関係官より、約款で協議すると書かれてあればこれに当たるかとの質問があった。筒井幹事からは、権利が存在することを前提とするような一定の合意は、ここでの協議には該当せず、約款でとなると特定の債権を念頭においた条項であろうから協議には該当しないと回答されている（65回会議・議事録28）。

4 裁判管轄条項
これはあくまでも紛争が生じた場合の裁判の管轄裁判所を定めるものにすぎないので、通常は協議を行う旨の合意があったとは認められない。

170 協議を行う旨の合意の書面は、協議を行う期間を定めることが必要か。

| 結 論 | 任意である。ただし、1年間の限度でしか時効完成の猶予の効果が生じない。 |

1 改正民法151条1項1号
協議を行う旨の合意の書面の中で、協議を行う期間を定めることは必要ではない。しかし、期間を定めなかったときは、合意があった時から1年間の限度でしか時効完成の猶予の効果が生じない（改正民法151条1項1号）。

2 上限としての1年

期間を定めなかった場合に、完成猶予の効力を生ずる期間の上限を1年に限定したのは、協議の合意をしただけで協議が行われず、他方で続行を拒絶する通知もないという場合に備えて、時効の完成が阻止された状態が長期間継続するという不都合が生じるのを阻止するためである。また、1年というのは、1年が通常であれば協議を終了させるのに充分な期間と考えられたためである。

3 協議の続行を拒絶する通知との関係

なお、協議を行う期間を定めなかった場合、完成猶予の上限は1年となるが、1年より前に、当事者の一方から書面で協議の続行を拒絶する通知がなされたときは、その通知の時から6か月を経過した時と合意から1年のいずれか早い時までしか完成猶予の効力が生じない（改正民法151条1項）。

---

171 協議を行う期間を定める場合、何年でもよいか。

| 結　論 | 上限1年である。ただし、1年ごとに再度の合意を繰り返すことにより、完成猶予期間を最長5年まで延長することが可能である。 |

1 1年の上限

当事者間で協議を行う期間を定める場合について、その期間について改正民法151条1項2号かっこ書は、「1年に満たないものに限る」と規定している。これは当事者が合意した協議期間が1年未満である場合、当事者が合意した期間を完成猶予の期間としても特段弊害はなく、完成猶予の期間をあえて1年に伸長する必要性はないからである（部会資料83−2・6）。したがって、協議を行う期間を1年よりも短くすることもでき、この場合はその協議期間を経過するまで時効の完成が猶予される。

2 再度の合意

協議による完成猶予は、合意から1年以内という制限があることは手続選択上の留意点となる。ただし、時効の完成が猶予されている間に再度の合意ができる。しかし、これも、時効の完成が猶予されなかったとすれば時効が完成すべき時から通じて5年を超えることができない（改正民法151条2項）。

これは、時効は公序に関する制度であるから当事者の合意で変更は許さないという従来の考え方に対して、時効制度の中に当事者の合意を持ち込もうとする考え方である。

3　実務上の注意点

1年よりも短い協議を行う期間を定めたときは、実質、訴訟等への準備期間を差し引いた期間だけが協議に費やすことができる時間となるので、注意が必要である。

4　1年を超える期間を定めた場合

例えば、協議を行う期間として1年6か月というような1年を超える期間を定めた場合、期間の部分だけ無効となり期間の定めがなかったものとするのか（この場合改正民法151条1項1号により1年に限界づけられる。）、1年の限度で効力を有すると解する（中井・自由と正義2015・5・13）のかいずれの解釈もできるが、1年を超えた合意は有効ではないとの意見がある（合田・92回会議・議事録25、平野・民法総則409、山野目・民法総則349）。いずれにしても時効完成猶予の効力は、合意の時から1年間しか生じない。

172　協議を行う旨の合意書面は、どのような文言で作成するか。

結　論　下記の文例を参照。

1　1例

改正法の解説文献中で発表されている文例として、以下のものがある（田中ほか・金法2022・37）。以下では、この1例を素材として文言を検討する（なお、下線およびイ・ロの文字は筆者による。）。

> 「当社は、貴行（貴社）が当社に対してイ請求している権利の存否を含め、その権利に関する貴行（貴社）との口協議を開始しますので、本書面を差し入れます。なお、その協議の期間は、本日から　　月　　日までとします。」

まず、これは債務者からの差入書方式によるもので、改正民法151条1項2号

の協議を行う期間を定めた合意の例である。したがって、「本日から　月　日まで」の部分は1年に満たない期間であることが必要である。もっとも、改正法上では、協議を行う期間を必ずしも定める必要はない。定めなかった場合は、その合意があったときから1年間だけ時効完成猶予の効力が生じるだけである（改正民法151条1項1号）。

2　文言の検討

(1)　債務承認でないことの明確化

　上記文例中の下線部イの「権利の存否を含め」という文言は、債務者からの債務承認（改正民法152条の表現では「権利の承認」）ではないということをあえて明確にする趣旨である。そうであるとすると、必要不可欠な文言ではない。ただ、実際の活用場面では、債務者側からは協議の合意が内容により債務承認と受け取られかねないとして書面の作成を拒むおそれがあり、この心配を払拭させる意味で権利の承認を含むものではないとの文言の挿入が必要になろう。そうすると、むしろ「係争債権の存否とは関係なく協議することに合意します。」という表現を入れた方がより直截的である。

(2)　協議の対象となる債権・債務関係の特定

　次に、「請求している権利の存否を含め、その権利に関する」とあるにすぎないが、協議を行う対象となる権利の内容をできる限り特定する必要があると考える。なぜなら、消滅時効による権利・義務の消滅は、一定の権利・義務関係ではなく、個別に特定された権利・義務について時効期間が算定され、消滅という法定効果が生じるものであるからである。そうすると、「下記の請求している権利に関して」として、請求しているあるいはされている権利・義務の内容を当該書面上で、できる限り特定するべきであると考える。

(3)　協議することの合意

　次に、上記文例中下線部ロのところで、「協議を開始しますので」とあるが、協議を行う旨の合意による時効完成の猶予は、「協議」が時効完成猶予事由なのではなく、「協議を行う旨の合意」を時効完成猶予事由とするものであるから、文言としては「協議を行うことに合意しますので」と表現することがより正確になると考える。ちなみに、「協議中は時効の完成を猶予します。」という表現は避けるべきである（しても構わないとする者として、石井・金法2029・43）。合意によって時効の完成猶予の効力を生じさせるものではなく、協議の合意という事由に時効の完成猶予の効力を付与したものであるからである。

(4)　協議の期間

合意の対象はあくまでも協議の期間であり、完成猶予期間ではないため、時効の「完成猶予期間として本日から　月　日までとする」といったような合意は許されないことに注意が必要である。

(5)　合意文書の作成日付

次に、協議を行う旨の時効完成猶予の期間は、期間を定めなかった場合には「その合意があったときから」1年間であるので、合意の文書を作成した日付として「平成　年　月　日」の記載を書面上明らかにすることは重要である。もちろん、協議を行う期間の始期と終期を定めたときは、その必要性は薄れる。

3　参考文例（差入書方式）

以上のような検討を踏まえた参考文例は、以下のとおりである。これは、差入書方式を想定しているものであるが、この書面に対して、承諾の書面を作成しても差し支えない。

協議をする旨の合意書

　貴殿（貴社）が、私（当社）に対して請求している下記権利に関して、貴殿（貴社）との間で、権利の存否とは関係なく協議を行うことを合意いたしますので、本書面を差し入れます。

　なお、その協議の期間は、平成　年　月　日から平成　年　月　日までとします。

〔協議の対象とする権利関係の表示〕

平成　　年　　月　　日

173　書面による続行拒絶通知とは何か。

結　論　その通知の時から6か月を経過するまで時効完成が猶予される。

1　書面による続行拒絶通知

改正民法151条1項3号は、時効の完成が猶予される期間の1つとして、次の

ように規定している。

> 　当事者の一方から相手方に対して協議の続行を拒絶する旨の通知が書面でされたときは、その通知の時から6箇月を経過した時

　つまり、書面による続行拒絶通知がなされたときは、時効の完成が阻止される期間としては、当事者の一方が相手方に対して協議の続行を拒絶する旨の「書面による」通知をした時から6か月までである。これは、時効の完成が阻止される期間（時効障害が解消される時点）を明確にする観点から設けられたものである（中間試案の補足説明87）。

2　当事者の一方から
　協議の続行を拒絶する通知は、債務者からだけではなく、債権者からもできる。立法提案の中には、時効完成による利益を受ける側から交渉等を打ち切った場合に限る趣旨から、債務者からの拒絶通知に限るとするものもあったが、時効完成によって不利益を受ける側から交渉等を打ち切った場合も含むという考え方もあった。当事者双方のいずれからでも打切りができるとした方が、交渉・協議という概念になじむということから、当事者の一方からとされたものである（部会資料31・28）。

3　書面による通知
　当事者の一方が協議の続行を望まないときは、協議の続行を拒絶する旨の通知をすることになる。通知の有無を明確化するために、拒絶通知は書面または電磁的記録でなされることが必要である。この点に関しては、続行を拒絶する通知に書面を要求するのでは債権者保護に厚すぎるとの意見があった（金山ほか・法時85・12・80〔金山意見〕）。
　書面の内容としても、協議の続行を拒絶する意思が表明されている必要がある。通知を受け取った方から交渉の打切りだとは思わなかったと言われないようにするためである。

4　電磁的記録による改正民法151条1項3号の続行拒絶通知
　改正民法151条5項は、「前項の規定は、第1項第3号の通知について準用する。」と規定している。「前項」とは、電磁的記録のことであり、「第1項第3号」とは、続行拒絶通知を指す。

5 続行拒絶後の翻意による再度の協議の合意

当事者の一方がいったん拒絶の通知をしたものの、その後に翻意して協議を再開したいという需要が生ずる場合もある。そのため、前の協議の合意による時効完成が猶予されている期間内に、新たな協議の合意をすることができる（改正民法151条2項本文）。

174 協議の合意を繰り返すことはできるか。

結　論　可能であるが、本来の時効期間が満了する時から通算して5年を超えることはできない。

1 完成猶予期間の伸長

改正民法151条2項は、次のように規定して、再度、書面または電磁的記録による協議の合意を繰り返す事を認めている（下線は筆者）。

> 前項の規定により時効の完成が猶予されている間にされた再度の同項の合意は、同項の規定による時効完成猶予の効力を有する。ただし、その効力は、時効の完成が猶予されなかったとすれば時効が完成すべき時から通じて5年を超えることができない。

したがって、協議の合意によって時効完成の猶予の効果が生じている間に再度の協議の合意をすることができる。この点は、他の完成猶予事由にはみられない特別扱いであり、催告を繰り返して時効完成猶予期間を6か月からさらに延長させることができないことと比べても協議の合意を利用する場合のメリットである。もちろん、協議の合意を繰り返す場合においても、改正民法151条1項が要求する書面によることが必要である。

2 立法理由

これは、実際の事案例えば企業間のプラント工事の欠陥を巡る交渉、交通事故にしても原発事故による損害賠償請求などにしても、被害者と加害者が交渉をするのは時間がかかるということが念頭にあって、協議が1年を超えてなされるような場合に当事者がその時効完成猶予期間の伸長を望む場合があり、かような延長をするために認められたものである。また、協議を行う旨の合意による時効完成猶予は、当事者の一方が相手方に対して協議の続行

を拒絶したときは、その拒絶の通知から6か月を経過したときに終了するが、拒絶をした者が翻意して改めて協議をしたいという場合にも対応できるようにしたものである。

3　協議の合意によって時効の完成が猶予されている間

要件として再度の協議の合意は、「協議の合意によって時効の完成が猶予されている間」にしなければならない。「時効の完成が猶予されている間」とは、時効が本来完成すべき時が到来しているものの完成猶予事由の効力によって時効の完成が猶予されている状態を指す。それは、次の2つの場合である。①協議の合意によって時効の完成が猶予されている間に、当事者が改めて協議の合意をした場合、②当事者の一方がいったん拒絶の通知をしたものの、その後に翻意して、拒絶の通知後6か月以内に改めて協議の合意をした場合。

4　繰り返す場合における5年の上限

上記の要件を満たした繰返しをしても、時効完成の猶予期間は、本来の時効期間の満了の時から起算して最長5年が限度である（改正民法151条2項ただし書）。これは、長期化に一定の歯止めをかけるためである。この5年間の制限は、当初の合意の時からではなく、本来の消滅時効完成時点からカウントされることに注意が必要である。改正民法151条2項ただし書において、「時効の完成が猶予されなかったとすれば時効が完成すべき時から通じて」と規定されているからである。

5年の上限については、2方向から問題点が指摘されている。1つは短すぎるという観点からで、改正法の審議の中でJR西日本での尼崎の脱線事故の示談が事故から9年たっても3割の人が示談できていない例が紹介され、5年に制限する理由が問われた。上限が5年に制限されたのは、濫用のおそれに配慮したことと、実務上5年程度あれば協議の期間として十分であろうという考えからである（合田・92回会議・議事録24）。すなわち、「消滅時効制度には、証拠の散逸による立証の困難から当事者を救済するという公益的な側面があることも考慮すれば、当事者間の協議の合意による時効の完成猶予の効力を無制限に認めるのは妥当でないと考えられる。そして、当事者間の協議が5年を経過してもなお調わない場合には、もはや自発的な紛争解決の見込みは薄い」からである（部会資料80-3・6）。

もう一つは、長すぎると言う観点からで、参議院法務委員会で、本来の時効期間の5年プラス再度の猶予による5年の10年間は時効が完成しないことになり、時効期間の短期化の趣旨に整合しないとの指摘がなされた。

ちなみに、結果的に最大5年の時効完成猶予の効果が得られた場合、債務承認による5年の時効更新と同様の効果が得られたと評価することもできなくはない。

175 催告によって時効の完成が猶予されている間に、協議を行う旨の合意をしたときは、時効完成猶予の効力を生じるか。

結　論　生じない。ただし、催告があっても、時効期間満了前に協議の合意をした場合には、協議の合意による時効完成猶予の効力は生じる。

1　改正民法151条3項前段

本問の回答としては、時効完成猶予の効力を生じない。それは、改正民法151条3項前段が次のように規定しているからである（下線は筆者）。

> 催告によって<u>時効の完成が猶予されている間にされた</u>第1項の合意は、同項の規定による時効の完成猶予の効力を有しない。

2　立法趣旨

このように規律されたのは、協議を行う旨の合意は、更新の措置をとるまでの暫定的なものであり、他方、改正前における「催告」は確定的な時効中断の効力を生ぜしめるための期間であり、改正民法における催告も更新の効力を得るまでの暫定的な期間であるとすると、催告と協議による時効完成猶予といういずれも時効更新の効力を有しない事由を2つ重ねて行うことは本来予定されていないしその必要もないとの考え方によるものである（部会資料80−3・6）。また、時効更新の効力を有しない事由を重ねてゆくことにより時効の完成がどんどん先送りされることは、時効制度本来の趣旨を逸脱し、法律関係全体の安定からいって好ましくないからである。

3　批判的意見

上記の規律に関しては、実務家からは大変窮屈であるとの反対意見（座談会・金法2004・36〔中原〕）、研究者からも、「催告後に改めて協議を行う旨の合意

があるときは、その時点では、改めて仕切り直しがあったのであり、債務者が協議に応じたことでその後の一定期間は、債権者は権利の上に眠っていたとはいえないとみるべき」との反対意見がある（松久「民法（債権関係）改正による新時効法案の審議と内容」日本民法学の新たな時代259）。

　まず催告をして、その後に話合いに発展するようなケースを想定すると、催告による時効の完成猶予期間中の協議の合意による完成猶予の効力を認めた方がそれなりに合理性があるとの意見があった。92回会議で潮見幹事や他の委員から、現実の取引実態からすると、一方的に催告をして、その後に協議を始めるのはむしろ通常の流れであって、時効完成について当事者で決めたことが尊重されないのは不合理との意見や、協議でいけば延長されるが催告後の協議でいくと延長されないというのでは制度として使いにくいという意見があった（92回会議・議事録15・17）。

　しかし、新しい制度を一から作るということなので、時効の完成猶予の期間は制度として小さめに作った方が良いという考え方から、採用されなかった（合田・95回会議・議事録9）。また、再度の協議の合意による猶予期間の伸長との対比では、協議による自立的解決を支援の観点から特別に認められたものであることからして不均衡ではないとの意見がある（大村・道垣内編・民法（債権法）改正のポイント77〔石川〕）。

4　「催告によって時効の完成が猶予されている間」の意義

　上記の批判的意見に対して、合田関係官から、「催告によって時効の完成が猶予されている間」というのは、本来の時効期間の満了の時より後のことを指しており、例えば、催告が時効期間満了の4か月前になされたような場合、催告によって時効完成の猶予がなされているのは時効期間満了後の2か月間にすぎないと理解すると、この満了後の2か月間だけを意味する。この猶予期間内に協議の合意をしても時効完成猶予の効力を生じないという限定的意味であるとの説明がなされた（92回会議・議事録22）。つまり、一方的に催告をして、その後に協議の合意をして協議を始めたとしても、協議は時効完成の関係では何らの意味を持たないという意味ではなく、本来の時効期間満了よりも前に協議の合意をしておかなければ、時効完成猶予の効力を生じないということを表現するものである。大阪弁護士会民法改正問題特別委員会編・実務解説民法改正54・61も同旨である。

5　実務上の注意点

　したがって、とりあえず催告をしておいて、その後に協議の合意を取り付けて協議をしてゆく場合には、本来の時効期間の経過前に協議の合意をする

必要があり、催告による時効完成猶予期間中に協議の合意をしても効力がないことに注意が必要である。

176 協議の合意による時効完成猶予制度は、ＡＤＲでの話合いにおいて利用できるか。

結　論　できる。

1　裁判外紛争解決手続の利用の促進に関する法律

同法25条1項によると、当事者間に和解が成立する見込みがないことを理由に手続実施者が当該認証紛争解決手続を終了した場合に、当事者がその旨の通知を受けた時から1か月以内に訴えを提起したときは、「時効の完成猶予」に関しては当該認証紛争解決手続における請求の時に訴の提起があったものとみなされる。整備法により、時効の「中断」から「完成猶予」に変更されている。なお、ＡＤＲ利用促進法が使えるのは法務大臣の認証を受けた機関に限られている。

2　法務大臣の認証を受けていない機関でのＡＤＲの場合の利用

① 　ＡＤＲの手続の過程などにおいて、例えば当事者間で協議を行う旨を合意し、かつそれを書面化しておけば、そのことにより協議を行う旨の合意に基づく時効完成猶予の効果が発生する。
② 　ケースによっては、ＡＤＲの申立書の記載内容によっては権利について相手方に協議を申し入れたと評価できる場合もあり、これに対する相手方が提出した書面に誠実に協議を行いたいという記載があれば、協議を行う旨の合意が書面でされたと評価できる場合もある。

177 どのような場合に協議を行う旨の合意による時効完成猶予制度を利用できるか。

結　論　債権者サイドでは、長期の交渉が想定される場合や時効期間の満了時期が近づいている場合。債務者サイドでは、訴提起されることを避けたい場合。

第20章　完成猶予─協議の合意　　333

1　利用が想定されるケース

債権者側としては、公害などの協議に長時間を要する類型の事件や、債権回収における交渉中に時効期間が到来しそうな場合に、訴提起による時効更新措置を避けるためなどに利用できる。債務者側として、債権者側からいきなり訴提起されないで済むといったメリットもある。

2　債権者側

債権者サイドにおいても訴提起を回避できるというメリットの強調に対しては、時効期間満了直前の訴提起に対して、提訴した言い訳が1つ減る（消滅時効完了が近づいてきたので訴提起しますと簡単に言えなくなる。）との指摘がある。金融機関の債権回収実務では、債権回収のプロセスに適合した制度といえるから有益な手法として期待されるという意見もあるが（ＴＭＩ総合法律事務所編・100問100答改正債権法でかわる金融実務218）、債務者から債務承認書を取ることが一般的であり、広く利用されるか未知数との指摘がある（石井・金法2029・43）。また、対主債務者において承認には至らないが交渉は可能という場合に債権者がとりうる選択肢として存在する程度で、対連帯保証人においては絶対効がないので、連帯保証人から協議による完成猶予の効果を取り付けても、主債務を更新することにはならないから、期待するほどでもないとの意見もある（森田・金法2009・42）。

3　債務者側

債務者サイドとしては、債権者から時効期間満了が近づいてきたのでその完成を防ぐためという理由で訴提起され、裁判手続に引き込まれることを避けるメリットがある。ただ、債務者の中には、協議の合意をすることで消滅時効が完成しなくなるおそれがあるので時効の完成を獲得するために交渉には応じないとの態度を選択する者が出てくることも予想される。この点では、本制度はかえって交渉・協議を阻害する要因になるおそれがある。また法的知識の乏しい債務者においては、協議の合意それ自体が「債務承認」とならないように注意する必要がある。

4　リスケジュールの協議依頼

なお、債務者側からの返済方法や期日のリスケジュールの協議依頼があれば、その時点で債務承認があったと解される可能性がある。

第21章　完成猶予－天災等の権利行使障害型

178 後見開始の審判を受けていないが事理を弁識する能力を欠く常況にある者に改正民法158条が類推適用されるか。

| 結　論 | 判例は類推適用を認めている。 |

1　改正民法158条の時効完成猶予

改正民法158条は、「時効の期間の満了前6箇月以内の間に未成年者又は成年被後見人に法定代理人がないときは、その未成年者若しくは成年被後見人が行為能力者となった時又は法定代理人が就職した時から6箇月を経過するまでの間は、その未成年者又は成年被後見人に対して、時効は、完成しない。」と規定している。旧158条の見出しは、「未成年者又は成年被後見人と<u>時効の停止</u>」であったが、民法改正により、見出し部分が「未成年者又は成年被後見人と<u>時効の完成猶予</u>」と改められたが、条文の内容は変わっていない（下線は筆者）。

その趣旨は、未成年者または成年被後見人が法定代理人を有しない場合には、時効障害となる措置をとることができないのであるから、法定代理人を有しないにもかかわらず、時効の完成を認めるのは、未成年者または成年被後見人に酷であるからである。ちなみに、被保佐人と被補助人は、単独で権利行使ができるため、このような時効完成猶予は認められていない。

2　問題点

改正民法158条における「成年被後見人」とは、後見開始の審判を受けた者を指すので、精神上の障害により事理を弁識する能力を欠く常況にあるにもかかわらず、後見開始の審判を受けていない者については成年被後見人には該当しない。しかし、後見開始の審判を受けていなくても、事理を弁識する能力を欠く常況にある者については、権利を行使することは困難であり、時効の完成猶予を認めるべき実質的な必要性は同じように存在する。そこで、

このような者についても、改正民法158条を類推適用して保護することができるか問題が生じる。

3　最判平26・3・14

上記の問題点に対して、最判平26・3・14民集68・3・229は、「時効の期間の満了前6箇月以内の間に精神上の障害により事理を弁識する能力を欠く常況にある者に法定代理人がいない場合において、少なくとも、時効の期間の満了前の申立てに基づき後見開始の審判がされたときは、民法158条1項の類推適用により、法定代理人が就職した時から6箇月を経過するまでの間は、その者に対して、時効は、完成しない」と判示した。この判決のケースは、遺留分減殺請求権の1年の時効が問題となった事案であり、死亡した者の妻であるＸについて相続開始から1年以内に認知症を理由に後見開始の審判が申し立てられ、1年経過後に成年被後見人を選任する審判が確定したというものである。このことから、「少なくとも、時効の期間の満了前の申立てに基づき後見開始の審判がされたときは」と判示して、この場合には当然に旧158条が類推適用されることを明示している。これは、このような場合には時効を援用しようとする者にとっても時効が停止することおよび停止する期間について予見することが一定程度可能であるといえることから、時効を援用しようとする者の予見可能性にも配慮が欠けることがなく、旧158条1項と同じ法律効果をもって律することが適当であるとの考え方によるものである。しかし、これ以外の場合に、旧158条が類推適用されうることを排除する趣旨ではない。しかし、その場合には、時効を援用しうる者の予見可能性の有無が問題になる。

4　時効を援用しうる者の予見可能性

上記最高裁判決は、類推適用の根拠として、後見開始の申立てがされた時期、常況によって旧158条1項の類推適用を認めたとしても、時効を援用しようとする者の予見可能性を奪うものとはいえないことを付言している。したがって、上記最高裁判決のようなケース以外に類推適用を認めるためには、具体的に時効を援用しようとする者の予見可能性を奪うものとはいえないかどうかを審査する必要がある。

第21章　完成猶予─天災等の権利行使障害型

179　相続人が順次相続放棄の手続をして相続人が確定しない間は、改正民法160条により時効の完成が猶予されるか。

結　論　猶予される。

1　改正民法160条

　改正民法160条は、「相続財産に関しては相続人が確定した時〔中略〕から6箇月を経過するまでの間は、時効は、完成しない。」と規定している。この条文の見出しとして、民法改正前は「相続財産に関する時効の停止」であったが、民法改正により見出しが「相続財産に関する時効の完成猶予」と改められた外は、条文の内容自体は変わっていない（下線は筆者）。

　本条は、相続によって財産財産に含まれる権利あるいは義務の主体が変更された場合、それが不明確であるため権利行使に支障が生じ、時効完成の猶予を規定したものである。したがって、「相続財産に関して」とは、相続財産に属する権利だけではなく、相続財産が第三者に対して負担する義務をも含む意味である。

2　相続人の確定

　相続人の確定とは、本来相続の承認によって相続人が法律上確定することを指すが、相続放棄が順次繰り返されて最終的に相続人が確定する場合も含む。したがって、相続放棄が順次繰り返されて相続人が確定しない間は時効の完成が猶予される。東京地判平19・1・22（平18（ワ）16764）は、この趣旨を確認し、時効期間満了後に相続放棄がなされたような場合には旧160条は適用されないとの主張を排斥している。

180　天災等による時効の停止は、どのように改正されたか。

結　論　条文の見出しを時効の停止から時効の完成猶予とされ、旧161条の定める2週間がその障害が消滅したときから3か月に伸長された。

1　完成の猶予期間の伸長

　改正民法161条は、条文の見出しとして、「天災等による時効の停止」とあ

ったのを、「天災等による時効の完成猶予」と改めた上、次のように改正された（下線は筆者）。

> （天災等による時効の完成猶予）
> 　時効の期間の満了時に当たり、天災その他避けることができない事変のため第147条第1項各号又は第148条第1項各号に掲げる手続を行うことができないときは、その障害が消滅したときから3箇月を経過するまでの間は、時効は、完成しない。

　旧158条から旧161条までは、時効完成の猶予としての「時効の停止」を規定し、権利者が時効中断の措置を講じることが困難な場合には、時効の完成を一定の期間、猶予することとしていた。そのうち、旧161条は、天災その他避けることのできない事変による時効の停止について規定するものであるが、「障害が消滅した時から2週間」という停止期間は時効中断の措置をとるための準備期間としてあまりに短期であり、特に東日本大震災のような大規模な災害を念頭に置いた場合には、債権者にとって酷な結果をもたらすと考えられることから、停止の期間を現在よりも長期のものとする必要があるとされた。

　なお、旧161条の法文に、「時効を中断すること」ができないときはとあったのを、「第147条第1項各号又は第148条第1項各号に掲げる事由に係る手続を行うこと」ができないときは、と文言を修正している。

2　3か月か6か月か

　伸長すべき期間に関して、旧158条から旧160条までは、旧161条と同様に債権者の権利行使を困難または不可能とする一定の事由が存在することを理由とする時効の停止を規定していたのであるが、これらの規定では停止期間が「6箇月」とされている。そこで、中間試案では、その障害が消滅した時から「6箇月」を経過するまでの間は、時効は完成しないものとするとしていた。一定の地域・地方の全体に深刻な被害をもたらすものがまれではないことを考慮すると、現在の2週間は短すぎるから、これを6か月に延ばすべきだと言う考え方によるものである。

　しかし、改正民法では、「6箇月」ではなく「3箇月」とされた。これは、旧158条から旧160条までの停止事由は時効期間満了前から長期にわたり継続することがあり、その障害が止んでも権利を行使するまでには相当の期間を要する場合があり得るのに対し、旧161条の停止事由には必ずしもそのような

事情があるものではなく、天災等の障害が止めば比較的速やかに権利を行使することができるのが通常である。このような差異を考慮しつつ、天災等の障害が止んだ後、権利を行使するまでに必要な期間を確保するという観点から、完成猶予の期間を「3箇月」と改められたものである（部会資料80－3・5）。

3　批判的意見

92回会議で潮見幹事から、旧159条や旧160条では6か月なのに、天災は3か月に短縮されているというのは大地震などを考えると納得できないという意見があった（92回会議・議事録15）。これに対しては、旧161条は必ずしも債権者が被災者であることを前提とした規定ではなく、天災等で交通が遮断したり、裁判事務が休止していた場合に、その期間のみ時効を停止する趣旨であることから、3か月が合理的と考えられたとの説明がなされた（92回会議・議事録22）。

4　障害が消滅した時

障害が消滅した時とは、具体的に訴え等を提起することが可能になる状態をいう（衆議院法務委員会での井野大臣政務官の説明）。

5　経過措置

改正民法の施行前に旧161条による時効停止事由が生じている場合は、従前の例によるとされているので（改正法附則10条2項）、この場合の完成猶予期間は、2週間である。改正民法は、施行日以後に天災等の時効完成猶予事由が生じた場合に適用される。

第22章 時効の更新－総　論

181 時効期間の更新は、以前からの時効の中断と同じものか。

結　論　法的な効果の面では同じである。ただし、更新が生じる場合が限定され、更新が生じる時が明確にされた。

1　時効の更新
　時効の更新は、従前に進行していた時効期間が法的意味を失って新たに時効期間が進行するという法的な効果の点では時効の中断と同じであるが、改正民法はこの効果が生じる事由を限定して、これのみを時効の更新事由として再構成したものである。

2　「中断」から「更新」への用語の変更
　時効の「中断」という用語は、中断とあることから、時効期間の進行が一時的に停止することを意味するという誤解を招きやすいと指摘されており、適切な用語に改めることが望ましいことから時効の中断という用語は廃止された。新しく採用された時効期間の「更新」という用語は、それまで進行していた時効期間がリセットされ、時効期間が新しく改まるという意味で更新という用語を用いたものである。

3　更新事由の限定
　旧147条は、時効中断事由として、請求（旧1号）、差押え・仮差押え等（旧2号）、承認（旧3号）の3つを列挙していたが、請求に含まれていた「催告」は更新事由ではなく時効完成猶予事由とされ（改正民法150条）、仮差押え・仮処分も更新事由ではなく時効完成猶予事由に移された（改正民法149条）。

4　時効中断事由の再構成
　旧147条は、時効中断事由として、請求、差押え・仮差押え等、承認の3つを列挙していたが、承認を除き、それらの手続をしても、時効中断の効力を

生じない各場合が旧149条から旧154条までにかけて規定されていた。例えば、訴えの提起の場合であると、訴えが却下あるいは途中で取り下げられた場合には、時効中断の効力は生じない。このように、ある手続の申立て等によって時効が中断された後、その手続が途中で終了すると中断の効力が生じないとされるなど、制度として複雑で不安定であるという指摘があった。こうした問題意識を踏まえて、改正民法147条2項・148条2項では、時効中断の効果が確定的に覆らなくなり、それまでに進行した時効が全く効力を失って、新たな時効が進行を始めるという効力が生じる事由のみをピックアップしてこれを時効の更新事由と整理し直した。

182 旧法の「時効の中断」から改正民法の「時効の更新」へ変更されたのはなぜか。

| 結　論 | 旧法の時効の中断を「完成猶予」と「更新」に分離し、中断はその効果が確定的に覆らなくなり、新たな時効期間が進行を始めるという効果を理解しやすくするため。 |

1　旧法の時効中断の問題点

　旧法は、時効の完成が妨げられるという効力（暫定的中断効。旧153条）と、それまでに進行した時効が全く効力を失い、新たな時効が進行を始めるという効力（確定的中断効。旧157条）を、いずれも「中断」という同一の用語で表現しており、このことが時効制度を難解にしている一因であった。そこで、両者の概念を区別し、それぞれの実質的な内容に合った適切な表現を用いて再構成する必要があると考えられた。

　また、旧147条以下に規定されている時効の中断事由に対しては、ある手続の申立て等によって時効が中断された後、その手続が途中で終了すると中断の効力が生じないとされるなど、制度として複雑で不安定であるという指摘があった。

　改正民法は、こうした問題意識を踏まえて、時効の中断について、その効果に着目して「時効の完成猶予」と「更新」という2つの概念で再構成をしたものである。そのうち更新は、その効果が確定的に覆らなくなり、進行していた時効期間の経過が無意味となり、新たな時効期間が進行を始める時点（旧157条）を捉えて、時効の中断事由を再構成するものである。

2 改正民法における時効の更新

改正民法における時効の更新は、時効中断の効果が確定的に覆らなくなり、新たな時効期間が進行を始める時点を捉えて、時効の中断を再構成したものである。ただし、時効の更新事由については現在の中断事由とは実質的な内容を変えており、注意が必要である。実質的な内容というのは、例えば、裁判上の請求等であれば、裁判上の請求等がなされたときに時効が更新するのではなく（旧149条と対比されたい。）、権利を認める裁判等が確定して新たに時効期間の進行が始まる時を捉えてこれを更新事由としている（改正民法147条）。これを「確定的中断構成」と呼ぶ者もいる。これに対して、改正前のように、新たな時効の進行に結びつくか不確定な事由を中断事由とし、途中で権利行使手続が終了したときは、中断の効力が遡及的に失われる構成を「不確定的中断構成」と呼んで区別していた。

そして、時効の中断という用語は時効期間の進行が一時的に停止することを意味するという誤解を招きやすいから、時効の更新という用語を使用している。この新しい実質を持つものを時効の更新と称することにした。なお、ここで再構成された更新事由は従前と同様に取得時効にも適用される。

3 中断事由と更新事由

改正民法における時効の更新事由は、改正前の時効の中断事由に比べて限定的である。改正前における催告や仮差押え・仮処分は時効中断事由であったが、改正民法では、時効完成猶予事由にすぎない。このようになんらかの方法で権利が確認された場合にしか更新事由に当たらないとされた。

4 中断から更新への変更に対する批判

「時効の中断」という用語は、例えば野球の試合が降雨により途中で中断され、再開されるイメージで考えると、時効期間の進行が一時的に停止することを意味するという誤解を招きやすいと指摘されており、適切な用語に改めることが望ましいとされて「時効の更新」へ改められた。しかし、民法上では、更新とは、借地契約の更新など契約の存続期間が満了したときに、その契約をさらに存続させることとして統一的に理解されてきたのであり、時効というタイマーを止めてタイマーをもとの時効期間にリセットする効果を「更新」と称するのは、これまでの更新という法律用語との間に矛盾を生じさせるものであるとの批判がある（加賀山・民法改正案の評価5）。同様の意見は、34回会議において、岡委員から弁護士会での議論として紹介がされていた（34回会議・議事録54）。

342　第22章　時効の更新―総　論

183　今回の改正によって、時効の中断という用語は消滅したか。

結　論　取得時効に関しては、なお存続している。

1　164条の存続

164条は、占有の中止等による取得時効の中断として、「第162条の規定による時効は、占有者が任意にその占有を中止し、又は他人によってその占有を奪われたときは、中断する」と規定している。この164条は、今回の民法改正の対象外とされ、そのまま存続されている。

2　改正民法147条ないし改正民法151条による時効の完成猶予および更新

時効障害事由として、改正民法は改正民法147条ないし改正民法151条による時効の完成猶予および更新の規定を設けているが、これらは取得時効にも適用される（中間試案（概要付き）29）。

3　更新と中断が併存

その結果、民法には、「時効の更新」と「時効の中断」の2つの概念が併存することになる。なぜ、164条の中断が変更されなかったのかという理由については、諮問との関係および自然中断なので現状の表現を残すことにしたと説明されている（村松・97回会議・議事録12）。

184　改正前の時効中断事由による時効中断の効力は、いつまで利用できるか。

結　論　改正民法施行日前に時効中断事由が生じたとき。

1　改正法附則10条2項

改正法附則10条2項は、改正前の時効中断事由の経過措置に関して、次のように規定している。

> 施行日前に旧法第147条に規定する時効の中断事由〔中略〕が生じた場合におけるこれらの事由の効力については、なお従前の例による。

第22章　時効の更新一総　論　　343

2　実務上の注意点

　施行日以前に、旧147条に規定されていた時効中断事由が生じれば、改正前の「時効中断の効力」が生じることになる。この関係で影響が特に大きいのは、旧147条2号の仮差押え・仮処分であって、改正後は時効の更新事由ではなく、単なる時効完成猶予事由に落とされているので、なるべく施行日前に仮差押え・仮処分をした方が時効の更新（中断）の関係では有利となる。

185　改正民法による時効の更新事由は何か。

結　論	①確定判決、②裁判上の和解等の確定判決と同一の効力を有するものによって権利の確定がされた場合、③強制執行等の手続が申立ての取下げまたは法律の規定に従わないことにより取り消されることなく終了した場合、④相手方が権利を承認した場合、である。

1　4つの時効更新事由

　改正民法において、時効の更新事由は、①確定判決（改正民法147条2項）、②裁判上の和解等の確定判決と同一の効力を有するものによって権利の確定がされた場合（改正民法147条2項）、③強制執行等の手続が申立ての取下げまたは法律の規定に従わないことにより取り消されることなく終了した場合（改正民法148条2項）、④相手方が権利を承認した場合（改正民法152条）の4つである。これらの事由が生じた場合に、新たに時効の進行が始まることになる。

　注意すべきは、民法改正前において時効中断事由とされていた、裁判上の請求、支払督促の申立て、和解等の申立て、倒産手続への参加、強制執行等の申立て、保全命令の申立ての場合は、「その手続が終了するまでの間」は時効が完成しないとする完成猶予事由にされている点である。

2　確定判決、裁判上の和解等の確定判決と同一の効力を有するものによる権利の確定

　権利を認める判決が確定した場合にその確定の時から新たに時効が進行することは、削除された旧157条2項が規定していたところである。また、確定判決と同一の効力が認められている事由が生じた場合に、新たな時効が進行する事についても異論はなかった。

時効の更新が生ずる具体的な手続は、①裁判上の請求、②支払督促、③裁判上の和解・民事調停・家事調停、④破産手続参加・再生手続参加・更生手続参加のいずれかである（改正民法147条1項・2項）。

3 強制執行等の手続が申立ての取下げまたは法律の規定に従わないことにより取り消されることなく終了した場合

時効の更新が生ずる具体的な手続は、①強制執行、②担保権の実行、③形式競売、④財産開示手続のいずれかである（改正民法148条1項・2項）。

旧147条2号においては、差押えが時効中断事由とされていたが、民事執行（民事執行法1条参照）に関するものは差押えに限らず、間接強制や代替執行も含めて更新事由としている。時効の更新の効力が生ずるためには差押えが不要とされたことで、強制執行等による完成猶予と更新の効力が生じる時期の区別がより難しくなったといえる。完成猶予事由を定める改正民法148条1項と更新事由を定める同条2項のいずれにも「その事由が終了した」という文言が使われているからである。抽象的な説明としては、更新の場合は、権利行使の基礎となった当該債権の存在が否定されることなく民事執行の手続が終了した時から新たな時効が進行をすることにしたものと説明できるが、抽象的にならざるを得ない。なお、民事執行の手続が、申立ての取下げや不適法とされる事由により途中で取り消された場合は、更新事由にならない（改正民法148条2項ただし書）。

ちなみに、民事執行の手続により権利者が完全な満足を得た場合には、新たな時効が進行する余地がない。このため、この事由が現実に働くのは、権利の一部しか満足されないまま民事執行の手続が終了した場合に限られる。

4 権利の承認

相手方が権利を承認した場合は、権利の存在が明らかになっていること、権利者が直ちに権利を行使しなくてもあえて権利の行使を怠っているとはいえないこと、権利関係の存在が明らかになっていること等から、承認は旧147条3号においても時効中断事由とされており、改正民法においても時効更新事由にされている（改正民法152条）。

第22章　時効の更新―総　論　　345

_186_　　旧147条の条文は、改正民法の条文ではどのようになったか。

| 結　論 | 裁判上の請求等・強制執行等という事態の類型ごとに、完成猶予になる場合と時効更新になる場合を規定するという編成に変更された。 |

1　旧147条の条文は、時効中断事由として次のように規定していた。

> 　時効は、次に掲げる事由によって中断する。
> 一　請求
> 二　差押え、仮差押え又は仮処分
> 三　承認

　しかし、承認以外の時効中断事由は、ある手続の申立て等によって時効が中断された後、その手続が途中で終了すると中断の効力が生じないとされるなど、制度として複雑であるという問題があった。そこで、改正民法は、完成猶予事由・更新事由という障害事由毎に規定を編成するのではなく、当事者および関係者間で生じた裁判上の請求等・強制執行等という事態の類型ごとに、完成猶予になる場合と時効更新になる場合を規定するという編成に変えている。例えば、裁判上の請求等では、訴えの提起等がなされた時点では時効完成猶予の効力が生じるのみであり、当該手続において権利を認める裁判等が確定して、新たに時効期間が始まる時を捉えてこれを更新事由としている。

　したがって、改正民法においては、時効更新事由を包括的に規律した条文は存在しない。ちなみに、改正民法147条は、裁判上の請求等による時効の完成および更新の内容が規定されており、旧147条に対応する条文ではなく、非対応である。

2　旧147条と改正民法の条文の対応関係

旧147条の条文	改正民法の条文
1号　請求	改正民法147条。裁判上の請求等による

	時効の完成猶予および更新。時効の更新事由は、同条2項に規定されている。
2号　差押え	改正民法148条。強制執行等による時効の完成猶予および更新。時効の更新事由は、同条2項に規定されている。 　ちなみに、旧148条は時効の中断の効力が及ぶ者の範囲を規定していたのであり、対応していない。
2号　仮差押え又は仮処分	改正民法149条。時効の完成猶予の効力のみで、時効の更新事由ではない。 　ちなみに、旧149条は、裁判上の請求による時効中断を規定していたのであり、対応していない。
3号　承認	改正民法152条。承認による時効の更新。 　ちなみに、旧152条は、破産手続参加等による時効中断の規定であり、対応していない。

3　経過措置

　改正法附則10条2項によれば、改正民法の施行日以前に旧147条に規定する時効中断事由が生じた場合におけるその事由の効力については、なお従前の例によるとされているので、旧法が適用される。したがって、新法では時効完成猶予事由とされた仮差押え・仮処分も、改正民法施行前に行えば、時効中断の効力が生ずる。

187　時効が更新される根拠は何か。

結　論	権利の存在について確証が得られたと評価できる事実が生じたことと解する（私見）。

1　民法改正前の議論

民法改正前における時効中断の根拠をどう説明するかに関しては、「権利確定説」では、当該権利の存在が公権的に確定的になりすでに弁済したとの推定が崩れるからであるとし、「権利行使説」では時効が中断するのは、権利者の権利主張によって、権利者が権利の上に眠る者でないことが明らかになるからであるが、その権利行使の明確性という要請から、一定の形式が必要であるとする。なお、一元的な説明は不可能であるとの見解もある。

2　改正後の議論

改正民法において、時効更新の根拠をどのように説明するかについても2つの説明の仕方がある。1つは、権利の存在に重点を置く説明であり、権利行使の意思を明らかにしたと評価できる事実が生じた場合を完成猶予事由に、権利の存在について確証が得られたと評価できる事実が生じた場合を更新事由に割り振ったとの説明がある（潮見・民法（債権関係）改正法案の概要33）。しかし、裁判上の請求等により更新が生ずる場合の説明としては、権利が確定したときに更新が生ずるのであるから（改正民法147条2項参照）、権利の存在について確証が得られたと評価できる事実が生じたことを根拠に説明できるが、執行手続は権利の存否に立ち入らない手続であるので、強制執行等の手続が取下げ・取り消されることなく終了した場合にも権利の存在について確証が得られたと説明できるかは難しいところである。

そこで、権利の存在の確証という考え方を放棄して、権利の行使という面に着目して理解した方が容易であるとの観点から、権利行使の意思がはっきりしている場合、その事由が覆らなくなることが更新の理由であると説明する考え方もある（筒井・第2分科会第1回会議・議事録26・35）。ただ、この筒井説によると、自身も認めているように、取下げ、不適法却下といった事由を除いたものについては更新事由とされやすいことになる。

そこで、結局、完成猶予を認める段階では権利行使説が親和的であるが、更新を認める段階では権利確定説からの説明が簡単であり、どちらか一方が選択されたとはいえないとの意見もある（中田ほか・講義債権法改正35）。

3　検　討

権利行使意思に重点を置く筒井説によると、完成猶予と更新の区別がなくなり、その境界線がはなはだ曖昧になる。更新の効力が生ずるのはその事由が覆らなくなることが唯一の分岐点であるが、メルクマールである「事由が覆らなくなる」というのも執行手続が最後までいったら更新の効力が生ずる

という以上の説明をすることが難しく、実務上曖昧にならざるをえない。

　他方、執行手続は、権利の存否それ自体を判断する手続ではないので、権利確定説を導入して、権利が確定したことが更新の理由であるとはいえない。そこで、権利確定説を若干緩和して、潮見説のように権利の存在について確証が得られたと評価できる事実が生じたことが根拠であるとの説明が、裁判上請求等による更新と強制執行等による更新の両方を統一的に説明するのに適当であると考える。ただ、この様な説明だけでは裁判上の請求等による更新の場合に比べて強制執行等による更新についてはなお曖昧な点が残る。そこで、債権者からの申立てとしての権利行使に対して、国家機関としての執行裁判所がその申立てを認容して権利実現に向けた一定の権力行為をなした事実があるときは、権利の存在について確証が得られたと評価できる事実が生じたものと理解できるのではないであろうか。これは、結局、民法改正で削除された時効中断事由としての「差押え」および「差押えに準ずる事由」が存在し、それが債務者からの異議等により取り消されることなく当該執行手続が終了したことを、強制執行等による更新のメルクマールと捉える考え方である。

第23章　更新事由－裁判上の請求等

188　裁判上の請求等がなされたときに時効が更新される事由は何か。

| 結　論 | 確定判決・支払督促・裁判上の和解・調停・倒産手続参加による権利の確定であると解する。 |

1　改正民法147条2項の条文構造

> 前項の場合において、確定判決又は確定判決と同一の効力を有するものによって権利が確定したときは、時効は、同項各号に掲げる事由が終了した時から新たにその進行を始める。

　「前項の場合」とは、裁判上の請求（1項1号）、支払督促（1項2号）、民事訴訟法275条1項の和解、民事調停法・家事事件手続法による調停（1項3号）、破産手続参加・民事再生手続参加・更生手続参加（1項4号）をいう。

　中間試案では、時効の更新事由と時効の完成猶予事由を別の項目に分け、完成猶予事由としては各手続の「申立て」と規定していたが、パブリック・コメントの手続に寄せられた意見において、更新の効力が生ずる前に、時効の停止の効力が生じているという関係が分かりにくいという指摘がなされたため、改正民法147条1項において、「時効完成猶予の効力」が生ずる要件と効果を定め、次いで、同条2項で、「時効の更新」が生ずる場合の要件と効果を規定したものである。これは、「完成猶予事由」、「更新事由」という時効障害の事由ごとに規定を編成するのではなく、当事者および関係者間で生じた類型ごとに規定を編成することにしたことによるものである。このような編成がとられたことによって、裁判上の請求における更新事由が何であるかについて分かりにくくなっている。

　なお催告は、旧147条1号・旧153条により中断事由とされていたが、債務者の任意の履行を求めるにすぎず、6か月以内に旧153条所定の手続をとることによって中断の効力が認められるに過ぎないものであり、実質的には時効の

完成間際に一時的に時効の完成を阻止する効力のみを有すると理解されていたことを踏まえ、これを時効の更新事由とすることは相当でないので、時効完成猶予事由とされた（改正民法150条1項）。

2　権利の確定

上記の裁判上の請求等の手続により時効更新の効力が生じるためには、「権利が確定」したことが必要である。改正民法147条2項では、「権利が確定したときは」との文言がこのことを表現している。裁判上の請求にあっては、確定判決により当該裁判が確定したこと、それ以外の手続においては、基本的に当該手続が成立あるいは終了して確定判決と同一の効力を有するものにより権利の存在が確定したことが必要である。権利が確定するに至らないときは、時効完成猶予の効力しか生じないとの書きぶりになっている。このことから、権利の確定が更新事由であり、更新の効力が生ずる時期であると解される（なお、民法（債権法）改正検討委員会編・詳解債権法改正の基本方針Ⅲ192は、訴え等において債権の存在が確定されたときも時効期間は更新されないとの考え方に立っている。）。

ちなみに、時効更新の効力が生ずるための権利の確定とは、いわゆる「既判力」の発生と同じ意味ではない。例えば、支払督促では、確定判決と同一の効力を生ずるものとされているが（民事訴訟法396条参照）、既判力を有せず、その前の事由も全て請求異議事由になるからである（山本（和）・79回会議・議事録31）。

3　更新の時点

裁判上の請求等により時効が更新される場合、時効が更新される時点は、次の時点である（部会資料69Ａ・19）。

事　　由	更新の時期
裁判上の請求（147条1項1号）	判決確定時
支払督促（147条1項2号）	支払督促に仮執行宣言が付されて、債務者がその送達後2週間以内に督促異議の申立てをしないことにより支払督促が確定した時。
和解手続・調停手続（147条1項3号）	和解・調停が成立した時。

倒産手続参加 (147条1項4号)	届出された権利の確定に至り、その倒産手続が終了した時。

4　更新後の時効期間と起算点

　確定判決または確定判決と同一の効力を有するものによって確定した権利については、10年よりも短い時効期間の定めがあるものであっても、その時効期間は10年になる (改正民法169条)。改正民法169条で規定されている10年の時効期間は、権利を行使することができることを権利者が知っていることを前提としており、その上で、確定判決等により権利の存在が公に確定されたことに鑑みて規定されたものであるので、そこでは主観的起算点を設けないこととしている。

189　時効更新事由として「裁判上の請求に準ずるもの」が認められるか。

結　論	改正民法下においても認められると解する。

1　民法改正以前の判例理論

(1)　「裁判上の請求」の時効中断の根拠

　旧149条は、「裁判上の請求は、訴えの却下又は取下げの場合には、時効の中断の効力を生じない」という形で、裁判上の請求が、時効中断事由たることを認めていた。

　この裁判上の請求が、なぜ時効中断事由となるかについて、権利確定説は、当該権利の存在が公権的に確定的になるからであるとし、権利行使説は、時効が中断するのは、権利者の権利主張によって、権利者が権利の上に眠る者でないことが明らかになるからであるが、その権利行使の明確性という要請から、一定の形式つまり訴訟上での権利行使を必要とするからであるとする。なお、一元的な説明は困難とするものもある。

　したがって、これらの学説によるときは、裁判上の請求により時効が中断するためには、①権利者自身が原告となって訴えを提起するが必要であるとともに、さらに権利確定説によるときは、②訴訟の結果、権利の存在が既判力をもって確定されることが、その要件となる。

(2)　抗弁による権利主張

この点に対する旧時の判例は、上記(1)①の要件につき「裁判上の請求は訴の提起をいうものにして原告の主張に対する単純の抗弁はこれを包含しない」（大判大9・9・29民録26・1431）として、上記(1)①の要件を認めていた。

しかし、大判昭14・3・22民集18・4・238は、債務者の提起した債務不存在確認訴訟において、債権者たる被告が、債権を主張し、その存在が認められて被告が勝訴した事案において、債権者が、被告として自己の権利の存在を主張することも、「裁判上の請求に準ずるもの」として時効中断事由となることを認め、上記(1)①の要件を廃止した。近時の裁判例として、東京地裁立川支部判平21・12・16労働判例1034・17がある。

(3)　訴訟物以外の権利

その後さらに判例は、上記(1)②の要件についても、訴訟において、当該権利自体が訴訟物とならない場合においても、訴訟物なる法概念は、当事者の紛争の核心を的確に把握するものとはいえず、時効中断の効力を訴訟物たる権利関係に限定することが必ずしも妥当でないことに鑑み（兼子ほか・条解民事訴訟法806参照）、「裁判上の請求に準ずる」として、「裁判上の請求に準ずるもの」という時効中断事由の存在を認め、これを緩和している。

イ　これを認めた事案

① 　大判昭17・1・28民集21・2・37（請求異議訴訟）

債務者が債務の弁済を理由に提起した請求異議の訴えが、債権者の勝訴に確定した場合について、その判決は実体上の請求権の有無を確定する効力を有するものではないが、上記訴訟で債権の存在を主張することは「裁判上の請求に準ずべきもの」とした。

② 　最判昭43・11・13民集22・12・2510（所有権移転登記手続請求事件）

所有権に基づく登記手続請求訴訟において、原告が所有権取得原因として予備的に取得時効の完成を主張したのに対して、被告が自己の所有権を主張して請求棄却の判決を求めたとき、「裁判上の請求に準ずるもの」として、20年の取得時効を中断する効力を有するとした。

③ 　最判昭44・11・27民集23・11・2251（抵当権設定登記抹消登記手続請求事件）

根抵当権設定登記抹消登記手続請求訴訟において、被告が根抵当権の被担保債権の存在および登記の有効なことを主張して、請求棄却の判決を求めたときは、「裁判上の請求に準ずるもの」として、当該被担保債権の消滅時効を中断する。

④ 　最判昭44・12・18判時586・55（共有物分割ならびに引渡請求事件）

第23章　更新事由－裁判上の請求等　　353

　Xが他の共有者Y、Zに対して、共有物分割訴訟を提起したところ、被告Zが取得時効による単独所有権を主張したのに対し、Yが自己の共有持分があることを主張し、これが認められたときは、「裁判上の請求に準ずるもの」として、Zに対し取得時効中断の効力を有する。

　以上のように、①については訴訟物は異議権であり、②および③については登記請求権が訴訟物であるが、判例は、権利者たる被告がその訴訟物たる権利の前提たる実体上の債権あるいは所有権の存在を主張し、これが認められることによっても裁判上の請求に準ずるとして時効中断を認めている。④についても共有持分を前提として分割請求が認容されるのであるから、共有持分に基づく裁判上の請求に準ずるとして中断効を認める。

　ロ　否定した事案
① 　最判平11・11・25判時1696・108は、請負人から注文主に対する建物保存登記抹消登記請求は請負代金請求権について裁判上の請求に準ずる効力があるとした福岡高判平7・12・26判時1568・63を破棄し、これを否定している（継続的催告の効果も否定）。その理由は、抹消登記請求権と請負代金請求権とでは、請求権の性質・求める給付の内容・両訴訟物の請求原因のいずれの点においても全く異なる点にあると推測される（上記判時のコメント参照）。すなわち、訴訟物となっていない裁判上の権利主張が、裁判上請求された権利と実質的な牽連関係を有しないことを理由とするものであろう。
② 　最判平29・3・13判時2340・68は、保証契約の趣旨で金員を借り受けた旨の債務弁済契約公正証書が作成され、貸金の支払を求める支払督促の申立てをし、これが確定した場合であっても、この支払督促は保証契約に基づく保証債務履行請求権について消滅時効中断の効力を生ずるものではないとしている。その理由は、支払督促において貸金債権が行使されたことにより、これとは別個の権利である保証契約に基づく保証債務履行請求権についても行使されたことになると評価することはできない、とするものである。

2　要　件
　そこで、「裁判上の請求に準ずる」といい得るための要件をまとめてみると次のようになろう。
① 　その権利が、当該訴訟の訴訟物でなくても、訴訟物たる権利と不可分あるいは前提であり、当該訴訟において、争われ審理判断されたこと。なお、ここでの「争われ審理判断されたこと」の程度につき、判例は、実質的に

訴訟物としての判断がされた場合と同視できる程度の高いレベルを要求する。すなわち、最判平25・6・6民集67・5・1208は、未収金債権の総額のうち明示の一部請求をしたところ、その総額には相殺処理によって既に消滅した分が含まれているとの抗弁が出され、この点を判断して現存する債権の金額を認定した判決につき、その認定は理由中の判断にすぎず、その存在が確定したと同視することができないことを理由に、裁判上の請求に準ずる時効中断効を否定している。

② 審理判断された結果、その存在が認められていること（権利の存在を主張しても認められないときは中断理由とならない。最判昭48・2・16民集27・1・149は、公正証書に関する請求異議訴訟において、債権者が応訴して債権の存在を主張した場合でも、証書作成の嘱託につき代理権欠缺を理由に請求異議が認容され、債権の実体上の存否につき判断されなかったときは、裁判上の請求に準ずる中断効を生じないとしている。）。

③ その確定が、判決という形で、司法機関によって確定されていること。

ただ、上記要件中①との関係で、最判昭38・10・30民集17・9・1252は、所有権に基づく株券引渡請求訴訟において、被告が留置権の抗弁を提出し、その被担保債権の存在を主張した場合に、裁判上の請求に準ずるものであることを否定し、いわゆる「裁判上の催告」としての効力のみを認めている。この判例においては、上記1(3)③の判決と本質的な違いがあるのか、あるいは1(3)③の判決は、この判例を変更して裁判上の請求に準ずるものとして認めたものであるのか、問題のあるところである。

3 民法改正との関係

改正民法147条2項は、裁判上の請求により時効更新が生じ得る事由として同条1項1号ないし4号を挙げ、1号ないし4号の中に裁判上の請求に準じるような事由は列挙されていないが、上記法条は、改正民法以前の判例法理に認められていた「裁判上の請求に準ずるもの」を否定する趣旨のものではない。よって、上記2①ないし③の要件を充足するときは、改正民法の下においても、「裁判上の請求に準ずる時効更新」の効力が生ずると解せられる。

4 時効更新発生の時期

なお、この裁判上の請求に準ずるものとして、時効更新の効力が生ずる時期は、裁判上の請求に準じる事由によって、当該権利の存在が確証されたと評価できるときであろう。

第23章　更新事由－裁判上の請求等　　355

190　公正証書に対する請求異議の訴えにおいて、債権者が
応訴して債権の存在を主張した場合、当該債権の時効完
成猶予または更新の効力が生じるか。

| 結　論 | 異議事由によって結論を異にする。 |

1　請求異議の訴え

請求異議の訴えとは、民事執行法35条に「債務名義…（中略）…に係る請求権の存在又は内容について異議のある債務者は、その債務名義による強制執行の不許を求めるために、請求異議の訴えを提起することができる」と定められている執行関係訴訟である。なお、裁判以外の債務名義（例えば執行証書）については、その成立に関しても異議理由とすることができる。この訴えの性質については、形成訴訟説、確認訴訟説、救済訴訟説等の対立があった。

2　問題の提示

ところで、公正証書中、一定内容のもの（執行証書）は、債務名義となって強制執行をなし得るが（民事執行法22条5号）、この執行証書に対して、上記請求異議の訴えが債務者より提起され、債権者としてこれに応訴して、債権を主張したとき、改正民法147条1項1号の裁判上の請求として、その債権の時効が時効完成猶予または更新の効力が生じるかがここでの問題である。

3　異議事由が請求権の内容に関する場合

民法改正以前においては、時効中断事由としての裁判上の請求は、債権者からの積極的な訴訟提起に限らず、判例理論上、相手方から起こされた訴訟に応訴して、当該権利の存在を主張する場合も、「裁判上の請求に準ずるもの」として、時効中断の効果が認められていた。

したがって、債権者が債務者からの請求異議訴訟に応訴する場合も、この理論の延長で、債務者において、請求異議の原因として、弁済による債権の消滅を主張し、債権者がその弁済の事実を否定して、債権の存在を主張した結果、債務者の請求を棄却する判決が確定したときは、判決中において、債権の存在が認められたのであるから、「裁判上の請求に準ずるもの」として時効中断するとされていた（大判昭17・1・28民集21・2・37）。

上記の結論は、民法改正後も、時効完成猶予または更新の効力が生ずると

表現を変えて維持してよい。

4　異議事由が公正証書の成立に関する場合

　しかし、上記大審院判決は、債務名義が約束手形金請求事件の判決であって、本問のような執行証書の場合とは、若干別な面があるといわなければならない。すなわち、執行証書のような裁判以外の債務名義の場合には、債務名義の成立自体について異議ある場合も請求異議の訴えで争うことができるので（民事執行法35条1項後段）、裁判以外の債務名義である執行証書に対する請求異議訴訟の異議事由としては、一般的な弁済による消滅の外に、作成嘱託代理権の欠缺のような、作成過程の瑕疵も異議事由と認められ（最判昭32・6・6民集11・7・1177）、債務者が異議事由として、作成嘱託代理権の欠缺を主張し、債権者がこれを争い、訴訟の結果、この理由が認められ、請求が認容された場合には、当該債権の存否について実体上の判断がされなかったのであるから、裁判上の請求に準ずる時効中断の効力は認められないとされていた（最判昭48・2・16民集27・1・149）。ちなみに、この判例は、訴訟の結果、異議請求が認容されて、債務者が勝訴した場合であるが、異議事由が作成嘱託代理権の欠缺で、訴訟の結果、債務者敗訴に終わった場合でも、債権の存在が実体的に判断されたわけではないので、やはりこの場合に、債権の存在を主張していたからといって、「裁判上の請求に準ずるもの」としての時効更新は認められないであろう。

　ちなみに、この最高裁判決の事案において、「裁判上の請求」としての時効更新の効果はないが、いわゆる時効完成猶予の効果も認められないかは、また別に検討を要するところである。時効完成猶予としての効力が認められれば、訴訟終了後6か月以内は時効が完成せず、訴訟終了後6か月以内に、より強固な措置をとることによって時効更新できる。時効完成猶予事由というものが、将来、時効更新に結びつく事由に限定されるとの立場を採れば消極に解することになるが、私はこのような立場を採らないので積極に解する。

5　実務上の注意点

　いずれにしても、請求異議事由が、作成嘱託代理権の欠缺などの成立に関する異議を理由とするものであるときは、債権者は反訴などで、積極的に権利の確認または給付を求めておかないと、公正証書が無効とされた上、債権自体も時効にかかるおそれがあるので注意を要しよう。

第24章　更新事由－強制執行等

〔総　論〕

191　強制執行等により時効の更新の効力を生じるか。

結　論　更新の効力が生ずる。ただし、申立ての取下げまたは法律の規定に従わないことによる取消しにより終了した場合を除く。

1　改正民法148条2項

強制執行等による時効の更新の効果を定める改正民法148条2項の条文は、次の通りである。

> 前項の場合には、時効は、同項各号に掲げる事由が終了した時から新たにその進行を始める。ただし、申立ての取下げ又は法律の規定に従わないことによる取消しによってその事由が終了した場合は、この限りでない。

ここで、注意すべきは、時効の更新事由それ自体としては、旧147条のように差押えや強制執行それ自体ではなく、強制執行等の手続が申立ての取下げまたは法律の規定に従わないことによる取消しがされることなく、当該手続が終了したことが時効の更新事由とされていることである。差押えでなく、強制執行等の手続による執行とその終了を更新事由としたのは、①民事執行手続の中には、代替執行や間接強制など差押えを経由しない執行手続もあり、時効障害の点で差押えを経由する執行手続の場合と区別すべきでないこと、②差押えがされた後に債務名義の効力が否定されることが起こりうるから、差押えがされただけで時効期間の更新を認めることは時期尚早であるからである。

なお、ただし書で、強制執行等の手続が取り消された場合を除外しているのは、旧154条の規律を維持したものである。

2 条文の構造

中間試案では、時効更新事由と時効完成猶予事由を別の項目に分けて規定していたが、パブリックコメントの手続に寄せられた意見において、更新の効力が生ずる前に、時効の停止の効力が生じているという関係が分かりにくいという指摘がなされたため、改正民法147条1項において時効完成猶予の効力が生ずる要件と効果を定め、次いで同条2項において、時効の完成猶予後に時効の更新が生ずる場合の要件と効果を規定した。すなわち、強制執行等の手続のいずれかが生ずれば、その事由の終了まで時効の完成が猶予され、その上で、その事由終了の時において時効の更新の効果が生じ、その終了の時から時効期間は新たにその進行を始める。

3 執行手続の終了

第2分科会第1回会議で、差押えの申立てをして開始決定が出て、執行が終了するところまでは完成猶予で進んでいて、執行手続が終了したら更新として効力が生ずることに対して、終了したことが更新事由になるのかとの疑問が岡委員から提出された（第2分科会第1回会議・議事録41）。これに対して、筒井幹事から、執行手続が終了したという事由自体が特別な効果の基盤になっているわけではなく、終了したという時点を捉えて、時効中断の効果が覆られないことをはっきりさせるために、手続が終了したことをもって更新事由とするとの理解が示された。

4 権利の満足に至らないとき

中間試案では、「強制執行又は担保権の実行としての競売の手続が終了したこと（権利の満足に至らない場合に限る。）」と表現されていた。これは、当該手続により権利が満足されれば弁済によって当該権利が消滅し、もはや消滅時効を問題とする必要はなくなることから、注意的に「権利の満足に至らないとき」に更新の効力が生ずることを付言したものである（部会資料69Ａ・20）。改正民法の条文文言にはないが、改正民法下でも同様に解せられる。

192 強制執行手続等の終了により時効が更新される根拠は何か。

| 結　論 | 権利が存在するとの確証が得られたと評価できる事実の発生である（私見）。 |

1　問題の提起

民法改正前の時効中断の根拠の説明として、①債権者が権利を行使したからという権利行使説と、②権利の存在が確定したからという権利確定説の2つがあった。執行手続は、権利の存否に立ち入らない手続であるので、これを確定判決または確定判決と同一の効力が認められる事由と同様に時効の更新の効果が生ずるとすることに疑問を呈する意見がある（例えば、岡・第2分科会第1回会議・議事録41）。この疑問を受けて、立法事務当局には、旧法が「差押え」を中断事由としていて、今後更新事由を設ける場合、差押えを拡張して強制執行手続を時効の更新事由に移行させるとしても、権利の確定という観点からそれを説明するのは容易ではないという問題意識は存した。12回会議において、山本（和）幹事からは、差押えに限定せず執行手続に更新の効力生ずることにするにしても、その根拠をどのように把握するかにより執行手続のどこまでに拡張するかという範囲の問題があるとの指摘がなされた（第12回会議・議事録37）。しかし、改正案の審議の段階では、理論的説明は改正された後の研究者の課題であるとの意見により先送りされたため、本問についても明確ではない。

なお、改正民法では、旧法で時効中断事由であった仮差押えが更新事由でなくなっているが、これは、暫定的な権利行使であって他のものとは異質であるからと理解されている。

2　種々の説明

改正審議の過程では、いくつかの説明が存した。時効の更新がなされる根拠が、改正民法で時効の更新事由として改正民法148条1項1号ないし4号で列挙されている各事由について包括的な説明になっているかどうかの観点から検討されるべき問題である。権利の存在の確証という視点をどの程度意識しているかという基準によって、その意識の少ない説明の順序（＝権利行使を強く意識する順序）に並べると次の通りである。

イ　債権者が権利の実行に着手することにより、もはや権利の上に眠る者ではなくなり、永続した事実状態が変更される点にあるとする説明（部会資料69Ａ・18）。

ロ　権利行使の意思がはっきりしている場合、そのことを捉えてその事由が覆らなくなる時点をもって更新事由とする考え方から、権利実行手続が途中で頓挫した取下げ・不法却下といった事由を除いたものについて更新事由とする考え方（筒井・第2分科会第1回会議・議事録26・35・41、石井・金法2029・41）。

ハ　民事執行によって債権者の権利が現に実現したからという説明（畑・34回会議・議事録59）。

ニ　手続が進んでいるにもかかわらず、債務者が請求異議とか配当異議とかを出さず、手続を最後まで進めてしまったという所に、一種その債権については黙示的に承認している趣旨が見い出されるからという説明（山本（和）・34回会議・議事録52）。

ホ　権利の存在について確証が得られたと評価できる事実が生じたからという説明（潮見・民法（債権関係）改正法案の概要33）

3　私　見

改正民法は、旧法にあった「差押え」という要件を外し、かつ、直接的に権利の満足を得る手続ではない形式的競売や財産開示手続も更新事由に拡張していることからすれば、より権利行使説に接近したと評価できる。ただ、債権者としての明確な権利行使だけを更新の根拠とすると、更新が生じたのかについて明確な判定が困難になる。その意味で、更新の効力が生じる事由と時期を明確にするためには、権利の存在について確証が得られたと評価できる事実が生じたことを更新の根拠とすることにも意味があると考える。権利の存在について確証が得られたと評価できる事実が生じたとは、具体的には執行裁判所または執行官による「差押え」あるいは差押えがない執行手続では「差押えに準ずる」事由としての当該手続の実施決定があった場合と言い換えることができると思う。そして、更新の効力が生じる時期については、明確性の観点から、改正民法148条1項各号の事由が取下げあるいは法律の規定に従わないことによる取消しによることなく当該事由が終了した時からである。

193　債権の一部に限定して執行申立てをしたとき、残部についてどうなるか。

| 結　論 | 残部について時効の更新、完成猶予の効力のいずれも生じないと解する。 |

1　問題の提起

12回会議においては、債権の一部について訴えの提起等がされた場合の取扱いに関して、訴訟費用の節約のため一部請求であることを明示して訴えを

提起し、その後に請求の拡張を行うこともあり、このような場合でも債権の全額について時効障害事由としての効果が生ずることとすべきであるとの意見が表明された。これに関連して、一部だけ民事執行の申立てがされた場合についても同様に検討すべきとの意見が表明された。すなわち、債権の一部により強制執行あるいは担保権の実行に基づく差押えがなされた場合にも、当該債権の全部について時効障害（時効期間の進行の停止／時効の停止）の効果が生ずる旨の規定を設けるべきとの意見である。

その根拠としては、①債権の一部について執行がなされるというときには、相応の理由があって一部執行を選択した債権者を保護する必要があること、②一部の執行であることが明らかにされる以上、債務者は残部について執行に備えるべきことを認識することができる、という2点である。この2点は、一部請求の場合に残部についても時効障害を認めるべき理由と共通するものがある。さらに、③時効期間が短縮された場合には、継続的給付に係る債権に対する強制執行のような場合に、債権の一部の執行を行っている間に時効期間が満了してしまう場合が想定され、残部に対する時効障害を認める必要性が現在以上に高まることも理由の一つに加えることができる、というものである。

2　更新との関係

民法改正前の差押えによる時効中断の根拠として、権利行使が執行という形で明確になったからという権利行使説と、執行の終了により当該債権が公の手続の中で確認されたからという権利確定説とが存在した。改正民法における更新の根拠についても、明確な権利行使であることと、権利の存在について確証が得られたと評価できる事実が生じたことがその根拠となると解せられるが、一部執行は、債権者自らの意思で当該債権の一部を除外して権利行使をしているのであるから、債権者の権利行使という面でも国家機関による権利存在の確証という面でも更新事由となる理由が存在しないと解される（同旨、山本（和）・34回会議・議事録58）。

3　完成猶予との関係

なお、時効の更新にならないとしても、一部執行における残部に時効完成猶予の効力が生じるかという問題がある。中間試案第7・7(2)では、裁判上の請求による時効停止の効力は、債権の一部について訴えが提起された場合であっても、その債権の全部に及ぶものとされ、一部請求による時効停止の効力は「裁判上の請求」の場合に限定されていた。これは、いわゆる「裁判上の催告理論」が強制執行には及ばないとする判例理論を前提としたものであ

った。

　本問については、第2分科会で議論された。その議論の状況は次の通りである（第2分科会第1回会議・議事録37以下）。

　積極推進者として、高須幹事：一部しか執行しない債権者を保護すべきケースがある、山本幹事：一部訴訟で残部の時効障害を容認するなら、一部執行の場合も基本的には同じものとして価値判断できる、中井委員：1つの債務名義を分けて使う現実的・実務的要請が強い、などの意見があった。これに対して、疑問を呈する者として、畑幹事：執行申立てをしていない部分は基本的に権利の実現に向かっておらず、請求の場合は請求の拡張の可能性があるが、執行の場合は判例で阻止されている、山野目幹事：更新の根拠を権利行使の意思の表明があったことと理解すると、行使のあった一部以外の残部について更新を認めることはきついが、それとの関係で進行停止にするかどうかはなお議論を整理する必要がある、潮見幹事：残部については権利行使をしていないとすれば、なぜそこまで中断・停止の効力が及ぶのか疑問である。これらの議論を総括して、山野目幹事は、一部執行における残部に完成猶予の効力を認めようという意見は権利行使説ですらなくて、いままでになかった権利行使の潜在的表明という観念のみで時効を障害する新しいスーパーバージョンであると位置付けられた。

　公的な債権実現の手段である民事執行手続における時効の完成猶予は、それが明確な権利行使であることが完成猶予となる理由であり、一部執行における残部については、権利行使それ自体が存在しないのであるから、完成猶予の効力は生じないと解する。

194　更新の効力が生じる「事由が終了した時」とはいつか。

結　論	権利の存在について確証が得られたと評価できる時を判断基準として、具体的な強制執行等の手続ごとに判断される（私見）。

1　改正民法148条の条文構造

　中間試案では、更新事由と時効完成猶予事由を別の項目に分けて規定していた。そのため改正審議の途中で、強制執行の申立てがまず時効完成猶予となり、開始決定が出れば、そこで更新事由となるという考え方がありうるのかという問題が議論された（第2分科会第1回会議・議事録41）。また、パブリック

第24章　更新事由－強制執行等　　363

コメントの手続に寄せられた意見において、更新の効力が生ずる前に、時効の停止の効力が生じているという関係が分かりにくいという指摘がなされたため、改正民法148条1項において、時効完成猶予の効力が生ずる要件と効果を定め、次いで、同条2項で、時効の更新が生ずる場合の要件と効果を規定した。

2　執行手続の終了と事由の終了

　民法改正前の差押えが時効中断事由であった当時の旧157条1項では、中断した時効はその「中断の事由が終了した時から」、新たにその進行を始めると規定していた。ところが、中間試案第7・6(1)ウでは、強制執行または担保権の実行としての競売の「手続が終了した」ことを更新事由として規定していた。そこで、「執行手続の終了」という概念を使ったときにその時期を明確にできるのか、という問題提起がなされた。パブリックコメントにおいて、最高裁は、給料債権などの継続的債権を差し押さえた場合や、取立てによって処理され配当等が行われない場合など、「執行手続の終了の時」が必ずしも明確でないケースに留意して検討すべき、という意見を出していた。この問題提起に対して、立法事務当局は、実情としてそのような問題は顕在化していないとの認識を示していた（筒井・第2分科会第1回会議・議事録25）。

3　事由の終了

　改正民法148条2項では、「前項の場合には、時効は、同項各号に掲げる事由が終了した時から新たにその進行を始める」として、更新の効力が生ずる時期について「事由の終了」という表現を用いている。ここで、「事由が終了した時」とはいつのことであるのか明確でないとの意見がある。このためか、改正民法の解説本の中には「執行手続終了の時点」として解説するものがある。

　これについて、第2分科会第1回会議で岡委員から、差押えの申立てをして開始決定が出て、執行が終了するところまでは完成猶予で進んでいて、執行手続が終了したら更新として効力が生ずることに対して、終了したことが権利が確定したとして更新事由になるのは理解できないとの意見が出された（第2分科会第1回会議・議事録41）。これは、執行手続の終了が更新事由であるのかという問題提起をしたものと理解される。これに対して、筒井幹事から、執行手続が終了したという事由自体が特別な効果の基盤になっているわけではなく、中断という効果が確定的に覆らなくなる終了したという時点を捉えて、時効中断の効果が覆らないことをはっきりさせるために、手続が終了したことをもって更新事由とするとの理解が示された。このためか、改正民法

148条2項の条文上は、「手続の終了」という表現ではなく、「同項各号に掲げる事由が終了した時」という表現を用いている。

以上の議論からは、何が更新事由であるのかという問題と更新の効力がいつ生じるのかという問題とは区別して議論されるべきであることを示している。

4　各号に掲げる事由の終了

以上の経過からは、いかなる時点が時効更新の効力が生じる「事由の終了」であるかは、単純に執行手続が終了したことではなく、時効更新の効力が生じる根拠となる権利の存在について確証が得られたと評価できる事実が生じたか否かを判断基準として、具体的な強制執行等ごとに判断されるものと解される。より具体的に定式化すれば、債権者の申立てに基づいて、国家機関としての具体的な権利実現に向けられた執行行為が為されたとき以降で、当該手続が終了した時に更新の効力を生ずる「事由の終了」が存在したと理解すべきであろう。この点で、旧147条2号の時効中断事由としての「差押え」あるいは差押えがない執行手続では「差押えに準ずる」ものとしての当該手続の実施決定がなされたか否かが1つのメルクマールになると考えられる。

195　時効の更新が生じないこととなる「法律の規定に従わないことによる取消し」とは何か。

結　論　手続取消しの理由の核心が強制執行等の基本となった権利の存否の領域に存したか否かにより、個別のケースごとに判断する（私見）。

1　改正民法148条1項かっこ書および同条2項ただし書

旧法における時効の中断から分離された強制執行等による完成猶予の終期について、改正民法148条1項かっこ書は、「法律の規定に従わないことによる取消しによってその事由が終了した場合にあっては、その終了の時から6箇月を経過する〔中略〕までの間は、時効は、完成しない。」と規定している。この点、旧154条では、差押え等が法律の規定に従わないことにより取り消されたときは、時効中断の効力を生じない、と規定されていた。改正民法下では、法律の規定に従わないことによる取消しがあっても、旧法の遡及的な時効中断効の失効ではなく、少なくとも完成猶予の効力を認められることは大

きな違いである。そして、改正民法148条2項ただし書によって、法律の規定に従わないことによる取消し以外の事由による事由の終了の場合には、さらに時効の更新の効力が生ずるのであるから、法律の規定に従わないことによる取消しの範囲に含まれるか否かは大きな違いを生じる。

2 民法改正前の学説
旧154条の適用対象の範囲に関しては、以下の学説があった。
① 法律上の障害と事実上・物理上の障害とに区分し、後者を理由とする終結は旧154条に該当しない（上野ほか・金法1469・34〔山野目発言〕、廣渡・銀法536・18、伊藤・民事執行手続参加と消滅時効中断効48）。この説に対しては、法律上の障害と事実上・物理上の障害という区分自体が明確を欠くという批判がなされた。
② ある取消しが、実現されるべき権利の存否との関係で、強制的実現資格を否定する趣旨でなされたかを問い、その趣旨で許されない故の取消しの場合は旧154条が適用されるとする説（伊藤・金融法研究15・13、金山・銀法565・13）。この説でも、例えば費用の予納・追加予納がないときの却下・取消しの場合をどう評価するかに関しては意見が分かれる。

3 民法改正時の議論
民法改正時の議論を見てみると、そもそも「法律の規定に従わないことにより取り消される」というのは何を言っているか分からないので、文言を変えるべきであるとの意見があった（山本・第2分会第1回会議・議事録32）。他方、法定の取消事由によって取り消された場合は、全て「法律の規定に従わない」に入ると説明しつつ、なお解釈の問題が残るとの意見もあった（合田・92回会議・議事録25）。

4 私 見
上記の民法改正前の学説や改正時の議論を見ても、法律の規定に従わないことによる取消しの範囲を決める一般的かつ明確な基準を見いだすことは困難であって、結局、強制執行が更新の効力を生じる根拠である権利存在の確証が得られたと評価できる事実が生じたか否かの観点から、手続取消しの理由の核心が強制執行等の基本となった権利の存否の領域に存したか否か、あるいはそれ以外の領域に存した理由に基づくものであったか否かにより、個別のケースごとに判断するより外はないと考える。

第24章　更新事由－強制執行等

196 　強制執行等の事由が終了したことにより時効の更新があったときの時効期間は何年か。

| 結　論 | 更新前の時効期間と同じ期間になる。 |

1　問題点

改正民法148条2項は、原則として、強制執行、担保権の実行、形式競売、財産開示手続の各事由が終了した時は、時効が更新するとし、その事由が終了した時から新たにその進行を始めると規定している。問題は、新たに進行を始める時効期間は、何年になるかである。部会資料31・19では、当初の時効期間と同一の時効期間になる（例えば、人身損害に関する長期の時効期間の特則が設けられる場合には、その長期の期間）とする甲案と、原則的な時効期間に復するという乙案が併記されていた。

2　中間試案

これに対し、中間試案第7・6(3)では、強制執行等の手続が終了した時から、債権の原則的な時効期間の進行を始めるとの原則を採用した上で、例外として、従前の時効期間の「残存期間が原則的な時効期間よりも長い場合」には、時効期間の更新の効力が生じない、との提案をしていた。原則における考え方は、時効期間に特則が設けられている場合であっても、ひとたび時効が更新されたときは、その特則が置かれた趣旨は更新後には妥当しなくなるという考え方によるものであった。例外における考え方は、時効が更新されたために従前の時効期間の残存期間よりも新たに進行を始める時効期間の方が短くなることは債権者に不利益なものとなり不当であるのでこのような事態を避けるためである。

3　中間試案の不採用

しかし、改正民法においては上記中間試案の提案は採用されなかった。その理由は、「パブリック・コメントの手続に寄せられた意見には、新たに進行する時効期間は、現行法での取扱いと同様、従前の時効期間と同じ期間とすべきであるとの指摘があった。また、このような規律を設けることにより、時効期間の計算をかえって複雑なものにする懸念もある。以上を踏まえ、この論点は取り上げないこととした。」というものである（部会資料69A・24）。

4 実務の対応

改正前の時効中断の実務においては、時効中断があった場合の時効期間については、確定判決または確定判決と同一の効力を有するものにより中断した場合を除き、中断した権利・義務が従前に具有していた時効期間と同一とされていた。この点は改正後の時効更新においても変わらないことになる。

〔動産執行〕

197 動産執行において、債務者の所在不明あるいは差し押さえるべき財産がないとの理由で執行不能に終わったときに、時効更新の効力が生じるか。

結　論 所在不明のときは更新の効力は生じないが、差押えに臨場したが差し押さえるべき財産がなかったにすぎないときは更新の効力が生じると解する。

1　動産執行の申立てと時効完成の猶予

　民事執行法122条1項は、動産に対する強制執行は、執行官の目的物に対する「差押えにより開始する。」と規定している。旧147条2号は、「差押え」を時効中断事由としていたので、時効中断の時期が、動産執行申立ての時であるのかあるいは差押えが着手された時であるのか意見が分かれていたが、最判昭59・4・24民集38・6・687は、大判大13・5・20民集3・203を変更して、申立て時説を採ることを明らかにした。

　改正民法148条1項1号では、強制執行の申立てそれ自体を時効完成猶予の効力が生じるとしているので、動産執行の申立てがあれば、差押え前に時効完成猶予の効力が生じることは明らかである。

2　改正民法148条2項の事由の終了

　上記のように、民法改正以前の時効中断事由は強制執行ではなく差押えであったが、改正民法では、差押えではなく強制執行という「事由の終了」した時に時効更新の効力が生ずると改正された。他方、上記のように、動産執行は執行官による目的物の差押えにより開始するとあるので、現実に差押えがされなかったときでも時効更新の効力が生じるかという疑問が生じるのである。

3　民法改正以前の判例・学説

　執行債務者の所在不明により執行不能となった場合につき、判例は時効中断の効力は生じないとしていた（大判明42・4・30民録15・439、最判昭43・3・29民集22・3・725）。これに対し、差し押さえるべき財産がなかった時は、現に差押え手続は実施されたのであるから時効中断の効力は生ずると解されていた（大

判大15・3・25民集5・214)。

多数の学説も上記判例を支持していたが、差し押さえるべき物がないため執行不能に終わった場合でも、裁判所による確認や相手方が執行終了時までに争わないことに結びつかないから時効中断の効力は生じないとする反対説もあった（石田・民法総則〔民法大系(1)〕580）。

4　改正民法下での検討

改正民法では、旧法の時効中断を時効完成猶予と時効更新の2つに分離して整理している。そして、権利行使の意思を明らかにしたと評価できる事実が生じた場合を「完成猶予事由」に、権利の存在について確証が得られたと評価できる事実が生じた場合を「更新事由」に割り振るという方針を基礎に据えていると説明される（潮見・民法（債権関係）改正法案の概要33参照）。

債権者による権利行使という点だけを強調すれば、たとえ所在不明のために執行不能に終わったときでも、申立てによる権利行使は継続しているのであるから時効更新の効力が生じるとしてもよいようにも思われる。しかし、完成猶予における権利行使は、債権者の権利行使だけを単純に捉えることで足りるが、更新の場面では国家機関による権利実現に向けての執行行為が存在したことが必要ではないかと考える。

他方、権利の存在について確証が得られたと評価できる事実が生じたという点を強調すると、およそ動産執行の執行機関たる執行官は、請求権が存在するか否かについて判断する権限はなく、債務名義があれば執行するのであり（請求権の存否については請求異議の訴えによって初めて判断される。民事執行法35条）、執行官が債務者の住所に臨んだという一時をもって「請求権の存在が確証された」といえるかどうかやや疑問ということになる。

また、時効の更新の効力が生じるためには、当該更新事由について債務者が認識できたかどうかという観点も重要である。旧155条や改正民法154条が時効の利益を受ける者に対して差押えや強制執行をしないときは、その者に対して通知した後でなければ時効の完成猶予または更新の効力が生じないと規定しているのはこの趣旨を含むものである。

上記の諸点を考慮すると、債務者が所在不明の場合には、国家機関による執行自体が初めから債務者に認識される機会が存在しないから、更新の効力を生じさせると債務者の利益を害するので、更新の効力は生じないと解される。他方、差し押さえるべき財産がないとの理由で執行不能に終わったときでは、執行に臨んだという事実があれば債務者に権利行使が為されたことが認識されうるし、国家機関としての強制的な権利実現に向けての行為が存在したといえるので更新すると解される。

〔債権執行〕

198 債権執行事件において、取り立てたが取立（完了）届未提出により、事件終了に至っていない場合、時効更新の効力はどうなるか。

結論 債権執行事件として終了していないので、時効更新の効力は生じていない。

1 問題の提示

債権執行事件では、原則として、換価と満足の過程を私人である差押債権者による取立てに委ねており、事件の終了自体についても、差押債権者による取立ての届出（取立届出・取立完了届）や申立ての取下げといった差押債権者の協力に依存しており、他の強制執行事件に比べて事件の終了を巡る規律が不安定である。民法改正の議論の中では、差押債権者が取立権を行使しないで放置しているような場合には、債権執行事件が終了しない結果新たな時効が進行しないという不合理な事態が生じうる事が指摘されていた。ただ、この指摘に対しては、立法事務担当の筒井幹事は、民法と民事執行法という現在の組合わせでの運用が始まってから既に30年経過しているが、実情としてそのような問題は顕在化していないとの認識を示している（第2分科会第1回会議・議事録25）。

2 取り立てたが取立届未提出の場合

民事執行法145条3項では、差押債権者は、第三債務者から支払を受けたときは、直ちに、その旨を執行裁判所に届け出なければならないと規定されているが、実務ではなかなかこの取立届の提出が履行されないという現状がある。債権執行事件は、この取立届のうち取立完了届が提出されたときに終了することになるが、差押債権者がこの届出を怠っても、これに対する制裁は設けられておらず、執行裁判所において事件を終了させるための方法はない。

差押債権者において取立てが完了しているのに完了届出が未提出の場合、実質的な権利実行行為は終了しているのであるから、「事由の終了」と解し得なくもないが、時効の更新時期は、債務者においても明確でなければならず、改正民法148条2項が「事由が終了した時から」と規定しているのは、更新の

第24章　更新事由－強制執行等　　　371

効力が生ずる時期を客観的にも明確にしようとする意図があると理解される。そうすると、取り立てたが完了届出が未提出により債権執行事件として手続終了に至っていない場合は、更新の効力は生じておらず、なお時効の完成が猶予されている状態が続いているということになる。

3　民事執行法の改正（中間試案）

　ちなみに、平成29年9月29日に公表された「民事執行法の改正に関する中間試案」の第4の1では、執行裁判所の取消し決定により、差押債権者の行為がなくても債権執行事件を終了させることができるような規律が提案されている。すなわち、①金銭債権を差し押さえた場合、取立権が発生した日から2年を経過したときは、差押債権者は、支払を受けた旨またはまだ支払を受けていない旨の届出をしなければならない。②この届出義務が生じた日から2週間を経過したにもかかわらず、この届出をしないときは、執行裁判所は差押命令を取り消すことができる、といった規律である。

　仮に、このような規律が立法化された場合、執行裁判所による取消決定が確定した時に債権執行手続が終了したことになるから、この時に更新の効力が生ずることになろう。

199　債権差押えをしたところ、被差押債権が不存在であったために取下げした場合、時効更新の効力が生じるか。

| 結　論 | 時効更新の効力は生ぜず、取下げ後6か月間、時効完成猶予の効力のみが生ずると解する。 |

1　被差押債権不存在による取下げ

　債権差押命令が第三債務者に送達されたが、陳述催告に対する第三債務者の陳述により被差押債権が不存在であることが分かったとき、債権者としてはこの執行を続ける実益はなく、他の強制執行手続をとるために必要な債務名義を還付してもらうために、申立てを取り下げるであろう。債権執行の申立てにおいては、被差押債権の存在の疎明を要せず（民事執行規則133条2項）、発令も第三債務者に対する審尋によりその存在を確認することなくなされるから（民事執行法145条2項）、被差押債権が存在しない場合が多く、執行手続上の取下げを必要とする場合が生じるのである。

　なお、本問のケースでは、債務者へ差押命令が送達されているか否かで結

論を異にする可能性もあるが、ここでは債務者へも送達済みであることを前提とする。

2 改正民法148条2項ただし書

時効の更新に関する改正民法148条2項ただし書は、強制執行等による時効の更新に関して、「ただし、申立ての取下げ〔中略〕によってその事由が終了した場合は、この限りでない。」と規定している（下線は筆者）。この改正民法148条2項ただし書は、旧154条と同じ文言ではない。旧154条は、「差押え〔中略〕は、権利者の請求により〔中略〕取り消されたときは、時効の中断の効力を生じない。」と規定されていた（下線は筆者）。中間試案第7・6(1)ウでは、「ただし、当該手続が権利者の請求により〔中略〕取り消されたときを除くものとする。」というように、旧154条に倣った表現になっていた。「権利者の請求」から「申立ての取下げ」に文言の変更がなされた理由は次の通りである。旧154条の「権利者の請求により〔中略〕取り消されたとき」とは、申立ての取下げによる差押え等の消滅を指すと理解されていた。民法制定当時は、執行債権者による差押えの放棄があったときは、裁判所によって強制執行が取り消され、手続が終了すると考えられていたが、現在では申立ての取下げによって執行手続は当然に終了するものと考えられており、民事執行手続において「権利者の請求により〔中略〕取り消されたとき」に該当する事由は存在しなくなっている。そこで、この文言を現在の手続に即したものとするため、「権利者が申立てを取下げたとき」と改められたものである（部会資料80−3・5）。

この改正民法148条2項ただし書を単純に適用すれば、被差押債権が不存在であったために取下げしたような場合、時効更新の効力が生じないことになるはずである。

3 民法改正前の判例・学説

民法改正前においては、この問題につき、執行手続が実質的に終了した後に手続上のやむを得ない理由により取り下げた場合は、中断効は失われないとする見解があり（中田・判評453・37）、京都地判昭38・12・19判時368・64は、傍論ながら被差押債権不存在のために取り下げたような場合は、時効中断の効力は失効しないと判示した（事案は、被差押債権が2,500円の限度で存在していたものである。）。この裁判例に対しては、この場合は、そもそも差押えがされなかったから時効中断効が生じていないとする見解（櫻井・金法1398・60注12）と、この判例を支持する見解（小澤・金法1129・23、片岡・金法1398・88）と

があった。支持する理由は、①執行官が動産差押えに着手したところ、差し押さえるべき財産が存在しないために執行不能に終わった場合に、差押えに時効中断の効力を認めた大判大15・3・25民集5・214の類推適用であり、②被差押債権不存在を理由とする取下げの場合は、取下げという事実にもかかわらず、執行手続が続行されたと同じ価値判断をしてもよい、というものである。

　ちなみに、動産執行については、差押物件の売却の見込みがないとして執行官から申立ての取下げを強く要請されたため（民事執行法130条参照）に取り下げた場合であっても、一旦生じた時効中断の効力は旧154条により消滅する、とする判決もあった（東京高判平7・12・21判時1559・49）。

4　検　討

　時効の中断が完成猶予と更新に分離して再構成された改正民法下の本問については、結論として時効更新の効力は生ぜず、取下げ後6か月間、時効完成猶予の効力のみが生ずると解する。その理由は、次の通りである。

　①まず、改正民法148条2項ただし書では単純に申立ての取下げによる事由の終了の場合は、更新の効力が生じないと規定している。被差押債権は存在したが余りに少額であったために、取り立てるに値しないという理由で申立てを取り下げたようなケースは多く生じると思われるが、このとき時効更新の効力は生じないと言わざるを得ないが、被差押債権が不存在であったため取り下げる場合にはなお時効更新の効力が生ずるとして、この両者を区別する実質的根拠があるとも思われない。

　②また、改正民法においては、「差押え」が時効中断事由とされていた旧147条2号が削除され、差押えではなく、民事執行法上の強制執行等の手続が時効完成猶予事由と時効更新事由に分離再編成された（改正民法148条）。さらに、強制執行があった場合にも裁判上の催告理論を導入し、強制執行を取り下げた場合は、その手続期間中および取下げによる手続終了の時から6か月間は、時効完成猶予の効力が生じるとされた（改正民法148条1項かっこ書）。この点は、改正前において強制執行の申立て取下げにより差押えが消滅すると、差押えにより生じた時効中断の効力が遡及的に消滅するとされていたのとは異なり、一定の保護が与えられることとなったので、改正前とは利益状況が異なっている。

　③差押えの取下げは、差押えに伴う利益の放棄と評価することができ、権利が存在するとの評価自体が不存在になると扱われてもやむを得ない。

〔不動産執行〕

200 剰余のないことを理由に不動産競売が取り消されたときでも、更新の効力が生じるか。

結　論　生じると解する。

1　問題の提示

　民事執行法63条は、執行裁判所は、不動産の買受可能価額が執行費用のうち共益費用であるものまたは手続費用と差押債権者の債権に優先する優先債権の見込額の合計額に満たないと認めるときは、その旨を差押債権者に通知し、差押債権者がこの通知を受けた日から1週間以内に手続費用および優先債権の見込額を超える額を定めて、買受人がないときの買受けの申出および保証の提供をしないときは、執行裁判所は、差押債権者の申立てにかかる強制競売の手続を取り消す、と規定している。

　他方、旧154条は、差押えは法律の規定に従わないことにより取り消されたときは、時効の中断の効力は生じないと規定していた。改正民法148条2項ただし書でも、強制執行等が法律の規定に従わないことによってその事由が終了した場合は、更新の効力は生じないと規定しているから、剰余がないことを理由に競売手続が取り消されたときも、改正民法148条2項ただし書の適用があり、時効更新の効力が生じないことになるのではないかという疑問が生じる。

2　民法改正以前の判例・学説

　民法改正以前における下級審裁判例としては、東京高判平4・10・28判時1441・79、東京地判平19・6・5（平18（ワ）21350）、東京地判平20・1・22（平19（ワ）27894）が、法律の規定に従わないことにより取り消された場合に該当しないから、無剰余による競売取消決定の翌日から新たに時効が進行するとし、水戸地判平7・7・10金法1447・55も権利の実行行為の存在が否定されたとはいえないことを理由に、旧154条の適用を否定していた。

　学説としても、無剰余による競売手続の取消しにより時効中断の効力までも消滅させる根拠はなく、旧154条の適用はないと解する説が多数であった
（峰﨑・金法1129・28、松本ほか・債権回収の法務と問題点327、片岡・金法1398・85、浅

野・金法1476・20、金山・銀法565・13、廣渡・銀法536・22、孝橋・最高裁判所判例解説民事篇平成11年度（上）17事件429）。

3　改正審議における議論

部会資料31・22では、以下のように問題提起されていた。

「不動産競売の手続が剰余を生ずる見込みがないことを理由に取り消された場合が、民法第154条の「法律の規定に従わないことにより取り消されたとき」に該当するかという問題について、下級審裁判例には、該当しない（時効中断の効力がある）としたものがある（水戸地判平成7年7月10日金融法務事情1447号55頁）。このような裁判例を是認する観点から、権利者の責めに帰することができない事由によって執行手続が取り消された場合も、時効が中断する旨を明らかにすべきであるという立法提案もある（参考資料3［時効研究会試案］・300頁）。実質的には本文イ後段の提案と異なるものではないと考えられるが、どのように考えるか。」

ここで、「本文イ後段の提案」とは、「④債権者が強制執行又は担保権の実行としての競売の申立てをした場合（他の債権者の申立てによるこれらの手続において債権者が配当要求をした場合を含む。）において、その手続が、債権者の請求により又は法律の規定に従わないことにより取り消されることなく、終了したことも、同様に列記することとしてはどうか。」という提案である。

92回会議で合田関係官は、法律の規定によって取り消された場合は、全て「法律の規定に従わない」に入ると整理しつつ、なお解釈の問題が残る、と説明している（92回会議・議事録25）。

第2分科会第1回会議で筒井参事官は、「途中で手続が頓挫した場合をどう見るのかについては、更に検討が必要であろうと思いますけれども、基本的には権利行使の意思がはっきりしている場合、そのことを捉えて、その事由が覆らなくなる時点をもって更新事由とするという考え方からいたしますと、取下げ、そして不適法却下、こういった事由を除いたものについては、更新事由とされやすいという整理をするのではないかという印象を持っております。」と発言している（第2分科会第1回会議・議事録26）。

4　検　討

差押えが「法律の規定に従わないことにより取り消されたときは」という旧154条の文言と、「法律の規定に従わないことによる取消しによってその事由が終了した場合は」という改正民法148条2項ただし書の文言とは、改正民

法では「事由の終了」という文言が付加されている点を除き同じである。事由の終了という文言が付加されたのは、旧法が「差押え」を時効中断事由としていたのに対して、改正民法では差押えに限らず、これよりも広い「強制執行等の手続」を更新事由としたためである。よって、事由の終了という文言自体に特別な意味を持たせることはできない。

民事執行法上の無剰余取消しは、差押債権者に配当すべき剰余金がないにもかかわらず不動産を換価することは無益であり、差押債権者にとっても不利益であり、かつ、自己に優先する不動産上の権利者を害してまで競売することは許されない（優先債権者の換価時期選択権を認めたもの）という、差押債権者とこれに優先する債権者に奉仕する原則であり、債務者保護のための制度ではない。

他方、改正民法における時効の更新は、権利の存在の確証が得られたと評価できる事実が生じた場合に生じる効果であると整理されており、無剰余取消制度の趣旨を債務者保護のための制度ではないと理解するときは、無剰余による取消しまでの手続により権利の存在の確証が得られたと評価でき、更新の効力が生じると解される（同旨、債権法研究会編・詳説改正債権法39注50〔石井〕、筒井・第2分科会第1回会議・議事録26、山本・同会議・議事録28）。

201 売却の見込みがないことを理由に競売が取り消されたときでも、更新の効力が生じるか。

結　論	生じると解する。

1　売却の見込みがないことを理由とする競売の取消し

民事執行法68条の3によれば、売却が3回実施されても買受けの申出がなく、更に売却を実施させても売却の見込みがないと認めるときは、競売の手続を停止し、この旨を通知された差押債権者が3か月以内に買受けの申出をしようとする者があることを理由とする売却の申出をしないときは競売の手続を取り消すことができるとされている。競売不動産の売却ができず競売申立ての取下げがないまま滞留している事件の解消を図る趣旨である。

2　問題の提示

旧154条は、差押えが法律の規定に従わないことにより取り消されたときは、時効中断の効力を生じない、と規定していた。改正民法148条2項では、

第24章　更新事由－強制執行等　　377

強制執行等による時効は、法律の規定に従わないことによる取消しによってその事由が終了した場合は、時効の更新の効力は生じないことを規定している。そこで、売却の見込みがないことを理由とする競売の取消しが、改正民法の「法律の規定に従わないことによる取消し」に該当するのかが問題となる。

3　民法改正前の学説・判例

旧154条による時効中断の効力の遡及的消滅との関係に関して、学説は差押えによる消滅時効の中断効は失われないとし（法務省民事局参事官室編・平成10年改正Q＆A新競売・根抵当制度93、山本ほか編・新基本法コンメンタール民事執行法219〔伊東〕、中野＝下村・民事執行法498）、東京地判平28・12・27金法2072・101も同旨であった。

4　検　討

売却の見込みがない競売の取消しは、強制執行の基となった債権の存否に関わるものではなく、さらには競売手続の適法性自体に関わる事由に基づく取消しではない。要するに、売却の見込みがない事件にかける労力を他に振り向けることによって、限られた裁判所の労力を有効に活用して、より事件処理の迅速化を図ろうとした政策的なものに過ぎない。この観点からは、取り消されるまでの競売手続による権利存在の評価が失われることがないので、取消しの時に時効更新の効力が生じると解される。

202　執行手続に配当要求をしたときに、更新の効力が生じるか。

| 結　論 | 生じると解する。 |

1　配当要求

配当要求とは、自分以外の他の債権者の申立てにより執行手続が開始された後に、その執行手続に参加し、執行機関に対し、同一財産から債権額に比例した弁済を求める旨の意思表示である。不動産執行において配当要求ができるのは、①債務名義を有する債権者、②差押登記後に仮差押えの登記をした仮差押債権者、③一般先取特権の存在を立証した債権者のみである（民事執行法51条1項・188条）。

2 民法改正以前の判例

民事執行法が制定される前の旧民事訴訟法強制執行編による配当要求に関しては、大判大8・12・2民録25・2224は、強制執行手続により債権の弁済を請求するものであるから、旧147条1号の「請求」に該当し、旧152条の「破産手続参加」と同等の効力があるとしていた。また、民事執行法が制定される前の旧競売法による競売手続においても、大判昭12・6・26判決全集4・12・19は、他の抵当権者が競売手続において売得金に対し抵当債権の行使としてこれの交付を請求するのも、「裁判上の請求たる性質」を有し、旧152条の破産手続に類似する時効中断の効力を有するとしていた。ちなみに、これらの大審院判例は、民事執行法が制定される前の旧民事訴訟法による強制競売と民事執行法が制定される前の旧競売法による任意競売事件の二元的な構成を採っていた旧法時代のものであり、しかも、旧法は債務名義を有しない無名義債権についても配当要求ができることを認めていた。これに対し、上記両方を統一した現在の民事執行法の下では、原則として債務名義（民事執行法22条）を有しない債権者（無名義債権者）の配当要求を認めていない（民事執行法51条1項参照）。

これに対して、最判平11・4・27民集53・4・840は、配当要求は債務名義に基づいて能動的にその権利を実現する点では、強制競売の申立てと異ならないという理由で、「差押えに準じる」ものとして時効中断効を認めた。

3 民法改正時の議論

部会資料31・19では、具体的な時効の更新事由としては、「債権者が強制執行又は担保権の実行としての競売の申立てをした場合（他の債権者の申立てによるこれらの手続において債権者が配当要求をした場合を含む。）」との提案がなされていた（下線は筆者）。その理由として、配当要求については、判例上、差押えに準ずるものとして消滅時効を中断するとされているので（最判平11・4・27民集53・4・840）、更新事由に含めるのが相当であると考えられたことによる。

ところが、中間試案の補足説明81では、時効更新事由に配当要求が含まれるかは、引き続き検討される必要がある、との態度に変わっている。

4 検 討

改正民法においては、旧法のように「差押え」を時効中断事由とするのではなく、強制執行等を時効完成猶予事由と時効更新事由とに分離して再編成する立場に変更している（改正民法148条1項・2項）。すなわち、時効障害の要件

として「差押え」は不要になった。この意味で、「差押えに準ずるもの」という観念を打ち立てて、時効障害の有無を検討することは意味を失った。

改正民法148条1項における時効の完成猶予は、強制執行という権利実現に向けた債権者による明確な権利行使の事実を捉えて、原則としてその手続中は完成が猶予されるという効力を付与するものである。上記最判平11・4・27民集53・4・840が判示するように、配当要求は債務名義に基づいて能動的にその権利を実現する点では、強制競売の申立てと異ならないので時効完成猶予の効力は生じるといえる（同旨、山野目・民法総則348）。

他方で、更新の効力が生ずるかどうかに関しては、配当要求の申立てに対して執行裁判所としては、不適法である場合に消極的に「却下」することはあるものの（民事執行法51条2項）、適式である場合には差押債権者および債務者に通知するのみで（民事執行規則27条）、執行裁判所として何らかの意思表示をするわけではない。そこで、権利の存在について確証が得られたと評価できる事実が生じたといえるのかが問題になる。配当要求が適式であるときは、配当等の手続で配当要求債権の優劣および金額に応じて配当等をすべき金額を算出して配当等を行うことになる。他方で、債務者が配当要求の内容に異議があるときは、配当要求債権者の類別に応じて対応する異議主張の手続をとらなければならない。この異議主張の手続がとられないまま執行手続が終了したときは、当該権利の存在について確証が得られたと評価できる事実が生じたといえるので、更新の効力が生じると解される。

5　配当要求による更新の効力が生ずる時期

民法改正前において配当要求による時効中断の効力がいつ生じるのかについては、適法な配当要求の申立てがなされた時とされていた（孝橋・最高裁判所判例解説民事篇平成11年度（上）17事件415）。この点に関しては、配当要求があった旨が債務者に通知（民事執行規則27条・173条1項）された時とする説（伊藤・民事執行手続参加と消滅時効中断効107）、当初の配当要求の終期内に配当要求が為されたときは、時効中断効は第三者の民事執行時に遡るとする見解（松久・ジュリ臨時増刊1179・65、民商128・2・252）、配当要求の終期後の配当要求も時効中断の効力があるとする見解（片岡・銀法555・21）があった。

改正民法下では、配当要求の申立てだけでは時効完成猶予の効力が生ずるに留まるのであって、最低限それが債務者へ通知されて債務者に認識され、債務者から不服申立てする機会が付与された後に、なお配当要求が存続したことが権利の存在について確証が得られたと評価できる事実が生じたといえ、その後に更新の効力が生ずると解することになろう。ただし、改正民法

148条2項では、強制執行等による時効更新は、「事由が終了した時」からと定めており、配当要求のケースでは、配当要求の対象となった基本執行事件の終了した時が改正民法148条2項の、「事由が終了した時」に該当し、更新の効力が生じることになる。個別ケースで判断するより仕方がないが、一般的には、配当時がそれに当たる。

203 競売手続に配当要求をしたところ、後に競売申立てが取り下げられたとき、配当要求による更新の効力は生じるか。

| 結　論 | 生ずると解する。 |

1　問題の提示

　配当要求とは、他の債権者の申立てにより開始された執行手続に参加して、執行機関に対し、同一財産から債権額に比例した弁済を求める意思表示である。基本となった競売事件が取り下げられれば、その時点で配当要求も終了となる。配当要求債権者がこの事態を避けたいと考えれば、自らも競売の申立てをして二重の開始決定を得ておかなければならない（民事執行法47条1項）。二重開始決定がなされたときに、先の競売申立てが取り下げられたときは、後の開始決定に基づいて手続が続行される（同法47条2項）。

　私見では、配当要求それ自体につき時効完成猶予および更新の効力が生ずるとの見解に立っている（問題〔202〕参照）。しかし、配当要求それ自体が取り下げられた時は、改正民法148条1項により完成猶予の効力はその事由中および取下げの時から6か月間は時効が完成しないし、同条2項により更新の効力は生じない。問題は、基本たる競売手続が取り下げられたときに、この完成猶予および更新の効力がどうなるかである。

2　国税通則法73条2項

　国税における交付要求に関しては、国税通則法73条2項が、時効の完成猶予および更新事由である交付要求が、当該交付要求に係る強制換価手続が取り消された場合においても、同条1項の規定による時効の完成猶予および更新は、その効力を妨げられないと規定している。その理由は、交付要求により権利者としては既に権利を行使しているのであるから、その交付要求先である強制換価手続の取消しという偶発的な事情によって効力が失われないのは

当然とするものである。

3 時効完成猶予の効力

　民法改正以前の学説には、配当要求は包括的権利行使への参加を意味するものであるから、「民事執行上の催告」として、暫定的時効中断効を有し、競売手続の取消しで配当要求が執行した場合でも、取消し後6か月以内に中断手続をする余地があるとの見解（伊藤・民事執行手続参加と消滅時効中断効107）、便乗的権利行使をしているに過ぎない配当要求債権者に完全な時効中断の効力を与えるのは過ぎたる利益を与えるものであり、基本たる執行手続が取り消されている以上、権利行使としては弱い面があり、確定的時効中断効を生じさせる根拠がないので、原則として暫定的中断効が生ずるにとどまるとの見解（松久・ジュリ1179・66、民商128・2・250）があった。

　改正民法では、上記学説のいう「民事執行上の催告」や「暫定的中断効」として時効完成猶予の効力が正面から立法化されたので、基本たる競売事件が取下げにより終了しても、配当要求自体が取り下げられていない場合に、完成猶予の効力を認めることに問題はない。

4 時効更新の効力

　改正民法148条2項ただし書では、強制執行等における時効更新の効力について、申立ての取下げによってその事由が終了した場合は、更新の効力は生じないと規定している。このただし書の適用に関しては、民事執行法上、配当要求は基本たる執行手続に便乗する位置付けがなされているが、このような位置付けが実体法上の法律関係たる更新の効力の有無においても便乗していると判断するか否かが焦点である。

　民法改正以前の最判平11・4・27民集53・4・840は、配当要求をした後に申立債権者の追加手続費用不納付を理由に競売手続が取り消された場合に（民事執行法14条）、配当要求が不適法であったわけではなく、配当要求債権者が権利行使の意思を放棄したわけでもなく、いったん生じた時効中断の効力が旧154条の準用により初めから生じなかったとするのは相当ではないことを理由に、配当要求の効力は取消決定の効力が生ずる時までは継続する、と判示している。

　民事執行法は、原則として無名義債権者の配当要求を認めていない（民事執行法51条）。他方で、既に競売開始決定のされた不動産については二重に開始決定をすることも認めている（同法42条）。これらから民法改正前の時効中断の関係では配当要求は「差押えに準ずる」ものとして扱うことが相当と考え

られた。この点に関して、改正民法では、時効中断事由としての「差押え」という制約を撤廃して、差押えの存在しない財産開示手続などについても時効更新の効力を認めているのであるから、差押えのない配当要求それ自体に更新の効力を生じさせることに障害はなくなったというべきである。このように、配当要求による更新の効力を基本たる執行手続による更新の効力とは別個の独立した更新事由として扱うと、基本たる競売事件が取下げにより終了したとしても配当要求自体が取下げにより終了したわけでもなく、配当要求申立てが受理され、競売申立ての取下げまでその状態が継続したというのであるから、権利の存在について確証が得られたと評価できる事実が生じているとして、更新の効力が生ずると解すべきである。

204 競売事件において、配当異議訴訟があった場合、更新の効力はいつ生じるか。

結 論	最終の配当金交付の時。

1 事由が終了した時

改正民法148条2項は、強制執行等により時効の更新の効力が生ずる時期を「（前項）各号に掲げる事由が終了した時から」と定めている。民法改正前は、「差押え」が時効中断事由であり（旧147条2号）、中断した時効は、その中断の事由が終了した時から、新たにその進行を始めるとされていた（旧157条1項）。

2 不動産競売の終了

抵当権実行による不動産競売手続終了がいつであるかに関しては、①買受人が代金の納付をした時（民事執行法78条1項・188条。これにより、所有権は買受人に移転し、執行は事実上終了していると考えるもの）、②代金納付により買受人が取得した権利の移転の登記と同時になされる差押登記の抹消の時（同法82条1項）、③配当金の交付の時、等が考えられるが、大判昭8・4・20新聞3554・12は、配当金交付の時としている。そうすると、配当金交付の時に時効が更新されることになる。

3 配当異議訴訟

ところで、債権者および債務者は、配当表に記載された各債権者の債権または配当の額について、配当期日において異議の申出をすることができ（民

事執行法89条1項）、この異議の申出をした者は、配当異議の訴えを提起しなければならず、配当期日から1週間以内に訴えを提起したことを証明しなければ配当異議の申出を取り下げたものとみなされ、配当表の記載に基づいて配当が実施されてしまう。

配当異議の訴えが提起されると、異議に関わる額に相当する金銭は供託され、判決の確定等によって訴訟が終了した時に裁判所はその内容に応じて追加配当を実施する。また、債務者が原告である場合に債務者が勝訴したときは、執行裁判所は、配当異議の申出をしなかった債権者のためにも配当表を変更しなければならない。

4　問題の提示

配当異議の申出があっても、異議の申出がない部分については配当は実施されるのであるが（民事執行法89条2項）、異議訴訟の当事者とならなかった債権者の消滅時効がいつから進行するかがここでの問題である。考え方として、①異議のない部分について配当が実施された以上、異議が出された債権を除きその配当の時とするか、②異議訴訟の判決確定あるいは終了の時とするか、③最終の配当の時とするか、などの時点を指摘しうる。

5　判　例

大判昭18・3・16新聞4836・12は、③の時点をとり、異議ある債権を除いたその余の債権につき別に時効進行すると解すべきではなく、また、配当異議事件の判決確定の時からとも解すべきではなく、最終の配当金交付の時からであるとする。学説として、川島・民法総則499も同旨である。

6　検　討

債権者の提起する配当異議の訴えは、債権者間の配当額の争いに過ぎないから、その判決の効力は当該配当異議訴訟の当事者間のみに及び、他の債権者および債務者に効力を及ぼさないとされていることからすると、判例の考えは疑問があるようにも思われるが、①債務者が提起した配当異議訴訟の場合は、その認容判決の効力は、配当異議の申し出をしなかった債権者のためにも効力を及ぼすという絶対的効力があること（民事執行法92条2項）、②配当異議訴訟の結果が当事者の相対的効力に留まらず、他の債権者に影響を及ぼす場合もあり、また新たな配当表を作る場合もあり、配当異議訴訟が終了していない以上、競売手続としては完結していないといわなければならない。よって、改正民法の下においても判例の結論を支持しうる。

205 第三者申立ての不動産競売手続において、一部につき配当を受領したとき、更新の効力を生じるか。

| 結　論 | 改正民法以前に、時効中断の効力は生じないとした最判平8・3・28民集50・4・1172があるが、改正民法の下ではその結論は変更されるべきであると考える（私見）。 |

1　問題の提示

　競売を申し立てた（根）抵当権者の被担保債権が配当を受けたときは、改正民法148条2項により残部につき時効更新の更新の効力を生ずることはいうまでもない。この申立債権者以外の物件上の（根）抵当権者が、その競売手続で配当を受けたときに、当該被担保債権につき時効更新の効力が生ずるかという問題がある。かかる（根）抵当権者については、不動産担保権の実行として自らの申立てによって競売を開始させたわけではないし（民事執行法180条）、その後の手続においても債務者に向けた権利実行行為を自らなしたということもなく、配当も裁判所から支払を受けただけであるので、時効更新の効力が生ずるのか疑問が生ずるのである。

　ただ、民法改正以前においては「差押え」が時効中断事由とされていたが（旧147条2号参照）、改正民法では、差押えという限定を撤廃して差押えのない間接強制や財産開示手続にも更新の効力を認めているので、本問でもこの点では自ら不動産競売の申立てをせずに配当を受けただけの（根）抵当権者に更新の効力を認めやすくなったということはできよう。

2　民法改正以前の判例・学説

　時効中断効が生じるとした裁判例として東京地判昭48・3・20金法693・31、否定すると思われる裁判例として岡山地判平5・3・25判時1499・107があり、淺生・手形研究475・170は、端的に不動産競売の手続は、申立債権の権利実行手続であると同時に、配当に預かる全ての債権者の権利実行手続であると位置付け、不動産競売における登記ある抵当権者の場合のように、権利者の申し出なくして権利行使の手続が始まる場合は、包括執行の裁判手続の告知が時効中断事由になるとする（淺生・手形研究472・16、手形研究473・30、金法1398・61）。私自身は、申立債権者以外の他の抵当権者は、配当を受けることによって権利の実行行為がなされたのであり、配当がなされたということは時効中断という効果を発生させるに足りる程度で被担保債権の存在が公の手続によ

って認められたと評価できるものであるから、中断事由としての差押えに類似するものとして時効中断の効力が生ずると解していた（酒井・時効の管理〔新版〕184）。

　このような中で、最判平8・3・28民集50・4・1172は第三者の申立てに係る不動産に対する担保権の実行としての競売において、債権の届出をし、その届出に係る債権の一部に対する配当を受けても、その債権の残部につき差押えその他の消滅時効の中断事由に該当せず、これに準ずる消滅時効中断の効力も有しないと判示して、否定の立場をとった。その理由は、「配当の実施の手続においても、右の届出に係る債権の存否及びその額の確定のための手続は予定されておらず、抵当権者が届出に係る債権の一部について配当を受けたとしても、そのことにより、右債権の全部の存在が確定するものでも公に認められるものでもない。〔中略〕また、配当期日には債務者を呼び出さなければならないが、右呼出しは執行裁判所が債務者に配当異議の申出をする機会を与えるためのものにすぎないから、これをもって抵当権者が債務者に向けて権利を主張して債務の履行を求めたものということはできない。〔中略〕そうすると、登記を経た抵当権者が、第三者の申立てに係る不動産に対する担保権の実行としての競売手続において、債権の届出をし、その届出に係る債権の一部に対する配当を受けたとしても、右配当を受けたことは、右債権の残部について、差押えその他の消滅時効の中断事由に該当せず、また、これに準ずる消滅時効中断の効力を有するものではないと解するのが相当である。」というものである。

　井上・最高裁判所判例解説民事篇平成8年度（上）14事件320以下によると、上記判例の理由を以下のように敷延して説明をしている。
① 　自ら競売の申立てをすることなく単に配当を受けたにすぎないから、債権者に対して権利を主張する者とはいえないこと。
② 　権利主張がなされ、それが債務者に到達した事実がないこと。
③ 　配当の実施は、その抵当権者の債権の存否およびその額の確定のための手続は予定されておらず、配当を受けてもそれは執行裁判所が債権全体の存在を確定させる効果を伴うことはなく、単に当該配当金額に相当する実体権の存在を窺わせるものでしかないこと。
④ 　配当を受けることができなかった届出に係る債権の残部が存在するとの高度の蓋然性を肯定するには足りないこと。
⑤ 　配当を受けなかった残債権についての債務の承認ということもできないこと。

3 民法改正後における検討

①消極に解する根拠として、自ら競売の申立てをしない抵当権者は、「差押え」を有しないから債務者に対する権利実行行為があるとはいえないとの点は、改正民法は、強制執行による更新の効力が生ずるためには、「差押え」を必要としていないから、改正民法下においては意味を失ったというべきである。

②消極に解する根拠として、その抵当権者の債権の存否およびその額の確定のための手続は予定されておらず、配当を受けてもそれは執行裁判所が債権全体の存在を確定させる効果を伴うことはなく、単に当該配当金額に相当する実体権の存在を窺わせるものでしかないとの点は、競売申立てをした抵当権者についても同様にあてはまることである。競売申立てをした抵当権者には、差押え＝権利存在の公の確認があり、この点で第三者による競売申立ての場合とは異なるという理解であるかも知れないが、ここでも改正民法は、強制執行による更新の効力が生ずるためには、「差押え」を必要としていないから、改正民法下においては意味を失ったというべきである。

③消極に解する根拠として、配当を受けることができなかった届出に係る債権の残部が存在するとの高度の蓋然性を肯定するには足りないとの点は、配当によるその一部弁済をもって当該抵当権も抹消されるのであり、一応残部について債権が存在すると評価できる事実が生じたといえるのではなかろうか。改正民法148条2項の解釈として、債権が存在すると評価できる事実が生じたことで足り、確定判決または確定判決と同一の効力を有するものと同程度の高度の蓋然性は要件とされていないと解される。このことは、同項が、更新が生ずる時期に関して「事由が終了した時」と表現し、配当受領を要件としていないことからも窺うことができる。

④問題は、債務者における更新事由の認識である。確かに、債務者に向けて明確な権利主張がなされ、それが債務者に到達した事実がないことは確かであるが、民事執行法85条2項によると、執行裁判所は、配当期日には債務者を呼び出さなければならず、出頭した債務者は配当表について異議の申出をすることができるのであるから（民事執行法89条）、これらの手続全体を債務者への通知と評価してよいと考えられる。

以上の検討からは、最判平8・3・28は、改正民法の下では、変更されるべきである。

第24章　更新事由－強制執行等　　387

〔その他〕

206　差押えを経ない代替執行や間接強制は、時効更新事由となるか。

| 結　論 | 更新事由になる。 |

1　差押えの不存在

　民事執行法171条による代替執行は、代替的作為義務ある場合の強制執行方法であり、その執行申立ては授権決定の申立てをなし、その申立てを認容するときは、執行裁判所が執行債権の満足を導くべき特定の行為（代替行為）を債務者の費用で債務者以外の者に実施させることを債権者に授権する旨の決定（授権決定）をする。債権者は、その授権決定に基づいて代替行為の実行に当たる。これら一連の手続の中に「差押え」は、存在しない。

　また、民事執行法172条による間接強制は、作為または不作為を目的とする債務で同法171条1項の強制執行ができないものについて、執行裁判所が債務者に対し、遅延の期間に応じ、または相当と認める一定の期間内に履行しないときは直ちに、債務の履行を確保するために相当と認める一定の額の金銭を債権者に支払うべき旨を命ずる方法により行う。この手続の中にも「差押え」は存在しない。

　旧147条2号は、時効中断事由として「差押え」と規定していた。そこで、審議会では、差押えという執行行為が存在しない代替執行や間接強制手続に時効更新の効力が生ずるのかが検討された。部会資料31・22では、差押えを伴わない間接強制や代替執行も含めて更新事由とすることが相当とされ、12回会議で山本（和）幹事は、差押えに限定せず、間接強制等の民事執行も含むとすることに賛成されている（12回会議・議事録37）。

2　差押えの削除

　改正民法では、旧147条2号は削除され、時効の更新に差押えは必要とされず、「強制執行」とされているのみである（改正民法148条1項1号参照）。差押えでなく、強制執行を更新事由としたのは、①民事執行手続の中には、代替執行や間接強制など差押えを経由しない執行手続もあるが、時効障害の点で差押えを経由する執行手続の場合と区別すべきでないこと、②差押えがされた後

に債務名義の効力が否定されることが起こりうるから、差押えがされただけで時効期間の更新を認めることは時期尚早であるという意見（民法（債権法）改正検討委員会編・詳解債権法改正の基本方針Ⅲ207）が考慮されたからである。そこで、ここでの「強制執行」は、民事執行としての強制執行（民事執行法1条参照）と同義であると解せられるから、強制執行には直接強制だけでなく間接強制、代替執行を含む（同旨、石井・金法2029・41）。

3　更新事由とされる根拠

　部会資料69Ａ・18では、そもそも、旧147条2号が差押えに時効中断の効力を認めたのは、債権者が権利の実行に着手することにより、もはや権利の上に眠る者ではなくなり、永続した事実状態が変更される点にあるとされる。そして、このような趣旨は、差押えを経ない強制執行の手続や担保権の実行としての競売にも当てはまるとの見解が示されている（部会資料69Ａ・18）。しかし、このような権利実行に重点を置くのではなく、代替執行や間接強制の手続が取下げや取消しがされることなく終了したことが、権利の存在について確証が得られたと評価されて時効更新の効力が生じると理解することもできる。

207　財産開示手続は、時効の更新事由となるか。

| 結　論 | なる（改正民法148条1項4号・2項）。 |

1　改正民法148条1項4号

　改正民法148条1項4号は、「民事執行法第196条に規定する財産開示手続」を時効完成猶予事由とし、同条2項はその事由の終了を時効更新事由としている。

2　問題点

　財産開示手続と時効中断との関係については、差押えに準ずる時効中断の効力があると見ることができるとの学説もあったが、部会資料31・22では、財産開示を更新事由に含めるのは相当でないとされていた。79回会議において、中田委員から権利の満足を得るための手続ではないので、仮差押え・仮処分に揃えるべきではないかとの意見が出されていた（79回会議・議事録25）。私自身も、酒井・続時効の管理〔新版〕156以下で、消極の立場を採っていた。

第24章　更新事由－強制執行等　　389

財産開示手続は、直接当該権利の満足を得るための手続ではなく、強制執行の一種の前置的手続であり、請求権実現の前段階の手続にすぎない。その点から言えば、仮差押え、仮処分と同様である。改正民法149条では仮差押え、仮処分には時効更新の効力が生じないこととされているが、他方で財産開示手続には時効更新の効力が生じるとされたこととの不均衡をどう理解するかが問題となる。部会資料31・22では、差押えを伴わない間接強制や代替執行をも含めて更新事由とするのが相当であるが、財産開示を更新事由に含めるのは適当でないとされていた。

　上記の問題点について、79回会議における村松関係官は、財産開示は債務名義を取った上でやる手続であり、頑張って権利行使に向けて努力している部分のあることを重視すると、仮差押え・仮処分とは異なる面があるからと回答している（79回会議・議事録25）。

3　更新事由とされる根拠

　財産開示手続が時効の更新事由とされたのは、権利実現手続の一翼を担うことからである。すなわち、直接的には債権者の権利を満足させることを目的とした手続ではないが、債務名義を有する権利者（民事執行法197条参照）による権利の実現に向けられた手続である上、仮差押えや仮処分のような手続の暫定性はないことからすれば、やはり「差押え」と同様に取り扱うべきであると考えられたものである（部会資料69Ａ・18）。換言すると、財産開示手続は債権の満足を受けるための前置手続にすぎないが、債務名義を必要とする点で強制執行と同様であり、債権に実現に向けた権利行使であることが更新の理由とされたものであろう。

208　財産開示手続により更新の効力を生ずる時期はいつか。

> 結　論　①財産開示期日における手続が完了した時、あるいは、②開示義務者が財産開示期日に出頭しないことによる財産開示期日の終結の時。

1　時効更新事由

　改正民法148条1項4号・2項により、財産開示手続は、その事由が終了するまでは時効完成猶予の効力が生じ、その事由が終了した時は時効が更新され、

その時から新たに時効が進行する。

2 更新の時期

改正民法148条2項は、同条1項4号による財産開示につき、「事由が終了した時から新たにその進行を始める」と定める。財産開示手続は、次のようなプロセスで実施される。申立て→財産開示手続実施決定→財産開示期日の指定→開示義務者による財産目録の提出→財産開示期日の実施。

財産開示執行が終了する時期は、次の2つの場合である。①は目的到達による終了であり、②は目的不到達による終了である。したがって、このいずれかの時から時効が更新されると解される。

①	開示義務者が財産開示期日に出頭し、宣誓の上、債務者の財産について陳述を完了した場合。
②	開示義務者が財産開示期日に出頭せず、宣誓を拒絶し、あるいは陳述をしなかったため、財産開示の目的を達しないことが明らかとなったことにより、執行裁判所が財産開示期日を終結したとき。

したがって、上記①および②以前の段階で申立ての取下げ、申立ての却下などの理由により、財産開示期日が実施される前の段階で手続が終了してしまったような場合には、時効完成猶予の効力が生じるのみで、更新の効力は生じない。

209 留置権に基づく競売や民商法その他の法律による換価のための競売（狭義の形式競売）は、時効の更新事由になるか。

結　論	時効の更新事由になる（改正民法148条1項3号・2項）。

1 改正民法148条1項3号・2項

民事執行法195条は、「留置権による競売及び民法、商法その他の法律の規定による換価のための競売については、担保権の実行としての競売の例による」と規定している。留置権による競売は、債権の満足を目的とするもので

第24章　更新事由－強制執行等　　　391

はなく、目的物の換価を目的とし、その意味で形式競売と呼ばれる。民法上
留置権者には、優先弁済権は認められていないから留置権者が自ら留置権の
目的物につき担保権の実行としての競売を申し立て、目的物の換価代金から
優先弁済を受けることはできない。しかし、民事執行法195条は、留置権者に
も競売権を認めている。

　改正民法148条1項3号・2項によると、民事執行法195条に規定する担保権の
実行としての競売の例による競売が、その事由が取下げあるいは取消し以外
の事由により終了したときは時効更新の効力が生ずると規定している。

2　更新事由たり得る根拠

　部会資料31・22では、換価のための競売を更新事由に含めるのは相当でな
いとされていた。しかし、部会資料69Ａ・18では、形式的競売は、直接的に
は債権者の権利を満足させることを目的とした手続ではないが、債権者とし
ての権利行使の側面も否めない上、留置権に基づく競売においては、実務上
留置権者に配当を行う場合もあり得ることからすれば、「差押え」と同様に取
り扱うのが相当であるとされている。

第25章　更新事由─権利の承認

210 時効中断事由であった債務承認に関しては、どのように改正されたか。

結　論 権利の承認として時効の更新事由であるが、実質的な改正点はない。

1　時効更新事由としての権利の承認

旧147条3号では、「承認」を「時効中断事由」としていたが、改正民法では、承認については改正民法152条1項を新設して「権利の承認」を「時効の更新事由」としている。この点、承認後6か月は時効が完成しないとして完成猶予事由とすることも考えられないではないが、義務者が権利者に対し義務履行の期待を与えた以上、義務は本来履行されるべきものであることから、民法改正後も時効更新事由とされている。実質的な改正点はなく、中断事由としての承認についての判例は、更新事由としての承認の解釈についてそのまま妥当すると考えてよい。

ちなみに、例えば、裁判上の請求等や強制執行等では、時効完成猶予の効果と時効更新の効果と2つの効果が予定されているが（改正民法147条・148条）、権利の承認には時効完成猶予の効果は予定されておらず、時効更新の効果のみが生じる。

2　債務の承認と権利の承認

民法改正前における「承認」は、実際上は消滅時効に適用される場合が多く、消滅時効の時効中断事由として「債務承認」と呼ばれることが多かった。しかし、時効中断事由としての「承認」は、時効総則である第一編第7章第1節に規定され、同節は債務の消滅時効だけではなく取得時効も含めた時効に関する総則的な規定であり、取得時効・消滅時効の双方に適用されるものであるところから、権利の承認と債務承認とはイコールではない。

ちなみに、旧152条は破産手続参加についての規定であり、改正民法152条とは非対応である。

第25章　更新事由－権利の承認　　393

3　承認による更新の時期

改正民法152条1項では、権利の承認により時効が更新される時期について、旧147条3号、旧156条にはなかった「その時から新たにその進行を始める。」との明文規定を新設した。これは更新の時期を明確にしたものである。

4　条文の統合

旧法は、旧147条3号で時効中断事由としての承認を規定し、旧156条で承認者の「行為能力又は権限」を規定していたが、これを改正民法では152条で1項と2項に分けて規定することにより統合し、規律の内容を明確にした。

211　債務が存在することの認識の表明は、債権者に対してすることを要するか。

結　論　債権者に対する存在表明までは不要で、債務者として権利が存在すると評価される表明であれば足りると解する（私見）。

1　問題の提示

時効の更新事由たる承認といいうるためには、債務者において相手方の権利の存在を内心において認識するにとどまらず、その認識を外部に表示することを要するが、この場合、その表示が時効によって不利益を受けるべき債権者に対してなされることを要するか否かの問題がある。例えば、債権者による支払督促の申立てに対して、分割弁済を希望して簡易裁判所に異議申立書を提出したときの当該分割弁済の記載が権利の承認といえるかという問題である。

2　民法改正前学説

民法改正前の学説は、3つに分かれていた。旧法下での承認は、旧147条3号で時効中断事由とされていたが、民法改正後も時効更新事由とされ、実質的な改正点はなく、中断事由としての承認についての判例は、更新事由としての承認の解釈についてそのまま妥当すると考えてよい。①古くは、表示さえあれば、権利者に対してなされたものであることを要しないとする説があった（薬師寺・日本民法総論1085・1088）。②多数説は、承認は相手方たる債権者ま

たはその代理人に対してなされねばならないとする（幾代・民法総則〔第2版〕579、川井・注釈民法(5)210、沢田・判タ1115・43など）。この中間に、③原則としては権利者に対する意思表示を要するが、銀行の帳簿のように、経理の上で負債であることを明らかにし、債権の存在を客観的に確認するものについては、承認として効力があるとする説がある（我妻・民法総則〔新訂版〕472、四宮＝能見・民法総則〔第7版〕366は承認に準ずる行為とする）。

このように学説が分かれたのは、承認として時効中断する根拠として相手方の権利の存在についての義務者の自白によってその存在が明らかになった点に求めるのか、あるいは、「義務者の示す態度のゆえに権利者が積極的権利行使の行動をとらなくてもその怠慢を非難できないような事情にある」という点のその根拠として認めるかの対立にある。

3　民法改正前の判例

判例は、時効中断事由としての承認は、その性質上、債務者から債権者に対する意思表示であることは明らかであるとする。したがって、銀行が銀行内の帳簿に預金の利子を元本に組み入れた旨を記載しても、これを債権者である預金者に表示しなければ承認とはいえないし（大判大5・10・13民録22・1886）、1番抵当権設定登記の付いている不動産上に、債務者が他の債権者のために2番抵当権設定登記をなす行為は、1番抵当権を有する債権者に対する債務承認にはならない（大判大6・10・29民録23・1620）。また、破産銀行の債権報告書に破産管財人が、ある具体的債権者の氏名および債務額を記載すること（東京控判大14・12・19新聞2541・9）、業務監督法令に基づいて銀行が大蔵大臣に送付する報告書に債務を記載し、また、当該債務を含む貸借対照表を公示することは（東京地判昭7・6・9新聞3423・5）、いずれも承認に当たらない。

なお、最判平9・5・27金法1487・49は、物上保証人が提起した根抵当権設定登記の抹消登記手続請求訴訟において、債務者が承認として出頭し、債権者の代理人に対して、根抵当権の被担保債権の存在を認める旨の証言をしたときは、債権の時効中断事由たる承認に当たると判示している。その差戻後控訴審である高松高判平8・12・17（平8（ネ）354）は、「債務の承認は、相手方に対して表示されなければ、その効果を発生しないもの」とした上で、証人尋問手続における証言は裁判所に出席した当事者全員に対してなされるものであると判示していた。

4　民法改正との関係

旧147条3号では、「承認」を「時効中断事由」としていたが、改正民法152条1項では、「権利の承認」を「時効更新事由」としている。しかし、実質的

第25章　更新事由－権利の承認　　395

な改正はない。

　他方で、時効が更新される根拠に関して、改正民法の立場は旧法と変わったのかという論点がある。時効中断事由であった「差押え」がなくなり、直接権利実現に向けられた行為でなく財産開示のような権利実現の前提たる行為であっても更新が生じるなど、債権の存在の公証よりも、より権利行使の方にシフトしたことは間違いがない。したがって、時効中断の根拠として説明されていた権利存在の公証というよりも、権利が存在すると評価される根拠事実の発生というようにこちらもより緩和された説明がされるようになった。このような説明からは、権利者に対しての存在表明は不要で、債務者として権利が存在すると評価される表明であれば、権利の承認として時効更新の効力が生じると解してよい。

212　認知症である債務者から債務承認を取りつけた場合、時効の更新の効力を有するか。

> | 結　論 |　他人が自分に権利を有することを認識しえない程度の認知症の人の債務承認は、時効更新の効力は生じないと解する。

1　時効の更新事由

　債務者から債務承認を得たという場合、時効期間が進行中のケースと、時効完成後のケースが考えられる。前者のケースでは、旧147条3号では、「承認」を時効中断事由としていたが、承認については改正民法152条1項を新設して「権利の承認」を時効の更新事由としている。しかし、承認については、改正民法が新設した時効完成猶予の対象とはされておらず、実質的な改正点はない。

2　承認が時効更新事由となる根拠

　民法改正以前の時効中断事由としての承認は、時効を中断する根拠としては、2つに分かれていた。権利行使説では、時効の利益を受ける者が相手方の権利を承認したときは、相手方はまさか後日に至って権利を認めないというような自体は生じないと信じて中断のための措置を控えるから、これを権利行使を怠った怠慢者として権利を失わしめるのは酷に失するからと説明する（梅・民法要義巻之一総則編〔訂正増補第6版〕336）。これに対して、権利確定説から

は、時効の利益を受ける者が権利の存在を表明した以上、権利者・義務者間で権利の存在が明かになったのであるから、と説明する（川島・民法総則500）。

3　承認の法的性質

承認は、承認の効果意思として法律上の効果が生じるものではないので「意思表示」ではなく、債務者が債務の認識を表明する「準法律行為」としての「観念の通知」であるとするのが通説・判例（大判大8・4・1民録25・643、大判大7・10・9民録24・1886）であるが、法律行為と解釈するのが本筋であるとか（塩崎・金法1474・24）、要件事実的には、黙示の意思表示に準ずることができるとする学説もある（河村・判時2149・29）。

4　承認する能力に関する民法の規定

旧156条は、「時効の中断の効力を生ずべき承認をするには、相手方の権利についての処分につき行為能力又は権限があることを要しない。」と規定していた。改正民法では、旧156条は削除されたが、改正民法152条2項に「前項の承認をするには、相手方の権利についての処分につき行為能力の制限を受けていないこと又は権限があることを要しない。」として存続している。

民法が「処分の能力」を不要としているのは、権利の承認は相手方が現に有する権利をそのまま認めるだけで自己の権利を処分するという処分行為そのものではなく、単に、時効が完成しないという不利益が生じるだけだからである（山本・民法講義Ⅰ総則〔第3版〕577）。

旧156条・改正民法152条2項の反対解釈として、「管理の能力」は必要であると解されている。承認もまた、財産管理に属する行為である以上、管理行為をする能力は必要であるからである（山本・前掲書577）。他人に権利があるかないかを十分判断することができないような人が権利を認めても、法律上の効力を認めるわけにはいかないという理由からである（法典調査会民法議事速記録(5)21）。

5　民法改正前の判例・学説

判例は、準禁治産者については、保佐人の同意なしに完全に有効に承認をすることができるとした（人判人7・10・9民録24・1886）。また、未成年者についても、法定代理人の同意が必要であるとした（大判昭13・2・4民集17・87）。平成11年民法改正前の準禁治産者、成年被後見人については、学説は、単独で承認ができないとしていた（川井・注釈民法(5)124、山本・前掲書577、遠藤＝良永編・基本法コンメンタール民法総則〔第六版〕234〔稲本・新井〕）。

第25章　更新事由―権利の承認　　397

6　検　討

以上の議論からは、他人が自分に権利を有することを認識しえない程度の認知症の人の債務承認があっても、時効更新の効力は生じないといわなければならない。

213　承認により時効の更新があったとき、時効期間はどうなるか。

結　論　更新前の権利が具有していた時効期間と同一になると解する。

1　問題点

改正民法152条は、権利の承認があったときはその時から新たにその進行を始めると規定して、更新の効果が生じる。問題は、新たに進行を始める時効期間は、何年になるかである。改正後の民法は、時効期間の種類を整理したとはいえ、不法行為の損害賠償請求権の場合の主観的起算点からの3年、原則的な時効期間として主観的起算点からの5年、生命・身体侵害の場合の主観的起算点からの5年、確定判決等で確定した権利の10年の各時効期間がある。

そこで、例えば、交通事故の加害者が事故直後に怪我をした被害者に承認したような場合に、不法行為の損害賠償請求権の原則時効期間である3年であるのか、生命・身体の侵害の場合の特則である5年になるのであるか、あるいは、加害者に対する損害賠償請求権につき訴訟を提起して確定判決を取得した後に一部弁済による承認があったようなときは、3年であるのか、原則的な時効期間である5年であるのか、確定判決による10年であるのか、という問題が生じる。

2　中間試案

中間試案第7・6(3)では、承認があった時から、債権の原則的な時効期間あるいは不法行為の原則的な時効期間と同一の時効期間の進行を始めるとの原則と、例外的に従前の時効期間の残存期間が原則的な時効期間よりも長い場合には、時効期間の更新の効力が生じない、との提案をしていた。

原則における考え方は、時効期間に特則が設けられている場合であっても、時効が更新されたときは、その特則が置かれた趣旨は妥当しなくなるというものであった。例外における考え方は、時効が更新されたために従前の時効

期間の残存期間よりも新たに進行を始める時効期間の方が短くなることを避けるためである。

3 中間試案の不採用

しかし、改正民法においては上記中間試案の提案は採用されなかった。その理由は、「パブリック・コメントの手続に寄せられた意見には、新たに進行する時効期間は、現行法での取扱いと同様、従前の時効期間と同じ期間とすべきであるとの指摘があった。また、このような規律を設けることにより、時効期間の計算をかえって複雑なものにする懸念もある。以上を踏まえ、この論点は取り上げないこととした。」というものである（部会資料69Ａ・24）。

4 実務の対応

改正前の時効中断の実務においては、時効中断があった場合の時効期間については、中断した権利・義務が具有していた時効期間と同一とされていた。この点は改正後も変わらないことになる。

214 預金からの自動振替による支払は、その都度権利の承認となるか。

> | 結 論 | 原則として権利の承認とはならない。

1 自動引落

銀行の融資取引において、貸出金の返済は、返済用の預金口座からの自動引落により行われることが多い。また、クレジット会社等の返済についても同様である。これらの場合、預金口座のある金融機関が債権者である場合と、金融機関が委託を受けて自動振替をするだけの場合とでは、その法律関係が異なるに応じて、若干考え方が異なろう。例えば、債務者による自動振替の委託それ自体は、受託者が債権者である場合は、債務を前提として、その弁済方法について合意していることになるから、権利の承認として時効更新する。これに対し、引落口座の金融機関が債権者ではない場合は、自動振替の委託それ自体を債務承認ということはできない。なぜなら、権利の承認とは、その性質は準法律行為としての観念の通知であり、「債権者に対する」債務存在の認識表明であるからである（この点は議論がある。）。ただ、ここでの問題は、自動振替の委託それ自体についてではなく、その後の振替による支払

の都度、権利の承認として更新するかである。文献として、岡本ほか・金法1398・14以下参照。

2　検討の対象範囲

本問については、議論の実益の範囲を考える必要がある。第1に、本問を否定的に解すると、弁済期間が20年のような長期の消費者ローンの場合など、自動振替の都度権利の承認とならず時効更新しないとすると、そのような長期間の弁済約定の仕組みを見直さなければならなくなるとの議論がある。しかし、そのような弁済方法の場合、自動引落日が分割された元利金の弁済日であり、しかも期限が到来したのは、その回の元利返済額のみについてである。そして当該償還債務部分は支払により消滅しているから消滅時効を考える余地がない。他方、それ以外の債権額については、未だ期限が到来していないのであるから、時効の進行それ自体がないのでその更新ということも不要である。よって、上記のような返済方法の見直し議論は当を得ない議論である。

次に、上記の議論と全く反対のことになるが、期限の利益を喪失して一括支払を要すべき状況の際に、自動振替による継続的な弁済の合意があったとすれば、それは分割払という期限の猶予を与えたと解釈でき（川田・金法1129・18）、各分割金については振替日まで期限が到来しないので、消滅時効も進行しないことが多いと思われる。そこで、本問につき議論の実益があるのは、期限の利益を喪失したが弁済方法について当事者間で合意ができず、債務者が支払可能な金額を一方的に決めてこれを自動振替の方法により支払ってくるというようなケースの場合であろう。

3　民法改正以前の判例に現れたケース

判例上現れた事件は、①債権者が債務者からの取立委任に基づいて取り立て、その都度、一部弁済にあててきたとか（東京高判昭52・5・24判タ359・215—消極）、②株式を質権の目的として、弁済を怠ったときは、債権者は株式を処分しまたは配当金を受領して、弁済受領できることを約して株式と白紙委任状を交付した場合に、債権者が毎年2期の配当を受け取って利息に充当していたとか（大判昭7・10・31民集11・20・2064—積極）、③信用金庫取引約定の払戻充当規定による一部弁済という事案（東京高判平8・4・23判時1567・100）である。

上記①の判例の事案は、取立ての受任後6年も経過した時期に取立て・充当したもので、第1回の取立時には、既に5年の時効期間が経過していたというものである。よって、債権者の主張も取立て・充当による時効中断ではなく

て、時効の利益の放棄であった。上記②の判例の事案では、債権者が配当金を受け取った具体的な手続の内容は明らかではない。上記③の判例の事案では、信用金庫取引約定7条1項・2項に基づき、預金から10万円余が貸付債権の弁済にあてられた処理につき債務承認該当性が争われた。

このような事案の場合、当初の債務者から債権者への取立て・充当の委任をもって、その後の債権へのすべての弁済充当を権利の承認とみることはできないであろう（同旨・吾妻・判民昭和7年度162事件562）。なぜなら、権利の承認が時効更新事由とされるのは、債務者の債務の存在に関する認識表明により、債権者・債務者間で債権の存在が明らかになったことによるものであるとともに（この点もやや議論がある。）、その認識表明により、債務者側として弁済に関する証拠資料保存の意識も明確になるからである。このことから考えると、債権者側の取立てとその一方的な充当のみでは、上記の要請を十分に満たしているとは言い難い。すなわち、振替の都度に債務者の認識表明があるわけではなく、したがって、弁済に関する証拠資料保存の意識も、振替の都度、明確になったわけではない。債務に関する認識表明は、振替委託それ自体の中に後日の分まで包括的に含められていると拡張して理解することもあるいは可能であろうが、更新する時期すなわちこの場合には自動振替の時期について債務者の明確な認識を期待することが困難であろうから、原則として消極に解さざるを得ない。また、自動振替が全てその都度承認となるとしたら、時効更新用の預金口座を1つ設けておいて毎年そこから100円ずつ引き落としていくことをすれば、20年でも30年でも時効が完成しないという不合理な結果を生じるとの批判もある（岡本ほか・前掲14〔塚原発言〕）。

なお、消極に解すると、自動振替によって時効更新すると思っていた債権者が不測の損害を被るとの反論もあり得よう。しかし、債務承認として更新しないとの立場で、時効管理をすれば足りる。

4　実務上の処理

したがって、原則として自動振替の都度、権利の承認として時効更新しないとして、実務を処理する必要がある。このように処理しても、上記のように返済期限の関係で不都合は生じない。ただ、具体的な回収実務の中で、自動振替の期間が短期間で、振替金額・時期などを債務者が明確に了知しているときは、その都度、権利の承認として更新すると解される場合もあり得よう（同旨・川田・前掲18）。例えば、債務者より預金からの自動振替による弁済方法申出書を提出させ、この申出書に自動振替が実行された場合の充当関係、債務残高の一覧表を添付するなどの工夫が考えられる。

第25章　更新事由―権利の承認　　401

5　民法改正前の学説

なお、学説としては、特に異議を留めた事情がなければ債務承認となるとするもの（宮川・銀法544・1）、自動振替による弁済が、時期・内容を明確に特定して、債務者に了知可能な状態で行われている場合には、弁済充当の都度、債務承認となるとするものがある（川田・前掲18、橋本・手形研究475・200）。

---

215 元金と利息、損害金がある場合に、利息あるいは損害金の支払は元本について権利の承認となるか。

| 結　論 | なる。ただし、実務上はいずれについても明確になるよう処置すべきである。 |

1　利息と元本の関係

まず利息の支払の場合につき考えると、既に弁済期の到来した利息は、支分権たる利息債権として独立の存在を有し、元本債権と分離して譲渡され得るし、別個に時効によって消滅する。

ところで、債務の支払は、改正民法152条の「権利の承認」であり、利息の支払が、利息債権に対する権利の承認となることは明らかである。しかしこの場合、利息の弁済が元本債権についても承認したといえるかがここでの問題である。

2　承認における債務の特定

理論的に言うと、承認はいわゆる「観念の通知」であって（ただし塩崎・金法1247・13は、「法律行為」とする）、基本的に当該債務の特定が必要である（民事再生か任意和解の方針を検討中と回答したケースにつき、東京地判平28・7・29金法2068・72は、承認を否定。）。同一債権者、債務者間に数個の債務がある場合、承認があったというためには、ある程度債務の特定が必要である。ある程度とはどの程度かというと、判例は、決算のために猶予を求めたにすぎず、どの債務を承認したのか不明なときは必ずしも当然には全債務につき承認があったものとはいえないが（大判大7・11・2民録24・2117）、全債務を完済するに足りない額の弁済をしたときにも、特別の事情がない限りその数個の債務の全部につき承認したものとする（大判昭13・6・25判決全集5・14・4）。

結局は個々の事情、当事者の意思解釈にもよるが、一般的に利息の支払は

元本債権についても承認したと考えてよい（東京地判大2・12・26評論2民793、大判昭3・3・24新聞2873・13、川井・注釈民法(5)126）。

3　損害金と本来の債務との関係

次に損害金について考えると、債務不履行による損害賠償債権（遅延賠償）は、本来の債権の拡張であって本来の債権と同一性を有し、それ故時効期間は本来の債権の性質によって定まり、また本来の債権が譲渡される場合、既に生じている遅延賠償債権も原則として移転する。したがって、利息債権よりも元本債権に従属している程度が強く、前記利息について述べたところはそのまま損害金の支払にも当てはめてよい（大判昭8・11・15裁判例7民363）。

4　実務上の注意点

以上のとおりであるが、上記各判例は、「反証のなき限り」とか、「反対の事情の有せざる限り」と述べており、利息、損害金の支払を、当然に元本についても承認したものとみなすとしているわけではないので、実務上は、両債権について明確に権利の承認がされたことが立証できるような処置をとるべきである。例えば、一部支払があったときは元本にも一部入金するとか、全債務を明記した債務承認書をとることも必要であろう。

5　民法改正との関係

立法提案として、債務者が利息債務、遅延損害金債務を履行したときは、債権全部の承認があったものと「推定」する、との提案がなされたが（民法（債権法）改正検討委員会編・債権法改正の基本方針・別冊ＮＢＬ126・206）、改正されなかった。

216　継続的取引において、債務者が個々の取引を指定しないで、一部支払をしたとき、残債務全額の承認をしたことになるか。

結　論　残債務全額の承認をしたことになる。

1　問題の提示

債務承認は、債務者が債務の存在を知っていることを、債権者に対し表明

第25章　更新事由－権利の承認　　403

することであり（この点はやや議論がある。）、その法律的性質は、「観念の通知」とされている（ただし塩崎・金法1247・13は、「法律行為」とする）。

　債務承認が、時効更新事由とされているのは、債務者が債務を認めることによって、当事者間においては債権の存在が明らかになったこと、それ故に債権者としても時効更新のための権利行使をする必要がないと考えて権利行使を控えるという理由からである。したがって、債務承認は、原則として、個々の債務についてなされる必要がある。ところが、社会における取引においては、同一当事者間で、同様の取引が反覆、継続してなされることが多く、債権者は、あの債務者に対する売掛金はいくらという形で請求し、それに対する一部弁済が行われて、さらに取引が継続してゆくという形をとる。ここにおいて、その一部入金が、他の残債務について債務承認となり、時効更新するかがここでの問題である。

　　2　判　例
　まず、複数債務がある場合の一部入金が、債務承認となるかについて、以下の判例がある。①大判昭8・12・28判決全集3・11は、当座貸越契約による継続する債権については、一部入金は、全債権につき承認があったものとし、②大判昭13・6・25判決全集5・14・4も、同一当事者間に数個の消費貸借上の元本が存する場合の一部入金は、債務者は、その数個の債務の存在を承認して弁済をなしたものと認定し得ると判示する。

　これに対し、消極に解するものとして、③大判大7・11・2民録24・2117は、同一の債権者・債務者間に数個の債務関係がある場合に、債務者が債権者に対し、単に決算のため猶予を求め、そのいずれの債務を承認したか不明のときは、全債務につき、承認があったとはみられないと判示し、④大判昭16・2・28評論30民84も、医師会の会費について、債務者が昭和9年4、5月分の会費を支払っても、これによって同年度のその余の会費の支払義務を承認したものとはいえないと判示する。さらに、⑤東京地判昭38・6・11判時341・32は、高圧ガスの卸売商人の継続取引について、最終の代金支払の翌日からとの主張を排斥している。⑥東京地判平26・5・21（平23（ワ）26845）は、15本の貸付のうち13本の貸付に係る債務の支払として一部弁済を継続していたときは、それ以外の債務について債務の存在を対外的に明らかにしたものとはいえない、とする。

　　3　学　説
　これに対して学説は、同種の債務が多数ある場合の一部弁済が、すべての

債務の承認となるかどうかは、弁済された事情によるとする説（我妻・民法総則〔新訂版〕470）や、1個の生活関係から生ずべき債務であっても、それが可分のものであり、社会通念上、独立の数個の債務と見られるものにおいては、そのうちの1個について弁済があっても、他のものについて承認とならないとする説（幾代・総合判例研究叢書第2　第8民法82、岡本・注釈民法(5)125）、法定充当の原則に従って充当されるべき債務のみ承認となるとの説（岡本ほか・金法1398・9〔岡本発言〕）などがある。

4　検　討

　そこで、本問のような、継続的取引の場合について、どう考えるかであるが、①東京高判昭38・5・31東高民報14・5・153は、自転車および部品の長年の継続的取引について、売主が取引の際に請求書を送付し、これにそれまでの取引残高も併せて記載していた場合に、買主が何らの異議を述べることなく、一部弁済を続けていたような場合は、その債務全額につき承認していたものと判示し、また、②東京高判昭41・10・27判時469・41も、養鶏飼料の継続的取引において、債務者が債権者の示す残債務額を全面的に納得した上でなしたものではないにしても、その当時、真正に残っている債務全体に対する内入れの趣旨で、一部支払をしていたのであるから、支払の都度、その当時における総債務を承認したものと判示する。なお、継続的取引ではないが、1個の贈与契約において内容可分な数個の給付を約し、そのうちの1つの給付義務につき承認があったときは、他の給付義務についても承認があったものと判示するものがある（東京高判昭28・10・2下民4・10・1397）。

　継続的取引の場合に、継続的取引をするための基本契約を締結した上で、個々の取引を反覆、継続する場合と、たまたま取引が長期間にわたって継続したという2つの場合があろう。問題は、後者の場合である。継続的取引といっても、どのような取引を継続的取引というかについて決定する基準はない。例えば、1年のうち3回位の取引があったにすぎない場合、あるいは1年位取引を全くしない期間があったような場合にどう考えるかである。取引社会における決済および債務者の意思の合理的な解釈等を考えると、個々の事情にもよるが、一般的に同種の取引が一定期間内に繰り返される場合、その内の一部債務についての弁済は、残債務について承認となると考えてよいと思う。近時の裁判例として、東京地判平21・3・24（平19（ワ）13257）がある。なお、法定充当に従った債務の承認となる説は、債務承認が弁済者側からの認識の問題である点を看過している点で採用できない（岡本ほか・前掲書10〔上野発言〕）。

第25章　更新事由―権利の承認　　405

5　債権額の一部に争いがある場合

なお、上記東京高判昭41・10・27の事案においては、残債務の一部について、債務者が否認しているものであって、それにもかかわらず、判決は一部支払当時の総残債務につき、債務承認ありと判示している。この点については、東京高判昭40・11・29判時439・110が、賃料の増額につき争いがあり、賃借人が一部の弁済供託をしている場合に、残部については時効中断の効力は生じないと判示し、また大阪地判昭40・7・9判タ181・166は、遅延損害金について減額の申出をしたところ、債権者がこれを承諾しなかった場合において、その損害金について、時効の利益を放棄したものとはいえないと判示している（債務承認にも当てはまる）。近時のものとして、東京地判平19・6・27（平19（ワ）5393）は、売主からの検収の要請に対し、一部の商品については納入は確認できなかったものの、注文書の発行等を示すデータがあったので支払漏れだと思って支払ったというような事情があるときは、売主の主張する全部の債務の存在を認めてその一部を支払ったものではないから、未払分全部の時効の利益を放棄したものとはいえないとしている。学説もこの判例を支持するものがあり（岡本・注釈民法(5)126）、債権額に争いがあるような場合は、注意する必要があろう。

6　民法改正との関係

立法提案として、債務の一部を履行したときは、債務者はその債務に係る債権の全部を承認したものと「推定する」との提案があったが（民法（債権法）改正検討委員会編・債権法改正の基本方針・別冊ＮＢＬ126・206）、改正されなかった。

217 　債務承認を撤回すると、一度生じた時効更新の効力は失われるか。

| 結　論 | 失われない。 |

1　時効更新事由としての債務承認

時効更新事由としての権利の承認とは、時効の利益を受ける当事者が、時効によって権利を失う者に対して（この点については議論がある。）、その権利の存在することを知っている旨を表示することである。その法的性質は、中断しようとする効果意思に基づくものではないから、法律行為ではなく、

単に債権の存在を知っている旨を表示することであるから、「準法律行為」としての観念の通知であるとされる（ただし塩崎・金法1247・13は、「法律行為」とする。）。

2 問題の提示

このような承認をすれば、時効更新の効果が生ずることはいうまでもないが（改正民法152条）、後日この承認を撤回したとき、一度生じた時効更新の効力はどうなるかがここでの問題である。債権者側の時効更新事由としての請求や強制執行等は、取下げがあったときは、時効更新の効力が生ぜず、時効完成猶予の効力のみが生ずることは、改正民法147条および148条などから明らかである。ただ、債権者側の権利行使と、債務者側における承認とは、その性質を異にするものであるから、上記法条をストレートに承認の撤回に類推することができないことはもちろんである。

なお、ここで撤回といっても、承認する過程で、その観念としての通知に瑕疵、例えば強迫、錯誤、詐欺等がある場合には、承認も準法律行為であるから、一般の意思表示の瑕疵の理論に則して、その効果を判断すればよいと考えられる。

そこで、本問における撤回とは、このような承認行為そのものに何らの瑕疵がない場合をいい、債務者において一方的にこのような撤回をした場合をどう考えるかである。

3 参考判例

参考になる判例として、最判昭35・12・23民集14・14・3166がある。この判決の事案は、Xが、自己所有物件に対する滞納処分に基づく違法無効な公売処分によって、760万円余の損害を被ったとして、国に対し損害賠償請求をし、訴訟中に、この損害賠償請求権と滞納税額29万円余を相殺すると主張して残額を請求した。ところが、この訴訟係属中に、Xは会計法30条により、国の金銭債権の5年の消滅時効が完成したとして、先にした相殺を撤回して、改めて全額請求した。しかし、原審は、この相殺の主張の態様から、租税債務につき時効中断事由たる債務承認がなされたとし、後に相殺の主張が撤回されても、承認による時効中断の効力は失われないと判示した。そこでXは、相殺を撤回すれば、相殺の前提事実にすぎない承認の効力も失われると主張して上告したが、最高裁判所は、この上告を認めなかった。

この判決については、訴訟上の攻撃防禦方法としての主張と、これによって生じた私法行為の関係について議論があるが、相殺するということは、当

第25章　更新事由—権利の承認　　407

然に反対債権（受働債権）の存在を前提にしていることであり、相殺とは別個に債務承認があったと判断してよい（大判昭17・7・31民集21・15・824）。そして、上記判決は、「相殺の主張が撤回されても」というが、明白に債務承認を撤回すると主張しても、承認によって一度その債権の存在が明確になったのであるから、これによる時効更新の効果が撤回によって失われる理由はないと考えられる（川島・民法総則500、澤・金法1398・99、東京地判平24・8・9（平22（ワ）39714・平23（ワ）25479））。

218　会社の債務につき、会社休眠後に代表取締役が自己の小切手を振り出して一部支払ったとき、会社の債務承認として時効更新するか。

結　論　原則として会社の債務承認となり、時効更新する。ただし、会社休眠後に代表者としての弁済でない意思を推認させる一部弁済については、別途検討を要する。

1　問題の提示

時効更新事由としての承認の法的性質は、意思表示ではなく、準法律行為としての観念の通知である（ただし、塩崎・金法1247・13は、「法律行為」とする。）。その承認の相手方は時効によって権利を失う者であるが（ただし、学説・判例に争いがある。）、承認をなす者は、時効によって利益を受ける者、すなわち、権利者の相手方である義務者である。したがって、保証人が債務の承認をしても、「主たる債務者」が承認したことにはならないとされる（幾代・民法総則〔第2版〕580。ただし、この点の理解についても議論の余地がある。）。

本問では、債務者はあくまでも会社であり、代表者は債務者ではない。代表者が会社の小切手を振り出して支払った場合は、当然のごとく会社自身の債務承認となる。債務承認は準法律行為であるが、意思表示・法律行為に関する規律の準用を受ける。したがって、債務者の代理人が承認をなし得ることはもとより（大判大8・4・1民録25・643）、代表取締役が会社代表者として債務承認し得ることにつき問題はない。ただ、本問では、会社振出の小切手ではなく、代表取締役個人の小切手をもって支払にあてている。本問の極端な実務例を挙げれば、会社が既に倒産してその実体はないが、代表取締役が任意に自己の個人的収入の一部から任意弁済を継続しているような場合であろ

う。このような場合、承認とはならない単なる第三者の弁済の場合と一部共通する性質をもち、債務者たる会社にとって承認となるか問題が生ずる。なお、岡本ほか・金法1398・12参照。

2 参考判例

(1) 最判昭41・3・11

本問につき、参考となる判例として、時効の利益の放棄に関する最判昭41・3・11金判1・9がある。Y会社はX会社との間で電気製品の継続的売渡契約を締結し、X会社はその負担する全債務を担保するため、X所有の土地・建物に根抵当権を設定し、A所有の建物についても根抵当権を設定した。XおよびAからYに対し、売掛金の2年の消滅時効を理由として根抵当権不存在の確認とその登記の抹消請求を起こしたという事案で、Yは、「時効完成後」にX会社の代表取締役Bが売掛金の一部を個人の小切手および約束手形を振出し、これを支払ったので、X会社は時効の利益を放棄したものと主張した。原審判決は、この振出しが、X会社の土地上の根抵当権設定登記の抹消を受けるためであり、その抹消もなされているから、「特別の反証の認められない本件では、BはX会社の代表取締役としてX会社のため、前記小切手及び約束手形を振出し且、これを支払ったもの」と認めて、手形が支払われた日にX会社は「時効の利益を放棄」したものと判示した。最高裁判所も、この原審認定を是認して、Yの上告を棄却した。

(2) 最判昭44・3・20

次に参考となる判例として、最判昭44・3・20判時557・237がある。判旨は、主債務の消滅時効完成後に、主債務者が当該債務を承認し、保証人が「主債務者の債務承認を知って」保証債務を承認した場合には、当該保証人による時効援用は、信義に反するというものである。この事案では、連帯保証人が主債務者である会社の代表取締役であった。

(3) 最判平25・9・13

次に参考となる判例として、最判平25・9・13民集67・6・1356がある。判旨は、主たる債務者兼保証人の地位にある者が主たる債務を相続したことを知りながらした弁済は、これが保証債務の弁済であっても、債権者に対し、併せて負担している主たる債務の承認を表示することを包含する、というものである。この判例を参考に、学説として、主債務者が個人企業であり、その代表者が連帯保証人となったような両者に実質的一体性が認められる場合には、保証人の債務承認が主たる債務のそれを含むと解してよいとする見解がある（武川・金判1435・5）。

3 委託関係がある場合

代表取締役BがX会社より弁済の委託を受けて、Yに小切手を振り出したと考えれば、その決済資金がB個人の計算においてであっても、Xの債務承認の成立を認めることは容易であると思う。すなわち、判例によれば、第三者が自己の出捐金により、他人たる債務者の債務を弁済した場合であっても、その債務者からの委託に基づいていた場合には、債務者の承認となる（東京地判昭59・11・28判タ553・195）。Bは、X会社の代表取締役であるからBが支払う以上、XとBとの間に委託関係を認めることはたやすい。そして、会社債務につき、代表取締役個人が委託を受けて弁済することは、将来代表取締役が会社に対して求償権を取得するという意味で、会社法356条1項の利益相反行為として取締役会等の承認（会社法356条・365条）を要するかという別個の問題が生ずるが、この場合は特に会社の不利益はなく、またこのような場合にまで取締役会等の承認を要するとするのは酷にすぎるので、不要と解される（取締役の会社債務の引受けにつき東京地判大15・4・2新聞2563・12、会社債務の代表取締役の個人保証につき、昭和41年6月8日民事三発第397号民事局第三課長回答は、いずれも不要とする。）。

4 委託関係を認めることが困難な場合

ただし、委託関係を認めることができるのは、代表取締役が小切手を振り出したとか、現金を支払ったというような態様の場合である。それ以外の場合で、事柄の性質上委託関係を認めることが難しい場合もある。この関係で参考となる先例として、東京地判平元・8・29判時1348・87がある。すなわち、X会社は、昭和56年にA会社（その後破産）に土地を売り渡し、A会社の代表取締役YがAの代金支払債務につき連帯保証をした。その売買代金の一部は支払われたが、残代金が未払のため、昭和63年に、Xは連帯保証人Yに残代金請求訴訟を提起した。Yは、売買代金の支払期日は、昭和56年であるから5年の商事時効により消滅したと抗弁した。この抗弁に対する再抗弁として、XはXが本件訴訟に先立ち、昭和58年2月、A会社の破産管財人に対し売買契約が無効であることを理由に、売買物件の所有権移転登記抹消請求訴訟を提起し、昭和59年3月に、Yが証人として証言した際、売買契約が有効であり、自分が残代金支払義務のあることを自認したから、債務承認として時効中断したと主張した。上記判決は、別件訴訟における裁判上の証言行為という中ではあるが、Xの代理人の面前において、売買代金全部につきXに債権が存する事実を認める表示行為をしているから、債務承認に当たるとして時効中断を認め、Xを勝訴させた。本判決はYの連帯保証債務についてYの承

認を認めたわけではない。なぜなら、連帯保証人の単なる承認による時効中断は、主たる債務に及ばないとすることは、通説・判例であるから、個人の証言によって、Ａ会社の債務承認となり主債務の時効中断となると考えなければ、Ｘ勝訴の判決を導くことができないからである。

このように、裁判手続中で証人たる元代表取締役個人の証言という形で債務の存在を認めている場合には、委託関係の存在を認めることは不可能である。

5 商行為の代理における非顕名主義

ちなみに、上記東京地裁判決の事案で、別件訴訟はＸ会社－Ａ会社破産管財人のものであった。代表取締役Ｙが、その訴訟手続で証言した当時、Ａ会社は破産していたのであるから、Ｙは代表取締役の地位になく代表者ではなかった。したがってその債務を認める証言は、あくまでもＹ自身の連帯保証債務についての承認であって、どう構成してもＡ会社の承認とすることはできなかったと考えるが、判旨は、この点を十分検討していない。これが証言当時、ＹがＡ会社の代表取締役であったのなら証言中の債務を認める部分は、承認という準法律行為であるから、代理あるいは代表に関する規定を準用または類推適用することができ、かつ、商法504条は、商行為の代理につき原則的に非顕名主義としているから、あえて本人たる会社名を表示しなくても、その効果は会社に及ぶという構成が可能であろう。

6 会社休眠後の代表者としての弁済でない意思を推認させる形態での弁済

やや、特殊なケースであるが、主債務者会社の代表取締役が連帯保証をしており、会社が事実上活動を停止した後に、債権者が主債務者会社の本店所在地・名称を予め印字した払込取扱票を郵送し、当初はそのまま用いて支払をしていたが、途中から印字されていた本店所在地・名称を二重線で抹消し、自己の住所・氏名を記載した上で支払っていたケースとして大阪地判平27・6・24判時2284・94がある。判旨は、途中からの弁済を代表者個人が負担する連帯保証債務の弁済であると評価し、主債務の承認と解することはできないとした。判旨は、判決理由中で相手方から見て誰の行為であると理解し得るかという基準を立てて検討しているが、むしろ商法504条の準用または類推適用を検討すべきであったと考える。

第25章　更新事由－権利の承認　　411

219　債務者が第三者をして弁済させた場合、承認として時効更新するか。

結　論　当該債務者と第三者との間に委託関係があれば、債務者の承認となる。

1　承認が時効更新となる根拠

　承認が、改正民法152条1項（旧147条3号）において、時効更新事由とされている根拠については、3つの考え方がある。1つ目は、債務者が権利の存在を知っている旨を表示することによって権利関係の存在が明らかになること、およびかような表示があるときは権利者は直ちに権利行使をしなくても権利行使を怠るものとはいえず、権利不行使を理由として権利を失わしめるのは酷であるからとする見解（梅・民法要義巻之一総則編〔訂正増補第6版〕337、我妻・民法総則〔新訂版〕470など）、2つ目は、権利行使懈怠状態の解除という点は関係なく、債務者の権利自体の自白——その権利のもっとも疑のない証拠としての価値を有すると見られることがその根拠とする考え方（川島・民法総則500）、3つ目は、時効の利益を受けるべき者の意思を尊重するという考え方（四宮＝能見・民法総則〔第七版〕365）である。いずれにしても、その更新となる根拠は、義務者の自白ということに重点があるのであるから、義務者とは関係のない第三者が債務の存在を承認しても、時効更新事由としての承認には当たらない。

2　代理人による承認

　しかし、承認は、意思表示あるいは、法律行為ではないが、準法律行為としての観念の通知であるから（ただし、塩崎・金法1247・13は、「法律行為」とする。）、法律行為に関する制度たる代理についても準用あるいは、類推適用が許されるべきである。したがって債務者本人だけでなく、代理人（法定代理人、任意代理人のいずれについても）によって承認をなし得る。本問で、第三者を債務者の代理人と認める基礎事実があった場合、あるいは第三者に対する貸付けを行った債権者を債務者の代理人とし得る要件事実があった場合は、債務者の承認として時効更新することはいうまでもない。しかし、一般的には、債務者から第三者などに対する代理権授与行為があったと認められる事案は少ないであろう。

3 債務者の委託ある場合

そこで次に、参考となる判例として、東京地判昭59・11・28判タ553・195がある。事案は、債務者を債権者に紹介して融資の途を開いた第三者が、債権者の代表取締役と縁戚関係にあることと、紹介した経緯から道義的責任を感じ、債権者に第三者弁済をしていたため、債務者に自分で弁済するよう求めたところ、債務者から弁済資力がないため、弁済できるようになるまで弁済を継続するよう委託され、この結果弁済を続けたというものである。判旨も、その弁済資金がその第三者の出捐によるものであっても、弁済の都度債務者の機関として債務の承認をしたものであるから、承認の効果は債務者に及ぶとして、時効中断を認めた。これは、委託があれば第三者は債務者の機関として権利存在の認識を表白したものと構成するものである。

本問についても、第三者の借入れおよび借入資金の債務への充当につき、債務者の委託という事実があれば、承認として時効更新すると考えてよい。

4 委託はないが第三者の弁済を知っている場合

問題は、このような委託という積極的な債務者の行為はなく、債務者と何らかの関係ある第三者と債権者の話合いで、このような弁済方法をするにつき合意し、債務者は、そのような合意を知って、第三者が弁済をすることを認識していたにすぎないときである。判例は、利息の執行に対して債務者が異議を述べなかったからといって、元本債務を承認したことにはならないとし（大判大11・4・14民集1・187）、また、相殺の意思表示に対して何らの異議を述べないからといって、他の事実を伴わない限り、承認に該当しないとする（大判大10・2・2民録27・168）。承認が時効更新の根拠とされるのは、権利の存在を内心において認識するにとどまらず、それが外部に表示されることによって、権利の存在が明らかとなったことにあるから、承認はあくまでも債務者の自発的、積極的な行為を要し、単なる認識だけで、不作為にとどまるときは承認に当たらないといわなければならない。したがって、第三者が借り入れてその資金でもって弁済することにつき、債務者の委託がなく、単にその事情を知っていたにすぎないときは、承認として更新しないと考える。

第25章　更新事由－権利の承認　　　413

220　　小切手によって債務の一部支払があったとき、時効更新の効力はいつ生じるか。

結　論　　小切手交付の時と小切手支払の時の2回、更新の効力が生ずる。

1　時効更新事由としての承認の要件

改正民法152条は、時効更新事由として「権利の承認」を規定する。承認は、いわゆる観念の通知であって、債務者が権利の存在を認識していることを債権者に表示することである。この要件を分けると、①債務者が自らこれを積極的になすこと、②権利の存在を認識している表示とみられるものがあること、③この表示が債権者に対しなされること、の3つに整理することができよう（ただし、③については反対説もある。）。

そして、改正民法152条1項では、旧156条にはなかった承認による更新の時期について、「その時から新たにその進行を始める」との明文を設けた。

2　振出しの時

そこで、まず債務者が小切手を振出交付した場合は、一般に債務の支払に代えてなされるものでなく、債務の支払のためになされるものであり、これを債権者が受領するわけであるから、上記①②③のいずれの要件も満たし、振出交付の時点で債務承認となる。

3　決済の時

次に債務承認は、承認があった時に更新の効力が発生し、即消滅するものであるから、小切手の交付の時点で一度更新した時効は、更にそこから改めて時効進行するわけであるが、債権者がこの小切手により支払人から支払を受けたとき、改めて権利の承認として、時効更新の効力が生ずるかが次の問題である。

この点につき、最高裁判所は、2年の時効にかかる売掛金債権（旧173条1号）により2年の時効期間の支払として、昭和27年10月1日小切手を交付し、10月3日に支払を受け、同29年10月3日催告の上本訴を提起したという事案において、「支払銀行がその小切手の支払をしたということは、とりもなおさず振出人の行為に基づいて債務の弁済がなされたもので、債務の弁済は債務の承認を表白するものであるから、小切手の支払による債務の弁済は債務承認の効

力を有する」として、支払銀行の支払は、債務者の意思、行動とは関係なしに行われるのであって、債務承認とみる余地はないという上告論旨を排斥した（最判昭36・8・31民集15・7・2027）。すなわち、支払銀行による支払にも、債務承認の効力を認めたわけである。

4　債務者の認識

しかし、この結論を導くための説明は容易ではない。というのは、上記1の①②③の要件を小切手の支払に当てはめてみると、②は弁済そのものがあるから要件を満たしているようであるが、この支払は支払人が現実に行っているのであって、債務者自身がしているわけではないので、①の要件を欠いていることになるのではないかという疑問があるのである。上記昭和36年の最高裁判決の上告人の上告理由もこの点を指摘する。この点については、債務者は、小切手を交付する際、それが現金化されることを予測して交付するのであるから、その支払は債務者の意思に基づくものであり、債務者自身の現金交付と実質的に同一視してよい、と説明されている（倉田＝千葉最高裁判所判例解説民事篇昭和36年度94事件303）。しかし厳格に考えると、現金化されることを予期したといっても支払人の支払時に、債務者に弁済の意思があったわけではない。すなわち、債務者自身の弁済意思は、振出交付の時の1回のみであって、支払人の支払は、その弁済意思の下の具体的な履行行為にすぎず、現金化の時に、もう1回債務者において弁済の意思があったとするのは、擬制にすぎないのではないかという疑問がある。

そこで、実体を直視するならば、振出交付時の弁済の意思を、現金化のときまで包括的あるいは時間的に延長させて評価して、小切手の振出交付の時から支払までを包括的に1個の承認と解することがより率直な構成ではないかとも考えられる。これによると、債務承認に時間的な幅が生ずることになる。しかし、支払人において支払われなかったとき、更新の効力がどうなるか不明となり、やや明確性に欠ける欠点もないではない。

5　実務上の処理

実務上は、上記最高裁判例がある以上、小切手交付の時と、小切手支払の時の2回にわたって、承認による時効更新が生ずるとして時効の管理をしてよい。

第26章　完成猶予・更新の効力の及ぶ範囲

221　貸金債権の元本が時効完成猶予または時効更新されたとき、利息債権も時効完成猶予または時効更新されたことになるか。

結　論　原則としてならない。

1　支分権的利息債権

　利息債権は、元本に対し一定期に一定率の利息の発生を目的とする基本権的利息債権と、弁済期に達して一定額の利息を支払うべき支分権的利息債権とがある。ここでは、この支分権的利息債権との関係を取り上げる。支分権的利息債権は、一度発生した後においては元本とは独立の存在となり、元本債権とは分離して譲渡され得るし、別個に弁済され、別個に時効によって消滅する（大判大6・2・14民録23・158。ただし、手形債務の遅延利息について）。

　このように、支分権的利息債権として一度発生してしまえば、元本債権とは、別個の債権となるので、元本債権が時効完成猶予または時効更新したときに、支分権的利息債権も時効完成猶予または時効更新するかがここでの問題である。

2　債務承認の場合

　元本債権の時効完成猶予または時効更新といっても、裁判上の請求や強制執行等の場合と、債務承認の場合では、多少区別して考えることができよう。というのは、時効の更新の効力しか生じない債務承認は、観念の通知で、債務者において債務の存在を認識していることを債権者に対して表明することであるから、元本債権を債務承認する以上、元本債権に従として発生した利息債権についても、債務承認していると意思解釈できる場合が多いからである。このように解釈できる場合であれば、元本債権の承認による時効の更新は、利息債権についても時効更新するといえよう。

3　民法改正前の学説

以上のように、時効更新事由のうち債務承認の場合は、上記のように解釈できる場合が多いといえようが、常にそうあるというわけでもなく、また他の時効完成猶予または時効更新事由たる裁判上の請求および強制執行等においては、請求債権の特定ということが厳格に行われるから、債務者承認のようなわけにはいかない。

本問につき、学説は、元本債権の時効中断事由は、多くの場合、延滞利息債権についても時効中断事由となるとする（我妻・債権総論〔新訂版〕44、西尾・手形研究475・158）。その理由は、「弱いながらも従属性が認められるから」とされているが（西尾・前掲158）、その従属性とは、元本債権が消滅時効により遡及的に消滅すれば利息債権も遡及的に消滅するから、既に発生した支分権的利息債権も発生しなかったという意味での従属性をいうものと思われる。

4　判　例

判例で、本問につき判示したものは見当たらないが、判例は、時効の関係において、元本債権と利息債権とをかなり厳しく区別して扱っているように思われる。上記大判大6・2・14の判例もそうであるが、その他にも、元金について消滅時効を援用しても利息債権には及ばず、別個独立に消滅時効を援用しなければならないとする判例がある（大判大6・8・22民録23・1293、反対・我妻・前掲書44）。

5　実務上の処理

結局、債務承認において、元本債権の承認が利息債権も承認していると解釈できる場合を除いて、元本債権の時効完成猶予または時効更新は、利息債権につき時効完成猶予または時効更新しないと解するほかない。したがって実務においても、両者いずれも時効更新となるよう明確な手続をとるべきである。

222　旧155条の通知による時効中断の効力の拡張は、どう改正されたか。

結　論　強制執行等にまで拡大され、時効の更新のみならず完成猶予についても同様の規律とされた。

第26章　完成猶予・更新の効力の及ぶ範囲　　417

1　旧155条

　旧155条は、差押え、仮差押えおよび仮処分が、時効の利益を受ける者以外の者に対して行われたとき（例えば第三者の占有下にある動産への執行、物上保証人に対する不動産競売の申立て）、債権者から通知することによって、中断行為の当事者以外の者への中断の効力の拡張を認めたものである。これは、一定の権利行使が時効の利益を受ける者に対して行われないときに時効中断の効力を認めると、中断事由を知らない債務者が弁済証拠等の関係資料を廃棄してしまう危険性に配慮したものである。

2　改正民法154条

　改正民法154条は、旧155条の規定を、差押え、仮差押えおよび仮処分だけではなく、改正民法148条1項各号の事由にまで拡張し、かつ、時効の更新だけでなく、新設された時効の完成猶予の効力についても同様の規律により処理することとした。新旧の条文を対比すると、以下の通りである（下線は筆者）。

旧155条	差押え、仮差押え及び仮処分は、時効の利益を受ける者に対してしないときは、その者に通知をした後でなければ、時効中断の効力を生じない。
改正民法154条	第148条第1項各号又は第149条各号に掲げる事由に係る手続は、時効の利益を受ける者に対してしないときは、その者に通知をした後でなければ、第148条又は第149条の規定による時効の完成猶予又は更新の効力を生じない。

〔抵当権の物上保証人・第三取得者〕

223 債務者との間での抵当権の被担保債権につき、完成猶予または更新の効力があったとき、物上保証人に及ぶか。

結　論　　及ぶ。

1　完成猶予・更新の効力の相対効

改正民法153条1項は、「第147条又は第148条の規定による時効の完成猶予又は更新は、完成猶予又は更新の事由が生じた当事者及びその承継人の間においてのみ、その効力を生じる。」と規定している。これは、ある人の間になしたる行為は、他人を害しまたは利することもできないという考え方に基づくものであり、民法改正以前は「時効中断の相対性」と呼ばれ、旧148条が同趣旨を規定していた（研究として松久・金沢32・2・41）。

そこで、改正民法下でも、抵当権における物上保証人に関し、債権者と債務者との間で抵当権の被担保債権に完成猶予または更新の効力が生じたときに、その効力が物上保証人に及ぶのかが問題となる。

2　民法改正以前の学説・判例

本問につき、否定説は、時効中断の相対性を根拠に、中断行為の当事者ではない物上保証人は、主たる債務につき生じた時効中断の効力を受けないとしていた（鈴木・民法総則講義232など）。これに対して多数説は、物上保証人に及ぶとするが、その理由付けには様々なものがある。一番多く挙げられるのは、もし物上保証人に及ばないとすると、396条の趣旨に反するというものである（堀内・金法1129・10、松久・民法総則民法注解財産法712など）。ただ、396条は、「債務者及び抵当権設定者」と限定しているから、396条の趣旨を根拠にするのみでは、これ以外の第三取得者の場合などには相対効しか生じないとの結論にならざるを得ない。そこで、物上保証人に中断効が及ばないとすると抵当権だけが消滅せしめられ、債権に附従する抵当権の性質に反することを理由とするものがある。これら以外に、物上保証人に中断効が及ばないのに被担保債権の時効援用権は認められるというのは、余りに優遇された地位にあるとか、396条の沿革を理由とするものもある。

最判平7・3・10判時1525・59は、物上保証人が、債務承認により被担保債

権について生じた消滅時効中断の効力を否定することは、担保権の附従性に抵触し、396条にも反するから許されないとした。

3　民法改正との関係

改正民法153条1項は、旧148条と同一の趣旨であるが、396条は今回の改正民法では改正の対象外とされており、改正前の上記判例の立場は、改正後においても変わらないと考えられる。

224　債務者による時効利益の放棄は物上保証人に及ぶか。

結　論	及ばない。

1　時効利益の放棄

時効の利益の放棄とは、時効の利益を受ける者（援用をなし得る者）がその利益を受けないという意思を表示することであるが、時効完成前の時効の利益の放棄は、146条により無効であるから、時効の利益の放棄は時効完成後においてのみ意味がある。そして、判例（最判昭61・3・17民集40・2・420）の採用する援用に関する停止条件説によると、時効の利益の放棄とは、結局、時効完成によって未確定状態にある権利の得喪という効果を、権利の得喪を生じさせないことに確定させるところの意思表示であるということになる。

2　時効利益の放棄の効果

この時効の利益の放棄の効果につき、法は時効完成の猶予または更新の効力が及ぶ者の範囲に関する改正民法153条のような規定を置いていないが、放棄の効果は相対的だとするのが通説である（我妻・民法総則〔新訂版〕456、幾代・民法総則〔第2版〕554など）。すなわち、放棄することのできる者（逆にいえば援用することのできる者）が複数いる場合に、一人の放棄は他の者に影響を及ぼさず、他の者は、時効を援用することもできれば、放棄することもできる。物上保証人は、被担保債権の消滅時効の援用権者であるから（最判昭43・9・26民集22・9・2002）、この見解によれば、債務者が放棄しても物上保証人はなお援用できることになる。このように、時効利益の放棄の効果を相対的だとする根拠は、「時効の結果を受けるかどうかは、各当事者が独立にその意思によって決すべきものとすることが、時効制度の趣旨に適するから」（我妻・前掲書452）というところにある。

3 判　例

判例も、同様に相対的であるとし、保証人（大判大5・12・25民録22・2494）、抵当不動産の第三取得者（大判大13・12・25民集3・12・576）、連帯債務者（大判昭6・6・4民集10・7・401）、自己の所有物をいわゆる弱い譲渡担保に提供した者（最判昭42・10・27民集21・8・2110）に対して、主債務者の時効の利益の放棄が何ら影響を及ぼさず、その有する援用権を失わしめないとしている。

その理由は、若干ニュアンスの違いがある。保証人については、「主たる債務者に対する履行の請求其他時効の中断が保証人に対しても其効力を生ずるは特別の規定があるが為めなり。然るに主たる債務者が為したる時効の利益の放棄に付ては保証人に対し其効力を生ずる旨の規定なきのみならず、時効の利益の放棄は必竟抗弁を放棄するものに外ならざれば放棄者及び其承継人以外の者に対し其効力を生ずるものと為すを得ず」というものである。抵当不動産の第三取得者については、上記大判大5・12・25の判例を引用するのみであり、連帯債務者については、旧434条ないし旧439条に掲げた絶対効を生ずる事由に該当しないが故に、他の連帯債務者に影響を及ぼさないとする。以上のうち、抗弁の放棄にすぎないからというのは当時判例が採っていた、時効によって権利の得喪が絶対的に生じ、援用は訴訟上の防禦方法とする見解（大判明38・11・25民録11・1581、大判大8・7・4民録25・1215）を前提とするものである。

225 物上保証人から提起された（根）抵当権設定登記抹消請求訴訟で被担保債権を主張することは、債務者に対して時効障害事由になるか。

| 結　論 | ならないと解する。 |

1　問題の提示

（根）抵当権設定登記抹消請求訴訟における被告たる債権者からの被担保債権の主張がいかなる時効障害の効力を有するかについては、問題〔241〕〔242〕で取り上げて検討し、また、「根抵当権設定登記抹消請求訴訟において、被告として被担保債権を主張したが敗訴したとき、裁判上の催告として時効中断しているか」という論点については酒井・続時効の管理〔新版〕問題〔64〕で、取り上げて検討した。ただ、（根）抵当権設定登記抹消請求訴訟

の原告といっても、債務者兼設定者の場合、連帯保証人兼物上保証人、および純然たる物上保証人だけの3つの場合がある。ここでは物上保証人のみの資格を有するにすぎない者が原告となって、（根）抵当権者に対してその設定登記抹消請求訴訟を提起した場合の時効障害理論の適用関係を中心に検討しようとするものである。

2　各類型における民法改正以前の判例

まず、上記の3つの類型のそれぞれについて、従前の判例を概観してみる。

(1)　債務者兼設定者

① 大判大2・9・10新聞2771・14

債権者が債務者に貸金債権の担保のために債務者所有の風呂外16点の動産の上に売渡担保を取得し、その目的物を他に売却処分するために引渡請求訴訟を提起したことが、被担保債権の時効中断となるか争われた事案で、物件の引渡を訴求するが如きは弁済の確保せられたる権利そのものについて何ら裁判上の請求をなすものではないことを理由として、中断効を否定。

② 最判昭38・10・30民集17・9・1252

所有権に基づく株券引渡請求訴訟の被告が留置権の抗弁を提出した場合に、留置権の被担保債権たる被告の原告に対する債権はいわゆる裁判上の催告があったものとして時効中断する。

③ 東京高判昭39・3・30判タ162・174

貸金契約に附随してなされた債務者所有の土地の代物弁済に関する契約に基づき、債権者が債務者に対し、貸金を期日に弁済しなかったので、代物弁済により本件土地の所有権を取得したとの理由で所有権移転登記手続請求訴訟を提起したが、敗訴した場合においても貸金債権につき時効中断する。

④ 大阪地判昭49・6・17判時757・94

債権者は債務者との間で、椎茸などの食料品を継続的に売り渡す契約をし、債務者所有物件に債権極度額6,000万円とする根抵当権設定契約をしたが登記未了であったところ、債務者の資金繰りが悪化したため、根抵当権設定の仮登記仮処分を得て、その本登記請求に及んだ場合、被担保債権たる売渡債権につき裁判上の請求に準ずるものとして時効中断する。

⑤ 最判昭44・11・27民集23・11・2251

X所有の宅地および建物につき、Aを権利者とし、手形割引契約に基づく根抵当権設定契約を原因とする根抵当権設定登記がなされ、Yへの移転

の附記登記がされている。XからYに対し、手形割引契約締結の事実、Aから手形割引を受けた事実、根抵当権設定登記を承諾した事実はいずれも存在しないことを理由に抹消請求した事案。YのXに対する債権の主張が原審で認定されている。

(2)　連帯保証人兼物上保証人

①　東京高判昭58・1・27判時1079・45

　　Xは、BがA（A→C→Yと移転）から金銭を借り受けるにつき連帯保証をし、債務の担保としてB・X各自所有の不動産につき、Aのために抵当権を設定し、あわせて代物弁済予約に基づいて所有権移転仮登記も経由した。後にAはB・Xに対して代物弁済予約完結の意思表示をして仮登記の本登記手続を訴求した。その後、その不動産が先順位の抵当権者によって競売され、仮登記は抹消されたので、本登記手続請求訴訟は取り下げられたが、Xからその競売に対する配当異議訴訟提起。またYからXに対し保証債務履行請求。この中でAのXに対する仮登記担保の実行としての本登記手続請求訴訟が貸金債権の時効を中断しているかが争われ、判決はこれを肯定した。

(3)　単なる物上保証人

①　大阪地判昭33・5・17金法183・2

　　債務者のために家屋を譲渡担保に供した者から、その移転登記の抹消請求訴訟において、被担保債権たる手形金債権は時効で消滅したとの主張に対し、一般論として担保物引渡請求の訴えも裁判上の請求として時効中断するが、裁判上の請求として中断効力を生ずるためには例外規定の適用がある場合を除き、当該債務の債務者に対してなされることを要し、物上保証人（譲渡担保提供者）に対してなされたような場合はそれだけでは直ちに当該債務の時効を中断するとはいえない。

3　旧法における時効中断効の相対性

　上記大阪地判昭33・5・17の判旨をふえんすると、時効中断の効果は、中断行為の当事者およびその承継人に対してのみ及ぶことは旧148条の定める原則である。これを逆に言えば、時効中断行為があっても、その当事者およびその承継人以外の者に対しては、時効中断しないということである。その理由につき、民法起草者は、法定中断は事物自体に関する自然中断と異なり人に関して生ずるものであり、すべての法律行為や裁判上の行為におけると同じく、「ある人々の間においてなされまたは判決されたことは他の人々を害

することも利することもない」と説明している（梅・民法要義巻之一総則編〔訂正増補第6版〕148）。これを本問の抹消請求訴訟についていえば、被告の被担保債権の主張は、当該抹消請求の訴訟手続でなされているが、その手続の相手方たる原告は、純然たる物上保証人であって債務者ではない。被担保債権の主張は、債権者と物上保証人との間には存在するものの、債権者と債務者との間に存在しない。そして、物上保証人は、責任のみを負担し、債務を負担していない者であるから、物上保証人に対する被担保債権の主張は、当該債権の請求とはいえない。よって、債務者に対し請求または請求に準ずる中断事由があったとはいえないから、債務者に対しては時効中断しないということである（石井＝伊藤＝上野・手形研究457・36の石井発言は同旨。伊藤発言は反対か）。

4 民法改正との関係

改正民法は、時効の完成猶予という制度を新設し、時効の中断を完成猶予と更新の2つに分離した。しかし、旧148条が規定していた「時効中断効の相対性」との原則は、民法改正後も改正民法153条で維持されている。そうすると、民法改正以前の上記3での結論は、民法改正後においても変わらないことになる。

226 債務者との間での抵当権の被担保債権につき、完成猶予または更新の効力があったとき第三取得者に及ぶか。

結　論	及ぶ。

1 完成猶予・更新の効力の相対効

改正民法153条1項は、「第147条又は第148条の規定による時効の完成猶予又は更新は、完成猶予又は更新の事由が生じた当事者及びその承継人の間においてのみ、その効力を有する。」と規定している。これは、ある人の間になしたる行為は、他人を害しまたは利することもできないという考え方に基づくものであり、民法改正以前は「時効中断の相対性」と呼ばれ、旧148条が同趣旨を規定していた（研究として松久・金沢32・2・41）。

そこで、債権者と債務者との間で抵当権の被担保債権に完成猶予または更新の効力が生じたときに、その効力が第三取得者に及ぶのかが問題となる。

2 396条

396条は、「債務者及び抵当権設定者に対しては」担保する債権と同時でなければ時効によって消滅しないと規定しているのみであるので、第三取得者には適用がない（大判昭15・11・26民集19・22・2100）。ちなみに、396条は民法改正の対象外とされている。

3 民法改正前の判例・学説

本問を積極に解する説は、①抵当不動産の第三取得者は、将来の抵当権実行を覚悟して譲り受けたのであるから、債務者に対する時効中断の効力を受忍すべきである（野村・法協92・9・176など）、②時効中断の効力が第三取得者にまで及ばないとすると、債権の存在を主張して抵当権存在の確認請求をするか、または第三取得者に抵当債権の承認をさせる方法しかなく、また債権者は抵当不動産の移転について監視を怠らないようにしなければならなくなるが、債権者にこのような行為を期待し、これを怠れば時効消滅という制裁を科するのは債権者に酷である（柳川・金法723・16）、③抵当権の附従性と保証債務の附従性との類似に着目し、保証債務に関する旧457条1項を類推適用することが可能である（東京地判平13・6・8金法1618・82参照）、④第三取得者の抵当権消滅の期待をそれほど保護すべきではない（淡路＝新美・椿・金法1264・36）、⑤第三取得者は、債務者の抵当権の実行を受ける責任または抵当権設定者の責任を承継した者、換言すれば抵当債権の時効中断が及ぶ承継人であること（大藤・法学政治学論究7・271）、などである。

判例としては、第三取得者からの根抵当権の被担保債権の時効消滅を理由とする抹消登記手続請求事件において、第三取得者が生ずる以前に、被担保債権が時効中断していたことをもって、「控訴人が抵当不動産の第三取得者として、或いは訴外会社に対する債権者として代位行使により時効を援用しうるか〔中略〕について判断するまでもなく、控訴人の本件抵当権の被担保債権に関する時効完成の主張は採用できない」としたものがある（東京高判昭39・3・30判夕162・174）。

4 私 見

私も、第三取得者は、債務者とは別個の立場で被担保債権の消滅時効を援用できる立場にあるのに（最判昭48・12・14民集27・11・1586、最判昭60・11・26民集39・7・1701）、被担保債権の時効完成猶予または更新の効力が及ばないとすると極端に有利な地位を認めることになること、附従性を根拠に改正民法457条1項を類推適用して、債務者との間での抵当権の被担保債権につき完成猶

予または更新の効力があったとき第三取得者に及ぶと解する。

　ちなみに、債務者が時効の利益を放棄したときは相対的効力しか生じないのに、時効障害事由が生じた場合は絶対的効力が生じることの違いについては、時効の利益の放棄によって得られる債権者の利益は思わぬ利益の側面を持つことから、相対的効力しか生じないとされてもやむを得ないと説明する者がある（松久・判評332・26）。

第27章　所有権と時効

227　取得時効の要件たる所有の意思（自主占有）とは何か。
どのような場合に成立するか。

結　論

自主占有とは所有者としての占有のことであって、原
則として占有の根拠となった客観的事実の性質によって
決まる。

1　占有の客観的性質か内心の意思か

162条は、所有権の取得時効の要件として、「所有の意思」を必要と規定している。また、186条は、占有者は所有の意思をもって占有していることを推定するとも規定している。これらの所有の意思をもってする占有、すなわち自主占有とは何かがここでの問題である。文献として、後藤「取得時効における所有の意思」判タ954・41。

この点について、内心の意思とする説もあるが、現在の通説（抽象的意思説）は、自主占有とは、所有者としての占有であり、それは占有の性質に従って客観的に決定されると説明している（我妻・民法総則〔新訂版〕478など）。すなわち、占有取得の原因たる事実が、売買とか贈与のように、所有権の移転を目的とする法律行為によって、占有を取得したときは自主占有であるが、賃貸借とか寄託のように、所有権が他人にあることを前提とする行為によって、占有を取得した時は、他主占有つまり所有の意思のない占有と判断している。所有の意思を単なる内心の意思により決定すると、真の所有者が取得時効中断の機会を失うおそれがあるからである。ただ、占有の取得が明確な法律上の原因に基づかない場合、たとえば占有取得者において所有権移転を生ぜしめる原因が客観的に存在していないのに、存在するものとして信じている場合がある（その例として東京高判昭52・7・19判時871・42参照）。

これに対しては、所有の意思は、専らその時々の外形的所持態様に存するという説や（下村「占有の性質判定に関する一考察」民商117・1・16）、162条1項の長期取得時効と162条2項の短期取得時効とでは、その沿革や存在理由も異なるから、「所有の意思」という文言もその内容を別異に解すべく、短期の場合は、

取引行為すなわち所有権の移転を目的とする法律行為によって取得された占有のみが「所有の意思」をもってする占有であり、長期取得時効の場合は、占有取得の原因が何であるかを問わず、占有者が同時にその物の所有者であるに相違ないとの強い推定を生じせしめるような占有が、「所有の意思」をもってする占有だとする少数説がある（藤原・時効と占有3以下、藤原・取得時効法の諸問題74以下）。

2　判例の立場

　判例は、一方で、「占有における所有の意思の有無は、占有取得の原因たる事実によつて外形的客観的に定められるべきものであるから…（中略）…賃貸借により取得した占有は他主占有というべき」であるとしつつ（最判昭45・6・18判時600・83、最判昭54・7・31判時942・39）、他方で、家督相続の行われていた旧法時代に開始した遺産相続に係る事案において、占有を伴う諸事情によっては所有の意思を認定してよいとして（最判昭47・9・8民集26・7・1348）、占有取得原因である権限だけを所有の意思判定基準としてはいない。そして、その後の最判昭58・3・24民集37・2・131により、所有の意思を占有取得の原因のみならず、占有に関する事情も考慮して決することができることを明確にした。占有に関する事情とは、真の所有者であれば通常とらない態度を示し、もしくは所有者であれば当然とるべき行動に出なかったなど外形的客観的にみて占有者が他人の所有権を排斥して占有する意思を有していなかったと解される事情が証明される時は、占有者の内心の意思のいかんを問わず所有の意思が否定される。

　すなわち、所有の意思は、占有者の内心の意思によってではなく、占有取得の原因である権限または占有に関する事情により外形的客観的に決められるべきである、とするのが現在の判例理論である（最判平7・12・15民集49・10・3088）。

3　売買における買主

　売買契約の買主の占有は、自主占有と認められることが多い。残代金が未払であっても（最判昭44・12・18民集23・12・2467）、売主の代理人が無権代理人であったような場合でも（最判昭51・12・2民集30・11・1021）、また他人の物の売買において、直ちに所有権を取得するものではないことを売主が知っていた場合でも（最判昭56・1・27判時1000・83）、自主占有とする。さらに残代金を払わないときは売買契約は当然に解除されるという解除条件が成立し、当該売買契約が失効しても自主占有性がなくなるわけではない（最判昭60・3・28判時1168・

56)。

これに対して、自主占有が認められなかったのは、単に賃借している土地を自己所有の土地と偽って、土地交換契約をして占有するに至った者や（最判昭48・1・26判時696・190）、農地売買の買主が、所有権が移転するためには、知事の許可を要することを知っていた場合（最判昭50・4・11民集29・4・417）などがある。他人を騙して土地交換契約を締結して占有した者については、その原因を自ら作り出し、その交換契約の無効を知っていたことを自主占有否定の理由としている。農地売買の買主について、知事の許可がなければ、所有権移転しないことを知っていた買主に、自主占有を否定したことについては、善意・悪意という主観的認識を客観的性質による判断たる自主占有の領域に持ち込んだものであり、その後の最判昭56・1・27判時1000・83が、他人の土地の売買の場合、売買によって直ちにその所有権を取得するものではないことを買主が知っている事実があっても、買主において所有者から土地の使用権の設定を受けるなど特段の事情のない限り、買主の占有は所有の意思をもってするものとすべきであって上記事実は、占有の始め悪意であることを意味するにすぎない、と判示している点と矛盾し、この昭和56年1月27日の最高裁判決によって変更されたと理解すべきであろう。

4 旧自作農創設特別措置法による土地買収・売渡処分関係

行政処分によって所有権移転が生ずる場合に、その行政処分に瑕疵があった場合も、自主占有といえるかの問題については、判例は一貫してこれを認める。すなわち、旧自作農創設特別措置法（以下「旧自創法」という。）による土地買収・売渡処分が無効の場合の売渡しを受けた者や（最判昭39・10・20民集18・8・1740）、旧自創法による土地買収・売渡処分が取り消された場合の売渡しを受けた者について、いずれも自主占有を認める（最判昭41・4・15民集20・4・676、最判昭41・9・30民集20・7・1532、最判昭45・5・19判時596・39）。さらに判例は、旧自創法による売渡処分の対象外の土地を、これに含まれると誤信して占有した者について、その対象外の部分の占有につき、自主占有を認める（最判昭51・12・24民集30・11・1104）。また、小作人が農地開放後、最初の地代の支払をせず、所有者も自由に耕作することを容認していたときは、農地につき所有の意思あることを表示したものとして185条前段に基づき自主占有に転換する（最判平6・9・13判時1513・99）。なお、自主占有に転換する所有の意思の表示が明示的になされることを要するのか、黙示の表示あるいは所有者の態度が占有者に対して所有の意思を抱かせてもやむを得ないような客観的な事情を作り出したことで足りるのか、と言う問題がある（宇佐見・判評441・35参照）。

第27章　所有権と時効　　429

上記最判平6・9・13は、小作料の納付の停止、地主例の容認の態度などから黙示認容説を採ったものといえよう。

5　相続の場合

　相続の場合における自主占有の一番の問題点では、被相続人が他主占有であった場合、これを相続した相続人に自分の自主占有は成立しないかの問題であり、大判昭6・8・7民集10・10・763は、「前主ノ占有ガ所有ノ意思ナキモノナル場合ニ於テハ相続人ノ占有モ亦所有ノ意思ナキモノ」としていたが、最判昭37・5・18民集16・7・1305は、この大審院判例を変更して、他主占有者の相続人にも、相続それ自体は185条後段の「新たな権原」ではないけれども、「所有の意思」をもって現実に占有したときには、相続人自身の自主占有の成立することを認めた（なお、最判昭42・6・20判時492・49、最判昭46・11・30民集25・8・1437、最判昭47・9・8民集26・7・1348、最判平8・11・12民集50・10・2591、藤原「相続と取得時効─他主占有者の相続人が固有の自主占有を主張して取得時効を援用することができるのはどのような場合か─」判タ864・7）。この場合には、186条の所有の意思の推定規定は適用されない。さらに判例は、相続人でない者が、相続人であると信じて占有を始めた場合にも、自主占有の成立を認める（最判昭35・9・2民集14・11・2094）。

　ちなみに、相続人の占有の態様が被相続人の占有の態様から変更されることが必要か否かの論点に関しては、不要であるとする下級審裁判例がある（大阪高判平25・11・12判時2217・41）。

　これに対して、共同相続人の1人が、共同相続人全員の共有に属する相続財産たる不動産を独占して占有している場合、単独の自主占有が認められるためには、「その1人が他に相続持分権を有する共同相続人のいることを知らないため単独で相続権を取得したと信じて当該不動産の占有を始めた場合など、その者に単独の所有権があると信ぜられるべき合理的な事由があることを要する」として、共同相続人の1人が、他に共同相続人のいることを知りながら、その者名義の虚偽の相続放棄の申述をし、単独名義の相続登記をして、占有している場合の自主占有を否定した（最判昭54・4・17判時929・67）。また、従前の判例理論を適用した事例であるが、被相続人が賃借していた土地について、相続人が相続後も一部賃料を支払い、所有者に売却方を申し入れていたという事案で、自主占有を否定したものがある（最判昭43・12・17判時544・36）。

6　境界・無権原占有その他
(1)　境界紛争

境界確定の争いにおいては、真実の境界を前提とした場合、その越境している部分については、時効取得が主張される場合が多い。この場合に、境界を誤認して他人の土地を占有していた者についても、自主占有の成立が認められる（最判昭46・11・25判時655・26、最判昭50・4・22民集29・4・433、最判昭52・3・31判時855・57）。

(2) その他

境界紛争以外のものでは、所有者が他の法律的原因によって、その所有権が他に移転してしまっているにもかかわらず、占有を続けたという場合に、自主占有の成立を認めている（最判昭29・12・24民集8・12・2271）。

(3) 無権原占有

また、他人所有地に無権原で自己所有の樹木を植え付け、自分の所有物と信じて、その樹木を育成してきたという事案で、樹木は附合によって土地の構成部分となり、樹木の所有権は土地所有権に吸収されるが、他人の所有する土地に権原によらずして自己所有の樹木を植え付けた者が、所有の意思をもって、平穏かつ公然と立木を20年間占有したときは、その立木の所有権を時効取得すると判示したものもある（最判昭38・12・13民集17・12・1696）。これに対して、不法占有の場合、大阪高判平15・5・22判タ1151・303は国の河川堤防であった土地の時効取得が争われたケースで、不法占有であることを理由に自主占有を否定した。不法占拠の事実が証明された場合には他主占有になるとする説として、後藤「取得時効における所有の意思」判タ954・66がある。

7 自主占有の立証責任

占有者の占有が自主占有に当たるかどうかについての立証責任は、占有者にあるのではなく、取得時効の成立を否定する者において、他主占有であることの立証責任を負う（上記最判昭54・7・31、最判昭58・3・24民集37・2・131。反対－藤原・時効と占有121取得時効の成立を狭くする観点から）。なぜなら、186条1項によって、占有者は所有の意思で占有するものと推定されるからである。そこで、他主占有であると主張する者は、具体的に、①他主占有権原に基づいて占有を取得した事実（占有を取得した権原が、性質上所有の意思のないものという事実）、または、②「他主占有事情」、すなわち占有者が占有中に真の所有者であれば通常とらない態度を示した事実（積極的事実）を示し、もしくは所有者であれば当然にとるべき行動に出なかった事実（消極的事実）など、外形的・客観的にみて占有者が他人の所有権を排斥して占有する意思を有していなかったものと解される事情、のいずれかが証明されると取得時効は否定される（最判平7・12・15民集49・10・3088）。他主占有事情が認められれば、

第27章　所有権と時効　　　431

他主占有権原が立証されなくても所有の意思が覆るので、他主占有事情は独立の抗弁たり得る。この他主占有権原と他主占有事情の2つの抗弁は、選択的である。

　なお、他主占有事情については、占有者と登記簿上の所有名義人との関係や税額等の特段の事情のある場合には所有権移転登記を求めず、固定資産税を負担しなかったことが所有者として異常な態度といえないこともあるので、これらを決定的な事実として直ちに他主占有事情の立証があったとすることはできない、とする事例判決がある（上記最判平7・12・15、福岡高宮崎支判平23・7・20判タ1369・200）。

8　相続の場合の立証責任（自主占有事情）

　これに対して、自主占有を主張する者がその事情を立証する責任を負う場合がある。すなわち、相続人が他主占有であった場合の相続人は、独自の占有に基づく取得時効の成立を主張できるが、この場合その占有が所有の意思に基づくものであるといい得るためには、取得時効の成立を争う相手方ではなく占有者である相続人において、その事実的支配が外形的客観的に見て独自の所有の意思に基づくものと解される事情（自主占有事情）を証明すべきであるとされている（最判平8・11・12民集50・10・2591　取得時効の成立を肯定）。

228　　10年の短期取得時効における「無過失」はどのような場合に認められるか。

結　論	売買、相続など占有取得の原因、その際の具体的事情によって結論を異にする。

1　善意の内容

　162条は、所有権の取得時効について、20年間の長期取得時効（162条1項）と、占有（占有取得原因は取引行為に限定されない。）の開始の時に善意・無過失であるときは、10年間の占有でよいとする短期取得時効（162条2項）の2種類を定める。「善意」とは、一般には知らないことであり、自分の所有物ではないことを知らないということになるが、判例・通説は、それにとどまらず、さらに積極的に権利が自分に属すると信じることであるという（大判大9・7・16民録26・1108、我妻・民法総則〔新訂版〕479）。もっとも、「所有者であると信じ

る」といっても、売買・贈与・相続という客観的事実が立証される必要がある。占有の善意については、186条1項によって推定されるので、時効取得の成立を争う者が相手方が自己の所有であることを信じていなかったことの立証責任を負う。

2 無過失の内容

次に、無過失とは、善意であることについて過失のないことをいう。つまり、善意であることについて調査義務違反のないことをいう。どのような場合に過失があって、どのような場合が無過失と判定されるかはケースバイケースである。以下、主として過失なしとして判例に現われたケースで説明する（過失ありとされたケースは藤原「短期取得時効の要件としての「無過失」とその証明―判例を中心として―」判タ796・28以下）。

なお、自己の占有期間と前の占有者の占有期間を合算して時効が完成するときには、前の占有者の悪意・有過失も承継するので（187条2項）、合算された占有も瑕疵のある占有となる。これと異なり、第1占有者の占有に瑕疵はないが、占有承継人の占有に瑕疵がある場合でも、第1占有者を基準とすれば足りる（最判昭53・3・6民集32・2・135）。

3 売買の場合

まず、売買における売主が準禁治産者であったり、幼者で法定代理人がある場合、その権限の有無を調査しなかったときは過失がある（大判大4・11・19民録21・1851、大判大10・12・9民録27・2154）。農地について、農業委員会の許可を得ていない場合は、特段の事情のない限り過失がある（最判昭59・5・25民集38・7・764）。

次に、売主と登記簿上の所有者とが異なる場合、その登記の真否を確かめないで、占有を始めても無過失とはいえない（大判大5・3・24民録22・657。ただし、無過失とされたものとして東京高判昭49・10・21判時764・34）。これに対して、登記簿上所有者と表示されている者から買い受けた場合は、特別の事情のない限り無過失である（大判大15・12・25民集5・12・897）。やや特殊な事案であるが、登記簿の閲覧・調査をしなくても過失がないとしたものとして、横浜地判昭62・6・24判時1268・104がある。

また、未登記の土地についても、耕地整理組合が、耕地整理事業の施行中、換地処分の残存地としてできた未登記の土地が、耕地整理組合から売り出され、数人を経てAが買い受け、Aは娘のY所有として組合の届出をなしたものの、AがXに転売したという事案で、耕地整理組合を調査しなかったとし

ても過失ありとはいえないとしたものがある（最判昭42・7・21判時496・30）。

4　境界紛争関係

一般的には、公図等を閲覧しこれに基づいて隣地所有者に境界について尋ねたり、実測するなどして実地に調査をすれば、係争地が買受土地に含まれないことが容易に知りえたにもかかわらず、調査しなかったときは、特段の事情のない限り無過失とはいえない（最判昭43・3・1民集22・3・491、最判昭50・4・22民集29・4・433）。

これに対して、ＸとＹがＡ所有の土地の一部50坪ずつを買い受け、その際、隣接のＢ所有地との境界を誤認していたため、Ｘは自分の買受土地と、Ｙに分譲された土地の一部4.12坪をも占有したという事案で、Ｘが公図や区画整理組合の図面について調査しなかったとしても、過失がないとしている（最判昭46・11・25判時655・26）。さらに前主と隣地所有者の間で6年余の間、境界紛争がない状況で買い受けた者は、耕地整理事業の確定図などを調査しなかったとしても過失はない（最判昭52・3・31判時855・57―ただし少数意見あり）。

5　相続の場合

(1)　他の相続人がいる場合

他に相続人がいる場合に、無過失を認めたものとして東京地判平19・8・20（平18（ワ）23223）があり、亡夫の生前の言動により土地・建物を死因贈与されたものと考えていたから、自己に所有権があると信じていたことにつき、無過失であるとした。

(2)　土地の範囲

まず、原則として、相続人が登記簿に基づいて実地に調査すれば、相続により取得した土地の範囲に含まれないことを容易に知り得たにもかかわらず、この調査をしないで相続した土地に含まれると信じて占有しても、特別の事情のない限り過失がある（最判昭43・3・1民集22・3・491、最判昭46・3・9判時629・58）。

これに対して、相続人なくして死亡したＡの遺産について事実上の遺産管理人の主宰する事実上の親族会議において相続人と定められたのでこれを信じて占有した場合（最判昭35・9・2民集14・11・2094）は無過失であり、津波によって流出した後に、住宅適地造成組合によって造成されて、占有者の先代の所有地と一枚になった土地につき、相続人が本件土地の登記簿を調査しなかったことをもって、過失があるとはいえない（最判昭42・6・20判時492・49）。この判例と上記最判昭43・3・1の判例とは、相続人の登記簿調査義務について

全く反対の結論に達しているが、事案が著しく異なっており、判例抵触の問題はないといわれている（鈴木・最高裁判所判例解説民事篇昭和43年度（上）24事件198）。

6 法律行為を有効と誤信している場合

また、旧民法下において、戸主Ａが隠居して分家し、その際、所有財産の留保をしたが、確定日付はないまま、死亡してＹが家督相続をしたという事案において、その留保財産の占有については、無過失であり（最判昭29・12・24民集8・12・2271）、空襲により一家全滅した本家の再興のため、親族の協議により相続人に選ばれた女子が、本家の家業を継ぎ、占有を始めた場合、旧民法944条以下の裁判所の親族会の招集とその決議がなくても過失がない（最判昭35・9・2民集14・11・2094）。この2つは、法律行為が無効もしくは不存在であるにもかかわらず、これを有効と信じている場合を無過失と判断しているものである。

7 行政処分との関係

判例は、公法上の行為の無効を、有効と信じて占有する場合も、無過失と認める。すなわち、旧自作農創設特別措置法に基づき、政府から売渡しを受けた者は、特別の事情のない限り、その売渡処分に瑕疵のないことまで確かめなくても、過失があるとはいえない（最判昭41・9・30民集20・7・1532、最判昭45・5・19判時596・39）。

これに対し、払渡しの対象外の土地を占有した場合について、賃貸人以外の第三者の所有に属する隣地を、自分の賃借地の一部に属するものと信じて占有していた者が、国に物納されたその賃借地の払下げを受け、対象外の上記土地の占有を続けたというだけでは無過失とはいえないとする判例がある（最判昭50・4・22民集29・4・433）。

8 主張立証責任

無過失については、186条1項の推定対象とされていないので、時効取得を主張する者が立証責任を負う（大判大8・10・13民録25・1863）。これを厳密にいうと、無過失は評価ないし規範的要件であるから、その「評価根拠事実」については取得時効を主張する者が主張立証責任を負う。取得時効の成立を争う方は、無過失という評価の成立を妨げる「評価障害事実」の主張立証責任を負う。

第27章　所有権と時効　　435

229　不動産売買の買主は、取得時効の適用を受けられるか。

結　論　買主であっても取得時効は成立する。

1　問題の提示

　162条は、取得時効の成立要件を定めるが、1項および2項共に「他人の物を占有した者は」と規定し、取得時効が成立するのは、他人が所有する物の占有者に限定されるかのような表現をしている。そこで、不動産売買の買主のように、所有権を取得した者が、取得時効を主張し得るかがここでの問題である。この問題は、自己の物でも取得時効によって所有権取得し得るかという問題に言い換えることができる。そして、自分の物につき取得時効を援用する類型も様々なものがある。なお、大久保「自己の物の取得時効について（一）（二）」民商101・5・643および6・783参照。

2　自分の物につき取得時効を援用する類型

① 　売買契約の一方の当事者たる買主が、他方の当事者たる売主に対して取得時効を主張する場合である。大阪高判昭44・9・12判時582・76、最判昭44・12・11判時583・50、最判昭44・12・18民集23・12・2467等の判例がある。

② 　同じ不動産売買の買主でも、当該物件が二重譲渡され、二重譲渡先の買主に対して、取得時効を主張する場合である。最判昭42・7・21民集21・6・1643（受贈者の事案）、最判昭46・11・5民集25・8・1087（第1の買主は、当初から全く所有権を取得しなかったという。）がこれに関連する。

③ 　売買契約の売主が、一方当事者たる買主に対して、取得時効を主張する場合である。札幌高判昭52・2・28判時872・90、最判昭46・11・25判時654・51等がこれに関連する。これについては、問題〔230〕を参照されたい。

④ 　譲渡担保設定者が取得時効を主張する場合である。福岡高那覇支判昭52・9・14判時908・59、名古屋高判昭53・6・12判時913・92がこれに関連する。これについては、問題〔231〕を参照されたい。

⑤ 　不動産の買主でも、当該不動産に抵当権が設定されている抵当不動産の第三取得者が取得時効による抵当権の消滅を主張する場合である。大判大9・7・16民録26・1108、大判昭15・8・12民集19・1338、最判昭43・12・24民集22・13・3366がこれに関連する。これについては、問題〔247〕を参照されたい。

⑥　受贈者が遺留分減殺請求の対象となる贈与の目的物を10年ないし20年に
わたって占有し、遺留分減殺請求に対抗してその目的物について取得時効
を主張する場合である。最判平11・6・24民集53・5・918がこれに関連する。
⑦　上記②と⑤が混合したような類型で、時効完成後で時効による登記する
前に、所有者が抵当権を設定し登記したため、抵当権付で取得時効を原因
とする所有権登記を経た者が、再度の取得時効の完成による抵当権の消滅
を主張した場合で、最判平15・10・31判時1846・7がこれに関連する。

3　不動産の二重譲渡の場合

　ここでは、上記2①および②の問題に限定して説明する。最初は、上記2②
の二重譲渡の場合について述べる。まず、最高裁判例が、自己の物でも取得
時効の成立を認めた最初のものは、最判昭42・7・21民集21・6・1643である。
事案は、Yは昭和27年11月ころ、兄所有の建物の贈与を受けたが、移転登記
を経由しないでいたところ、その後兄が第三者のためにその建物上に抵当権
を設定し、Xが昭和37年10月29日、競落により所有権を取得したというもの
で、XからYに対する明渡請求に対して、Yが取得時効を主張したものであ
る。この事案で、本来Yは、贈与による所有権取得につき、移転登記を受け
ていない以上、その後の抵当権者にしたがって競落人に対し、所有権取得を
対抗し得なくなるはずである。ところが、この判例は、取得時効は、当該物
件を永続して占有するという事実状態を一定の場合に権利関係にまで高めよ
うとする制度であるから、所有権の取得を第三者に対抗することができない
場合において、取得時効による権利取得を主張できると解することが制度本
来の趣旨に合致するとして、Yの取得時効の成立の可能性を認めた。
　まず、取得時効を「法律の規定する一定期間のあいだ占有又は準占有を継
続したという事実がある場合に、客体に対する物権その他の財産権について
の強力な法定証拠を認める制度」として捉える法定証拠説（川島・民法総則390）
によれば、自己の物であっても取得時効の成立を妨げる理由はない。なぜな
ら、時効は自己の権利を基礎づける証拠にすぎないから、外にもこれを基礎
づける証拠があっても何ら排斥し合う関係にないからである。
　これに対して、取得時効を実体法的に捉えて、永続した事実状態を権利関
係にまで高め、法律関係の安定を図る制度と捉える実体法説によっても、時
効の効果は原始取得であるから他人の所有権に基づいて取得するのではない
のみならず、永続した事実状態が真の権利関係に基づくものであるかはあえ
て問うところではないとして、何人の所有であるかを問わないものとしてい
る（我妻・民法総則〔新訂版〕478など）。上記最判昭42・7・21も「取得時効は、当

第27章　所有権と時効　　437

該物件を永続して占有するという事実状態を、一定の場合に、権利関係にまで高めようとする制度であるから」として、訴訟法説を採用しないかのような立場を表明している。

　この判決が、自己の物について取得時効を認めたことはよいとしても、本来XとYは「対抗問題」として登記の有無によってその優劣が決せられるべきところ、Yに取得時効成立の可能性を認めたため、Yは登記なくしてXに対抗し得る結果となってしまった。この点については、学説においていろいろ問題点が指摘されているところである（例えば、原島・民商58・2・281など）。

　なお、二重譲渡における買主が、登記がないため、取得時効を援用する場合に、その取得時効の起算点は、自己の占有取得の時か、あるいは第2の買主の所有権取得の登記の時かについて争われた事案において、最判昭46・11・5民集25・8・1087は、対抗できない買主の「占有取得の時から」起算すべきものと判示している。これに対しては、起算点は第2買主の登記時であるとする学説がある。

4　買主の取得時効の援用

　次に、上記2①の類型の場合すなわち売買当事者間において、買主の取得時効が援用された事案について述べる。以下の3つの判例がある。いずれも取得時効が成立し得ることを認める。

①　大阪高判昭44・9・12判時582・76

　　昭和18年に、YがX先代より土地を、代金2万円で買い受け、内金1万円を支払って引渡しを受けた。Xが昭和35年、残代金未払をとらえて、インフレによる価格高騰による事情変更を理由に、売買契約を解除。買主Yが10年の短期取得時効を主張。判決は、上記売買により、一旦所有権は、X先代からYに移転したことは、当事者間に争いがないから、Yに自主占有が成立するとして、10年の取得時効の成立を認めた。

②　最判昭44・12・11判時583・50

　　本件は土地（山林）所有権確認の訴で、Xは第1次的に贈与による所有権取得、第2次的に10年の取得時効を主張。原判決は、悪意として10年の取得時効を排斥したが、最高裁判所はこれを破棄して、所有権に基づいて、不動産を占有する者についても162条の適用があることを改めて判示した。

③　最判昭44・12・18民集23・12・2467

　　Xは、Yの先代から、本件不動産を代金1万5000円で買い、内金1000円を支払って引渡しを受け、残代金の支払と引換えに移転登記をせよと本訴を提起。予備的に取得時効の主張。原審は事情変更の原則の適用を認めて50

万円の支払と引換えに移転登記を命じた。破棄差戻。

「不動産の所有者が第三者に対しその不動産を売却した場合においても、その買主が売主から右不動産の引渡を受けて、みずから所有の意思をもつて占有し、(その開始の時から)民法162条所定の期間を占有したときには、買主は売主に対する関係でも、時効による所有権の取得を主張することができると解するのが、相当である。けだし、このような契約当事者においても、その物件を永続して占有するという事実状態を権利関係にまで高めようとする同条の適用を拒むべき理由はなく、このように解したとしても、その契約により発生すべきその余の法律関係については、その法律関係に相応する保護が与えられており、当事者間の権利義務関係を不当に害することにはならないからである。」

この上記③の最高裁判決は、契約による法律関係と占有による法律関係が競合する場合に、占有による権利関係を優先して適用しても、契約による権利義務関係を不当に害することにはならないと判示しているが、本件で買主の取得時効が認められると、売主の残代金はどうなるのであろうか。判旨としては、依然請求できるという結論をとるものと思われるが、買主としては、契約による所有権の承継取得ではなく、時効による所有権の原始取得なのであるから、等価交換の理念が支配する領域になく、残代金支払義務はないと主張することも考えられる。この結果、売買当事者間の買主の取得時効の成立を認めることは「実質的に双務契約において一方の権利だけを保護することの不均衡」(好美・法時42・7・48)を生ずることになり、やや疑問があるといわなければならない(大久保・前掲(一)663は引換給付判決をすべきとする)。

5　時効取得により確定的に所有権を取得した場合

なお、時効完成後で時効による登記する前に所有者が抵当権を設定し登記したため、抵当権付で取得時効を原因とする所有権登記を経た者が、再度の取得時効の完成による抵当権の消滅を主張した場合で、最判平15・10・31判時1846・7は、一度確定的に所有権を取得したのであるから、起算点を抵当権設定登記の時点にずらせて再度取得時効を援用して抵当権の抹消を請求することはできない、としている。これは、自己の物でも取得時効の援用を認める従来判例の立場を一定範囲で制限するものである。これに反対する学説として、辻・判評548・21。

第27章　所有権と時効　　　439

6　主張立証責任

取得時効の対象物は、自己の物であってもよいので、他人の物であることの主張立証は不要である（伊藤編著・要件事実小辞典105）。

230　不動産の売主が取得時効を援用するときの時効の起算点はいつか。

結　論　原則として売買契約の時。

1　売主の取得時効

162条が、「他人の物」と規定しているにもかかわらず、自己の物であっても取得時効の成立を妨げられないとすることは判例理論として確立している。そして、売買契約の買主が、取得時効を援用する場合の問題点については、問題〔229〕で説明したとおりである。本問の場合は、売買契約の売主が取得時効を援用する場合であって、売主においても、必要な要件さえ満たせば、取得時効を援用できることは、買主の場合と異ならない（なお、大久保「自己の物の時効取得について（一）」民商101・5・666以下参照。）。

最判昭46・11・25判時654・51は、これを認めた判例である。事案は、XがYに対し所有権移転登記（中間省略の特約）、立木伐採による損害賠償を請求した。その請求原因は、Yの先代Aが、その所有する山林をBに売り渡し、Bから数名を経て、Xがこれを買い受けたというものである。これに対し、Yは、①AB間の売買契約は停止条件付のもので、条件不成就のため効力は発生しなかったこと、および、②Yは山林をこのように信じて占有を継続したとして、10年または20年の取得時効の援用、の2つを主張した。原審は、売買契約の効力について、有効、無効のいずれとも判断しないで、Y先代のため10年の取得時効を認め、最高裁判所もこれを支持した。

2　売主の自主占有

まず、売買契約の一方の当事者である売主に、取得時効の要件としての所有の意思をもってする占有、すなわち「自主占有」が認められるか問題がある。売買契約によって所有権が相手方に移転すれば、その時点で売主は自主占有者でないということになる。しかし、取得時効における占有が自主占有かどうかは、占有の始めに占有するに至った客観的原因事実を基礎として決められるのであるから、売主が前主から買い受けた時点で自主占有であれば、

売買契約を締結したにもかかわらず、依然自主占有ということもできよう。上記判例は、この点を当然のように考えているふしがある。

あるいは、従前の判例において、所有権移転の原因となる事実があったのに、これがないと信じて、従前の所有者としての占有を継続した場合に、その従前の所有者の占有を自主占有と認めた判例がある（最判昭29・12・24民集8・12・2271など）。上記判例は、このような観点からＹの自主占有を認めているのかも知れない。

3　起算点

次に、上記判決が、Ｙの10年の取得時効を認めるに際し、起算点をいつからと認定したかは明らかではない。売主の場合に、所有権を除外した後に残る事実支配は、取得時効の要件として占有ありといえる場合が多いが、このような占有も時効期間の中に含めて計算すると、不都合な結果を生ずる場合がある。例えば、所有者として20年近く占有してきて、20年近くになって、当該不動産を売り渡したとしよう。引渡しに手間どっているうちに、売主の占有が20年になった場合、売主の時効期間を当初の占有の時から計算すると、売主は買主に対して売買物件を時効取得することになる。この結論は、まことに不都合であるといわざるを得ない。そこで、この不都合を解消するため、不動産売買契約の当事者間における売主に取得時効が成立するためには、「売主と買主との間に当該不動産の所有権移転の有無についての対立の関係が生ずるやも知れない事由（原則として売買契約の締結がこれにあたる。）が存するに至つた時までは、売主は、買主との関係上民法162条にいう「他人ノ不動産ヲ占有シタル者」にはあたらない者というべく、従つて売主のための取得時効は進行を始めることがないものと解する」とした下級審判例がある（札幌高判昭52・2・28判時872・90）。要するに、売主における占有期間のうち、売買契約締結までの占有期間は、取得時効期間として必要な占有の中に算入せず、売買契約以後の占有のみで、10年または20年の取得時効期間を計算しようというものである。

この判決は、農地の売買の事案であったが、同判決は、上記趣旨をさらに敷衍して、農地の売買にあっては、農地法所定の許可がない限り、所有権移転の効力が生じないから、農地売買の売主に、取得時効が成立するための占有は、知事の許可等があった時以降始まると判示している。

譲渡担保設定者について取得時効の成否が争われた事案で、上記判決と同様の立場をとる判例もあり（福岡高那覇支判昭52・9・14判時908・59）、学説もこの考えを支持するものがある（萩原・判タ367・97）。

第27章 所有権と時効 441

4 買主の所有権移転請求権

ただ、上記札幌高裁判決がいうような不都合も、それほどでもないといい得る。というのは、売買当事者間で売主に取得時効が認められても、買主は売主に対し、売買契約上の債権的な所有権移転請求権を有するから、売主が丸々得をするということはないし、また、当該物件が最初の買主から転々と譲渡されたとしても、前主の所有権移転請求権を債権者代位権により代位行使することもできる。もっとも、この場合の所有権移転請求権は債権であるから、少なくとも5年（改正民法166条1項1号）の時効で消滅するため、やはり問題が全く解消するというところまではいかない。

次に、この考え方によれば、取得時効の成立を認める前提として、取得時効を援用する者が、不動産の売主であるかどうか、すなわち売買契約があったかどうかをまず認定しなければならず、上記最判昭46・11・25のように売買契約の効力について何ら触れず、いきなり占有者に取得時効を認めることはできなくなる。もっとも、売買契約があったとされた時からさらに10年あるいは20年を経過していれば売買契約の存在について判断するまでもなく時効の成立を認めることができようが、このような場合はまれであろう。

このように、売主であるかどうかをまず確定しなければならないとする立場は、取得時効制度の存在理念と真向から対立するといわざるを得ない。すなわち、取得時効制度の存在理念としては、事実状態を権利関係にまで高めて、法律関係を安定させるという目的のほか、真の権利者といっても、その権利を証明することは困難であり（例えば所有権については悪魔の証明といわれる。）、その困難を救済するために一定の占有さえ証明すれば、権利者と認めるという目的もあり、上記のような判例の立場は、この困難である売主としての証明を求めることになると思われる。すなわち、訴訟においては、売主は単に10年または20年の取得時効を援用し、相手方において売買契約の売主であることを主張させ、援用者に売主でないことを立証させることになろうが、その困難なことはいうまでもない。あるいは、これを、相手方において援用者が売主であることを主張および立証させると考えてもその困難なことはいうまでもない（直接の買主なら容易であるが、上記最高裁判決のように、転々流通後の最後の買主の場合もある。）。

これは、結局は、売買という契約関係の当事者に、時効という占有のみを基礎とする法律関係を持ち込んだために生じたものであって、将来この点も含めた検討が必要であろう。

第27章　所有権と時効

231 譲渡担保設定者に取得時効は成立するか。

| 結　論 | 成立するが、譲渡担保の負担付で時効取得すると考える。ただし、異なる立場の判例がある。

1　問題の提示

譲渡担保とは、債権担保のために、制限物権の形式をとらず、対象物件の権利移転形式をとる担保であって、動産譲渡担保と不動産譲渡担保がある。ここでは、不動産譲渡担保の場合のみを前提にして説明する。このような不動産譲渡担保の設定者に、その対象不動産の取得時効が成立するかがここでの問題である。

2　具体的ケース

判例上、譲渡担保設定者からの取得時効が援用された事件は、2つある。

① 福岡高那覇支判昭52・9・14判時908・59

事案は、A（Yの先代）が、Bに対する債務を担保するため、大正9年12月、Aの土地の所有権をBへ移転し、その後、昭和15年C（Xの先代）が、Bから本件土地を買い受けた。Yは、譲渡担保設定後も、内部関係において保留された所有権に基づいて占有したとして、譲渡担保契約の時から10年または20年の取得時効を主張したというもの。

② 名古屋高判昭53・6・12判時913・92

事案は、Xの夫A（1審係属中死亡）は、Bに対する借金の担保のために、昭和28年5月、所有する土地、建物を譲渡する譲渡担保契約を締結したところ、Aが期限に弁済しなかったので、処分され、数人を経て、昭和44年10月、Yが買い受けた。Xが、昭和28年5月から10年の取得時効を主張したもの。

3　譲渡担保設定者の占有の性質

本問での最初の問題点は、譲渡担保を設定した所有者の、設定以後の占有は、自主占有すなわち所有の意思をもってする占有かどうかである。上記名古屋高裁判決は、譲渡担保契約に基づき、債権者に所有権移転がなされたときは、これ以後、契約が無効であるとして占有を継続したという事情のない限り、設定者の占有は所有の意思のない占有となったと判示する（宇佐見・判タ390・36もこれを支持する）。設定者に自主占有がないとすると、譲渡担保契約

に基づき、所有権移転を受けた債権者が、自主占有取得することになるので
あろうか。この点については、譲渡担保権者の占有について言及した判例が
ある。東京高判昭31・4・27下民7・4・1059は、譲渡担保権者は、「その取得
した所有権を債権担保の目的のためにのみ行い得るとの制限を、前所有者た
る控訴人にたいする関係において負担するものであり…（中略）…かような
関係を知つていることは、前示の「善意ニシテ」というにあてはまらないと
解すべき」と判示している。ここでは、譲渡担保権者の自主占有を前提とし
て、善意、悪意のみを問題にしているようであるが、判文の意味は、自主占
有自体が成立しないかのように判断しているようにも理解され、自主占有と
悪意を混同した結果、悪意という認定で結論を導いていると理解できるよう
にも読める。

　結局、譲渡担保契約は、抵当権のように制限物権方式でなく、債権担保と
いう目的のために所有権を移転する形式であるから、その内部関係における
債権担保という目的を重視すれば、設定者に所有の意思ありということにな
るであろうし、反対に、外部形式としての所有権移転を重視すれば、設定者
に所有の意思ありとはいえないということになろう。上記東京高判昭31・4・
27の判例は、この内部関係を重視する立場に立ち、名古屋高判昭53・6・12の
判例は、外部形式を重視する立場に立つものであろう。従来、判例学説上、
制限物権と譲渡担保とは、異質的なもので、対立するものとして取り扱われ
がちであり、したがって、例えば、譲渡担保における所有権の帰属の問題に
ついても、大判大13・12・24民集3・12・555によって、内部関係、外部関係
とも移転する場合と、外部関係においてのみ移転する場合の両方があると判
示されていた。しかし、譲渡担保と制限物件は、債権担保という同一の目的
の下で、同一の機能を有するのであって、同じ法構造を持つものとして構成
すべきであり（例えば清算義務ありとすること）、所有権の帰属についても、
どちらに帰属するかを問題とすること自体が疑問である。このような観点か
ら、最近では、譲渡担保の法的構成として、信託法理によるものが有力で、
すなわち担保のために権利を信託的に権利者に移転したのであり、内部的に
は権利は譲渡担保設定者の手元に残っているという考え方である（川井・担保
物権法185）。このような信託的な考え方を前提とすれば、譲渡担保設定者にな
お所有の意思ありと解してよいと考える。上記2①の福岡高裁那覇支部の判
決も、同様の見解を前提としていると解される。

　なお、債務者が譲渡担保を設定し、引き続きこれを占有する場合、債権者
が占有改定によって占有権を取得したのであり、占有改定は、自己の占有物
について、他人の自主・間接占有を承認し、自分の占有を他主占有に改める

ことであるから、譲渡担保設定により、設定者の占有は当然に自主占有ではないとする考えがある（上記名古屋高裁判決の判時のコメント）。しかし、動産の譲渡担保設定の対抗要件は、引渡しであるから、このようにもいい得るが、不動産の譲渡担保設定の対抗要件は、登記であるから、当然に占有改定による引渡しがあったとみるわけにはいかない（宇佐見・判タ390・37）。上記判例時報のコメントが引用する、大判大5・7・12民録22・1507や、最判昭30・6・2民集9・7・855も、動産の売渡担保の事案である。

4　占有の起算点

　そこで、次に、譲渡担保設定者になお自主占有ありとすると、譲渡担保設定後、短期間で設定者は時効によって所有権を原始取得し、譲渡担保権も消滅すると、不合理な結果となる。そこで、このような場合には、債務不履行により譲渡担保権者が対象不動産の所有権を取得するとか、あるいは第三者が譲渡担保権者から譲り受けるとかの事由が生じた時から、設定者の占有を起算すべきとする考えをとったものが、上記2①の福岡高那覇支判昭52・9・14の判決である。譲渡担保の場合、抵当権設定者に抵当不動産の時効取得を認めない397条のような規定はない（ただし、397条の解釈についても争いがある）。そこで、これとできるだけ同様の結果を生じさせようとするこの判決の立場は、首肯できるものがある。しかし、さらに次のように考えることはできないものであろうか。すなわち、譲渡担保設定者も、自主占有者として取得時効の適用を受け、その時効期間の起算点も、当初の占有からとしてよいが、譲渡担保権が設定されていることを知りつつ、占有を継続しているのであるから、取得時効をするとしても、譲渡担保の負担の付いた不動産としての所有権を時効取得すると考えるのである。つまり、取得時効によって、取得される所有権の範囲については、取得時効の基礎となる占有の態様によって影響され、その占有態様により、時効で取得する所有権内容が定まると解されている（我妻・民法総則〔新訂版〕481など）。例えば、取得時効の基礎となった占有の態様において、地上権を容認している態様の占有であったときは、地上権の制限を受けた所有権を取得するにすぎないことになる。ただ、問題はどのような場合に、譲渡担保権の存在を容認した占有といえるかである。特に、譲渡担保権の存在を知りながら占有しているときに、知っていたというだけで、譲渡担保権の制限付の所有権を時効取得するにすぎないかが次の問題である。この点、抵当権の場合であるが、抵当権が登記されていることを知りながら、占有を継続した場合には、完全に占有しているとはいっても、抵当権の存在を完全に否定した状態（完全なる所有権者と同様の支配をして

いる状態）とはいえず、抵当権を容認した占有と評価できるとする見解がある（横山・最高裁判所判例解説民事篇昭和43年度（下）143事件1379）。譲渡担保設定者の場合も、これと同様に解することができると考える。

〔境界確定訴訟との関係〕

232 境界確定訴訟は、時効障害事由になるか。

結論 改正民法下の解釈としても、境界確定訴訟は、時効の完成猶予および更新の効力を生じる。

1 境界確定訴訟

境界確定訴訟は、互いに隣接する土地の境界線について争いがある場合に、裁判所の判決によってこれを創設的に確定する訴えである。かっては、管轄規定として旧々民事訴訟法（大正15年改正前の旧民事訴訟法）22条1項に「〔不動産の〕経界ノ訴」、旧裁判所構成法14条2号（ロ）に「不動産ノ経界ノミニ関ル訴訟」としての明文規定があったが、現行法上境界確定訴訟を正面から容認する明文規定はなく、間接的に不動産登記法147条と148条に「民事訴訟の手続により筆界の確定を求める訴え」として言及されている。

なお、平成17年4月13日の不動産登記法の改正により、同法123条以下に「筆界特定制度」が新設された。しかし、筆界特定の効力は、権利義務を形成し、範囲を確定するものではなく、民事訴訟その他で当事者が筆界特定の結果と異なる主張をすることは妨げられない。また、行政処分にも該当しないものであり（行政訴訟の対象外）、法的拘束力のない筆界登記官の認識・判断の表示にすぎない。

2 境界確定訴訟の性質

境界確定訴訟の性質については、①確認請求訴訟とする見解（ただし、その確認の対象が何であるかについて争いがある。）、②形成訴訟説、③境界線を非訟的に確定し、これによって相隣者の所有権の範囲が確定されるとする複合訴訟説などがある。このうち、形成訴訟説は、狭義の形成訴訟説と形式的形成訴訟説とに分かれる。狭義の形成訴訟説は、境界線を定める形成判決の創設力は、一定の線が両隣地間の境界線であることを定めるのみで、境界線に至るまでの所有権の存在を確定するものではないとする（雉本・民事訴訟法の諸問題103）。形式的形成訴訟説は通常の訴訟のように法規を適用して原告の請求の当否を法律的に判断確定するものではなく、原告の主張に拘束されないで衡平の見地から裁量で境界線を確定するという点でその性質上非訟事

件に属し、当事者適格の関係以外は、所有権の帰属範囲の如きを斟酌する必要はないとする（兼子・判例民事訴訟法76）。大判大12・6・2民集2・345の連合部判決は、この形成訴訟説に立つものとみられており、その後の大判昭15・7・10民集19・16・1265は、傍論ながら境界確定判決についての既判力を否定している。そして、最高裁判所も、「境界を現地に即して具体的に定める創設的判決を求める訴えである」とか、「裁判によって新たにその境界を画定することを求める訴えであって、土地所有権の範囲の確認を目的とするものではない」と判示して、形成訴訟説のうち形式的形成訴訟説に傾斜している（最判昭31・12・28民集10・12・1639、最判昭37・10・30民集16・10・2170、最判昭38・10・15民集17・9・1220、最判昭43・2・22民集22・2・270、最判昭57・12・2判時1065・139）。

3　当事者適格

判例が傾斜する形式的形成訴訟説を採るときは、所有権との関係を切断するわけであるから、2つの点で問題を生ずる。1つ目は、当事者適格の問題であり、2つ目は本問の所有権の取得時効に対する時効障害事由の関係である。

当事者適格との関係では、形式的形成訴訟説に立つ者は、当事者適格を有する者を相隣接する土地の所有者でなければならないとしている（判例としても、最判昭31・2・27民集10・2・38、最判昭59・2・16判時1109・90）。しかし、他方で、形式的形成訴訟とすると、「土地所有権の範囲の確認を目的とするものではない。したがって、上告人主張の取得時効の抗弁の当否は、境界確定には無関係である」（上記最判43・2・22）ということになる。ところが、紛争の対象となっている境界を含む土地の全部または一部に取得時効が認められると、境界確定訴訟の両当事者が相隣接する土地を所有するということがなくなり、当事者適格がなくなり訴えを却下しなければならなくなる（この原則を確認する判例として、最判昭59・2・16判時1109・90、最判平7・7・18裁判集民176・491）。このように、一方で境界確定訴訟は所有権とは無関係であるとしながら、当事者適格の関係では一転して所有権の帰属が問題にされるのは論理的に矛盾する側面を持つ。そこで、この当事者適格の面で所有権との関係を修復しようとする方向にある（最判昭58・10・18民集37・8・1121）。

4　取得時効の時効障害事由

形式的形成訴訟説に立つと、境界確定の訴えと所有権とは関係がないから、その判決は所有権につき既判力を有せず、時効中断の範囲を訴訟物の範囲（既判力の範囲）で考える伝統的な考え方からは、境界確定訴訟を提起しても取得時効を中断しないという結論になるはずである（吾妻・判民昭和15年度72事件

287、岡本・銀法542・1）。ところが、判例は、時効中断の効力を認める（大判昭15・7・10民集19・16・1265）。その理由は、「経界確定の判決確定するも所有権自体に付確定力を生ぜずと雖も、経界は即ちこれにより確定せらるべく、従って占有が経界を侵すものなるに於いては斯かる違法状態の存在も明瞭となるべきが故」だとする（最高裁もこれを暗黙の前提としていると解されていた。最判昭38・1・18民集17・1・1参照）。最判平元・3・28判時1393・91は、上記大審院判決を支持することを明確にした。

5　改正民法との関係

改正民法は、時効中断の効力を時効の完成猶予と更新の効力に分断して時効障害事由としたが、改正民法下の解釈としても、境界確定訴訟は、時効の完成猶予および更新の効力を生じるといってよい。

233　境界確定の訴えを提起した後に、係争地の所有権確認請求に訴えを変更した場合、時効完成の猶予および更新の効力はどうなるか。

> | 結　論 | 旧境界確定訴訟中の所有権の主張により時効完成猶予の効力が生じ、完成猶予中の所有権確認訴訟への訴えの変更は、完成猶予中の裁判上の請求として、権利存在が認められてその事由が終了した時には、時効更新の効力が生じると解する。

1　問題の提示

民法改正前のケースで、原告Ｘが、昭和27・12・25に境界確定訴訟を提起したところ、被告Ｙより係争地域について昭和8年1月1日からの取得時効の主張がなされ、訴訟係属中の昭和34年2月にＸが従来の境界確定の訴えを係争地域が自己の所有に属することの確認の訴えに交替的に変更したような場合、旧訴である境界確定の訴え提起による取得時効の時効中断効が取下げにより消滅したのかどうかが問題となった。

2　民法改正前の判例

最判昭38・1・18民集17・1・1は、境界確定の訴提起による所有権の取得時

効中断の効力は、その後の訴えの交替的変更にもかかわらず、失効しないと判示した。その理由は、「このような場合には、裁判所の判断を求めることを断念して旧訴を取下げたものとみるべきではないから、訴の終了を意図する通常の訴の取下げとはその本質を異にし、民法149条の律意に徴して同条にいわゆる訴の取下中にはこのような場合を含まないと解するを相当とする」というものである。ここでは、旧149条の解釈問題に逃げているが、旧訴の境界確定訴訟と新訴の所有権確認訴訟との連続性を認めているわけであり、境界確定訴訟の所有権主張的な意味合いを完全に否定することはできなかった。この不整合を説明する方法として、「時効制度の中で、時効進行を中断する事由すなわち『裁判上の請求』のうちには、即訴訟物たる請求自体に限定せず、潜在的にせよこの種訴訟においては密接な前提権利関係であるXの土地所有権といった攻撃主張も含まれると解することができなくはない。そうするとXの土地のどの範囲か明確に限定することはできないが、別途所有権に関する請求の審理に於いて明らかにされるであろうXの土地の一部分につき、とりあえず、時効中断の効力が生じていると言うしかないであろう。」と説明する者がある（伊藤・最高裁判所判例解説民事篇昭和58年度29事件433）。

3　民法改正前の私見

　私は、民法改正前においては、次のように解していた。時効中断理論において、時効中断の範囲は、訴訟物たる権利に限定されていない。当該訴訟において訴訟物の前提あるいはこれに密接に関連した権利が主張され、それが当該手続で認められその判断が確定（既判力はない）したときは、いわゆる裁判上の請求に準ずるものとして完全な時効中断の効力が認められ、主張されたが認められなかったときは、いわゆる裁判上の催告として、その訴訟終了後6か月以内に他の確定的な中断手続を採ることによって、時効中断の効力を確定的なものとなし得る。以上が一般論であるが、境界確定訴訟においては、所有者から所有権が主張されても主張はあるがこの点についての確定判断はされない（境界の画定を求める訴えは、所有権に基づく土地明渡し訴訟の中間確認の訴えとしては不適当であるとする最判昭57・12・2判時1065・139参照）。したがって、せいぜい裁判上の催告が認められるにすぎない（吾妻・判民昭和15年度72事件287も判決としての中断力は否定されるも、裁判外の請求としての中断力有りとする理論構成を指摘する。）。よって、旧訴の境界確定訴訟取下後6か月以内に、新訴たる所有権確認訴訟が訴えの変更という形式によって提起されているから、取得時効が中断していると説明できる。

450　　第27章　所有権と時効

4　改正民法下での検討

　改正民法147条1項では、裁判上の請求について、権利が確定することなくその事由が終了した場合にあっては、その終了の時から6か月を経過するまでの間は時効は完成しないとして、時効の完成猶予制度を新設している。そうすると、改正民法の下では、旧境界確定訴訟中の所有権の主張により時効完成猶予の効力が生じ、完成猶予中の所有権確認訴訟への訴えの変更は、完成猶予中の裁判上の請求として、権利存在が認められてその事由が終了したときには、時効更新の効力が生じると解することになる。

234　係争地に取得時効が成立した場合、境界確定訴訟における当事者適格はどうなるか。

> **結　論**　時効取得された土地の範囲により、結論を異にする。隣接地の全部が時効取得された場合以外は、当事者適格を失わない。

1　境界の一部に接する隣接地を時効取得した場合

　最判昭58・10・18民集37・8・1121は、隣接する甲（原告所有）乙（被告所有）両地の各所有者間の境界確定訴訟において、原告が所有する甲地のうち、境界に接続する部分につき乙地の所有者の時効取得が認められても、甲地の所有者は、その境界部分についても境界を求めることができる、と判示している。その理由は、①取得時効の成立する部分がいかなる範囲でいずれの土地に属するかは、両土地の境界がどこにあるかが明確にされることが必要であること、②取得時効の対象となった土地部分を第三者に譲渡する場合には、当該土地を分筆して所有者名義を変更したうえ、その所有権移転登記手続をする義務があり、その手続のためにも両土地の境界が明確にされている必要がある、からである。

2　境界の全部に接続する隣接地を時効取得した場合

　最判平7・3・7民集49・3・919は、甲（原告所有）乙（被告所有）両地が隣接する場合に、乙地の所有者が甲地のうち境界の全部に接続する部分（甲地の一部）を時効取得したとしても、甲乙両地の各所有者は、境界確定の訴えの当事者適格を失わない、と判示している。その理由は、原告所有の甲地の

うち境界の全部に接続する部分を乙地を所有する被告が時効取得した場合においても、甲乙両地の各所有者は、境界の争いがある隣接土地の所有者同士という関係にあることに変わりはないという点にある。別言すれば、境界を接する部分の土地につき取得時効が成立することが判明したことを理由に当事者適格を喪失し、その時点で訴えが不適法になり却下判決をせざるを得なくなるとすると、境界を新たに定めることによって隣地所有者同士の境界が不明なことによる紛争を終息させるという境界確定訴訟の本来の目的が果たせなくなるからである。

3 甲地と隣接する乙地の所有者が甲地の全部を時効取得した場合

このケースについては、最判平7・7・18裁判集民176・491は、甲地の所有者は、甲地全部につき所有権を喪失したのであるから、境界確定を求める訴えについての原告適格を失ったというべきであって、その訴えは不適法な訴えとして却下を免れない、と判示している。乙地の所有者が、甲地と乙地の境界をどうしても明確にしたければ、甲地について時効取得を登記原因として登記名義を取得した上、甲地と乙地をいったん合筆し、さらに分筆し直せばよい。

4 結 論

以上によると、甲地と隣接する乙地の所有者が甲地の全部を時効取得する場合以外は、時効取得があっても当事者適格を失わない。

第28章　農地と時効

第28章　農地と時効

〔消滅時効〕

235 農地の買主が売主に対して有する、知事に対する農地所有権移転許可申請協力請求権は時効にかかるか。

| 結　論 | かかる。 |

1　所有権移転許可申請協力請求権

農地については、売買契約が成立しても、農地法所定の許可がない限り、農地所有権移転の効力は生じない。すなわち、農地法3条の許可は、農地所有権移転の法定条件であると解されている（最判昭30・9・9民集9・10・1228）。しかし、農地の売買契約としては有効であり、売主は買主に対し、所有権移転を完成させるため、農地法所定の許可申請に協力すべき義務があり、かつ買主に所有権移転登記を得させる義務を負うものとされている。そして、農地法所定の許可申請書（農地法施行令1条）は、売主と買主との連名ですべきとされているので（農地法施行規則10条1項）、売主の買主に対する義務は、所有権移転許可申請協力義務といわれ、これに対応する買主の売主に対する権利を、「所有権移転許可申請協力請求権」といわれている。この所有権移転許可申請協力請求権が時効によって消滅するのか、また消滅するとして、その時効期間は何年かがここでの問題である。

2　法的性質

この協力請求権について、従前の下級審の裁判例は、消滅時効にかからないとするものがあった（東京高判昭47・7・31判時679・18）。その理由は、「右許可申請をすべきことを求める請求権は、農地所有権移転の効力を発生せしめるについての不可欠の要件として行使するものである。従ってこれを登記請求権の側からみれば、常にこれに随伴する権利とみるべきであり、時効による消滅、あるいは中断についても登記請求権と共に消滅あるいは中断などの効果をうけるべきであると考えられる。しかして、本件登記請求権の根拠は、

第28章　農地と時効　　　453

右許可があった場合、取得しうべき本件各土地の所有権に基づく物権的請求権であると考えるのが相当である。」というものである。すなわち、この説は、農地売買において、契約成立時から物権的請求権としての所有権移転登記手続請求権が買主に生じ、これが物権的請求権であるがゆえに、消滅時効にかからない以上、これに随伴する知事への許可申請協力請求権も消滅時効にかからないという論理である。

3　民法改正以前の判例

これに対しては、大阪高判昭49・10・3（刊行物未登載）が、上記申請協力請求権を、旧167条1項の債権として時効にかかると判示していた。その理由は、申請協力請求権は、「まだ所有権の移転は生じていないのであるから、これらの権利義務は、物権の変動に向けられた権利義務ではあるが、物権の変動に伴い、又は起因する権利義務ではない」というものである。

農地所有権の移転における都道府県知事の許可は、効力発生要件であり、この許可があって初めて所有権移転の効力が発生するのであるから、上記東京高裁判決のように、これを物権的請求権としての性質を有するとすることは、論理的にもやや無理がある。そこで、最判昭50・4・11民集29・4・417は、耕作目的の農地売買の事案において、「許可申請協力請求権は、許可により初めて移転する農地所有権に基づく物権的請求権ではなく、また所有権に基づく登記請求権に随伴する権利でもなく、売買契約に基づく債権的請求権であり、民法167条1項の債権にあたると解すべきであって、右請求権は売買契約成立の日から10年の経過により時効によって消滅する」と判示した。

ただ、この最高裁判決の事案は、原告が昭和24年に農地を買い受け、その引渡しを受けて占有を継続し、昭和40年に売主が死んだので、その後、原告がその相続人に対して、農地法3条の知事に対する許可申請手続およびこの許可を条件とする所有権移転登記手続等を請求したものであった。そこで、このような事案においては、買主による占有を、20年以上も黙認していた売主が、一転して許可申請協力請求権の時効消滅を主張し、移転を拒否することは、権利濫用、信義則違反であるとして、時効による消滅を認めた同判決を批判する学説があった（宮崎・民商75・4・691）。

農地の受贈者の贈与者に対して有する知事に対する所有権移転許可申請協力請求権に関しても、同様の最高裁判決がある（最判昭56・10・1判時1021・103）。

4　援用権と権利濫用

そこで、このような批判を考慮してか、その後の最判昭51・5・25民集30・

4・554は、家督相続をした長男が、家庭裁判所における調停により、母に対し、その老後の生活保障と妹らの扶養および婚姻費用に充てる目的で、農地を贈与して、引渡しを終わり、母が20数年これを耕作し、妹らの扶養および婚姻費用等の諸費用を負担した等の事実関係の下において、農地法3条の許可申請に協力を求められた長男が、その許可申請協力請求権について消滅時効を援用することは信義則に反し、権利濫用として許されないと判示した。

近年下級審判例を中心として、転用目的での農地売買について、許可申請手続協力請求権に関する売主の消滅時効主張を、権利濫用とする事例が増えている（東京高判昭60・3・19判タ556・139、名古屋高判昭61・3・19判時1225・68、東京高判平3・7・11判時1401・62、東京地判平5・12・21判時1507・144、大阪高判平9・7・16判時1627・108、東京高判平11・11・17判タ1061・219、東京地判平25・9・17（平24（ワ）20465）。反対に時効の利益の放棄を認めたものとして、東京高判昭61・6・23判時1199・70）。農地に関する許可申請協力請求権については、上記のような援用を認めることが、正義に反すると思われる事案が多いと思われ、実務家においては、信義則に反することを基礎づける具体的諸事情の主張、立証に力点を置くことも必要である。ちなみに、権利濫用の法理による解決ではなく、このような占有者に、取得時効による農地所有権の取得が認められないかについては、問題〔238〕に論じてあるので、こちらを参照されたい。

なお、援用権者として、条件付所有権移転仮登記のされた不動産の第三取得者を肯定した裁判例として、東京高判平4・9・30判時1436・32、東京地判平16・9・28金法1763・48（権利濫用との主張を排斥）がある。

5　時効の起算点

時効の主観的起算点は、原則として売買契約成立の時からである。ただし、他人の農地の売買における買主の売主に対する農地法3条所定の所有権移転許可申請協力請求権の消滅時効は、売主が当該農地の所有権を取得した時から進行する（最判昭55・2・29民集34・2・197）。

なお、民法改正以前においては、次のような裁判例があった。市街化調整区域内の農地を売買した場合において、都市計画法29条の開発許可を得る見込みがないため、農地法5条の転用許可を得る見込みもないときでも、買主の売主に対する許可申請協力請求権の消滅時効は、売買契約の日から進行する、とする裁判例（浦和地川越支判昭58・5・19判時1083・120）がある一方、農地について売買契約が成立した後に当該農地が市街化調整区域に指定された場合に、指定されている限り進行しないとする裁判例（東京地判平9・3・24判タ959・186）がある。農地の売買契約後に、当該農地が市街化区域に指定された場合にお

ける農地法5条の届出協力請求権の消滅時効の起算点は、市街化区域に指定された日であるとする下級審判例がある（長野地判昭56・5・20判時1040・84）一方で、転用許可申請協力請求権を行使しえた期間も通算すべきであるとして売買契約の時とする下級審判例（名古屋高判昭61・10・29判時1225・68）がある。

改正民法166条1項1号は、債権者が権利を行使することができることを知った時から5年の消滅時効にかかると規定している。農地法5条の転用許可を得る見込みがあるか否かは権利行使可能性とは無関係であるから、売買契約の日から進行すると解される。

6　農地の非農地化

最後に、以上の理論は、現状が依然として農地のままであることを前提とする。すなわち、農地を目的とする売買契約締結後に、目的物が買主の責めに帰すべからざる事情によって農地でなくなった場合には、知事の許可なしに売買契約の効力が生じて、所有権が買主に移転する（最判昭42・10・27民集21・8・2110）。そこで、県知事に対する5年または10年の許可申請協力請求権の消滅時効が完成しても、時効が援用されるまでの間に当該農地が非農地化したときは、買主に所有権が移転するのであるから、その後に協力請求権の消滅時効を援用しても、その効力を生じない（最判昭61・3・17民集40・2・420）。

なお、上記最判昭42・10・27の判決は、買主の責めに帰すべき事情によって非農地化した場合に、常に契約の有効性を否定するものではないと解され（鈴木・最高裁判所判例解説民事篇昭和42年度96事件536）、その後も、本来原野で一部に農地を含む土地が、売買契約後都市計画区域内に指定され、買主が盛土して完全に宅地化されたという事案で、売買は知事の許可を要することなく完全に有効となるとし（最判昭44・10・31民集23・10・1932）、また資材置き場に使用したことによって非農地化したとしてもそのことのみで直ちに所有権移転の効果を妨げるものではないと判示するものがある（最判平12・12・19金法1609・53）。

また、最判平6・9・8判時1511・66の判決では、地方公共団体が昭和32年9月30日に使用目的を定めないで農地を買い受け代金全額は払ったが、昭和37年に所有権移転仮登記を経由するにとどめ、昭和45年に至って農地法の一部が改正された結果、地方公共団体が学校用地に供するため農地を取得するには知事の許可を要しないこととなった場合、中学校敷地用地として使用することを決定した昭和62年ころに売買は都道府県知事の許可を得ないで効力を生じ、その後に許可申請協力請求権の消滅時効を援用しても、既に所有権を喪失しているから、許可申請協力請求権の時効消滅は問題とする余地がない、

456　　　　　第28章　農地と時効

と判示している。

236　他人の農地売買における買主の売主に対する農地所有権移転許可申請協力請求権の消滅時効の客観的起算点はいつか。

> **結　論**　売主が当該農地の所有権を取得した時。

1　他人所有の農地の売買

　農地の売買契約は、農地法所定の都道府県知事の許可が効力発生要件であり、この許可があるまでは、農地所有権は売主から買主に移転しない。そして、この知事に対する許可申請書（農地法施行令1条）は、売主と買主との連名によるものとされている（農地法施行規則10条1項）。

　ところで、この許可申請協力請求権は、売買契約に基づく債権とされ、その消滅時効の客観的起算点も「売買契約の時」からとされてきた（最判昭50・4・11民集29・4・417）。ところが、農地の売買契約当時、売主がまだ売買対象たる当該農地の所有権を取得していなかったときもやはり、売買契約成立の時から、許可申請協力請求権の時効が進行するかがここでの問題である。

2　法律上の障害・事実上の障害

　改正民法166条1項2号の「権利を行使することができる時」を判断する基準は、基本的に、権利行使するに当たり、当該権利自体にその行使を妨げる法律上の障害がないことをいうと解するのが通説、判例であり、したがって、原則として事実上の障害とか債権者の一身上の都合による障害は、時効の進行を妨げないとされてきた。そこで、他人の農地の売買において、売主が所有権を取得していないということが、許可申請協力請求権の法律上の障害になるのか、あるいは事実上の障害にとどまるのかのいずれであるかが問題となる。

3　判　例

　最判昭55・2・29民集34・2・197は、これを法律上の障害と解し、売主が他人から当該農地の所有権を取得した時から進行すると判示した。その理由は、「農地の売買に基づく農地法3条所定の知事に対する許可申請は、売主が農地の所有者であることを前提として、売主と買主の連名ですべきものとさ

第28章　農地と時効　　457

れているから（農地法施行規則4条2項）、売主が他人から当該農地の所有権を取得しない限り、売主は右許可申請をとることができない」からであるとされる。

　しかし、これに対しては、許可申請協力請求権の発生ないし法律上の権利行使の可能性と、現実に許可が受けられるかどうかという現実的履行の問題とは別問題で、買主が売主を相手として許可申請協力を求める訴えを提起してくれば、裁判所は売主が当該農地の所有者であると否とを問わず、当然請求を認容することになるから、売主が所有権を取得していないということは事実上の障害にとどまると解すべきであるとの批判がある（塩崎・最高裁判所判例解説民事篇昭和55年度9事件120）。

237　農地の条件付所有権移転請求権の仮登記に後れる抵当権者は、許可申請協力請求権の消滅時効を援用できるか。

結　論　　できると解する。

1　問題の提示

　本問の基となった前橋地判平19・9・18判タ1286・160のケースは、次のような事案であった。昭和57年2月4日に農地法5条の許可後に所有権移転登記を行うとの約定で農地の売買が行われ、X（買主）は条件付所有権移転仮登記を経由した。その後の昭和59年2月15日にY（根抵当権者）は所有者との間で根抵当権設定契約を締結し、その登記を経由した。平成19年になってXからYに対して、県知事による所有権移転許可がなされた場合には、Xが売主の相続財産との間で売買を原因とする所有権移転仮登記の本登記手続をすることを承諾せよ、との訴訟が提起された。Yは、Xの農地法5条許可申請協力請求権は時効期間の10年が経過しているから、その消滅時効を援用するとし、棄却を求めた。そこで、仮登記後の抵当権者が農地法5条許可申請協力請求権の消滅時効を援用することができるかが問題となった。

2　予約完結権のケースにおける最高裁判例

　上記ケースと類似するケースを扱った最判平2・6・5民集44・4・599は、次のような事案であった。A所有の農地につき、昭和35年11月11日に売買予約による所有権移転請求権保全仮登記がなされ、それから10年以上経過した昭

和61年4月17日、X信用金庫がBに対する貸金債権担保のために抵当権設定登記を経由した（ただし、どういうわけか抵当権設定契約そのものは昭和55年6月26日）。Xの競売申立てにより、同年6月6日、競売開始決定がなされ、Xは予約完結権の10年の消滅時効を主張して、仮登記の抹消を求めた。最高裁は、「売買予約に基づく所有権移転請求権保全仮登記の経由された不動産につき抵当権の設定を受け、その登記を経由した者は、予約完結権が行使されると、いわゆる仮登記の順位保全効により、仮登記に基づく所有権移転登記の本登記手続につき承諾義務を負い、結局は抵当権設定登記を抹消される関係にあり（不動産登記法105条、146条1項）、その反面、予約完結権が消滅すれば抵当権を全うすることができる地位にあるというべきであるから、予約完結権の消滅によって直接利益を受ける者に当たり、その消滅時効を援用することができるものと解するのが相当である。これと見解を異にする大審院の判例（大審院昭和8年（オ）第1723号同9年5月2日判決・民集13巻670号）は変更すべきものである。」と判示した。

　ここで、判例変更の対象となった大判昭9・5・2民集13・670の事案は、宅地の売買において、売買契約締結と同時に、売主が買戻しを請求したときはこれを売り渡すという売買の一方の予約をし、予約上の請求権につき仮登記を経由していたところ、宅地が競売され、競落人が第三者に売り渡し、第三者が抵当権を設定して登記を経由したというケースである。大審院が援用を認めなかった理由は、①所有権もしくは抵当権を取得した第三者は時効によって直接利益を受ける者でないこと、②この第三者に援用を認めると、予約義務者が援用を欲しないにもかかわらず、援用したと同一の結果となって援用を当事者の意思に一任した立法の精神に背馳すること、である。

3　結　論

　上記最判平2・6・5民集44・4・599は、予約完結権の消滅時効が対象であった。これに対して本問では、農地法5条許可申請協力請求権の消滅時効が対象である。この違いは、本質的な違いとはならないと解される。けだし、抵当権者に許可申請協力請求権の消滅時効の援用を認めなければ、仮登記の順位保全効により、所有権移転本登記手続について承諾をしなければならず、その結果、自己の抵当権を失う地位に置かれているという点は変わらないからである。上記前橋地判平19・9・18判タ1286・160も、同様に援用を認めた。

第28章 農地と時効　459

〔取得時効〕

238 農地は取得時効の対象となるか。また知事の許可は必要か。

| 結　論 | なる。その際、知事等の許可は不要。 |

1 農地法の許可

　農地法3条は、農地または採草放牧地の権利移動について、農業委員会の許可を要するものとし、また4条において、農地を農地以外にする転用を都道府県知事等の許可にかからしめ、5条では、農地または採草放牧地の転用のための権利移転について、都道府県知事等の許可を受けなければならないとしている。

　その立法趣旨は、平成21年法律57号による農地法改正以前では、農地法3条においては、自作農の促進、不在地主の排除および大規模農業生産を図ることであり、農地法4条および5条は、優良農地を確保して、農業生産力を維持するとともに、計画的効率的な土地利用を図ることを目的としていた。平成21年改正法により、「農地は耕作者自らが所有することを最も適当とする」との考え方を「農地の効率的な利用を促進する」との考え方に改められている。

2 時効取得と許可

　そこで、農地について、取得時効に必要な占有を継続したとき、上記の許可を要しないで、農地所有権を時効取得するかがここでの問題である。これが肯定されれば、農地の買主としては、仮に許可申請協力請求権が消滅時効にかかったとしても、取得時効の要件があれば当該農地の所有権移転登記を取得できる。この問題は2つの側面から検討できよう。1つは、取得時効による所有権の移転を原始取得と見るのか、あるいは承継取得と見るのかの側面からであり、2つ目は、権利の移転につき、許可を要件として、農地法の目的を達成しようとしている制度の背後にある価値をどこまで尊重するかという利益衡量の側面である。

　1つ目の側面から見ていくと、取得時効による所有権の取得は原始取得と解するのが通説である（我妻・民法総則〔新訂版〕481など）。これに対して、原始取得ではなく、前主の権利に基づいた権利取得、すなわち承継取得だとする

説もある（安達・注釈民法(5)255）。農地法3条は、「所有権を移転し」と規定しているから、取得時効を承継取得すると、許可を要することになるが、原始取得だとすると、権利の移転ということはないのだから、許可を得なければならない行為に該当しないということになる。最判昭50・9・25民集29・8・1320は、この原始取得であることを理由として、時効による農地所有権の取得については、農地法3条の適用はないと判示している。

ただ、平成21年法律57号による農地法改正前においては、時効による農地所有権の取得について、農地法3条の適用はないとすると、農地法3条の立法趣旨である不在地主の排除等の目的達成が阻害されやしないかとの問題が議論されていた。この点は、取得時効制度の目的である長期間占有してきた者の事実状態を保護するという利益と衝突するわけであるが、「自作農主義による農業の発展という農地法の最初にめざした目的がほぼ崩れてしまっている今日、不在地主への農地集中をチェックするという知事の許可規定の当初の立法趣旨に固執するのも妥当でない」（藤原・民商77・5・690）といわざるを得ない。既に登記実務においても、知事の許可書を添付することなく、取得時効を原因とする所有権移転登記の申請を受理しても差し支えないとされていた（昭38・5・6民事甲第1285号民事局長回答、このように時効を原因とする場合は、許可を要しないとされていることから、真実は売買であるのに、通謀して時効を登記原因とする移転登記の申請が、実務上しばしば行われていた。この防止策については、「時効取得を原因とする農地の所有権移転登記等の申請があった場合の取扱いについて」と題する昭52・8・22民三第4239号法務省民事局第三課長依命通知参照〔金法897・38〕）。平成21年の農地法改正では、自作農創設重視から農地の効率的な利用促進に重点が変わったので上記議論は、価値を失ったとみるべきであろう。

このように、取得時効を援用する者は、何ら許可を要することなく、農地所有権を取得できるわけである。ただし、時効によって取得した者が、後日農地のまま譲渡するときは農地法3条の許可を、またこれを非農地に転用するときは4条の許可を、また転用目的で他に譲渡するときは5条の許可を要することはいうまでもない。

3　自主占有

次に、農地を時効取得するときに注意すべき占有の要件について言及しておく。最初の問題は、農地売買があり、買主が取得時効を援用する際、上記農地法3条・5条の許可との関係で、許可がないと所有権が移転しないため、買主が引渡しを受けて占有を続けても、所有の意思をもってする占有、すなわち自主占有の要件を満たさないのではないかという問題がある。結論だけ

を述べれば、許可がない以上、農地の買主は引渡しを受けても、所有の意思をもってする占有とはいえないが、売買代金を支払えば、特段の事情のない限り、代金を支払い、農地の引渡しを受けた時に所有の意思をもってする占有に転換するというのが、現在までの判例理論である（最判昭50・4・11民集29・4・417、最判昭52・3・3民集31・2・157－農地法3条関係、大阪地判昭54・7・23判タ398・140、最判昭63・12・6裁判集民155・187、最判平13・10・26民集55・6・1001－農地法5条関係）。

ただ、その後に、最判昭56・1・27判時1000・83は、他人の土地の売買の場合、買主が、売買によって直ちにその所有権を取得するものではないことを知っていたとしても、特段の事情のない限り、自主占有を否定すべきでないとしているのであって、農地に関する上記判例理論は、この判例によって変更されたのではないかという疑問がある。現に下記最判昭59・5・25民集38・7・764は、贈与の事案であったが、自主占有たりうることを当然の前提として過失の有無を判断している。

4 善意・無過失

次に、占有の善意・無過失については、やはり許可がないと所有権が移転しない関係で問題がある。判例は、「農地の譲渡を受けた者は、通常の注意義務を尽すときには、譲渡を目的とする法律行為をしても、これにつき知事の許可がない限り、当該農地の所有権を取得することができないことを知りえたものというべきであるから、譲渡についてされた知事の許可に瑕疵があって無効であるが右瑕疵のあることにつき善意であった等の特段の事情のない限り、譲渡を目的とする法律行為をしただけで、当該農地の所有権を取得したと信じたとしても、このように信ずるについては過失がないとはいえない」と判示して10年の取得時効を否定する（最判昭59・5・25民集38・7・764、名古屋高判昭47・10・31判時698・66、いずれも贈与の事案。最判昭63・12・6裁判集民155・187）。

5 非農地化した場合

以上のように、農地の時効取得については、農地法3条による許可は必要ないといっても、これがネックとなって自主占有や無過失の存在が厳しく制限され、容易に時効取得が認められない現状である。ただ、農地法は、当該土地の現状が農地である場合に適用されるのであるから、売買契約当時は農地であったものが、後に何らかの理由によって非農地化した場合、農地法の適用は排除され、原則として、知事の許可なしに非農地化の時点で所有権移転の効力を生じ（最高裁は、買主の責に帰すべき事情により農地でなくなった

等の特段の事情のない限り、売買契約を有効とする。最判昭42・10・27民集21・8・2110、最判昭44・10・31民集23・10・1932、最判平12・12・19金法1609・53。折衷説。ほかに現況主義説やクリーンハンド説がある。）、買主において、取得時効を援用するまでもなくなることに注意すべきである（仁瓶・農地売買・転用の法律174）。

239 農地売買における買主が取得時効を主張する際の自主占有の要件は何か。

| 結　論 | 売買代金の支払である。 |

1　取得時効の対象

　農地法3条は、農地が国民にとって限られた資源であり、農業生産の基盤であることから、耕作者自らによる農地所有の重要な役割を踏まえて、農地所有権の移転について、農業委員会の許可を要件としており、また　農地法5条においては、転用目的での農地所有権の移転について、やはり知事等の許可を要件としている。ここでの許可は、農地法の目的を達成するために必要とされるものであって、農地について取得時効を認めると、時効により農地所有権を取得した者が、いわゆる不在地主であるなど農地法上違法な所有状態が出現するおそれがあるが、判例は、なお農地であっても取得時効の対象となり得ると判示している（最判昭50・9・25民集29・8・1320）。

2　売主側からの取得時効

　そこで、農地についても取得時効の主張がなされるわけであるが、農地が売買された場合において、売主側からされる場合と、買主側からされる場合がある。売主側から取得時効が主張されたものとして、上記最高裁判決があって、これはXの先々代が、Yの先代に対し農地を売り、所有権移転登記もなされたが、売買当時から継続して、第三者に小作に出され、Xの先々代、Xの先代、Xと小作料の収納、公租公課の負担等占有を継続してきたものである。ここでは、Xの先代の相続により、185条の新権原により、他主占有から自主占有に変わったものとして処理された。もう1つは、札幌高判昭52・2・28判時872・90の事案で、農地がA→X→Yと売買され、各移転登記が経由されたが、XがYの所有権を否認し続け、占有を継続してきたので、Yに対する取得時効が主張されたものである。ここでは、Xは所有者であったことか

ら、当然自主占有ありと認められていた。このように、農地の売主の場合に、時効の要件たる「自主占有」の有無については、余り問題とされない。

3　買主側の取得時効

ところが、農地売買における買主の場合は、売買契約が締結されても、農地法上の許可がないと、農地所有権が移転しないため、買主が引渡しを受けて占有を続けても、自主占有、つまり所有の意思をもってする占有といえるかどうか疑問とされるのである。たとえば、③の最判昭50・4・11民集29・4・417は、知事の許可のない売買に基づく占有を自主占有とはいえない、として取得時効を否定した原判決を正当として是認できるとしている。もっとも、一般に、自主占有かどうかは、占有者の内心の意思によって決せられるのではなく、権原の性質、すなわち事実上の占有の根拠となった客観的事実の性質によって決せられるとされている。判例は、占有取得の原因たる事実によって外形的客観的に定められるべきものであるとしつつ（最判昭45・6・18判時600・83）、占有を伴う諸事情によっては所有の意思を認定してよいとして（最判昭47・9・8民集26・7・1348）、占有取得原因だけを所有の意思判定基準としてはいない。

①　東京高判昭48・2・27判時697・46

Yは、昭和27年6月当時、本件農地が国有農地であった当時、近い将来耕作していたAに売渡処分がなされることを予定して、係争地および乙地をAから買い受けた。同年11月にAに売渡処分がなされたが、Aに売り渡されたのは乙土地のみであって、係争地はXに売り渡された。Yが乙地について所有権移転登記を経たのは、昭和38年9月23日であった。Yが係争地について取得時効を主張。1審は、係争地について、昭和27年6月から自主占有ありと判断した。これに対し本判決は、原判決を破棄して、昭和27年3月当時は、係争地および乙地とも他人のものの売買であったから、Yは所有権を取得し得ず、乙地について農地法の許可を得た時に、所有権を取得したのであり、乙地についても、それまでは自主占有であり得ず、他主占有にとどまる以上、本件係争地もこれと同様であると判示した。

②　広島地判昭49・8・27ジュリ（判例カード）580・3

この判決は、農地売買については、県知事の許可を得ていない以上、契約目的地を占有しているからといって、所有の意思をもった占有とはいえないとする論理は承認しつつ、「本件の場合、甲は農地である本件土地の所有権取得について所轄庁の許可が必要であることを知らず相手方との売買契約によって本件土地の所有権を取得したものと信じていたのであるから

……自主占有であるといって妨げない」と判示した。しかし、前述のように、自主占有かどうかは、占有の客観的性質によって決まるのであって、占有者の内心の意思とは関係ないから、このような判示は問題があろう。

③　最判昭50・4・11民集29・4・417

　　Xは、昭和24年9月、Aより農地を買い受け、引渡しを受けて占有してきている。Aは、昭和40年死亡したので、その相続人Yらに対し、知事への許可申請手続および所有権移転登記等を請求したところ、Yらは、許可申請協力請求権の10年による消滅時効を主張した。これに対し、Xは仮定的に時効取得を主張したが、Xは本件売買契約当時、農地売買について、知事の許可が必要であることを知っていたのであるから、まだ所有権を取得していないことを知っていたものであり、所有の意思に基づく占有とはいえないと判断した原判決を正当として是認できるとした。

4　知事に対する許可申請協力請求権との関係

　このように、知事に対する許可申請協力請求権の消滅時効を認めつつ、他方で長期間占有を継続しても許可がない以上、自主占有が成立せず、取得時効が認められないとする立場をとると、個別的な案件で、譲受人に酷な結果を生ずる場合が生ずる。それが、最判昭51・5・25民集30・4・554の判決である。事案は、家督相続をした長男が、家庭裁判所における調停によって、母に対し、その老後の生活保障と妹らの扶養および婚姻費用に充てる目的で、農地を贈与して引渡しを終わり、母が20数年これを耕作し、妹らの扶養および婚姻費用等の諸費用を負担したという事実関係の下に、長男に対し、農地法3条の許可申請協力と所有権移転登記を請求した事案である。ここでは、取得時効の成立が認められてしかるべきであるところ（牧山・最高裁判所判例解説民事篇昭和51年度18事件221）、最高裁判所は、自主占有に関する上記の理論を考慮してか、長男の許可申請協力請求権の消滅時効の援用を権利濫用として、結果の妥当性を確保した。

5　代金完済と新権原

　そこで、農地の取得時効における自主占有につき、狭い解釈を前提とするときは、このようなひずみが出てくることを考慮してか、最高裁判所は、185条後段の「新たな権原」を利用して、これを若干緩和する態度に出た。それが最判昭52・3・3民集31・2・157である。その事案は、Yは農地をAから賃借していたが、その後の昭和24年10月、これを買受け代金も支払ったが、移転登記は経由していなかった。ところが、Aは本件農地をBに二重に売却し、

XはBからさらに譲り受けて、移転登記を経由した。Xからの引渡請求に対し、Yは20年の取得時効を主張した。最高裁判所は「農地を賃借していた者が所有者から右農地を買受けその代金を支払ったときは、当時施行の農地調整法4条によって農地の所有権移転の効力発生要件とされていた都道府県知事の許可又は市町村農地委員会の承認を得るための手続がとられていなかったとしても、買主は、特段の事情のない限り、売買契約を締結し、代金を支払った時に民法185条にいう新権原により所有の意思をもって右農地の占有を始めたものというべきである」と判示した。

この最高裁判決後の下級審判例において、農地を代金2万8,390円で買い受け、内2万8,000円を支払った買主について、自主占有を認めたものが出ている（大阪地判昭54・7・23判タ398・140）。未払金が390円の少額であったから、全体として所有の意思ありと認めたものであろう。このように、判例は、現在のところ、売買代金さえ支払っていれば、許可がなく所有権が移転していなくても、農地の買主に自主占有ありとしている。しかし、自主占有を認定するに当たり、なぜ代金の完済が必要であるのかの理論的な説明はない（橋本・法教261・131）。

以上のような判例理論について、許可のない限り、所有権が移転しない農地を買い受けて長期間占有を継続してきた買主の保護と、旧農地調整法や農地法の意図する立法趣旨との利益衡量の問題であって、買主が代金を完済している場合に、自主占有への転換のための「新権原」と認めるのが相当という意見がある（東条・最高裁判所判例解説民事篇昭和52年度7事件76）。

しかし、一方で、代金完済を自主占有への転換となる新権原とする点については、最判昭44・12・18民集23・12・2467の立場（1万5,000円の内1,000円しか払っていない買主に取得時効を認めている。）と矛盾するし、農地法の趣旨の徹底という点についても、最判昭50・9・25民集29・8・1320が、時効による農地所有権の取得について、農地法3条の適用はないとしており、これに固執するのも妥当でないとする批判がある（藤原・民商77・5・690。なお田山・判評525・19参照）。

6　判例変更の有無

上記最判昭52・3・3民集31・2・157の後に、最判昭56・1・27判時1000・83は、「他人の土地の売買」の場合、買主が売買によって直ちにその所有権を取得するものではないことを知っていたとしても、特段の事情のない限り、自主占有を否定すべきではない、としているのであって、農地の自主占有に関する判例理論は変更されたのではないかという疑問がある。現に、最判昭

59・5・25民集38・7・764は、代金支払の有無を考慮する余地のない贈与の事案において、自主占有であることを当然の前提として過失の有無を判断している。

7 転用目的の農地売買で農地法5条の許可がない場合

その後の最判平13・10・26民集55・6・1001は、農地を農地以外のものにするために買い受けた者が、農地法5条所定の許可を得るための手続が執られていない場合でも、旧農地調整法4条（農地法3条）に関する上記昭和52年判例の示した法理と同様に、特段の事情のない限り、代金を支払い農地の引渡しを受けたときに、所有の意思をもって農地の占有を始めた者と解するのが相当と判示した。上記昭和52年判例の示した法理が、農地法5条の転用許可が取得されないような場合も同じく適用があることを示したものである。

240 農地の賃借権の取得時効は認められるか。

結　論	認められる。

1 賃借権の時効取得

163条は、「所有権以外の財産権を、自己のためにする意思をもって、平穏に、かつ、公然と行使する者は、前条の区別に従い20年または10年を経過した後、その権利を取得する」と規定する。この規定によって、土地の継続的な用益という外形的な事実が存在し、かつそれが賃借の意思に基づくことが客観的に表現されているときは、賃借権の時効取得も可能であるとするのが現在までの判例理論である（最判昭43・10・8民集22・10・2145、最判昭44・7・8民集23・8・1374など。）。ただ、農地法3条は、農地が国民にとって限られた資源であり、農業生産の基盤であることから、耕作者自らによる農地所有の重要な役割を踏まえて、農地に賃借権を設定したり、またはそれを移転する場合に、農業委員会の許可を要件としている。そこで、これらの許可がないにもかかわらず、農地についての賃借権の時効取得が認められるかがここでの問題である。

2 許可を要する賃貸借

賃貸借契約の成立が、主務官庁の許可を要件とする場合の賃借権の時効取得の成否については、最判昭45・12・15民集24・13・2051がある。すなわち、同判決は、寺院から境内地を賃借し占有してきたが、当時の法令によると、主務官庁の許可がなければ賃貸借は無効であった場合、原審がこのような場

第28章　農地と時効　　467

合、許可がなければ賃借権の取得時効はあり得ないと判決したのを破棄差し
戻した。ここでは、賃借権の成立に主務官庁の許可を要することによって守
ろうとする利益と、時効制度の趣旨たる永続した事実状態を権利関係にまで
高めることによる法律関係の安定性との利益衡量がなされた結果、このよう
な判断になったものと思われる。

　農地の賃借権の取得時効についてもこのような利益衡量が必要である。農
地法3条は、主として不在地主を排除しようとする目的に出たものであるが、
農地法制定以来、農業事情も大きな変化を遂げ、最近では農地等の有効利用、
すなわち農業を専業としようとする者にできるだけ多くの農地が利用されて
経営規模の拡大化を図ることに重点が移り、不在地主への農地集中をチェッ
クしようとする当初の立法趣旨も影が薄くなってきている。そこで、平成21
年法律57号による農地法改正においては、農地の効率的な利用の促進に重点
を移している。このような、その後の社会経済事情の変化に照らすとき、許
可がなければ農地賃借権の時効取得も認められないとする程の公益的な理由
も存在しないと考える（下記高松高判昭52・5・16判時866・144参照）。

3　判　例

　高松高判昭52・5・16判時866・144は、農地の賃借権の設定・移転について、
旧農地調整法4条（同条は、農地法が制定される前に農地に関する権利の移転
や設定につき、農地法3条と同様の規制をしていた。）による知事の許可また
は農地委員会の承認を要する場合でも、農地賃借権の時効取得を妨げないと
判示した。

　その後の最判平16・7・13判時1871・76も、昭和22年3月31日にA（昭和58・
10・12死亡しX相続）が旧自作農創設特別措置法の売渡しを受け所有してい
た農地（地目を畑、現況農地）を、昭和35年にB（平成元・10・13死亡しY
相続）がAより賃借し耕作占有した事案で、「（農地法3条）1項所定の賃借権
の移転又は設定には、時効により賃借権を取得する場合は含まれないと解す
べきである。以上によれば、時効による農地の賃借権の取得については、農
地法3条の規定の適用はなく、同条1項所定の許可がない場合であっても、賃
借権の時効取得が認められると解するのが相当」と判示した。その根拠は、
①許可がない場合の賃借権の時効取得を否定したのでは、地主の賃借人に対
する明渡請求を認めることになり、耕作者の地位の安定という農地法の趣旨
に反することとなる、②農地の所有権の時効取得に関しては許可を不要とす
る判例（最判昭50・9・25民集29・8・1320、最判昭52・3・3民集31・2・157、最判昭59・
5・25民集38・7・764）が確立しており、これとの均衡から考えても3条の適用は
ないと考えるべき、という点にある。

第29章　（根）抵当権と時効

〔消滅時効〕

241　抵当権設定登記抹消請求訴訟において、被告として被担保債権の存在を主張することは、同債権の時効完成猶予または更新となるか。根抵当権の場合はどうか。

結　論　抵当権の場合は時効完成猶予または更新するが、根抵当権の場合は時効完成猶予または更新しない。ただし、根抵当権の場合でも確定後であれば時効完成猶予または更新する。

1　裁判上請求に準ずる時効中断事由

改正民法147条は、「裁判上の請求等」が時効完成猶予または更新事由となることを認めているが、従前の判例理論は、権利者が自ら原告となって訴えを提起しない場合でも、被告として当該訴訟において、その訴訟物たる権利関係の前提となる権利あるいは密接に関連する権利であって、その存在を主張し当該権利が裁判上認められるときは、「裁判上の請求に準ずるもの」として時効中断の効力を認めている（問題〔189〕参照）。この判例理論は、民法改正後においても同様に適用される。

なお、本問の抵当権設定登記抹消請求訴訟は、債務者が担保提供者となりその債務者が原告として訴提起している場合を前提とする。このような抹消請求訴訟は、単なる物上保証人または抵当不動産の第三取得者から起されることもある。これらの者は、責任のみを負担し、債務を負担していないから、その取扱いを異にする。この場合については問題〔225〕を参照されたい。

2　抹消請求訴訟の請求原因

抵当権設定登記の抹消請求訴訟が提起された場合、その請求原因として考えられるのは、①被担保債権の不発生あるいは消滅、②抵当権設定行為自体の不存在あるいは無効、③設定登記手続の不存在あるいは無効などが考えら

れる。しかし、この抹消請求において、原告の請求が棄却されるときは、当然その前提として被担保債権の存在が認められているはずである。このように、抵当権抹消登記請求に勝訴した被告において、当該訴訟において被担保債権の存在を主張しているときに、この主張に時効完成の猶予または更新の効力が生ずるかがここでの問題である。これに対して、被担保債権の存在は認められるが、抵当権の設定行為自体が無効だとして、被告が敗訴する場合も考えられないではなく、このような場合に当該被担保債権の主張に時効完成の猶予または更新の効力が生ずるかは別途の考察を要するが、ここでは取り上げない。

3 民法改正前の判例

判例は、この問題につき、被担保債権の主張を「裁判上の請求に準ずるもの」として時効中断の効力を認めた（最判昭44・11・27民集23・11・2251。これに対し、大阪高判昭55・11・21金法974・45は、裁判上の催告として時効中断するという。）。

ただし、注意すべき点は、この最高裁判決の事案は、抵当権設定登記抹消請求ではなく、根抵当権設定登記抹消請求の事案である。根抵当権の場合には、単なる抵当権の場合とはその性質上別異に解さねばならないが、この事案では、従前の債権者が、解散して清算手続に入り、原告との取引関係は終了して根抵当権の被担保債権は確定しているものである（平成15年改正前民法398条ノ20第1項1号の「取引ノ終了」による。）。したがって、根抵当権の事案であるが抵当権と同一に扱ってよい事案である。

注意すべき第2点は、その被担保債権の存在につき、原審で認められ、最高裁判所もこの事実認定を前提としていることである。なぜならば、存在自体が最終的に認められないのに、時効中断の効力があるというのは不合理であるからである。

また注意すべき第3点は、原審において被担保債権の発生、設定契約および登記について、いずれも有効と認められ、被告勝訴となっていることである。この点のもつ意味については上述した。

そして、この最高裁判決が「裁判上の請求に準ずるもの」として中断効を認めた理由は、請求棄却の判決により債権の存在自体については既判力は生じなくても、以後その存在を争う可能性が乏しくなり、存在が確定されるのと実質上同視し得る結果を生じたという点にあると解される。つまり権利主張があり、それがある意味でその存在が公の手続で認められたから、裁判上の請求が時効中断する要件とほぼ同一のものを具備したという点で、「準ずるもの」として中断効を認めたのである。

4 民法改正との関係

改正民法147条は、裁判上の請求等による時効の完成猶予および更新を定め、同条1項1号から4号まで、時効完成猶予および更新の事由を規定しているが、これらの事由は民法改正前の時効中断事由とされていたものである。そして、改正民法147条は、上記「裁判上の請求に準ずる」時効の更新を認める判例理論を否定する趣旨のものではなく、民法改正以後も従前の判例理論は引き続き維持される。

5 根抵当権の場合

それでは根抵当権の場合はどうか。根抵当権は、その法的性質において被担保債権に対する付従性を切り離したところに特徴がある。したがって、根抵当権設定登記抹消請求において、被担保債権の存在を判断しなければその有効無効を判断できないというものでなく、被告勝訴判決があっても被担保債権がその当然の前提として存在が認められているものでもない。したがって抵当権の場合と同じように解するわけにはいかない（林・手形研究475・172）。

この観点からして、根抵当権者が、根抵当権設定仮登記の本登記を求めた事案において、その被担保債権としての売掛債権を「本訴は論理上、根抵当権の被担保債権（売掛債権）の存在の主張をも含むもの」であるから、裁判上の請求に準ずるものとして時効中断の効力を認めた大阪地判昭49・6・17判時757・94の判旨は疑問がある。この大阪地判昭49・6・17の別訴たる大阪地判昭50・1・29判タ323・204は、根抵当権者たる売主Xが、売掛代金支払のため設定者Y（買主）が引き受けた為替手形金の支払を請求した事案で、Yが2年の短期消滅時効を主張したところ、Xは、Yに対しその時効消滅前に別訴で根抵当権設定登記請求を提起したから、時効は中断していると反論したのに対し、「右根抵当権設定仮登記の本登記手続を求める訴えにおいては、根抵当権発生、存続の要件として一般の抵当権の場合とは異なり特定の被担保債権が存在することを主張、立証する必要はなく、担保される不特定の債権の範囲及び元本の極度額についての合意があることを主張、立証すれば足り、裁判所は右合意の存否につき審理し、判断するにすぎないから、特定の被担保債権の存否が審理の対象となることを前提とするXの主張はこの限りにおいて失当」と判示している。この大阪地裁の判決の方が正しいというべきであろう。

このようであるので、根抵当権設定登記関係の訴訟の場合は、確定していることが明らかでない限り、被担保債権の消滅時効は、訴訟の進行と関係な

く進行するものであるから、実務上注意が必要である。

242 根抵当権設定登記抹消請求訴訟で、根抵当権が未確定のとき、被担保債権の存在の主張は時効障害の関係で何らの効果も生じないか。

| 結　論 | 時効完成猶予の効力を有すると考える。

1　債務者所有物件上の根抵当権

　根抵当権設定登記抹消請求訴訟が提起されることは実務上多いが、その原告の地位は厳格に区別すれば、①債務者兼設定者、②設定者兼連帯保証人、または③純然たる物上保証人の3つに分け得る。したがって、その訴訟手続中での被告たる債権者からの被担保債権の存在の主張も、主張の相手方がその債権の債務者の場合とそうでない場合とでは、時効完成猶予または更新における持つ意味が異なる。そこで、本問では議論を複雑化しないため、原告が①の場合、すなわち債務者兼設定者である場合を前提とする。

2　抵当権の場合

　ところで、最判昭44・11・27民集23・11・2251は、債務者兼抵当権設定者が債務の不存在を理由として提起した抵当権設定登記抹消登記手続請求訴訟において、債権者兼抵当権者が請求棄却の判決を求め被担保債権の存在を主張したときは、上記主張は、「裁判上の請求に準ずるもの」として、被担保債権につき消滅時効中断の効力を生ずると判示している。上記判示は、判決要旨として掲げられたものであるが、事案の実際は「抵当権設定登記」ではなく「根抵当権設定登記」がなされたものであった。しかしその根抵当権は、債権者が清算手続に入り、債務者との取引関係が終了して、根抵当権としては確定したものであった（平成15年改正前民法398条ノ20第1項1号の「取引ノ終了」による。）。そこで、判決要旨としては、「抵当権設定登記抹消登記手続請求訴訟において」となったものであろう。一般の根抵当権設定登記抹消請求訴訟（以下「抹消請求訴訟」という。）では、この確定事由の有無は必ずしも明確に争われていないが、上記判例の趣旨が抵当権または確定後の根抵当権と未確定の根抵当権とでは、その抹消請求訴訟における被担保債権の存在の主張に異なった効力を認める趣旨であるとすれば、抹消請求訴訟において

当該根抵当権が確定しているのか、あるいは未確定であるのかという点は大きな意味を持つに至る。根抵当権の確定事由については、398条の19・398条の20第1項の各号、民事再生法148条6項、会社更生法104条7項に定めるところである。そこで、抹消請求の対象となった根抵当権が未確定の場合の被担保債権の主張が時効障害の関係で具体的にどのような時効中断の効力を有するかを検討する。

3　未確定の根抵当権

改正民法398条の2第1項は、根抵当権を「抵当権は、設定行為で定めるところにより、一定の範囲に属する不特定の債権を極度額の限度において担保するためにも設定することができる」と定めている。ここで、根抵当権設定契約の要件とされている「債権の不特定性」については、「現実または条件付に発生していないというのではなく、担保される債権としては特定していない」ということ（我妻・担保物権法〔新訂〕479）、言い換えれば債権自体の特性として、特定・不特定という性質があるのではなく、「根抵当権の方からみて、その設定段階においては、それが最終的に担保することになることとなるべき債権が具体的に決定されていないという意味において不特定である」という意味である（貞家＝清水・新根抵当法27）。すなわち、根抵当権の設定時から確定するまで、根抵当権と被担保債権との間の結合の関係が具体的に特定されていない（入替えの可能性がある）ことを意味する。

したがって、根抵当権の抹消請求訴訟の請求原因において、根抵当権が未確定の段階では、被担保債権の不発生あるいは消滅は、請求を理由あらしめる要件事実とはならない。訴訟手続中においても、被担保債権の有無は争いの対象とならない。したがって、根抵当権設定登記抹消請求訴訟において、請求棄却の判決がなされても、根抵当権が未確定である以上当然に被告の被担保債権の存在が裁判所で認められているわけではないので、いわゆる裁判上の請求に準ずる時効中断の効力は生じない（林・手形研究475・172、大阪地判昭50・1・29判タ323・204－ただし傍論）。これが抵当権（または確定後の根抵当権）抹消請求訴訟の場合は、「請求が棄却されることは、債権の存在が積極的に肯定されて抵当権の登記が有効と確定されることにほかならず、以後Xが債権の存在を争う可能性は事実上之しくなるのであるから、請求棄却の判決により、債権の存在自体については既判力は生じなくても、これが確定されるのと実質上同一視しうる結果を生じたもの」（野田・最高裁判所判例解説民事篇昭和44年度（下）85事件871）として、請求に準ずる時効中断効が生ずるのとは異なる。

第29章　（根）抵当権と時効　473

4　民法改正との関係

　ただ、一般には被告たる根抵当権者は、根抵当権の設定が有効であること
の間接事実として被担保債権の存在を主張することが多い。この場合に時効
完成阻止の関係で全く何らの効力も生じないのかは一つの問題である。上記
のように本問の抹消請求訴訟の原告は債務者でもある。訴訟手続上での被担
保債権の主張は、原告たる債務者に対する「請求」に当たる。ただ時効完成
阻止の関係では、裁判上その存在が認定されていないから、確定判決によっ
て権利が確定したとはいえず（改正民法147条2項参照）、確定的な更新事由とし
ての裁判上の請求とはならないが、この被担保債権の主張には債務者に対し
義務の履行を求める意思が含まれているとみることができるから「催告」と
しての効力は認められる。したがって、このような催告は裁判が続いている
間継続してなされているものとみられるから、いわゆる「裁判上の催告」と
しての時効完成猶予の効力はあると考えられる。したがって、抹消請求訴訟
の判決が確定した後、6か月以内に訴提起などの他の確定的な更新に向けた
手続をとれば、時効完成猶予の効力は維持されると考える。ちなみに、民法
改正後も裁判上の催告理論は引き続き存続している。

5　確定の要否

　これに対して、上記大阪地判昭50・1・29は、これと考え方を異にする。す
なわち、事案は、為替手形金請求事件であるが、その原因債権たる売掛金債
権の2年の時効消滅が問題になった。判旨は、別訴で根抵当権設定仮登記の
本登記手続を求める訴えが提起され、その請求原因として売掛債権を被担保
債権として主張していたときは、その後に根抵当権が確定したことにより、
その後も訴えが係属する限り、被担保債権は、その間催告としての時効中断
の効力を有するとしたものである。ここでは結論として、裁判上の催告とし
ての時効中断を認めているわけであるが、その理由は根抵当権が未確定だか
らというのではなく、別訴たる本登記手続請求訴訟が判決として確定してお
らず、未だ訴訟継続中だからである。根抵当権の確定それ自体については、
継続的な取引契約の終了により確定した（なお、平成15年改正前民法398条ノ20
第1項1号が規定していた「取引ノ終了」という確定事由は民法改正により削
除されている。）ことを認定している。ただ、この判旨で問題なのはこのよう
に裁判上の催告としての効力を認める前提要件として、根抵当権の確定を条
件と考えている点である。

6 物上保証人からの抹消請求

なお、付言するに、抹消請求訴訟の原告が純然たる物上保証人であった場合は、物上保証人は責任のみ負担し、債務を負担する者ではないから、裁判上の催告があったとはいえない。

243 抵当権の被担保債権が時効で消滅した場合、時効を援用できるのは誰か。

結　論　債務者自身、物上保証人、抵当不動産の第三取得者は援用できるが、後順位抵当権者や一般債権者は援用できない。

1 被担保債権の時効消滅

抵当権は、担保物権の一種として、特定の被担保債権に付従するという法的性質を有する。したがって、被担保債権が弁済、放棄、混同、その他何らかの事由によって消滅すれば抵当権もまた消滅する。被担保債権の時効による消滅によって、抵当権が消滅することも当然である。そこで、抵当権をめぐって利害関係を有する者、例えば、債務者、物上保証人、抵当不動産の第三取得者、後順位抵当権者や他の一般債権者が、被担保債権の時効消滅を援用して、抵当権の消滅を主張できるかがここでの問題である。ちなみに、被担保債権の時効消滅による抵当権の消滅ではなく、抵当権それ自体の時効消滅という問題もあるが、本問はこれとは別であり、両者を明確に区別する必要がある。

2 根抵当権

なお、根抵当権の場合には、確定後にその被担保債権の全てが時効で消滅した場合は、本問における抵当権と同様に考えればよいが、確定前に数口のうちの1つの債権が時効で消滅したからといって、根抵当権の消滅という問題は生じないことに注意しなければならない。

3 債務者

まず、被担保債権の債務者自身は、改正民法145条の時効の「当事者」に当たることは明白であり、消滅時効を援用できることはいうまでもない。

第29章　（根）抵当権と時効　　　475

4　物上保証人

大判明43・1・25民録16・22は、傍論ながら、物上保証人の時効援用権を否定していた。その理由は、もし独立して時効の援用を許せば、債務者が時効を援用せずまたは放棄したときには、債権者は主たる債権を有しながら、従たる抵当権を失うという不合理な結果を生ずるからだという。

これに対し、最判昭43・9・26民集22・9・2002は、上記判例を変更して、物上保証人の時効援用を認めた。その理由は、物上保証人も被担保債権の消滅によって直接利益を受ける者であるから、旧145条の「当事者」に当たるとするものである。なお、最判昭42・10・27民集21・8・2110参照。

改正民法145条は、かっこ書で、物上保証人も時効の当事者に含むことを明記した。

5　第三取得者

上記の大判明43・1・25は、第三取得者において、被担保債権の消滅時効を援用できるのかが問われた事案であって、同判決は、抵当債権が消滅するときは、その取得したる不動産上に存する抵当権が消滅する結果、その所有権が安固となる利益を受けるが、この利益は時効の直接の効果ではないから、旧145条の「当事者」といえないという理由で、第三取得者の時効援用を否定した。

これに対して、最判昭48・12・14民集27・11・1586は、上記大審院の判例を変更して、第三取得者は、当該抵当権の被担保債権が消滅すれば抵当権の消滅を主張し得る関係にあるから、旧145条の「当事者」に当たるとして、その時効援用を認めた。また、抵当不動産の時効取得者も譲渡を受けた第三取得者と同視し得るとする判例がある（大阪高判昭55・4・10ジュリ726・6）。

改正民法145条は、かっこ書で、第三取得者も時効の当事者に含むことを明記した。

6　後順位担保権者

後順位担保権者は、先順位の抵当権が被担保債権の時効消滅により消滅すれば、順位が上昇するという利益がある。しかし、この順位上昇という利益は、抵当権の消滅によるものであり、しかもその消滅する抵当権と後順位抵当権とは、特別な法律関係に立っていない。そこで、物上保証人や第三取得者と異なり、最判平11・10・21民集53・7・1190も、後順位抵当権者の援用を認めない。

改正民法145条では、かっこ書で当事者には権利の消滅について正当な利

益を有する者を含むことが明記されたが、旧法の下での判例法理を変更するものではない。

7　他の一般債権者

　他の一般債権者は、被担保債権の消滅時効を援用して、抵当権が消滅すれば引当てとなる財産が増大する利益が得られる。そこでこれを肯定する学説（四宮＝能見・民法総則〔第7版〕376、債権者間の自由競争に任せてよいとする。）があるが、判例はこれを認めない（大判大8・7・4民録25・1215）。ただ、直接の援用が認められない場合でも、判例は債権者代位権による援用を認める（最判昭43・9・26民集22・9・2002）。すなわち、金銭債権の債権者は、その債務者が他の債権者に対して負担する債務について、その消滅時効を援用し得る地位にあるのにこれを援用しないときは、債務者自身の資力が自己の債権の弁済を受けるについて十分でない事情にある限り、その債権を保全するに必要な限度で、改正民法423条1項本文の規定により、債務者に代位して他の債権者に対する債務の消滅時効を援用することが許される。したがって、債権者代位権行使の要件を満たすか否かの検討を忘れてはならない。

8　休眠担保権の登記の簡易な抹消手続の特則

　最後に、被担保債権の5年あるいは10年の消滅時効の完成によって、（根）抵当権が抹消し得るとしても、登記義務者が行方不明のときは、別途、訴訟（場合により公示催告の申立てによる除権判決—旧不動産登記法70条1項・2項）が必要であった。しかし、昭和63年の不動産登記法改正（昭63・6・11法律第81号）により、弁済期から20年を経過したものについては、一定の要件の下に、登記権利者（債務者あるいは設定者）は、単独で（根）抵当権登記の抹消を申請することができることとなった。なお、根抵当権の場合に、この簡易抹消が適用されるには、元本確定後であることを要する。

　新たに創設された休眠担保権の登記の簡易な抹消手続の特則とは、①被担保債権の弁済期から20年を経過した場合において、②登記義務者の所在が知れないため、（根）抵当権の抹消について共同申請ができないとき、③弁済期後の債権、利息、債務不履行により生じた損害金の全額に相当する金銭の供託をして、登記権利者のみで、（根）抵当権登記の抹消を申請することができるというものである（不動産登記法70条3項後段、法務省昭63・7・1民三第3456号不動産登記法の一部改正に伴う登記事務の取扱について（通達）、法務省昭63・7・1民三第3499号不動産登記法第142条第3項後段の規定による登記の申請の取扱いについて）。

　この特例によると、登記権利者である債務者や（根）抵当権設定者は、登

記義務者の行方不明および債務全額の供託という要件はあるものの、弁済期から20年経過すれば、訴訟を経なくとも、単独で、（根）抵当権設定登記の抹消ができることになり、弁済期から20年も経過すれば、登記義務者である債権者が行方不明になっている場合が多いと思われ、かつ債権額も20年経過していれば貨幣価値の変動によって微々たる額となっているであろうから、債務者及び（根）抵当権設定者にも、（根）抵当権それ自体の20年による消滅時効を認めたと、ほぼ同様の結果を生じることになろう。なお、債権者が法人の場合で、「行方不明」とは、当該法人について登記簿に記載がなく、かつ閉鎖登記簿が廃棄済みであるため、その存在を確認できない場合等をいうとされている（上記昭63・7・1民三第3499号通達第3・2）。

244 後順位抵当権者は、先順位抵当権者の被担保債権の消滅時効を援用しうるか。

| 結　論 | 後順位であることそれ自体の地位ではできないが、債権者代位権によって行使しうる。 |

1　問題の提示

競売事件で配当が行われ、売却価格が低いと、後順位の担保権者のところに配当がないかまたは少ない場合がある。ところで、改正民法により消滅時効期間が原則として主観的起算点から5年に短縮されたため、その根抵当権が先順位の場合、消滅時効を主張できれば配当にあずかれるケースがでてくる。そこで、後順位者の立場で、先順位の被担保債権の消滅時効を援用できないのかがここでの問題である。

この問題については、2つの側面から検討できる。1つは、後順位担保権者それ自体の地位が、改正民法145条の時効援用権者に該当するかという点であり、2つ目は、債権者代位権によって、債務者の援用権を代位行使できないかという点である。

2　後順位抵当権者自体による援用

まず最初の問題につき、強制競売の事件であるが、差押債権者は、配当要求債権者の債権の消滅時効を援用できないとする判例がある（大判昭11・2・14新聞3959・7）。その理由は、旧145条の「当事者とは時効を援用することによりて直接に利益を受ける者のみを指称し……他の債権者の債権が時効に因りて

消滅せば自己の債権に対し配当額の増加を来たすべき間接の利益を受け得る
に過ぎざる者の如きは所謂当事者に該当せず」というのである。最判平11・
10・21民集53・7・1190も後順位抵当権の直接の援用を認めない。その理由は、
後順位抵当権者の先順位被担保債権の消滅による配当額の増加に対する期待
は、順位上昇によってもたらされる反射的利益にすぎず、直接利益を受ける
者とはいえないし、援用できないとしても、目的不動産の価格から抵当権の
従前の順位に応じて弁済を受けるという後順位抵当権者の地位が害されるこ
とはないからである。また、配当額が増加する可能性のある者全てに他の債
権の消滅時効の援用を認めると、援用権を制限した意味が失われるとの判断
もある（佐久間・ジュリ1180・76）。さらに、時効援用の効果は相対的であるの
で、先順位抵当権の被担保債権を援用した後順位抵当権者との関係だけで、
先順位抵当権が消滅するという法律関係は民法が想定するところでないから
である（森田・別冊ジュリ175・93）。

3 民法改正との関係

改正民法145条では、かっこ書で、当事者には権利の消滅について正当な利
益を有する者を含むことが明記されたが、旧法の下での判例法理を変更する
ものではない。

4 債権者代位による援用

そこで、改正民法423条の債権者代位権によって、債務者の援用権を代位行
使できるかの問題であるが、この点は従前から、時効援用権が、旧423条1項
ただし書所定の一身専属権に当たるかどうかを中心として争われてきたが、
最判昭43・9・26民集22・9・2002はこれに当たらないことを前提として、債
権者代位権の目的となり得ることを肯定した。

5 ケースの類型化

そこで、この判例の立場に立って、事案を①ないし④に類型化して検討す
る。

担保権者	債務者A所有の物件			
	①のケース	②のケース	③のケース	④のケース
1番Y	債務者A	同 B	同 A	同 B

2番X	債務者A	同　A	同　B	同　B

(1)　まず①の場合、Xは債権者代位権によって、債務者Aの時効援用権を代位行使して、Yの被担保債権の消滅時効を主張できる。

(2)　②の場合が、上記昭和43年最高裁判決の事案であって、Xは、物上保証人A（Xにとっては債務者、Yにとっては物上保証人）の時効援用権を代位行使して、Yの被担保債権の消滅時効を主張できる。

(3)　これに対し、③の場合、Xの債務者はBであり、BはYの債務者でもなく、また物件の所有者でもないので、仮にAの債務が消滅時効にかかっていても、援用権を代位行使するということはありえない。

(4)　④の場合は、債務者はいずれもBなので、(1)の場合と同様になろう。

6　債権者代位によることができない場合

　このように、債権者代位権によることができるといっても、上記5(3)の場合のように、およそ対象外となることもあり、また代位行使の要件として、債務者の無資力が要件であるため、この無資力要件を満たさない場合や、債務者に時効の利益の放棄や援用権の喪失に該当する事由がある場合、あるいは債務者が時効を援用することが権利濫用となる場合もあり、どんな場合でもできるという結論にはならないので、注意することが必要である。

245 　（根）抵当権は、被担保債権と独立して、それ自体消滅時効にかかるか。

結　論	（根）抵当権のみの消滅時効もありうる。

1　（根）抵当権の消滅時効

　（根）抵当権の被担保債権が時効で消滅した場合、付従性の理論によって、当該（根）抵当権も消滅する（ただし、根抵当権については、このようにいえるのは確定後であることを要する。）。ところが、本問では、このような被担保債権の時効消滅による消滅ではなくて、(根)抵当権それ自体の権利不行使によって、被担保債権とは別に、独立して消滅時効にかかるかという問題である。ここでの不行使とは、抵当権に基づく換価権を行使しないことである。

被担保債権が時効で消滅していれば、何も（根）抵当権それ自体の時効消滅をあえて主張するまでの必要性はないから、本問は、被担保債権それ自体は未だ時効消滅していない場合に実益があることになる。しかし、被担保債権は存続しているが、（根）抵当権は時効が完成しているといったケースは、実際には稀であろうと思われる。

2　改正民法166条・396条

　（根）抵当権は、担保物権であって、債権ではないから、単純に考えれば、改正民法166条2項の「債権又は所有権以外の財産権」に該当し、抵当権それ自体の不行使により20年の消滅時効にかかることになる。しかし、他方、（根）抵当権は、債権担保のため、目的物の交換価値を優先的に支配する価値権であるから、単なる「不行使」に直ちに時効消滅という効果を結びつけることは相当でない側面も有する。他方、396条も、抵当権は債務者および抵当権設定者に対しては、その担保する債権と同時でなければ時効によって消滅しないと規定している。この規定が、（根）抵当権の独自の時効消滅を認めない原則を規定しているのか、あるいは逆に、独自の時効消滅を認める原則を前提として、債務者、物上保証人に対する関係での例外を定めたものにすぎないのかについては、争いがあるところである。

　判例（大判昭15・11・26民集19・22・2100）は、後者の立場を採った。すなわち、同判決は、「抵当権と債権とは別個の権利なれば、一方の権利に対する時効の中断は他方の権利に対する時効の中断とならざるを以て、抵当権に付時効中断の手続を採らざる限り抵当権は民法396条に於て特に制限したる債務者及抵当権設定者以外なる抵当物件の第三取得者の如き者に対しては抵当債権とは独立して其の弁済期到来の時より20年の経過に依り消滅時効にかかる」と判示した。これによれば、396条は債務者や設定者が改正民法166条2項の消滅時効を主張しえない旨を規定したものであり、他方、397条は抵当不動産が時効取得された時にその反射効として抵当権が消滅することを規定したものと理解することになる。

　これに対しては、①抵当権それ自体の時効中断方法としては、抵当権を実行すること以外には抵当権存在確認訴訟しかないから困難を強いること、②抵当権の存在につき悪意の第三者には397条を適用して、取得時効と同じ要件の下に抵当権自体の消滅を認めれば足りる、との理由で反対する学説がある（道垣内・担保物権法〔3版〕230）。

3　民法改正との関係

　民法を改正するに当たって、上記反対学説と同様の観点から抵当権は被担

第29章　（根）抵当権と時効　　　481

保債権と別個の期間制限を受けることはないとの規定を新設することの提案
や、396条に「債務者及び抵当権設定者に対しては」という文言があるために、
第三取得者との関係では被担保債権とは別に時効消滅すると解釈される余地
が残され、このような結論は不当として上記文言を削除することが提案され
ていた（部会資料31・32）。しかし、採り上げられず、改正されていない。

4　第三取得者の被担保債権の時効援用権
　前記判例は、第三取得者に対する関係で、独自の時効消滅を認めたわけで
あるが、この事案では、被担保債権それ自体も5年の商事時効で消滅していた
ようである。ただ、この当時の判例理論においては、第三取得者に被担保債
権の消滅時効の援用権が認められなかったため、抵当権自体の20年の消滅時
効を認めたものである。第三取得者の被担保債権の消滅時効の援用権につい
ては、最判昭48・12・14民集27・11・1586がこれを認めるに至っているので、
この意味で抵当権それ自体の消滅時効も、後順位抵当権者などに対する関係
で意味を有するにすぎないことに注意する必要がある。

5　起算点
　なお、（根）抵当権それ自体の20年の時効消滅を認める場合、20年の時効の
起算点はいつであろうか。上記大審院判決は、「被担保債権の弁済期の時か
ら」とする。これに対しては、被担保債権の不履行時を起算点とする消滅時
効を認めるのは妥当でないとの批判がある（田高・法教360・148）。
　抵当権の場合は、被担保債権は1つであるから上記判例の立場でよいが、根
抵当権の場合、被担保債権は複数あるから、やや問題がある。しかし、根抵
当権の場合も、数口のうち、最も早く到来する被担保債権の弁済期からと解
して差し支えないであろう。

246　明治・大正時代の抵当権登記が付いたままの不動産があるが、抹消するために、裁判をしなければならないか。

結　論　不動産登記法上の休眠抵当権の簡易な抹消手続を利用
できる。

1　問題の背景
　現在の登記簿には、明治・大正時代に登記された抵当権の登記が多数残存

している。その登記されている債権額は、100円単位であり、現在の貨幣価値からすると甚だ少額であるが、そのような抵当権が登記されている不動産を取引の対象とする場合、少額であるけれども障害になることは事実である。過去の古い抵当権登記が残存しているのは、抵当権者の行方が知れないため、その同意の下に抹消登記申請が容易にできないためである。そこでこれをどうしても抹消しようとする場合、抵当権の被担保債権の時効消滅を援用して、行方不明者を被告として抵当権設定登記抹消手続請求訴訟の提起が必要であった。このような煩わしさが、ますます古い抵当権登記が残る原因となったと思われる。

2 休眠担保権抹消制度

そこで、昭和63年の不動産登記法改正（昭和63年法律第81号）によって休眠担保権の登記の簡易な抹消手続の特例制度が創設された（文献として、後藤・休眠担保権をめぐる登記と実務参照）。

すなわち、①債権の弁済期から20年を経過した場合において、②登記義務者の行方が知れないため、（根）抵当権の抹消について共同申請ができないとき、③申請書に弁済期後の債権、利息、債務不履行により生じた損害金の全額に相当する金銭の供託がされたときは、登記権利者のみで、（根）抵当権登記の抹消を申請することができる（不動産登記法70条3項後段、法務省昭63・7・1民三第3456号不動産登記法の一部改正に伴う登記事務の取扱いについて、法務省昭63・7・1民三第3499号不動産登記法第142条第3項後段の規定による登記の申請の取扱いについて）。

その趣旨は、被担保債権の弁済期から20年を経過したことをもって、登記義務者の要保護性が減少し、単独申請を認める根拠とするとともに、被担保債権、その利息および損害金の全額が供託された事実に登記手続上担保権が消滅したことを擬制する効果を与えたものである（清水編著・一問一答新不動産登記法186）。

この特例によると、登記権利者である債務者や（根）抵当権設定者は、登記義務者の行方不明及び債務全額の供託という要件はあるものの、弁済期から20年経過すれば、訴訟を経なくとも、単独で、（根）抵当権設定登記の抹消ができることになり、弁済期から20年も経過すれば、登記義務者である債権者が行方不明になっている場合が多いと思われ、かつ債権額も20年も経過していれば貨幣価値の変動によって微々たる額となっているであろうから、債務者及び（根）抵当権設定者にも、（根）抵当権それ自体の20年による消滅時効を認めたと、ほぼ同様の結果を生じることになる。

3 所在不明

所在が知れないというのは、自然人である場合は、抵当権の登記名義人の現在の所在も死亡の有無も不明な場合をいう。死亡していることは判明しているがその相続関係が不明な場合、相続人は判明しているがその行方が不明な場合も含む。

登記名義人が法人の場合に「所在が知れない」とは、当該法人について管轄法務局等に登記簿に記載がなく、かつ閉鎖登記簿が廃棄済みであるため、その存在を確認できない場合等をいうとされている（上記昭63・7・1民三第3499号通達第3・2）。

〔取得時効〕

247 抵当不動産の第三取得者は、その不動産の取得時効による抵当権の消滅を主張しうるか。

結　論 原則として主張し得る。ただし、占有態様により抵当権の負担を受けることがある。

1　3つの論点

本問は次の3つの論点を含む。1つは、所有者が取得時効に必要な占有をした場合、所有権を時効取得するかという問題であり、2つ目は、397条が、「債務者又は抵当権設定者でない者が抵当不動産について取得時効に必要な要件を具備する占有をしたときは、抵当権は、これによって消滅する」と規定していることとの関係を、どう理解するかであり、3つ目は、第三取得者が、抵当不動産を時効取得し得ると仮定した場合、取得時効の効果が原始取得であることの関係で、抵当権の存在を知っているにもかかわらず、抵当権の負担のない完全な所有権を取得するかの問題である。

2　自己所有物の取得時効

まず1番目の論点について検討する。162条は、取得時効の要件を定めるが、同1項は、「他人の物を占有した者は」と定めている。そこで、自己の物をさらに取得時効によって、所有権を取得することはできないかのようにも解せられる。しかし、取得時効は、真実の所有者がはっきりしないときに、一定の占有継続した占有者を所有者とするものであって、時効取得を主張する者は、その物が他人の所有であることを証明する必要はない。判例も、自己の所有物たることの確証ある者にも、取得時効の主張を認める（大判大9・7・16民録26・1108、最判昭42・7・21民集21・6・1643など。なお、最判平15・10・31判時1846・7は、取得時効により確定的に所有権を取得した者が時効の起算点をずらして再度の時効取得を援用できないとしている）。そこで、抵当不動産の第三取得者が、自己所有であることによって、取得時効の成立を否定される理由のないことは明らかである。

3 397条の解釈

次に、以上の論理を前提として、397条を検討する。同条は、「債務者又は抵当権設定者でない者が抵当不動産について取得時効に必要な要件を具備する占有をしたときは、抵当権は、これによって消滅する。」と規定する。同条が、抵当権自体の「消滅時効」を定めたものか、あるいは抵当不動産の「取得時効」により所有権を原始取得した結果、抵当権の消滅を定めたものかについては争いがある。

前者の立場をとる見解によれば、抵当不動産が債務者および抵当権設定者以外の者の占有に移った場合、取得時効の効果としてではなく、「取得時効に必要な要件を具備する占有」継続の効果として、被担保債権の付従性とは無関係に別途独立して抵当権が消滅時効にかかることになる。これは、「占有による消滅時効」という民法総則には存在しない考え方によるものである。この場合、抵当権についての消滅時効なのだから、抵当権の存在について、善意、無過失でない場合は、20年の占有期間を要することになる（來栖・判民昭和15年度303以下）。抵当権は一般的に登記されているから、通常は悪意または有過失となる（伊藤＝新井＝平野・玉田弘毅先生古稀記念論文集　現代民法学の諸問題68）。

これに対して、大判昭15・8・12民集19・1338は、抵当不動産を買い受けた者が10年の取得時効による抵当権の消滅を主張して抵当権の不存在確認等を請求した事案において、397条は「取得時効」を定めた規定であるが、抵当不動産を買い受けた第三取得者には適用がないと判示する。すなわち、「第397条に所謂取得時効に必要なる条件を具備せる占有とは、所有者に非ざる債務者又は抵当権設定者以外の者が第162条の規定に依り所有の意思を以て、同条所定の要件下に、抵当不動産の占有を遂げたる為め取得時効完成して当該不動産の所有権を取得したる場合を指称せるもの」としている。

4 抵当不動産の第三取得者と397条

このように、397条が、取得時効を定めた規定であるとすると、所有者であることは取得時効を否定する要件にならないのであるから、抵当不動産の第三取得者であっても、当然に抵当不動産を時効取得して、その原始取得の効果として、抵当権の消滅を主張し得ることになるはずである。ところが、上記昭和15年の大審院判決は、「抵当不動産を買受け、其の所有者と為りたる第三取得者に対しては、其の買受け当時、抵当権を設定ある不動産なることを知れるや否やを問わず、第397条の規定を適用すべき限にあらず」と判示して、抵当不動産の第三取得者に、397条の適用を否定した。

特に、この昭和15年の大審院判決は、上記2に述べた大審院大正9・7・16の判決を引用している。しかし、この大正9年の判決は、国が上地願を聴許して官有地に編入し、道路敷として10年間以上占有してきたところ、贈与後に設定された抵当権に基づく抵当権者がこの土地について競売を申し立て、自ら競落して、国に対し所有権確認請求をしたのに対して、国が10年の取得時効を主張して、397条により抵当権の消滅を主張し、その取得時効が認められたものである。したがって、判例法理の展開において、論理一貫しない面があったことは確かである（これに対し、安達・注釈民法(5)236は2つの判例は矛盾しないとする。）。

5　最高裁判例

このような流れの中で、最判昭43・12・24民集22・13・3366は、抵当不動産の第三取得者による時効取得を認めた。事案は、抵当権付の不動産の贈与を受け、未登記のまま平穏公然に占有してきた者が、抵当権が実行され、競落による所有権移転登記がなされたので、競落人に対して取得時効による所有権取得を原因として、所有権移転登記手続を求める本訴を起こしたというものである。原審は、この請求を認め、最高裁判所もこれを支持した。

ただ同判決は、抵当権の存在と162条2項の善意・無過失の関係が争われ、397条の適用の有無は、直接の争いの対象となっていない。そこで、この最高裁判決は、上記昭和15年の大審院判決を何ら変更したものではないとする見解がある（清水・手形研究475・78は、397条と絡ませていないから。高木・担保物権法〔第4版〕287は、完全に所有権を取得した第三者か否かの違い）。しかし、この最高裁判決は、抵当不動産の第三取得者の取得時効を認めており、上記昭和15年の大審院判決を変更したものと解すべきである（横山・最高裁判所判例解説民事篇昭和43年度（下）143事件1379、古曳・債権管理回収実践対策119、伊藤＝新井＝平野・前掲書49）。

6　第三取得者の占有態様

以上のように、抵当不動産の第三取得者が、時効取得し得るとしても、抵当権の負担を引き受けたはずの第三取得者が、抵当権の負担のない完全な所有権を取得し得るかはまた別問題である。すなわち、取得時効の効果は、原始取得であって、占有者は何らの負担のない所有権を取得するのが原則である。しかし、以上はあくまでも原則であって、他方において、取得時効によって取得される所有権の範囲については、取得時効の基礎となる占有の態様によって影響され、その占有の態様により、時効で取得する所有権内容が定

第29章　（根）抵当権と時効　　487

まると解されている（我妻・民法総則〔新訂版〕481）。そこで、抵当権のような負担を有する不動産の場合、占有者が、抵当権が登記されていることを知りながら占有を継続した場合には、抵当権の存在を完全に否定した占有状態とはいえず、抵当権を容認した占有と評価できるから、抵当権の負担のついた所有権を時効取得するにすぎないとの見解がある（横山・前掲1388）。

　この見解によると、既に抵当権の設定された不動産についての第三取得者は、抵当権の存在を知っているであろうから、たとえ20年間占有して時効取得するにしても、抵当権の負担の付いた所有権を時効取得するにすぎない（なおこの結果は、このような第三取得者にとり何ら実益がないように思われるが、所有権の取得自体が明らかでない場合もあるから、時効による所有権取得を認める意味がある。）。

　これに対し、抵当権の負担のない不動産を取得した者が、移転登記を経由しないでいるうちに、旧所有者が抵当権を設定したような場合は、抵当権の存在を知っていたとはいえないであろうから、抵当権の負担のない完全な所有権を時効取得する場合が多いであろう。近年、不動産の未登記譲受人の取得時効完成後に登記された抵当権との関係で、占有者が再度完成した取得時効による抵当権の消滅を認めた判例（最判平24・3・16民集66・5・2321）が出ている。

248　抵当権の存在を知って、抵当不動産を10年占有した者は、完全な所有権を時効取得するか。

| 結　論 | 抵当権の知・不知は、取得時効の成否および10年の期間と関係ない。ただ、占有の態様において、抵当権の存在を容認していたかどうかにより、抵当権の負担付の所有権を時効取得することになる場合がある。 |

1　抵当不動産の占有者

　抵当不動産を占有する者とは、占有態様を基準として、大まかに言って、3種類に分けられよう。1つ目は、抵当不動産を買い受けたり、あるいは贈与を受けた第三取得者であり、2つ目は、抵当権の負担のない不動産を買い受けたり、贈与を受けたが、移転登記を経由しないでいるうちに、前所有者が抵当権を設定してしまったような場合であり、3つ目は、所有権以外の何らかの

理由によって、占有を開始した者である。

このうち、抵当不動産の第三取得者については、397条の解釈にかかわる難しい問題点があるので（これについては問題〔247〕参照）、ここではこれを視野の外に置き、所有者でない純然たる占有者が、抵当権の存在を知っていたこと、あるいは知らなかった場合に、抵当権の負担のない完全なる所有権を時効で取得するかどうかの問題にしぼって検討をすすめる。なお、ここでの占有者は、所有の意思をもって、平穏、公然に占有を開始した自主占有者であることを当然に前提とするものである（抵当権の存在を知っていたことと、自主占有の関係につき後述。）。

2 抵当権についての悪意と占有すべき権利についての善意

162条2項は、10年間、所有の意思をもって、平穏かつ公然と他人の物を占有した者は、占有開始の時に、善意でかつ過失がなかったときは、その所有権を取得すると定める。ここの善意・悪意という主観的要件の対象となるものは、「占有すべき権利」の有無についてであると解されている（星野・民法概論2・93など）。そして、占有すべき権利がないことを知らないが、それがないのではないかと疑っている場合は、この善意に含まれないとされている。「占有すべき権利」としての所有権である場合は、所有権があると積極的に信じていることを要するのである（大判大9・7・16民録26・1108）。この善意は、推定される（186条1項）。したがって、占有者の抵当権の存在についての悪意または過失による善意は、162条2項の善意・悪意とは何ら関係なく、占有者に取得時効が成立するに何らの妨げとならない。上記大判大9・7・16も、「民法162条2項に所謂善意とは、自己に所有権ありと信じて占有を為したる場合を謂ふものにして、其占有の目的物に対し抵当権の設定ありたることを知りたるや否やを問ふものにあらず、占有者が抵当権の存在を知りたるときは其抵当権に対しては悪意なりと謂ふことを得べきも、所有権に対しては善意の占有者なり」と判示している。

3 原始取得

そして、取得時効の効果は、原始取得であって、占有者は何らの負担のない所有権を取得するのが原則である。例えば、地上権の負担の付いていた不動産を取得時効した者は、その負担のない所有権を時効で取得する。ただし、以上はあくまでも原則であって、取得時効によって取得される所有権の範囲については、取得時効の基礎となる占有の態様によって影響され、その占有態様により、時効で取得する所有権内容が定まると解されている（我妻・民法

第29章　（根）抵当権と時効　　489

総則〔新訂版〕481、大判大9・7・16民録26・1108、最判平24・3・16民集66・5・2321など）。例えば、取得時効の基礎となった占有の態様において、地上権を容認している態様の占有であったときは、地上権の制限を受けた所有権を取得するにすぎないことになる。上記大審院判決も、この趣旨を踏まえて、「抵当権の存在は毫も所有権取得の妨害と為るべきにあらずして占有者が抵当権の存在認識せざると否とは唯時効完成後も尚其抵当権が存続すべきや否やを決する標準と為るに過ぎざる」と判示した原判決を是認している。

抵当権に関しては、抵当権が占有を伴わない権利であるので、占有の態様が抵当権の存在を排斥していたものかの判断は難しい。占有者が占有物に抵当権の負担があることを容認し、自己の土地に関する権利が抵当権に服することを了承していた場合のみ397条の適用が排斥され、抵当権は消滅しないとする裁判例がある（東京高判昭47・3・22判タ278・305。服することを容認していたことを否定した事例）。

最判平24・3・16民集66・5・2321は、不動産の取得時効完成後、時効取得による援用やそれに基づく所有権移転登記がないまま、原所有者が抵当権を設定し登記がなされた場合、占有者に再度の取得時効の完成を容認するとともに、再度の取得時効の結果、抵当権それ自体の消滅を容認している。

4　抵当権の存在を容認した占有

ただ、問題は、どのような場合に抵当権の存在を容認した占有といえるかである。特に、抵当権の存在を知って占有していたとき、知っていたというだけで、抵当権の制限付の所有権を時効取得するにすぎないかが次の問題である。抵当権は、物の交換価値を把握する権利であるから、占有という状態がない。したがって、例えば、地上権者がいるような場合の、占有状態をめぐるせめぎ合いがなく、抵当権を容認した占有であったかの客観的判断は困難である。そこで、抵当権のこのような法的性質を前提として、抵当権が登記されていることを知りながら占有を継続した場合には、完全に占有しているとはいっても、抵当権の存在を完全に否定した状態（完全なる所有権者と同様の支配をしている状態）とはいえず、抵当権を容認した占有と評価できるとする見解がある（横山・最高裁判所判例解説民事篇昭和43年度（下）143事件1379）。

上記最判平24・3・16は、抵当権の設定自体を知らないまま土地の占有を継続していた事案であって、結論として、取得時効の効果として抵当権は消滅したとしている。

取得時効制度の社会的意義、およびその効果をどこまで認めるかの政策的判断によるところが多いが、上記のような見解によると、抵当権者は、抵当

権の存在を占有者に通知すれば、抵当権について時効更新したと同じ効果が生じる結果となって、更新手続との整合性からすると、やや問題があるように思われる。

5 抵当権者による取得時効阻止の手続

抵当権者による取得時効を阻止させる手続としてどのようなものが考えられるのかにつき、最判平24・3・16民集66・5・2321における古田裁判官の補足意見で問題点の指摘がある。

① 債権者代位権に基づく所有者の明渡請求権の代位行使
② 最判平11・11・24民集53・8・1899による抵当権による所有者の明渡請求権の代位行使
③ 最判平17・3・10民集59・2・356による抵当権に基づく妨害排除請求権の行使
④ 抵当権存在の確認訴訟の提起
⑤ 抵当権者の物権的請求権として、占有者に対して抵当権の存在を容認する旨の意見表示を求める方法

しかし、そもそも抵当権者に対抗手段を認める必要はないとの考え方もある。

第30章 債権者代位権

第30章　債権者代位権

249 債権者代位権によって時効援用権を代位行使しうるか。

結　論 債務者の無資力等の代位行使の要件を満たすときは、できる。

1　問題の提示

債務者Ａが、債権者Ｂおよび債権者Ｃの2名に対して、それぞれ債務を負担している場合に、債権者Ｂの債権について時効完成したとき、他の債権者Ｃが、改正民法423条の債権者代位権によって、債務者Ａの時効援用権を代位行使できるかがここでの問題である。その外にも、たとえば次順位の債権者Ｘが、先順位の債権者Ｙの抵当権に関して、債務者Ａが有する物上保証人としての時効援用権をＡに代位して、Ｙに向けて行使するといったケースもありうる（金法2080・70参照）。

	債務者	担保提供者
第1順位抵当権Ｙ	Ｂ	Ａ
第2順位抵当権Ｘ	Ａ	Ａ

このような問題が提起されるに至るには、色々な前提問題がある。まず、債務者Ａが時効の利益の放棄なり、あるいは時効完成後の一部弁済などによって援用権を喪失しているときは、債務者Ａ自身において、時効を援用することができないのだから、他の債権者Ｃがこれを代わって行使することができないことはいうまでもない。

次に、本問における債権者Ｃは、債権者代位権によってではなく、改正民法145条の「時効の当事者」として、自ら直接の援用権ありといえれば、債権者代位という迂遠な方法をとるまでのこともない。そこで、以下まずこの点

を見ていく。

2 当事者としての援用権

改正民法145条の時効を援用し得る当事者につき、判例は、「当事者」の範囲を、一般的に、「時効によって直接に権利を取得し又は義務を免れる者及びその承継人に限る」とする立場に立ちつつ（大判明43・1・25民録16・27など）、その後、物上保証人（最判昭42・10・27民集21・8・2110）、第三取得者（最判昭48・12・14民集27・11・1586）もこれに含むとやや広く解するようになってきた。改正民法145条は、「当事者（消滅時効にあっては、保証人、物上保証人、第三取得者その他権利の消滅について正当な利益を有する者を含む。）」として、かっこ書を付して従前の判例理論を法文にとりこんだ。

しかし、本問のCのような一般債権者については、配当異議の訴えをした債権者が、他の債権者の債権の時効を援用できるかどうか争われた事案で、これを消極に解し（大判昭11・2・14新聞3959・7）、また和議の際の債権者にも援用権がないと判示している（大判昭12・6・30民集16・16・1037）。

学説は、時効について訴訟法説に立ち、「当事者」を当該の訴訟上の請求について時効の主張をなす法律上の利益を有する者と解する立場から、債務者に対する一般債権者も時効の援用ができるとする説（川島・民法総則454）があるほかは、おおむね消極説に立つ（通説）。消極説の理由としては、時効問題の解釈に当たっては、時効制度の持つ非倫理的色彩をできる限り除去しようと努めるべきであり、この観点からCは自己の義務を免れる者ではなく、自己の利益を増進する者にすぎないから援用できなくて当然とする者がある（遠藤・手形研究475・106）。

3 債権者代位権による援用

以上のように直接の援用権が否定されるとすると、残るは、債権者代位権による代位が可能かどうかである。なお、この検討の前提として、債権者代位権の他の要件である自己の債権を保全する必要性（改正民法423条1項）、例えば、債務者が無資力であることは当然であって、これがなければ検討に値しないことはいうまでもない。

まず、最初の論点は、今まで時効援用権という言葉を使用してきたが、これは便宜的な使用で、これまでの判例によると、時効の援用は訴訟上の攻撃防禦方法にすぎないから、正確な意味で権利ではない。このように権利といえないものが、債権者代位権の代位行使の対象となり得るか問題となるが、通説は、明確に権利といえないものも代位行使の対象になり得るとしており、

第30章　債権者代位権　　　493

この点の障害はない。

　そこで、次に、改正民法423条1項ただし書によると、「債務者の一身に専属する権利」は、債権者代位権の対象となり得ない。時効援用権が、この一身専属権といえるかが次の論点である。学説は代位行使を否定する説と、代位行使を認める説（近江・民法総則〔第5版〕318）の2つに分かれる。否定説では、時効制度は、援用というテクニックによって、債務者の道義心に深くかかわりをもち、債務者が援用しないで債務の履行をなさんとしているのに、代位行使によってその債務者の道義心を奪うことは許されないとする（遠藤・前掲108）。また、共に消滅時効が完成した債権者が2人いる場合に、どちらか早く援用権を代位行使した方が債権の保全を図ることができるようになることは、不公平な結果を生ずるともいう（最判昭43・9・26民集22・9・2002の松田裁判官の反対意見）。これに対し、肯定説は、時効援用権は、財産的な利益のみに関し、債務者の身分ないし人格そのものと結合するものでなく（東京高判昭40・4・6判時411・66。代位行使を認めるボアソナード草案1434条・旧民法証拠編97条2項につき、森田・曹時54・7・33）、無資力で債権全額の弁済をなし得ない債務者の道義心尊重よりも、共同担保の保全を目的とする債権者代位制度の理念と価値をより保護すべきであるとする。

4　判　例

　このような対立の中にあって、最判昭43・9・26民集22・9・2002は、肯定説の立場を採ることを明らかにした。すなわち、「金銭債権の債権者は、その債務者が他の債権者に対して負担する債務……について、その消滅時効を援用しうる地位にあるのにこれを援用しないときは、債務者の資力が自己の債権の弁済を受けるについて十分でない事情にあるかぎり、その債権を保全するに必要な限度で民法423条1項本文の規定により、債務者を代位して他の債権者に対する債務の消滅時効を援用することが許される」と判示した。

　この判決には、上記のような松田裁判官の反対意見が付されているが、同裁判官が心配するような、複数の債権者のいずれの債権も時効が完成しているときの代位行使による不公平については、改正民法423条の3で、相手方に対する代位債権者の直接取立て・受領権限が認められ、改正民法の下では、金銭を受領した代位債権者による相殺を通じての被保全債権の事実上の優先弁済が実現されるに至っているので、考慮の必要が失われたというべきである。

494　　第30章　債権者代位権

250 代位行使を受ける第三債務者は、債権者代位権の基礎たる債権の消滅時効を援用できるか。

| 結　論 | できないとする下級審判例があるが、疑問。 |

1　問題の提示

　債権者Aが、債務者Bに対して債権を有しており、その債務者Bが、Cに対して債権を有している場合に（以下このようなCを「第三債務者」という。）、Aが債権者代位権を行使して、BのCに対する債権を行使してきたとき、CはAのBに対する債権が消滅時効により消滅していると主張して、その代位行使を免れ得るかがここでの問題である。

　債権者代位権は、債務者がその一般財産の減少を放置する場合に、債権者が債務者に代わってその権利を行使して、財産の減少を防止する措置を講ずるものであり、債権の対外的効力として認められるものであるが、ここではその債権代位権それ自体の消滅時効ではなく、その基礎となる債権の消滅時効が完成している点を問題にするものである。

2　下級審判例

　京都地判昭56・3・6訟月27・9・1600は、この問題を取り扱った事例である。すなわち、X会社は、何者かによって事務所に保管中の小切手用紙を盗まれ、偽造された上、それがA名義（仮名）で開設された郵便貯金に預けられていたため、Aに対して不法行為に基づく損害賠償請求権を有するところ、Aが所在不明で無資力であるから、AがY（国）に対して有する預金払戻請求権を代位行使するとして、Yに対して払戻しを求めた。これに対して、Yが、Xの損害賠償請求権は、3年の時効で消滅したと抗弁したものである。

3　援用権者の拡大

　従前の判例は、旧145条の時効を援用し得る当事者につき、「時効によって直接に権利を取得し又は義務を免れる者及びその承継人に限る」（大判明43・1・25民録16・27など）と、援用権者の範囲をかなり狭く解してきたが、最高裁判所になって、物上保証人（最判昭42・10・27民集21・8・2110）や、第三取得者について（最判昭48・12・14民集27・11・1586）、これを「当事者」に含めるようになった。改正民法145条は、「当事者（消滅時効にあっては、保証人、物上保証人、第三取得者その他権利の消滅について正当な利益を有する者を含む。）」とし

第30章　債権者代位権　　　495

て、かっこ書を付して従前の判例理論を法文にとりこんだ。

　債権者代位権と関係するものについては、債務者の一般債権者が、他の債権者に対しその債権の消滅時効を「当事者」として援用することはできないが、無資力の要件がある場合は、債権者代位権によって債務者の時効援用権を代位行使し得るとして（最判昭43・9・26民集22・9・2002）、時効援用権の代位行使を認め、無資力という条件付きながら、実質上、「当事者」の範囲を広げる結果となる判示をしている。しかし、他方、債権者代位権と同じく、債権の対外的効力として認められる債権者取消権について、債権者取消権の被告となった詐害行為の受益者は、債権者取消権の基礎たる債権の消滅時効を援用できないかのような判例もある（最判昭45・1・23判時588・71）。

4　検　討

　上記京都地判昭56・3・6の判例は、「債権者代位訴訟において、第三債務者が基本債権の消滅時効により受ける利益は、時効の直接の結果ではないから、第三債務者を消滅時効の援用権者ということはできない」と判示している。しかし、第三債務者は、なお「当事者」として援用し得ると解すべきであると考える（反対、松久「時効援用権者の範囲」金法1266・12、民法（債権法）改正検討委員会編・詳解債権法改正の基本方針（Ⅲ）263）。まず、援用し得ると解しても、第三債務者Cの債務者Bに対する債務そのものは、消滅時効にかかっていないのだから、債務者と第三債務者の法律関係は、従前どおり何ら変わらない。したがって、債務者は第三債務者に対して、依然請求できる。

　次に、債権者Aと債務者Bの関係を見るに、Bが時効完成にかかわらず、なお援用しないでいつか支払いたいとの意向をもっていたとしても、Cの援用によって、このようなBの道義心は何ら害されない。なぜなら、時効援用の効果は相対的であって、援用権者が数人である場合、その1人の援用は、他の者に何の影響も及ぼさないからである（我妻・新訂民法総則〔新訂版〕452）。したがって、Cの援用を認めても、それはAとCの間で、時効による消滅という効果に従って、債権者代位の拒否という結果が生ずるだけであって、AのBに対する債権には何ら影響がないからである。債務者Bにおいて改めて時効を援用することもできるし、また援用しないで弁済を継続することも自由である。

　最高裁判所になって、物上保証人や第三取得者に、当事者として時効援用権を認めるに至った理由も、社会秩序維持という時効制度の趣旨から、できる限り広範囲の利害関係人に時効の利益を享受することを認めることが望ましいとともに、これらの者に直接の援用権を認めても、債務者自身が援用し

なければ、債権者は債務者に対する関係で債権を行使し得るのであるから、債権者の保護に欠けることにならないという点にあったと思われる（森・最高裁判所判例解説民事篇昭和42年度89事件490）。本問における第三債務者にも同じようなことが妥当するといえよう。

第31章　詐害行為取消権　　497

第31章　詐害行為取消権

251　詐害行為取消権の期間制限は、どのように改正された
か。

| 結　論 | 消滅時効期間・除斥期間から2年または10年の出訴期間とされた。

1　旧426条
旧426条では、詐害行為取消権の期間制限として、債権者が取消しの原因を
「知った時」から2年間の「時効によって消滅する」と規定していた。また、
「詐害行為の時」から20年が経過したときも同様と規定し、この20年の期間
の法的性質については、除斥期間と解されていた。

2　出訴期間への改正
改正民法426条では、次のように規定して、期間の性質を消滅時効・除斥期
間から「出訴期間」に改められた。

> 　詐害行為取消請求に係る訴えは、債務者が債権者を害することを知っ
> て行為をしたことを債権者が知った時から2年を経過したときは、提起
> することができない。行為の時から10年を経過したときも、同様とする。

出訴制限は手続法上の制度であるとされ、アメリカ連邦裁判所によれば、
その立法趣旨は、「証拠が失われ、記憶が薄れ、証人がいなくなるまで、休眠
状態に置いていた請求権を蘇らせる事による不意打ちを許さないことによ
り、正義を促進するものである」。出訴期間にすぎないので、時効の完成猶予
または更新などの時効障害に関する規定は適用されないことになる。

3　改正の理由
民法改正により出訴期間に変更されたのは、詐害行為取消権が債務者の財
産管理への介入であり、改正民法120条以下の取消権等の実体法上の形成権

第31章

とは異なり、瑕疵なく有効になされた意思表示を実質的に覆す形での介入を例外的に認めるという法的性質を有することからである。また、消滅時効期間であると、時効の完成猶予や更新が可能となり、法律関係が早期に安定しない弊害を生ずるからである。

ちなみに、2年の起算点については、旧426条では「取消しの原因を知った時から」と表現していたが、最判昭47・4・13判時669・63が、債務者が債権者を害することを知って当該法律行為をした事実を債権者が知った時から起算されるのであって「詐害行為の客観的事実」を債権者が知った時から起算されるのではないとしていたことに従って、この判例法理を明文化した。

4　10年に短縮

改正前の20年の除斥期間が詐害行為の時から10年の出訴期間に改められたのは、詐害行為取消権を行使するには取消訴訟の事実審の口頭弁論終結時まで債務者の無資力状態が継続することを要するとされているから、20年もの長期にわたって債務者の行為や無資力状態を放置したまま推移させた債権者に詐害行為取消権を行使させる必要性は乏しいからである（中間試案概要72）。また、法律関係の早期安定のためにも、20年を10年に短縮したものである。

252 債権者代位権の行使により債権者取消権の出訴期間をクリアーしたといえるか。

| 結　論 | いえない。 |

1　問題となった事案

本問は、福岡高宮崎支判昭59・10・26判タ545・152によって提起された問題なので、まずその事案を紹介する。

原告Xは、債務者Aから被告Yに対してなした本件土地の譲渡が不存在ないし虚偽表示により無効であるとして、債権者代位権に基づきその返還を請求し、昭和54年12月20日の第1審の口頭弁論期日に、予備的に上記売買契約を詐害行為取消権に基づいて取り消したことを理由とする土地の返還請求を追加した。しかし、その予備的請求は、同じく第1審のその後の口頭弁論期日に取り下げられた。次いで、控訴審において、Xは再び前と同一内容の予備的請求を追加したところ、Yよりこの予備的請求が第1審における詐害行為取消請求の時から2年経過後（昭和56年12月21日以後）になされたもので、旧

第31章　詐害行為取消権　　　499

426条により詐害行為取消権の2年の消滅時効が完成していると主張した。そこで、債権者代位権に基づく本訴が、詐害行為取消権の時効を中断させているのではないかが問題となったものである。

2　債権者代位権と債権者取消権

そこで、まず、債権者代位権と詐害行為取消権がどのような関係に立っているかを検討しなければならない。

本問のように債務者の財産減少行為が、不存在または虚偽表示により無効で、それに基づいて登記がなされている場合について、現在までの判例理論においては、虚偽表示として無効な行為は取り消すことはできず、登記法上の行為は法律行為ではないから債権者取消権の目的とはならず、したがって、虚偽表示に基づいて登記がなされている場合には、債権者代位権によって登記の抹消を求めるべきであるとされている（大判明41・6・20民録14・759、大判明41・11・14民録14・1171）。しかし、虚偽表示の無効は、第三者に対抗し得ないのだから、転得者において、債務者の行為が虚偽表示であることを知らない場合には、詐害の事実を知っている限り、転得者に対する関係で、当該虚偽行為を詐害行為として、取り消し得るとしている（大判昭6・9・16民集10・10・806）。

これを、前記のような事案にあてはめてみると、ＡＹ間の譲渡行為が不存在または虚偽表示であれば、債権者代位権によって抹消を求めるべきだし、反対にＡＹ間の譲渡行為が有効であれば、詐害行為取消権によって抹消を求めるべきということになり、結局両者は選択的な関係に立つ。

3　密接に関連する2つの権利

このような密接に関連する2つの権利の一方を行使したときに、他方の権利の時効中断の関係を規律する理論として、現在まで判例上認められたものとして、その他方の権利について、「裁判上の請求に準ずる」ものとして時効中断する場合と、「裁判上の催告」として時効中断する場合との2つがある。

「裁判上の請求に準ずる」ものとは、一方の権利について裁判上の請求があった場合に、他方の権利が当該訴訟の訴訟物でなくても、訴訟物たる権利と不可分あるいはその前提であり、当該訴訟において、その他方の権利についても争われ、審理判断され、その結果、その他方の権利の存在が認められた場合、他方の権利について「裁判上の請求に準ずる」ものとして、時効中断の効力を認めるものである。

本問についても、債権者代位権と債権者取消権の両者の共通する「被保全債権に基づく不動産の取戻の権利主張はなされており、その権利についての判決による公権的判断を受けているので」、その点で裁判上の請求に準ずる

ものとして扱われるべきだとする学説がある（三和・法時58・1・118）。

　しかし、私は賛成し得ない。というのは、「裁判上の請求に準ずる」時効中断理論は、権利確定説による時効中断の範囲を訴訟物に限定する硬直的な結論を緩和するために生じたものであるが、債権者代位権と債権者取消権を一括する、さらにその上位概念として「被保全債権に基づく不動産の取戻権」という権利を認めることができないのみならず、債権者代位権と債権者取消権は、選択的であり、かつ択一的、すなわち両者が競合することは理論上ありえず（一方は無効または不存在を前提として、一方は有効を前提とするから）、一方が判決で認められたからといって、他方の存在も認められたとはいえないと考えられるからである。

4　最高裁判例
　前記福岡高裁の判旨は、最高裁で破棄された（最判平2・6・1判時1387・8）。

5　民法改正との関係
　改正民法426条は、詐害行為取消請求に関して、主観的起算点から2年、客観的起算点から10年の期間制限を設けているが、その法的性質は完成猶予または更新といった時効障害のない絶対的な出訴期間として構成している。その理由は、詐害行為取消請求が債務者の財産管理に対する介入であり、瑕疵なく有効になされた意思表示・法律行為を実質的に覆す形での介入という性格を有することから、厳格な期間制限に服するべきであるとの考えによるものである。

　上記の様な趣旨を踏まえれば、債権者代位権の行使が民法改正後の詐害行為取消請求の出訴期間をクリアーするという結論にはならないと考える。

253　詐害行為取消権の2年の出訴期間の起算点はいつか。

| 結　論 | 債務者の詐害の意思および債権者を害する客観的事実を知った時。 |

1　旧426条前段における時効の起算点
　旧426条前段は、旧424条の規定による取消権は、債権者が取消しの原因を知った時から2年間行使しないときは、時効によって消滅する、と規定していた。そこでいう取消しの原因を知った時とは具体的にいつのことなのかにつ

いて、大判大6・3・3民録23・597、最判昭46・9・3金法628・37および最判昭
47・4・13判時669・63は、取消しの原因を覚知した時とは、債権者が特定の
具体的な詐害行為の存在を知った時を指すが、詐害の客観的事実を知るだけ
では足りず、債務者の詐害の意思をも知るのでなければならないとしていた。
なぜなら、債務者の詐害の意思を知らなければ詐害行為取消権の行使を期待
できないからである。そして、一般の取引における債権者は、債務者の資産
状態および弁済の意思等について知識を有するのを常とするから、特段の事
情のない限り、詐害の客観的事実を知った場合は、詐害意思をも知ったもの
と推認するのを相当とする、としている。

2 改正民法426条前段における出訴期間の起算点

改正民法426条前段では、2年の出訴期間の起算点につき、上記最判昭47・
4・13の判旨を取り入れて「債務者が債権者を害することを知って行為をした
ことを債権者が知った時から」と表現を見直した。詐害行為取消権の要件の
うち受益者等の悪意については、その点の認識を要求しない趣旨である。

3 具体的な認定

以下では、民法改正以前の判例上に現れた具体的認定を紹介する。

① 解散した滞納会社が、租税債権を害する目的でした資産の譲受けおよび
租税債務を除く債務引受がされた場合につき、税務署へ提出された解散年
度決算報告書（租税債務をそのままにして全資産を代表者に譲渡した事実
が明らか）の閲読により取消原因を覚知したもの（東京高判昭45・4・14訟月16・
6・562）。

② 債権者が他の債権者の取得した抵当権の設定が債権者を害するものでは
ないかとの疑念をもったものの、抵当権者および抵当権設定者から、総債
権者の債権を保全する趣旨で設定された旨の弁明を受けてこれを信じてい
たときは、まだ詐害行為取消しの原因を覚知したものということはできな
いとしたもの（東京地判昭46・3・25金判272・18）。

③ 不動産の二重譲渡により、第1の土地譲受人が害される場合につき、仮に
第1の譲受人において二重譲渡の事実のあったことを既に知っている場合
でも、第2の譲受人が登記を得て対抗力を具備した時点であるとしたもの
（東京高判昭51・2・24判時814・117）。

④ 債権者が、当初抵当権設定契約・代物弁済予約・代物弁済契約を通謀虚
偽表示として無効を主張し、その抹消登記請求訴訟を提起していたところ
（昭56）、途中で（昭60）詐害行為取消を予備的に追加した事案で、消滅時

効の完成を認めたもの（東京高判昭62・11・26判時1259・61）。

⑤　売掛金債権の譲渡につき、代表者と面接し債権譲渡の事情を聞いたとき
　に、債務者の財産状態から見てそれが債権者を害するものであることを知
　ったのであり、この時に始めて取消しの原因を覚知したもの（東京高判昭63・
　10・20判時1295・62）。

⑥　土地譲渡による売却代金から債権者にした弁済の取消しを請求する事案
　で、帳簿等を調べ裏付ける資料を得たときに、租税債権を害することを知
　りながら通謀の上弁済したことを覚知したもの（大阪地判平元・3・16金法1221・
　34。これに関連する事件として、大阪高判平2・9・27判タ743・171）。

⑦　昭和63年度の法人税につき、昭和62年の弁済行為を取り消すために平成
　3年9月に詐害行為取消訴訟を提起したケースで、起算点を担当官が関連会
　社や取引銀行の調査等を完了した平成3年2月とした（横浜地小田原支判平7・
　9・26金法1450・95）。

254　債権者が、受益者を相手取って詐害行為取消権を行使したとき、その基礎とした債権につき時効完成猶予または更新の効力が生じるか。

結　論　債務者に対する訴訟告知により、時効完成猶予の効力が生じると解する（私見）。

1　詐害行為取消権の法律的性質

　詐害行為取消権の法律的性質については、学説が多岐に分かれるが、民法
改正以前の判例（大判明44・3・24民録17・117）は、債務者の詐害行為を取り消し、
債務者の財産上の地位をその法律行為の為したる以前の原状に回復して、も
って債権の担保を確保する目的のものとし、その本質を詐害行為を取り消し、
かつ逸脱した財産の取戻しを請求する権利だとする。改正民法においても基
本的にこの判例法理が維持されている。

　その帰結は、①詐害行為取消権の被告は、受益者または転得者であって、
債務者は当事者適格がない（改正民法424条の7第1項）。そして②債権者は、これ
らの者に対し、詐害行為の目的物またはこれに代わる利得の返還を請求する
が（改正民法424条の6）、③詐害行為の取消しに関しては、民法改正以前におい
ては債権者が、相手方から詐害行為の目的たる財産またはこれに代わるべき

第31章　詐害行為取消権　　503

利得の返還を請求する基礎として、必要な限りにおいて、債権者に対する関係においてだけ、詐害行為の効力を否認するものとされていたが（相対的効力）、詐害行為取消請求を認容する確定判決は、債務者およびその全ての債権者に対してもその効力を有するというように変更された（改正民法425条）。

　そこで、上記①のように、詐害行為取消権においては、債務者に被告適格はないので、この点は民法改正前と異ならず、債務者を被告とすることはできないわけであるが、受益者あるいは転得者を被告として、詐害行為取消権を行使したときに、当該債権の請求があったといえるか、したがって、その基礎となった債権について、時効完成猶予または更新の効力が生ずるかがここでの問題である。

2　民法改正以前の学説・判例

　肯定説（近江・民法総則〔第5版〕329）の理由は、債権の保全を目的としているが権利主張であること、受益者らは一方で取消権者の債権について消滅時効を援用できるのだから、他方で時効中断とされなければ不均衡となるからとする。

　本問につき、最判昭37・10・12民集16・10・2130は、時効中断しないと判示した。その理由は、①詐害行為取消訴訟において、当該債権の主張は、詐害行為取消の「先決問題たる権利の主張」にとどまること、②被告は、受益者又は転得者であって、債務者ではないから、債務者に対して裁判上請求したものとはいえないこと、の2つである。

　前記最高裁判決の理由のうち、①の点については、その後の判例理論の発展により既に克服されているというべきである。すなわち判例は、当該債権が、当該訴訟での訴訟物となっておらなくても、訴訟物たる権利と不可分あるいは前提であって、当該訴訟においてその存在が争われ、審理判断された結果、その存在が認められたときは、「裁判上の請求に準ずるもの」あるいは「裁判上の催告」としての時効中断の効力を認めている（最判昭38・10・30民集17・9・1252、最判昭44・11・27民集23・11・2251など。）。したがって現在の判例理論においては、その権利主張が、当該訴訟の先決問題というのみでは、時効中断の効力を否定する理由とはならない。

　そこで、焦点は上記②の理由に移ることになる。すなわち、詐害行為取消訴訟においては、債務者が訴訟に関与しないのであるから、取消訴訟でその債権を主張しても債務者に対して権利主張したことにはならず、時効中断しないという理由である。この点については、民法改正以前において学説において2つの方向で克服しようとする試みがなされていた。

　1つ目は、詐害行為取消訴訟において、債務者が被告となってはいないけれ

ども、債務者に対して権利主張があったとみてよいのではないかという説がある（遠藤・判評57・20）。そうして、その中断事由としての効力を、いわゆる「裁判上の催告」として、取消訴訟係属中に、催告としての効果が係属しているとみるべきであるとする（小山・判民昭和17年度147、遠藤・前掲20）。

2つ目は、詐害行為取消訴訟においては、債務者に対して請求がなされているのではないという事実を率直に認めて、旧155条（改正民法では154条）の類推適用により、時効の利益を受ける債務者に対して、通知した時に時効中断の効力を生ずるとする説である（於保・民商49・1・100）。

3 改正民法下での解釈

(1) 訴訟告知

改正民法424条の7では、詐害行為取消請求に係る訴えの被告を受益者または転得者とし、債務者は被告とならないとしつつ、同条2項において、債権者は遅滞なく、債務者に対し、訴訟告知をしなければならないと規定している。これは、改正民法425条が、詐害行為取消認容の確定判決は債務者に対してもその効果を及ぼしているため、詐害行為取消訴訟の手続に債務者を関与させる機会を保障したものである。訴訟告知とは、訴訟の係属中、当事者から第三者たる利害関係人に対して、訴訟の係属している旨を法定の方式によって通知することをいう。実体法上、訴訟告知に特に時効中断の効果を結びつけている場合がある（旧手形法86条、旧小切手法73条）。

(2) 訴訟告知の実体法上の効力

民法改正以前の学説において、訴訟告知があった場合、裁判上の催告の効力を認め、その訴訟終了後6か月以内に起訴すればその中断の効力を維持できるとするものがあった（我妻・新訂民法総則466、新堂・新民事訴訟法［第三版補正版］753）。以上のように、何らかの形で時効中断を認めようとする学説は、詐害行為取消訴訟の係属中に、基礎となった債権が時効で消滅することは妥当でなく、他方この結果を避けるため、時効中断のためにのみ債務者に対し別訴を提起しなければならないとすることも、債権者に負担を課すもので相当でないという利益衡量に立っているわけである。改正民法は、裁判上の催告理論を時効完成の猶予という形で改正民法147条1項に明文化したので、訴訟告知にこの時効完成猶予の効力が生ずると解することができる（同旨、平野・民法総則405）。

4 受益者の被保全債権の消滅時効援用権

なお、援用の関係で、大審院判例（大判昭3・11・8民集7・12・980）は、詐害行

為取消訴訟における受益者、転得者は当該基礎たる債権の消滅時効を援用できないとしていたが、最判平10・6・22民集52・4・1195により変更された。

255　詐害行為の受益者は、詐害行為取消権の基礎たる債権の消滅時効を援用できるか。

| 結　論 | 援用できる。 |

1　問題の提示

詐害行為取消権の法律的性質については、学説が多岐に分かれるが、判例（大判明44・3・24民録17・117）は、債務者の詐害行為を取り消し、債務者の財産上の地位をその法律行為の為したる以前の原状に回復し、もって債権の担保を確保する目的のものとし、その本質を詐害行為を取り消し、かつ逸脱した財産の取戻しを請求する権利であるとする。改正民法においても基本的にこの判例法理が維持されている。

詐害行為取消権そのものの行使期間については、改正民法426条が2年と10年の2つの出訴期間を認めている。本問は、取消権の基礎たる債権が既に消滅時効にかかっている場合についてである。この場合に、債務者がこれを援用していれば、詐害行為取消権の被告となった受益者において、その事実を主張立証すれば、請求棄却となることは明らかである。ところが、債務者が基礎たる債権の消滅時効を援用していない場合に、受益者の立場において、詐害行為取消権の基礎たる債権消滅時効を援用し得るか否かがここでの問題である。すなわち、改正民法145条は、時効を援用できる者を、「当事者（消滅時効にあっては、〔中略〕その他権利の消滅について正当な利益を有する者を含む。）」と規定しているが、詐害行為における受益者が、この「当事者」に含まれるのかという問題である。

2　民法改正以前の判例・学説

従前の判例は、この「当事者」を、「時効によって直接に利益を受ける者及びその承継人」と解釈し、具体的事案ではこの「当事者」をかなり狭く解してきた。本問についても、大判昭3・11・8民集7・12・980もこの流れの一貫として、債権者が手形債権に基づき、債務者の不動産処分行為を取り消して、その回復を請求する場合に、受益者は、手形債権の時効消滅を援用し得ない

と判示した（下級審のものとして熊本地判昭35・5・31訟月7・2・427）。

　学説は、本問についても、「詐害行為の取消は、債権者と受益者との関係で詐害行為の効力を失わせるものであり、しかもそれは債権の効力として認められるものだから、受益者はむしろ直接の当事者として援用権を認めるべき」と批判し（我妻・民法総則〔新訂版〕448、同・債権総論〔新訂版〕208）、他の学説もこれを支持する（幾代・民法総則〔第2版〕540など）。

　最判平10・6・22民集52・4・1195は、詐害行為の受益者は、債権者の債権の時効消滅によって直接利益を受けるものに当たり、債権について消滅時効を援用できるとして、大審院の判例を変更した。

3　検　討

　この判例の立場は、改正民法の下では145条にかっこ書が新設され、かっこ書の中に「権利の消滅について正当な利益を有する者を含む」と明文化されたことによりさらに強く支持される根拠を得たといえる。この立場を前提とする場合、債権者が被保全債権の債務者との関係で時効障害措置をとっていた場合に、その効果が受益者に及ぶか否かという問題が時効の完成猶予または更新の効力の相対性を定める改正民法153条1項との関係で問題となる。上記最高裁判決は、債権者が債務者の承認による時効中断等の再抗弁を主張していた点を取り上げ、この点につき審理するため、原審に差し戻している。この点から最高裁判所は、債務者について生じた時効中断の効力が受益者にも及ぶとの見解を前提にしていると思われる（旧148条の時効中断効の相対性との関係につき、森田「時効援用権者の画定基準について（2・完）」曹時54・7・6参照）。この点は、被担保債務の時効障害効が物上保証人に及ぶかという問題と同様の問題を含んでいる。

　なお、上記最高裁判決に反対する学説として、清水・判評486・20がある。また、民法改正の立法提案として履行拒絶権を主張する立場からは、被保全債権の時の経過による曖昧化により、受益者に負担や危険が強いられるわけではなく、受益者固有の利益の観点からも受益者を特別に処理する必要はないとして反対する意見がある（民法（債権法）改正検討委員会編・詳解債権法改正の基本方針Ⅲ264）。

第32章　連帯債務・債務引受　　　507

第32章　連帯債務・債務引受

〔連帯債務〕

256 連帯債務者の1人について時効が完成した場合にその連帯債務者の負担部分の限度で絶対的効力を生ずることを規定していた旧439条は、なぜ削除されたか。

結　論 連帯債務としての債権としての効力を強化するため。

1　旧439条の削除

旧439条は、連帯債務者の1人のために時効が完成したときは、その連帯債務者の負担部分については、他の連帯債務者も、その義務を免れると規定していた（負担部分絶対効）。改正民法は、この旧439条を削除することで、消滅時効の完成を「絶対的効力事由」から「相対的効力事由」へと改めるものである。

2　削除の理由

削除の理由につき、部会資料67Aは、次のように説明している。

「民法第439条は、債権者がすべての連帯債務者に対して時効中断措置をとっておかないと債務が縮減することになるという時効管理面でのリスクを債権者に負わせるものである。しかし、今日の取引においては、連帯債務は多数の債務者の1人でも資力があれば全部の弁済を受けることができる点で債権の効力を強化し、相互に担保するという作用を有することが重視されているのに、民法は債権の効力よりも連帯債務者間の緊密な関係にやや重きを置きすぎ、特に連帯債務者間の負担部分を基礎とする絶対的効力事由には問題があるとの指摘がされている。時効の完成については、学説上も上記のように批判が強く、実務上も、相対的効力が望ましいという意見が強い。」（部会資料67A・10）。

ここで、時効の完成についての学説上の批判とは、債権者が連帯債務者のうち資力のある一部の者からの弁済をあてにしている場合に、その者に対し

第32章

て時効の完成を防いでいても、他の連帯債務者についての時効の完成によって、資力のある連帯債務者の債務が縮減されるという思わぬ不利益を被るというものである。また、改正民法では、履行の請求に相対的効力しか認めないとしているので、消滅時効の完成の阻止のための債権者の負担は増すことになる。

3 弁済した連帯債務者から時効完成した連帯債務者への求償

相対的効力を前提とすると、債権者が時効が完成していない他の連帯債務者に請求し、その連帯債務者が弁済した場合に、当該弁済した連帯債務者から時効完成した他の連帯債務者へ求償できるか、という問題が生ずる。この点については、改正民法445条では、これを肯定し、「〔前略〕連帯債務者の1人のために時効が完成した場合においても、他の連帯債務者は、その1人の連帯債務者に対し、第442条第1項の求償権を行使することができる。」と規定している。

4 求償に応じた連帯債務者から債権者への不当利得返還請求の可否

次に、当該求償に応じた連帯債務者は、債権者への不当利得返還請求できるかという問題が生ずるが、求償に応じた連帯債務者が債権者に償還請求できないことは当然の前提になっている（部会資料80−2・5、筒井＝村松・一問一答・民法（債権関係）改正125）。なぜなら、債権者は、時効が完成しなかった連帯債務者に対する債権に基づいて弁済を受けたのであって、法律上の原因なくして不当に利得したものではないから、時効が完成した債務についての債務者の損失において利得したという関係にないからである（77回会議。部会資料67A・11）。

257 連帯債務者Ａ、Ｂ（負担分2分の1とする）のうち、Ａについて時効が完成すると、Ｂはその時効を援用できるか。

| 結 論 | できない。 |

1 民法改正前

旧439条は、連帯債務者の1人Ａのために時効が完成したときは、その連帯債務者の負担部分（2分の1）については、他の連帯債務者Ｂも、その義務を

第32章　連帯債務・債務引受　　509

免れると規定していた（負担部分絶対効）。したがって、Bは、旧145条の「当事者」として、Aの時効完成を援用し、その負担部分について債務を免れることができた。

2　改正による相対効と時効援用権

　民法改正により、この旧439条は削除され、消滅時効の完成の効果は、「絶対的効力事由」から「相対的効力事由」(改正民法441条)へ変更された。この結果、Aについて時効が完成しても、BにおいてAの負担部分について債務を免れるという利益がなくなったため、Bは、改正民法145条における「当事者」に該当しなくなり、Aの消滅時効完成を援用することができない。

258　連帯債務者の1人に対する請求は、時効の関係で他の連帯債務者へどのような効果を生じるか。

結　論　特約ある場合を除き、原則として影響しない。

1　民法改正前の絶対効

　旧434条は、「連帯債務者の1人に対する履行の請求は、他の連帯債務者に対しても、その効力を生ずる。」と規定していた。その結果、履行の請求は絶対的効力を生ずる事由とされ、旧147条1号が「請求」を時効中断事由としていたことから、連帯債務者の1人に対する履行の請求は、他の連帯債務者に対しても時効中断の効力が生じると解され、そのように時効の管理をしていた。しかし、改正民法ではこの旧434条自体が削除され、債権者にとって不利な改正になっている。

2　旧434条の削除の影響

　改正民法においてはこの旧434条が削除され、履行の請求は絶対的効力事由から相対的効力事由に改められた(改正民法441条本文)。これは、履行の請求を絶対的効力事由とすると、履行の請求を受けていない連帯債務者にとっては、自分の知らない間に履行遅滞に陥ったり、時効が中断していたり、消滅時効期間の更新がされたりするなど不利益が大きいからである。特に法令によって連帯債務が発生する場面などで、連帯債務者相互間に密接な関係が存在しないことが多く、この不利益の程度が大きいためである。

3　絶対的効力が生じる特約

　しかし、改正民法441条ただし書では、連帯債務における相対的効力の原則

に対して、債権者と請求の効力が及ぶ連帯債務者との間で、別段の合意による絶対的効力の発生を容認した。すなわち、「ただし、債権者及び他の連帯債務者の1人が別段の意思を表示したときは、当該他の連帯債務者に対する効力は、その意思に従う。」と規定している。これは、請求が絶対的効力を有することに有用性があり得ることを考慮したものである。例えば、連帯債務者Aと同Bが債権者に対して連帯債務を負担している場合に、Aについての請求の効力がBに及ぶことが「予め債権者とB」との間で合意されていたときは、Aについて生じた請求の効力は、Bに対しても及ぶことになる（部会資料67A・11）。これは、そのような意思が表示されているときは、その意思に従って効力を認めても、Bにとって不意打ちとなることはないからである。そこで、時効の管理の観点からは、このような特約を結ぶべきことになる。

なお、Aとの間で、Aに対する請求があったときはBに対しても請求をしたことになるという合意をしても、Bとの間でAへの請求が絶対的効力を有することにはならないので注意が必要である。

4 絶対的効力が生じる特約がある場合と相続

長男とペアを組んだ親子ローンで、親が死亡して複数の子が相続したような場合に、当初の絶対的効力発生の特約は相続人に引き継がれるため、ペアになった長男と親の債務の相続人らとの間のそれぞれの連帯債務関係においては、絶対効が生じるとして扱われる。

5 実務への影響

連帯保証人について生じた事由についても連帯債務の相対的効力を規定する改正民法441条が準用されることから（改正民法458条）、特段の合意がない限り、連帯保証人に対する請求は、主債務者に対する時効完成障害事由にならない。

259 連帯債務者の1人に対し判決が確定したとき、他の連帯債務者の時効期間も10年に延長されるか。

結 論 延長されないと解する。

1 問題の提示

連帯債務とは、数人の債務者が同一の給付について、各自が独立に全部の

第32章　連帯債務・債務引受　　　511

給付を為すべき債務を負担し、しかもその内の1人の給付があれば他の連帯
債務者も債務を免れる多数当事者の債務である。その連帯債務者の1人に対
する判決が確定した時、改正民法169条1項により、その者に対する債権の消
滅時効期間が10年に延長される。これに対して、裁判上の請求の当事者とさ
れなかったそれ以外の連帯債務者にも、この延長の効力が及ぶのかがここで
の問題である。

2　民法改正前の裁判例

判例は、下級審の裁判例ではあるが、主債務者に対する確定判決による時
効期間延長の効力が、保証債務の附従性によって保証人にも及ぶとした最高
裁判決を前提として、連帯債務にはこのような附従性がないから、10年に変
ずる筋合いはないとして、否定した判決がある（東京高判昭45・4・2判時607・44）。

3　民法改正以後の検討

改正民法441条は、438条（更改）、439条（相殺）および440条（混同）を除
き、連帯債務者の1人について生じた事由は、他の連帯債務者に対してその効
力を生じない、と規定している。したがって、旧法では絶対的効力事由とさ
れていた「履行の請求」や免除、連帯債務者の1人についての時効の完成につ
いても、絶対的効力事由から相対的効力事由に改められた。連帯債務者の1
人に対する請求が相対的効力事由に改められたのは、法令によって連帯債務
関係が生ずる場面などでは、連帯債務者間に密接な関係が存在しないことが
少なくないことから、履行の請求を受けていない連帯債務者が自分の知らな
い間に履行遅滞に陥ったり消滅時効が中断したりすることは相当ではない、
と考えられたことによる。この考え方によると、時効期間の延長についても、
自分の知らない確定判決により自分の連帯債務の時効期間が10年に延長され
ているとすると、弁済関係の証拠書類の保存等の関係で不利益を及ぼすから、
本問は消極に解さざるを得ない。

4　改正民法441条ただし書による別段の意思表示ある場合

改正民法441条は、連帯債務における相対的効力の原則を本文で宣言しつ
つ、ただし書において「ただし、債権者及び他の連帯債務者の1人が別段の意
思を表示したときは、当該他の連帯債務者に対する効力は、その意思に従う。」
と規定している。そこで、例えば、債権者G、連帯債務者A、Bといる場合
に、GとBとの間で「GがAに対して履行の請求をして、確定判決またはこ
れと同一の効力を有するものによって確定した権利については、Bに対して

も履行の請求をしたこととし、その確定判決により時効期間が10年に延長されたときは、Bについても時効期間が10年に延長されるものとする。」との特約をしたときに、Aに対する10年への時効期間の延長効がBに対しても生ずるのかという疑問が生じる。

　①10年への時効期間の延長は、当該確定判決に伴って生ずる効力であること、②複数の連帯債務には主債務と保証の様な附従性の関係はないこと、③10年より短い時効期間を有するBにとって、予めの特約によって10年に延長することを容認することは予め時効の利益を放棄することになって146条に反するおそれがあること、等を考慮すると、消極に解する。

〔債務引受〕

260 併存的債務引受において1人に対する時効が完成した
とき、他の債務者へどのような効果が生じるか。

結　論　特約ある場合を除き、原則として影響しない。

1　併存的債務引受の成立

旧法には、債務引受の要件・効果を定める基本的な規定はなかったが、改
正民法においては、併存的債務引受と免責的債務引受とに分けて債務引受に
関する規定を新設している。併存的債務引受とは、第三者が債務関係に加入
してさらに債務者となり、従来の債務者は、債務を免れずに、両者が並立し
て同内容の債務を負担するものである。改正民法470条では、併存的債務引
受の成立につき、以下のように規定している。

> 2項　併存的債務引受は、債権者と引受人となる者との契約によってす
> ることができる。
> 3項　併存的債務引受は、債務者と引受人となる者との契約によっても
> することができる。この場合において、併存的債務引受は、債権者
> が引受人となる者に対して承諾をした時に、その効力を生ずる。
> 4項　前項の規定によってする併存的債務引受は、第三者のためにする
> 契約に関する規定に従う。

2　併存的債務引受の効果

併存的債務引受が成立したときの効果として、引受人は、債務者と連帯し
て、債務者が債権者に対して負担する債務と同一の内容の債務を負担する(改
正民法470条1項)。民法改正前においても、判例は、反対に解すべき特段の事情
のない限り連帯債務の関係が生ずるとしていた(大判昭11・4・15民集15・781、最
判昭41・12・20民集20・10・2139)。

ちなみに、中間試案第20・1・注では、併存的債務引受のうち、保証を主た
る目的とするものについて、保証の規定のうち、保証人保護に関するものを
準用するという考え方が採り上げられていたが、改正では採り上げられてい

514 第32章 連帯債務・債務引受

ない（部会資料67Ａ・35）。ただ、学説の中には、当事者の合意内容次第では保証債務に関する規律が適用される可能性があるとする意見がある（大村＝道垣内・解説民法（債権法）改正のポイント295）。

3 連帯債務に関する旧439条の削除

連帯債務に関する旧439条は、連帯債務者の1人のために時効が完成したときは、その連帯債務者の負担部分については、他の連帯債務者も、その義務を免れると規定していた（負担部分絶対効）。債権者と引受人との契約による併存的債務引受において、連帯債務についての時効の絶対効の適用があるとされていた（上記最判昭41・12・20参照）。改正民法では、この旧439条を削除することで、消滅時効の完成を「絶対的効力事由」から「相対的効力事由」へと改められた。そこで、併存的債務引受において、1人に対する時効が完成したときでも、原則、他の者の債務に何らの影響を及ぼさないことになった。

4 実務への影響

従前実務では、借入人である個人事業者が死亡した場合、複数の相続人が法定相続分に従って分割された債務を負担すると共に、この債務につき事業承継者に重畳的債務引受をさせることがあった。しかし、この方法であると債務者の1人について時効が完成してしまうと当該債務者の負担部分につき他の債務者の債務も消滅してしまうというデメリットがあった。他方で、このようなリスクを避けるために、与信管理対象者を事業承継者に特定し、時効の管理をシンプルにするために、免責的債務引受の方法を採ることもあったが、他の相続人を免責させることに抵抗感もあった。

改正民法下では、事業承継者に併存的債務引受をさせても上記のリスクは発生しないので、今後は、併存的債務引受の方法が選択されることになろう。

261 併存的債務引受人は、債務者の債務の消滅時効を援用できるか。

結論 できない。

1 民法改正前の問題意識

重畳的債務引受とも呼ばれた併存的債務引受における債務者と引受人の債務の関係について、民法改正前においては明文の規定がなかったが、判例は

第32章　連帯債務・債務引受　　515

反対に解すべき特段の事情のない限り連帯債務の関係が生ずるとしていた（大判昭11・4・15民集15・781、最判昭41・12・20民集20・10・2139）。そして、連帯債務に関する旧439条は、連帯債務者の1人のために時効が完成したときは、その連帯債務者の負担部分については、他の連帯債務者も、その義務を免れると規定していた（負担部分絶対効）。その結果、原債務者の債務の時効消滅の効果は、旧439条の適用上、原債務者の負担部分について債務引受人にも及ぶと解されていた（上記最判昭41・12・20）。そこで、引受人は、債務者の消滅時効を援用できれば、その負担部分の限度で自己の引受債務も消滅するから、その援用の可否の問題が生じていた。

2　民法改正前の判例・学説

　この問題につき、連帯債務者の関係では各債務者に時効援用権が肯定されていたが、併存的債務引受における債務者と引受人の債務の関係が連帯債務であるとすると連帯債務と同様の結論になるが（大判昭14・8・14評論28民867）、不真正連帯債務の関係と解する説によると、消極に解される。しかし、この問題につき、連帯債務に関する旧439条とは切り離して検討する見解も見られた。

3　改正民法下での検討

　併存的債務引受が成立したときの効果として、改正民法470条1項は、引受人は、「債務者と連帯して」、債務者が債権者に対して負担する債務と同一の内容の債務を負担すると規定しているので、連帯債務関係が生ずることは明文で明らかとなった。

　他方で、連帯債務に関する旧439条は、連帯債務者の1人のために時効が完成したときは、その連帯債務者の負担部分については、他の連帯債務者も、その義務を免れると規定していた（負担部分絶対効）。しかし、改正民法では、この旧439条を削除することで、消滅時効の完成を「絶対的効力事由」から「相対的効力事由」へと改められた。そこで、併存的債務引受において1人に対する時効が完成したときでも、原則、他の者の債務に何らの影響を及ぼさないことになった。したがって、併存的債務引受人は、権利の消滅について正当な利益を有さないので（改正民法145条かっこ書参照）、債務者の債務の消滅時効を援用できないことになる。

第33章　保　証

262　保証人は、主たる債務の消滅時効を援用できるか。

| 結　論 | 援用できる。 |

1　保証人の援用が必要となる場合

　主たる債務につき時効期間が経過し、時効が完成したとき、通常は（連帯）保証債務についても時効が完成しているであろうから、保証人は自らの保証債務それ自体の消滅時効を援用すれば足りる。しかし、①主たる債務成立より後に保証したため、保証債務の時効完成が遅い場合、②保証債務は時効完成猶予または更新しているが、その効力が主債務に及ばなかったため、主債務につき時効が完成している場合、③保証債務につき時効の利益の放棄あるいは信義則により保証債務の消滅時効の援用はできないが、主債務は時効完成している場合などに、保証人として主債務の消滅時効の援用が問題となる。

2　民法145条の改正

　旧145条は、「時効は、当事者が援用しなければ、裁判所がこれによって裁判をすることができない」と規定していたので、時効援用権者は時効の「当事者」に限定されているかのように受け取られ、保証人が主たる債務につい て当事者といえるかが問題となっていた。

　しかし、保証人あるいは連帯保証人の主債務の時効援用の可否につき、一貫してこれを積極に解するのが判例の立場であり（保証人－大判大4・7・13民録21・1387、大判大4・12・11民録21・2051、大判昭13・6・24新聞4294・18。連帯保証人－大判昭7・6・21民集11・12・1186、大判昭7・12・2新聞3499・14、大判昭13・3・18法学7・954）、学説の多くも同様であった（我妻・民法総則〔新訂版〕446、川島・民法総則454、幾代・民法総則〔第2版〕539など）。

　今回の民法改正では、145条の当事者に、「（消滅時効にあっては、保証人、物上保証人、第三取得者その他権利の消滅について正当な利益を有する者を含む。）」というかっこ書を付けて、保証人の時効援用権を明文化した。

　この点の説明について、保証人に援用を認める判例は、細かく分類すると、

第33章　保　証　　517

①主債務が時効完成したときは主債務の消滅に伴って保証債務も当然に消滅するから、保証人は時効を援用するにつき、「直接の利益」を有し、当事者に当たると説明するものと（前掲大判大4・12・11、大判昭7・12・2）、②旧145条の当事者とは時効完成により「利益を受ける者」をいい、保証人は主債務の時効により利益を受けるものであるから当事者に該当すると説明するもの（前掲大判大4・7・13）、③利益が直接か否かなどについて言及せず、単に当事者に該当すると判示するもの（前掲大判昭13・6・24）、④単に援用できることのみを判示するもの（前掲大判昭7・6・21、大判昭13・3・18）に区分し得る。このように表現は微妙に分かれるが、その主旨は、主債務が時効で消滅すればいわゆる「付従性」により法律上必然的に保証債務も消滅することになるから、いわば保証債務を主債務と一体的なものとみて、保証債務という負担が消滅する点に直接の利益ありと考えていたものであろう。

3　消滅時効完成後の主債務を代位弁済した場合の求償権

　主債務について消滅時効が完成した後に、主債務者が時効を援用する前に委託を受けた連帯保証人が債権者に代位弁済をした場合、その連帯保証人は主債務者に対して求償することができるかという論点がある。
　委託を受けた保証人の求償権については、改正民法459条が定めているが、主債務の時効完成後の弁済が同条の「債務の消滅行為」に当たるかが問題になる。この点につき、東京高判平11・5・25金判1078・33は、連帯保証人が時効の利益を放棄しても、主たる債務者がその援用権を失うものではないから、主債務の時効を援用せずに弁済をして主債務を消滅させても、それは主債務者に利益をもたらすものではなく、主債務者に対して求償できない、と判示している（同旨、橋本・金判1088・55）。

263　　主債務の時効完成後に保証人が一部弁済し、その後に主債務者が時効を援用したとき保証人も援用できるか。

結　論　　保証人の一部弁済後主債務者が時効援用したとき、保証人も改めて主債務の時効を援用して保証債務を免れ得る。そして、保証人は弁済分を主債務者に求償し得ないと考える。

第33章　保　証

1　問題の提示

　保証債務は主たる債務に付従し、他方、保証人は、改正民法145条の当事者として主債務の時効を援用できるので、保証人が主債務の時効を援用したときは、付従性により保証債務の消滅を主張できることになる。ところが、本問は、主債務につき時効完成しているにもかかわらず、保証人がこれを援用しなかった場合である。このような場合は実務上多くみられるであろう。

　このように、保証人が主債務の時効を援用しないときは、消滅時効は援用があって初めて消滅するため、時効が完成しても当然に主たる債務は消滅せず、したがって保証債務が消滅していないため、たとえ時効期間経過後といえども債務は履行しなければならない状態にあり、債権者の請求に対する保証人の弁済はもとより正当で、このような保証人は、後日時効完成後の弁済であるとして債権者に不当利得としてその返還請求をすることはできない。

2　保証債務自体の消滅時効の完成

　さて本問では、保証債務は時効完成しているかどうか明らかではない。主債務が時効完成しているからといって、保証債務はこれとは別個であり、多くの場合保証債務についても時効完成していることが多いであろうが、時効完成猶予または更新事由の相対効（改正民法153条1項）により、いつでもそうとはいえない。以下の説明は、その多くの場合である保証債務も時効完成していることを前提に述べる。

3　保証人の弁済後の主債務の時効援用

　ところで、保証人の時効完成後の保証債務の弁済は、保証債務につき時効の利益の放棄、あるいは時効完成後の承認による時効援用権の喪失となり、時効更新と同様の効果が生ずる。しかし、これらの事由は、いずれも相対性効力しか有しないので、保証債務が更新したと同じになったからといって、主債務につき何らの影響も及ぼさないことに注意する必要がある。したがって、主たる債務は依然として時効完成したままである。

　そこで主債務者は、保証人の一部弁済後であっても主たる債務の時効援用できるが、主債務者が保証人の一部弁済後に援用した場合、保証人は改めて主債務の時効（保証債務の時効ではない）を援用し得るかがここでの問題である。

4　判例・学説

　判例は、できるとする（大判昭7・6・21民集11・12・1186、大判昭7・12・2新聞3499・

第33章　保　証　　519

14、東京地判昭39・9・28判時395・115、大阪高決平5・10・4判タ832・215。ただし、東京地判昭42・3・14判タ208・180は、主債務の時効完成後、連帯保証債務を目的とする準消費貸借契約を締結したとき、保証人は主債務について消滅時効を援用できないとする。）。最高裁判所も、株式会社の債務を連帯保証した同社の取締役が、会社が破産して破産廃止になった後も継続的に保証債務を支払い続けた事案で、会社が無資力で求償権を行使し得ないことを承知で弁済してきた事実があっても、主債務が時効により消滅するか否かに関わりなく保証債務を履行するという趣旨にでたものであるときを除き、なお主債務の時効援用できると判断した控訴審判決を是認している（最判平7・9・8金法1441・29）。

　学説は、①結論として判例を支持するものと（柚木・判例債権総論〔下〕81、菅野・判タ838・14、金山・金法1398・53）、②そのような保証人の意思として、主債務者に対し求償しないというような特別な事情がある場合はできないが、それ以外は原則としてできるとするものと（我妻・債権総論〔新訂版〕482、水田・金法496・22、奥田・債権総論〔増補版〕396）、③援用できないとし、主債務の消滅にかかわらず保証債務のみ存続するとするもの（川井・判評131・17、前田・口述債権総論〔第3版〕362、石井＝伊藤＝上野・銀法506・41〔伊藤発言〕）の3つに分かれる。

　論点は、①保証債務につき、時効の利益の放棄あるいは承認した以上、このような保証人の意思解釈として、主債務の時効は援用しない意思を表示したものかどうか、②このような保証人の承認は、機能的に一種の債務負担行為的性質を有すると評価すべきで、保証人の放棄、承認によって、主債務者に対し何らの手続をとらないでいる債権者の信頼を保護すべきかどうか、および③保証人に、弁済分につき、主たる債務者への求償を認めるべきかといった諸点をどう判断するかである。

5　検　討

　まず、主たる債務者に対し求償できるかの点につき、確かに時効完成後であっても援用がなければ債務は消滅せず、保証人としても弁済の義務は一応あるのであるが、主債務者にとっては援用して消滅させることができるのであり、このような状態下での保証人の弁済は主たる債務者に何の利益をもたらすわけでもなく、求償できないと解すべきであり、また、保証人の債務負担行為的性質のものと評価する実質的根拠も見出し難く、やはり保証債務それ自体の承認あるいは時効の利益放棄と、主債務の時効を援用することにより付従性による保証債務が消滅することは別個で、相容れないものでなく、主債務者が援用した場合、保証人も改めて援用できるとする判例の立場を支持すべきと考える。

6 実務上の注意点

したがって、管理者は、時効管理につき常に主債務を中心に考えて処理しなければならないというべきである。

なお、主債務者が時効完成後に債務承認をなし、保証人がそのことを知って保証債務を承認した場合には、本問とは異なり、保証人はその後に主債務の消滅時効を援用することは信義則上許されないとするのが判例である（最判昭44・3・20判時557・237）。

264 主債務者への履行請求は、時効障害の関係で保証人へどのような効果を生じるか。

| 結　論 | 時効完成猶予および更新の効力が保証人に及ぶ。 |

1 旧457条1項

旧457条1項は、「主たる債務者に対する履行の請求その他の事由による時効の中断は、保証人に対しても、その効力を生ずる。」と規定していた。改正民法においては、「時効の完成猶予」という制度を新設し、旧法の「時効中断」は、「時効の完成猶予」と「時効の更新」に分離された。

2 改正民法457条1項

そこで、改正民法457条1項では、「主たる債務者に対する履行の請求その他の事由による時効の完成猶予及び更新は、保証人に対しても、その効力を生ずる。」と規定され（下線は筆者）、改正前の「時効の中断」が「時効の完成猶予及び更新」と文言が改められ内容それ自体は改正がない。そこで、主債務者への履行請求は、民法改正前と同様に時効完成猶予および更新の効力が連帯保証人に及ぶ。

したがって、保証人は自分が知らない間に時効の完成猶予および更新の効力が生じてしまうことになる。この点、連帯債務者間では、時効中断事由としての請求の絶対効を定めていた旧434条が削除されたが、主債務者・保証人間についてはこのような見直しはされなかった。

第33章　保　証　　　521

265　保証人が一部弁済を継続している場合に、主債務の時効は更新されるか。

結　論　主債務の時効は更新されない。ただし、連帯保証で別段の意思表示があるときは別である。

1　単純保証の場合

　主債務者が、倒産あるいは行方不明の場合に、保証人が、長期にわたって分割弁済を続ける案件は多く見られるところである。このような場合、保証人の一部弁済は、保証債務につき承認となり（改正民法152条1項）、保証債務が更新されることはいうまでもない。そこで、この更新の効力が、主たる債務者に及べば、債権者としては好都合であるが、改正民法153条1項は、時効完成の猶予または更新の効力の相対性の原則を定め、「第147条又は第148条の規定による時効の完成猶予又は更新は、完成猶予又は更新の事由が生じた当事者及びその承継人の間においてのみ、その効力を有する」としている。したがって、債権者と保証人との間に生じた時効更新は、主たる債務者には及ばない。

　大判昭5・9・17新聞3185・9も「保証人のした債務の承認は、主債務者に対する時効中断の事由とはならない」とする。もっとも、学説として、承認による時効中断制度そのものが信義則による援用権制限の法的典型であるから、端的に信義則により時効援用が許されなくなるとするもの（松久・北大法学31・2・831）がある。

　このようであるので、保証人が弁済を続けていると思って安心していると、主債務につき時効が完成してしまうので、注意を要する。

2　連帯保証の場合

　ただ、この保証人が、単なる保証人ではなく連帯保証人である場合は、改正民法458条は、連帯保証人に関し、連帯債務に関する改正民法441条を準用しており、同条ただし書は連帯保証人が債権者との間で別段の意思表示をした時の絶対的効力を定め、相対効の例外として、主債務者に及ぶことを定めている。よって、債権者と主債務者との間で、連帯保証人による一部弁済により権利の承認として時効更新の効力が生じた時は、主債務についても時効更新の効力が及ぶとの特約を定めておけば、その絶対的効力が生ずる。

3　既払分の返還請求

以上のようであるので、実務上は、保証人の分割弁済が継続していても、常に主たる債務の時効期間経過に注意を払い、時効期間満了前に、主債務の更新手続をとる必要がある。仮に、この更新手続を怠り時効完成し、保証人から時効の援用があった場合、144条による時効の効果の起算日遡及効により不当利得として返還請求されるかの問題がある（塚原・金判826・2）。①消滅時効により消滅するのは現存する債権であって既に弁済により消滅した債権でないこと、②144条は、弁済により確定的に消滅した債権が復活しこれが再度時効により消滅し既払いの効果を履滅させるまでの効果を生じるものではない、ことから不当利得として返還する義務はないとの見解（塩崎・金法1247・16）がある。消滅時効制度を、債権者からの請求に対して時間の経過を弁済証拠に代えるとする防御的な制度と把握するときは、既払分については債務消滅の効果は生じないとして、否定説を支持できる。

266　保証人が主たる債務を単独相続したことを知りながら保証債務を弁済した場合、主債務者としての承認となるか。

> **結　論**　特段の事情のない限り、主債務者による承認となる。

1　問題の提示

主債務者と保証人は別人格であり、保証人が弁済したからといって、主債務を承認しうる権限もないのであるから主債務について承認の効果が生じるわけではない。この場合、主債務が時効完成すれば、保証人としては、援用権者としてその消滅時効を援用することができ、当該保証人との関係で附従性により保証債務も消滅する。

本問は、保証人が主債務者を単独で相続し、主債務者兼保証人という2つの人格を兼有している場合の保証債務の弁済が主債務や保証債務の時効更新にどのような影響を与えるかという問題である。

2　保証人が主債務を相続したとき

保証人が主債務者を相続した場合の法律関係につき、保証債務が消滅するのか、保証債務と重複した主債務を負うのかという法律問題がある。最判平9・12・18税務訴訟資料229・1047は、兼有説に立つ。

第33章　保　証　　523

3　単独相続の場合

最判平25・9・13民集67・6・1356は、単独相続のケースで、本問を積極に解した。その理由は、主債務者兼保証人の地位にある者が主たる債務を相続したことを知りながらした弁済は、相続した主債務について承認しうる立場にあり、保証債務の弁済であっても債権者に対して併せて負担している主たる債務の承認を表示していることを包含するから、というものである。改正民法152条1項の権利の承認は、特別の方式は必要ではなく、その権利の存在を認識して、その認識を表示した行為は全て承認となると解されている。そこで、上記判例は、主債務を承認する意味が保証債務の弁済に含まれているという評価を前提とするものである。

4　相続人が複数いる場合

複数の相続人が主債務者を相続した場合は、各相続人は相続分に応じた主債務のみを相続するだけである。相続していない主債務については主債務者兼保証人の地位にないのであるから、保証債務を弁済したからといって、相続していない主債務について承認の効力を有するということはない。

267　主債務が時効完成しそうになったので、保証人との間で保証債務を目的とする準消費貸借契約を締結するとどうなるか。

| 結　論 | 主たる債務とは不真正連帯債務関係となり、主債務が時効で消滅しても存続すると考える。ただし、実務上の処理は別である。 |

1　準消費貸借

準消費貸借とは、例えば売買代金債務を借受金債務とするように、既存の債務を消費貸借の目的とするもので（改正民法588条）、これによって、既存債務の代わりに消費貸借上の借主としての債務が発生する。なお、改正民法588条では、消費貸借による物の返還債務を目的とする準消費貸借も認めている。民法改正以前の商取引においては、売掛金は2年の短期時効にかかったので、これを目的として準消費貸借契約を締結すると、貸金として5年の時効期間となるため、しばしば行われた（ただし、既存債務についての支払条

件の約束にすぎないのか、準消費貸借を締結したかは事実認定上微妙な問題を生ずる。)。まず、保証債務であるからといって、準消費貸借の目的とすることに何の問題もない。保証債務についても、主債務者が行方不明であるとか、あるいは無資力であるといったような場合に主債務との関係を切断する意図でこれを目的とする準消費貸借が締結されるケースがある。最判平29・3・13判時2340・68の事案は、保証契約の趣旨で金銭を借り受けたとする債務弁済契約公正証書が作成されたものである。このケースでは、保証債務を目的とする準消費貸借の締結という問題点が意識されなかったために、判示としては公正証書に記載された賃金の支払を求める支払督促の確定は、保証債務履行請求権について消滅時効中断の効力を有するものではないとされた。

2 保証債務の付従性との関係

問題は、準消費貸借成立後の債務と主たる債務の関係がどうなるか、特に保証債務の付従性が、そのまま準消費貸借契約に基づく借金返還債務にそのまま引き継がれるかである。

個別に検討してゆくと、まず、主たる債務の消滅の関係については、保証債務について準消費貸借契約を締結したからといって、弁済したことになり、主たる債務が消滅するとは考えられない（反対・香川ほか・銀行窓口の法務対策2000講（中）311、旗田・手形研究323・57。また、判例には連帯債務に関する事案であるが、連帯債務者の1人が債権者に新たな借用証書を入れて旧債務を消滅させ、他の共同債務者に求償した事件で、出捐に該当するとして求償を認めたものがある。大判大7・3・25民録24・531参照）。なぜなら、保証人と準消費貸借契約を締結しようとする債権者の意図に反するからである（なお、手形の償還義務を目的として、準消費貸借契約をした場合について長谷部・金法274・24参照）。

他方、両方の債務が全く独立して併存し、両者に何の関係もなくなるというのでは、債権者は、主債務者と保証人であった者双方から二重に満足を受け得ることになって、これまた不当である。そこで弁済による消滅の関係では、両債務は1つと考えておかねばならない。

次に、中心論点たる付従性についてはどうか。私は、保証債務について準消費貸借が締結された場合、当事者の意思としても、保証債務の付従性を切断するものと解するのが合理的であり（債権者の意思としてはそれが目的であり、債務者としても準消費貸借を締結する以上、存続の点については主債務と一応切り離すと考えているのではなかろうか）、結局、以上のような法的構成を満たすものとして、主たる債務との関係は、付従性が切断されて、不真正連帯債務の関係になると考える。

第33章　保　証　　525

　したがって、主たる債務が時効完成しても、準消費貸借による債務は消滅
しない（主債務の時効完成後、連帯保証債務につき訴え提起前の和解をした事案につき、
準消費貸借が成立し、主債務の時効完成を援用できないとした判例として、東京地判昭42・
3・14判タ208・180。ただし、理由は時効援用権の喪失理論の応用）。

3　実務上の処理

　ただし、準消費貸借契約を締結しても、両者の併存を認める以上、保証債
務の付従性もそのまま引き継がれるとする説もあり（水田・金法496・20、野村・
金法1129・15）、実務上の処理を私見によって行うことは危険を伴う。そこで
銀行実務では、保証人に対し別個の貸出しを実行し、その代わり金をもって、
保証債務の弁済を受ける方法も行われるようであるが、この場合も、主債務
に担保があるときは、代位により保証人に移転してしまうといった不都合も
ないではない。

第34章　連帯保証

第34章　連帯保証

268　連帯保証人Ｂへの請求は、時効の関係で主債務者Ａへどのような効果を生じるか。

| 結　論 | 特約ある場合を除き、影響を及ぼさない。 |

1　旧434条の削除

旧458条は、民法改正により削除された旧434条を連帯保証人に準用していたため、連帯保証人Ｂに対する請求は、主債務者Ａにその効力が生じていた。すなわち、連帯債務に関する旧434条は、「連帯債務者の1人に対する履行の請求は、他の連帯債務者に対しても、その効力生ずる。」と規定していたが、改正法はこれを削除している。旧434条が削除されたのは、旧434条を削除することで履行の請求を絶対的効力事由から相対的効力事由へ改めるためである。つまり、履行の請求を受けていない連帯債務者にとって自らの知らない間に履行遅滞に陥ったり、消滅時効期間の更新がされたりするなどの不利益がある点で問題だからである。特に法令によって連帯債務が発生する場面などでは、連帯債務者相互間に密接な関係を有しない場合が多いため特に問題であるとの指摘があった。連帯保証に関して言えば、連帯保証人は主債務者の関与がなくても債権者と連帯保証人との間の契約のみによって出現しうるので、主債務者の関知しない連帯保証人に対して履行の請求があったというだけで主債務者との関係でも履行の請求の効力が生ずるのでは、主債務者に対し不測の損害を与えるとの批判があった。

2　削除による連帯保証への影響

上記のように旧434条自体が削除されているため、改正後においては、連帯保証人に対する請求は主債務の時効完成猶予および更新事由でなくなる。改正前の時効の管理においては、主債務者が行方不明や認知症による意思無能力状態になったなどのケースでは、連帯保証人のみを被告として訴提起し、その時効中断の効力を主債務者に及ぼすことで、主債務の時効中断の効果を獲得していたが、改正後においてはこのような手法は単純には採れないこと

第34章　連帯保証　　527

になる。ただし、3に述べるように特約により対応できる。

3　特約による対処

改正民法458条は、連帯債務に関する改正民法441条を準用している。改正民法441条は、次のように規定している。

> 〔前略〕連帯債務者の1人について生じた事由は、他の連帯債務者に対してその効力を有しない。ただし、債権者及び他の連帯債務者の1人が別段の意思を表示したときは、当該他の連帯債務者に対する効力は、その意思に従う。

これは、相対的効力事由とする民法の効力は、任意規定であって、当事者間の特約によって絶対的効力事由とすることができるとの考え方によるものである。改正民法458条は、この改正民法441条を連帯保証に準用している。そこで、この規定を利用して、連帯保証人に対する請求は、絶対効であるとの当事者間（債権者と主債務者Aとの2者間）の合意（特約で対応）をすることにより、相対的効力事由を絶対的効力事由に変更できる。この特約は、保証書に挿入し主債務者の署名・押印をさせるとか、金銭消費貸借契約証書に挿入するとか、銀行取引約定書自体の中に記載するといった方法が考えられる。この特約を事前にすることにより、従前の時効の管理の実務と同様に対処できる。

4　特約の文例

絶対効を生じさせる特約の文例として、以下のものが紹介されている。

> 主債務者及び他の連帯保証人並びにその包括承継人又は債務を引き受けたもの（以下「債務者等」という。）の一部に対して、債権者が履行の請求等のその他の通知を行った場合は、他の債務者等に対しても通知がされたものとすることに合意する。

（赤坂・金法2028・40、相木・銀法819・56）

> 債権者が、連帯保証人の1人に対して履行の請求をしたときは、主債務者及び他の連帯保証人に対しても、その履行の請求の効力が生じるものとします。

（井上・松尾編著など・practical金融法務債権法改正127）

　ただ、上記のような文例であると、これらの特約を締結した後に新たな連帯保証人の加入があったような場合には、主債務者・既存保証人および加入連帯保証人との間で、新たな特約を締結しないと、履行の請求の絶対効が獲得されないので注意が必要である。

　さらに検討すると、上記文例では、複数の連帯保証人の具体的な特定それ自体がなされておらず、「連帯保証人の1人」とか「他の連帯保証人の一部」といった抽象的な特定しかなされていない。特約のある場合に限って絶対的効力を容認することとした改正民法の立法趣旨からは、ここでの連帯保証人としてＡ、Ｂなど個別に特定した表現とする必要があると考える（反対の見解として、赤坂・前掲40）。

269 連帯保証債務を被担保債務とする抵当権につき、物上保証人に対する競売申立てがなされたとき、主債務の時効障害となるか。

| 結　論 | 主債務者との間で、特約があるときに限り、時効障害となると解する。 |

1　問題の提示

　本問は、住宅ローン会社と不動産を購入するユーザーとの間の住宅ローンについて、ユーザーのローン債務につき不動産会社Ａが連帯保証をし、その連帯保証債務を被担保債権としてＢ社が物上保証人として担保提供し、住宅ローン会社のために根抵当権が設定された。この住宅ローン会社が競売を申し立てたが、その根抵当権実行における債務者は、連帯保証人たる不動産会社Ａであるため、この競売申立てにより主債務者であるユーザーに対する貸金債権が時効中断したかが問題となった。民法改正前において、時効中断するとする立場からの理論構成は、この競売申立てには請求の一種としての催告を含むものであり、とすれば、連帯保証人に対する請求は、主債務者に及ぶものであるから（旧458条・旧434条）、競売手続が継続している限り催告も継続しているから、その間主債務の時効も完成しないというものである。

2　民法改正以前の学説・判例

　本問の論点は、抵当権実行としての競売申立てに請求（催告）としての時

効中断の効果があるかということである。

　肯定説中、担保権の実行としての競売申立てに、いわゆる裁判上の催告としての中断効ありとする見解は、①担保権の実行は、被担保債権の満足を求めてするのであるから、その申立てには、抵当権者の抵当債務者に対する履行の請求が含まれ、このような催告は競売手続係属中も継続している（東京地判平2・8・23判時1386・116、東京地判平2・10・22判タ756・223、東京高判平7・5・31判タ895・134、浦野・ＮＢＬ462・49、山野目・判タ757・57、石井・判タ753・63、櫻井・金法1398・56）。②裁判上の催告は、その中断効の暫定性からいって、執行手続上のそれであってもよく、履行の請求の意思は、必ずしも債権者によって直接相手方に対して行われることは必要ではない（清水・判評396・43）ことを根拠にする。

　次に、肯定説の中でも競売申立てまたはこれの通知に履行の催告としての時効中断効は認めるものの、裁判上の催告としてまでの効力を認めない見解もある（東京地判平2・10・25金法1294・26）。その根拠は、①催告は、裁判上の請求と異なり、何らの形式も必要としないから競売開始決定の中に履行を請求する意思が含まれている以上、催告としての面を否定できない。②権利主張の態様からみて、債務者に対する権利行使の意味が希薄で継続性に欠ける、という点にある（東京高判平4・2・17判タ786・186）。

　これに対して、否定説は、①差押えは、請求とは別個に独立の中断事由とされているから、請求（催告を含む）と同一視することはできない（東京地判平2・3・28判時1374・58、東京地判平2・8・30判タ756・223）。その実質的説明として、請求は、債務者に対し債務の支払（履行）を求める意思の通知であるのに対し、差押えは裁判所に対し、法規により権利の実現を求めるものという点にある（東京高判平4・2・17判タ786・186）。②担保権実行の競売手続は、相手方に対して直接履行を求める請求、催告と異なり、その主張はあくまで裁判所に向けられている（東京地判平2・12・4判時1386・116）。③請求は、義務者に対する直接的な権利実現を求める行為であるのに対し、差押えは差押えの対象となる物または権利から実現しようとする行為であって、物上保証人や抵当不動産の第三取得者に対する差押えの場合、これらの者は、債務を負担していないのであるから、このことからみても差押えが当然に義務者に義務の履行を請求する意思を包含するとはいえない（東京地判平3・12・20判タ783・138、東京高判平4・1・29判タ792・166、近江・民法総則〔第5版〕333）ことを根拠とする。

　最判平8・9・27民集50・8・2395は、本問について主債務の消滅時効の中断事由に該当しないとした。その理由は、抵当権の実行としての競売手続においては、抵当権の被担保債権の存否およびその額の確定のための手続が予定されておらず、競売開始決定後は、執行裁判所が適正な換価を行うための手

530　第34章　連帯保証

続を職権で進め、債権者の関与の度合いが希薄であることにかんがみれば、債権者が抵当権の実行としての競売を申し立て、その手続が進行することは、抵当権の被担保債権に関する裁判上の請求またはこれに準ずる消滅時効の中断事由には該当しないと解すべきであり、また、執行裁判所による債務者への競売開始決定正本の送達は、本来債権者の債務者に対する意思表示の方法ではなく、競売の申立ての対象となった財産を差し押さえる旨の裁判がされたことを競売手続に利害関係を有する債務者に告知し、執行手続上の不服申立ての機会を与えるためにされるものであり、上記の送達がされたことが、直ちに抵当権の被担保債権についての催告としての時効中断の効力を及ぼすものと解することもできないことなどに照らせば、債権者が抵当権の実行としての競売を申し立て、その手続が進行すること自体は、旧147条1号の「請求」には該当せず、したがって、上記抵当権が連帯保証債務を担保するために設定されたものである場合にも、旧458条において準用される旧434条による主債務者に対する「履行の請求」としての効力を生ずる余地がないからである。

3　民法改正との関係

　まず、改正民法においては、連帯保証人に対する「請求」は、特約ある場合を除き主たる債務者に効力を及ばさない。また、時効中断事由として「請求」（旧147条1号）、「差押え、仮差押え又は仮処分」（同条2号）といった枠組も撤廃され、裁判上の催告理論を裁判上の請求等および強制執行等に明文化した時効の完成猶予の効力があるにすぎない。そうすると、改正民法下での本問は、まず、連帯保証人に対する請求が主債務者に効力を及ぼすとの特約がある限定的な場合に限られる。そして、強制執行等の手続に裁判上の催告理論が拡張された改正民法の下では、民法改正以前の最判平8・9・27の結論は、変更されるべきであると解される。

270　連帯保証人の1人に対する請求は、時効の関係で他の連帯保証人に対しどのような効果を生じるか。

| 結　論 | 原則として及ばない。ただし、連帯保証人間に連帯の特約がある場合および商法511条2項の適用がある場合には、特約により対応できる場合がある。 |

第34章　連帯保証　　　531

1　問題の提示
本問は、例えば、主債務者Ａ、連帯保証人Ｂ、同Ｃという場合に、連帯保証人の1人Ｂに対して訴えを提起したとき、他の連帯保証人Ｃに対し時効完成の猶予または更新の効果が及ぶかという問題である。このような問題は、主債務者たるＡが行方不明、あるいは法人で会社の実体がなく代表者が死亡あるいは行方不明とか、もう1人の連帯保証人であるＣも行方不明か、死亡しているが相続人の調査が困難な場合などで、Ｃに対する連帯保証債務を簡易に時効の完成を阻止したいといった場合に生ずる。

2　改正民法下でのアプローチ
連帯保証人の1人に対する請求が、他の連帯保証人に効力を及ぼすのかにつき、民法は何ら規定していない。ちなみに、改正民法458条は、連帯保証人につき生じた事由が主債務者に及ぼす効力につき、連帯債務に関する改正民法438条（更改の絶対効）、439条1項（相殺の絶対効）、440条（混同の絶対効）、441条（相対的効力の原則）を準用するという規定である。旧434条は、連帯債務における請求の絶対効を規定していた。そこでこの問題は、連帯保証人間に連帯関係が認められるかというところから検討を始めていた。しかし、民法改正により旧434条それ自体が削除されてしまった。ただ、改正民法441条ただし書において、特約ある場合の絶対的効力を容認している。そこで、連帯保証人間にこの特約を導入することができるかが問題となり、結局、まずは連帯保証人間に連帯関係が認められるかという検討が必要になってくる。

3　連帯保証人間の連帯の特約
まず、連帯保証人間に連帯の特約があれば、その法律関係は連帯債務に関する規定の適用を受けるから、民法改正441条ただし書による特約が可能となる。ただ、一般にはこのような特約がある場合はほとんどないであろう。

4　商法511条2項
そこで次に、商法511条2項の適用がある場合は、保証人相互間に連帯関係が生じると解されている。すなわち同項は、「保証人がある場合において、債務が主たる債務者の商行為によって生じたものであるとき、又は保証が商行為であるときは、主たる債務者及び保証人が各別の行為によって債務を負担したときであっても、その債務は、各自が連帯して負担する」と定める。この条文自体からは、主たる債務者と各保証人との間に連帯関係が生ずること

は疑問はないが、保証人相互間にも連帯関係が成立するのかは明らかでない。しかし判例は、この規定の解釈として、保証人相互間にも連帯関係を認める（大判明44・5・23民録17・320）。この規定を適用して、信用保証協会の信用保証委託契約書上の連帯保証人相互間に、時効中断効がそれぞれ及ぶとした判例もある（福岡地判昭60・7・29判時1166・162、岡山地判平5・3・25判時1499・107）。

5 特約や商法511条の適用がない場合

次に、特約も、商法511条2項の適用もない場合、連帯保証人相互間の法律関係を連帯債務ないしはこれに準ずる法律関係として把握できるかという観点からのアプローチがある。学説においては、保証人間に連帯関係があるとするものがある（我妻・債権総論〔新訂版〕507、赤坂・金法2028・39）。しかし最判昭43・11・15民集22・12・2649は、「複数の連帯保証人が存する場合であっても、右の保証人が連帯して保証債務を負担する旨特約した場合（いわゆる保証連帯の場合）、または商法511条2項に該当する場合でなければ各保証人間に連帯債務ないしこれに準ずる法律関係は生じないと解するのが相当であるから、連帯保証人の1人に対して債務の免除がされていても、これは他の連帯保証人に効力を及ぼすものではない」としており（ただし、奥野裁判官の反対意見がある）、直ちに採用できない。

6 特約の活用

連帯保証人間に連帯債務関係が生ずる場合として、①連帯の特約がある場合、②商法511条2項の適用がある場合には、連帯債務に関する改正民法441条ただし書が規定する絶対効が生ずる特約の活用が考えられる。すなわち、A・B・Cの3者間で、各人に生じた履行請求による時効完成猶予または更新の効力が及ぶことの特約を締結する。

なお、かかる特約を活用する場合でも、絶対的効力が生ずる関係当事者を個別に特定する必要があると解されるし、例えば後日、連帯保証人Dを追加するような場合、A・DのみならずB・Cとの合意の取付けが必要になってくる（赤坂・「連帯債務」金法2028・40は、特定は不要であり、追加の場合でも債権者からの通知で足りるとする。）。

第34章　連帯保証　　　533

271 　会社が借り入れ、代表者が連帯保証した場合、会社倒産後にその会社の代表者が一部弁済したとき主債務の時効は更新するか。

結　論 　会社代表者として、または連帯保証人としての弁済であっても特約ある場合には、更新する。

1　会社倒産後返済

　会社に対する貸付けにつき、代表者が連帯保証をすることはよくあることである。そしてその後の弁済は、会社の債務の弁済となり、承認による時効の更新となることは当然である。ところが、実務上、主債務者である会社が倒産したりして、法的手続がとられないまま実体が消滅し、その後、代表者であった個人が、分割で払ってくる場合もままある。このようなとき、会社としての弁済であれば、主債務は時効更新するが、連帯保証人としての弁済であれば、連帯保証債務が更新するのみで、主債務は更新しない（問題〔265〕参照）。しかし、その会社としての実体は消滅しているため（したがって弁済資金の出所も代表者の個人的なものであろう。）、会社としての弁済とみなすことが困難と思われる場合が少なくない。もとより弁済の際、明確な意思表示があればはっきりするが、振込みなどの方法によったりして明らかでない場合が多い。そこで明示のない場合、どのようになるかを考えておこうというわけである（岡本ほか・金法1398・13参照）。

　なお、連帯保証をした代表取締役が、その後代表取締役を辞任した後、その者が弁済を継続したとしても、代表権限がないのであるから、その弁済は主債務について承認とならず、主債務は時効中断しないことはいうまでもない（東京高判昭42・2・23金法471・28―債務承認の例）。

2　商法504条

　商法504条は、「商行為の代理人が本人のためにすることを示さないでこれをした場合であっても、その行為は、本人に対してその効力を生ずる」と規定し、この規定は代理とあるが、法人の場合の代表にも適用がある。したがって、法人の代表者の商行為は、特に代表する法人を明示しなくても、法人に効果が帰属する。

　ところが、問題は、商法504条は「商行為の」とあり、弁済がここの商行為に該当するかである。もとより、弁済は、いわゆる基本的商行為（商法501条・

502条）でなく、商人が営業のためにする行為として行われ、したがって附属的商行為となる（東京地判平3・4・22判時1405・57参照）。そして、この附属的商行為が法律行為だけでなく、弁済のような準法律的行為も含まれるかという問題がある（基本的商行為は法律行為に限られる。）。学説は、含むとする者（西原・商行為法62）、基本となる行為、例えば契約が法律行為であって商行為であれば含むとする者（小町谷・商行為法論53）などに別れるが、いずれにしても本問における弁済は、附属的商行為として商法504条の適用を受けると考えてよい。したがって、代表者の何ら明示のない弁済であっても会社債務の弁済としてよく、主債務の時効が更新する。

3　実務上の注意点

ただ実務上は、例えば、債務の承認書をとるような場合、会社および連帯保証人の両者について債務承認するような内容にすべきである。例えば「代表取締役及び連帯保証人として承認します。」というような文言にするのがベターである（最判昭44・3・20判時557・237は、時効完成後の上記文言による債務承認書について、上告人の保証人たる資格において、主債務の時効利益を放棄した趣旨だとする主張を排斥し、主債務者が当該債務を承認し、保証人が主債務者の債務承認を知って、保証債務を承認した趣旨であると判断している。）。

4　特約による対応

改正民法458条は、連帯保証人に関し、連帯債務に関する改正民法441条を準用しており、同条ただし書は、債権者との別段の意思表示をした時の相対効の例外として、主債務に及ぶことを定めている。よって、債権者と主債務者との間で、連帯保証人による一部弁済により権利の承認として時効更新の効力が生じた時は、主債務についても時効更新の効力が及ぶとの特約を定めておけば、代表者の弁済が会社としての弁済なのかあるいは連帯保証人としての弁済なのかを区別することなく、時効の管理として対応できる。

272　主債務者が行方不明の場合に時効の完成を阻止するために採ることができる手段としてどのようなものがあるか。

| 結　論 | 債務者の交替による更改、併存的債務引受、免責的債務引受を検討してみる。 |

第34章　連帯保証　　535

1　問題の提示
　実務においては、主債務者が行方不明で、連帯保証人が分割で返済を継続しているというケースがままある。保証人の弁済は、保証債務に対しては承認として時効の更新事由であるが（改正民法152条）、この更新の効力は特約がある場合を除いて、主債務に及ばない。そこで、連帯保証人が返済を継続している間に主債務の時効が進行し、時効期間が満了し時効で消滅すれば、附従性によって保証債務も消滅するから、連帯保証人は改めて主債務の消滅時効を援用して附従性による保証債務の消滅を主張できることになる。以下で、いくつかの手段を列挙してその利害得失を検討してみる。

2　連帯保証人に対する裁判上の請求等
　民法改正以前は、連帯保証に連帯債務における請求の絶対効を定める規定が準用されていたので、連帯保証人に対する裁判上の請求等は、主債務の時効を中断していた。しかし、改正民法では、請求は特約がなければ相対的効力事由しかなく、主債務に効力を及ぼさない（改正民法458条・441条）。

3　連帯保証人に対する仮差押え
　連帯保証人に対する仮差押えも、絶対的効力事由ではないので、主債務の時効完成猶予事由ではない。この点は、民法改正前においても、主債務の時効中断の効力はなかった（最判平5・4・22裁判集民169・25）。ただ、改正民法154条により、主債務者に通知をすれば主債務の時効完成猶予の効力を生ずるかのように思われ、民法改正前の学説においても、そのように解する学説もあった（関沢・手形研究319・107、松田・新版債権回収の法律相談379）。しかし、人的保証の場合に改正民法154条を適用できるかについては疑問があり、また、主債務者が行方不明であるから、通知自体も98条による公示の方法による意思表示という手段をとらなければならないので、煩雑である。

4　債務者の交替による更改
　更改は、従前の債務に代えて新たな債務を発生させる契約である（改正民法513条柱書）。改正民法513条柱書・2号では、従前の債務に代えて、新たな債務であって従前の債務者が第三者と交替するものを発生させる契約をしたときは、従前の債務は更改により消滅すると規定している。債務者の交替による更改は、債権者と更改後に債務者となる者との契約によってすることができる（改正民法514条1項）。そこで、連帯保証人と債権者との間で債務者の交代による更改契約をして、ネックとなっている主債務それ自体を消滅させること

が考えられる。なお、旧514条ただし書では、債務者の交代による更改は更改前の債務者の意思に反することができないと規定していたので、旧債務者から事後的に無効を主張されるリスクがあったが、改正民法ではこのただし書は削除されたため、更改前の債務者の意思に反するときでも、債務者の交替による更改をすることができる（改正民法514条1項前段）。ただし、旧債務者が知らないうちに契約関係から離脱することにより、旧債務者において自身の債務が消滅したことを知らずに弁済してしまう危険があり、これを回避する必要があることから、債権者から旧債務者への通知が効力要件とされ、債権者が更改前の債務者に通知した時に効力を生じるとしている（改正民法514条1項後段）。ここでも、主債務者が行方不明であるから、通知自体も98条による公示の方法による意思表示という手段をとらなければならないので、煩雑である。また、債務者の交代による更改後の債務者は、更改前の債務者に対して求償権を取得しないとされているので（改正民法514条2項）、債務者の交代を躊躇させることも要因となりうる。

5　連帯保証債務を目的とする更改

旧513条は、更改について、「要素」を変更することを更改とし、その要素として、債務の目的（内容）も要素の1つと解釈されていた。改正民法513条は、この解釈を明確化させて、改正民法513条1号で、従前の債務に代えて、「従前の給付の内容について重要な変更をする」新たな債務を発生させることも更改に含まれることを明文化している。そこで、連帯保証人との間で、連帯保証債務を目的として、更改することもできる。この場合は、連帯保証人が弁済したことになり、主債務を切り離すことができる。ただし、この場合でも、主債務に他の担保があるときは、これも同時に消滅するから問題がないわけではない。

6　準消費貸借の締結

連帯保証債務を目的として、準消費貸借契約（改正民法588条）を締結したとき、保証債務の弁済となって主債務が消滅すれば、主債務を切り離すことができるが、保証債務の弁済となり主債務が消滅するかどうか争いがあり（これについては問題〔267〕参照）。そこで、単純にこの方法によることもできない。また、仮に消滅するとしても、主債務の担保喪失の不利益は更改と同じである。

7　併存的債務引受

併存的債務引受は、債権者と引受人となる者との契約によってすることが

第34章　連帯保証　　537

できる（改正民法470条2項）。これによる引受人は、債務者と連帯して、債務者が債権者に対して負担する債務と同一の内容の債務を負担する（改正民法470条1項）。民法改正前においては、連帯債務者の1人のために時効が完成したときは、その連帯債務者の負担部分については他の連帯債務者も、その義務を免れると規定されていたため（東京高判昭43・11・29金法539・22）、負担部分としては主たる債務者が全額を負担しているというべきであるから、主債務が時効で消滅すれば結局保証人も債務を免れることになって、この手段は採用できなかった。しかし、改正民法は、連帯債務に関する時効完成の絶対的効力事由を廃止したので、上記のような不都合は生じなくなった。

8　免責的債務引受

免責的債務引受は、引受人が債務者が債権者に対して負担していた債務と同一の債務を負担し、債務者は自己の債務を免れる（改正民法472条1項）。免責的債務引受の場合、引受けの時に原債務者が負担していた債務が同一性を保ったまま引受人の負担する債務として存続する。免責的債務引受は、債権者と引受人となる者との契約によってすることができる（改正民法472条2項）。この点、民法改正前は債務者の意思に反しないことが要件であり（通説）、原債務者の意思に反する場合には、当該債務引受は併存的債務引受となると解されていたが、改正民法では債務者の意思に反しないことは要件とされていない。ただ、債務者が知らないうちに自身が契約から離脱することを防止するために、債権者が債務者に通知することが効力要件となっている（改正民法472条2項後段）。

民法改正前においては、債務者の意思に反しないことの立証の困難性がネックになっていたが、この要件が削除された改正民法下では、利用しやすくなったというべきである。

9　新たな貸付けによる弁済

連帯保証人に新たな貸付けをした上で、保証債務の弁済を受けるという方法もある、ただし、主債務に他に担保があるときには法定代位により保証人に移転してしまうという不都合がある。

第35章　供　託

273　供託金取戻請求権の消滅時効の客観的起算点はいつか。

結　論　供託者が免責の効果を受ける必要性が消滅した時、である。

1　問題の提示

　債務者による弁済の供託は、①債務者が弁済の提供をした場合において、債権者が弁済の受領を拒んだとき（受領拒絶）、②債権者が弁済を受領できないとき（受領不能）、③債権者を過失なくして確知することができないとき（債権者不確知）、の3つの場合にすることができる（改正民法494条）。一度供託した債務者は、①債権者が供託を受諾した時、②供託を有効と宣告した判決が確定した時、③供託によって質権または抵当権が消滅した時、④供託者が取戻権を放棄した時、までは供託物を取り戻すことができる（496条）。この供託者の取戻請求権の消滅時効の客観的起算点はいつか、がここでの問題である。

　なお、弁済供託された供託物の取戻請求権が消滅時効の対象にならないのではないかとの観点からの検討として、藤原・民商12・6・276参照。

2　受領拒絶を原因とする弁済供託における供託金取戻請求権

　賃貸借契約の存否をめぐって当事者間に争いがあるような場合の、受領拒絶を原因とする弁済供託における供託金取戻請求権の消滅時効の起算点について、民法改正以前の最高裁判例は、供託の基礎となった紛争が解決しその不存在が確定するなど、供託者が免責の効果を受ける必要性が消滅した時であり、その時効期間は改正会計法が定める5年ではなく10年とされている（最判昭45・7・15民集24・7・771）。その理由は、供託の基礎となった債務の存否をめぐる紛争が解決するまで供託者・被供託者のいずれからも供託金払渡請求権の行使を期待しがたいため、供託時から消滅時効が進行すると解すると、紛争解決時には供託金の取戻しができなくなるという不都合が生じるからである。

第35章　供　託　　　539

消滅時効の客観的起算点について、旧166条1項では、消滅時効は、権利を行使することができる時から進行すると規定しており、この権利を行使することができるの文言の解釈として、権利行使の可能性に関する事実上の障害は含まれないのが原則であるが、上記判例は供託金取戻請求権に関しては、その権利の性質上、事実上の権利行使可能時期をもって消滅時効の起算点としたものである。また、時効期間については、供託関係の一方当事者は国であり、改正会計法30条によれば5年であるが、供託金の払渡請求権は、民法上の寄託請求権であり、実質私法関係上の債権とみて、会計法の規定が適用されず、旧167条1項により10年としたものである。

上記の判例理論は、民法改正以後においても変わらないと解される。

3　債権者不確知を供託原因とする弁済供託における取戻請求権

債権者不確知を原因とする弁済供託の場合には、供託の基礎となる債務の存否等には争いがないので、上記最判昭45・7・15判決の理論がそのまま適用されるかは問題があったところである。

しかし民法改正以前において、最高裁判所は、過失なくして債権者を確知することができないことを原因として賃料債務につき弁済供託された場合、その取戻請求権は供託者が免責の効果を受ける必要が消滅した時から進行すると判断した（最判平13・11・27民集55・6・1334―賃貸人の相続人不確知）。その理由は、弁済供託者が供託金を取り戻すと賃料の支払債務の履行などの供託による免責の効果を受けることができなくなるから、消滅時効の完成を阻止するために債務者に免責の効果を断念する行為を強いるような解釈をすることは合理性を欠き、免責の効果を受ける必要性が消滅するまで（例えば、供託の基礎となった賃料支払債務の消滅時効が完成した時など）供託金取戻請求権の行使を期待することができないし、これを権利の上に眠ると同様の評価はできず、また債務者が国家であり弁済に関する立証困難からの解放の必要性もないからである。

上記最高裁判例を受けて、平成14年3月29日民商第802号法務局長、地方局長あて法務省民事局長通達が発せられている。

上記の判例理論は、民法改正以後においても変わらないと解される。

4　弁済供託された場合の原因債務についての消滅時効の進行

弁済供託により、供託の基礎となった債務は消滅するから（遡及効のある解除条件付消滅説）供託物取戻請求権とは別個に供託の基礎となった債務の消滅時効を論ずることは無意味であるかのごとく考えられるが、供託者は一

定の事由が生じるまで供託物を取り戻すことができるのであり、供託物を取り戻したときは、債務が消滅しなかったことになるから（遡及効のある解除条件付消滅説）、供託者が取戻請求権を有する限り供託による債務消滅の効果は、絶対的に消滅していないと解さざるを得ない。とすれば、弁済供託にもかかわらず、原因となった債務の消滅時効はなお、進行する。この点に関しては、弁済供託後も原因債務について消滅時効が進行すると債権者としては別途にその時効中断手続が必要となり、二重の負担を課すことになるとの批判がある（秦・金法1636・5）。

これに対しては、債権者は本来の債権の消滅時効の完成により「供託金還付請求権」を失うが、本来の債権について履行を求める訴訟を提起し、債務者から供託の抗弁が出され、これに基づいて請求棄却が出されても、496条1項の供託を有効と宣言した判決の確定により、「供託金取戻請求権」を消滅させ、還付請求権のみとなるので、本来の債権の消滅時効により還付請求権を失うという事態は避けることができる（福井・ジュリ1230・98）。上記最判平13・11・27の判決も、供託がされた後も供託の基礎となった債務についての消滅時効が進行することを前提としている。

5 主観的起算点との関係

改正民法166条1項1号では、主観的起算点から5年の時効期間制度を新設した。主観的起算点は、当該債権者において権利を行使することができることを知った時からであり、上記判例が客観的起算点として判示した事実について債権者がこれを認識した時が主観的起算点になる。

274 宅建業の免許の有効期間が満了した者の営業保証金の取戻請求権（取戻し公告がなされなかったとき）の時効の客観的起算点はいつか。

| 結 論 | 取戻し事由が発生した時。 |

1 宅地建物取引業法30条の規定

営業保証金は、事業者が不特定多数の者を相手に営業活動を行う場合において、相手方に損害を与えた場合に備えて、事業者に対し、供託所に一定の金銭または有価証券を供託することを義務付け、これを損害填補の引当てと

第35章 供 託 541

するものである。宅地建物取引業法30条1項は、宅建業の免許の有効期間が満了した時、供託した営業保証金を取り戻すことができると規定している。他方、同条2項では、この取戻しは、当該営業保証金につき還付請求権を有する者に対し、6か月を下らない一定期間内に申し出るべき旨を公告し、その公告期間内にその申し出がなかった場合でなければこれをすることができない旨を規定し、同条2項ただし書は、営業保証金を取り戻すことができる事由が発生した時から「10年」を経過したときは、この限りでない旨規定している。

2 同法30条2項の取戻し公告

同条2項の取戻し公告は、供託されている営業保証金について還付請求権を有する者がいる場合に、その者の知らない間に営業保証金の取戻しが行われてしまうと、その者が営業保証金から損害を賠償してもらう機会を失わせることになるので、その権利行使の機会を与えるためであり、その機会に権利を行使しない場合のみ取戻しを認めるのが合理的であると考えられた制度である。ちなみに、同条2項は、宅建業者であった者に取戻し公告を義務付けるものではなく、早期に営業保証金の取戻し請求を行う場合において、還付請求権者の権利行使の確保をするために履践すべき手続を定めたものに過ぎない。

同条2項本文は、営業保証金の取戻し請求の時期は、公告期間経過後であるとしつつ、ただし書で10年を経過したときは、この限りではないとしており、この本文とただし書の関係が問題になる。ただし書は、取戻し事由発生の時から10年を経過した後は、取戻し公告をしないで取戻し請求できることを規定したものである。これは、10年を経過した後は、取引の相手方の有していた債権はほとんど時効により消滅するので、その還付請求権を行使する機会を特に確保するまでの必要性がないという理由による。

取戻し公告をして取戻し請求をするか、取戻し公告をしないでただし書による10年経過後に取戻し請求するかは、どちらが優先するという関係にはなく、宅建業者であった者の選択による。

3 取戻し公告をしないで取戻しをする場合の客観的起算点

改正民法166条1項2号は、10年の消滅時効の客観的起算点として、「権利を行使することができる時」と規定している。最短を考えると、取戻し事由が発生したから、ただちに取戻し公告をなし、最短の公告期間である6か月が満了した時が権利を行使することができる時点になり、客観的起算点となりえそうである。しかし、宅地建物取引業法30条2項ただし書は、取戻し公告をし

ないで取戻し事由発生後10年を経過した後の取戻し請求を容認しており、上記のような解釈であると、ほとんどの場合に消滅時効が完成しており、30条2項ただし書に基づく取戻し請求は事実上不可能になってしまいかねない。そこで、民法改正前における最判平28・3・31民集70・3・969は、30条2項本文の取戻し方法と2項ただし書の取戻し方法のいずれを選択するかは宅建業者であった者の任意に選択関係にあるとした上で、取戻し公告がなされなかったときは、取戻し事由が発生した時からさらに10年を経過した時が客観的起算点になると判示した。

4 取戻し公告をしないで取戻しをする場合の主観的起算点と時効期間

改正民法166条1項1号は、権利を行使することができることを知った時という主観的起算点から5年間の消滅時効を規定している。取戻し公告をしないで取戻しをする場合の主観的起算点は、上記3で述べた客観的起算点を前提とした上で、「取戻し事由の発生」、「10年の経過」のいずれも当該宅建業者の認識の範囲内であるから、上記客観的起算点は、そのまま主観的起算点になる。

したがって、改正民法の下においては、上記客観的起算点＝取戻し事由が発生した時から10年を経過し、その時からさらに5年間の消滅時効にかかることに注意する必要がある。

第36章　求償権　　　543

第36章　求償権

275　信用保証協会の求償権は、何年の時効にかかるか。

結　論　改正民法施行日以前に求償権の発生原因としての法律行為があるときは、保証を委託した主たる債務者が商人の時は5年、非商人の時は、10年。改正民法施行日以後に求償権の発生原因としての法律行為があるときは5年。

1　求償権

　保証人が主たる債務者に代わって弁済その他の免責行為をしたとき、その保証人は主たる債務者に対しその分を請求しうるが、これを求償権という。この求償権については、保証人が主たる債務者の委託を受けている場合と委託を受けていない場合があり、各々主たる債務者に対して求償できる範囲について違いがある（改正民法459条・462条）。

　信用保証協会は、信用保証協会法により、主務大臣の許可を得て設立される特殊法人であり、その目的は中小企業者らの債務を保証することによって、これらの者に対する金融の円滑化を図り、ひいては中小企業者の育成・進行を図るものである。したがって、その業務は、中小企業者からの委託を受けて債務保証をすることであるから、以下では信用保証協会が委託を受けて保証人となり債権者に代位弁済した場合を前提として説明する。

2　改正民法前の規律

　民法改正以前においては、信用保証協会の求償権が商事債権として5年の消滅時効にかかるか否かが論点として存在した。理論構成は別として、結論として、委託をする主たる債務者が商人であるときは、当事者の一方のために商行為たる行為については、商法が双方に適用されるのだから（商法3条）、当然信用保証協会にも商法が適用され、時効期間は5年であり、委託する主たる債務者が商人でないときは、信用保証協会は商人ではないから（最判昭42・10・6民集21・8・2051）、10年の消滅時効にかかると解されていた。

3 改正民法施行後の規律

しかし、民法改正と同時に旧商法522条が削除され、5年の商事時効は存在しなくなってしまった。他方、改正民法では、消滅時効の起算点が二重化され、主観的起算点から5年（改正民法166条1項1号）、客観的起算点からは10年となった（改正民法166条1項2号）。

客観的起算点となる「権利を行使することができる時」とは、信用保証協会が債権者に代位弁済をしたときである（名古屋地判昭58・10・7判タ521・201）。代位弁済をした時からであるから、時効期間の計算においては、代位弁済日を算入せず、代位弁済日の翌日から計算することになる。

そして、信用保証協会は、この代位弁済したときに権利を行使することができることを知っているのであるから、改正民法166条1項1号により、時効期間は5年間となる。

4 改正民法の適用日

改正民法附則10条4項では、「施行日前に債権が生じた場合におけるその債権の消滅時効の期間については、なお従前の例による。」と規定され、「施行日前に債権が生じた」とは、「施行日以後に債権が生じた場合であって、その原因である法律行為が施行日前にされたときを含む。」（改正民法附則10条1項かっこ書）とされているから、改正民法施行日以前に求償権の発生原因としての法律行為があるときは、保証を委託した主たる債務者が商人の時は5年、非商人の時は10年となり、改正民法施行日以後に求償権の発生原因としての法律行為があるときは5年となる。

276 保証人の主債務者に対する求償権に時効の完成猶予および更新が生じたときに、他の共同保証人に対する求償権に時効完成猶予および更新されるか。

結　論　　されない。

1 問題の提示

最判平27・11・19民集69・7・1988のケースは、次の通りである。A会社がB銀行から融資を受けるにつき、X保証協会とY（Aの取締役・支配人）およびC（個人）の3人が連帯保証人となった。よって、保証人としての負担割

第36章　求償権

合は、各3分の1宛となった。その後、X協会がB銀行に代位弁済してA会社に対する求償権を取得した。A会社がXに一部弁済したところで、XがA会社に対して、信用保証委託契約に基づく求償金の残元利金の支払を求めて訴提起し、勝訴判決が確定した（本件の前訴）。代位弁済から18年以上経過したところで、XからYに、465条1項、旧442条に基づき、共同保証人の負担部分につき、訴提起された。

　ここでの争点は、共同保証人であるX保証協会が、主債務者Aに対する求償権について訴えを提起して確定判決を取得したとき、他の共同保証人Yに対する求償権について時効中断し、時効期間も10年に延長されるか、というものであった。Xの主張は、旧457条1項の類推適用により、共同保証人間の求償権についても消滅時効中断の効力が生ずると解すべきであるというものであった。ちなみに、465条1項は、次のように規定していた。これは改正後も変わらない。

> 　第442条から第444条までの規定は、数人の保証人がある場合において、そのうちの1人の保証人が、主たる債務が不可分であるため又は各保証人が全額を弁済すべき旨の特約があるため、その全額又は自己の負担部分を超える額を弁済したときについて準用する。

　また、旧442条1項は、次のように規定していた。これも基本的に変わっていない。

> 　連帯債務者の1人が弁済をし、その他自己の財産をもって共同の免責を得たときは、その連帯債務者は、他の連帯債務者に対し、各自の負担分について求償権を有する。

2　判　例

　最高裁は、本問について消極の立場を採った。すなわち、「民法465条に規定する共同保証人間の求償権は、〔中略〕弁済した保証人のみが損失を負担しなければならないとすると共同保証人間の公平に反することから、共同保証人間の負担を最終的に調整するためのものであり、保証人が主たる債務者に対して取得した求償権を担保するためのものではないと解される。したがって、保証人が主たる債務者に対して取得した求償権の消滅時効の中断事由がある場合であっても、共同保証人間の求償権について消滅時効の中断の効力

は生じない」。

これは、共同保証人間の求償権は、主たる債務者に対する求償権の関係とは異なることをいうものである。したがって、旧457条1項を類推適用することはできないことになる。

3 代位による連帯保証債務履行請求権の行使

なお、上記事案においては、原告は、共同保証人間の求償権に関する旧465条1項を請求の原因とするのではなく、連帯保証債権に代位するという法的構成で請求すべきであった。これは上記最高裁判決の原審の判決文中にも次のように言及されている。「（被控訴人が、民法501条（弁済による代位）に基づき、AのB銀行に対する第1貸付債務についての控訴人の保証債務の履行を求める請求をするのであれば…）」。

ただし、この選択肢の採用に関しては、原債権は共同保証人に対する求償権の範囲でのみ行使可能とされるため、共同保証人に対する求償権自体が時効消滅すれば、原債権およびその人的担保を行使することはできないとして、この方法を否定的に考える見解がある（石井・金法2043・4）。

第36章　求償権　　547

〔事前求償権〕

277 事前求償権を取得した保証人が代位弁済により事後求償権を取得したとき、その消滅時効は事前求償権が発生した時から進行するか。

| 結　論 | 現実の免責行為をした時から進行する。

1　事前求償権と民法改正

旧460条は、委託を受けた保証人の事前求償権の発生事由を定めていた。そのうち、1号の「主たる債務者が破産手続開始の決定を受け、かつ、債権者がその破産財団の配当に加入しないとき。」、2号の「債務が弁済期にあるとき。ただし、保証契約の後に債権者が主たる債務者に許与した期限は、保証人に対抗することができない。」、との規定は、改正されなかったが、3号の「債務の弁済期が不確定で、かつ、その最長期をも確定することができない場合において、保証契約の後10年を経過したとき。」は改正民法では削除された。削除された理由は、この3号で想定されていたのは終身定期金債務の保証などであるが、そこで定められた要件を満たす場合は、そもそも主たる債務の額すら不明であって、事前求償権になじむものではないからである（部会資料67A・29）。

改正民法では、新たに3号として、「保証人が過失なく債権者に弁済をすべき旨の裁判の言渡しを受けたとき。」との事由が追加された。これは、旧法では受託保証人の事後求償権とともに旧459条で規定されていたところ、受託保証人の事前求償権を認めるものであるのでこれを事前求償権を定める改正民法460条に移したものである。

2　問題の提示

事前求償権とは別に、委託を受けた保証人が債権者に対し弁済その他により債務を消滅させるべき行為（以下「債務の消滅行為」という。）をしたときは、これについて求償できる（改正民法459条）。事前求償権が発生しなかった事後求償権の消滅時効は、債務消滅行為をしたときに発生し、その行使が可能となるものであるから、債務消滅行為をした時から進行する。これに対し、委託を受けた保証人が事前求償権を取得しながら、その後に債務消滅行為を

なし、事後求償権を取得したときに、この事後求償権の消滅時効は、事前求償権が発生した時から進行するのか、または債務消滅行為をした時から進行するのかが問題となる。問題の焦点は、事前求償権と事後求償権とが同一のものであるのか別個のものであるのかという点にあるが、このことのみの結論から自動的に一定の帰結が導かれるものでもない。

なお、事前求償権は、通常の金銭債権というよりは、債務消滅行為によって生ずる事後求償権の保全債権という性質があり、独立に時効にかかるかという論点もある。東京高判平19・12・5判時1989・21は、受託保証人の事前求償権は、委託事務である保証債務の履行責任が存在する限り、これと別個に消滅することはない（その消滅時効が進行を開始することもない）、と判示している。この判決に対しては、所有権以外に消滅時効の対象とならない権利を容認することになり、旧167条2項（改正民法166条2項）との関係が問題視されている（山野目・金判1285・1）。

3 判 例

本問につき、判例は、事前求償権と事後求償権は別個の権利であり、その法的性質も異なるから、事後求償権は免責行為のあった時から消滅時効が進行するとしている（最判昭60・2・12民集39・1・89、名古屋地判昭57・8・25（昭56（ワ）1410）、東京地判平19・4・16（平18（ワ）27272）。

判例が、事前求償権と事後求償権を別個の権利とする理由は、2つある。1つ目は、両者がその発生要件を異にすること、2つ目は事前求償権については事後求償権については認められていない抗弁権が付着し、また、主債務者が保証人に担保を供させることによって消滅させることができるというような消滅原因が規定されていること（改正民法461条参照）である。

しかし、事前求償権と事後求償権とを別個の権利とする事に対しては、反対の見解がある（石井・金法1112・4、倉田・最高裁判所判例解説民事篇昭和34年度40事件99、小杉・民商93・4・585）。ただ、この立場に立っても、必ずしも求償権の事前行使が可能な時点から消滅時効が進行すると解さねばならない根拠はない。例えば、小杉論文では、一体性を持った求償権の場合、起算点を後の時点にもってきて、事後求償権が発生した時点から進行すると解すべきであるとする（同様に1個説に立ちながら、理由は異なるが同じ結論をとるものとして、石田・ジュリ臨増862・60）。このように、1個説に立ちながらも、債務の消滅行為の時から進行するとの結論をとるのは、代位弁済前にあっては、主債務者が自身で弁済するやもしれず、保証人としては当然にそれを期待しているのであって、事前求償権が発生していてもあえてその行使を控えるのが

第36章　求償権　　　549

通常であるが、それが消滅時効自体はそれにもかかわらず進行するとなると、時効の更新のための権利行使を強いることとなり、上記のような保証人の期待に反する結果となり、保証人に無用の負担を強いることになるという配慮があるからである。また、判例があえて2個説に立つのも、このような判断をしているからであろう。

278　事前求償権に時効完成猶予または更新があったときに、事後求償権も時効完成猶予または更新されるか。

| 結　論 | 完成猶予については積極、更新については消極に解する。 |

1　事前求償権の消滅時効

本問の前提として、事前求償権は、通常の金銭債権というよりは、債務消滅行為によって生ずる事後求償権の保全債権という性質があり、独立に時効にかかるかという問題がある（判時1177・57コメント）。東京高判平19・12・5判時1989・21は、事前求償権は、事後求償権と同一の経済的給付を目的とし、事後求償権の不履行への不安を除去し、事後求償権の履行を予め保全する機能を有する者であるから、受託保証人の事前求償権は、委託事務である保証債務の履行責任が存在する限り、これと別個に消滅することはない（その消滅時効が進行を開始することもない）、と判示している。

2　民法改正前の最判平27・2・17

最判平27・2・17民集69・1・1は、仮差押えが時効の中断事由とされていた（旧147条2号）民法改正以前において、事前求償権を被保全債権とする仮差押えは、事後求償権の消滅時効をも中断する効力を有すると判示した。その理由は、次の2つである。第1に、事前求償権は、事後求償権と別個の権利ではあるものの（最判昭60・2・12民集39・1・89参照）、事後求償権を確保するために認められた権利であるという関係にあるから、委託を受けた保証人が事前求償権を被保全債権とする仮差押えをすれば、事後求償権についても権利を行使しているのと同等のものとして評価することができるということである。第2に、上記のような事前求償権と事後求償権との関係に鑑みれば、委託を受けた保証人が事前求償権を被保全債権とする仮差押えをした場合であっても旧

459条1項後段所定の行為をした後に改めて事後求償権について消滅時効の中断の措置を採らなければならないとすると、当事者の合理的な意思ないし期待に反し相当でないということである。

改正民法149条では、仮差押えを時効の中断事由から完成猶予事由に改正しているから、上記平成27年判決を改正民法の下でどう読み替えるかが問題となる。

3 完成猶予

改正民法において時効の完成猶予制度が新設されたのは、短期消滅時効制度を廃止して、時効の統一化ないしは単純化を図るとともに、原則的な時効期間を10年から5年に短縮化するのであれば、それに関連して、権利者が不用意に権利を失うような自体が生ずることを避けるため、その時効が容易に完成しないように時効の進行を容易に止めることができるようにしておく必要が生じたことからである。別言すれば、消滅時効制度は、一定の期間の経過のみで権利喪失という不利益を権利者に生じさせるものであるので、この結果を少しでも緩和させるための配慮としてである。そこで、債権の存否が確定されないまま手続が終了したような場合に、債権者が不当に不利益を被ることがないように配慮する必要があるとされたのである。

この趣旨からは、事前求償権を被保全債権とする仮差押えをすれば、事後求償権についても権利を行使しているのと同等のものとして評価することができるとの上記最高裁判決第1の理由は、まさに時効完成猶予にジャストフィットする。したがって、事前求償権に完成猶予の効力が生じたときは、事後求償権についても同様の完成猶予の効力が生じると解すべきである。

4 更 新

改正民法は、「時効中断」を「更新」という表現に変更し、条文上も、裁判上の請求等に関しては改正民法147条2項で、更新が生ずるのは「確定判決又は確定判決と同一の効力を有するものによって権利が確定したとき」と規定し、強制執行等に関しては改正民法148条2項で、更新が生ずるのは148条1項の事由が申立ての取下げまたは法律の規定に従わないことにより取り消された以外の事由によって終了したときと規定している。

旧法における時効中断が認められる根拠に関しては、訴えの提起などが権利者のもっとも断固たる権利主張の態度と認められることに基づくものだからという権利行使説と、公の手続を通して権利の存在が確定されるからであるという権利確定説とが対立していた。改正後の民法では、権利の行使の意

第36章　求償権　　551

思を明らかにしたと評価できる事実が生じた場合を「時効完成」猶予事由に、権利の存在について確証が得られたと評価できる事実が生じた場合を「更新」事由にそれぞれ割り振るという方針を基礎に据えていると理解される（潮見・民法（債権関係）改正法案の概要33）。

　これによれば、最判平27・2・17が改正民法下でも通用するというためには、事前求償権の権利存在が確定されたことが事後求償権の権利存在も確定されたと評価できるかという点が論証される必要がある。しかし、他方で、最判昭60・2・12民集39・1・89は、事前求償権と事後求償権は、その発生要件を異にするものである上、事前求償権については、事後求償権については認められない抗弁が付着し、また、消滅原因が規定されていること（改正民法461条）に照らすと、両者は別個の権利であり、その法的性質も異なると判示している。

　この問題点に関しては、山地調査官は、上記第1の理由に関連して、判文からは権利行使説に親和的とも思われるが、権利確定説からも説明可能であると解説している（山地・ジュリ1487・70）。しかし、事前求償権と事後求償権の別個性を強調すると理解しにくい。そこで、山地調査官も「判文の趣旨に照らせば、請求、承認等の場合には、本判決の射程は及ぶものではないと解される」との限定を付して、本判決の射程を事前求償権の仮差押えの場合に限定している（同旨として、仲田・金法2036・59、加藤・金判1492・13など）。

　事前求償権と事後求償権は形式上は別個の権利であり、事前求償権の権利存在が確定されたことがただちに事後求償権の権利存在も確証が得られたと評価できるといえないので、改正民法における「更新」制度の下では、事前求償権の更新は、事後求償権の更新とならないと解される。

第36章　求償権

〔代位との関係〕

279 　　代位弁済によって移転を受けた根抵当権に基づき競売
申立てをなしたとき、求償権について時効の完成猶予お
よび更新となるか。

結　論　　なる。

1　弁済による代位

　保証人などの利害関係を有する第三者が、主債務者に代わって債権者に代
位弁済すると、自己の権利に基づいて求償をすることができる範囲内におい
て、債権の効力および担保としてその債権者が有していた一切の権利を行使
することができる（改正民法501条1項・2項）。この規律は、旧501条柱書前段の考
え方を基本的に維持するものである。

　この代位弁済による債権（以下「原債権」という。）およびその担保の移転
の性質について、判例は、両債権の併存を認めつつ、付従的競合関係に立つ
としていた。すなわち、

① 　原債権が消滅するのではなく、消滅するはずの原債権が移転する。その
　移転した原債権に、その債権の担保が付従して移転する。

② 　このような原債権の移転は、法の規定による当然の移転であって約定に
　よるものではない。

③ 　そして、旧501条の「求償をすることができる範囲内において」とは、原
　債権の移転が求償権の限度に限定されるというのではなく、求償権を有す
　る限度で原債権の行使を認めるというにすぎない。

2　問題の提示

　以上のように、代位弁済すると、代位弁済者は求償権のほかに原債権を取
得し、原債権に根抵当権等の担保権があればそれも移転により取得するわけ
である。そして、代位弁済者が、この移転を受けた根抵当権を行使して、競
売申立てをしたとき、改正民法148条1項2号の「担保権の実行」として時効完
成猶予および更新の効力が生ずるのは、求償権なのかあるいは原債権なのか
がここでの問題である。

　例えば、民法改正前の名古屋地豊橋支判昭61・9・12（昭61（ワ）87）の事例

第36章　求償権　　553

は、次のようなものであった。

○51・10・15　Ｙ会社がＡ銀行より1600万円を借入れ、Ｘ保証協会が信用保
　　　　　　　証。Ａ銀行はＹ会社の社長Ｂの所有物件上に抵当権設定。
○53・8・11　ＸはＡ銀行に代位弁済した上、Ａ銀行の抵当権の移転を受ける。
○54・9・19　Ｘが抵当権による不動産競売申立て。
○55・12・24　Ｘが配当受領。
○60・11・24　Ｘは残金につきＹ会社に対して、支払命令申立て。

　このような事案で、保証協会の求償権の時効は、代位弁済日から5年である
から、支払命令申立ての時点では、既に5年の時効期間が経過していることに
なる。しかし、Ｘが移転を受けた抵当権による競売申立てが、求償権につい
て時効中断していることになると、配当受領の日からまだ5年を経過してい
ないことになる。

3　分析の視覚

　この問題を考えるに当たっては、さらに次の2つに細かく分けて考えるこ
とができよう。1つは、代位弁済によって移転を受けた根抵当権の行使に当
たっての被担保債権となるのは、求償権か原債権かの問題であり、2つ目は、
求償権あるいは原債権いずれか1つの権利行使は、他方の債権についても権
利行使となり、時効の完成猶予および更新するかの問題である。なお、酒井
「物上保証人に対する担保不動産競売手続を承継した代位弁済者の求償権の
時効中断の有無（上）（下）」NBL850・38、同851・101参照。

4　移転を受けた担保権の被担保債権

　まず、前者の問題については、弁済対象となった債権自体は消滅するがそ
の債権に附属する担保権その他の権利のみが移転し、第三者の有する求償権
に接木されるという「接木説」と呼ばれる考え方があったが、最判昭59・5・
29民集38・7・885はこれを否定し、「代位弁済者が、弁済による代位によって
取得した担保権を実行する場合において、その被担保債権として扱うべきも
のは原債権であって保証人の債務者に対する求償権でないことはいうまでも
ない」とした。したがって、被担保債権が原債権であるとすると、改正民法
148条1項2号の担保権の実行として、時効完成の猶予および更新するのは原
債権であって、求償権ではないことになる。しかし、このような原債権を行
使し、それが時効完成の猶予および更新することによって求償権も時効完成
の猶予および更新するのではないかということは、別個に検討に値する問題
である。

5 求償権と原債権との関係

そこでまず、一般的に求償権と原債権がどのような法律関係に立つかについて見るに、現在までのところ、①上記最判昭59・5・29、②最判昭60・1・22判時1148・111、③最判昭61・2・20民集40・1・43の3つの判例によって明らかにされた点は以下のとおりである。

(1)　原債権と求償権とは、元本額、弁済期、利息・遅延損害金の有無・割合を異にすることにより、総債権額が各別に変動する別個の債権である。すなわち両者は、請求権競合の状態にある（③の判例）。

(2)　したがって、債権としての性質により差異があることによって別個に消滅時効にかかり（③の判例）、また、代位弁済後に債務者から内入弁済があったときは、求償権と原債権のそれぞれに対し、内入弁済があったものとして充当する（②の判例）。

(3)　しかし、その請求権競合は並列的な競合ではなく、主従的な競合に立つ。すなわち、原債権およびその担保権は、求償権を確保することを目的として存在する付従的な性質を有し、求償権が消滅したときは、これによって当然に消滅し、その行使は求償権の存する限度によって制約される（③の判例）。

(4)　したがって、代位弁済者が原債権を訴訟上請求する場合においては、代位弁済者において、それによって確保されるべき求償権の成立内容を主張立証しなければならず、裁判所も求償権の債権額が、常に原債権の債権額を上回るものと認められる特段の事情のない限り、判決主文において、代位弁済者が債務者に対して有する求償権の限度で給付を命じなければならない（③の判例）。

6 付従的競合か単純競合か

求償権と原債権とは、別個の消滅時効にかかるとされているが、求償権が主で原債権が従であり、求償権を確保するために原債権が存在すると考えると、「原債権と求償権との関係を鑑みれば、民法147条、155条によって原債権の時効中断の効果が生じたときは、これに応じて求償権の時効中断の効果も生じたと解するのが妥当」（上記名古屋地豊橋支判昭61・9・12）との見解が生じる。塚原裁判官は、「原債権を行使したときはこれによっていわば被担保債権である求償権について時効中断の効力がある」とされる（塚原・手形研究368・16）。秦・金法1398・74も原債権の行使は、求償権の存在を前提とし、その求償権の範囲内で認められるから、求償権についても時効中断事由になるとする。

第36章　求償権　　　555

　これに対し、単純競合説では、「中断時効が、意思解釈上一方のそれが他方のそれともなることが多いであろうが、理論的には別であろう」とされる（林・金法1100・57、高橋・銀法655・16）。

7　最高裁判例
　その後、最判平7・3・23民集49・3・984は、破産手続において、原債権者のなした破産債権の届出について、保証人が債権者に弁済した上、届出名義の変更を受けたときは、求償権の全部について、届出名義変更の時から破産手続の終了まで時効中断すると明確に判示した。その理由は、破産手続において届出をした原債権についての求償権者の届出名義変更の申出は、求償権について、時効中断の基礎とされる権利の行使があったものと評価できるという点にあり、不動産競売に関しても、最判平18・11・14民集60・9・3402は、「（差押債権者の）承継の申出は、代位により取得した原債権と上記担保権を行使して、求償権の満足を得ようとするものであるから、これによって、求償権について、時効中断を肯認するための基礎となる権利の行使があったもの」とし、求償権の消滅時効は承継申出から不動産競売手続終了に至るまで中断する、としている。

8　時効中断の範囲
　なお、このように原債権の行使により求償権の完成猶予および更新となるとしても、原債権の金額と求償権金額とに違いがあることから、かかる効果が生ずるのは、求償権全額なのかあるいは原債権の額の範囲においてなのか争いがあった。この論点については、積極に解する立場（名古屋地判平4・9・14金判915・19）と、消極に解する立場（名古屋地判平4・7・21刊行物未登載、債務承認の場合につき秦・前掲書74）に分かれていた。この点、上記最判平7・3・23は、破産手続に伴う求償権行使の制約を考慮すれば、届出債権額が求償権の額を下回る場合においても、求償権の全部について時効中断すると判示している。
　従来、原債権者は、破産債権として、債権元本と破産開始決定日の前日までの損害金しか届出せず、破産開始決定日以後に発生する損害金は届出対象外とする実務が多かった（中には劣後的破産債権として届け出る者もいた。）。このような場合、保証人の代位弁済後に発生する求償権の損害金部分について、原債権の損害金部分について権利行使がない以上、破産手続により求償権が時効中断するとしても、その対象外であることの主張があった。上記最判平7・3・23は、破産手続に伴う求償権行使の制約と、求償権者の求償権全部を行使する意思を根拠に、求償権全額につき時効中断を認めるもので、支

持できる。

　ここで、破産手続における求償権行使の制約とは、①代位弁済前の将来の求償権として、保証人の立場での破産債権の届出は、破産法104条3項ただし書（平成16年改正前破産法26条1項ただし書）により管財人からの異議が生ずる、②保証人が弁済の上、原債権者が破産債権届出を取り下げ、保証人が改めて求償権として届け出ることも可能であるが、届出によって生じた中断効は遡及的に消滅してしまうので（旧149条）、改めて求償権の届出をしても、中断の時期が繰り下がることとなり、代位弁済者にとり不利益が生ずる、③そして破産手続中は、破産手続による以外の権利行使は許されない（破産法100条1項、平成16年改正前破産法16条）ことなどであろう。

　また、求償権者の意思とは、求償権者は、原債権の破産債権届出名義変更の際、代弁金額、これに対する損害金およびこれを証する証拠資料を添付するのが通例であり、そこに求償権元本のみならず、損害金部分についても権利行使する意思を明確にしていることを指していると思われる。上記最判平7・3・23が、「特段の事情のない限り」、求償権全部を行使する意思を明らかにしたものとみることができると表現しているのは、上記のように理解される。

　以上のように見てくると、上記最判平7・3・23の判旨の射程距離は、破産手続における届出名義の変更という局面に限定されるものではなく、競売申立てのような場合についても、請求債権目録において、被担保債権としての原債権とその基礎たる求償権の範囲（元本・損害金）を明示することにより、求償権全額について時効の完成猶予および更新の効果が生ずると考える。なぜなら、前記最高裁判決を破産手続に伴う求償権行使の制約に重点を置いて理解すべきではなく、求償権者の権利行使意思に重点を置いて理解すべきだからである。それは時効中断の根拠における権利行使説を考えれば理解されよう。上記最判平18・11・14も、原債権者の申立てによる不動産競売を代位弁済者が差押債権者の地位を承継した事案において、求償権の時効中断を認めた。

第36章　求償権　　557

280　担保不動産競売手続中に代位弁済して、差押債権者の地位を承継した場合、代位弁済者の求償権の時効障害はどのようになるか。

結論　承継の申し出により時効完成猶予の効力が生じ、不動産競売手続の終了により、更新の効力が生じる。

1　問題の提示

　抵当権者が、抵当権に基づき担保不動産競売手続の申立てをすれば、時効の完成猶予の効力が生じる（改正民法148条1項2号）。その被担保債権に保証人がいたような場合、同人が抵当権者に代位弁済をすれば、当該抵当権は代位弁済した保証人に代位により移転するが（改正民法501条）、判例理論（最判昭59・5・29民集38・7・885）によれば、移転した抵当権の被担保債権は移転後も弁済の対象となった「原債権」であって、求償権ではないので、抵当権の実行として時効の完成猶予または更新の効力が生ずるのは原債権ということになる。しかし、判例理論（最判昭61・2・20民集40・1・43）によれば、原債権とその担保権は、求償権を確保することを目的として存在する附従的な性質を有する関係にあるから、原債権による競売手続の進行が求償権の時効障害になるのではないかという問題が生じる（酒井・ＮＢＬ850・38、851・101参照）。

2　差押債権者の地位の承継手続

　競売開始後に承継があったような場合に、承継人が自己のために競売手続の続行を求めるときは、担保執行には強制競売と異なり承継執行文というものが存在しないから、競売申立てをする前に承継があった場合の承継の事実に関する証明方法を規定する民事執行法181条3項の規定の類推適用により、181条3項に規定する文書すなわち相続その他の一般の承継にあってはその承継を証する文書、その他の承継にあってはその承継を証する裁判の謄本その他の公文書を提出する必要がある。そして、担保権の承継の事実を争う機会を与えるために、差押債権者の承継についてこれを証する文書が提出されたときは、裁判所書記官は、債務者および担保権の目的である権利の権利者に対し、その旨を通知しなければならない（民事執行規則171条）。

3　民法改正前の判例

　最判平18・11・14民集60・9・3402は、「（差押債権者の）承継の申出は、代

位により取得した原債権と上記担保権を行使して、求償権の満足を得ようとするものであるから、これによって、求償権について、時効中断効を肯認するための基礎となる権利の行使があったもの」とし、求償権の消滅時効は承継申出から不動産競売手続終了に至るまで中断するとした。

4 物上保証人所有物件に対する競売の場合

上記最判平18・11・14は、物上保証人所有物件に対する競売のケースであった。旧155条は、差押えは、時効の利益を受ける者に対してしないときは、その者に通知をした後でなければ、時効中断の効力を生じないと規定していた。この旧155条が、物上保証人所有物件に対して競売（差押え）が行われた場合に適用を予定しているものであるかどうかという論点につき、最判昭50・11・21民集29・10・1537は適用を肯定し、旧155条の「通知」は裁判所から債務者に対して送られた競売開始決定正本の送達でもよいとした。ちなみに、上記最判平18・11・14の事案では、求償権の債務者は、当初の競売開始決定の送達を受けており、保証協会が代位弁済をして、差押債権者の地位を承継することにつき十分に予測しうる立場にあった。

5 承継の通知が物上保証人に到達しなかった場合

上記最判平18・11・14の事案では、民事執行規則171条の通知が主債務者になされたが、転居先不明で到達しなかったケースであった。そこで、旧155条が要求する債務者への通知を充足しないのではないかという点が問題となった。上記判決は、「保証人が代位弁済をして差押債権者の（地位の）承継を申し出ることは当然に予測すべきことであるから、上記承継の申出があったことの通知を受けなければ不測の不利益を被るということはできない」ので主債務者への通知は不要と判示している。

6 最高裁判決の射程

上記判決は、「保証人に保証の委託をしている」時効受益者たる主債務者について、承継を予測しうる、としている。主債務者が保証人に保証委託をしたような場合には、自己の債務が保証付きであることを認識しているから、保証人による将来の代位弁済ひいてはその求償権の請求や差押手続の承継を予測し得ないことはない。これに対して委託を受けない保証人の場合には、債務者において保証人の承継を予測できないから、最高裁判決が予測可能性を根拠とするのであれば、その射程は、委託を受けていた保証人による代位弁済の場合に限定されることになる。

第36章　求償権　　559

7　民法改正との関係

改正民法では、時効の中断を完成猶予の効力と更新の効力に分離して規定しているが、上記判例理論は改正民法下でも変わらないと解される。ただ、時効障害が生ずる時期に関しては、承継の申出をした時に求償権の権利行使があったと見るべきだから、承継の申出をした時に完成猶予の効力が生じ、不動産競売手続の終了した時に更新の効力が生ずることになる。

ちなみに、旧155条は、「時効中断の効力」を「第148条又は第149条の規定による時効の完成猶予又は更新の効力」と置き換えられて、改正民法154条として存続している。

281
主たる債務者の破産後、保証人として代位弁済し、破産債権の名義変更届を提出した場合、求償権が時効完成猶予および更新するか。また、その時効期間は10年に延長されるか。

結　論　時効完成猶予および更新の効力は生ずるが、時効期間は10年に延長されない。

1　届出破産債権の届出名義変更

主債務者が破産手続開始の決定を受けたときに、保証人としては、将来の求償権を破産債権として届け出れば簡明である。しかし、そのような場合、破産法104条3項ただし書により、既に債権者からの原債権の破産債権届出がなされていることを理由に異議が述べられる。実務においては、破産管財人は将来の配当手続の便宜を考え、一応否認し、最後配当の除斥期間満了日までに保証債務の履行をしたときに、異議の撤回をしたり、確定した破産債権（原債権者が届出していたもの）の承継手続を促すのがよいとされている（司法研修所・破産事件の処理に関する実務上の諸問題208）。そこで、保証人としては、一般的にはまず保証債務を履行して、保証先である債権者が届け出ている破産債権の届出名義の変更を受けることになる（破産法113条1項。平成16年改正前破産法上は何も規定されていなかったが、同様に処理されていた）。このような届出名義の変更は、破産債権の移転を受けた者が、その旨を証明してなす前主の手続上の地位の承継であると理解される（山木戸・破産法242参照）。したがって、保証債務の履行により取得した求償権それ自体を破産債権として届け出てい

るわけではないので、届出名義変更手続によって求償権につき時効完成猶予および更新となるか否かが問題となる。

2 調査手続における確定

他方、破産手続において、届出破産債権が債権調査手続において、異議なく確定した場合は、破産法221条1項により破産債権者表の記載が破産者に対して、「確定判決と同一の効力を有する」ので、改正民法169条1項により時効期間が10年に延長される。しかし、保証人の代位弁済による名義変更届は、改正民法501条の代位弁済の効果として届出破産債権が保証人に当然に移転し、この実体法上の債権移転の効果の破産手続への反映であって保証人は破産手続上の地位を承継するにすぎないとすると、届け出られているのは原債権であって求償権ではなく、求償権につき破産債権として確定するということはないから、求償権についてはその時効期間は10年に延長されないのではないかという問題が生ずる。

3 求償権と原債権の関係

保証人の代位弁済によって、保証人は主債務者に対し求償権を取得するとともに、代位先の債権者の有した原債権につき法定代位する（改正民法501条）。上記求償権と原債権の関係をめぐる確定した最高裁判例理論は次のとおりである。なお、この判例理論は、改正後の民法においても変更されない。
① 弁済による代位の制度は、代位弁済者が債務者に対して取得する「求償権を確保するため」に、法の規定により弁済によって消滅すべきはずの債権者の債務者に対する債権およびその担保権を代位弁済者に移転させるものである（最判昭59・5・29民集38・7・885）。すなわち、弁済対象となった債権は、消滅しない。
② 原債権と求償権とは一応別異の債権ではあるが、代位弁済者に移転した原債権およびその担保権は、「求償権を確保することを目的として存在する附従的な性質を有し」、求償権が消滅したときはこれによって当然に消滅し、その行使は求償権の存する限度によって制約されるなど、求償権の存在、その債権額と離れ、これと独立してその行使が認められるものではない。したがって、代位弁済者が原債権および担保権を行使して訴訟においてその給付または確認を請求する場合には、それによって確保されるべき求償権の成立、債権の内容を主張・立証しなければならず、判決主文において代位弁済者が債務者に対して有する求償権の限度で給付を命じまたは確認しなければならない（最判昭61・2・20民集40・1・43）。すなわち、原債

第36章　求償権　　561

権と求償権とは、単純競合ではなく、附従的競合関係に立つ。

③　代位弁済した後、債務者から代位弁済した保証人に対して内入弁済があったときは、求償権と原債権のそれぞれに対して内入弁済があったものとして充当されるべきものである（最判昭60・1・22判時1148・111）。

4　求償権の時効完成猶予および更新

　最判平7・3・23民集49・3・984は、上記の代位弁済に関する基本理論を踏まえて、①保証人がいれば求償権の担保として取得した届出債権につきなした届出名義変更の申出は、求償権の満足を得ようとしてする届出債権の行使であって、時効中断効の肯認の基礎とされる権利の行使があったものと評価でき、②破産手続に伴う求償権行使の制約を考慮すれば、求償権全部を行使する意思を明らかにしたものと見ることができる、という理由から、求償権全部の時効中断効を認めた。

　その理論構成は、求償権自体は破産手続に何ら参加していないので、求償権自体による破産手続参加としての直接の時効中断効ではなく、原債権が破産手続参加していることが求償権の担保権を実行していると同視でき、旧147条2号の「差押え」と同視したもの、と解説されている（八木・最高裁判所判例解説民事篇平成7年度（上）16事件370・376注10）。改正民法は「差押え」を時効中断事由と規定していた旧147条を削除しているが、改正民法148条強制執行等の手続を時効完成猶予および更新の事由と規定しているので、改正民法下においては、同条に該当するものと理解すべきであろう。

5　求償権の時効期間の延長効

　また、上記最高裁判決は、求償権の時効期間の延長に関しては延長効否定説にたつ。その理由は、「破産法287条1項〔現221条1項〕により債権表に記載された届出債権が破産者に対し確定判決と同一の効力を有するとされるのは、届出債権につき異議がないことが確認されることによって、債権の存在及び内容が確定されることを根拠とするものであると考えられるところ、債権調査の期日の後に保証人が弁済によって取得した求償権の行使として届出債権の名義変更の申出をしても、右求償権の存在及び内容についてはこれを確定すべき手続がとられているとみることができないから」、というものである。すなわち、改正民法169条による時効期間の延長は、確定判決またはこれと同じ効力を有するものにより債権の存在が公に確定した場合に認められる効力であるから、債権調査期日が既に終了している場合には、求償権それ自体の存在が公の手続で確定されたといえないからである。

なお、この判例は、手形債権が確定したときは、原因債権の時効期間も10年に延長されるとする最判昭53・1・23民集32・1・1と整合するのかという疑問がある。この点につき、担当調査官の解説によれば、手形の場合は、手形訴訟から通常訴訟に移行させて原因関係を審理対象とする手続的機会が保障されていること、破産の場合には延長効を認めなくても通常の期待に著しく反するとはいえない点にあったとされている（八木・ジュリ1072・121）。

第37章　相　殺　　　563

第37章　相　殺

282　自働債権の消滅時効期間経過後に相殺適状が生じた場合、なお自己の債務と相殺できるか。

| 結 論 | できない。 |

1　相殺に適するようになっていた場合

508条は、時効によって消滅した債権が、その消滅以前に、「相殺に適するようになっていた場合」には、債権が時効で消滅しているにもかかわらずなお相殺できると規定している。このような例外が設けられたのは、対立する両債権の当事者が相殺できる状態に達したときは、特に意思表示をしなくても、当然に清算されたように考え、その後の時効中断手続に意を用いなくなるから、このような債権者の信頼を保護するためであるとされる（我妻・新訂債権総論325、中田・債権総論374）。

2　問題の提示

相殺に適するようになっていた場合とは、一般的に相殺適状といわれ、民法が現代語化される平成16年改正前の508条の法文では「相殺ニ適シタル場合」と表現されていた。相殺の要件を規定する改正民法505条1項では、双方の債務が弁済期にあるときに相殺できると表現している。そこで、自働債権の弁済期は既に到来しているが、受働債権の弁済期は未だ到来はしていないが期限の利益を放棄できるようなときに、なお相殺に適するようになっていた場合といえるかが問題となる。

3　判　例

最判平25・2・28民集67・2・343は、期限の利益を放棄できることができるというだけでは足りず、現実に期限の利益の放棄または期限の利益の喪失により、その弁済期が現実に到来したことを要すると判示した。その理由は、①相殺の要件に関する旧505条の法文が「双方の債務が弁済期にあるとき」と表現していること、②相殺の効力は、相殺に適するようになった時にさかの

ぼってその効力を生ずるが（506条2項）、受働債権の債務者がいつでも期限の利益を放棄することができることを理由に両債権が相殺適状にあるとすることは、弁済期が到来したことになり上記債務者が既に享受した期限の利益（具体的には分割弁済の利益）を自ら遡及的に消滅させることになって、相当ではないことからである。

上記最判平25・2・28のケースは、平成8年の時点で貸金業者に過払金返還請求権を有していた（平成18年に消滅時効期間経過）自働債権者が、時効期間経過後である平成22年7月に借受金債務につき支払の遅滞により期限の利益を喪失したところ、同年8月に過払金返還請求権と貸付金残債権とを相殺する意思表示をした。原審は、債権債務の相対立する関係が生じた時点である平成15年に相殺適状にあったと認定し、508条を適用して時効消滅した過払金返還請求権を自働債権とする相殺を認めた。

上記のように、期限の利益を放棄できる状態だけでは、相殺適状にあるとはいえず、現実に期限の利益を放棄するかあるいは喪失することを要するとの立場からは、上記のケースでは、平成15年当時には相殺適状は生じておらず、相殺適状が生じたのは、消滅時効期間経過後の期限の利益喪失をした平成22年当時ということになる。

4　時効期間後の相殺適状と508条の適用

否定説は、当事者の相殺に対する期待を保護せんとする508条の趣旨を引用する。しかし、当事者の相殺期待をどの範囲で捉えるかによっては別の結論もあり得たというべきである。すなわち、受働債権については常に相殺の要件を成就できる条件が整っているから、受働債権の期限の利益を放棄して相殺できる状態が消滅時効期間経過前に生じていたのであるならば、債権債務関係はすでに清算済みと考えて債務の管理を放念しており、かかる事態も保護に値しないではないので、なお508条の趣旨の範囲内と位置付けて相殺できるとの結論もあり得たところである（民法（債権法）改正委員会編・詳解債権法改正の基本方針Ⅲ58参照）。

5　援用を停止条件とする最判昭61・3・17との関係

時効期間が満了し、消滅時効が完成した場合の効果について、民法は、一方で債権は「消滅する」と表現して、実体法上の債務消滅原因であるかのように定めながら（改正民法166条）、他方で時効は、当事者が援用しなければ、「裁判所がこれによって裁判をすることができない」（改正民法145条）と定めている。この点については、確定効果説、不確定効果説、訴訟法説、二段階

第37章　相　殺　　565

説の各説がある。

　確定効果説は、時効完成により権利消滅という効果は確定的に生じ、時効の援用は裁判官の職権に制限を加えたにすぎないと説く。以前の判例は、基本的にこの説によっていたと思われる（大判明38・11・25民録11・1581）。しかし、最判昭61・3・17民集40・2・420は、「（民法）145条及び146条は、時効による権利消滅の効果は当事者の意思をも顧慮して生じさせることとしていることが明らかであるから、時効による債権消滅の効果は、時効期間の経過とともに確定的に生ずるものではなく、時効が援用されたときにはじめて確定的に生ずるものと解するのが相当」として、確定効果説から不確定効果説へ立場を変更した。

　この時効の援用によって初めて債務が消滅するとの判例の立場を前提として508条を理解すると、「時効によって消滅した債権」とは、時効期間が満了し自働債権の債務者が「時効を援用した債権」と読み替えることになる。この点につき、上記昭和61年判決の射程に関しては、上記最判平25・2・28のような場合には及ばないと解説されている（判時2182・57コメント参照）。

283　時効が完成した債権で相殺するとき、いつまでの債権額で相殺しうるか。

結　論	時効完成する以前の相殺適状が生じた時の債権額。

1　508条

　508条は、時効によって消滅した債権が、その消滅以前に、相殺適状にあった場合、債権が時効で消滅しているにもかかわらず、なお相殺できると規定している。このような例外が設けられたのは、対立する両債権の当事者が、相殺できる状態に達した時は、特に意思表示をしなくても、当然に清算されたように考え、その後の時効中断手続に意を用いなくなるから、このような債権者の信頼を保護するためであるとされる（我妻・債権総論〔新訂版〕325）。

2　問題となる具体的ケース

　そこで、508条に基づいて相殺する場合、時効にかかった自働債権のいくらの債権額で相殺できるのかがここでの問題である。この問題は、受働債権が継続的に発生する賃料債権のようなものである場合に問題となる。具体的に

言えば、債権者ＡはＢに対し金300万円の貸金債権を有していた。他方、Ａは、Ｂの所有する家屋を賃借し、毎月10万円の家賃支払債務を負担していた。そこで、平成29年2月に上記貸金債権が時効完成していたところ、賃貸人Ｂより平成29年7月に、貸金債務300万円については消滅時効を援用しつつ、平成28年1月から平成29年7月までの賃料として190万円を支払請求されたとき、Ａは上記貸金300万円と平成29年7月までの賃料190万円との相殺を主張することができるであろうか。

これを時系列により要約すると、次のようになる。平成29年1月分までの賃料130万円と相殺適状→時効完成（同年2月）→相殺の意思表示（平成29年7月）→（時効の援用）→。Ａの立場では貸金債権について、時効が援用される7月までの賃料支払債務と相殺できれば好都合である。

3　判　例

最判昭39・2・20判タ160・72は、本問について、自働債権について時効が完成する以前の相殺適状にあった時までの債権額について、相殺できるにすぎないと判示した。すなわち、前記事例では、平成29年1月分までの受働債権としか相殺できないことになる。この判決は、時効援用できる債権も、援用がない以上、時効を認定できず、完全に有効な債権として取り扱わねばならない結果、援用のあるまでは増加せる反対債権を受働債権として、相殺の時点における受働債権額と相殺し得ると主張した上告論旨を排斥したものである。

4　検　討

上記判例の結論は正当であろう。なぜなら、時効による債権消滅の効果は、その起算日に遡及する（144条）。508条は、それを相殺適状の生じた時までの債権について、時効による消滅の効果を制限して相殺に供し得ることを認めた例外規定である。このような立法趣旨からすると、時効完成後であって相殺の意思表示をするまでの債務について（上記事案でいうと、2月から7月までの賃料債務）、当該債権者の信頼を保護する根拠は全くないからである。

第37章　相　殺　　　　567

284　時効完成した手形債権を自働債権として相殺する場合
の注意点は何か。

| 結　論 | 手形の呈示・交付と手形取得後の相殺適状の発生。な
お、受働債権も手形債権であるときは、相手方の手形の
所持は不要。 |

1　手形による相殺の方法

　まず、手形で相殺する場合には、一般の債権による相殺の場合とは異なる
要件が必要となる。すなわち、手形について支払を請求するには、手形を呈
示する必要があり（手形法38条・77条1項3号）、債務者は支払に当たり、一部支払
の場合を除いて、その手形の交付を請求し得る（手形法39条・77条1項3号）。いわ
ゆる手形の呈示・受戻証券性である。

　ところが、手形を自働債権とする相殺の場合に、相殺の法的性質が単独行
為であることを理由に、手形債権者の一方的意思表示だけで相殺できるとす
ると、手形債務者は手形の呈示も受戻しも受けずに手形金の支払を強制され
ることになる。そこで判例は、手形債権金額をもってする相殺の場合には、
手形を交付して相殺の意思表示をするのでなければ相殺の効力を生じないと
する（大判大7・10・2民録24・1947、最判昭38・1・29手形研究68・18など。手形貸付債権、
手形買戻請求権による相殺につき最判昭50・9・25民集29・8・1287）。その理由は、①相
殺が債務消滅の点において支払と同一の効力を有すること、②手形権利者の
確認の利益、③二重払の危険の回避を挙げている。学説も一般にはこれを支
持しているが、学説の中には、手形の交付は相殺の効力が生じた後の問題で
効力発生要件ではなく、呈示だけで相殺の効力を生ずるとの少数説がある
（林＝石田＝高木・債権総論〔改訂版〕322）。本問の関係でいえば、手形債権が既
に消滅時効にかかっている場合には、後述するような相殺適状の発生時期と
の関係で、一度508条による相殺がなされた手形が、第三者に譲渡されて、再
度自働債権として相殺に供せられるという余地はない。したがって上記各根
拠のうち、③の二重払の危険については、時効完成した手形債権で相殺する
場合には妥当しない。また上記①と②の根拠はいずれも形式的根拠であるか
ら、時効完成した手形による相殺の場合には、通説・判例の立場でも、手形
の交付を要しないという解釈もあり得よう。

2　一部相殺の場合

前記のごとく、手形による相殺の場合に手形の交付を要するとしても、手形債権額が受働債権額を超過するような場合は一部相殺となるので、このような場合では、手形の交付を必要としない（大判昭7・2・5民集11・1・70、最判昭38・1・29手形研究68・18）。なぜなら手形金額の一部支払の場合には、手形債務者は、支払があった旨の手形上の記載と受取証書の交付を請求することができるにとどまり（手形法39条3項・77条1項3号）手形の交付を請求できないのであるから、この理由は一部相殺の場合でも同様に妥当するからである。もっとも手形の交付は要しないが、手形の呈示は必要であると解されている（上記最判昭38・1・29、古瀬村・手形小切手判例百選〔新版増補〕247など）。

ちなみに旧統一銀行取引約定書8条1項は、手形貸付債権や手形買戻請求権など手形外の原因債権によって相殺をする場合には、相殺と同時に手形の呈示又は交付を要しないと定め、同条3項は、手形上の債権によって相殺する場合についても同様の規定をしている。このような特約も有効と解されている。

3　手形の取得時期

次に、相殺適状との関係である。すなわち相殺の要件としての相殺適状（相殺が有効であるための要件）は、相殺の意思表示がなされる時に存在することを必要とする。この原則の例外として自働債権が時効で消滅した場合にも、時効消滅前に相殺適状にあったときは、両当事者は、債権関係が決済されたものと考えているのが普通で、このような信頼は保護に値するから、時効消滅後といえどもなお相殺し得ることを定めたのが508条の規定である。

したがって、この立法趣旨からして、自働債権が「時効完成する以前に」、相殺当事者の間で相殺適状の要件が存したことが必要となる。したがって、既に時効消滅した他人の債権を譲り受けてこれを自働債権として相殺することは許されないとするのが通説（我妻・債権総論〔新訂版〕325など）・判例（大判昭15・9・28民集19・20・1744、最判昭36・4・14民集15・4・765）である。最判昭36・4・14の判決の事案はまさに手形に関するものであって、XはYに対し手形金請求事件の確定判決に基づく金50万円の支払義務（弁済期・昭和27・2・1）を負担していたが、XからYがAに振り出した50万円の約束手形1通（支払期日・昭和27・1・27）をAから裏書によって譲り受けたので相殺するとして請求異議訴訟を提起したものである（訴状による相殺でその到達は昭和31・3・24）。1審判決は、本件手形金請求権が昭和30年1月27日以降時効で消滅したとしながらも、Xのその手形取得時期を看過したため、そのまま民法508条を

第37章　相　殺　　　569

適用してＸの請求異議を認容した。しかるに原審判決は、Ｘがその手形を取得したのは、昭和31年中であることを認定した上、Ｘの手形取得前にＹの手形上の責任は時効で消滅していたから、消滅時効期間経過前に相殺適状になく、Ｘの相殺を無効とした（東京高判昭34・2・28金法202・6）。最高裁判決も、この原審判決を是認したものである。したがって、実務上は相殺をする方あるいは相殺を受ける方のいずれの側に立つ場合にも、この手形の取得時期と時効期間経過時期の検討を怠らないようにすべきである。

4　援　用

なお、このような自働債権たる手形の取得時期が問題になるのは、その自働債権が時効完成によって消滅したがためであった。そこには当然に自働債権の債務者による時効の援用という要件を必要とする（この点につき、右田・最高裁判所判例解説民事篇昭和36年度41事件118参照）。時効の援用があってはじめて債務消滅の効果を生ずるのであるから（最判昭61・3・17民集40・2・420）、援用あるまでは通常の債権と何ら変わらず、前記のような制限は問題にならないからである。

5　受働債権が手形の場合

次に、相殺適状が存したというためには、相手方に受働債権が存在しなければならない。その受働債権が手形である場合に次の2つの点に注意すべきである。第1に受働債権が手形債権の場合、自働債権の債権者は、手形の受戻しを受ける権利を放棄し得るものである以上、受働債権者が手形を所持していなくても差し支えない。第2に最判昭51・6・17民集30・6・592の事案である。上記Ｘ（自働債権者）とＹ（受働債権者）を利用して説明すると、ＸとＹが相互に約束手形を振出し、ＹがＸから振出しを受けた手形を債権担保のために銀行に裏書譲渡し、その後銀行の債権消滅によって、Ｙが実質上手形上の権利を再取得したが、銀行からＹへの戻裏書がＸの手形の時効消滅以後であっても、Ｙが実質的にＸに対する手形上の権利を再取得した時が、Ｘの手形債権の時効消滅前であるときは、Ｘは時効完成した手形債権をもってＹの手形と相殺できると判示しているものである。この事件の原審判決は、消滅時効完成前の相殺適状の存在という制限を本件にそのまま適用して、Ｙが銀行より戻裏書（期限後裏書）を受けた時には既にＸの手形債権の消滅時効が完成していたのであるから、時効完成前に相殺適状があったものとはいえないとの考え方をしていたものである。手形同士による相殺の場合に参考となろう。

第37章　相　殺

285 時効が完成した債権を譲り受けて、相殺できるか。

| 結　論 | できない。 |

1　問題の提示

508条は、時効によって消滅した債権が、その消滅以前に相殺適状にあった場合、時効消滅にもかかわらず、なお相殺できると規定している。このような例外が設けられたのは、対立する両債権の当事者が、相殺できる状態に達したときは、特に意思表示をしなくても、ほとんど当然に清算されたように考え、その後の時効中断手続等に意を用いなくなるから、このような債権者の信頼を保護するためであるとされる（我妻・債権総論〔新訂版〕325）。

そこで、AのCに対する債権が既に時効完成しており、Cに対し債務を負担しているBが、Aからこの債権を譲り受け、これを自働債権として、Cに対する債務と相殺できるかがここでの問題である。

2　判　例

大判昭15・9・28民集19・20・1744は、相殺できないとし、最判昭36・4・14民集15・4・765も、この結論を支持する。その理由は、B・C間に時効完成以前、対立する債権債務につき、相殺適状がなく、Bにはこの相殺適状を信じて債権を行使しなかったという事情になく、このようなBを保護する理由がないというものである。学説もこの結論を支持する（我妻・前掲書325など）。

3　民法改正との関係

すなわち、旧468条1項前段は、債務者が異議なく承諾した場合、譲渡人に対抗することができた事由をもって譲受人に対抗できない、と規定していた。ここの譲渡人に対抗できる事由の中には、時効による債務消滅も含み、債務者は譲受人に時効消滅を主張できなくなると解する余地があった。仮に、時効消滅が含まれないとしても、そこでの異議のない承諾は、債務承認たる性質を有し、時効完成後の債務承認として、時効援用権を喪失すると考える余地もあった。

しかし、今回の民法改正により、異議をとどめない承諾による抗弁喪失を規定していた旧468条1項前段は削除され、抗弁の切断については抗弁を放棄する旨の債務者の意思表示を要するとされた。その結果、異議のない譲渡承諾ある場合に関する従前の議論は変更を免れない。

第37章 相 殺　　　　571

286 相殺の結果債権が残るとき、当該残債権につき催告の効力が生じるか。これとは逆に債務が残るとき残債務につき承認となるか。

結 論　いずれも積極に解する。ただし、実務上においては債権が残る場合、相殺の意思表示とともに残債権を請求する旨を明確にしておくべきである。

1 自働債権についての催告

例えば、銀行の貸付債権と預金債権を相殺する場合において、預金残額より貸付金額の方が多いときに、銀行が相殺すれば貸付債権が残るわけであるが、この残債権につき、相殺の意思表示をしたことによって催告としての効果も生じ、当該残債権の時効完成猶予の効力が生ずるかが前段の問題点である。

ちなみに、相殺通知に対して債務者が何らの異議を述べなかったとしても債務者が権利の承認をしたといえないから、承認による時効の更新とはならない（浦和地判昭57・11・30判タ491・79）。

2 判 例

通常の過程においては、履行の請求（催告）→弁済行為→債務の消滅という順序になるが、相殺は対立する同種の債権債務を対当額において消滅させる一方的意思表示であるから、催告という過程を経ないでいきなり債務の消滅という効果を生ずるため、相殺の結果、残債務が残る場合も、催告という具体的行為はなく、時効完成猶予の効力が生じないと解せられなくもない。

大判大10・2・2民録27・168は、時効完成直前になって自分の債権の一部と債務について相殺をなし、次いで、債権残額につき、本来の時効期間満了後であるが相殺の時から6か月以内に、支払命令の申請をしたという事案で、「相殺の意思表示は、自己の債権を行使して之を履行せしめんとする意思表示を包合しないものであるから」という理由で催告の効果を認めなかった。近時の大阪地判平22・1・29判時2094・80、横浜地判平26・4・14交民47・2・520も同旨である。

しかし、大阪高判昭54・11・16判時962・75は、民事訴訟において相殺の抗弁を提出した時に、その相殺が時効中断事由たる裁判上の請求に当たると判示する。

3 学 説

これに対して学説は反対する（幾代・民法総則〔第2版〕569、四宮＝能見・民法総則〔第7版〕363など多数）。理由は、相殺の意思表示には、通常債権全部の請求の意思が含まれているとみるべきであるというのである（川井・注釈民法(5)106）。結局は、意思表示の解釈の問題であるが、当該債権全部の権利行使をするという意思が、相殺の前提として、あるいは相殺の意思表示の中に含まれているというべきであるから、時効完成猶予制度の趣旨からいって、残債権について催告による時効完成猶予の効果を認めてよいと考える。ただし、実務においては否定判例がある以上、通常、相殺の意思表示は、内容証明郵便にて行われることが多いと思われ、この内容証明郵便の中に、相殺の意思表示をするとともに、残債権について支払を求める意思表示をして、相殺の意思表示とは別個に催告の事実を明らかにしておくことが望ましいであろう。

4 受働債権についての債務承認

なお、相殺するということは、当然に反対債権（受働債権）の存在を前提にしていることであって、反対債権の「承認」となり時効更新の効力を生ずるが、相殺の結果その債務は消滅してしまうので通常は意味がない。しかし、例えば、後に、自らの相殺の意思表示を撤回したような場合、その承認による時効中断の効力は失われないと解されている（最判昭35・12・23民集14・14・3166）。受働債権の時効完成後に相殺の主張をしたときは、債務承認に当たり、これを援用するのは信義則に反し許されないとする裁判例がある（東京地判平24・8・9（平22（ワ）39714・平23（ワ）25479））。

5 相殺後に債務が残るとき

次に、問題後段の、相殺の結果債務が残るときとは、前述の貸付債権と預金債権の例において、銀行からではなく、預金者の方から相殺の意思表示をしたときに、貸付金残債務の承認として、時効更新の効力を生ずるかという問題である。結論は、上記4で述べたとおり、相殺するということは受働債権の存在を前提にしているわけであるから、承認となる（大判昭17・7・31民集21・15・824は、小作料債権でもって貸金の利息と相殺するときは元本債権を承認したものと判示する）。この場合は、債務の一部につき弁済されたと同様で、一部弁済の場合、債務全部につき承認があったとして全部につき時効中断効を認める判例理論（大判大8・12・26民録25・2429）からいっても、肯定し得るであろう。

第37章　相　殺　　　　573

6　差引計算による場合

旧統一銀行取引約定書7条の差引計算条項に基づき、貸金債権と預金債権とを差引計算し、なお貸金債権が一部残る場合に、債務承認として更新するかという問題がある。すなわち、差引計算条項は、金融機関にあらかじめ包括的に相殺の意思表示を要しないで相殺ができる権限ないしは預金等の払戻しおよび弁済充当の権限を授与していると解すると、差引計算が実行されれば債務承認となるといえるのではないのではないかという疑問が生じるのである。この点につき、あらかじめの時効利益の放棄禁止を定める146条と弁済する債務について債務者に認識がないことを理由に否定する判決（東京高判平8・4・23判時1567・100）がある。なお、この判決の検討として、石井＝伊藤＝上野銀法528・22がある。

287　主債務者に対する債権の消滅時効が完成した場合、連帯保証人に対し債務を負担していた債権者は、保証債務履行請求権でもって相殺できるか。

結　論	できる。

1　508条

508条は、時効によって消滅した債権が、その消滅以前に相殺に適するようになっていた場合には、時効で消滅したにもかかわらず、なお相殺することができると定めている。その趣旨は、対立する両債権の当事者が、相殺することができる状態に達したときには、特に意思表示をしなくても、当然に清算されたように考えるから、この信頼を保護しようというものである。したがって、債務を負担している者が、時効で消滅した債権を譲り受けて、これを自働債権として相殺しようとしても許されない（大判昭15・9・28民集19・20・1744）。なぜなら、その債権の時効消滅前に、相殺適状が存しなかったからである。

2　問題の提示

ところで、本問は、時効で消滅した債権の債権者は、主債務者に対して反対債務を負担していたのではない。つまり、ここで相殺の当事者は、債権者と連帯保証人であって、債権者の自働債権となるのは、連帯保証人に対する

保証債務履行請求権である。そして、本問では、その保証債務履行請求権につき消滅時効が完成したというのではなく、主たる債務者に対する債権が時効で消滅した結果、保証債務の付従性によって、保証債務も消滅したという場合において、その保証債務履行請求権を自働債権となし得るかという問題である。したがって、508条が、ストレートに適用される場合と若干条件が異なるが、なお本問のような場合にも、508条を適用してよいかというのが、ここでの問題である。

　本問のような場合の具体例としては、銀行が貸付債権を時効完成させてしまったが、連帯保証人の預金がある場合、なおこの預金と相殺して回収しようと考える場合があろう。もっとも、銀行が貸付債権を時効完成させることはほとんどないかもしれないが、そのほかにも、実際の裁判で争われた例としては、連帯保証人の預金との合意相殺あるいは払戻充当等によって回収したところ、後になってその合意相殺あるいは払戻充当が、連帯保証人の無権代理人によってなされたということで無効とされたが、その時点では既に貸付債権につき、時効完成してしまっているといった例もある。

3　判例・学説

　さて、そこで本問についてであるが、判例は、なお相殺できるとしている（大判昭8・1・31民集12・2・83、大阪高判昭56・1・30判時1005・120）。

　これに対しては、有力な反対説がある。その理由は、①本問のような場合、保証人としての債務が消滅するのは、保証債務の付従性によるのであって、債権者の保証人に対する債権が消滅時効にかかるからではないことから、508条の射程外であること、②債権者が、保証人に対して債務を負担した場合に、主たる債務者に対する債権と清算されたと考えるとしても、この信頼を保護することは、保証人の予期に反し不公平であること、③相殺の結果、連帯保証人が主たる債務者に対して求償権を行使するとなると、実質的に主たる債務者は時効の利益を奪われる結果になり、不当であることの3点である（我妻・債権総論〔新訂版〕325など）。

　この反対理由につき、上記大阪高判昭56・1・30は、上記③の点につき、連帯保証人が自己の出捐をもって主たる債務を消滅させた以上、主たる債務者に対して求償権を有することは当然で、かかる結果の生じる故をもって、508条に関する判例の解釈を不当とすべきでないといい、また②の点につき、債権者と連帯保証人との間において、相殺適状の債権が対立している場合においては、債権者の主債務者に対する債権も含めて当然に清算されたものとの考えをもつのが通常で、この信頼を保護することも取引通念にかなうと反論

している。

4 検 討

たしかに、債権者と連帯保証人の間に債権が対立し、相殺適状が発生した場合、まだ相殺はしていないが、債権関係は消滅したように考えて、債権者としてはすべて清算されたものとの期待を抱くのに対し、連帯保証人としては、主たる債務者があくまで支払ってくれると期待し、清算されたと思わないであろう。この場合、どちらの期待を保護すべきかといえば、債権者の方ではないであろうか。けだし、連帯保証債務は既に履行期に達しており、本来履行すべきものであるが、主債務者が支払ってくれるという連帯保証人の期待はあくまでも事実上の期待であり、連帯保証人である以上、債務者と同じ立場で支払わなければならない義務があるから、このような期待はさほど保護すべきではないと考える。判例の結論を支持したい。

以上のようであるので、銀行実務などで、貸付債権が時効で消滅しても、それ以前に連帯保証人の預金があった場合、保証債務履行請求権を自働債権、預金債権を受働債権として相殺し、貸金の回収を図ることができる。

第38章　契約解除権

288　契約解除権は時効にかかるか。かかるとして時効期間は何年か。

| 結　論 | 時効にかかる。解除権発生の時から5年。 |

1　形成権の消滅時効

　契約解除権は、解除権者の一方的意思表示によって、契約関係の消滅という法律関係をもたらすがゆえに、いわゆる形成権と観念されている。

　この形成権について、消滅時効にかかるか、また、かかるとして何年の消滅時効にかかるか、形成権の行使によって生ずる権利の時効との関係をどのように考えるのかについては、判例および学説に争いがあるところである。

　ちなみに、民法改正における議論の中では形成権の短期制限に関する原則的な規定を設ける甲案、形成権という概念を設けずに取消権や解除権を対象として期間制限に関する原則的な規定を設ける乙案、形成権に関する原則的な規定は設けないとする丙案が議論された（部会資料31・38）。

　そこでまず、判例の立場を見るに、大判大6・11・14民録23・1965は、「解除権が時効に因りて消滅するは、主として相手方長年月間権利不行使の状態に置かさる公益上の理由に基づくものなれば、法律の規定に依る解除権なると契約を以て定めたる解除権なるとに由り、其時効に因りて消滅するに於て、差別を設くべきものに非ず」として、時効による解除権の消滅を認めている。

　これに対して、学説の多くは、形成権の期間制限は消滅時効とは別物と考えており、形成権は権利者の意思表示があれば効果が生じ、権利は行使されるが目的を達し得ないという状態はないから、不行使の事実状態とか、権利行使によるその中断ということは考えられず、明文をもって消滅時効を定めたものについても除斥期間のみに服すべきであるとして反対している（例えば、我妻・民法総則〔新訂版〕438・496）。また、解除権に関しては、既履行給付の返還を求める場合は期間制限に含するが、未履行について解除権を防禦的に行使する場合は、期間制限の対象とならないとの抗弁権としての形成権の永久性をいう見解もある。

2 時効期間

そこで、時効にかかるとして、その時効期間は何年となるか。消滅時効の通則である改正民法166条は、1項で、「債権」についての5年または10年の時効期間を、2項で、「所有権及び債権以外の財産権」について20年の時効を定めるが、そのいずれを原則とみるべきかについて、明治時代の立法者自身も混乱していたようである。この混乱は、政府案において、消滅時効の通則として、所有権以外の財産権についての20年の時効のみを定めていたものが、衆議院で修正され、「債権」についての10年と「債権及び所有権以外の財産権」についての20年とに分けられたためと推測される（岨野＝渡辺「賃貸借契約解除権の消滅時効」司法研修所論集69・7）。

理論的に考えれば、解除権は債権または所有権以外の形成権であるから、2項にいう「債権又は所有権以外の財産権」として、20年の時効にかかることになろうが、大判大10・3・5民録27・493は、形成権たる再売買の予約完結権につき、この見解を採らず、「該権利は特定の人に対して有する権利なれば、之を債権と同視し、民法167条1項を適用して、10年の時効に因りて消滅するものにして、同条第2項を適用すべきものに非ず」と判示している。また、売買の一方の予約の完結権につき、大判大10・3・5民録27・495が10年としている。

その後、最判昭36・11・24民集15・10・2536は、白地手形の補充権に関し、形成権といえども、その消滅時効については一概に旧167条2項を適用すべきではなく、各種形成権についてその特質に従って消滅時効の期間を定めるべきとし、また、最判昭42・7・20民集21・6・1601は、借地法10条の建物買取請求権について、10年の消滅時効にかかると判示している。無断転貸を理由とする解除権についても10年で時効消滅するとする（最判昭62・10・8民集41・7・1445。ただし、解除権者は合資会社）。

このように、判例が形成権について、2項ではなくて1項を適用しようとする根拠は、形成権は、特定の人に向けられた権利である点で、債権と同視している点に求めている。民法改正後においても、判例の立場を支持する学説として、山野目・民法総則343がある。

3 形成権行使の結果生ずる債権

このような判例に対して、川島・民法総則542は、形成権の時効とは、形成権行使の結果生ずる請求権の時効であるとして批判する。

しかし、大判大7・4・13民録24・669は、「契約解除に因る原状回復の請求権は、契約の解除に因りて、新たに発生する請求権なるをもって、其時効は、

契約解除の時より進行すべきものとす」として、形成権の時効と形成権行使の結果生ずる請求権の時効とを全く区別する立場をとり、最判昭35・11・1民集14・13・2781も、解除契約による原状回復義務の履行不能による損害賠償請求権の消滅時効は、契約解除の時から進行するとして、上記大審院判例の立場を踏襲する。さらに、最判昭57・3・4民集36・3・241は、遺留分減殺請求権の消滅時効を定めた1042条は、同減殺請求権についてのみ適用されるものであって、行使の効果として生じる目的物の返還請求権は、1042条所定の消滅時効にかからないと判示する。

4 民法改正との関係

民法改正に当たって、形成権一般を対象とする期間制限について特別な規定を整備すべきであるとの考え方が提示されたが、立法化に至らなかった。なお、解除の要件に関しては、旧543条後段を削除することで、「債務者の責めに帰すべき事由」（帰責事由）という要件は不要であるとされた。これは、債務不履行による解除の制度を債務者に対して債務不履行の責任を追及するための制度ではなく、債権者に対して契約の拘束力からの解放を認めるための制度であると位置付けたことによる。

以上の判例理論からすれば、形成権たる契約解除権は、改正民法166条1項により、5年または10年の時効にかかると解してよい。民法改正前の最判昭56・6・16民集35・4・763は、賃貸借契約の解除権の消滅時効については、旧167条1項が適用され、その権利を行使することができる時から10年の時効にかかると明確に判示していた。

そして、改正民法166条1項では主観的起算点から5年、客観的起算点から10年の時効期間を定めているが、通常、解除権発生の時に権利を行使できることを知ったというべきであるから、発生の時から5年の時効にかかると解される。

289 法定解除権の消滅時効はいつから進行するか。

結　論　客観的起算点は債務不履行の時、主観的起算点は債務不履行を知った時。

第38章　契約解除権　　579

1　解除権それ自体の消滅時効

　法定解除権は、いわゆる形成権であるが、法定解除権それ自体の時効消滅を認めるのが判例の立場であり、またその時効期間についても、原則として、改正民法166条1項により、5年または10年と解すべきであることは、問題〔288〕で説明したところである。そこで次に、法定解除権が、それ自体が時効で消滅するとしても、その時効がいつから進行するかは問題のあるところである。

2　民法改正以前の議論

　時効の起算点が主観的起算点と客観的起算点に二元化されていない民法改正以前においては、次のような議論があった。

　これを「解除権発生の時から」（履行の催告をし相当の猶予期間を経過した時から）とする考え方に対しては、次のような有力な批判があった。すなわち、法定解除権に基づく解除により発生する損害賠償請求権の消滅時効の起算点については、本来の債務の履行期から進行すると解すべきであるが（このように解しないと、もともと損害賠償請求権は、債務不履行責任を問うものであり、本来の債務と同一性を有するばかりでなく、本来の債務が時効で消滅しているのにその責任を問うことは、不合理となるからである。）、法定解除権もそれ自体が1個の独立した権利であるとはいうものの、債務不履行責任を追及するために認められる権利であることは、この損害賠償請求権と同一であるから、この損害賠償請求権の時効起算点につき、本来の債務の履行期と解する以上、法定解除権の消滅時効の起算点も、本来の債務の履行期からと解すべきであるというものである（幾代・総合判例研究叢書第2　第8民法30、同・5　民法総則〔第2版〕526、我妻・債権各論（上）207）。東京地判昭38・4・25判時349・57は、土地所有権と土地賃借権との交換契約において、賃借権譲渡承諾を得られない債務不履行を理由とする解除権の消滅時効につき、「定期行為でない一般の契約における履行遅滞による解除権の消滅時効期間の起算点も該債務の履行期と解すべきである」と判示している。この考え方によれば、法定解除権の消滅時効の起算点は、当該解除権発生の時よりも相当前に繰り上がることになる。

3　改正民法下における解除制度

　旧543条ただし書は履行不能に関し、「その債務の不履行が債務者の責めに帰することができない事由によるものであるときは、この限りでない。」として履行不能について債務者の責めに帰することができない事由（帰責事由）がない場合は契約の解除をすることができない旨を規定していた。履行不能

以外の債務不履行についても、伝統的通説は、この帰責事由は、履行不能以外の債務不履行による解除一般に必要であると解していた。しかし、改正民法541条・542条は、債務不履行による解除の要件として債務者の帰責事由を不要とする立場を採用し、債務不履行について債務者に帰責事由がない場合にも、債権者は契約解除できると規定した。これは、解除制度は、履行を怠った債務者への制裁としてではなく、契約の拘束力から解放する制度であるとの考え方に基づく。

この考え方によると、民法改正前にあった債務不履行責任を追及するための権利→損害賠償請求権と同性質→本来の債務の履行時という見解は存続の余地がなくなったと言うべきである。

4 検 討

(1) 客観的起算点

普通の解除権発生の要件は、①債務不履行があること、②債権者が相当の期間を定めて催告したこと、③催告期間内に履行されなかったことであるが、結局、解除権は催告期間の経過によって発生することになり（もとより、改正民法542条による無催告解除ができる場合は別として）、解除権の生じた時とは、厳密には催告期間を経過した時ということになる（山本・民法講義Ⅳ・1・190）。

しかし、これに対しては、催告期間は何日と法定されているわけではなく、相当期間とされているのであるから、この考え方によると、消滅時効の起算点が一定しない（上記東京地判昭38・4・25参照）。また、「解除権の消滅時効が催告期間の徒過の時から進行するとすれば、債務の時効消滅後もなお解除権が残るという不合理な結果が生ずる」（塩崎・最高裁判所判例解説民事篇昭和56年度22事件348）という批判がある。そこで、解除権発生の時といっても、厳密には催告して解除権を行使し得る時、すなわち、「債務不履行の時」から進行を始めると解される。近時の裁判例として東京地判平19・6・15（平18（ワ）4213）がある。

(2) 主観的起算点

主観点起算点は、権利を行使することができることを知った時からであるから、取引上の法定解除権は、通常は、債務不履行を知った時からと解しうる。

第38章　契約解除権　　　581

290　契約解除による原状回復請求権の消滅時効はいつから進行するか。

結　論　客観的起算点、主観的起算点とも、解除の時から進行する。

1　原状回復請求権

　解除権は形成権であるから、解除権の行使によって、解除された契約自体から生じた法律効果は、解除によって遡及的に消滅し（債権、債務だけでなく処分的効果も）、さらに当事者双方に原状回復義務が生ずる（改正民法545条1項本文）。そこで、この原状回復請求権の消滅時効は、いつから進行するのかを検討するのがここでの問題である。

2　民法改正前の判例

　この問題について、大判大7・4・13民録24・669は、堤防に定着する石垣の売買における買主が、履行期から10年近く経過した後に契約を解除し、その後さらに数年を過ぎてから、かつて支払った売買代金の返還請求をした事案において、「契約の解除に因る原状回復の請求権は、契約の解除に因りて新たに発生する請求権なるを以て、其時効は契約解除の時より進行すべきものとす」と判示して、契約解除の時からとしている（なお、大判昭12・5・28民集16・14・903、大判昭17・8・6民集21・15・837参照）。

　そして、最判昭35・11・1民集14・13・2781も、ディーゼルエンジンの修繕請負契約を解除したところ（昭和24年8月ころ）、そのエンジンが紛失したので、返還義務の履行不能による損害賠償請求訴訟を昭和30年2月に提起したという事案において、商事契約の解除による原状回復（本件では特定物返還義務）は商事債務であり、その履行不能による損害賠償義務も商事債務であるところ、その損害賠償義務は、本来の債務の物体が変更したに止まり、その債務の同一性に変わりはないのであるから、履行不能による損害賠償債務の消滅時効は、原状回復債務の履行を請求し得る時である契約解除の時から進行すると判示して、昭和24年8月の解除から5年を経過した本訴請求を棄却した。このように、最高裁判所も上記大審院判例の立場を踏襲しているものといえよう。なお、5年の商事時効は、民法改正により削除されている。

　このように、判例は、原状回復請求権の消滅時効を解除権の消滅時効とは独立して認めている。

3　民法改正と本来の債務の履行期説

　これに対しては、民法改正以前において、解除による原状回復請求権も、「本来の債務の履行期」から進行すると解すべきであるとの批判があった（我妻・債権各論（上）208など）。その根拠は、債務不履行による契約解除およびそれによって生ずる原状回復請求権は、本来の債務に関する債務不履行責任を問うべきものであるから、債務者の責に帰すべき事由によって履行不能となって、損害賠償請求権が発生し、これが本来の債務の履行期から10年の時効によって消滅しているのに、なお契約解除して原状回復請求できるというのでは、また改めて本来の債務の不履行の責任を問えることになって、不当であるというのである。しかし、改正民法は債務不履行による解除について債務者の責めに帰すべき事由（帰責事由）を要件としていない。これは、解除を履行を怠った債務者への制裁としてではなく、契約の拘束力から解放する制度としてとらえているものである。

　また、別の側面からいえば、解除権それ自体の消滅時効を、判例のように債務不履行の時から10年とすると、その時効完成直前になって解除し、さらに解除による原状回復請求権の消滅時効の完成直前になって原状回復義務の履行を求めるときは、その間合計20年近く経過する事態を承認せざるを得ないが、本来の債務自体は、履行期から10年で消滅することと対比すると、余りに不当であるというのである。しかし、この点も民法改正によって時効期間が主観的起算点から5年と短縮されたので、緩和されたというべきである。

　有力な批判であるが、判例の立場は明確であり、民法改正後においても、実務は契約解除の時からとして処理して差し支えない。

第39章　売　買　　583

第39章　売　買

291　売買の担保責任における買主の救済期間はどのように改正されたか。

結　論　種類または品質に関して契約の内容に適合しない目的物を買主に引き渡した場合、知った時から1年という除斥期間に服する。

1　民法改正前の規律

改正前の民法では、権利の一部が他人に属することによる原始的不能の場合（旧563条・564条）、数量指示売買（旧565条）、地上権等がある場合（旧566条）、瑕疵担保責任（旧570条）についての買主の権利について、知った時から1年以内に行使しなければならないと規定していた（旧570条・566条3項）。旧570条は、売買の目的物に隠れた「瑕疵」という用語を用いていた。そこでの1年という期間制限の法的性質は、「除斥期間」であり、一般的な消滅時効とは異なる。

2　改正民法566条

改正後の民法は、契約適合性という観点から瑕疵担保責任を解体し、特定物売買と不特定物売買とを区別することなく債務不履行責任へ一元化した。そこでは、「種類・品質面」での契約適合性と「数量面」での契約適合性とは同列のものとして位置付けられているが、短期の権利行使期間の対象に関しては、改正民法566条が次のように規定して、「種類又は品質」に関して契約の内容に適合しない目的物に限定して、短期の期間制限を設けている。ここでは、旧法の「瑕疵」という用語を「契約の内容に適合しない」との用語に置き換えている。

売主が種類又は品質に関して契約の内容に適合しない目的物を買主に引き渡した場合において、買主がその不適合を知った時から1年以内にその旨を売主に通知しないときは、買主は、その不適合を理由として、履行の追完の請求、代金の減額の請求、損害賠償の請求及び契約の解除

をすることができない。ただし、売主が引渡しの時にその不適合を知り、又は重大な過失によって知らなかったときは、この限りでない。

　1年という短期の除斥期間にかかるのは、目的物の「種類又は品質」に関しての「契約不適合」の場合に限られている。したがって、「数量」に関する契約不適合や「権利」に関する契約不適合には、外形的に不適合が明らかであるので、このような短期の期間制限はなく、消滅時効の一般規定（主観的起算点から5年、客観的起算点から10年）に従うことになる。すなわち、数量不足の場合は、外形上明白であり、履行が終了したとの期待が売主に生じることは通常考えがたく、売主を保護する必要がないからである。また、権利移転義務の不履行の場合は、売主が契約の趣旨に適合した権利を移転したという期待が生ずることは想定し難く、短期間で契約不適合の判断が困難になるとも言い難いからである。

3　1年の期間制限

　この改正民法においても1年という「除斥期間」が規定されている。これは、①目的物の引渡し後は履行が終わったと信じる売主の期待を保護するとともに、②物の瑕疵の有無は、目的物の使用や期間の経過による劣化などにより瑕疵の判断が困難となる事から、短期間の期間制限を設けることにより法律関係を早期に安定する必要があるからである。除斥期間であるから、消滅時効にあるような時効の更新や完成猶予というものはない。また、援用というものもない。

　したがって、引き渡した目的物の種類または品質が契約不適合である場合に、買主が契約不適合の事実を知った時から1年以内に当該事実を通知しないときは、買主は、その不適合を理由とする履行の追完の請求、代金減額の請求、損害賠償の請求、契約の解除をすることができないことになる。

　ただし、売主が引渡しの時にその不適合を知り、または重大な過失によって知らなかったときは、買主は1年経過した後も失権しない（改正民法566条ただし書）。これは、不適合を知っている売主を買主からの通知がないからとの理由で免責するのは相当ではないからである。

　なお、1年の期間制限をクリアーしたときは、別途、消滅時効の規定（改正民法166条1項）の適用を受けることになる。

4　期間制限の対象となる契約不適合

　1年の期間制限の対象となるのは、売主が「種類又は品質に関して契約の内

第39章　売　買　　　585

容に適合しない目的物を買主に引き渡した場合」に限られている。目的物の数量不足や権利移転に関する不適合については、外見上明らかであることが多く、期間が経過しても不適合の判断が困難となるとは言えないから、一般的な消滅時効の定め（改正民法166条）に従うと区別された。したがって、主観的起算点から5年、客観的起算点から10年の消滅時効期間によることになるが、通常は前者になり、これによって処理されることになる。

292　買主の救済期間の1年の起算点はいつか。

| 結　論 | 単に種類・品質に関する不適合があることを認識した時。 |

1　改正前の判例との関係

　民法改正前の判例は、旧564条の事案（権利の一部が他人に属する場合の担保責任）において、「事実を知った時」とは、買主が売主に対し担保責任を追及しうる程度に確実な事実関係を認識したことを要するとしていた（最判平13・2・22判時1745・85）。

　これに対して、改正民法566条の法文では、上記判例法理を変更して、「買主がその不適合を知った時から」と定めている。通知の内容が具体的な瑕疵の内容や損害額の根拠までは不要であるとすると、単に種類・品質に関する不適合があることを認識した時が1年の起算点となる。

2　改正商法526条2項との関係

　旧商法526条2項は、商人間の売買において、目的物受領後に遅滞なく検査をしなければならず、瑕疵あるいは数量不足を発見したときは「直ちに」通知しなければならない、と定めていた。新民法の下では、担保責任は契約不適合による債務不履行責任とされた。これに伴い、商事売買における担保責任についても「瑕疵があること又はその数量に不足があること」を「種類、品質又は数量に関して契約の内容に適合しないこと」として、改正民法の規定振りを合わせる改正がされた（改正商法526条）。この改正商法526条と改正民法566条との関係につき、商人間の売買には、改正商法526条が優先的に適用され、当事者が非商人の場合に改正民法566条が適用されるとの見解がある（大澤・金法2026・42）。

第39章 売 買

293　1年という期間を遵守するためには、どのようなことをすればよいか。

結 論　不適合の通知として不適合の種類・範囲を伝える。

1 民法改正前の判例

最判平4・10・20民集46・7・1129は、瑕疵担保責任で買主がすべき「権利行使」について、売主に具体的な瑕疵の内容、それに基づく損害賠償請求をする旨の表明、請求する損害額の根拠を示す必要があると判示していた。

2 改正民法566条の通知

これは、買主に加重な負担を課すものであることから、改正民法においては、契約不適合を通知すれば足りるとして、買主は損害賠償請求をする根拠まで示す必要はなくなり、その負担を軽減している。すなわち、上記判例が求める行使では訴提起の一歩手前ともいえる内容であり、買主に負担が大きいため、改正民法566条は不適合を知った旨の通知で足りると定め、瑕疵・数量不足の種類をその大体の範囲を明らかにすれば足りる（商法526条2項の通知に関する大判大11・4・1民集1・155）こととしている（部会資料75Ａ・24）。

具体的な内容としては、単に契約との不適合がある旨を抽象的に伝えるのみでは足りず、細目にわたるまでの必要はないものの、不適合の内容を把握することが可能な程度に、不適合の種類・範囲を伝えることが必要であるとの見解が示されている（筒井＝村松・一問一答・民法（債権関係）改正285）。

3 通知の効果と消滅時効の関係

売買目的物の種類・品質に関する契約不適合（瑕疵）に関する1年の期間制限は、債権の消滅時効に関する一般準則を排除するものではない。すなわち、1年の期間制限内に所定の通知をすれば、その後、買主が行使する代金減額請求権などは一般の消滅時効の原則が適用になる。買主が不適合を知った時という主観的起算点からは5年、客観的起算点からは10年の消滅時効にかかる（部会資料75Ａ・24）。

第39章　売　買　　　587

294 　1年の期間制限がある種類・品質に関する契約不適合
（瑕疵）責任は、それ自体に消滅時効が適用されるか。

| 結　論 | 債権の消滅時効に関する一般準則を排除しない。 |

1　問題の提示

　改正民法566条は、「種類又は品質」に関して契約の内容に適合しない目的
物に関して、1年という短期の権利行使期間を規定している。

> 　売主が種類又は品質に関して契約の内容に適合しない目的物を買主に
> 引き渡した場合において、買主がその不適合を知った時から1年以内に
> その旨を売主に通知しないときは、買主は、その不適合を理由として、
> 履行の追完の請求、代金の減額の請求、損害賠償の請求及び契約の解除
> をすることができない。

　したがって、引き渡した目的物の種類または品質が契約不適合である場合
に、買主が契約不適合の事実を知った時から1年以内に当該事実を通知しな
いときは、買主は、その不適合を理由とする履行の追完の請求、代金減額の
請求、損害賠償の請求、契約の解除をすることができないことになる。
　問題は、不適合を知った時が売買契約の時あるいは引渡しの時から10年を
経過していたときでも、なお、上記の救済手段を採ることができるかである。
改正民法166条1項2号によれば、権利を行使できる時から10年間行使しない
ときは、時効によって消滅すると規定されており、この消滅時効期間と1年の
権利行使期間との関係が問題になるのである。

2　民法改正前の学説・判例

　旧570条・566条3項の瑕疵担保責任において認められていた損害賠償責任
に関しては、買主が事実を知った時から1年以内に行使しなければならない
とされていた。この当時にも、この期間制限と消滅時効との関係が問題にな
っていた。旧法の立法者は、消滅時効の一般原則は、いわゆる瑕疵担保責任
にも適用されると考えていた（梅・民法要義巻之三債権編〔大正元年復刻版〕503）。
適用積極説は、①現実に瑕疵を知ったのが例えば売買契約後20年後でも損害
賠償請求できるとすると、担保責任をめぐる売買当事者間の法律関係の早期
安定を図ろうとする趣旨に反すること、②民法全体の体系的バランスを考え

るならば、瑕疵担保責任が消滅時効制度と全く無縁であると考えることは適当ではないこと（河上・判評530・7）、③10年の時効期間は、買主が隠れた瑕疵を発見するのに決して短い期間ではなく、著しく瑕疵の発見が遅れた買主の怠慢も一定程度責められてしかるべきであること（同上）、④隠れた瑕疵を理由とする損害賠償請求権は、もともと売主の債務不履行から生じた債権であること（内田・債権各論〔第2版〕138）などを根拠とする。

適用消極説は、①旧566条3項自体は、「事実を知った時から」とのみ定めていることは、その趣旨が権利関係の早期安定だけではないことを示していること、②積極説によると買主に目的物を自ら検査して瑕疵を発見する義務を認めるに等しくなり公平ではないこと、③売主の瑕疵担保責任は、法律が買主の信頼保護の見地から特に売主に課した法定責任であり、売買契約上の債務と異なるものであるから、旧167条1項は適用されない、とする。

最判平13・11・27民集55・6・1311は、宅地の一部に道路位置指定がなされていたのに、売主たる分譲業者が建築確認を得ないで建築した建物と当該土地を購入した買主が、売買から21年余を経過した後、道路位置指定の存在を初めて知り、旧570条、566条3項に基づく損害賠償を請求した事案で、瑕疵担保による損害賠償請求権には消滅時効の規定の適用があり、この消滅時効は、買主が売買の目的物の引渡しを受けたときから進行する、と判示した。その理由は、①瑕疵担保による損害賠償請求権が旧167条1項にいう「債権」に当たることは明らかであること、②買主が事実を知った日から1年という除斥期間の定めは、法律関係の早期安定のために買主が権利を行使すべき期間を特に限定したものであるから、除斥期間の定めがあることをもって、消滅時効の規定が排除されるとはいえないこと、③除斥期間目的物の引渡しを受けた後であれば、買主に通常の消滅時効期間内に瑕疵を発見して損害倍償請求権を行使することを期待しても不合理ではないこと、④瑕疵担保による損害賠償請求権に消滅時効の規定の適用がないとすると、買主が瑕疵に気が付かない限り買主の権利が永久に存続することになるが、これは、売主に過大な負担を課するものになること、からである。

ただし、具体的な事情によっては、売主に時効を援用させることが不当な結果を生じることがある。この場合は、時効の援用自体が権利濫用として許されない。上記最高裁判決も、差し戻してその点の審理をさせている。

3 改正民法下での解釈

改正民法は、契約責任説に立って売買のルールを整理し、瑕疵担保責任の概念をなくし、契約の解除および損害賠償は債務不履行の一般原則による立

第39章 売 買　　　589

場を選択している。よって、消滅時効を排除されることはなく、買主が不適
合を知った時という主観的起算点からは5年、客観的起算点からは10年の消
滅時効にかかる（部会資料75A・24）。

4　客観的起算点

　消滅時効の適用があるとした場合には、その起算点をいつと捉えるかとい
う問題がある。買主に検査および瑕疵の通知義務が課せられている商人間の
売買において、この義務は「その売買の目的物を受領したとき」と規定され
ている（商法526条1項）。上記最判平13・11・27では、引渡しの時からとしてい
る。これは、引渡しの前に買主が隠れた瑕疵を発見するのは、通常の場合著
しく困難であるという事情を考慮したものである。

第40章　使用貸借

〔期間制限・消滅時効〕

295　用法違反による損害賠償および費用償還請求権に関する期間制限があるか。

結　論	返還を受けたときから1年以内。

1　改正民法600条1項

借主の用法違反による損害賠償や、借主が支出した費用の償還は、目的物の返還を受けたときから「1年以内」に請求しなければならない。民法改正前600条は、内容に変わりなくそのまま改正後の600条1項とされた。

> 1項　契約の本旨に反する使用又は収益によって生じた損害の賠償及び借主が支出した費用の償還は、貸主が返還を受けた時から1年以内に請求しなければならない。

ちなみに、600条には民法改正により2項が新設され、特別の時効完成猶予事由も新設されている。

2　立法理由

上記規律の立法理由に関しては、立法時の議論がなく明確ではない（椿＝三林・権利消滅期間の研究622〔畑中久爾〕）。目的物の返還後は、短期のうちにこれらの法律関係を確定せしめようとの趣旨である。しかし、用法違反による損害賠償請求については、貸借期間中に生じた事情を貸主が知ることは困難であって、返還後短期間のうちに損害賠償請求すべきことを貸主に請求することは合理的でないという批判がある。また、費用償還請求権に関しても、民法に規定されているその他の費用償還請求権（例えば、196条、299条、650条）などと区別して短期の期間制限を設ける必要性・合理性に乏しいとの問題点が指摘されている。そこで、民法改正時の議論では、旧600条の削除が提案さ

第40章 使用貸借　591

れていた。

3 期間制限の法的性質

期間制限の法的性質に関しても、時効ではなく固定期間であるとか、予定期間とか、債権の特別短期時効とする学説があったが、除斥期間と理解すべきであろう。

296 用法違反による損害賠償の請求権に関する1年の時効完成の猶予とは何か。

> **結論** 用法違反による損害賠償の請求権の消滅時効を、返還後1年まで時効が完成しないとするもの。

1 改正民法600条2項

改正民法は、600条2項として、以下の規定を新設した。旧600条に2項を新設付加したものである。これは特別の時効完成猶予事由を追加するものである。

> 前項の損害賠償の請求権については、貸主が返還を受けた時から1年を経過するまでの間は、時効は、完成しない。

2 旧600条

旧600条は、1項と2項の区分はなく、「契約の本旨に反する使用又は収益によって生じた損害の賠償及び借主が支出した費用の償還は、貸主が返還を受けた時から1年以内に請求しなければならない。」と規定していた。これはいわゆる除斥期間と解されていた。この1年の除斥期間のほか、旧167条1項により、用法違反の時から起算される10年の消滅時効にも服し、そのいずれかが適用されれば、消滅すると解されていた。

改正民法600条2項は、この返還から1年以内という期間制限とは別に、損害賠償請求権については、返還から1年間は時効完成が猶予されるという複合規定としている。時効の完成を猶予する期間を1年とするのは本条1項の除斥期間と平仄を合わせたものである。

第40章

3　改正の理由

　これは、使用貸借の期間が長期にわたる場合に、借主が用法違反をした時（客観的起算点）から10年を経過してもなお使用貸借が存続している中で消滅時効が完成してしまうことがあるところ、目的物が借主の管理下にあり貸主は目的物の状況を把握することが困難なため、貸主が用法違反の事実を知らない間に消滅時効が進行し、貸主が目的物の返還を受けた時には、すでに消滅時効が完成しているといった不都合に対処するためである（部会資料70A・66）。

第40章　使用貸借　　593

〔取得時効〕

297　使用借権を時効取得できるか。

| 結　論 | 判例は認めている。 |

1　使用借権の時効取得の成否

　163条は、所有権以外の財産権は、自己のためにする意思をもって、平穏に、かつ、公然と行使する者は、前条の区別に従い20年または10年を経過した後、その権利を取得すると規定している。そこで、使用借権の時効取得が認められるかが問題となる。消極説は、取得時効は、時効によって取得される権利に対応する消滅すべき権利があることが必要であり、無から有を生ずるような債権の時効取得は認められないし、たとえ債権が存在していても債権は相対権であるがゆえに時効取得は認められないとする（遠藤・民商60・6・909）。これに対して、以下のように判例は、使用借権の時効取得を認める立場をとる。

2　判　例

　使用借権の時効取得の成否が争点となったが要件を満たさないとして認められなかった裁判例として、奈良地判昭37・6・6判タ133・90（具体的に貸主、借主の外形が継続して存在していなかった）、最判昭48・4・13裁判集民109・93、新潟地高田支判昭53・3・30訟月24・5・934（敷地につき自己のために原告に対する使用借権を行使する意思を有していたものと認められない）、東京高判昭60・2・27判タ554・169（使用借権を取得したと信じたものでない）、大阪高判平20・8・29判時2028・38（使用収益が土地の借主としての権利行使の意思に基づくものであることが客観的に表現されているとは認められない）がある。

　これに対して、認容された裁判例として、上記大阪高判平20・8・29の1審判決である京都地判平19・8・22判タ1280・223、東京高判平25・9・27判タ1393・170（兄弟間で使用貸借が成立したが、借主の死亡により使用貸借関係が消滅し、使用借権の消滅を知らない相続人が過失なく10年の使用を継続したというもの）がある。

3 時効取得するための要件

使用借権を時効取得するための要件としては、①土地の継続的な使用収益という外形的事実が存在し、②その使用収益が土地の借主としての権利の行使の意思に基づくものであることが客観的に表現されていること、の2つが必要である（上記最判昭48・4・13）。

特に②に関して、上記大阪高判平20・8・29は、賃借権の時効取得が問題になる場合の賃料の支払に匹敵するような使用者と所有者との使用貸借関係の存在を推認させるような関わり合いが客観的に表現されていると評価されるべき事実の存在が必要であるとし、大阪高裁判決のケースでは、②の要件が存在しないとして使用借権の時効取得を認めなかった。

第41章　賃貸借

〔期間制限・消滅時効〕

298 賃借人の用法違反による損害賠償請求に関し期間制限があるか。

| 結　論 | 賃借物の返還を受けたときから、1年（除斥期間）。 |

1　1年の除斥期間

賃借人は、契約またはその目的物の性質によって定まった用法に従い、賃借物の使用および収益をしなければならず（616条による594条の準用）、これ違反して損害が生じた場合には、賃貸人に対して損害を賠償しなければならない。このような用法違反による賃貸人の損害賠償請求権の期間制限に関し、賃借物の返還を受けたときから、1年以内に請求しなければならないとされている（改正民法622条による改正民法600条1項の準用）。この期間制限の性質については、時効によって消滅するという文言が使われていないことから除斥期間と解されている。

2　立法趣旨

1年という期間制限が設けられているのは、用法違反なく賃借物を引き渡して契約関係が終了したと信じていた賃借人が、長期間の経過後に損害賠償請求を受けることがないようにして、契約関係が無事に終了したとの賃借人の期待を保護するものである。

3　民法改正時の議論

これに対しては、賃貸人が所有者であるからといって、自分の物について熟知しているとは限らず、特に長期にわたる賃貸借ではその期間中に目的物に生じた事情を知ることは困難であって、賃貸人に対して短期間の内に損害賠償請求すべきことを期待するのは合理的でないとの批判があった。しかし、結局、旧民法の内容が維持されたものである。

第41章　賃貸借

299　用法違反による損害賠償の請求権に関する消滅時効の完成猶予とは何か。

| 結　論 |

用法違反による損害賠償の請求権が、賃貸借継続中または終了後賃借物引渡しの時から1年間は時効完成しないとするものである。

1　改正民法622条が準用する改正民法600条2項の新設

改正民法は、旧600条に2項として、以下の規定を新設付加した。

前項の損害賠償の請求権については、貸主が返還を受けた時から1年を経過するまでの間は、時効は、完成しない。

用法違反による損害賠償請求権は、1年の除斥期間の外に、改正民法166条1項2号の10年の消滅時効期間にも服するところ、賃借物の返還を受けたときから1年を経過するまでの間は時効が完成しない。これは、長期にわたる賃貸借においては、賃貸人が賃借人の用法違反の事実を知らない間に消滅時効が進行し賃貸人が賃借物の返還を受けたときは既に消滅時効が完成しているといった事態に対処するためである。

2　改正民法600条の1項と2項との関係

旧600条は、1項と2項の区分はなく、「契約の本旨に反する使用又は収益によって生じた損害の賠償及び借主が支出した費用の償還は、貸主が返還を受けた時から1年以内に請求しなければならない。」と規定していた。これはいわゆる除斥期間と解されていた。改正民法600条2項は、この返還から1年以内という期間制限とは別に、損害賠償請求権の消滅時効については、返還から1年間は時効完成が猶予されるという複合規定としたものである。これにより、貸主の損害賠償請求権が消滅時効にかかるおそれが減少し、保全されることになる。

3　改正の立法趣旨

上記のように改正された理由は、次の通りである（部会資料69Ａ・64）。
「賃借人の用法違反による賃貸人の損害賠償請求権は、賃貸人が賃貸物の返還を受けた時から起算される1年の除斥期間（民法621条、600条）のほかに、

第41章　賃貸借　　597

賃借人が用法違反をした時から起算される10年の消滅時効（民法167条1項）にも服するとされている。すなわち、長期にわたる賃貸借においては、賃借人が用法違反をした時から10年経過してもなお、賃貸借契約が存続しており、消滅時効が完成してしまうことがある。しかし、賃貸人は賃貸物の状況を把握することが困難なため、賃貸人が賃借人の用法違反の事実を知らない間に消滅時効が進行し、賃貸人が賃貸物の返還を受けた時には既に消滅時効が完成しているといった不都合な事態が生じ得るので、これに対処する必要がある。上記事態を解消するため、賃借人の用法違反による賃貸人の損害賠償請求権に関する消滅時効（民法167条1項）について、新たな停止事由を定めることとし、1年の除斥期間内は、消滅時効が完成しないこととするものである。」。

300　賃借人からの費用償還請求権に期間制限があるか。

結　論	賃貸人が賃貸物の返還を受けたときから、1年（除斥期間）。

1　1年の除斥期間

　賃貸物に関して賃借人が支出した費用・有責費は、賃貸人に対して請求することができる（608条）。この賃借人が有する費用償還請求についても、賃貸人が目的物の返還を受けたときから1年以内に請求しなければならないとされている（改正民法622条による改正民法600条1項の準用）。この期間制限の性質については、時効によって消滅するという文言が使われていないことから時効期間ではなく除斥期間と解されている。

2　立法趣旨

　これは、賃貸人・賃借人間の債権債務関係が長引くことを防止し、賃貸借終了後早期に問題を処理する趣旨である。時効期間の起算点を定めたものではない（東京地判平22・11・29（平19（ワ）34597））。

3　民法改正との関係

　中間試案第38・14・(3)では、旧621条準用・旧600条から、賃借人の費用償還請求権の部分を削除し、賃借人の費用償還請求権の期間制限を削除することが提案されていた。これは、この費用償還請求権は、民法で外に規定され

ている占有者の費用償還請求権、留置権者の費用償還請求権、受任者の費用
償還請求権に関しては期間制限の規定はなく、一般的な消滅時効の規定に従
って消滅するとの取扱いであるのに、賃借人の費用償還請求権についてのみ
このような期間制限を設ける必要性・合理性が乏しいからというのがその理
由である。しかし、結局、改正前と同様とされた。

301 長期間にわたる賃料不払を理由とする契約解除権の主観的起算点はいつか。

結 論	主観的起算点として、賃料の最終支払日が経過した時から進行する。

1 問題の提示

債務不履行による契約解除権は形成権であるが、時効によって消滅し、そ
の時効期間は債務不履行を知った時（主観的起算点）から5年である。

ところで、いわゆる賃貸借関係のような継続的法律関係においては、通常
の契約解除と異なり、解除の効果は将来にのみ向かって生じ、遡及しないこ
とはもちろん、その解除権の行使についても、判例および学説の積重ねによ
り、「信頼関係」の法理、「背信性」の法理等によって、その行使を制限して
きたところであり、1回の債務不履行があれば、即契約解除できるという法律
関係にはないことが明らかである。そこで、このような賃貸借関係において、
継続して賃料不払がある場合に、その解除権がいつ、何個発生し、それらの
解除権につき、いつから消滅時効が進行するのかがここでの問題である。

2 最初の不払時

最判昭56・6・16民集35・4・763は、この問題を最初に取り上げた判例であ
り、事案は、原告が土地を建物所有目的で賃貸し、地代は毎月末払の約束で
あったところ（1回の不払でも無催告解除できる特約付）、賃借人が昭和32年
8月以降賃料を支払わないので、昭和43年1月31日送達の訴状をもって、地代
支払債務不履行を理由として、賃貸借契約を解除したという事案である。

通常の解除権の消滅時効の起算点の理論からすると、最初の債務不履行の
時である昭和32年9月1日に解除権が発生し、この時から10年（民法改正以前）
の経過により時効によって消滅するのであるから、解除の意思表示をした昭

第41章 賃貸借 599

和43年1月31日以前には、既に時効で消滅していたことになる。上記最高裁判決の原審は、このように判断していた。

しかし、これに対しては、1回の賃料不払により解除権が発生し、時効が進行するという考え方は、先の賃貸借契約においては、賃貸人と賃借人とが強度の信頼関係に結ばれており、賃借人側にこの信頼関係を破壊するような債務不履行が存在する場合にのみ賃貸人に解除権が発生するという、いわゆる信頼関係理論にそぐわないだけでなく、昭和32年8月以降43年1月までの長期間の賃料不払をも解除原因として主張する賃貸人の意思にそぐわないとの批判がある。

3 不払の都度

そこで、第2の考え方として、地代の不払のあった都度、その不払を理由とする解除権が複数発生し、その複数の解除権については、発生した日の翌日から順次消滅時効が進行するという考え方もあろうかと思われるが、この考え方もやはり、上記信頼関係理論にそぐわないばかりか、賃貸借契約のような継続的な契約関係において、1か月ごとに複数の解除権が発生するという考え方はいかにも非常識であるとの批判がある。

4 不払にかかる最後の賃料支払期日

そこで、第3の考え方として、上記事案のような場合、昭和32年8月から43年1月までの地代不払を、1個の解除原因とする解除権が1個発生し、その解除権については、不払にかかる最後の賃料支払期日（上記事案では昭和43年1月31日）が経過した時から消滅時効が進行するという考え方がでてくる（塩崎・最高裁判所判例解説民事篇昭和56年度22事件348）。

この考え方に対しては、賃料不払が解消された場合において、最終的に賃料不払となった支払期日を消滅時効の起算点と解すると、それ以後賃料が支払われ、あるいは供託されるようになっても、10年を経過するまでは解除権は時効消滅しないと解すべきことになるが、その後賃料支払により信頼関係が回復された後も、このように賃貸借契約を解除できるとするのは不合理であるとの批判がある（岡本・判評276・15）。

このような批判に対しては、賃貸人がその後に賃料を受領しているような場合は、解除権の放棄の理論、あるいは権利失効の理論、あるいは信義則などにより解除を否定できるから、特別不合理ではないとの反論がされる（塩崎・前掲361）。改正民法においては、時効期間は主観的起算点から5年に短縮されたので上記不合理も緩和された。

5 判 例

上記最高裁判決は、「継続した地代不払を一括して1個の解除原因とする賃貸借契約の解除権の消滅時効は、最終の地代の支払期日が経過したときから進行する」と判示した。

この判示は、改正民法における主観的起算点に置き換えることができる。

302 無断転貸を理由とする賃貸借契約の解除権の消滅時効の主観的起算点はいつか。

| 結 論 | 転借人が当該物件の使用収益を開始したことを知った時から進行する。 |

1 解除権の時効期間

契約解除権の法的性質は、形成権であるが、形成権の消滅時効に関して、判例理論は、形成権自体が消滅時効にかかることを認め、改正民法166条1項を適用して、5年または10年の消滅時効にかかる。

2 賃料不払の場合

賃貸借契約は、継続的契約関係であって、その契約解除も信頼関係を破壊するに至らないときは認められないという特殊性がある。賃貸借契約における解除権の消滅時効の起算点については、先例として最判昭56・6・16民集35・4・763がある。すなわち、同判決は、長期間にわたる賃料不払を理由とする賃貸借契約の解除権について、長期間にわたる賃料不払を、1個の解除原因とする解除権が1個発生し、その解除権について、不払にかかる最後の賃料支払期日を経過した時から、消滅時効が進行すると判示した。

この考えを本問に応用すれば、解除原因とされた継続する転貸状態の最後の時点を起算点とするという結論になろう（解除原因とされた転貸状態の最後の時点となる説。東京地判昭43・3・25判時540・45など）。

しかし、賃料不払の場合は、賃借人が文字どおり賃料不払という違法行為を反覆、継続しているのに対し、無断転貸の場合は、ある時点で違法行為は終了し、その後はその行為によって形成された状態が続いているだけであるから、賃料不払の場合と同視できない（岷野＝渡辺・司法研修所論集69・37）。

第41章　賃貸借　　　601

3　民法改正以前の学説

　そこで、起算点をもっとさかのぼらせる考え方が存する。1番さかのぼらせる考えは、転貸時説であり（東京地判昭59・11・27判時1166・106）、次に賃貸人が転貸の事実を知った時、あるいは賃貸人が有効に契約を解除し得る程度に無断転貸が背信性を帯びた状態になった時、とする考え方等がある。

　以上の内、転貸の事実を知った時とする説は、所有者に中断の機会を与えないまま消滅時効が進行するのは不当であるという考え方に立つ。しかし、この説は、消滅時効の起算点についての、旧166条1項の解釈上、権利行使の可能性の知・不知を問わないという従前の判例・通説の考え方にそぐわないという問題点があった。

　そこで、次に、背信性を帯びた時からとする説であるが、継続的関係たる賃貸借契約における解除の理論と合致するものの、いつから背信性を帯びるに至ったかを確定させるのは困難である。すなわち、背信性とは、継続する転貸の状態を、後から全体的に評価して初めていえることであって、ある時点の前後で背信性が存在したり、存在しなかったりするものではない。

　結局、最後の説として、転貸時とする考え方が残ることになるが、この説は、転貸時が即賃貸人において契約を有効に解除し得る時とならないという批判があるほか、無断転貸の場合、貸借人が転貸の事実を知らないまま長期間経過することがよく見られ、知った時にはすでに消滅時効が完成していたとするのは酷であり、また信頼関係を前提とする賃貸借関係において、賃貸人に貸借人の無断転貸行為があるかを常に見張っておれというのもそぐわない、という批判があった。

4　民法改正以前の判例

　このような対立の中にあって、最判昭62・10・8民集41・7・1445は、転貸時説を採用して、「右解除権は、転借人が賃借人（転貸人）との間で締結した転貸借契約に基づき、当該土地について使用収益を開始した時から、その権利行使が可能となったものということができるから、その消滅時効は、右使用収益開始時から進行する」と判示した。

　この判例によって、賃貸人としては、普段から、占有状態に関心を持ち、無断転貸の事実を早期に発見しなければならないことになるが、無断転貸の事実を知ることが遅れて、解除権が消滅時効にかかり、賃貸借契約を解除できなくなっても、承諾があったことにはならないから、無断転借人は、その転借権をもって、賃貸人に対抗できず、したがって、賃貸人は所有権に基づいて、転借人に対し、目的物の返還を請求することができる。これを、転借

人側から見ると、解除権の消滅時効を主張するだけでは不十分であって、別に積極的に転借権の取得時効も主張しなければならない。上記最判昭62・10・8もその主張をし、転借権の取得時効が認められた事案である。

ただし、この点については、背信行為とするに足りない特段の事情が認められて、解除が否定される場合には、転借人は所有者に対抗することができるというのが判例理論であるから（最判昭36・4・28民集15・4・1211など）、解除権が時効で消滅した場合にも、端的に対抗力ある転借権が成立すると解すべきであるとする見解がある（平田・判評355・47）。

5 主観的起算点

改正民法166条は、客観的起算点以外に主観的起算点から5年の消滅時効制度を新設した（改正民法166条1項1号）。これを本問にあてはめれば、賃貸人が転借人が転貸借契約に基づき使用収益していることを知った時が、主観的起算点となるべきであろう（同旨、山野目・民法総則343）。

第41章　賃貸借　　603

〔取得時効〕

303　賃借権の時効取得は認められるか。

| 結　論 | 継続的な用益という外形的事実が存在し、かつそれが賃借の意思に基づくことが客観的に表現されているときは、賃借権の時効取得が可能。 |

1　非所有者からの賃借

163条は、「所有権以外の財産権を、自己のためにする意思をもって、平穏に、かつ、公然と行使する者は、前条の区別に従い20年又は10年を経過した後、その権利を取得する」と規定する。この規定により、賃借権のような債権たる性質を有する財産権も時効取得できるかがここでの問題である。

現行民法に先立つ旧民法において、起草者のボアソナードは、既に成立している賃借権を無権利者から譲り受けた場合に時効取得の成立あることは認めたが、非所有者から設定を受けた者が、賃借権を時効取得するかどうかについては、これを否定していた。その理由は、第1に、賃借権は人権であり、人権は法律上明示する原因によらなければ生じないところ、時効はその原因に含まれないこと、第2に、時効はそれによって義務を生じせしめ得ないものであるところ、賃借権は賃料支払義務を伴うから時効になじまないこと、第3に、仮に成立を認めた場合、賃貸借の権利義務は何人に対するものであるか、非所有者たる賃貸人か、それとも真の所有者かを定めることが困難であること、の3つである（安達・注釈民法(5)240による）。しかし、現行民法の起草者は、非所有者から賃借した場合にも時効取得を認める考えであったようである。

2　賃借権の時効取得を認める根拠

学説には、不動産賃借権の取得時効を認めることに消極的なものもあるが、現在までのところ、判例は、非所有者から賃借した場合を含めて、賃借権の時効取得を認める。最判昭43・10・8民集22・10・2145は、賃借権の目的である土地の範囲につき、1筆か2筆全部かの争いがあり、賃借人が予備的に賃借の目的外の占有部分に対する賃借権の時効取得を主張した事案である。原判決は、1筆のみの賃借権の成立を認めたにすぎないので、賃借人が賃借権の取得時効の主張に対する判断を逸脱したとして上告した。最高裁判所は、「土

地賃借権の時効取得については、土地の継続的な用益という外形的事実が存在し、かつそれが賃借の意思に基づくことが客観的に表現されているときは、民法163条に従い、土地賃借権の時効取得が可能であると解するのが相当である」と判示した。

その後の最判昭44・7・8民集23・8・1374も、賃貸人の承諾なくして目的土地を転借した者について転借権の時効取得が主張された事案において、同様の判示をしている。

学説は、土地賃借権とりわけ建物所有を目的とするそれは、特別法によってその物権的側面が著しく強化され、実質的に地上権と差異がなくなっていること、永続した不動産の利用を保護する必要性の観点から、賃借権の時効取得を一般的に肯定するが、所有者と真実有効な賃貸借契約を結んで占有していた場合に限って成立を肯定する見解もある（草野・民商132・3・417）。

そこで、以下は、賃借権の時効取得をめぐる種々の問題点について言及してみる（藤原・取得時効法の諸問題218以下参照）。

3　正規の契約による賃借権がある場合

正規の契約による賃借権の成立が認められるのに、なお賃借権の時効取得が成立するかの問題である。この問題が争われたのは、上記最判昭44・7・8の判例である。事案は、賃貸人の承諾なく目的土地を転借した者が、転借権の時効取得を主張したところ、原審は転貸人との契約によって転借権の存在が認められる以上、転借権の時効取得の主張は、帰すところ承諾の時効取得をいう趣旨と解すべく、このような承諾の時効取得を認める制度はないとして、その主張を排斥した。最高裁判所は、「土地の賃借権の時効取得の制度は、実体法上、当事者間の契約による土地の賃借権の取得が認められない場合にはじめて適用される予備的ないし補充的な制度と解しなければならない理由はない」として、破棄差し戻した。不動産の所有者であっても、所有権の取得時効を認める判例の立場からいって当然であり、時効を法定証拠と解する説からいっても当然の結論である。

4　賃貸借に許可を必要とする場合

次に、賃貸借契約につき、主務官庁の許可を有効要件とする場合に、許可がないのに、賃借権の時効取得が認められるかである。最判昭45・12・15民集24・13・2051は、寺院から境内地を賃借し占有してきたが、当時の法令によると、主務官庁の許可がなければ、このような賃貸借契約は無効であった場合、原審がこのような場合、許可がなければ賃借権の時効取得はあり得な

第41章　賃貸借　　605

いと判示したのを破棄、差し戻した。結局は、許可を要件とすることによって得ようとする法益と、時効制度の趣旨たる永続した事実状態に基づく法律関係の安定性（社会秩序の維持）との利益衡量によって決せられることがらである。

また、最判昭50・9・25民集29・8・1320、最判昭52・3・3民集31・2・157、最判昭59・5・25民集38・7・764は、農地所有権の移転につき許可を要する場合の農地について、時効取得し得ることを認めているが、農地賃借権の時効取得についても、最判平16・7・13判時1871・76は、時効による農地賃借権の取得については、農地法3条の適用はなく、同条1項の許可のない場合でも、賃借権の時効取得が認められるとしている。許可がない場合の賃借権の時効取得を否定したのでは、地主の賃借人に対する明渡請求を認めることになり、耕作者の地位安定という農地法の目的に反する結果となるからである（金法1724・56のコメント）。

5　時効取得の要件

次の問題は、賃借権の時効取得が成立するための要件である。上記最判昭43・10・8の判例は、「継続的な用益という外形的事実の存在」と「その用益が賃借の意思に基づくものであることが客観的に表現されていること」の2つの要件を指摘する。前者の要件については真正所有者が時効完成を阻止する可能性を生じさせるために必要とされる要件であり、さほど問題がないが、後者の賃借意思の客観的表現という要件については問題が残されている。今、最高裁判所が賃借権の時効取得を認めたものと否定したものを列挙してみる。

①　最判昭52・9・29判時866・127（無権代理人たる第三者の賃貸―肯定）

Aから建物を賃借しているBが、その建物の敷地の一部について何らの権限がないのに、管理をまかされており、他に賃貸する権限を与えられていると称して土地を賃貸し、その賃借人がBおよびその相続人に賃料を支払い続けてきたという事案において、土地所有者であるAに対する関係において、土地賃借権の時効取得を認めた。

②　最判昭52・10・24金判536・28（否定）

賃借人Aが、昭和22年1月、Xより土地を賃借して、地上に建物を建て、他方AはY会社を設立して（昭和23年）、その建物を現物出資した。AとY会社との間で、本件土地賃借権および建物の所有権をめぐって争いがあり、賃貸人Xは、Aを賃借人と認めて同人からは賃料を受領したが、Yの提供は拒絶。そこでYは、昭和29年9月分以降の賃料を供託。Yの賃借意思が

客観的に表現されたものとはいえないとして、賃借権の時効取得を否定した。

③　最判昭53・12・14民集32・9・1658（賃借人の無断譲渡－否定）

　　AはBから土地を賃借し、地上に建物数棟を所有していた。Cはそのうちの1棟とその敷地である賃借権をAよりBの承諾なしに譲り受け（昭和34年5月）、賃借権譲受後も賃料はBに支払われず、昭和36年8月になってはじめてBのため賃料の供託を始めたという事案において、賃借意思に基づいて土地の使用を継続してきたとはいえないとして、Cの賃借権の時効取得を否定した。

④　最判昭62・6・5判時1260・7（自称所有者が賃貸した場合－肯定）

　　昭和3年ごろAが大火事の後所有者から土地の提供を受け、土地の一部に建物を建て、YはAの相続人から建物の所有権を譲り受け、同時に土地を賃借し、Aの相続人に賃料を支払ってきたという事案。

⑤　最判平16・7・13判時1871・76（農地につき賃貸借契約を締結し、賃料を支払ってきた場合－肯定）

6　検　討

　いかなる事実があれば、賃借意思の客観的表現という要件が認められるかについて、一般的には賃貸借契約と賃料支払の事実である。学説としては、占有関係時における賃貸借契約や賃借権譲渡行為を挙げる見解や、賃貸借契約と賃料の支払・供託を挙げる見解、賃料の支払まで必要とせず、付随的な事情を総合的に判断すべきとする見解などがある。

　上記最高裁判決をみると、①と④は非所有者の賃貸行為であり（第三者賃貸型）、②と③は賃借権の無断譲渡行為の場合である（賃借権無断譲渡型）。②と③の場合に、判例が時効取得を否定したのは、賃借権の無断譲渡の場合、その賃借意思に基づく用益を、所有者が何らかの形で知りまたは知りうべかりし状況の存在を要求していると思われる。これに対し①や④のような場合には、用益者に契約の相手方に権限ありと信ずるに足りる事情を要すると考えられる（島田・最高裁判所判例解説民事篇昭和53年度42事件541）。これは要するに、賃借権は所有権や地上権と異なり、対人権とされているのだから、その時効取得を認めるについても、客観的な占有関係だけでなく、所有者と用益者との何らかのかかわりあい（上記島田調査官は「用益事実の客観化」と表示している）を必要としているものであろう。そのかかわりあいの内容については、賃借権の時効取得が問題とされる各場合を類型化して検討すべきである（類型化として、四宮＝能見・民法総則〔第7版〕334は、所有者賃貸型、第三者賃貸型、無

第41章　賃貸借　　607

断転貸借型に分けている。）。

7　抵当権設定登記との関係

　不動産につき賃借権を有する者がその対抗要件を具備しない間に、当該不動産に抵当権が設定されてその旨の登記がされた場合、上記の者は上記登記後、賃借権の時効取得に必要とされる期間、当該不動産を継続的に用益したとしても、競売または公売により当該不動産を買い受けた者に対し、賃借権を時効により取得したとして、これを対抗することはできない（最判平23・1・21判時2105・9）。

＜参　考＞

〔時効中断〕
　東京地判昭50・9・30判時807・43
　　賃借権の時効取得につき、催告による時効中断を認めた事例
〔前主の占有を併せて主張することの許否〕
①東京地判昭49・3・5判時749・75（消極）
　　賃借権の時効取得を主張する占有者は、承継が相続によるとき、その他特段の事情のある場合を除いて、時効期間中自ら直接または間接に占有を継続することを要し、前主の占有を併せて主張することは許されない
②東京地判昭50・9・30判時807・43（積極）

304　抵当権設定登記後に賃借権の時効取得に必要な期間不動産を用益した者が、賃借権の時効取得を不動産の競売による買受人に対抗することができるか。

結　論　　できない。

1　問題の提示

　土地を賃借して土地上に建物を建てたが、賃借権につき登記をすることなく、また、借地上の建物も未登記のまま経過していたところ、その土地上に抵当権が設定登記され、競売または公売処分により第三者に売却されたよう

な場合に、抵当権設定登記後、賃借権の時効取得に必要とされる期間、土地を継続して用益するなどして賃借権の時効取得をしたときに、抵当権設定登記に先だって賃借権の対抗要件を具備していなくても、この賃借権をもって、買受人に対抗できるかという問題がある。

2 抵当権と一般の賃借権との対抗関係

抵当権と用益権とは、一方が交換価値を把握する担保物権であり、他方が使用価値を把握する使用権であるから、衝突することなく共存するが、抵当権が実行されて目的物が買受人に移転すると、買受人の所有権と用益権とが衝突する場面が生ずる。この場面での優劣は、抵当権と賃借権の対抗関係によって解決される。すなわち、抵当不動産の賃借権者は、抵当権設定登記に先だって対抗要件を具備しなければ、競売や公売によって所有権を取得した買受人に対抗できない（民事執行法59条1項・2項、国税徴収法124条1項）。本問は、抵当不動産上に時効により賃借権を取得した者についてもこのルールが適用されるか否かを問うものである。

3 大判大7・3・2と最判昭36・7・20

大判大7・3・2民録24・423は、Aの土地をBが時効取得した場合に、BがAに時効取得を主張するのに登記は不要と判示する。このルールは、一般に準則Ⅰと呼ばれている。他方、最判昭33・8・28民集12・12・1936は、時効完成後にDがAから土地を譲り受けた場合、A→B、A→Dの二重譲渡がされたのと同様の関係になり、Bには登記が必要であると判示する。このルールは、一般に準則Ⅲと呼ばれている。しかし、最判昭36・7・20民集15・7・1903は、BはDの登記後さらに取得時効に必要な期間占有をすれば、Dに対し、登記なしに取得時効を対抗できる、と判示する。このルールは、一般に準則Ⅴと呼ばれている。この準則Ⅴは、不動産の取得の登記をした者とその登記後に当該不動産を時効取得に要する期間占有を継続した者との間における「相容れない権利の得喪」に関わるものであり、準則Ⅰを前提とするものである。

4 本問における準則Ⅰ・準則Ⅴの不適用

抵当権は交換価値を把握するだけであり、用益権とは両立する関係にあるから、賃借権が時効取得されても抵当権者と賃借権の時効取得者との間において権利の得喪関係は生じないので、準則Ⅰの適用自体がない。そうすると、準則Ⅰを前提とする準則Ⅴの適用もないから、抵当権設定登記後に賃借権の

第41章　賃貸借　　609

取得時効に必要な期間占有を継続して賃借権の取得時効が成立したとして
も、競売または公売により当該不動産を買い受けた者に対し、賃借権の時効
取得を理由に対抗することはできない。上記最判昭36・7・20とは事案を異に
する。最判平23・1・21判時2105・9は、このような考え方から、本問を消極
に解したものである。

305 転借権の時効取得は認められるか。

結　論	認められる。

1　賃借権の時効取得

　163条は、「所有権以外の財産権を、自己のためにする意思をもって、平穏
に、かつ、公然と行使する者は、前条の区別に従い20年又は10年を経過した
後、その権利を取得する」と規定する。この規定によって、土地の継続的な
用益という外形的事実が存在し、かつそれが賃借の意思に基づくことが客観
的に表現されているときは、賃借権の時効取得も可能であるとするのが現在
までの判例理論である（最判昭43・10・8民集22・10・2145、最判昭44・7・8民集23・
8・1374など）。そこで、賃借権にとどまらず、所有者の承諾のない無断転借人
について、その転借権の取得時効が認められるか、また認められるとしてど
のような要件が必要かがここでの問題である（藤原・取得時効法の諸問題218以下
参照）。

2　判　例

　この点につき、最判昭44・7・8民集23・8・1374は、「上記法理により、他
人の土地の継続的な用益が、その他人の承諾のない転貸借に基づくものであ
るときにも、同様に肯定することができる」として、転借権の時効取得を認
めた。転借権の時効取得を認めることについては、現在までのところ、判例・
学説共に問題はなく、転借権の時効取得を認めるにしても、誰を直接の相手
方（賃貸人）とする賃借権が成立するか、すなわち、転借人が時効により取
得する賃借権の直接の相手方は転貸人であって、ただ当初の賃貸人である所
有権にも対抗し得るにすぎないのか、それとも直接当初の賃貸人である所有
者との間で賃借権が成立するのかという問題があると指摘されていた（奥村・
最高裁判所判例解説民事篇昭和44年度（上）47事件473）。

3 下級審裁判例

　現在までの下級審判例で、転借権の時効取得が問題となったものは以下の
とおりである。転借権の時効取得が認められたものと、否定されたものとに
分けて列挙する。

〔転借権の時効取得の認められた判例〕

① 　大阪地判昭45・10・30判時621・64
　　　土地所有者Xの先代は、Aに土地を賃借し、Aは5軒長屋を建築し、内1
　軒をBに売却し、YはBから更に買い受けた（Xの承諾はない）。地代はA
　に支払い、Aは自分が借りている他の土地の地代と共にXに支払っていた
　という事案で、10年の時効取得を認めた。なおYは建物の移転登記は受け
　ている。

② 　東京高判昭53・6・26判時901・75
　　　A所有の土地をB（Xの先代）が使用借し、Cがその一部を転借し、建
　物を数棟建て、その1棟をDに未登記のまま売り渡し、Dは妻Eと離婚する
　に当たり、その建物と転借権をEに分与し、YがEを相続した。賃料は、
　DおよびEともCに支払い、Cは自らが転借している地代部分と共にBに
　支払ってきた。判決は、土地の用益が賃借の意思に基づくものであること
　の客観的表現は、土地所有者に対する関係でされていることは必要ではな
　いと判示して、転借権の時効を認めた。

③ 　東京地判昭53・11・30判時935・72
　　　Yは借地人A（Yの実兄）から地主の承諾を受けているとの言葉を信じ
　て借地の一部を地主Xに無断で転借し、地上に建物を建て、自己名義に保
　存登記をしている。転借料はAに支払った。

④ 　名古屋地判昭55・7・22判時1000・112
　　　土地所有者Xは、Aに土地を賃貸し、Aは貸家を建てて、貸家をBに貸
　していた。YはBより本件土地を賃借し、地上に建物を建てて、Bを地主
　と信じて地代をBに支払い続けた。

⑤ 　大阪高判昭58・1・26判時1076・68
　　　土地所有者の管理人が、無断転借人振出の小切手を転貸人から地代の支
　払として受け取り、その管理人自身も転借人方へ地代の集金に行っている
　ことから、「転借意思は土地の所有者に対する関係においても客観的に表
　現されたもの」として時効取得を認めた。

⑥ 　最判昭62・10・8民集41・7・1445
　　　⑤の上告審判決で、転借権の時効取得を認めた原判決を是認

⑦ 　名古屋地判平2・10・31判タ759・233

使用貸借の借主が無断転貸し、無断転借人が建てた建物を賃借権とともに譲受けた者が、賃料を支払い薬局営業を継続して営んできた事案

〔転借権の時効取得が否定された判例〕

⑧　東京地判昭38・2・20判時329・19（使用貸借型）

　　Xは、土地所有者から建物所有目的をもって土地を賃借していたが、Yに無償で一時使用のため貸した。Xからの明渡請求に対し、YがXとの転貸借契約の成立または転借権の時効取得を主張したが、転借権の時効取得には転借料の支払または供託の事実が要件であるところ、その事実がないとして、時効取得を認めなかった。

⑨　東京高判昭46・4・27判時631・59

　　土地所有者Xは、Aに建物所有目的をもって土地を賃貸し、AはXの承諾なくYにその一部を賃貸し、Yは地上に建物を建築した。Yは地代はAに支払い、Aは自分の分と一括してXに支払っていた。判決は、その建物はAに請負わせて建築させたもので、Aの貸家と外観類似し、賃料もAの分と一括支払であったので、Yの出金と区別し得なかったから、転貸借の用益関係が客観的に表現されたとはいえないとした。なお、Yの建物の保存登記は、13年後になされた。

⑩　東京地判昭50・9・19判時808・71

　　地上建物が転借人名義になって、初めて賃借意思の客観的表現の要件を満たすとして、保存登記の日から転借権の時効が進行すると判示した。

⑪　東京地判昭57・2・3判タ474・165

　　土地所有者XからAが貸借し、Aは数棟の建物を建て、賃貸し、Bも借家人の1人であった。Bはその家賃の集金をし、自分の家賃を加えてその中からAの地代分をXに届けていた。その後、昭和39年、BはAから建物を譲り受け、その後も他の家賃と自分の土地の地代を合わせてXに届けていた。その後、この建物を取り壊し、新たな建物を建築したが、昭和54年に初めてY名義で保存登記をした。それまではAを所有者とする旧建物の表示登記がそのまま残されていた。転借権の時効取得の要件として、「占有が転借の意思にもとづくものであることが地主に対する関係でも客観的に表現されていることを要する」と判示した。

4　時効取得の要件

　これらの判例を見てみると、転借権の時効取得の要件として、上記最判昭44・7・8が指摘するような、継続的な用益という外形的事実と、その用益が転借の意思に基づくことが客観的に表現されていることという2つの要件は、

おおむね承認されている。そして、その用益が使用貸借と区別されなければならないという意味で、賃料の支払あるいは供託の事実も最低限必要である（判例⑧）。最大の問題は、⑨の判例が指摘するような、「地主との関係において成立する転借権の時効取得は、用益者と地主との関係にほかならないから、賃借の意思に基づく用益が地主との関係において客観的に表現されていることを要する」かどうかである。⑨、⑪の判例はこれを要するとし、⑩の判例が、転借人は、その土地上に、自己の名義の建物を所有するに至って、初めて転借権を自己のためにする意思をもって、平穏かつ公然に行使する者という要件を満たすと判示しているのも、転借人の地上建物の登記を、地主との関係における転借意思の客観的表現の具体的現れとする趣旨であろう。学説もこれを支持する者がある（福地・判評155・16）。

これに対し、②の判例は、明確に「土地の用益が賃借の意思に基づくものであることの客観的表現は土地所有者に対する関係でされていることは必ずしも必要ではない」と否定している。

結局は、地主との関係で客観的表現を要するということにより、地主に転借権の時効取得中断の機会を与えることによって、両者のバランスをとろうという考え方によるものであって、賃借権が債権という対人権であって、承諾のない転借権が地主に対抗し得ることになるという結果を考えると、地主との関係において、転借意思の客観的表現を要求することもやむを得ないと考える。ただ、この要件の具体的中味を過大に要求するならば、転借権の時効取得の成立範囲を不当に狭める結果となるばかりでなく、所有者の黙示の承諾と限りなく接近するということにもなるので、その具体的検討は今後の課題である。

第42章　請　負

306 請負人の担保責任は、どう改正されたか。

結　論　瑕疵担保責任から、仕事の目的物の種類・品質に関する契約不適合を理由とする契約責任へと改められた。

1　旧634条・635条の削除

改正民法における請負の担保責任については、契約責任として整理され、債務不履行の一般原則と売買の担保責任の規律に委ね、請負固有の担保責任の内容は、注文者の指示がある場合の請負人の担保責任を制限する改正民法636条と、担保責任を追及するための期間を制限する改正民法637条の2か条のみとされた。

まず、旧634条1項では、「仕事の目的物に瑕疵があるときは、注文者は、請負人に対し、相当の期間を定めて、その瑕疵の修補を請求することができる。」と規定していた。また、同条2項前段は、「注文者は、瑕疵の修補に代えて、又はその修補とともに、損害賠償の請求をすることができる。」と規定していた。この「瑕疵担保責任」を定めていた旧634条それ自体が改正により削除され、請負における瑕疵担保責任を仕事の目的物の種類・品質に関する契約不適合を理由とする契約責任へと改められた。新法では、「契約の内容に適合しない」との用語を用いて、端的に「瑕疵」の具体的な内容を表している。

また、有償契約への準用を規定した559条を介して、目的物の種類・品質に関する契約不適合を理由とする「買主」の権利を定めた改正民法562条から564条までの規定が包括して準用される。しかし、このような条文構造は、分かりやすい民法への改正という趣旨にそぐわない。なお、旧法の瑕疵担保責任下での判例・学説と改正法との関係につき、笠井・ジュリ1511・40以下参照（平成29年）。

また、旧635条ただし書は、建物その他工作物について、社会経済上の損失が生じないようにするために解除を制限していたが、最判平14・9・24判時1801・77は、建築請負の目的物に重大な瑕疵があるために建て替えざるを得ない場合には、注文者は建替費用相当額の損害賠償を請求することができる

としていることから、解除を制限する必要はなく同条ただし書の合理性がなくなったため、削除された。

2 契約の内容に適合しないもの（改正民法636条）

すなわち、改正民法636条では、「請負人が種類又は品質に関して契約の内容に適合しない仕事の目的物を・・」と表現している。中間試案第40請負・2では、「仕事の目的物が契約の趣旨に適合しない場合」と表現されていた（下線は筆者）。中間試案の補足説明では、ここでいう「契約の趣旨」とは、契約で明示されていた内容だけではなく、その契約の性質、契約した目的、契約締結に至る経緯その他の事情に基づいて定まると説明されていた。「契約の趣旨不適合」から「契約の内容不適合」への文言の変化に関しては、弁護士会から契約の内容という表現では取引上の社会通念の考慮というコンセンサスが反映されないという理由で、「契約の趣旨」と「取引上の社会通念」の並立的基準にすべきとの主張がなされたが、容れられなかった。

なお、契約不適合の判定時期に関しては、仕事の完成あるいは引渡しとの関係で議論がある。仕事の完成の前後を問わず契約不適合責任を認める見解（山本・96回会議・議事録51）、引渡し時とする見解（笠井・ジュリ1511・43）等がある。

3 瑕疵との違い

改正民法では、「契約の内容に適合しない」との用語を用いて、端的に「瑕疵」の具体的な内容を表している。この契約の内容に適合しないという表現が改正前の瑕疵と同じであるかが問題になる。すなわち、「瑕疵」という概念を「契約の内容に適合しないもの」に置き換えると、品質等を巡る合意の内容自体に争いがある場合に、標準として機能するものがなくなり、問題があると指摘されている（日本弁護士連合会消費者問題対策委員会編・Q&A消費者からみた民法改正85〔薬袋〕）。この点、取引観念という客観的な要素をも考慮の対象としており、従前の「瑕疵」概念の実質的な判断基準を明確化したものであると理解する説（大澤・金法2026・39）がある一方で、「契約の趣旨」と「取引上の社会通念」の並立的基準とする考え方や取引上の社会通念を従たる地位に位置・づける折衷説は採用されていないと説明する者（森田・法学教室447・75）もある。

4 注文者の権利内容

請負の目的物が契約の内容に適合していないときの注文者の請負人に対す

る権利内容は、売買の規定が準用され、売買では損害賠償と解除については債務不履行の一般原則によることになっている。これは、請負人の担保責任について、現代社会においては売買の担保責任と大きく異なる規律とする合理性が乏しいからである。したがって、現行法における請負の瑕疵担保責任の規定はほぼ削除され、請負に特有の規定として改正民法636条、637条があるのみである。改正法の条文構造を改正前と改正後で対比すると次のとおりである。

権利内容	改正前	改正後
瑕疵修補請求権	旧634条1項	削除され、売買に関する改正民法562条1項本文（目的物の修補等による追完請求）、559条（売買規定の準用）による。
修補請求権の限界（重要でなく過分の費用を要するとき）	旧634条1項ただし書	削除されたが、過分の費用を要するときは、履行不能における改正民法412条の2第1項の「契約その他の債務の発生原因及び取引上の社会通念に照らして不能であるときは」の趣旨から、請負人に修補を請求することはできないことになる。
修補請求と共にする損害賠償請求	旧634条2項	削除されたが、改正民法564条が、買主が追完請求権を行使する場合に損害賠償請求を妨げないと規定しているので、可能である（大澤・金法2026・45）。
報酬の減額請求権	なし	売買に関する改正民法563条（売買における代金減額請求）、559条（売買規定の準用）により新たに認められることとなった。 相当の期間を定めて履行の追完を催告。履行の追完をしないときは、その不適合の程度に応じて、報酬の減額請求をすることができる。請負人の帰責事由は問わない。

第42章　請　負

損害賠償請求権	旧634条2項	削除されたが、売買に関する改正民法564条、債務不履行を原因とする損害賠償請求に関する改正民法415条1項、559条（売買規定の準用）。 ＊債務不履行による損害賠償の一般原則。
損害賠償請求権と報酬請求権との同時履行	旧634条2項・旧533条 ＊その適用に関する最判平9・2・14民集51・2・337、最判平9・7・15民集51・6・2581	削除されたが、契約総則のところに規定されている改正民法533条の同時履行の抗弁権規定が適用される。改正民法533条においては、「債務の履行（債務の履行に代わる損害賠償の債務の履行を含む。）」ことが明示されている。 ＊売買に関する旧571条が削除されたため。 ＊旧634条2項の適用に当たり示された請負特有の判例法理は、判断基準としてなお残ると解される（日弁連・実務解説改正債権法458）。
損害賠償請求と修補請求の選択（修補に代わる損害賠償請求）	旧634条2項 ＊損害賠償請求と修補請求の選択権は、注文者にあった（最判昭54・3・20判時927・184）	当然には、修補に代わる損害賠償請求をすることができず、改正民法415条1項の枠内で処理されるから、条文の文言上は解除権の発生等を考慮する必要はない。軽微な不適合が存するにとどまる場合にも損害賠償請求は可能と解せられる（筒井＝村松・一問一答・民法（債権関係）改正341）。
契約の解除	旧635条 契約をした目的を達することができないとき（本文）	削除されたが、売買に関する改正民法564条、債務不履行による契約解除に関する改正民法541条（催告解除）、改正民法542条（無催告解除）、559条（売買規定の準用）により解除できる。解除の一般

| | | 原則規定による。その結果、無催告で解除する場合には契約目的を達成することができないことが要件となり（改正民法542条1項3号〜5号）、催告をして解除する場合には、履行の追完の催告から相当期間が経過した時において、契約の内容と適合せず、かつその程度が軽微でないことが要件となる（改正民法541条）。 |
| | 旧635条ただし書
ただし、建物や土地工作物は除く。 | 旧635条ただし書が削除されたため、土地工作物に係る請負契約も解除が可能となった。 |

5 権利行使期間の制限

上記注文者の権利行使の期間制限につき、売買における改正民法566条と同様の規定が置かれた（改正民法637条）。すなわち、仕事の目的物の「種類・品質」が不適合である場合には、新たに注文者の「1年以内」の契約不適合の通知義務が課せられた。

〔改正民法637条1項〕
　前条本文に規定する場合において、注文者がその不適合を知った時から1年以内にその旨を請負人に通知しないときは、注文者は、その不適合を理由として、履行の追完請求、報酬の減額の請求、損害賠償の請求及び契約の解除をすることができない。

この1年は除斥期間である。ただし、1年の起算点は、旧637条が引渡しまたは仕事が終了した時からと規定していたのとは異なり、不適合を知った時からとしている。1年以内に通知を行えば、追完請求権等の権利は保存され、その後は一般の消滅時効の規律に従うことになる。なお、悪意・重過失の請負人に対しては失権効が及ばない（改正民法637条2項）。

6 その他

その外に、旧638条から640条までの規定が削除された。削除後の扱いについては、次のとおりである。

第42章　請　負

削除された規定	削除後の扱い
旧638条 建物その他の土地の工作物の引渡後5年または10年の担保期間	改正法の下では、注文者が契約不適合の事実を知らないままに担保責任の存続期間が終了するという事態は生じないため特別に存続期間を長くする必要性は乏しいため削除。よって、改正法による主観的起算点から5年または客観的起算点から10年の消滅時効期間
旧639条 担保期間の存続期間の延長	売買に同様の趣旨の規定がないので（一般には合意による期間の伸長はできると解されていた）、廃止
旧640条 担保責任を負わない旨の特約	559条（有償契約への準用）を介して、売買に関する改正民法572条（担保責任を負わない旨の特約）が準用される。

7　経過措置

改正民法附則34条1項により、施行日前に締結された請負契約に関しては、従前の例による。

307　土地工作物に関する5年または10年の担保責任を定める旧638条は、削除されたか。

結　論　削除された。

1　旧638条の削除

旧638条は、建物その他の土地工作物について、その工作物または地盤の瑕疵について、請負人が目的物引渡し後「5年」、または石造・土造・レンガ造・コンクリート造・金属造その他これらに類する構造の工作物については「10

年」の担保責任を負うと規定した。これは、土地工作物については、引渡しまたは仕事の終了から一定の期間が経過した後に瑕疵が発見される場合も少なくないことから、注文者を保護するために、担保責任の存続期間を長期化したものである。しかし、改正法ではこの規定は削除された。

この結果、改正民法637条では注文者が契約の内容に適合しないことを知った時から1年以内に通知しなければ、原則として失権するルールを定めているところ、土地工作物についてもこのルールが適用されることになる。

2 削除の理由

改正民法の下では、注文者が契約不適合の事実を知らないままに担保責任の存続期間が終了するという事態は生じないので、土地の工作物である場合について、特別に存続期間を長くする必要性は乏しいからである。また、改正民法166条では、消滅時効の期間が主観的起算点から5年、客観的起算点から10年と定められた。不適合の事実が注文者に明らかになっている以上、目的物が土地の工作物である場合についてこの原則的な期間よりも長期の期間制限を設ける必要性は乏しいと考えられたことによる。

3 反対意見の紹介

欠陥住宅問題の取組みなどの遅れが指摘されるわが国において、時代の要請に逆行するとの意見がある（吉田・判時2270・9）。また、土地工作物については、注文者が一定の不具合現象を認知した場合でも、それを法的な瑕疵であると認識するためには、技術的調査が必要なことが多く、改正では解釈によっては1年以内にそうした調査をする必要があるということになりかねず、注文者の保護が狭められるとの意見がある（日弁連消費者問題対策委員会編・Ｑ＆Ａ消費者からみた民法改正97〔岡田〕）。

308 請負人の不適合責任の期間制限は何年か。

結　論	不適合を知ったときから1年。

1 1年の期間制限

請負の目的物が契約の内容に適合していないときの注文者の請負人に対する権利内容は、売買の規定が準用され（559条）、売買では損害賠償と解除については債務不履行の一般原則によることになっている。したがって、現行法における請負の瑕疵担保責任の規定はほぼ削除され、改正民法636条にまと

められた。

注文者の権利行使の期間制限につき、改正民法637条1項は、請負人に対する注文者の履行追完の請求、報酬の減額請求、損害賠償の請求、契約の解除は、注文者がその不適合を知ったときから1年に制限している。もっとも、この期間内に上記の各権利について、裁判上の請求あるいは裁判外の権利行使をする必要はなく、不適合の事実を通知すれば、上記の各権利は保存される。

2 1年以内とされている理由

1年以内とされているのは、制限期間内において注文者がすべき行為を裁判外の権利行使ではなく、単に「不適合を通知」するという簡易な方法に変更したことにより、注文者が専門的知識を有しない場合であっても比較的短期間の内に、権利を保存することができると考えられたことからである（部会資料75Ａ・38）。

3 1年の期間制限の法的性質

これは、いわゆる消滅時効期間ではなく、1年の経過による失権効を定めたものと説明されている。旧637条の請負人の1年の担保責任に関しては、時効期間とする学説（広中・債権各論講義243）もあったが、判例は除斥期間と解していた（大判昭5・2・5裁判例（四）民32、最判昭51・3・4民集30・2・48）。

消滅時効期間ではないとすると、時効の援用、時効完成の猶予、時効の更新などの規定が適用されないことになる。

4 1年の起算点

1年の起算点に関しては、旧637条では、目的物を注文者に引き渡した時（引渡しを要しないときは仕事が終了した時）からと規定していたが、改正民法637条1項では注文者がその不適合を知った時からと改められた。

ちなみに、旧法の規律によると、引渡しから1年以内の権利行使は応々にして注文者に困難を強いることになり、不正義な結果を生じる。そこで、判例も1年をできる限り伸長する方向で以下のような解釈論を展開していた。

①	引渡し時の解釈につき、完成合格時あるいは試運転時	東京地判昭60・2・15判時1189・62、東京地判平2・2・6判時1367・38
②	期間内の瑕疵修補請求と期間経過後の修補に代わる損害賠償請	東京地判昭47・2・29判時676・44、大阪高判昭53・10・26判時920・

	求につき、修補請求権を除斥期間内に行使すれば足りる。	133	
③	解除権の行使	東京地判昭44・4・15判時566・66	

5　消滅時効との関係

　1年以内の不適合通知により保全された注文者の権利は、債権に関する消滅時効の一般原則の適用がある。したがって、注文者が、契約不適合を知った時（主観的起算点）から5年、目的物を注文者に引き渡した時（引渡しを要しない時は仕事が終了した時）から10年（客観的起算点）で消滅時効にかかる。

309　1年の期間制限が適用されない場合があるか。

結　論	請負人が契約不適合につき悪意・重過失のときは、1年の失権効が適用されない。

1　期間制限の不適用

　改正民法637条2項は、次のように1年の期間制限が適用されない場合を規定している。すなわち、引渡しあるいは仕事が終了した時に、「請負人」が契約不適合の事実を知っている場合、あるいは重大な過失によって契約不適合の事実を知らなかった場合には、改正民法637条1項が規定している1年以内に通知しなければならないという期間制限の適用はない。

> 　前項の規定は、仕事の目的物を注文者に引き渡した時（その引渡しを要しない場合にあっては、仕事が終了した時）において、請負人が同項の不適合を知り、又は重大な過失によって知らなかったときは、適用しない。

2　不適用の理由

　なぜならば、このような請負人については、履行が完了したことの期待を短期の期間制限によって保護する必要がないからである（部会資料75Ａ・38）。

第42章 請 負

310 不適合責任の1年の期間制限の起算点は、いつか。

結 論 不適合を知った時。

1 改正民法637条1項

旧637条は、仕事の目的物に瑕疵があった場合の請負人の担保責任に関して、仕事の目的物を引き渡した時または仕事の目的物の引渡しを要しないときは仕事を終了した時から1年以内にしなければならないと規定していた。しかし、今回の改正で、「瑕疵」から「契約内容の不適合」に改められたことを契機に、改正民法637条では、次のように「注文者が不適合を知った時から」と改正された（下線は筆者）。

> 前条本文に規定する場合において、注文者がその<u>不適合を知った時から</u>1年以内にその旨を請負人に通知しないときは、注文者は、その不適合を理由として、履行の追完の請求、報酬の減額の請求、損害賠償の請求及び契約の解除をすることができない。

引渡しあるいは仕事の終了という線引きを撤廃すると、ケースによっては引渡しあるいは仕事の終了以前の段階で不適合に気づいていたということもあり得るから、改正前よりも1年の起算点が早まることもありうることになる。

2 改正の理由

上記のように改正されたのは、①売買の場合の担保責任では、買主が瑕疵を知った時を起算点としており、この差異は合理的ではないこと、②引渡し時または仕事終了時を起算点とすると、注文者が契約不適合を知らないまま期間が経過してしまい、注文者に酷な場合が生じることからである（部会資料75Ａ・37）。

3 不適合を知った

不適合を知った時とは、どのような事実を認識した時をいうのかが問題となる。売買に関する最判平13・2・22判時1745・85は、売主の担保責任の期間制限に関し、担保責任を追及しうる程度の確実な事実関係を認識した時とする。部会資料75Ａ・39は、この判例の解釈は「知った時」の解釈にも基本的に妥当するとしている。

第42章　請　負　　623

311　担保責任を保存するための権利行使は、どのようにするか。

結　論　不適合の事実の通知として、具体的には、不具合の箇所と不具合の事象の大体の範囲を通知すれば足りると考えられる。

1　改正民法637条1項
改正民法637条1項は、権利を保存するために注文者が制限期間内にすべき行為について、裁判外の権利行使ではなく、「不適合の事実を通知」すれば足りるとしている。

2　旧637条との対比
旧637条は、制限期間内に注文者がすべき行為を「瑕疵の修補又は損害賠償の請求及び契約の解除」と規定していた。最判平4・10・20民集46・7・1129は、売買の売主の瑕疵担保責任について、買主が損害賠償請求を保存するには、裁判上の権利行使をするまでの必要はないが、具体的に瑕疵の内容とそれに基づく損害賠償を請求する旨を表明し、請求する損害額の根拠を示す必要があると判示していた。

3　改正の理由
しかし、1年という短期の制限期間内に請負人の担保責任を問う意思を明確に告げ、請求する損害額の根拠まで示すことは容易ではなく、注文者に過度の負担を課すことになる。注文者が請負人に対して、目的物が契約の趣旨に適合しない旨を通知さえすれば請負人は適宜の対策を講ずることができ、履行が終了したとの請負人の信頼を保護し、長期間の経過により瑕疵の判定が困難となることを回避することができるからである（部会資料75Ａ・37）。

4　通知の内容
通知にはどの程度の内容が必要かについては、商法526条2項の「通知」に関する裁判例を参考に解釈するのが合理的とされ（部会資料75Ａ・39）、詳細な通知は必要がないが概括的な意見程度では不十分で、請負人に善後策を講ずるに足りる具体的な内容であるべきであろう。不具合の箇所と不具合の事象の大体の範囲を通知すれば足りると考えられる。筒井＝村松・一問一答・民

法（債権関係）改正346は、単に契約との不適合がある旨を抽象的に伝えるのみでは足りず、細目にわたるまでの必要はないものの、不適合の内容を把握することが可能な程度に不適合の種類・範囲を伝える、という見解を示している。

5 不適合の通知以後の期間制限

1年の期間制限規定は、消滅時効の一般原則の適用を排除するものではない。したがって、制限期間内の通知によって保存された注文者の権利の存続期間は、債権に関する消滅時効の一般原則の適用があり、その消滅時効期間内に権利行使をしないと時効で消滅する。その時効期間は、権利を行使できる時（客観的起算点）から10年であり（一般的には引渡しの時から）、権利を行使できることを知った時（主観的起算点）から5年（契約の不適合を知り損害賠償等の権利行使が可能な程度に知った時から）である。

312 住宅の品質確保の促進等に関する法律94条の住宅の新築工事の請負人の瑕疵担保責任期間の特例は、どう改正されたか。

| 結 論 | 「瑕疵」という用語は存置しつつ、民法改正に合わせて定義し直している。 |

1 住宅の品質確保の促進等に関する法律94条

住宅の品質確保の促進等に関する法律（以下「品確法」と略す。）94条は、住宅を新築する建設工事の請負契約においては、「請負人は、注文者に引き渡した時から10年間、住宅のうち構造耐力上主要な部分又は雨水の浸入を防止する部分として政令で定めるもの〔中略〕の瑕疵〔中略〕について民法第634条第1項及び第2項前段に規定する担保の責任を負う」と規定していた（下線は筆者）。

2 瑕疵の文言の存置と内容の変更

改正民法では、「瑕疵」という文言自体を削除し、目的物が種類、品質（または数量）に関して契約内容に適合しない「契約不適合」に置き換えた。しかし、品確法では、引き続き瑕疵の文言を存置して使用するが、瑕疵を民法改正に併せて定義し直している。瑕疵という文言を存置したのは、住宅分野

では瑕疵という単語が専門用語として広く普及していることを考慮したものである。しかし、品確法では2条5項を新設して、「この法律において「瑕疵」とは、種類又は品質に関して契約の内容に適合しない状態をいう」との改正民法に合わせた「瑕疵」の定義を置いている。また、7章では「瑕疵担保責任」との章題のもと、同法94条・95条・97条まで、「瑕疵」および「担保責任」という用語を維持している。

　もっとも、同法においても、改正民法が「隠れた」との要件を撤廃していることに合わせて、「隠れた」瑕疵の概念は廃棄されている。

変更箇所	改正前	改正後
新　設		2条5項 この法律において、「瑕疵」とは、種類又は品質に関して契約の内容に適合しない状態をいう。
7章の章名	7章　瑕疵担保責任の<u>特例</u>	7章　瑕疵担保責任
94条の見出し	住宅の新築工事の請負人の瑕疵担保責任の<u>特例</u>	住宅の新築工事の請負人の瑕疵担保責任
95条の見出し	新築住宅の売主の瑕疵担保責任の<u>特例</u>	新築住宅の売主の瑕疵担保責任
97条の見出し	瑕疵担保責任の期間の伸長<u>等の特例</u>	瑕疵担保責任の期間の伸長等

　立法の統一性という点で問題はあるが、品確法で扱う契約不適合が専ら住宅の基本構造部分に関するものであるが故に、物質面での欠点に重きを置いた「瑕疵」という表現を維持することに問題はないと考えられたようである。

3　品確法における瑕疵担保責任の期間制限
　住宅を新築する建設工事の請負契約に関して、品確法95条は引渡し後10年間（短縮不可）住宅の構造耐力上主要な部分等の瑕疵について担保責任を負

うとしているが、この規律は維持されている。

　事実を知った時から1年間の期間制限については、担保責任の期間制限に係る改正民法637条の規定を必要な読替をした上で適用している。これによると、瑕疵＝不適合を知ってから1年以内にその旨の通知が必要となる（下線は筆者）。

〔改正民法637条の読替後の条文〕

　請負人が住宅の品質確保の促進等に関する法律(平成11年法律第81号)第94条第1項に規定する瑕疵がある目的物を注文者に引き渡した場合において、注文者がその瑕疵を知った時から1年以内にその旨を請負人に通知しないときは、注文者は、その瑕疵を理由として、履行の追完の請求、報酬の減額の請求、損害賠償の請求及び契約の解除をすることができない。

第43章　寄　託　　627

第43章　寄　託

313 寄託物返還後の損害賠償・費用償還請求についての期間制限があるか。

| 結　論 | 改正民法において新設された。 |

1　改正民法664条の2第1項の新設

民法改正前においては、寄託物返還後の債権債務関係を早期に処理すべきであるとの指摘はあったが、期間制限に関する規定はなかった。改正民法においては、664条の2を新設して、寄託物の「一部滅失又は損傷」によって生じた損害の賠償および受寄者が支出した費用の償還請求につき、1年という短期の期間制限を設けた。

> 寄託物の一部滅失又は損傷によって生じた損害の賠償及び受寄者が支出した費用の償還は、寄託者が返還を受けた時から1年以内に請求しなければならない。

これはいわゆる除斥期間と解されている。

2　立法趣旨

受寄者は、善管注意義務（有償寄託と商人の無償寄託の場合）あるいは自己の財産に対するのと同一の注意義務（無償寄託の場合）に違反して、寄託物が損傷または滅失した場合には債務不履行に基づく損害賠償責任を負うことになる。このような場合に、短期の期間制限を設けるのは、寄託物の損傷または滅失が受寄者の保管中に生じたものか否かが不明確になることを避ける趣旨である。また、寄託物返還後の債権債務を早期に処理することが望ましいという理由もある。賃貸借・使用貸借の規律（改正民法600条1項・622条）と同様の考慮に出たものである。

3 寄託物の全部滅失の場合

　1年の期間制限の対象は、一部滅失または損傷に限定され、全部滅失の場合は除外されている。これは、全部滅失の場合には寄託物自体の返還が不能となっており、債権債務関係の早期処理の要請が高くないと考えられたからである。

314　寄託物の一部滅失・損傷による損害賠償の請求権に関する時効完成の猶予とは何か。

結　論　寄託物の一部滅失・損傷による損害賠償の請求権は、寄託物の返還を受けた時から1年間は時効が完成しない。

1　改正民法664条の2第2項

　改正民法は、664条の2第2項として、以下の規定を新設した。これは特別の時効完成猶予事由を追加したものである。

> 　前項の損害賠償の請求権については、寄託者が返還を受けた時から1年を経過するまでの間は、時効は、完成しない。

2　改正民法664条の2第1項の期間制限との関係

　改正民法664条の2第1項は、「寄託物の一部滅失又は損傷によって生じた損害の賠償及び受寄者が支出した費用の償還は、寄託者が返還を受けた時から1年以内に請求しなければならない。」と規定した。これはいわゆる除斥期間と解されている。

　改正民法664条の2第2項は、この返還から1年以内という期間制限とは別に、損害賠償の請求権については、返還から1年間は時効完成が猶予されるという複合規定としている。ちなみに、受寄者の費用償還請求権については、受寄者が費用の支出を把握することは可能であって、寄託物の返還前でも請求権を行使することに支障がないため時効の完成猶予に関する規定は設けられていない。

3　立法趣旨

　これは、受寄物の損傷・滅失に関する損害賠償請求権の消滅時効の起算点

第43章　寄　託　　629

が一部滅失または損傷をした時から10年とすると、10年を経過してもなお寄
託が存続している中で消滅時効が完成してしまうことがある。寄託者は寄託
物の状況を把握することが困難なため、寄託者が一部滅失または損傷の事実
を知らない間に消滅時効が進行し、寄託者が寄託物の返還を受けた時には、
既に消滅時効が完成しているといった事態に対処するため、損害賠償請求権
については寄託者が寄託物の返還を受けた時から1年を経過するまでの間、
消滅時効は、完成しないものとした。賃貸借・使用貸借の規律（改正民法600条
2項・622条）と同様の考慮に出たものである。

第44章　手形・小切手

315 民法改正に伴い、手形法の消滅時効規定はどのように改正されたか。

1　旧手形法71条の「中断」の相対効

　民法改正に伴い、旧手形法71条中「中断ハ」を「完成猶予又ハ更新ハ」に改め、「中断ノ」を削る。その結果、以下のような条文になった。時効の完成猶予または更新の効力が及ぶ者の範囲を規定する改正民法153条1項と連動するものである（下線は筆者）。

> 時効ノ<u>完成猶予又ハ更新</u>ハ其ノ事由ガ生ジタル者ニ対シテノミ其ノ効力ヲ生ズ

改正前	改正後
時効の<u>中断</u>は其の<u>中断</u>の事由が生じたる者に対してのみ其の効力を生ず	時効の<u>完成猶予又は更新</u>は其の事由が生じたる者に対してのみ其の効力を生ず

2　旧手形法86条の裏書人の他の裏書人および振出人に対する為替手形上および約束手形上の請求権の消滅時効

　民法改正に伴い、旧手形法86条1項の訴訟告知により「中断ス」が、下線部のように時効完成猶予として改正された（下線は筆者）。

> ①　裏書人ノ他ノ裏書人及振出人ニ対スル為替手形上及約束手形上ノ請求権ノ消滅時効ハ其ノ者ガ訴ヲ受ケタル場合ニ於テ前者ニ対シ訴訟告知ヲ為シタルトキハ<u>訴訟ガ終了スル</u>（確定判決又ハ確定判決ト同一ノ効力ヲ有スルモノニ依リテ其ノ訴ニ係ル権利ガ確定セズシテ訴訟ガ終

第44章　手形・小切手　　631

了シタル場合ニ在リテハ其ノ終了ノ時ヨリ六月ガ経過スル）迄ノ間ハ
完成セズ

　また、旧手形法86条2項の中断した時効の進行時期に関し、「裁判の確定し
たる時」より更に進行を始めるとあったのを、「其の訴に係る権利が確定した
るとき」は「訴訟の終了の時」から更に進行することを規定した（下線は筆
者）。

②　前項ノ場合ニ於テ確定判決又ハ確定判決ト同一ノ効力ヲ有スルモノ
ニ依リテ其ノ訴ニ係ル権利ガ確定シタルトキハ時効ハ訴訟ノ終了ノ時
ヨリ更ニ其ノ進行ヲ始ム

	改正前	改正後
1項	裏書人の他の裏書人及振出人に対する為替手形上及約束手形上の請求権の消滅時効は其の者が訴を受けたる場合に在りては前者に対し訴訟告知を為すに因りて中断す	裏書人の他の裏書人及振出人に対する為替手形上及約束手形上の請求権の消滅時効は其の者が訴を受けたる場合に於て前者に対し訴訟告知を為したるときは訴訟が終了する（確定判決又は確定判決と同一の効力を有するものに依りて其の訴に係る権利が確定せずして訴訟が終了したる場合に在りては其の終了の時より6月が経過する）迄の間は完成せず
2項	前項の規定に因りて中断したる時効は裁判の確定したる時より更に其の進行を始む	前項の場合に於て確定判決又は確定判決と同一の効力を有するものに依りて其の訴に係る権利が確定したるときは時効は訴訟の終了の時より更に其の進行を始む

3　手形法の一部改正に伴う経過措置

施行日前に旧手形法71条(旧手形法77条1項において準用する場合を含む。)または86条に規定する時効の中断の事由が生じた場合におけるその事由の効力については、なお従前の例による（整備法10条）。

316　民法改正に伴い、小切手法の時効消滅規定はどのように改正されたか。

1　旧小切手法52条の時効中断の相対効

民法改正に伴い、旧小切手法52条中「中断ハ」を「完成猶予又ハ更新ハ」に改め、「中断ノ」を削る（下線は筆者）。

> 時効ノ<u>完成猶予又ハ更新</u>ハ其ノ事由ガ生ジタル者ニ対シテノミ其ノ効力ヲ生ズ

2　旧小切手法73条1項の裏書人の他の裏書人および振出人に対する小切手上の請求権の消滅時効

民法改正に伴い、旧小切手法73条1項の訴訟告知により「中断ス」が、下線部のように時効完成猶予として改正された（下線は筆者）。

> 裏書人ノ他ノ裏書人及振出人ニ対スル小切手上ノ請求権ノ消滅時効ハ其ノ者ガ訴ヲ受ケタル場合ニ於テ前者ニ対シ訴訟告知ヲ為シタルトキハ<u>訴訟ガ終了スル（確定判決又ハ確定判決ト同一ノ効力ヲ有スルモノニ依リテ其ノ訴ニ係ル権利ガ確定セズシテ訴訟ガ終了シタル場合ニ在リテハ其ノ終了ノ時ヨリ六月ガ経過スル）迄ノ間ハ完成セ</u>ズ

また、旧小切手法73条2項の中断した時効の進行時期に関し、「裁判の確定したる時より」とあったのを、「権利が確定したるとき」は「訴訟の終了の時」から進行することを規定した（下線は筆者）。

> 前項ノ場合ニ於テ確定判決又ハ確定判決ト同一ノ効力ヲ有スルモノニ依リテ其ノ訴ニ係ル<u>権利ガ確定シタルトキハ時効ハ訴訟ノ終了ノ時ヨリ</u>

第44章　手形・小切手　　633

> 更ニ其ノ進行ヲ始ム

3　小切手法の一部改正に伴う経過措置
　施行日前に旧小切手法52条または73条に規定する時効の中断の事由が生じた場合におけるその事由の効力については、なお従前の例による（整備法附則12条）。

317　手形債権の時効完成猶予の効力が生ずるために、手形の所持または呈示が必要か。

結　論	手形の所持または呈示を必要としない。

1　手形の呈示証券性・受戻証券性
　手形債権の行使のためには、手形の呈示を必要とし（呈示証券性）（手形法38条）、債務者は、債務の履行と引換えに、手形の受戻しを請求することができる（受戻証券性）（手形法39条）。そこで、手形債権の時効完成猶予の効力が生ずるために、裁判上の請求、催告、承認をとる際、手形の所持または呈示が必要かがここでの問題である。

2　民法改正前の判例
　大審院は、手形債務の承認については、手形を所持していない債権者に対する承認も、時効中断の効力ありとしていたが（大判昭5・5・10民集9・7・460）、催告については、手形を呈示しないでする催告には、手形債権の時効中断の効力を否定していた（大判明38・6・6民録11・893など）。承認と区別して催告の場合のみ、呈示を時効中断の要件とした理由は、呈示を伴わない手形債権の請求は、法律上正当な請求でなく、適法な請求でない以上、時効中断の効果を与えるわけにはいかないというところにあったようである。
　最判昭36・7・10民集15・7・1892も、上記大審院の考え方を踏襲し、「手形はいわゆる有価証券であって、これが権利の行使については、手形の占有を伴うことを要し、また手形債務者が権利者の催告に応じ、これが支払をなすときは、手形に受取を証する記載をなして、これを交付することを請求しうるものであるから、民法153条の催告をなす場合にも、手形の呈示を必要とする」と判示していた。

第44章　手形・小切手

しかし、この最高裁判決には、反対意見が付されており、①時効中断するためには、権利行使の意思が客観的に明白となるだけで足りる、②商法・手形法上、手形債務者を遅滞に付するためには手形の呈示を要する旨の規定があるが、時効中断のための催告には何ら特別規定はなく、専ら民法の規定によるべきである、③催告は、6か月以内に確定的な時効中断手続をとらなければならないのだから、呈示を要しない催告に中断効を認めても手形債務者に格別の不利益はない、④また、催告は内容証明郵便をもってなされるのが通常であるから、呈示を要するとすると、取引の実情にそぐわず、難きを強いるものである、等の諸点である。

このような批判の中で、最高裁判所も上記判例を変更し、呈示を伴わない催告にも、民法改正以前の時効中断の効力を認めた（最判昭38・1・30民集17・1・99）。

しかし、この最高裁判決は、手形を所持してはいるが、呈示はしなかった場合に限定して判示していると解することもでき、手形を所持していないため、呈示できなかった場合については、明確でなかった。しかるに、その後、最判昭39・11・24民集18・9・1952は、「手形権利者が手形を所持しないで、手形債務者に対し、その債務の履行につき裁判上の請求をなした場合も、右手形債権の時効中断の効力がある」と判示し、上記判例を一歩進めている。

3　民法改正との関係

改正民法は、旧法の時効中断を時効の完成猶予と更新の2つに分離した。手形権利者は、手形を喪失しても、手形上の権利を失うわけではなく、権利者が権利の上に眠っておらず、権利行使の意思が客観的に明白になったことが、時効完成猶予の根拠とするなら、手形を所持しないでも催告あるいは手形金請求訴訟を提起した以上、時効完成猶予の効果を認めてしかるべきであり、この最高裁判決は民法改正後も変わらないと解される。

318　手形貸付の場合、手形債権とは別に発生する貸金債権について、いつから時効が進行するか。

| 結　論 | 手形支払期日とは別に定められた弁済日から時効が進行する。 |

第44章　手形・小切手　　635

1　手形貸付

　手形貸付とは、金銭を貸し付ける場合に、借用証書の代わりに、借受人から貸付人が受取人になっている約束手形を振り出してもらい、これを差し入れるやり方で行われる貸付けのことである。そして、この手形貸付の法律関係は、貸付人は、相手方に対する金銭消費貸借上の債権と手形債権の両方の債権を持つことになる。この場合、債権者は、両債権のいずれを先に行使するも自由であり（例えば旧銀行取引約定書2条）、いわゆる「支払を担保するために」手形が授受された場合に当たる。ただ、時効期間の点で両債権は異なり、手形債権は満期の日から3年であり（手形法70条1項・77条）、貸金債権は、10年（客観的起算点から）また5年（主観的起算点から）である（改正民法166条1項1号・2号）。両債権の消滅時効は、別個に進行する点に注意を要する。

2　両債権の弁済期

　手形貸付を行う場合、貸付金額相当額の手形を振り出してもらい、振出日から満期日までの利息を先取りして控除し、残額を借受人に交付するのが通常であるが、弁済期が長期の場合、例えば弁済期が6か月先の場合、手形の満期は60日後とし、2か月毎に書き替えるということもしばしば行われる。すなわち、手形貸付の場合、手形の期間と貸付期間とは必ずしも一致させる必要はなく、本来の返済時期は原因関係たる消費貸借上の貸付期間の弁済期である。この不一致の期間中は、手形の書替えを継続することで対応することになる。このような不一致の場合、手形債権の弁済期日と金銭消費貸借上の債権の弁済期日とが異なるわけである。例えば、平成29年3月1日、X銀行がYに対し、100万円を弁済期日同年8月31日の約束で手形貸付をし、1か月ごとに、利息の支払を受けるとともに手形の書替えを行うこととし、第1回目の利息支払日である3月31日を満期とする約束手形の交付を受けた。ところが、Yは、3月31日に利息支払をしなかったので、手形書替は行われなかった。この場合、手形債権は、平成29年3月31日の満期から3年の時効にかかることはもちろんであるが、金銭消費貸借上の債権についても、この手形満期の日から（本来の弁済期である8月31日からでなく）時効にかかるかがここでの問題である（事例については、下森・金法1115・2を引用し、修正させていただいた。）。

3　貸付債権の時効の起算点

　この問題につき、貸付債権についても、手形満期日から消滅時効が進行するとの説がある（下森・前掲2）。その理由は、第1に、手形の書替えのない限り、当該手形上の権利行使という形で貸金債権の取立てが許されるのであるか

ら、通常の証書貸付の場合とは時効の起算点に関する「権利行使しうる時」の意味が異なるということ、第2に、手形貸付という有利な形式で貸付行為をした者は、その結果として時効の点で不利益を被ってもやむを得ないというのである。

しかし、私は賛成し得ない。なぜなら、手形貸付の場合、上記のように法的には手形債権と貸付債権とは別個に発生し存続する（旧銀行取引約定書2条は「手形又は貸付債権のいずれによっても請求することができます」と定める）。そして下森説は、「手形債権で貸金債権の取立てが許されるのであるから」というが、手形債権で振出人に請求しても、振出人としては原因関係である借入金の返済期日が未到来という人的抗弁を主張して支払を拒むことができるので、手形上の権利行使そのものが貸付金の弁済が到来していない以上できないわけである。したがって、「手形債権で貸金債権の取立てが許されるのであるから」という理由自体が成り立たないので、貸付債権の消滅時効の起算点を、手形の満期日からと解することはできないと考える。

ただ、銀行取引の場合は、取引約定書に期限の利益喪失約定があり、債務不履行のときは請求により期限の利益を喪失するということになっている。したがって、債権者としては、貸金債権の期限の利益を喪失させ、いつでも全額を請求できるわけである。ただ、この請求による期限の利益喪失約款付の債務の消滅時効起算点につき、判例は債務不履行の時ではなく、期限の利益喪失の請求の意思表示をした時からであるとする（最判昭42・6・23民集21・6・1492）。したがって、請求により期限の利益を喪失させ得るとしても、この意思表示をしない以上、貸付債権の消滅時効は進行しないわけである。

319 手形上の権利が時効消滅したとき、原因債権を行使できるか。

| 結　論 | 見解が分かれる。 |

1　問題の提示

手形上の権利が時効消滅した場合における原因債権行使の可否については、その場合を分けて考える必要がある。まず、約束手形の振出人AがBに対する債務の支払のために手形を振り出したが、Bが手形債権を時効にかけてしまった場合、既存の原因債権を行使できるかという問題がある。この問

題は、利得償還請求権の発生との関係で論じられる。すなわち、多くの学説は、BのAに対する手形債権が消滅しても、AはBに対する原因債務を免れないから、Aに利得があったとはいえず、Bに利得償還請求権は発生しないとする（鈴木＝大隅・手形法・小切手法講座第5・56、143など）。これに対しては、BはAに対し、利得償還請求権または原因債権のいずれでも行使し得るとする見解がある（鈴木・手形法・小切手法312、前田・手形法・小切手法入門328）。

　以上のごとく、学説は、利得償還請求権の発生をめぐる対立があるものの、BのAに対する原因債権の行使を認める。この場合、Aにとっては、手形で権利行使されようと、あるいは利得償還請求権で権利行使されようと、特に不利益はない。この関係を理論的に説明して、債権者が手形を失効せしめたときは、債権者は、これによって債務者が損害を被らないことを証明しなければ、原因債権を行使することができないという原則を打ち立て、Bのもとで手形が時効にかかっても、Aはこれによって何らの損害を被らないから、BはAに対する原因債権を行使できると説くものがある（小橋・新商法演習3 手形・小切手269）。

2　裏書譲渡された場合

　次に、手形が支払のためにA→B→Cと振出・裏書譲渡された場合に、CのAに対する手形債権が時効により消滅した場合、CのBに対する原因債権を行使できるかという問題を検討する。ここでは、Bの利害状況が中心的論点となる。すなわち、①Cが失権前にAに手形上の権利を行使したら、Aにはその当時資力があって、手形が支払われ、それに伴ってBのCに対する原因債務も消滅したかもしれないこと、②Aによる支払が拒絶されてもAに対する手形上の権利が残っている間なら、Bは遡求義務を果たして、Aの資力のあるうちに手形の満足を受け得たかもしれないことなど、Bに保護すべき利益がある反面、Cはその過失により手形上の権利を消滅させてしまっているという責められるべき事情がある（大塚・北法31・2・36）。

3　学　説

　この問題に対する1つの見解は、BはCに対し、有効な手形の返還を受けられないことに基づく損害賠償請求権を取得し、この損害賠償請求権と原因債務とを相殺することにより、原因債権の行使を拒むことができるとする説がある（鈴木＝大隅・商法演習第3・189、大塚・前掲37、前田・前掲書333）。このような、Cの損害賠償を基礎付けるCの配慮義務の実体法上の根拠は、類似した法状況を規制する改正民法504条（債権者の担保保存義務）、民事執行法158条（差

し押さえた債権の行使を怠った債権者の損害賠償義務）、また、Cが原因債権の外に手形債権という担保を取得していると経済的に評価できるという類似性により、民法298条（留置物の占有に関する善管注意義務）、350条（質権への準用）にその根拠が求められている（大塚）。この見解に対しては、①Aに資力があればBは手形で請求し得る便利さが失われたことによる損害のみを主張し得ることになるが、この損害額の評価は容易ではなく（早川「手形の授受と原因債権(一)―手形の時効・遡求権保全手続の欠缺を中心に―」民商91・1・83）、②Bとしては、ともかく支払のために一旦手形を渡してあるのであるから、このような立証を債務者たるBに負担させるのは酷である（鴻・法協79・4・152）との批判がある。

　そこで、次にCとしては、およそBに不利益ないし損害を与えることがないということを立証しなければ原因債権を行使することはできないが、その立証ができたら、原因債権の行使は許されるとする説がある（鴻・前掲152、小橋・前掲書269、鈴木＝大隅・手形法・小切手法講座第5・151、伊澤・手形法・小切手法253）。その根拠は、①Cが全く原因債権を行使できないとすると、支払のために授受されたのに、支払に代えて、すなわち既存債権が手形債権に変わってしまったと同様になりBC間の合理的意思に反すること、②Bにも、一旦手形を渡した以上、何が何でも元の健全な手形を返してもらえなければ原因債務を履行しないでよいとしてまで保護すべき実質的利益はないことなどである。この説に対しては、Cが立証すべきBの不利益が明確でないとの批判がある（早川・前掲81）。

　次に、CはBに対し原因債権を行使できない、あるいは、CのBに対する原因債権は消滅するという説がある。この説の根拠は、①1つ目は、当事者間の意思を擬制または推定するもので、手形が支払のために交付せられた場合は、手形に支払を得られないときは、拒絶証書を作成することを要し、かつその時にのみ原因債権を行使し得るという黙示の合意が成立していると推定されるとか（納富・手形法の諸問題148）、あるいは条件付代物弁済の合意の存在を推定するもの（豊崎・ジュリ433・87）である。②2つ目は、改正民法548条を類推するものである（早川・前掲83以下）。すなわち、手形を支払のために取得したCが、原因債権を行使する場合における手形の返還義務は、解除における原状回復義務と同様であるから、改正民法548条（「解除権を有する者が故意若しくは過失によって契約の目的物を著しく損傷し、若しくは返還することができなくなったとき、又は加工若しくは改造によってこれを他の種類の物に変えたときは、解除権は、消滅する」）を類推することが可能であるとする。

4 利得償還請求権との関係

以上の学説と利得償還請求権との関係を見てみると、損害賠償請求権との相殺を認める説のある者は、CはAに対する利得償還請求権とBに対する原因関係上の権利とを併有し（前田・前掲書333）、422条で損害賠償者の代位を認めているから、それの類推適用によりBが原因債務を履行したときは、BはAに対する利得償還請求権に、法律上当然に代位するとする（大塚・前掲38）。

次に、CにBの損害に関する立証をさせるという説をとるものの中では議論が分かれる。すなわち、ある者は、CはBに対して原因関係上の債権を有していても、Aが手形上の権利の消滅により確定的に利得したと認められる限り、CはAに対して利得償還請求権を取得し、この利得償還請求権をBに譲渡することにより、その限りにおいて、Bの受くべき損害ないしは不利益を除去し得るとする（鈴木＝大隅・前掲151・152）。そしてこの場合、Bが手形債権を行使せず、利得償還請求権しか行使し得ない不利益は無視せざるを得ず、無視しても不当とはいえないとする。これに対しては、Bが健全な手形の返還を得てAに対し手形上の権利を行使するのと、利得償還請求権の譲渡を得て、これをAに対し行使するのとでは相違があり、Cの利得償還請求権がBに譲渡されても、Bに損害がなくなったとはいえないとする反対説もある（小橋・前掲書271）。この関係で、大判昭6・12・1民集10・12・1149は、裏書人が支払に代えて振出しを受けた手形を、自己が負担する原因債務の担保のために裏書譲渡し、所持人がその手形を時効によって失効させた後、裏書人に対し原因債務の履行を請求したという事案において、所持人が担保手形を失効せしめたことによる損害賠償請求権との相殺を認めなかった。その理由は、利得償還請求権は、手形債権の代償物であり、所持人に裏書譲渡された手形上の権利は、担保目的によって制限を受けるものであるから、手形債権の代償物たる利得償還請求権も同じく担保目的により制限を受ける。したがって、担保提供者たる裏書人は、手形債権が時効で消滅しても、利得償還請求権の存する限度で何ら損害を受けるものではないとするものである。

一般に、判例の立場は、利得償還請求権を手形上の権利が消滅したのみならず、原因債権のごとき他の救済方法がない場合の最後の救済手段と理解しているが（大判昭3・1・9民集7・1・1、大判昭10・3・18新聞3827・15など）、上記判決は、振出人に対する利得償還請求権があることをもって、所持人の裏書人に対する原因債権の行使を認めている点でやや特異な位置にある。

次に、原因債権を一切行使し得ないとする説のある者は、BはCから、原因債権を行使されないのであるから、BのAに対する原因債権も消滅し、CはAに対し利得償還請求権を行使し得るといえるとする（早川・前掲85）。

利得償還請求権の成立の議論がからんでいるので、議論が複雑となっているが、関係者の利害調節を柔軟に処理するためには、手形所持人が裏書人の損害が生じないことを証明することを条件に原因債権を行使させるという説がすぐれているのではないであろうか。

320 手形債権による裁判上の請求等・強制執行等は、原因債権の時効完成猶予または更新となるか。

| 結　論 | なると解する。 |

1　問題の提示
売買代金の支払のために手形を振り出し交付した場合、あるいは手形貸付の場合、債権者は、原因関係上の債権（売買代金債権・貸金債権）のほかに、手形債権も併せ有する。そして、一般的には、手形の方が権利行使をしやすいので、手形債権について請求・強制執行等を行うが、この場合、その手形債権の時効完成猶予または更新によって、原因債権も時効完成猶予または更新が生ずるかがここでの問題である（なお、他の更新事由たる承認の場合、すなわち手形債権について承認があったとき原因債務も承認したことになるかは、請求・差押え等と承認の性質上の違いもあり別個に考えることができるので、問題〔321〕を参照されたい。）。

2　民法改正以前の下級審裁判例
この問題について、下級審判例は、中断するとするものと中断しないとするものの2つに分かれていた。
① 中断するとするもの
・大阪高判昭50・3・19判時788・55（約束手形金請求事件）
・東京高判昭52・7・27判時868・36（約束手形金請求事件）
② 中断しないとするもの
・高松高判昭44・10・30判時593・52（破産申立の場合、手形債権に基づく破産申立は原因たる貸金債権について時効中断事由とならない）
・大阪高判昭45・2・25判タ246・213（任意競売申立の場合）
・東京地判昭46・11・27判時673・53（不動産仮差押の場合）
・名古屋高判昭51・10・28判時848・82（任意競売申立の場合）

3　民法改正以前の学説

　学説もやはり中断するとするもの（船越・判評239・13、大塚・民商79・6・842、近藤・法協996・9・1195、谷川・ジュリ臨増718・143）と、中断しないとするもの（藤森ほか・金法518・18〔浅沼発言〕、田邊・手形研究475・233）に分かれる。

　このように対立する分岐点は、第1に、手形債権と原因債権の経済的給付の一回性を認めその立場を強調するか、法的レベルでは2個の債権でありその独立性を強調するか、の点にあり、第2は、時効中断理由の根拠としての権利主張説と権利確定説の対立にあって、権利主張説の立場に立って、「その権利とは、法律的評価を得ていない単に給付の個数に着眼した権利」（船越・前掲13）というのか、権利確定説の立場に立って、「公に行使せられ確証せられるのは申立債権のみであってそのうちに申立債権の原因債権も当然に包含されているものとは認められない」（上記大阪高判昭45・2・25）というのか、第3に、早期に手形訴訟を起こしていても、訴訟遅延の場合には、原因債権の短期消滅時効が完成し、これを理由に手形金請求が拒否されるのは債権者に酷ではないか、という各論点についての見方が異なるところにある。そして、さらに、これらの論点にいわゆる新訴訟物理論が加わって、問題をさらに一層複雑にしている。

4　民法改正以前の最高裁判例

　このような状況の中で、最判昭62・10・16民集41・7・1497は、中断説を採用した。すなわち、「債務支払のために授受された当事者間において、債権者のする手形金請求の訴えの提起は、原因債権の消滅時効を中断する効力を有する」とした。

　その根拠は、①原因債権と手形債権は、法律上は別個の債権ではあっても、経済的には同一の給付を目的とすること、②非中断説をとると、手形訴訟を提起しても、別途原因債権について中断措置をとらなければならず、債権者の通常の期待に反すること、③非中断説をとると、手形訴訟が係属していながら、手形債務を免れることとなって、不合理な結果を生じ、簡易な決済を目的とする手形制度の意義を損なうことの3点である。

　そして、その理論構成は、「手形金請求の訴えの提起は、時効中断の関係においては、原因債権自体に基づく裁判上の請求に準ずるものとして中断の効力を有する」として、いわゆる「裁判上の請求に準ずる」中断事由との法的構成をとっていることは注目に値する。

5　民法改正との関係

①改正民法における「時効の完成猶予」と「更新」は、旧法における「時効中断」を2つに分離して再構成したものであること、②前記最判昭62・10・16が挙げた3つの根拠は、改正民法によっても何らの影響を受けていないこと、③改正後の民法において、いわゆる「裁判上の請求に準ずる」時効更新事由や「差押えに準ずる」時効更新事由を認めない立場を採っているものではないから、本問は積極に解せられる。

321　手形債権につき確定判決を得たとき、原因債権の時効期間は10年に延長されるか。

結　論	原因債権も10年に延長される。

1　問題の提示

手形が、原因債権に基づき支払確保のために振り出されている場合において、原因関係の当事者間において、まず手形債権を行使し、裁判手続の結果、確定判決があったとき、手形債権の時効期間が判決確定の時から10年に延長されることは疑いがない（改正民法169条）。

問題は、この延長に伴って、原因債権についても当然に10年に延長されるかである。手形債権と原因債権は、形式的には別個独立の債権であるが、それは同一経済目的を達するために併存しているのであり、また原因債権の時効消滅は、人的抗弁として手形債権の行使を拒み得るから、この面からも原因債権の時効期間の延長が要請されるわけである。

2　民法改正前の判例・学説

この問題につき判例（最判昭53・1・23民集32・1・1）は、「手形債権の消滅時効期間が、支払命令の確定の時から10年に延長せられるときは、これに応じて原因債権の消滅期間も同じくその時から10年に変ずる」とする。その理由は、手形債権の確定によって時効期間が延長されたのに、原因債権の消滅時効完成によって債務名義の執行力が排除されることがあり、手形債権者がその結果を避けようとすれば、さらに原因債権について訴えを提起するなどその時効を中断しなければならないというのでは、手形債権者の通常の期待に著しく反する結果となるというのである。

これに対し学説は、延長されるとするもの（船越・判評239・11、近藤・法協96・9・1191）と、延長されないとするもの（大塚・民商79・6・846、谷川・ジュリ臨増718・143）に分かれるが、その理由づけについては一様ではない。

論点は、第1に、改正民法169条（旧174条の2）の立法趣旨をどのように考えるか、第2に、同条の「確定した権利」の範囲とはどこまでか、第3に、利益衡量として上記最高裁判決の指摘するような債権者の不利益をどう評価するのかの3点である。

3　利益衡量

そこで、まず利益衡量の点から検討する。このような確定判決を得た手形債権者の利益を保護すべきであるとの点においては、肯定説も否定説も同じく認める。ただ、その利益保護の仕方において、否定説のうち大塚説は、原因債権の時効消滅は、手形債権行使に対する抗弁理由にならないから、原因債権の時効期間延長を認める必要がないというのであり（したがって最高裁判決とは前提において異なる）、他方、否定説のうち谷川説は、手形債権の確定により、手形債権が原因債権の帰すうから離脱し、もはや原因債権の時効消滅は手形債権に何らの影響を及ぼさないという形で解決する。このように否定説においても手形債権の確定判決を得た債権者を保護しようとする点で一致するも、否定説の中でその解決の仕方が異なるのは、改正民法169条（旧174条の2）の理解の仕方が異なるからである。

4　改正民法169条の立法趣旨

そこで次の問題は、改正民法169条の立法趣旨をどのように把握するかである。旧174条の2について、およそ次の2つに分かれていた。1つは、判決確定時に弁済期が到来している債務者は既に遅滞にあり、通常強制執行も簡単に行えないことが多く、この対抗策として消滅時効期間を10年に延長して強制執行可能期間を延ばし、債権者の保護を図ったものとする（船越・前掲11）。他は、確定判決等により権利が確定することにより、債務者の弁済の証明の困難を短期消滅時効によって保護する必要性が失われることが立法理由であるとする（谷川・前掲143、近藤・前掲1191）。前者の強制執行可能期間を延長するためとする考えは、改正民法169条の確定判決が執行力のある給付判決のみならず、執行力のない確認判決でもよいとされている点からみると、根拠がないように思われる。

そこで次に、改正民法169条は、「確定した権利」といっているので、この範囲は一体どこまでかという点が問題になる。近藤説はあまり明確ではない

が、手形債権が確定した以上、原因債権について依然短期消滅時効による債務者を保護すべき理由がないというのである。しかし改正民法169条を厳格に解釈すれば、手形債権の確定のための訴訟手続で争われ審理判断の対象とされ、確定したのは原因債権ではなく正に手形債権であって、「債権の確定により弁済の証明の困難さを考慮した保護を排除されるのは手形債権のみ」（谷川・前掲143）とも解せないわけではない。

5　判例の理論構成

　最高裁判所は、手形債権の行使による原因債権の時効中断の可否という論点に対して、「手形金請求の訴の提起は、時効中断の関係においては、原因債権自体に基づく裁判上の請求に準ずるものとして中断の効果を有する」と理論構成している（最判昭62・10・16民集41・7・1497）。その理を本問の場合に応用すれば手形金請求事件で請求が認容せられ、手形債権の存在が公権的に確認せられたときは、手形債権の基礎であり、かつその存在の前提としての原因債権の存在についても強力な証拠力が付与されたと評価できるから、原因債権についても判決で認められた手形債権に密接に関係する権利として10年に延長されるという論理であると推測される。

　しかし、最高裁判所は破産手続において原債権の破産債権の届出後、債権調査期日の後に弁済して、破産債権の名義変更を受けても、求償権は10年に延長されないと判示した（最判平7・3・23民集49・3・984）。

　両判例の差異につき、53年判決の事案では債務者は、通常訴訟に移行させ、原因関係上の抗弁を主張し審理対象とする機会が保障されていたが、平成7年判決の事案では、破産者において求償権についての審理の機会が手続上保障されていたとは言い難いと説明する者がある（八木・最高裁判所判例解説民事篇平成7年度（上）16事件373）。

6　民法改正との関係

　旧174条の2は、若干の表現の違いはあるものの実質的に改正民法169条で維持されている。他方で、改正民法では旧法の「時効中断」を「時効の完成猶予」と「更新」の2つに分離した。そして改正民法147条2項では、確定判決を時効の更新事由と明記せず単に確定判決により権利が確定した時に新たにその進行を始める、とのみ規定している。そして、その場合の時効期間は、当該確定判決によって一律に10年となるとの効果を付与した規定が改正民法169条であると理解する立場を採っているようにも理解できる（民法（債権法）改正検討委員会編・詳解債権法改正の基本方針Ⅲ191参照）。このような理解に立つと、本問はより積極に解する立場に傾く。

第44章　手形・小切手　　　645

7　実　務

　最高裁判例で理論的な説明はどうあれ、原因債権も10年に延長されると明確にされた以上、実務もこれに従ってよいであろう。原因債権が10年に延長されるのは、最高裁判決も明言するように、「手形債権確定の時から」である。

322　手形債務の承認は、原因債務についても承認となるか。

| 結　論 | 原則として承認となる。ただし、実務上は明確に両債務につき承認となるような処置をすべきである。 |

1　問題の提示

　手形が、原因たる債権支払のために振り出された場合、あるいは手形貸付の場合、債権者は原因債権と手形債権の2つを有する。この場合、両債権のどちらか一方についての裁判上の請求等や強制執行等が、他方の債権の時効完成猶予または更新となるかは、既に問題〔320〕と問題〔323〕で検討した、または検討するところである。

　ところが、承認は、他の時効完成猶予または更新たる裁判上の請求等・強制執行等とは若干性質が異なる。すなわち、裁判上の請求等や強制執行等による時効完成猶予または更新は、時効完成猶予または更新させて権利を擁護する側の法的な手続行為の結果によるものであるのに対し、承認は時効の利益を受ける側の意思による更新事由であるからである。したがって承認の場合は、多分に意思解釈という側面が入ってくるので、その分だけ更新の範囲が広がりやすいという面があるのは否定できない。

　ところで、この承認についても、本問のように手形債務について承認したとき、原因債務も更新するかという問題と、これとは逆に原因債務について承認したときに、手形債務も更新するかという2つの問題がある。ここではまず前者の方について先に説明する。

2　手形債務の承認の場合

　この問題についての判例は次のとおりであり、いずれも原因債務の承認となることを認める。

① 最判昭36・8・31民集15・7・2027（債務の一部弁済のための小切手が支払われた時、債務全部につき承認があり、時効中断の効力があるとする。）

② 横浜地決昭35・1・22下民11・1・80（手形貸付で手形債務承認書を差し

入れたときは、特に留保した事情の認められない限り原因関係上の債務を承認したものとする。)

③ 東京高判昭36・2・27下民12・2・381（手形債務について弁済方法に関する調停申立は、原因関係たる消費貸借上の債務の承認でもあるとする。）

学説も上記判例の結論を支持する（船越・判評239・13、田辺・債権回収の法律相談〔新版〕385、大塚・民商79・6・842注(18)）。その理由は、手形債権は原因債権支払確保の手段であるから、その手段たる手形債権を承認したときは、その支払によって消滅すべき原因債務も承認したことになるからとか、あるいは、債務者は債務の性質付を行った上で承認するとは一般には考えられないから、等の理由が挙げられている。

ただし、ここで注意すべきことは、上記判例、学説のいずれも「承認者の反対の意思のない限り」という限定を付していることである。承認は、結局は観念の通知であって、債務の存在を認識していることの表示であるから、手段たる手形債権を承認するときは、原因たる債権も承認しているはずだという一般論が唯一の根拠であって、承認者の反対の意思が明らかなときはこの限りではないのである。

そこで、手形について債務承認書をとるようなときは、承認の対象を明確にすべく、手形要件・手形番号等の手形明細を記載した上、「本件手形債務及び本手形による借入債務を承認する」、あるいは、「本手形債務及び原因たる買掛金債務を承認する」と、明記する必要があろう。

3 原因債務の承認

なお本問とは逆の場合、すなわち、原因債務の承認が手形債務の承認となるかの問題については、承認とはならず、手形債務の時効はこれと関係なく進行すると解されている。

323 原因債権による裁判上の請求等・強制執行等は、手形債権の時効完成猶予または更新となるか。

| 結 論 | ならない。 |

1 問題の提示

原因債権の「支払確保のために」手形が振り出された場合、債権者は、原因債権と手形債権の2つの権利を有する。このうち手形が「支払のために」振

り出された場合には、債権者はまず手形上の権利を行使するのが当事者の意思だとされ、「担保のために」なされた場合には、債権者は両債権のどちらを先に行使するか選択できるとされている。もっとも、後者の場合でも、手形の方が有利かつ容易であるから、債権者は、手形債権を先に行使することが多いであろう。しかし、原因債権を先に行使する場合もある。

このように、原因債権をまず先に行使して、裁判上の請求等・強制執行等により時効完成猶予または更新した場合、もう一方の手形債権も時効完成猶予または更新するかがここでの問題である。

2 民法改正以前の学説

本問は従来あまり論じられていないが、これを認めた判例は見当たらない。学説は、時効中断するというもの（大塚・民商79・6・842）と、時効中断しないとするもの（近藤・法協96・9・1195、西尾・手形研究475・160、石井＝伊藤＝上野・手形研究458・46〔上野発言〕、田邊・手形研究475・231）に分かれている。

肯定説の理由は、第1に、一方の権利行使は、経済的に同一である他方の給付も要求していると解することができること、第2に、法は債権者に同一の経済的目的を達する複数の可能性（債権）を与えたのだから、債権者の地位に何らかの悪化（他方の喪失の危険）を生じさせると解すべきではないことの2つである。

これに対し、否定説の理由は第1に、手形法が3年という特別の時効制度を設けた趣旨、第2に、原因債権の行使は、権利主張説のいうような手形債権の行使を当然の基礎とするとは決していえないこと、第3に、手形債権が時効消滅しても、それによって原因債権も消滅し、原因債権の請求ができなくなるわけではないこと、の3つである。

3 検 討

理論的にいえば、原因債権と手形債権は、法的に別個の債権であるから、一方の時効完成の猶予または更新が他方も時効完成の猶予または更新するという結論にはならない。利益衡量の面からいっても、原因債権の行使によって手形債権も時効完成の猶予または更新しなければ困るということはない。すなわち、これが逆の場合、手形債権の行使が原因債権も時効完成の猶予または更新するとしないと、原因債権の時効消滅によって人的抗弁としてこれを対抗し、手形債権の請求を拒み得るという不都合が生じるが、本問ではこのような不都合はなく、否定説が相当である。

ただ、最判昭62・10・16民集41・7・1497は、本問とは逆の場合、すなわち、

手形金請求の訴えは、原因債権について時効中断するかという問題について、中断するとした。その根拠として、①原因債権と手形債権は、法律上は別個の債権であっても、経済的には同一の給付を目的とすること、②手形金請求の訴えは、原因債権については、裁判上の請求に準ずるものとして時効中断する、等の点を挙げていた。①の理由からすると、最高裁判所は、本問についても時効中断するという立場をとる可能性がある。ただ、利益衡量、すなわち本問では、原因債権についての訴訟中に、手形債権が時効で消滅しても、原因債権についての請求が認められないということはないから、別途、手形金請求の訴えを提起しておかなければならないという負担を考慮する必要もなく、直ちに同じ結論になるともいえない。

実務においては、否定説に立って処理するのが相当である。

324 原因債権につき確定判決を得たとき、手形債権の時効期間も10年に延長されるか。

結　論	延長されない。

1　問題の提示

手形が、原因債権に基づき「支払確保のために」振り出されている場合、それが「支払のため」であるときは、まず、手形債権から先に行使するのが当事者の意思とされ、「担保のため」であるときは、いずれを先に行使しても差し支えないが、手形債権を行使する方が有利であるため、両債権が併存する場合に、原因債権が先に行使されることはあまりない。

しかし、まれには原因債権が先に行使されることもあり、この場合、原因債権につき確定判決があったとき、その時効期間が確定の時から10年に延長されることは疑いがない（改正民法169条）。ところが、これに伴い、他方の手形債権についても、時効期間が同じく10年に延長されるかがここでの問題である。

2　手形債権につき確定判決あるとき

この問題は従来余り論じられていない。実際問題として、手形債権より原因債権を先に行使するという例が少ないためであろう。最高裁判決（最判昭53・1・23民集32・1・1）も本問と逆の場合、すなわち手形債権の時効期間が支払命令確定により10年に延長されたときは、原因債権の時効期間も10年に延長

第44章　手形・小切手　　649

されるとは判示したものの、本問のような場合には何も言っていない。学説もこれを明確に論じたものも見当らないようである。

3　検　討

　まず、利益衡量の観点から考えると、原因債権の時効期間が10年に延長されたとき、手形債権の時効期間も10年に延長するとしなければならない合理的理由はない。ただし、この逆の場合は、原因債権の時効期間を延長しないと、短期消滅時効で原因債権が消滅してしまうと、手形債権が10年に延長されても手形債権を行使した時点で原因債権の時効消滅を人的抗弁として対抗され、請求が拒絶されてしまうが、本問のような場合にはそのようなことはなく、手形債権が短期時効で消滅しても10年に延長された原因債権の行使には何ら影響がないからである。

　また改正民法169条の適用を考えるについても、ここで同条にいう「確定した権利」とは、審理判断された原因債権のみを指し、手形債権は何ら確定していないから、改正民法169条をストレートに適用することに何の問題もない。

　したがって、本問は延長されないという結論になる。そうすると、原因債権の行使は、手形債権についての時効障害事由とはならないから、手形債権を保全するためには原因債権とは別個に、手形債権自体についても、3年以内に時効障害手続をとっておくことが必要である。

325　割引手形の振出人に対する請求権が時効で消滅したとき、特約による買戻請求権も消滅するか。

| 結　論 | 消滅しない。ただし、故意、過失があるときは別である。 |

1　遡求権の行使

　まず、約束手形の振出人に対する権利が時効により消滅した場合、手形所持人は、裏書人等前者に対して、遡求できるかについて、判例（大判昭8・4・6民集12・6・551）および通説（鈴木・手形法・小切手法308など）はこれを否定する。理由は、手形法50条1項が、遡求権の行使に手形の返還を要求しているのは、償還をした者にその求償を可能ならしめるためであるから、権利のない手形を返還しても求償し得ないので、求償自体ができないというものである。し

たがってこの場合、手形上の遡求権も消滅することになる。

2 問題の提示

ところで、旧統一銀行取引約定書6条は、割引依頼人とその相手方である銀行との間で、手形外において割引手形の買戻特約を定めている。この買戻請求権は、手形割引を手形の売買と考えると、同条1項の場合は、停止条件付再売買契約に基づく請求権であり、2項の場合は、再売買の予約契約に基づく形成権と解されている。そこで、このような特約を有する銀行が、割引手形の主たる債務者に対する手形上の請求権を時効消滅させたとき、割引依頼人に対して遡求権を行使できなくなることは明らかであるが、上記買戻請求権も行使し得なくなるのかがここでの問題である。

3 下級審裁判例

この点についての下級審の判例は、買戻請求権は消滅しないとする（大阪高判昭54・9・5判時953・118、横浜地判昭60・5・8判時1178・146）。

4 旧統一銀行取引約定書10条3項

まず、旧統一銀行取引約定書10条3項は、「権利保全手続の不備によって、手形上の権利が消滅した場合でも、手形面記載の金額の責任を負います」と定めている。この特約は、買戻条項とは別のところで規定され、買戻債務の用語は使用されていないが、実質的に銀行の買戻請求権が生ずる場合も含まれると解されている（本間・手形研究475・238）。

とすると、この旧統一銀行取引約定書10条3項により本問は解決されているかというとそうではなく、付随する色々な問題がある。まず第1に、このような割引手形の主債務者の債務が時効により消滅した場合でも割引手形の買戻金を支払うという特約は、事前の時効の利益の放棄を禁止した146条の違反あるいは脱法行為ではないかという点が問題となる。この点については、上記特約は手形外において割引手形の早期かつ安全に資金の回収を図る目的で遡求権の有無と関係なく買戻債務を負担させたものであるから、146条の違反あるいは潜脱とはいえない（前田・ジュリ607・141、上記横浜地判昭60・5・8など）。

5 合理的制限

このように、旧統一銀行取引約定書10条3項が有効としても、割引依頼人は、このような手形を買い戻しても、手形法上の利得償還請求権を行使し得る場

合を除いて、何の利益もないのであるし、また、銀行取引約定書が、取引上優位に立つ銀行主導の下になされ、割引依頼人において事前に排除できないという状況にあることを考えると、何らかの合理的制限を設ける必要がある。

この制限の方法については、2つの考え方があり、1つは時効消滅につき故意または過失があるときは旧統一銀行取引約定書10条3項の適用がないというものであり（田中・銀行取引法125、本間・前掲239）、他は故意または過失があるときは銀行に対して損害賠償請求権を認めるものである（上記横浜地判昭60・5・8など。故意または重大な過失がある場合として、鈴木・金法1138・5）。

6 実務上の注意点

したがって、実務上は、旧統一銀行取引約定書10条3項の特約があるからといって、無条件で買戻請求権が認められるわけではないので、割引手形については時効にかからせないよう時効障害手続をとる必要がある。もとより、割引依頼人に資力がなく、直ちに買戻請求に応じることができないような場合には、当該手形の主債務者も無資力で、強制的な回収あるいは時効完成猶予または更新手続をとることが、費用の点から困難と思われる場合もなくはないであろう。このような場合は、むしろ早期に買戻請求権につき準消費貸借を締結した上、割引手形を依頼人に返還する措置をとることも必要であろう。

第45章　破産手続

〔総　論〕

326 時効中断事由としての破産手続参加はどのように改正
されたか。

結　論 時効完成猶予および更新事由とされた。

1　民法改正前

旧152条では、破産の配当に加入するため破産債権者が裁判所が定める期
間内に、債権の届出（破産法111条）を行うと時効中断の効力を生ずるが、債権
者がその届出を取り下げたり、届出が却下されたりしたときは、時効中断の
効力は、遡及的に生じなかったことになる、とされていた。

2　時効完成猶予 （改正民法147条1項4号）

改正民法では、破産債権の届出をしたこと自体に権利行使があったものと
して、その事由が終了するまでの間は、時効は完成しないという完成猶予の
効力を認めた。他方で権利の確定に至ることなく、中途で破産手続が終了し
たような場合には、その終了の時から6か月を経過するまでは、引き続き時効
の完成が猶予される。

3　更　新 （改正民法147条2項）

破産法上、破産債権として届け出られた債権に対し、原則として債権調査
が行われるが、調査手続の中で、異議なく確定したものは確定判決と同一の
効力が認められるため（破産法124条3項）、改正民法147条2項の「確定判決と同
一の効力を有するものによって権利が確定したとき」に当たり、更新の効力
が生じ、破産手続が終了した時から新たに時効の進行を始める。確定判決と
同一の効力が認められた破産債権の時効期間は、改正民法169条1項により10
年より短い時効期間の定めがあるものであっても、その時効期間は10年に延

第45章　破産手続　　653

長される。

327　民法改正に伴い破産法上の期間制限はどのように改正されたか。

結　論　①否認権の行使期間の短縮、②役員の責任査定の申立てにおける時効完成猶予および更新。

1　否認権行使の期間の短縮
　旧破産法176条は、「否認権は、破産手続開始の日から2年を経過したときは、行使することができない。否認しようとする行為の日から20年を経過したときも、同様とする。」と規定している。この期間制限は、平成17年改正前破産法85条にあった「時効によりて消滅す」という文言を削除した経緯から、消滅時効期間ではなく、除斥期間と解せられている。
　これらの除斥期間のうち、整備法41条により、以下のように20年が10年に短縮された。否認権を長期間行使できるとすることは、受益者等の法的地位を不安定にし、取引の安全から見て適当ではないからである（下線は筆者）。

改正前	改正後
否認しようとする行為の日から<u>20年</u>を経過したときも、同様とする。	否認しようとする行為の日から<u>10年</u>を経過したときも、同様とする。

2　役員の責任査定の申立てにおける時効完成猶予および更新
　旧破産法178条4項は、法人である債務者について破産手続開始の決定があった場合の役員の責任に基づく損害賠償請求権の査定申立てまたは職権による役員責任査定決定があったときは、「時効の中断に関しては、裁判上の請求があったものとみなす。」と規定していた。
　上記の条文中、「時効の中断に関しては」とある部分に関して、整備法41条により、「完成猶予及び更新に関しては」という文言に変更された（下線は筆者）。

改正前	改正後
第1項の申立て又は前項の決定があったときは、時効の中断に関しては、裁判上の請求があったものとみなす。	第1項の申立て又は前項の決定があったときは、完成猶予及び更新に関しては、裁判上の請求があったものとみなす。

第45章　破産手続　　655

〔届　出〕

328 債権者による破産手続開始申立ては、申立ての資格を基礎付ける債権につき時効完成猶予の効力が生じるか。

結　論 改正民法148条1項に準じるものとして、完成猶予の効力が生じると解する。

1　問題の提示

債権者が破産手続に破産債権として届け出ることは、改正民法147条1項4号の「破産手続参加」として時効の完成猶予の効力が生じることは言うまでもないが、債権者として債務者に対して破産手続開始の申立てをしたとき（破産法18条1項）、申立債権につき時効の完成猶予の効力が生じるかがここでの問題である。

2　民法改正以前の判例・学説

この問題に関し、かつては否定説が有力であった。その理由は、第1に、破産の申立ては、債務者が支払えないことを裁判所に申告して債務者に対する裁判所の破産手続開始決定を促す申立てであって、特定債権の請求ではないこと、第2に、破産申立てをした当該債権者も、その債権を破産債権として届け出なければ破産財団からの配当にあずかれないこと、第3に、旧152条の破産手続参加とは、破産債権の届出を指すのであって申立ては含まれないこと等である。

これに対して、判例（大判明37・12・9民録10・1578、最判昭35・12・27民集14・14・3253）および通説（我妻・民法総則〔新訂版〕464など）は、時効中断の効力が生じることを認めていた。その理由は、債権者のする破産手続開始の申立ては、破産者の総財産を換価して、これより債権の弁済を受ける手続を行わせるためにする申立てであるから、権利の実行行為であり、この点において破産手続参加と区別すべき理由がない、というのが主なものであった。

ただ、民法に規定するいかなる中断事由に該当するかについては、判例および学説の考え方が分かれていた。判例は、旧149条の「裁判上の請求」あるいは「一種の裁判上の請求」とする。これに対して、学説は、①旧149条の裁判上の請求と同視できるからとする者、②旧152条の破産手続参加そのもの

あるいは破産手続参加と同視する者、③破産手続開始の申立ては、債務者の総財産に対する一般的「仮差押えの申立て」としての性質を有するものであるから、旧154条（差押え・仮差押え）の類推適用とする者に分かれていた。

3　改正民法下における検討

改正民法は、改正前の「時効中断」を、時効の完成猶予の効力という制度を新設して、「完成猶予の効力」と「更新」に分離した。そして、「破産手続参加」の条文上の位置付けにおいても、改正民法147条1項4号で時効完成猶予事由として規定し、2項で確定判決または確定判決と同一の効力を有するものによって権利が確定した時は、「当該事由が終了した時」から時効が更新するとの構造をとっている。

破産法が規定する破産手続を詳細に検討すると、破産債権の届出の場合は、「破産式確定」といわれる届出→債権調査→確定という手続を経て、原則として、確定した破産債権についての破産債権者表の記載は、破産者に対して確定判決と同一の効力を有し、当該破産者に対して破産債権者表により強制執行することができる（破産法221条1項）。しかし、上記の破産式確定の手続は、破産手続開始の申立てをした債権者の債権に関しては、当然に生じる効果ではない（当然に債権調査が行われるものではない）。したがって、債権者による破産申立てが明確な権利の実行行為であるという点では完成猶予事由としての「破産手続参加」と同性質であるといえるものの、参加の内容の点で両者は違いがある。この点は、時効中断を完成猶予の効力と更新に分離した改正民法の下では、より際立つこととなった。

他方、破産手続開始により、債務者の財産は包括執行というべき効果が生じ、破産者は一切の財産の管理処分権を奪われ、債権者も破産手続によらなければ権利行使ができないこと、破産管財人が破産財団に属する財産を換価して、破産債権者に配当することなど、強制執行と同様の効果を有する。この点で、改正民法148条が規定する強制執行等としての時効障害事由に類似する。ただ、破産手続開始申立債権者は、一般的には債務名義を有せず、申立て時に債権の存在を疎明するだけで足りる（破産法18条2項参照）。民法改正前の学説において「仮差押え」として時効中断するとの学説は、かかる点に配慮したものであろう。ただ、改正民法は、仮差押えを時効中断事由から、完成猶予の効力のみが生じるというようにその効果を限定した。

4　私　見

改正民法は、旧法にあった時効中断事由としての「差押え」を撤廃してい

第45章　破産手続　　657

る。その上で、改正民法148条は、強制執行等による時効の完成猶予と更新を規定しているが、債務名義を有しない「担保権の実行」（改正民法148条1項2号）や「民事執行法195条に規定する担保権の実行としての競売の例による競売」（同条1項3号）も時効障害事由と規定し、他方で、手続によって配当に与ることのない「財産開示」（同条1項4号）も時効障害事由としている。これらの点で、債務者財産の包括執行を開始させるものの当然には破産配当に与ることのない申立債権者による破産手続開始は、当該債権につき「改正民法148条1項に準ずる」時効障害事由に該当すると解してよい。

　このように、申立て自体に完成猶予の効力が生じるとしても、改正民法148条2項が規定する更新の効力が生ずるか否かの問題は残る。手続によって配当に与ることのない「財産開示」ではそこには債務名義が存在していた。しかし、申立債権者による破産手続開始申立てがなされても債務名義は不要であり、開始決定後も申立債権それ自体の債権の存在の確証手続は予定されていないのであるから、破産手続が終了したとしてもそれだけで時効の更新の効力が生じるとはいえない。

5　申立ての取下げ

　債権者による破産手続開始の申立てがなされた後に、当該申立てが取り下げられたような場合、民法改正前の議論では、時効中断の効力は遡及的に消滅するが、裁判上の催告としての効力は有し、取下げ後6か月以内に他の強力な中断手続を採ることによって、消滅時効を確定的に中断することができるとするのが判例であった（最判昭45・9・10民集24・10・1389）。この点、改正民法148条1項に準ずる完成猶予の効力が生ずるとの私見では、同項における「申立ての取下げ〔中略〕によってその事由が終了した場合にあっては、その終了の時から6箇月を経過する〔中略〕までの間は、時効は、完成しない。」に該当する。

329　　債権者による破産手続開始の申立てが取り下げられた場合、申立ての原因になった債権の時効はどうなるか。

結　論	取り下げた日の翌日から6か月を経過するまでの間は、時効は完成しないと解する。

1 民法改正以前の判例

債権者による破産手続開始の申立てが、「一種の裁判上の請求」（旧149条）として時効中断することは、判例の認めるところであった（最判昭35・12・27民集14・14・3253）。

ところで、旧149条は、「裁判上の請求は、訴えの却下又は取下げの場合には、時効の中断の効力を生じない」と定めていたので、破産手続開始の申立てにより時効中断の効力が生じても、これが取り下げられれば、遡ってこの中断の効力は失われることになる。しかし、破産手続開始の申立ては、債務者の財産を換価して配当する手続を開始せられることを求めるものであり、債権の弁済を求めるものであるから、一面「催告」としての性質を有し、破産手続開始の申立てが裁判所に係属している限り、この催告も続いていると解せられないわけではない。そこで、判例は「一種の裁判上の請求」としての破産手続開始の申立てが取り下げられた場合でも、裁判上の請求としての時効中断の効力は遡って失われるが、破産手続上の権利行使の意思が表示されていたことにより、継続してなされていたものと見るべき「催告」としての効力は消滅せず、取下後6か月以内に他の強力な中断事由に訴えることにより、消滅時効を確定的に中断することができるとしていた（最判昭45・9・10民集24・10・1389）。

2 裁判上の催告としての効果

これは、いわゆる「裁判上の催告」という時効中断事由を認めたわけであるが、「裁判上の催告」という用語自体を判例が使用しているわけではない。裁判上の行為として現れる権利行使意思の表示を、催告としてとらえているのであって、裁判外の催告とその中味において異ならないが、中断の関係では、裁判外の普通の催告にあっては、催告が相手方に到達したときから6か月以内に訴えの提起等他の強力な時効中断手続がとられる必要があるのに対し、「裁判上の催告」は、その裁判手続が終了するまで催告の効果が継続し、終了した日の翌日から6か月以内に訴えの提起等他の強力な中断手続をとればよいのであって、この点の法律的効果の差異を表現するものとして、「裁判上の催告」という表現を用いるわけである。

3 民法改正との関係

改正民法は、「時効の完成猶予」という制度を新設して、改正前の「時効中断」を「時効の完成猶予」と「更新」に分離した。時効の完成猶予は、まさに裁判上の催告理論を明文化したものであり、本問についても取下げから6

第45章　破産手続　　659

か月間は時効が完成しないと解せられる。ただ、その位置付けとして、判例の立場では破産手続開始の申立てを「一種の裁判上の請求」ととらえるわけであるから、改正民法147条1項を根拠とする方向に傾きやすいが、私見では、強制執行等の申立てと同性質のものとして、改正民法148条1項に準ずる完成猶予の効力が生ずると解する。

330 破産債権届出期間の留保がされている場合、どのように時効の完成を阻止すべきか。

| 結　論 | 破産債権届出期間の定めがなくても破産債権として届出をすることができる。 |

1　破産債権届出期間・調査期間（期日）の定めの留保の制度

破産法31条2項・3項では、破産財団をもって破産手続の費用を支弁するのに不足するおそれがあると認めるときは、破産債権届出期間（破産法31条1項1号）および破産債権調査期間（期日）（破産法31条1項3号）を定めないことができる、としている。異時廃止事案では、届出・調査・確定という手続により配当対象となる破産債権を確定することが無意味だからである。これは、従前の大阪地裁の「Ｃ管財」と呼ばれる実務を平成16年破産法の立法の際に取り込んだものである。したがって、事件の進行により開始決定時には廃止が見込まれていたが異時廃止のおそれがなくなったときは、その後速やかに破産債権届出期間等が定められる（破産法31条3項。この場合の公告・通知につき破産法32条4項）。

2　破産債権届出の可否

このように、破産債権の届出期間の留保がされ、届出期間が指定されていないときでも、時効完成を阻止するために破産債権者が自発的に届出をすることは許される（民法改正前の時効中断効について、座談会「新しい破産法の実務と理論」ＮＢＬ788号11頁の小川発言）。金融機関などでは保証人に対する請求を保全するために破産債権届出期間がなくても、届け出る必要がある。破産債権届出期間の定めがないから届出自体を失念するおそれがあるので注意すべきである。

3 破産債権届出をした場合の効力

破産債権届出をした場合、その後に債権調査手続が実施されないのであるから、いわゆる破産手続参加としての届出による時効更新の効力は生ぜず（改正民法147条2項）、せいぜい、時効完成猶予の効力が生じるにとどまることに注意すべきである。

破産債権としての届出をしなかった場合には、時効の完成猶予の効力さえも生じない。

331 破産債権の届出が却下された場合、時効完成猶予の効力は生じるか。

結　論	生じると解する。

1 問題の提示

破産手続に参加しようとする破産債権者は、債権届出期間内に、一定の事項を裁判所に届け出なければならない（破産法111条1項）。この債権の届出についても却下されるということがあり得るが（例えば、破産法112条の要件を満たさないとき）、却下された場合になお改正民法147条1項4号による時効完成猶予の効力が生じるか、という問題がある。

この点、旧152条では、破産手続参加はこれが却下（棄却も含む趣旨）されたときは時効中断の効力を生ぜずと規定していた。改正民法では、旧152条を削除し、時効中断の効力を時効完成猶予という制度を新設して、完成猶予と更新に分離したので、この関係で、届出が却下されたときなお時効完成猶予の効力が生じるか、という問題が生ずるのである。

2 民法改正前の学説

民法改正前の旧152条当時、届出が却下されたときは、時効中断の効力はなくなるが、裁判外の催告としての効力は認められるとの学説があった（竹下ほか編・大コンメンタール破産法468〔林圭介〕。民事再生につき園尾ほか・条解民事再生法〔第2版〕446〔岡正晶〕、会社更生につき兼子ほか・条解会社更生法（上）163）。そして、この場合、6か月の期間は却下が効力を生じたときから起算すると付言するものもあった（兼子ほか・前掲書163）。これは、いわゆる「裁判上の催告」理論を破産手続参加にも適用するものである。

3　改正民法における検討

　本問につき、倒産債権の届出が却下されたような場合には、完成猶予の効力は生じないとする学説がある（石井・金法2029・40、債権法研究会編・詳説改正債権法37注41〔石井〕）。この見解における却下は、届出債権や当事者が不特定で補正がなされない場合を想定されているようであり、このような届出は、完成猶予効を付与する前提を欠くというのが理由である。

　しかし、賛成しえない。改正民法における時効完成猶予制度が、時効期間の短縮と引き替えに公の手続による権利行使を評価して時効完成の障害としたものであり、いわゆる裁判上の催告理論を強制執行等にまで拡張した趣旨に鑑みると、当該公の手続による権利行使を時効完成阻止の面で評価すべきであり、却下の時から6か月を経過するまでの間は、なお時効は完成しないと解すべきである。

332　破産手続に届出をした破産債権に異議を言われたとき、時効完成猶予の効力は生じるか。

結　論	生じる。異議等があったからといって、完成猶予の効力が失われるものではない。

1　問題の提示

　破産手続参加は時効の完成猶予または更新事由であり（改正民法147条1項4号・2項）、破産債権の届出（破産法111条1項）がこれに当たる。そして、届出された債権につき、時効完成猶予の効力が生じ、その後の債権調査手続（債権調査期間または債権調査期日）において、破産管財人の認否がなされ（破産法117条1項・121条1項）、他の破産債権者も異議を述べることができるが（破産法118条1項・121条2項）、これらの異議等がなかったときは裁判所書記官はその結果を破産債権者表に記載し（破産法124条2項）、この破産債権者表に記載された確定債権は、確定判決と同一の効力を有するので（破産法124条3項・221条1項）、時効更新の効力が生じ（改正民法147条2項）、改正民法169条1項により時効期間が10年に延長される。

　ところで、この届出破産債権に破産管財人が認めないなどの異議等があった場合、完成猶予の効力が失われるのかどうかというのがここでの問題である。

　ちなみに、旧152条は、破産手続参加はその届出が却下されたときは、時効

中断の効力を生じないと規定していたため、異議等があったときは、ここでの「却下」に該当し、時効中断の効力を失うかが議論されていた。最判昭57・1・29民集36・1・105は、「異議は単に破産債権の確定を阻止する効力を有するにとどまり、これによって破産債権届出の時効中断の効力になんらの消長を及ぼすものではない」と判示していた。

2 破産法における破産債権査定の手続

破産管財人からの異議等があった場合、破産法125条1項では、破産債権の確定を簡易・迅速に行うため、従来の「破産債権確定訴訟」に代わり、調査期間の末日または調査期日から1か月以内に裁判所に「破産債権査定申立て」をすることができ（破産法125条2項）、審尋を経て（破産法125条4項）、決定で破産債権の存否・額などを査定する裁判すなわち「破産債権査定決定」をしなければならない。常に訴訟による確定を行うことは手続の遅延につながり、訴訟よりも簡易な手続により終局的解決をみることが可能なケースが多くあるからである。そして、査定の裁判においては、不適法却下をする場合を除き、異議等のある破産債権の存否・額などの裁判がなされる（破産法125条3項）。このように、破産債権査定申立てをし、査定の裁判において、権利が認められれば債権者において明確な権利行使が続いていると評価でき、異議等があったからといって、完成猶予の効力が失われるものではない。

破産債権として存在する内容の査定決定が確定したときは、その内容が債権表に記載されるが（破産法130条）、その査定決定は、破産債権者の全員に対して確定判決と同一の効力を有する（破産法131条2項）。

3 破産債権査定異議の訴え

破産債権査定申立てについての決定に不服がある者は、破産債権査定異議の訴えを提起することができる（破産法126条）。破産債権の確定は、その基礎である実体権そのものの存否にかかわるところから判決手続による不服申立てを保障する趣旨である。その提起期間は、査定決定の送達後1か月以内である。ちなみに、破産債権への異議の当時すでに訴訟が継続し当該訴訟手続が中断していた場合、破産債権者から受継申立てが原則であり（破産法127条1項）、有名義債権者の場合は異議者が受継申立をすることになる（破産法129条2項）。破産債権の確定に関する訴訟についてなされた判決は、破産債権者全員に対して、その効力を生じる（破産法131条1項）。

ちなみに、当たり前のことであるが、査定異議の訴えにおいて、届出破産債権の存在が認められなかったときは、実体法上債権がなかったわけであるから、消滅時効そのものを問題にする余地はない。

第45章　破産手続　　663

333　破産手続（債務者申立てによる破産）が廃止された場合、時効の完成猶予または更新の効力が生じるか。

| 結　論 | 同時廃止の場合、時効の完成猶予・更新の効力は生じない。異時廃止で、届出破産債権の調査がされなかった場合、完成猶予の効力が生じる。 |

1　破産手続廃止

　破産手続を破産者の財産の換価や配当という本来の目的を達しないまま、将来に向かって中止することを「破産手続廃止」という。破産取消しと並んで、「破産解止」の一場面であるが、破産廃止はその効果が遡及しない点において破産取消しとは異なる。

　破産手続廃止には、次の3つの場合がある。

同意廃止 （破産法218条）	債権届出期間内に届け出た全破産債権者の同意を得て、あるいは同意しない破産債権者に対して、他の破産債権者の同意を得て破産財団より担保を供して、破産者は破産手続廃止の申立てをすることができ、裁判所がこの申立てを認めて破産手続廃止の決定をするものである。
同時廃止 （破産法216条1項）	破産手続開始の申立てに対して、破産手続開始の要件は備わっているが、破産財団が貧弱で、手続費用をも償うに足りないと認められるとき、破産手続の続行は無意味であるから、裁判所が破産手続開始の決定と同時に破産手続廃止の決定をするものである。
異時廃止 （破産法217条1項）	破産手続開始後に、一応破産手続がある程度進行した段階で、その財産をもって破産手続の費用さえ支払えないことが判明したときに、裁判所が破産手続廃止の決定を

するものである。

2　同時廃止の場合

同時廃止は、破産手続開始の決定と同時にされ、破産管財人も選任されることもなく、以後の手続は全く進められることもないまま破産手続が終了するので、破産債権の届出自体もない。そうすると、改正民法147条1項4号の「破産手続参加」という事態が存在しない。時効障害の根拠との関係で考えても、債権者の権利行使の意思を明らかにしたと評価できる事実が存在しないし、権利の存在について確証が得られたと評価できる事実も存在しない。よって、時効の完成猶予または更新の効力は、生じない。

3　異時廃止の場合

(1)　届出破産債権が調査されない場合

①破産法では、破産財団をもって破産手続の費用を支弁するのに不足するおそれがあると認めるときは、破産債権の届出をすべき期間ならびに破産債権の調査をするための期間または期日を定めないことができる（破産法31条2項）。この債権届出期間が定められなかった場合でも債権者は破産債権としての届出ができる。②また、異時廃止では、破産債権として届け出られたが、その調査・確定前に破産手続廃止となる場合もありうる。

旧152条では、破産手続参加により時効中断するが、その届出が却下されたときは、時効の中断の効力を生じないと規定されていた。そこで、上記①②のような場合、この旧152条の規定からして、届出によって生じた時効中断の効力が失われるのではないかという疑問があった。福岡地小倉支判平20・3・28判時2012・95は、破産管財人から異議が出され破産債権の存在の確定前に破産手続が廃止されたとき、「届出が却下されたとき」に該当し、時効中断の効力は失われると判示していた。この点について、私は、〔新版〕時効の管理516で、債権者が債権者申立てによる破産申立てを取り下げた場合に、債務者に対する裁判上の催告の効力を認めた最判昭45・9・10民集24・10・1389を引用して、これと届出破産債権の存在が確定しないまま破産廃止となった場合と構造を同じくするので、上記判例理論をこの場合に適用することができ、いわゆる裁判上の催告としての時効中断の効力を生じ、債権者は、届出によって生じた時効中断効を破産手続廃止確定の日の翌日から6か月以内に、訴えを提起することなどによって中断効を確定的にすることができるとの私見

第45章 破産手続 665

を述べていた。

改正民法では、いわゆる「裁判上の催告理論」は、時効の完成猶予として明文規定をもって導入された。破産手続参加に関しては、改正民法147条1項4号がこれを規定している。したがって、改正民法下においては、破産債権としての届出さえあれば、破産債権としての調査がなくても時効の完成猶予として効力を生じることになる。

(2) 届出破産債権が調査・確定した場合

破産債権として届出をして、債権調査手続で何らの異議なく破産債権として確定し、その後に、破産法217条1項の異時廃止または同法218条1項の同意廃止があっても、破産債権者表の記載は確定判決と同一の効力を有し（破産法221条1項）、改正民法147条2項により「確定判決と同一の効力を有するものによって権利が確定したとき」に該当するので、事由が終了した時から時効の更新の効力が生じ、その時効期間は10年に延長される（改正民法169条1項）。破産が廃止されたからといって、その効力は将来に向かって破産手続を解止するだけであるから、この効力が失われる理由もない。

そして、破産手続廃止決定は確定しなければ効力を生じないから（破産法217条8項・215条5項）、破産手続廃止決定が確定した日が改正民法147条2項の「事由が終了」した時であると解せられる。

334 破産手続開始決定が取り消されたとき、届出による時効完成猶予の効力はどうなるか。

| 結 論 | 取消決定確定の時から6か月間は、時効は完成しないと解する。 |

1 破産の取消し

破産の取消しとは、破産手続開始決定が、これに対する不服申立て（破産法33条1項）により取り消され、当該債務者に対する破産手続開始決定が始めからなかったことになることをいう。その効果は、破産手続の廃止とは異なり遡及し、始めからなかったことになり、法律上これに付せられていた諸効果は消滅する。

2 問題の提示

改正民法147条1項4号では、破産債権として届出をすれば時効の完成猶予の効力を有する。ただし、同条1項本文によると、確定判決または確定判決と同一の効力を有するものによって権利が確定することなく「その事由が終了した場合」にあっては、その終了の時から6か月を経過するまでの間は、時効が完成しないとされている。破産債権としての届出後に破産手続開始決定の取消しがあったときに、この破産債権届出の効力も失われるが、届出に付随して生じた時効完成猶予の効力は、取消しの時からなお6か月間は時効が完成しないのか、あるいは始めに遡って完成猶予の効力自体が生じなかったことになるのかという問題がある。

3 民法改正前の遡及的消滅否定説

民法改正以前においては、破産手続開始決定が取り消されたとき破産手続参加として時効中断した効果が遡及的に消滅するかという論点として議論があった。その際、東京地判明36・2・10新聞135・7は、この場合も時効中断の効力は失われず、取消決定確定の時までは中断の効力は継続するとしていた。この見解は、取消しになったのが破産債権の届出自体ではなく、破産手続参加としての時効中断の効力も、破産手続開始決定の効果ではなく破産債権届出の効果なのであるから、届出それ自体が取り消されたのではない以上、一度生じた時効中断の効果に何らの影響も及ぼさないとするものである。

私は、いわゆる裁判上の催告理論を適用して破産取消し決定確定の時まで催告としての効力が継続していたことになり、その後6か月以内に、訴提起等の他の確定的な時効中断事由を取ることによって、時効中断の効力を維持できると解していた（酒井・〔新版〕時効の管理519）。

4 民法改正との関係

改正民法は、改正前の時効中断を時効完成猶予と更新に分離し、「裁判上の催告理論」を明文規定として取り入れた。破産手続開始決定が取り消され、当該届出債権の確定ということがなくなったとしても破産債権の届出は、明確な権利行使であり、改正民法147条1項かっこ書の「確定判決又は確定判決と同一の効力を有するものによって権利が確定することなくその事由が終了した場合」に該当するので、取消決定確定の時から6か月間は、時効は完成しないと解する。

第45章　破産手続　　667

335　破産手続終結決定があったが、免責許可の申立てがある場合、いつまで時効の完成が猶予されるか。

結　論	非免責債権は、免責許可の申立てについての決定が確定した日の翌日から2か月経過する日までの間、それ以外の破産債権は、免責申立却下決定・免責不許可決定の確定した日の翌日から2か月間は、時効は完成しない。

1　免責手続

　破産法1条は、債務者についての経済生活の再生の機会を与えることを破産法の目的の1つとしているが、そのための手続が「免責手続」であり、「破産手続」と連動するように工夫されているが（破産法248条4項の「みなし申立て」など）、破産手続とは別個の手続である（破産法3条参照）。個人である債務者の免責許可の申立てに基づき（破産法248条1項）、免責の許可がなされ、確定したときは破産者は破産手続による配当を除き、破産債権についてその責任を免れる（破産法253条1項）。ただし、免責を認めるのが相当でないと認められる破産法253条1項各号所定の債権については、いわゆる非免責債権として免責の効果が生じない。

2　免責手続中の権利行使禁止

　免責手続と債権者の権利行使との関係について、平成16年改正破産法以前の旧破産法当時、最判平2・3・20判時1345・68は、廃止決定が確定したときは、破産手続開始決定に基づく制約は将来に向かって消滅し、免責の申立てがなされていても破産債権に基づいて適法に強制執行を実施できる（平成16年改正前破産法366条ノ12本文）としていた。また、免責決定がその後にあっても免責決定の効力が遡及することを認める趣旨の規定がなく、免責の決定以前の強制執行による弁済が法律上の原因を失うに至る理由がない、とも判示していた。しかし、同時廃止確定後から免責決定確定まで、審理に時間を要し、この間に破産法100条1項が規定する手続中の権利行使禁止、同法42条1項強制執行禁止は働かないとすると、旧破産債権者が強制執行を試みる場合があり、この場合、破産者の経済的再生の障碍となるから（伊藤・破産法〔第4版補訂版〕530）、平成16年改正破産法249条1項は免責手続中の債権者の権利行使を禁止している。

　この免責手続中における権利行使禁止効が及ぶのは免責債権（破産法253条1

項本文)・非免責債権（破産法253条1項ただし書各号）を問わない。その理由は、①免責債権と非免責債権との区別は一義的に明確とはいえず、執行裁判所において強制執行について異なる取扱いをすることが困難であるからであり、②免責不許可になった場合の免責債権と非免責債権との平等性の確保、悪意の不法行為債権の存否など執行、障害事由の存否の判断の困難性からである。

3　時効完成の猶予（破産法249条3項）

上記のように免責手続中の権利行使は禁止され、免責許可決定確定まで、破産債権に基づく強制執行等（強制執行・仮差押え・仮処分・一般の先取特権・民事留置権による競売）はすることができず、既にされているものは中止し、免責許可決定が確定したときは、中止した破産債権に基づく強制執行等の手続は失効する（破産法249条2項）。そこで、時効進行との関係で、権利行使ができないのに時効を進行させることは不当であるため、特例として破産法249条3項は、非免責債権は、免責許可の申立てについての決定が確定した日の翌日から2か月経過まで、それ以外の債権の場合は、免責申立ての却下決定または不許可決定確定の翌日から2か月経過までの間は時効が完成しない、と規定している。

336　破産手続参加による更新の効力はいつ生じるか。

| 結　論 | 破産手続終結決定の公告の日。 |

1　問題の提示

破産手続参加は時効完成猶予および更新事由であり（改正民法147条1項4号・2項）、破産手続が進行して最後配当に至った場合、新たな時効期間が進行するのはいつからか、がここでの問題である。改正民法147条1項によれば、時効完成猶予の効力は「その事由が終了するまでの間」となり、同条2項によれば、更新の効力が生ずるのは権利が確定し、その「事由が終了した時から」である。そこで「事由の終了」とは、具体的にいつであるかが問題となる。

民法改正以前の旧157条1項においては、中断効が続く最終の時点として考えられるものとしては、次のようなものが議論されていた。①配当完了の時、②破産手続終結決定（破産法220条1項）の日、③破産手続終結決定が公告（破産法220条2項）された日の3つである。

2 配当完了時説

このうち、①の配当完了の時とするのは、川島・民法総則485および大判昭14・9・9新聞4468・11である。その理由は明言されていないが、その基本的立場たる権利確定説に立って、破産手続に破産債権として届け出られ、その権利が確定されて配当が終了した以上、債権の存在について公の証拠が確定的に得られたのであるから、新たな時効が進行しない理由がないというのがその根拠と思われる。

しかし、権利行使の観点から見ると、破産債権の行使は、破産手続によらなければならないのであるし（破産法100条1項）、破産手続中は、破産財団に属する財産に対して強制執行、仮差押え、仮処分をすることはできず（破産法42条1項）、破産財団に属する財産に対する強制執行、仮差押え、仮処分は、破産財団に対して効力を失うし（破産法42条2項）、承認についても、破産財団の管理処分権限は破産管財人に専属するのであるから（破産法78条）、債権者への配当完了後といえども破産手続が終了していない以上、権利行使の面で制約を受けることは明らかである。すなわち、管財人からの配当（破産法193条2項）の後、任務終了による計算報告のための債権者集会（破産法88条）を開催したとき、または書面による計算の報告をする旨の申立てをなし、計算の報告書に対する異議提出期間（破産法89条2項）が経過したときは、裁判所が破産手続終結決定をする（破産法220条1項）。したがって、時効が権利を行使することができる時より進行するという改正民法166条1項2号の趣旨を併せて考えると、配当完了の時ではなく「破産手続終了の時」からと解すべきであると思う（最判平7・3・23民集49・3・984、岡本・注釈民法(5)134など）。

3 破産手続終了の時

ところで破産手続終了の時とはいつであろうか。破産法のシステムでは、破産手続終結決定の後、その主文および理由の要旨を公告し、かつこれを破産者に通知する（破産法220条2項）。この破産手続終結決定に対しては不服を申し立てることができない（破産法9条）のであるから、破産手続終結決定は、決定と同時に即確定する。したがって、終結決定の日と終結決定確定の日を区別する意味はない。

ところが、破産手続終結決定は、その公告によって外部に告知されるものであるから、公告の時に効力が発生し（東京控決昭7・3・8評論21諸法357）、破産手続はこの終結決定の公告によって終了すると解されている（石原・破産法和議法実務総攬475、竹下ほか編・大コンメンタール破産法941）。破産手続終結決定の公告によって、破産手続は終結し、破産債権者に対する関係で個別的権利行使の

制限（破産法199条1項）は解除されるのであるから、破産手続終了の時とは厳格に言うと、この公告の時ということになる（伊藤・破産法〔第4版補訂版〕505）。

4　更新の時期

改正民法147条2項は、破産手続参加により、時効の完成が猶予された債権の権利が確定したときは、時効は、その事由が終了した時から新たにその進行を始めると規定しているから、これを文字通り適用すると、破産手続終了の時、すなわち破産手続終結決定の公告の時ということになる（中原・金法1398・110）。

337　破産法178条による法人の役員の責任追及の申立てがあった場合に損害賠償債務の時効完成猶予または更新はどうなるか。

結　論	責任査定の申立てまたは査定手続開始決定があったときは、裁判上の請求があったものとみなされる（改正破産法178条4項）。

1　役員責任査定の申立て

改正破産法178条は、法人の役員の責任（粉飾決算・違法配当など会社法120条4項、423条1項、462条1項等の責任）に基づく損害賠償請求権の有無およびその内容について、簡易な手続によって迅速に判断するために査定の裁判（決定）制度を新設した。法人である債務者について破産手続が開始された時に認められる。破産管財人の申立て（申立権を広く認める民事再生と異なる）または職権により開始され、役員には、執行役、監事、監査役、清算人またはこれらに準ずる者も含む（破産法177条1項かっこ書）。会計監査人も含めるべきとの議論があったが、平成16年改正に含まれていない。役員の法人に対する損害賠償請求権を実現する方法としては、会社法847条などによる株主代表訴訟の制度があるが、破産手続開始後になお株主代表訴訟を提起できるかについては議論がある。

2　時効完成猶予または更新

時効完成猶予または更新との関係では、破産管財人による責任査定の申立

第45章 破産手続 671

てまたは職権による査定手続開始決定があったときは、裁判上の請求があった
ものとみなされる（改正破産法178条4項）。民法改正前においては「時効の中
断に関しては、裁判上の請求があったものとみなす。」とされていたが、整備
法において、「中断」は「完成猶予及び更新」と改正された。民事再生法の成
立によって廃止された和議法の附則2項で「和議手続参加ハ時効ノ中断ニ関
シテハ之ヲ裁判上ノ請求ト看做ス」と規定されていたものと同じ表現である。
和議法附則の方は、和議手続においては裁判上の請求と異なりその後におけ
る債権の確定というものがないため、あえて「看做ス」としたものである。
これに対して、役員責任査定申立の場合に「みなす」としているのは、時効
障害効の発生時期の前倒しを意図したものであろう。ただし、役員責任査定
決定の手続中に破産手続が終了したときは終了する（改正破産法178条5項）。こ
の手続は、迅速性を目的に創設されたものだからである。このように役員責
任査定決定の手続が途中で終了した場合には損害賠償請求権の存在が認めら
れたわけではないので、時効完成猶予の効力が生ずるにすぎない。なお、査
定決定後に破産手続が終了した場合は終了しない。棄却の場合、既判力はな
く、改めて損害賠償請求訴訟の提起ができる。棄却された場合も査定手続が
途中で終了した場合と同じであろう。

〔保　証〕

338 法人の破産手続が終結した場合の、保証債務の時効の
管理は、どのようにすればよいか。

結　論　保証債務単独の時効の管理をすればよい。

1　問題の呈示

　最後配当・簡易配当・同意配当が終了し、かつ、破産管財人の任務終了の
債権者集会またはこれに代わる書面による計算報告の異議申述期間が経過し
たときは、破産手続終結決定がなされる（破産法220条）。破産者が法人であっ
た場合に、この終結決定により法人格が消滅するが、連帯保証人がいる場合
に、その時効の管理をどのようにすればよいかが問題となる。すなわち、主
たる債務者の法人格が消滅し、ひいては主債務も消滅するから、その後は、
主債務についての消滅時効の進行を観念する必要がなく、保証債務単独の時
効の管理をすれば足りるのか、あるいは、保証債務が存続する限りにおいて、
なお主債務およびその消滅時効の進行を観念することができ、このような主
債務の消滅時効が完成すれば保証人は、なお主債務の時効を援用できるのか
が問題となるのである。

2　学　説

　債務存続説は、会社の破産手続が終結しても、保証債務が存続する限りに
おいて法人格は存続し、その限りにおいて主債務も存続するとする（我妻・債
権総論〔新訂版〕485、大内・金判1187・60など）。この見解によると、債権者は主債
務者の法人格が消滅しているにもかかわらず、主債務の消滅時効が完成しな
いように手続をとっていかなければならないことになり（その具体的な手続の
検討につき、小磯・金法1692・41以下）、債権者に負担を課すという問題点がある。

　これに対し、債務消滅説は、破産手続終結による法人格の消滅（破産法35条）
により、主債務自体が消滅するが、保証債務自体は、本来付従的性質がある
にもかかわらず、破産法253条2項の趣旨や保証制度の趣旨から消滅しないと
する見解である（伊藤・破産法・民事再生法〔第2版〕552）。この見解に対しては、
破産終結決定があっても、残余財産があれば追加配当手続などの破産手続が
存続し、なお法人格が消滅しない場合があるが、その場合なお主債務は存続

第45章　破産手続　　673

するところ、残余財産があるか否かは、外部からは明確ではないので、残余
財産の出現により突然法人格も復活し、保証人の時効援用権も復活すること
になるから、このような解釈は法的安定性を害するとの批判がある（小磯・前
掲43）。

　3つ目は破産手続の終了を責任財産の換価を経て終了した場合とそれ以外
の場合を区分し、前者の場合には、債権が責任財産を掴取力を欠くに至った
のであり、消滅時効制度により債務者を保護する利益がなくなったから、消
滅時効制度の適用がなくなり、消滅時効の進行それ自体を観念し得ないから
保証人は主債務に関する消滅時効を援用することができない、とするもので
ある（酒井「主債務者会社の破産手続が終了した場合と物上保証人提供物件の上の根抵当
権の消滅時効期間」金判1060・96）。

3　判　例

　最判平15・3・14民集57・3・286は、破産終結決定により、法人格が消滅し
た場合には、これにより会社が負担していた債務も消滅し、存在しない債務
についての消滅時効の進行も観念できず、したがって保証人は、主債務につ
いての消滅時効が会社の法人格の消滅後に完成したことを主張して時効の援
用をすることができない、と判示した。

　この結果、債権者は、主債務について破産債権として届出をして、その破
産手続終結の時から、保証債務のみ単独の時効の管理をすれば足りることと
なった。

第46章　民事再生手続

339　小規模個人再生手続参加により時効更新の効力が生じるか。

| 結　論 | 生じないと解する。 |

1　問題点

79回会議で岡委員より、小規模個人再生の再生手続参加は、「手続内確定」しかないから普通の再生手続参加ではなく、一覧表が出て届出書を出しても参加とは言い難く、一覧表を提出した事による承認として中断するとした方が良いのではないか、との意見が出された（79回会議・議事録30）。これに対する79回会議での村松関係官の説明では、解釈に委ねるとの回答があった（79回会議・議事録30）。

2　手続内確定

通常の再生手続では、異議のある再生債権について、再生債権査定の申立て（民事再生法105条）、査定決定に対する異議の訴え（民事再生法106条）、異議等のある再生債権に関する訴訟の受継（民事再生法107条）等の厳格な手続を経て、実体的な権利の額および内容が確定される。その訴訟等の結果が再生債権者表に記載されると確定判決と同一の効力が生じる（民事再生法110条・180条2項）。

これに対して、小規模個人再生手続では、再生債権の評価等の手続（民事再生法227条・244条）が設けられているが、これはあくまで議決権の額や最低弁済額（民事再生法231条2項3号）などを算定するために再生手続内で確定するに止まり、実体的な権利の額および内容が確定されない。その確定をするには、別途訴訟手続を経ることが必要になる。

3　検　討

改正民法147条2項は、再生手続参加の場合において時効更新の効力が生じる要件として、「確定判決又は確定判決と同一の効力を有するものによって権利が確定したとき」と規定しており、上記のように小規模個人再生手続に

第46章　民事再生手続　　675

おいては確定判決と同一の効力を有する確定は生じないのであるから、時効
の更新の効力は生じないと解せられる（同旨、石井・金法2029・41）。

340 小規模個人再生におけるみなし届出に時効完成猶予の効力が生じるか。

結　論　生じると解する（私見）。

1　小規模個人再生におけるみなし届出

　通常の再生手続では、再生債権者が再生債権の届出をしないと、議決権の
行使など再生手続に参加できず（民事再生法94条1項）、また、そのような再生債
権は、再生債務者が自認した債権（民事再生法101条3項）および同法181条1項各
号所定の事由がある債権を除いて、失権する（民事再生法178条）。

　これに対して、小規模個人再生手続では、再生債権者が再生債権の届出を
しなくても、再生債務者が提出した債権者一覧表に記載されているものにつ
いては、その記載と同一の内容の届出がなされたものとみなされ（民事再生法
225条・244条）再生手続に参加することができる。これは、小規模個人再生手
続では、申立て時に債権者一覧表の提出が義務付けられていることから、債
権者一覧表を債権の届出および調査手続届出も活用することとし、債権者の
届出の負担を軽減しようとした趣旨である。もとより、自己の有する債権が
債権者一覧表の記載と異なる再生債権者は、別途再生債権の届出をすること
ができ、この場合は、当該届出の内容をもって債権届出がなされたものと扱
われる。

2　問題点

　79回会議で岡委員より、小規模個人再生の再生手続参加は、「手続内確定」
しかないから普通の再生手続参加ではなく、小規模個人再生におけるみなし
届出に時効完成猶予の効力が生ずることに疑問が提出された（79回会議・議事
録30。石井・金法2029・41参照）。「手続内確定」とは、小規模個人再生手続では、
再生債権の評価等の手続（民事再生法227条・244条）が設けられているが、これ
はあくまで議決権の額や最低弁済額（民事再生法231条2項3号）などを算定する
ために再生手続内で確定するに止まり、実体的な権利の額および内容が確定
されず、その確定をするには、別途訴訟手続を経ることが必要になるという

ことを意味する。つまり、小規模個人再生では、再生手続の中で再生債権につき確定判決と同一の効力が生ずるということがない。したがって、時効更新の効力は生じないが（改正民法147条2項参照）、このような時効更新の効力が生じない事由に時効完成の猶予の効力が発生するのか疑問が生ずるのである。

3 時効完成の猶予と更新の関係

時効完成の猶予と更新の関係につき、中間試案第7・7は、「次に掲げる事由がある場合において、前記6(1)の更新事由が生ずることなくこれらの手続が終了したときは、その終了の時から6か月を経過するまでの間は、時効は、完成しないものとする。」としていた。その説明としても、「これらの手続が進行して所期の目的を達した場合（認容判決が確定した場合など）には、前記6(1)の更新事由に該当することになる。他方、その手続が所期の目的を達することなく終了した場合には、本文(1)第1文の時効停止の効力のみを有することとなる。」としていた。この規定ぶりからは、初めから時効更新に至らない事由の場合は時効完成の猶予の効力も生じないかのように読むこともできる。

4 検 討

しかし、時効の完成猶予は、催告や仮差押え・仮処分のように、更新の効力が生ずる手続と常に一体となっているわけではない。そして、時効完成猶予の制度が、時効期間の短縮と引替えに債権者に簡易な時効障害手段を提供しようとする趣旨から新設されたものであることも考慮すると、小規模個人再生手続におけるみなし届出によって、当該再生債権が確定判決と同一の効力を生じないとしても、「当該債権届出期間の初日に、債権者一覧表の記載内容と同一の内容で再生債権の届出をしたものとみなす」とされている以上、時効完成猶予の効力はなお生ずると解すべきである。

第47章　会社更生手続　　　677

第47章　会社更生手続

〔完成猶予〕

341　更生計画において弁済するとされた債務について、更生手続参加によって生じた時効完成猶予の効力はいつ終了するか。

| 結　論 | 更生手続終結まで時効完成猶予の効力は続く。ただし、実務上の処理は別である。 |

1　更生手続参加

改正民法147条1項4号は、更生手続参加による時効完成猶予の効力を定める。ここでいう更生手続参加とは、会社更生法138条1項の更生債権の届出や同法138条2項の更生担保債権の届出をいう。したがって、この届出をすればその事由が終了するまでの間は、時効は完成しない（改正民法147条1項）。

2　更生計画により弁済するとされた権利

ところで、この届出をした後、手続は、債権調査（会社更生法145条）、更生債権者表または更生担保権者表への記載（会社更生法150条2項）、更生計画による権利の変更（会社更生法167条1項・205条1項）といった一連の手続が続き、更生計画においては弁済の条件が定められるが、実際には債権の一部がカット（免除）され、残債権につき、分割弁済とする更生計画案が定められることが多い。この更生計画案の認可決定（会社更生法199条1項）があったときは、更生債権者、更生担保権者の権利は計画の定めに従い変更される（会社更生法205条1項）。この更生計画のうち、免除された部分の債権については権利が消滅するから（ただし、この消滅の意味について争いがある）、保証人がいる場合などを除き、消滅時効は問題とならない。ここでは、この認可された更生計画において、存続が認められ弁済するとされた債権につき、更生手続参加によって生じた時効完成猶予の効力がいつまで続くかを考える。

更生計画によって債務の期限が猶予されるときは原則として15年以内であ

り（会社更生法168条5項）、今、一連の手続を含めて、説明の理解に資するため、時の経過順に整理してみると、①更生計画認可決定、②認可決定確定、③弁済期、④更生手続終結、⑤更生手続終結後の弁済期を指摘し得る。なお、③、⑤の弁済期は分割弁済の各支分権としての弁済期を想定してある。

3 民法改正前の学説・判例

本問について判例は見当たらないが、更生手続参加による「時効中断の終期」に関して、学説（平成14年改正会社更生法以前）は、①認可決定確定時まで継続するとする説（岡本・注釈民法(5)134、篠原・手形研究475・127）と、②更生計画において定められた弁済期まで継続するとする説（長谷部・金法430・26、関沢・金法982・29）と、③更生手続終結まで継続するとする説（鵜沢・金融法務の諸問題210、高木・判例債権管理回収実践対策153、播磨・金法1398・116）とに分かれる。

4 検 討

改正民法の下では、法文上は「その事由が終了する」までであるが、具体的には上記のうち③説が支持されるべきであろう。けだし、更生債権、更生担保権は更生手続によってのみ行使することができるものとされ（会社更生法47条1項）、また、会社財産に対して既にされている強制執行等は、更生手続開始決定があったときは中止され、その後更生計画認可決定があると中止された手続は効力を失うこと（会社更生法50条1項・208条1項）、また会社更生法240条によれば、強制執行ができるのは「更生手続終結の後」と定められていることから、「更生計画の遂行としてされる弁済は、強制執行や任意競売手続の代替手続たる性格を有し更生計画の遂行もまた債権者の権利行使の一場面というべきもの」（加茂・最高裁判所判例解説民事篇昭和53年度39事件512）であるから、時効完成猶予の効力は更生手続終結まで続くと解するのが相当である。ちなみに、更生手続終結決定は、①更生計画が遂行された場合、②更生計画の定めによって認められた金銭債権の総額の3分の2以上の弁済がされた時において、不履行が生じていない場合、③更生計画が遂行されることが確実であると認められる場合、の各場合に管財人の申立てによりまたは職権で行われる（会社更生法239条1項）。

5 更生手続終結の日

なお、この更生手続終結とはいつのことをいうかであるが、更生手続終結決定の日ではなく、この確定の日である。すなわち、上記4①②③の各事由がある場合に、裁判所は管財人の申立てまたは職権で更生手続終結の決定をし

なければならず（会社更生法239条1項）、かつその主文および理由の要旨を公告しなければならない（会社更生法239条2項）。そして終結決定に対しては即時抗告をすることができないから（会社更生法9条）、決定はその主文および理由の要旨を裁判所が公告し、その公告の効力が生じた時（会社更生法10条2項によると公告は掲載があった日の翌日に効力を生ずる）に確定し、更生手続は終了するから、厳格にいうとこの時であろう。

第47章　会社更生手続

〔時効期間〕

342　更生計画において認められ、新たな弁済期が定められた更生債権の時効期間は10年に延長されるか。

| 結　論 | 延長される。 |

1　問題の提示

　改正民法169条1項によれば、確定判決または確定判決と同一の効力を有するものによって確定した権利については、10年より短い時効期間の定めがあるものでも、その時効期間は10年とする、と定められている。そして、会社更生法206条2項によると、更生計画認可の決定が確定したときは、更生債権または更生担保権に基づき計画の定めによって認められた権利については、その更生債権者表または更生担保権者表の記載は、会社に対し確定判決と同一の効力を有するとされているから、単純に考えると上記改正民法169条1項により、時効期間は10年に延長されるように思われる。

　しかし、改正民法169条2項によれば、確定の時に未だ弁済期の到来していない債権については、1項の規定を適用しないとしているので、更生計画において、猶予され弁済期が先に定められた場合については、この2項の適用があり、10年に延長されないのではないかという疑問があるのである。

2　期限付債権の弁済期

　まず会社更生手続と期限の関係を見ると、破産法においては、清算手続による配当をするために、期限付債権は破産手続開始の時に弁済期が到来したものとみなされるが（破産法103条3項）、会社更生法ではこのような弁済期到来は認められていない。したがって、更生計画認可の時においては、未だ弁済期の到来していない債権があるほか、既に弁済期は到来しているが、更生計画において猶予され、弁済期が将来に定められた債権があるわけである。このうち、更生計画認可の時にそもそも弁済期の到来していない債権については、確定しても改正民法169条2項により10年に延長されないことは明らかであろう（鵜沢・金融法務の諸問題215）。そこで、既に弁済期が到来しているが、更生計画で弁済期が将来において定められた債権については、どう考えるかであるが、改正民法169条2項は、「確定の時に弁済期の到来していない」として

いるので、更生債権の確定の時とはいつかをまず検討してみる。

3 更生債権の確定の時

更生債権の確定という場合、会社更生手続においては、確定の時が原則として2回あるといえる。すなわち、調査期間において更生会社が書面で異議（会社更生法147条2項・148条4項）を述べることなく確定した更生債権については、更生計画不認可決定が確定した時、あるいは、更生計画認可決定前に更生手続が廃止（会社更生法236条・237条）された時でも、確定した更生債権については更生債権者表の記載は、会社に対し確定判決と同一の効力を有し、更生債権者は更生手続終了後、会社に対し、更生債権者表の記載により強制執行をすることができる（会社更生法235条・238条6項）。これが1回目の確定である。

2回目の確定は、更生計画認可決定確定の時であり、更生債権に基づき計画の定めによって認められた権利については、その更生債権者表の記載は更生会社に対して確定判決と同一の効力を有する（会社更生法206条2項）。この2回目の確定と1回目の確定との違いは、1回目の確定においては会社が異議を述べた場合には確定の効力が生じないのに対し、2回目の確定は、会社の異議に関係なく確定するという点にある。したがって、調査期間において更生会社が異議を述べた場合は、更生計画認可決定確定による債権確定が第1回目となるわけである。なぜこのように二重の確定手続をとるに至ったかというと、「関係人集会における多数決により再建案を決議し実体的権利変更をもたらそうとする会社更生においては、債権者の権利の事前の確定は本来不必要であるが、会社更生では債権者の数や種類も多く手続も複雑で長期にわたるから、手続進行の便宜のためにとりあえず債権の内容を確定してその後の手続において再び争えないものとした」（谷口・現代法学全集33　倒産処理法293）ものである。

以上のようであるとすると、債権調査当時、既に弁済期が到来し、債権調査において異議なく確定した債権については、更生計画において弁済期が猶予されても、確定当時弁済期が到来していたのであるから改正民法169条1項を適用することは何の問題もなく、時効期間は10年に延長されるとしてもよい。

4 更生計画において弁済期の猶予がされた場合

そこで問題は、債権調査当時は未だ弁済期が到来していないが、更生計画前に期限が到来し、更生計画認可決定において弁済期の猶予がされた場合である。民法改正前の学説は、旧174条の2第1項を適用して10年に延長される

とする（鵜沢・前掲書216、小澤ほか・金法996・19）。私も10年に延長されると解していた（酒井・〔新版〕時効の管理544）。改正民法の下でも、同様に解される。けだし、更生計画認可決定前に既に一度弁済期が到来しているのであるから、改正民法169条1項を適用するに何の支障もなく、かつ更生計画認可決定が確定しているのに、従前の短期時効期間をそのまま適用して、その期間内に時効更新手続をとらなければならないとすることは債権者に無用の負担を課すことになるからである。

　もっとも実務上は、会社更生手続開始の申立ては期限の利益喪失事由として特約されていることが多いであろうから（例えば、旧統一銀行取引約定書5条1項1号参照）、債権調査当時、既に弁済期が到来していると思われ、改正民法169条1項を適用することについて余り問題を生じないであろう。

第47章　会社更生手続　　　683

〔保証債務との関係〕

343 更生債権として届出し異議なく確定した場合、連帯保証債務の時効期間も10年に延長されるか。

| 結　論 | 10年に延長されると考える。 |

1　問題の提示

　会社に対する債権につき連帯保証人がいる場合において、当該会社が更生手続開始となり更生債権として届け出て、調査手続において異議なく確定すれば、更生債権者表の記載は会社に対して確定判決と同一の効力を有し（会社更生法235条1項・238条6項）、したがって改正民法169条1項の規定により、その時効期間は10年に延長されることになるが、この延長の効果は保証人にも及び、保証債務の時効期間も10年に延長されるかがここでの問題である。

2　会社更生手続における付従性の切断

　本問のような会社更生手続の局面ではなく、一般に主債務が判決で確定し、主債務につき時効期間が10年に延長された場合、保証債務の時効期間も10年に延長されるかという問題については、延長されるという結論であり、判例もその結論であった（最判昭43・10・17判時540・34）。したがって、本問もこれの応用として解決できるように思われる。ところが会社更生手続においては、会社更生法203条2項で、更生計画は会社の保証人に影響を及ぼさないとしているところから、主債務と保証債務の付従性が切断されているのではないかという疑問があり、実務においても時々この付従性の切断を根拠にして10年に延長されないとの抗弁を出してくる例がみられるので、本問で改めて検討する。

　ちなみに、民事再生手続においても民事再生法177条2項により、再生計画の定めによる主債務の変更は保証債務に影響を及ぼさないとされているので同様の問題が生じている。

3　民法改正以前の学説

　民法改正以前の学説は延長されないとするもの（鵜沢・金融法務の諸問題219、鵜沢「更生計画による主債務の変更と保証債務の時効中断」金法689・176、山内・実務会

更生法418、播磨・金法1398・120）と、延長されるとするもの（小澤ほか「主債務者が法的整理に入った場合の保証債務の消滅時効」金法996・199）とに分かれる。

　否定説の理由は、第1に、更生会社を主たる債務者とする連帯保証債務者には、会社更生法206条2項の更生債権者表または更生担保権者表の記載による確定判決と同一の効力は及ばないこと、第2に、主たる債務者の更生手続開始後も、債権者は連帯保証人に対して従来どおり履行の請求、強制執行等の権利行使が可能であって、その範囲において連帯保証債務は主たる債務に対する付従性の拘束から離れること、の2点である。

4　検　討

　たしかに、否定説のいうごとく、主債務が更生債権として確定しても、その確定判決と同一の効力が連帯保証債務には及ばず、連帯保証債務の存在が確定されたわけではない。しかし、ここで連帯保証債務の時効期間も10年に延長されるのかの問題は、改正民法169条1項だけではなく、改正民法457条1項の趣旨をも併せて判断されるべきであり、上記最判昭43・10・17も、この改正民法457条1項の趣旨より延長を認めたものである。

　そこで、会社更生手続と改正民法457条1項の適用の問題に移ってくることになる。この点については、たしかに、会社更生法203条2項の規定が存するのであるが、そこから否定説のいうがごとく、会社更生手続においては、付従性の拘束が全くなくなると一般的に結論づけることは相当でない。会社更生法203条2項が、付従性の例外規定であるとすれば、原則として狭く解釈すべきであり、そうすると付従性の拘束がなくなるといっても、いわゆる存続における付従性と更生計画で主債務の免除によって消滅する限度での消滅における付従性から解放されるというだけであって、主債務が時効消滅すれば保証債務も消滅するという範囲での消滅における付従性はなくなっていないと見るべきであろう。とすると、主債務が時効で消滅しない間は、保証債務も時効で消滅することがないようにしようとする改正民法457条1項は、更生手続と何ら矛盾相反するものでなく、更生手続中もその趣旨を生かすことに何の支障もない。主債務の更生手続参加による時効中断の効力は、更生計画認可決定確定の時まで保証債務についても及び続けるとした最判昭53・11・20民集32・8・1551は、このような考え方を前提にしているように思われる。

　このように、更生手続中においても、改正民法457条1項の趣旨を生かすことに何の問題がないとすると、上記最判昭43・10・17の趣旨にのっとり、主債務たる更生債権の時効期間が10年に延長された以上、連帯保証債務も10年に延長されると解してよいと考える。

第47章　会社更生手続　　685

またこの結論は次の点からも支持され得る。すなわち、実務上連帯保証人は、まず、主債務者から回収することを強く要請してくるのであり、更生手続は長期間にわたることがあり、そこでの弁済を待っている間に、連帯保証債務のみ依然短期の消滅時効にかかるということであれば、このような債権者と連帯保証人の利害調節としても相当ではないであろう。

民事再生法177条2項に関する下級審の判例であるが、東京地判平26・7・28判タ1415・277は、付従性の例外を設けているからといって、主債務者が破綻等の危機的状態に陥り、保証債務がまさにその人的担保としての機能を果たすべきときに付従性が消滅して保証債務のみが短期消滅時効に服するという解釈は、保証の趣旨および保証契約を締結する当事者の合理的意思に反し、債権者の権利を著しく害するものであって、採用することができないと判示している。

344
届出更生債権に連帯保証人がある場合に、更生計画において当該債権が免除されたとき、更生手続参加によって生じた保証債務の時効完成猶予の効力の終期はいつか。

| 結　論 | 更生計画認可決定確定の時までと解する。 |

1　主債務の時効完成猶予の効力の終期

主債務を更生債権として届け出ると、更生手続参加として時効完成猶予の効力が生じ(改正民法147条1項4号)、主債務につき生じた時効完成猶予の効力は、改正民法457条1項により連帯保証人にもその効力が及び、連帯保証債務も時効完成猶予の効力が生じる。

この場合、主債務についての時効完成猶予の効力がいつまで続くかについては、更生計画でその存在が認められた場合につき、民法改正前においては更生計画認可決定確定の時とする説、更生計画で定められた弁済期までとする説、あるいは更生手続終結の時までとする説に分かれることは問題〔341〕で説明したとおりである。本問では、更生計画において免除され、債権が消滅してしまうので(会社更生法204条1項柱書)(ただし、この消滅の意味については争いがある。)、保証債務がないようなときには、終了時期を論ずる実益はないが、保証債務がある場合は、更生計画は「認可の決定の時」から効力を生じると

され（会社更生法201条）、この保証債務の時効完成猶予の関係で論ずる意味が出てくるわけである。ただし、更生計画認可決定確定の時以後の時期は、主債務が免除により消滅する関係で論ずる余地がない。

2　民法改正前の判例

この問題につき、民法改正前の最高裁判所は、「更生計画認可決定確定の時に主債務消滅という法的効果が確定するのであるから、この時点において権利行使は終了するというべく、これを主債務とする保証債務はこの時までは更に進行を始めない」として、保証債務についても更生計画認可決定確定の時まで時効中断効が継続するとした（最判昭53・11・20民集32・8・1551）。なお、更生計画認可決定確定時に更生担保権確定訴訟（平成14年改正前の旧会社更生法147条1項）が係属していた場合は、同訴訟の結果が確定するまで、時効中断効が継続する（名古屋高判平12・5・31判時1738・51─同訴訟の和解成立時までとした。）。

3　民法改正前の学説

これに対し、民法改正前の学説（平成14年改正前の会社更生法当時）は、主たる債務の更生手続参加によって中断した連帯保証債務の時効は、旧166条1項により、中断してすぐ更に進行を始めるとする説（鵜沢・金融法務の諸問題217）と、上記判例を支持するもの（小澤ほか「主債務者が法的整理に入った場合の保証債務の消滅時効」金法996・22）とがあった。

鵜沢説の根拠は、連帯保証債務については、更生手続開始後も、債権者は従来と変わりなく履行の請求、強制執行ができるのであるから、この点において、連帯保証債務は主債務者に対する付従性の拘束から離れるというものである。

しかし、債権者は、連帯保証人に対し、更生手続に関係なく請求し得るといっても、このことと旧166条1項を結びつければ、鵜沢説のような結論になるとはいえない。なぜなら、旧166条は、消滅時効の起算点を定めただけであって、保証債務について更生手続と関係なく権利行使し得るとしても、主債務の時効中断がいつの時点まで保証債務に及ぶかの問題とは関係なく、その意味で、本問は旧166条1項ではなく、旧457条1項の問題である。

また鵜沢説は、更生手続開始によって付従性の拘束が消滅するとの考えを前提とするが、更生債権者の権利は、更生計画認可の決定があったときに計画の定めに従い変更されるのであり（会社更生法205条1項）、その更生計画は保証人に対して影響を及ぼさないとされているのであるから（会社更生法203条2

第47章　会社更生手続　　687

項）、付従性が消滅するとすれば、この更生計画認可決定の時ではなかろうか
（もっとも、付従性の消滅という議論の出し方自体が、本問に適切でないと
も思われる。）。上記最高裁判例も、更生計画によって主債務が免除されれば、
保証債務は平成14年改正前会社更生法240条2項（会社更生法203条2項）により免
除によって影響を受けないものとされる結果、以後更生手続と全く無関係な
ものとして存続することになるのであるから、この時に保証債務についての
時効中断事由がやむ、と解しているように理解される（加茂・最高裁判所判例解
説民事篇昭和53年度39事件512）。もっとも、判旨が、付従性の拘束の消滅にまで
言及しているとまでは言いきれないかもしれない。

　なお、更生計画は、民事再生法における再生計画が「認可決定確定」によ
り効力を生じるとされている（民事再生法176条）のと異なり、「認可決定の時」
から効力を生ずるから（会社更生法201条）、この時に免除による債務消滅の効
果が発生するわけであるが、判例が、連帯保証債務の時効中断効がこの決定
の時ではなく、決定確定の時まで続くとしたのは、認可決定があっても確定
まではその効力が浮動的であるから、時効中断事由終了の時期を決めるにお
いては、確定の時と解するのが相当であると考えられたためである（加茂・前
掲書519、福岡高判昭52・3・4判時866・166）。

4　改正民法下での検討

　改正民法147条1項が新たに設けた時効完成猶予の効力の終期について、同
項は、原則として「その事由が終了するまで」と規定している。ここでいう
「その事由」とは「更生手続」ではなく「更生手続参加」を指す。上記最判
昭53・11・20の趣旨を踏まえて検討すれば、更生計画認可決定確定の時と解
せられる。

345　　届出更生債権に連帯保証人がある場合に、更生計画に
おいて存続が認められ弁済期が定められたとき、更生手
続参加によって生じた保証債務の時効の完成猶予の効力
の終期はいつか。

| 結　論 | 更生手続終結の時まで保証債務についても時効の完成猶予の効力が続く。 |

1 問題の提示

更生債権に連帯保証人がある場合に、更生計画において当該債権が免除されたとき、更生手続参加によって生じた保証債務の時効完成猶予の効力がいつまで続くかについては問題〔344〕で説明した。すなわち、更生計画認可決定確定の時まで続き、この結論は民法改正前の時効中断に関し最高裁判決の示すところでもあった（最判昭53・11・20民集32・8・1551）。

ところで、主債務者に更生手続開始の決定がなされた場合の更生計画においては、免除ではなく存続を認められて弁済期が定められる場合もある。この場合に、主債務者への更生手続参加によって時効の完成が猶予された（改正民法457条1項）保証債務の時効完成猶予の効力が、いつまで続くことになるかがここでの問題である。上記最高裁判例も、この場合にまでは触れていないので、検討を要する。

2 民法改正前の学説

この問題については、民法改正以前においては次の各考え方があった。

① 主債務の更生債権届出により生じた時効中断は、保証債務および保証債務も時効中断するが、保証債務については更生手続と関係なく請求できるのであるから、保証債務はその届出の翌日から時効が進行するという考え方（鵜沢・金融法務の諸問題217）。

② 更生計画認可決定により主債務が変更されるが、この更生計画は更生会社の保証人に対して影響を及ぼさないとされているから（会社更生法203条2項）、この時点で保証債務は主債務とは切り離されたというべく、保証債務についてはこの認可決定（確定）の時まで中断効が続くという考え方。なお、名古屋高判平12・5・31判時1738・51は、更生計画認可決定確定時に、更生担保権確定訴訟が係属しており、その後に和解が成立した場合、保証債務の消滅時効は、和解成立の時から進行するとしている。

③ 更生計画で、主債務について新たな弁済期が定められた場合は、単に弁済期が延長されただけであるから、保証債務についてもその進行時期を主たる債務と同一にするのが自然であり、新たな弁済期の翌日から進行するという考え方（小澤ほか「主債務者が法的整理に入った場合の保証債務の消滅時効」金法996・23、鈴木・手形研究475・148）。

④ 更生計画で弁済期が定められた場合でも、主債務の時効中断は更生手続終結の時まで続くのであるから、改正民法457条1項により保証債務についても更生手続終結の時まで続くとする考え方。

3 付従性の切断

本問を考えるに当たって、理論的に会社更生手続において、保証債務の付従性が消滅するのはいつかという議論をまず考えてみる。この点については、従来明確に議論されていないが、更生計画認可決定があったときは、更生債権者の権利は更生計画の定めに従い変更されるのであるが（会社更生法205条1項）、この更生計画は保証人に影響を及ぼさないのであるから（会社更生法203条2項）、例えば更生計画で更生債権の一部免除、一部分割弁済と定められたとき、この一部免除によって保証債務もカットされることになるわけでなく、また分割弁済になるわけでもない。そうすると、この時点で、存続における付従性および消滅における付従性はということはなくなったと解釈できるのではなかろうか。

ただし、消滅における付従性がなくなったということについては、なるほど更生計画による主債務の免除は、保証債務も消滅させないことは明らかであるが、主債務が時効で消滅したときに、保証債務も消滅しないという意味においても付従性がなくなったといえるのかどうかはやや問題である。会社更生法203条2項が、付従性の例外を定めたものであるとするなら、あくまでその範囲は最も狭く解すべきであろう。とすると、付従性からの切り離しといっても、更生計画で定められた範囲に限られ、それ以外には及ばないと解される。このような理解を前提とすると、主債務が時効で消滅すると、保証債務も消滅するという面での付従性はあるわけであるから、主債務の存続中は、保証債務も時効で消滅しないことを立法趣旨とする改正民法457条1項を適用でき、結局主債務の時効完成猶予の効力がいつまで続くかの結論によって、本問に対する結論が異なってくるというべきである。

4 検 討

更生手続参加による時効完成猶予の効力がいつまで続くかは、問題〔341〕で検討したところであり、私は更生手続終結までと解したが、これを前提とすると、本問においても、改正民法457条1項により更生計画で弁済期が定められたとはいえ、保証債務についても更生手続終結まで時効完成猶予の効力が続くという結論が相当だということになる。もっとも、主債務につき弁済期が定められ、他方保証債務についてはいつでも請求し得るのであるから、遅らせるとしてもこの弁済期までではないかとの反論もあろうかと思われるが、権利を行使し得る時がいつかはあくまでも消滅時効の起算点の問題であって、一度生じた時効完成猶予の効力がいつまで続くかの問題とは次元が異なるのであるから、両者を混同すべきではないと考える。

690　第47章　会社更生手続

346　更生計画で免除された債権につき連帯保証人がいる場合、時効の管理においてどのような点を注意すべきか。

| 結　論 | 単独の債務として時効管理すれば足りる。 |

1　問題の提示

　会社更生法204条1項によれば、更生計画認可決定があったときは、計画の定めによって認められた権利を除いて、会社はすべての更生債権および更生担保権につきその責を免れ、株主の権利および会社の財産の上に存した担保権はすべて消滅する。ただし、更生債権に保証人がいる場合、更生計画はこの保証人に影響を及ぼさないから（会社更生法203条2項）、保証人の保証債務は消滅しない。

　そこで、更生計画において切り捨てられた債権につき、回収しようと思えば、この保証人に請求して回収する方策をとることになるが、この場合その保証債務が時効によって消滅しないように注意すべきは当然であり、保証人に対する請求あるいは保証人の承認による時効更新手続をとることが必要であることはいうまでもない。ただその際、更生計画で切り捨てられた主債務との関係で、主債務が何らかの形で残っているならば、付従性の関係からその主債務自体が時効で消滅しないよう手続をとる必要がでてくることになる。

2　更生計画による免責的効力

　そこで、更生計画において切り捨てられた債権が、実体法的に何らかの形で存在しているかが問題となる。これを法律的にみると、上記会社更生法204条で「すべての更生債権等につきその責任を免れ」とは、一体いかなる意味かを明らかにすることである。この点については、債務消滅説と責任消滅説とに学説が分かれる。

① 　債務消滅説は、債務そのものが実体的に消滅するという（山内・実務会社更生法411、吉原・金法851・3、堀内・金法353・26、鵜沢・金融法務の諸問題204、名古屋地判昭62・11・27刊行物未登載、名古屋高判昭63・5・10刊行物未登載）。

② 　これに対し責任消滅説は、免責後も債務自体は自然債務として存続し、ただ更生後の会社に対して責任を追及することができない意味だとする（松田・会社更生法〔新版〕405、小澤ほか「主債務者が法的整理に入った場合の保証債務の消滅時効」金法996・21、和歌山地判昭32・6・6判時115・16）。

3　各説の帰結

　これを本問との関係で検討すると、債務消滅説によると、保証債務のみだけが残るわけであるから、その保証債務のみの時効完成対策を考えればよく、主債務は更生計画によって完全に消滅しているわけであるから、その時効障害対策ということは全く考える必要がないということになる（鈴木・手形研究475・148）。

　これに対し、責任消滅説によると、主債務は自然債務になるとはいえ存続しているわけであるから、その時効による消滅ということがあり（もっとも、自然債務として残るとしても、時効による消滅ということはあり得ないとする考え方も当然のごとくあり得る。）、主債務についての時効完成猶予または更新手続をとる必要が出てくるが、自然債務であるので裁判上の請求や差押え等は全くできず、債務確認訴訟の提起か更生会社の承認以外にないことになる。

4　検　討

　このように時効の関係から見ると、債務消滅説の方が簡便であるが、論点はこれのみではないのでいずれとも決し難い。しかし、最判平11・11・9民集53・8・1403は、破産者たる個人が免責を受けた場合の保証債務について保証人は、免責された主債務の時効消滅を援用できないとしている。また、最判平15・3・14民集57・3・286は、破産終結により法人格が消滅した会社を主債務者とする保証人は、主債務についての消滅時効が会社の法人格消滅後に完成したことを主張してこれを援用することはできない、とも判示している。そこでは、「責任を免れる」という文言の実体的解釈を避けつつ、保証人の時効援用権の制限の問題として処理している。同様の構造を有する本問についても、同様の結論で処理してよいであろう。

索　引

694

― 判 例 年 次 索 引 ―

○本索引は、判例を年月日順に配列した。

○同日付の判例が2件以上掲載されているものについては、裁判
所・出典等により先後を決め、その余のものについては、設問番
号の若い順に掲げた。

○出典は、代表的なもの1つを掲げた。

月日	裁判所	出典等	設問番号
明 治 36 年			
2.10	東京地	新聞135・7	334
明 治 37 年			
12. 9	大審院	民録10・1578	328
明 治 38 年			
6. 6	大審院	民録11・893	317
11.25	大審院	民録11・1581	6
			10
			224
			282
明 治 41 年			
6.20	大審院	民録14・759	252
11.14	大審院	民録14・1171	252
明 治 42 年			
4.30	大審院	民録15・439	133
			197

月日	裁判所	出典等	設問番号
明 治 43 年			
1.25	大審院	民録16・22	14
			17
			18
			243
1.25	大審院	民録16・27	249
			250
12.13	大審院	民録16・937	26
明 治 44 年			
3.24	大審院	民録17・117	254
			255
3.24	大審院	民録17・159	66
5.23	大審院	民録17・320	270
大 正 2 年			
2.19	大審院	民録19・87	23
9.10	大審院	新聞2771・14	225
12.26	東京地	評論2民793	215
大 正 3 年			
3.12	大審院	民録20・152	22
			29
10.19	大審院	民録20・777	152

月 日	裁判所	出 典 等	設問番号
		大 正 4 年	
3.24	大審院	民録21・439	20
7.13	大審院	民録21・1387	262
11.19	大審院	民録21・1851	228
12.11	大審院	民録21・2051	262
		大 正 5 年	
2. 8	大審院	民録22・387	123 124
3.24	大審院	民録22・657	228
5. 5	大審院	民録22・865	96
7.12	大審院	民録22・1507	231
10.13	大審院	民録22・1886	211
12.25	大審院	民録22・2494	224
		大 正 6 年	
2.14	大審院	民録23・158	221
3. 3	大審院	民録23・597	253
8.22	大審院	民録23・1293	10 221
10.29	大審院	民録23・1620	211
11. 8	大審院	民録23・1762	59
11.14	大審院	民録23・1965	288
		大 正 7 年	
3. 2	大審院	民録24・423	304
3.15	大審院	民録24・498	33
3.25	大審院	民録24・531	267
4.13	大審院	民録24・669	288 290
10. 2	大審院	民録24・1947	284
10. 9	大審院	民録24・1886	212
11. 2	大審院	民録24・2117	215 216

月 日	裁判所	出 典 等	設問番号
		大 正 8 年	
4. 1	大審院	民録25・643	212 218
6.30	大審院	民録25・1200	158
7. 4	大審院	民録25・1215	10 16 224 243
10.13	大審院	民録25・1863	228
12. 2	大審院	民録25・2224	136 202
12.26	大審院	民録25・2429	286
		大 正 9 年	
7.16	大審院	民録26・1108	228 229 247 248
9.29	大審院	民録26・1431	189
		大 正 10 年	
1.26	大審院	民録27・108	137
2. 2	大審院	民録27・168	219 286
3. 5	大審院	民録27・493	288
3. 5	大審院	民録27・495	288
12. 9	大審院	民録27・2154	228
		大 正 11 年	
4. 1	大審院	民集1・155	293
4.14	大審院	民集1・187	106 219
9.23	大審院	判例彙報34上民64	82

判例年次索引

月日	裁判所	出典等	設問番号
大 正 12 年			
6. 2	大審院	民集2・345	232
大 正 13 年			
5.20	大審院	民集3・203	130 197
12.24	大審院	民集3・12・555	231
12.25	大審院	民集3・12・576	224
大 正 14 年			
12.19	東京控	新聞2541・9	211
大 正 15 年			
3.25	大審院	民集5・214	197 199
4. 2	東京地	新聞2563・12	218
12.25	大審院	民集5・12・897	228
昭 和 2 年			
2. 3	東京控	新聞2677・9	23
昭 和 3 年			
1. 9	大審院	民集7・1・1	319
3.24	大審院	新聞2873・13	215
6.28	大審院	民集7・8・519	156
11. 8	大審院	民集7・12・980	254 255
昭 和 4 年			
9.25	大審院	法律新報200・13	23

月日	裁判所	出典等	設問番号
昭 和 5 年			
1.29	大審院	新聞3092・15	9
2. 5	大審院	裁判例（四）民32	308
5.10	大審院	民集9・7・460	317
9.17	大審院	新聞3185・9	265
昭 和 6 年			
6. 4	大審院	民集10・7・401	224
6. 9	大審院	新聞3292・14	59
8. 7	大審院	民集10・10・763	227
9.16	大審院	民集10・10・806	252
12. 1	大審院	民集10・12・1149	319
12.19	大審院	民集10・12・1237	106
昭 和 7 年			
2. 5	大審院	民集11・1・70	284
3. 8	東京控	評論21諸法357	336
4. 8	大審院	法学1・10・106	12
4.13	大審院	新聞3400・12	17
6. 9	東京地	新聞3423・5	211
6.21	大審院	民集11・12・1186	9 262 263
10.31	大審院	民集11・20・2064	214
12. 2	大審院	新聞3499・14	6 262 263
昭 和 8 年			
1.31	大審院	民集12・2・83	287
4. 6	大審院	民集12・6・551	325
4.20	大審院	新聞3554・12	204
6.29	大審院	評論22民837	7
11.15	大審院	裁判例7民363	215

月日	裁判所	出典等	設問番号
12.28	大審院	判決全集3・11	216

昭 和 9 年

月日	裁判所	出典等	設問番号
5. 2	大審院	民集13・670	237
10. 3	大審院	新聞3757・10	6

昭 和 10 年

月日	裁判所	出典等	設問番号
2.19	大審院	民集14・137	25 26
3.18	大審院	新聞3827・15	319
8.21	朝鮮高民	評論24民1187	23
12.24	大審院	判決全集3・1・6	28

昭 和 11 年

月日	裁判所	出典等	設問番号
2.14	大審院	新聞3959・7	18 244 249
4.15	大審院	民集15・781	260 261
12.24	大審院	新聞4100・11	28

昭 和 12 年

月日	裁判所	出典等	設問番号
5.28	大審院	民集16・14・903	290
6.26	大審院	判決全集4・12・19	136 202
6.30	大審院	民集16・16・1037	16 249
6.30	大審院	民集16・19・1285	96
9.17	大審院	民集16・1435	20 55
12.17	大審院	裁判例11民311	10

昭 和 13 年

月日	裁判所	出典等	設問番号
2. 4	大審院	民集17・87	212
3.18	大審院	法学7・954	262
6.24	大審院	新聞4294・18	262
6.25	大審院	判決全集5・14・4	215 216
6.27	大審院	民集17・1324	130 144

昭 和 14 年

月日	裁判所	出典等	設問番号
3.22	大審院	民集18・4・238	106 189
8.14	大審院	評論28民867	261
9. 9	大審院	新聞4468・11	336

昭 和 15 年

月日	裁判所	出典等	設問番号
4.26	大審院	民集19・10・771	28
7.10	大審院	民集19・16・1265	232
8.12	大審院	民集19・1338	229 247
9.28	大審院	民集19・20・1744	284 285 287
11.26	大審院	民集19・22・2100	226 245

昭 和 16 年

月日	裁判所	出典等	設問番号
2.28	大審院	評論30民84	216
10.29	大審院	民集20・22・1367	122

昭 和 17 年

月日	裁判所	出典等	設問番号
1.28	大審院	民集21・2・37	189 190
7.31	大審院	民集21・15・824	217 286

判例年次索引

月 日	裁判所	出 典 等	設問番号
8. 6	大審院	民集21・15・837	290
11.19	大審院	民集21・1075	23 47

昭 和 18 年

月 日	裁判所	出 典 等	設問番号
3.16	大審院	新聞4836・12	204

昭 和 20 年

月 日	裁判所	出 典 等	設問番号
9.10	大審院	民集24・2・82	105

昭 和 28 年

月 日	裁判所	出 典 等	設問番号
10. 2	東京高	下民4・10・1397	216

昭 和 29 年

月 日	裁判所	出 典 等	設問番号
12.24	最高裁	民集8・12・2271	227 228 230

昭 和 30 年

月 日	裁判所	出 典 等	設問番号
6. 2	最高裁	民集9・7・855	231
9. 9	最高裁	民集9・10・1228	235

昭 和 31 年

月 日	裁判所	出 典 等	設問番号
2.27	最高裁	民集10・2・38	232
4.27	東京高	下民7・4・1059	231
12.28	最高裁	民集10・12・1639	232

昭 和 32 年

月 日	裁判所	出 典 等	設問番号
2.28	最高裁	民集11・2・374	127
6. 6	最高裁	民集11・7・1177	190
6. 6	和歌山地	判時115・16	346
6. 7	最高裁	民集11・6・948	126

昭 和 33 年

月 日	裁判所	出 典 等	設問番号
5.17	大阪地	金法183・2	225
8.28	最高裁	民集12・12・1936	304
8.29	広島高岡山支	判時163・13	156

昭 和 34 年

月 日	裁判所	出 典 等	設問番号
2.20	最高裁	民集13・2・209	126
2.28	東京高	金法202・6	284

昭 和 35 年

月 日	裁判所	出 典 等	設問番号
1.22	横浜地	下民11・1・80	322
5.31	熊本地	訟月7・2・427	255
9. 2	最高裁	民集14・11・2094	227 228
11. 1	最高裁	民集14・13・2781	49 288 290
12.23	最高裁	民集14・14・3166	217 286
12.27	最高裁	民集14・14・3253	328 329

昭 和 36 年

月 日	裁判所	出 典 等	設問番号
2.27	東京高	下民12・2・381	122 322
4.14	最高裁	民集15・4・765	284 285

判例年次索引

月日	裁判所	出典等	設問番号
4.28	最高裁	民集15・4・1211	302
7.10	最高裁	民集15・7・1892	317
7.20	最高裁	民集15・7・1903	304
8.31	最高裁	民集15・7・2027	220 322
11.24	最高裁	民集15・10・2536	288

昭 和 37 年

月日	裁判所	出典等	設問番号
5.18	最高裁	民集16・7・1305	227
6.6	奈良地	判タ133・90	297
8.10	最高裁	民集16・8・1720	126
10.12	最高裁	民集16・10・2130	254
10.30	最高裁	民集16・10・2170	232

昭 和 38 年

月日	裁判所	出典等	設問番号
1.18	最高裁	民集17・1・1	127 232 233
1.29	最高裁	手形研究68・18	284
1.30	最高裁	民集17・1・99	317
2.20	東京地	判時329・19	305
3.23	大阪地	判タ145・76	107
4.25	東京地	判時349・57	289
5.31	東京高	東高民報14・5・153	216
6.11	東京地	判時341・32	216
10.15	最高裁	民集17・9・1220	232
10.30	最高裁	民集17・9・1252	111 112 189 225 254
12.13	最高裁	民集17・12・1696	227
12.19	京都地	判時368・64	199

昭 和 39 年

月日	裁判所	出典等	設問番号
2.20	最高裁	判タ160・72	283

月日	裁判所	出典等	設問番号
3.30	東京高	判タ162・174	225 226
9.28	東京地	判時395・115	263
10.20	最高裁	民集18・8・1740	227
11.24	最高裁	民集18・9・1952	317
12.17	大阪地 岸和田支	判時401・55	137

昭 和 40 年

月日	裁判所	出典等	設問番号
4.6	東京高	判時411・66	249
7.9	大阪地	判タ181・166	216
11.29	東京高	判時439・110	216

昭 和 41 年

月日	裁判所	出典等	設問番号
3.11	最高裁	金判1・9	218
4.15	最高裁	民集20・4・676	227
4.20	最高裁	民集20・4・702	6 7 8 9 11
6.17	東京高	金法449・8	23 47
9.22	最高裁	民集20・7・1367	135
9.30	最高裁	民集20・7・1532	227 228
10.27	東京高	判時469・41	216
12.20	最高裁	民集20・10・2139	260 261

昭 和 42 年

月日	裁判所	出典等	設問番号
2.23	東京高	金法471・28	271
3.14	東京地	判タ208・180	107 263 267
6.20	最高裁	判時492・49	227 228

判例年次索引

月日	裁判所	出典等	設問番号
6.23	最高裁	民集21・6・1492	24 29 318
7.20	最高裁	民集21・6・1601	288
7.21	最高裁	判時496・30	228
7.21	最高裁	民集21・6・1643	229 247
8.3	大阪高	判時500・31	150
10.6	最高裁	民集21・8・2051	275
10.27	最高裁	民集21・8・2110	9 17 18 224 235 238 243 249 250
11.17	最高裁	判時509・29	137
11.30	最高裁	裁判集民89・279	33 40

昭 和 43 年

月日	裁判所	出典等	設問番号
2.9	最高裁	民集22・2・122	156
2.22	最高裁	民集22・2・270	232
3.1	最高裁	民集22・3・491	228
3.25	東京地	判時540・45	302
3.29	最高裁	民集22・3・725	197
7.9	最高裁	判時530・34	54
8.19	東京地	判時548・77	155
9.26	最高裁	民集22・9・2002	9 16 18 224 243 244 249 250
10.8	最高裁	民集22・10・2145	240 303 305
10.17	最高裁	判時540・34	104 105 107 343
11.13	最高裁	民集22・12・2510	189
11.15	最高裁	民集22・12・2649	270
11.29	東京高	金法539・22	272
12.17	最高裁	判時544・36	227
12.24	最高裁	裁判集民93・907	111 112
12.24	最高裁	民集22・13・3366	229 247

昭 和 44 年

月日	裁判所	出典等	設問番号
1.20	東京地	判時555・58	23
3.20	最高裁	判時557・237	218 263 271
4.15	東京地	判時566・66	308
7.8	最高裁	民集23・8・1374	240 303 305
7.15	最高裁	民集23・8・1520	16
9.12	大阪高	判時582・76	229
10.7	最高裁	民集23・10・1753	62
10.30	高松高	判時593・52	320
10.31	最高裁	民集23・10・1932	235 238
11.27	最高裁	民集23・11・2251	189 225 241 242 254
12.11	最高裁	判時583・50	229
12.18	最高裁	判時586・55	189
12.18	最高裁	民集23・12・2467	227 229 239

昭 和 45 年

月日	裁判所	出典等	設問番号
1.23	最高裁	判時588・71	250
2.25	大阪高	判夕246・213	320
3.19	大阪地	判時596・76	156

月日	裁判所	出典等	設問番号
4. 2	東京高	判時607・44	259
4.14	東京高	訟月16・6・562	253
5.19	最高裁	判時596・39	227 228
5.21	最高裁	民集24・5・393	7
6.18	最高裁	判時600・83	227 239
7.15	最高裁	民集24・7・771	20 273
7.24	最高裁	民集24・7・1177	126
9.10	最高裁	民集24・10・1389	110 111 112 116 121 328 329 333
10.30	大阪地	判時621・64	305
12.15	最高裁	民集24・13・2051	240 303

昭 和 46 年

月日	裁判所	出典等	設問番号
3. 9	最高裁	判時629・58	228
3.15	大津地	判時631・87	122
3.25	東京地	金判272・18	253
4.27	東京高	判時631・59	305
7.23	最高裁	判時641・62	104
7.23	最高裁	民集25・5・805	33
9. 3	最高裁	金法628・37	253
11. 5	最高裁	民集25・8・1087	229
11.19	最高裁	民集25・8・1331	62
11.22	広島高松江支	判時656・65	11
11.25	最高裁	判時654・51	229 230
11.25	最高裁	判時655・26	227 228
11.27	東京地	判時673・53	320
11.30	最高裁	民集25・8・1437	227

昭 和 47 年

月日	裁判所	出典等	設問番号
2.28	東京高	判時662・47	16
2.29	東京地	判時676・44	308
3.22	東京高	判タ278・305	248
4.13	最高裁	判時669・63	251 253
7.31	東京高	判時679・18	235
9. 8	最高裁	民集26・7・1348	227 239
10.31	名古屋高	判時698・66	238

昭 和 48 年

月日	裁判所	出典等	設問番号
1.26	最高裁	判時696・190	227
2.16	最高裁	民集27・1・149	189 190
2.27	東京高	判時697・46	239
3.14	東京高	判タ297・233	150
3.20	東京地	金法693・31	205
4.13	最高裁	裁判集民109・93	297
5.29	東京地	交民6・3・936	43
10. 5	最高裁	判時726・92	67
10.18	東京地	判時732・70	155
10.30	最高裁	民集27・9・1258	111 112
11.16	最高裁	民集27・10・137	40
12.14	最高裁	民集27・11・1586	17 18 226 243 245 249 250

昭 和 49 年

月日	裁判所	出典等	設問番号
3. 5	東京地	判時749・75	303
4.19	名古屋地	判時755・94	11
6.17	大阪地	判時757・94	225 241

判例年次索引　　　　　　　　　　　703

月日	裁判所	出典等	設問番号
8.27	広島地	ジュリ580・3	239
10.3	大阪高	刊行物未登載	235
10.21	東京高	判時764・34	228
12.17	最高裁	民集28・10・2059	95

昭 和 50 年

月日	裁判所	出典等	設問番号
1.29	大阪地	判タ323・204	241 242
2.25	最高裁	民集29・2・143	51
3.19	大阪高	判時788・55	320
4.11	最高裁	民集29・4・417	227 235 236 238 239
4.22	最高裁	民集29・4・433	227 228
7.15	東京高	判時791・79	11
9.19	東京地	判時808・71	305
9.25	最高裁	民集29・8・1287	284
9.25	最高裁	民集29・8・1320	238 239 240 303
9.30	東京地	判時807・43	303
11.21	最高裁	民集29・10・1537	138 139 140 152 280
11.28	最高裁	民集29・10・1797	112

昭 和 51 年

月日	裁判所	出典等	設問番号
2.24	東京高	判時814・117	253
3.4	最高裁	民集30・2・48	308
3.13	東京高	判時816・55	137
5.13	福岡地	判タ357・298	155
5.25	最高裁	民集30・4・554	11 235 239

月日	裁判所	出典等	設問番号
6.17	最高裁	民集30・6・592	284
6.29	東京高	判時831・44	137
8.30	東京高	判タ344・201	23 47
10.28	名古屋高	判時848・82	320
12.2	最高裁	民集30・11・1021	227
12.24	最高裁	民集30・11・1104	227

昭 和 52 年

月日	裁判所	出典等	設問番号
2.28	札幌高	判時872・90	229 230 239
3.3	最高裁	民集31・2・157	238 239 240 303
3.4	福岡高	判時866・166	344
3.9	大阪高	判時857・86	155
3.31	最高裁	判時855・57	227 228
5.16	高松高	判時866・144	240
5.24	東京高	判タ359・215	214
7.19	東京高	判時871・42	227
7.27	東京高	判時868・36	320
9.14	福岡高那覇支	判時908・59	229 230 231
9.29	最高裁	判時866・127	303
10.24	最高裁	金判536・28	303

昭 和 53 年

月日	裁判所	出典等	設問番号
1.23	最高裁	民集32・1・1	6 105 281 321 324
3.6	最高裁	民集32・2・135	228
3.30	新潟地高田支	訟月24・5・934	297

月 日	裁判所	出 典 等	設問番号
6.12	名古屋高	判時913・92	229 231
6.26	東京高	判時901・75	305
10.26	大阪高	判時920・133	308
11.20	最高裁	民集32・8・1551	343 344 345
11.30	東京地	判時935・72	305
12.14	最高裁	民集32・9・1658	303

昭 和 54 年

月 日	裁判所	出 典 等	設問番号
3.15	横浜地	判時946・96	137
3.20	最高裁	判時927・184	306
4.17	最高裁	判時929・67	227
7.23	大阪地	判タ398・140	238 239
7.31	最高裁	判時942・39	227
9. 4	水戸地	判タ403・151	11
9. 5	大阪高	判時953・118	325
9.26	東京高	判時946・51	11
11.16	大阪高	判時962・75	286

昭 和 55 年

月 日	裁判所	出 典 等	設問番号
1.24	最高裁	判時955・52	66
2.29	最高裁	民集34・2・197	235 236
4.10	大阪高	ジュリ726・6	243
7.22	名古屋地	判時1000・112	305
11.21	大阪高	金法974・45	241

昭 和 56 年

月 日	裁判所	出 典 等	設問番号
1.27	最高裁	判時1000・83	227 238 239
1.30	大阪高	判時1005・120	287
3. 6	京都地	訟月27・9・1600	250

月 日	裁判所	出 典 等	設問番号
5.12	東京高	判時1007・54	112
5.20	長野地	判時1040・84	235
6.16	最高裁	民集35・4・763	288 301 302
9.11	仙台高	判タ462・116	11
9.28	東京地	判時1040・70	137
10. 1	最高裁	判時1021・103	235

昭 和 57 年

月 日	裁判所	出 典 等	設問番号
1.29	最高裁	民集36・1・105	332
2. 3	東京地	判タ474・165	305
3. 4	最高裁	民集36・3・241	288
7.15	最高裁	民集36・6・1113	11
8.25	名古屋地	昭56（ワ）1410	277
10.19	最高裁	判時1059・64	59
11.30	浦和地	判タ491・79	286
12. 2	最高裁	判時1065・139	232 233
12.27	東京地	判時1079・61	11

昭 和 58 年

月 日	裁判所	出 典 等	設問番号
1.26	大阪高	判時1076・68	305
1.27	東京高	判時1079・45	225
2.28	東京高	判時1073・73	11
3.24	最高裁	民集37・2・131	227
5.19	浦和地川越支	判時1083・120	235
10. 7	名古屋高	判タ521・201	275
10.18	最高裁	民集37・8・1121	232 234
10.25	東京高	判タ519・255	11
12.28	仙台地	判時1113・33	11

昭 和 59 年

月 日	裁判所	出 典 等	設問番号
2.16	最高裁	判時1109・90	232

月日	裁判所	出典 等	設問番号
3. 9	最高裁	判時1114・42	148 149
4.10	最高裁	民集38・6・557	51
4.24	最高裁	民集38・6・687	130 144 197
5.25	最高裁	民集38・7・764	228 238 239 240 303
5.29	最高裁	民集38・7・885	279 280 281
7.30	東京高	判時1124・189	11
10.26	福岡高宮崎支	判タ545・152	252
11.27	東京地	判時1166・106	11 302
11.28	東京地	判タ553・195	218 219

昭 和 60 年

月日	裁判所	出典 等	設問番号
1.22	最高裁	判時1148・111	279 281
2.12	最高裁	民集39・1・89	277 278
2.15	東京地	判時1189・62	308
2.27	東京高	判タ554・169	297
3.19	東京高	判タ556・139	11 235
3.28	最高裁	判時1168・56	227
5. 8	横浜地	判時1178・146	325
7.29	福岡地	判時1166・162	270
11.26	最高裁	民集39・7・1701	17 18 226

昭 和 61 年

月日	裁判所	出典 等	設問番号
2.20	最高裁	民集40・1・43	279 280 281

月日	裁判所	出典 等	設問番号
3.17	最高裁	民集40・2・420	4 6 10 12 224 235 282 284
3.19	名古屋高	判時1225・68	235
5.26	東京地	判時1234・94	155
6.23	東京高	判時1199・70	235
9.12	名古屋地豊橋支	昭61（ワ）87	279
10.29	名古屋高	判時1225・68	11 235

昭 和 62 年

月日	裁判所	出典 等	設問番号
3.26	東京地	金判775・38	24
4.30	東京地	判時1266・31	11
6. 5	最高裁	判時1260・7	303
6.24	横浜地	判時1268・104	228
9. 3	最高裁	判時1316・91	9
10. 8	最高裁	民集41・7・1445	288 302 305
10.16	最高裁	民集41・7・1497	320 321 323
11.26	東京高	判時1259・61	253
11.27	名古屋地	刊行物未登載	346
12.10	福岡高	判時1278・88	137
12.22	東京地	判時1287・92	6

昭 和 63 年

月日	裁判所	出典 等	設問番号
5.10	名古屋高	刊行物未登載	346
7.15	最高裁	裁判集民154・333	137
10.18	最高裁	民集42・8・575	67
10.20	東京高	判時1295・62	253
12. 6	最高裁	裁判集民155・187	238

月 日	裁判所	出 典 等	設問番号

平 成 元 年

月 日	裁判所	出 典 等	設問番号
3.16	大阪地	金法1221・34	253
3.28	最高裁	判時1393・91	232
6.30	東京地	判時1343・49	16
8.29	東京地	判時1348・87	218
10.13	最高裁	民集43・9・985	141
12.21	最高裁	民集43・12・2209	97 99

平 成 2 年

月 日	裁判所	出 典 等	設問番号
2. 6	東京地	判時1367・38	308
2.22	広島高	判時1356・95	18
3.20	最高裁	判時1345・68	335
3.28	東京地	判時1374・58	142 269
6. 1	最高裁	判時1387・8	252
6. 5	最高裁	民集44・4・599	18 19 237
8.23	東京地	判時1386・116	269
8.30	東京地	判タ756・223	269
9.27	大阪高	判タ743・171	253
10.22	東京地	判タ756・223	269
10.25	東京地	金法1294・26	269
10.31	名古屋地	判タ759・233	305
12. 4	東京地	判時1386・116	269

平 成 3 年

月 日	裁判所	出 典 等	設問番号
1.21	横浜地	判タ760・231	24
4.22	東京地	判時1405・57	271
7.11	東京高	判時1401・62	11 235
11. 7	札幌地	判時1420・112	7
11.28	東京地	判タ791・246	11
12.20	東京地	判タ783・138	269

平 成 4 年

月 日	裁判所	出 典 等	設問番号
1.29	東京高	判タ792・166	141 269
2.17	東京高	判タ786・186	269
3.19	最高裁	民集46・3・222	17 18 19
4.21	東京地	金法1378・141	155
7.21	名古屋地	刊行物未登載	279
7.30	東京地	判時1477・65	11
9.14	名古屋地	金判915・19	279
9.30	東京高	判時1436・32	235
10.20	最高裁	民集46・7・1129	293 311
10.28	東京高	判時1441・79	148 200

平 成 5 年

月 日	裁判所	出 典 等	設問番号
3.25	岡山地	判時1499・107	105 107 141 205 270
3.26	最高裁	民集47・4・3201	122
4.22	最高裁	裁判集民169・25	152 272
5.21	東京地	判タ859・195	155
7.19	高松高	判時1484・80	139
10. 4	大阪高	判タ832・215	263
11.15	東京高	判時1481・139	105
12.21	東京地	判時1507・144	11 235

平 成 6 年

月 日	裁判所	出 典 等	設問番号
2.22	最高裁	民集48・2・441	51
3.30	東京高	判時1498・83	149
6.21	最高裁	民集48・4・1101	147 148

判例年次索引 707

月日	裁判所	出典等	設問番号
7. 7	大阪高	金法1418・64	11
9. 8	最高裁	判時1511・66	235
9.13	最高裁	判時1513・99	227

平 成 7 年

月日	裁判所	出典等	設問番号
2.28	大阪高	金法1419・37	148
3. 7	最高裁	民集49・3・919	234
3.10	最高裁	判時1525・59	223
3.23	最高裁	民集49・3・984	279 281 321 336
5.31	東京高	判タ895・134	269
5.31	東京高	判タ896・148	39
7. 5	大阪高	判時1563・118	7
7.10	水戸地	金法1447・55	200
7.18	最高裁	裁判集民176・491	232 234
7.26	東京地	金判1011・38	7 8
9. 5	最高裁	民集49・8・2784	140 155
9. 8	最高裁	金法1441・29	263
9.26	横浜地小田原支	金法1450・95	253
10.26	東京地	判時1549・125	68
12.15	最高裁	民集49・10・3088	227
12.21	東京高	判時1559・49	11 199
12.26	福岡高	判時1568・63	189

平 成 8 年

月日	裁判所	出典等	設問番号
3. 5	最高裁	民集50・3・383	20
3.28	最高裁	民集50・4・1172	205
4.23	東京高	判時1567・100	214 286
4.26	大阪高	判タ931・260	50
7. 1	東京地	判時1598・122	11
7.12	最高裁	民集50・7・1901	139

月日	裁判所	出典等	設問番号
8. 5	東京地	金法1481・61	105
9.27	最高裁	民集50・8・2395	132 269
9.30	札幌高	刊行物未登載	155
11.12	最高裁	民集50・10・2591	227
12.17	高松高	平8（ネ）354	211

平 成 9 年

月日	裁判所	出典等	設問番号
2.14	最高裁	民集51・2・337	306
3.24	東京地	判タ959・186	235
5.27	最高裁	金法1487・49	211
7.15	最高裁	民集51・6・2581	306
7.16	大阪高	判時1627・108	11 235
12.18	最高裁	税務訴訟資料229・1047	266

平 成 10 年

月日	裁判所	出典等	設問番号
4.24	最高裁	判時1661・66	49 53
5.18	東京地	金判1055・51	28
6. 8	東京地	金法1531・67	112
6.11	最高裁	判時1644・116	155
6.12	最高裁	民集52・4・1087	42
6.22	最高裁	民集52・4・1195	14 254 255
10. 2	東京地	金法1561・79	104
11.24	最高裁	民集52・8・1737	148 149 150
12.17	最高裁	判時1664・59	111 112
12.22	札幌簡	判タ1040・211	8
12.25	東京地	判時1689・92	11

平 成 11 年

月日	裁判所	出典等	設問番号
3.19	東京簡	判タ1045・169	7 8

月日	裁判所	出典　等	設問番号
3.30	大阪地	判タ1027・165	50
4.27	最高裁	民集53・4・840	136
			202
			203
5.25	東京高	金判1078・33	262
6.24	最高裁	民集53・5・918	229
7.15	大阪高	金法1564・71	150
10.21	最高裁	民集53・7・1190	14
			16
			19
			243
			244
11.9	最高裁	民集53・8・1403	346
11.17	東京高	判タ1061・219	235
11.24	最高裁	民集53・8・1899	248
11.25	最高裁	判時1696・108	189

平　成　12　年

月日	裁判所	出典　等	設問番号
4.26	大阪高	判タ1051・316	23
5.31	名古屋高	判時1738・51	344
			345
7.7	最高裁	民集54・6・1767	68
12.19	最高裁	金法1609・53	235
			238

平　成　13　年

月日	裁判所	出典　等	設問番号
2.22	最高裁	判時1745・85	292
			310
3.13	福岡地	判タ1129・148	8
6.8	東京地	金法1618・82	226
10.26	最高裁	民集55・6・1001	238
			239
11.27	最高裁	民集55・6・1311	294
11.27	最高裁	民集55・6・1334	273

平　成　14　年

月日	裁判所	出典　等	設問番号
1.29	最高裁	民集56・1・218	2
			40

月日	裁判所	出典　等	設問番号
1.31	熊本地	刊行物未登載	105
6.7	最高裁	判時1795・108	150
9.9	福岡地	判タ1152・229	8
9.24	最高裁	判時1801・77	306
10.25	最高裁	民集56・8・1942	140

平　成　15　年

月日	裁判所	出典　等	設問番号
3.14	最高裁	民集57・3・286	338
			346
5.22	大阪高	判タ1151・303	227
10.31	最高裁	判時1846・7	229
			247
12.11	最高裁	民集57・11・2196	57
12.16	東京地	金判1183・36	137

平　成　16　年

月日	裁判所	出典　等	設問番号
4.23	最高裁	民集58・4・959	81
			83
4.27	最高裁	民集58・4・1032	20
			38
			51
			98
6.23	東京高	金判1195・6	137
7.13	最高裁	判時1871・76	240
			303
9.28	東京地	金法1763・48	235

平　成　17　年

月日	裁判所	出典　等	設問番号
1.28	大阪高	平16（ネ）2216	11
3.10	最高裁	民集59・2・356	248
3.25	大阪簡	刊行物未登載	8
4.27	東京地	金判1228・45	28
9.15	東京地	判時1906・10	39

平　成　18　年

月日	裁判所	出典　等	設問番号
6.16	最高裁	民集60・5・1997	98

月 日	裁判所	出 典 等	設問番号
11.14	最高裁	民集60・9・3402	279 280

平 成 19 年

月 日	裁判所	出 典 等	設問番号
1.22	東京地	平18（ワ）16764	179
2. 6	最高裁	民集61・1・122	11
4.16	東京地	平18（ワ）27272	277
4.24	最高裁	民集61・3・1073	22 24 25 27 48
6. 5	東京地	平18（ワ）21350	200
6. 7	最高裁	判時1979・56	27
6.15	東京地	平18（ワ）4213	289
6.26	東京地	平18（ワ）24048	23
6.27	東京地	平19（ワ）5393	216
8.20	東京地	平18（ワ）23223	228
8.22	京都地	判タ1280・223	297
9.18	前橋地	判タ1286・160	237
11.30	大阪地	平19（行ウ）57	58
12. 5	東京高	判時1989・21	277 278

平 成 20 年

月 日	裁判所	出 典 等	設問番号
1.22	東京地	平19（ワ）27894	200
1.28	最高裁	民集62・1・128	68
3.28	福岡地小倉支	判時2012・95	333
5.26	千葉地	金法1849・61	83
8.29	大阪高	判時2028・38	297
9. 5	名古屋地	判時2044・106	11

平 成 21 年

月 日	裁判所	出 典 等	設問番号
1.22	最高裁	民集63・1・247	22 24 55 56

月 日	裁判所	出 典 等	設問番号
3.24	東京地	平19（ワ）13257	216
3.27	津 地	証券取引被害判例セレクト33・83	50
5.14	東京高	判タ1305・161	16
12.16	東京地立川支	労働判例1034・17	189

平 成 22 年

月 日	裁判所	出 典 等	設問番号
1.29	大阪地	判時2094・80	286
10.25	東京地	平22（レ）1054	154
11.10	東京地	平21（ワ）34935	154
11.29	東京地	平19（ワ）34597	300

平 成 23 年

月 日	裁判所	出 典 等	設問番号
1.21	最高裁	判時2105・9	303 304
4.22	最高裁	裁判集民236・443	40
4.28	横浜地	労働経済判例速報2111・3	51
6. 9	広島高	平23（ネ）34	154
7.20	福岡高宮崎支	判タ1369・200	227

平 成 24 年

月 日	裁判所	出 典 等	設問番号
3.16	最高裁	民集66・5・2321	247 248
5. 9	東京地	判時2158・80	49
6.28	東京地	平22（ワ）29028	127
8. 9	東京地	平22（ワ）39714・平23（ワ）25479	217 286
8.24	名古屋地	先物取引裁判例集68・83	50
9.26	東京高	判時2171・46	154
10.15	宇都宮簡	金法1968・122	8

月 日	裁判所	出 典 等	設問番号
平 成 25 年			
1.11	広島地	刊行物未登載	50
2.27	名古屋高	先物取引裁判例集68・104	50
2.28	最高裁	民集67・2・343	282
3.19	東京高	金判1447・26	42
3.29	札幌地	労働判例1083・61	51
4.10	東京高	刊行物未登載	50
4.16	釧路地	判時2197・110	91
4.18	東京高	金判1425・33	137
6.6	最高裁	民集67・5・1208	111 112 115 118 126 151 158 160 189
7.19	東京地	平24（ワ）27797	46
9.13	最高裁	民集67・6・1356	218 266
9.17	東京地	平24（ワ）20465	235
9.27	東京高	判タ1393・170	297
11.12	大阪高	判時2217・41	227
11.26	東京地	判時2221・62	49
11.28	東京高	金法1996・114	154
平 成 26 年			
1.30	最高裁	判時2213・123	68
3.13	大阪地	刊行物未登載	8
3.14	最高裁	民集68・3・229	42 178
4.14	横浜地	交民47・2・520	286
5.21	東京地	平23（ワ）26845	216
7.28	東京地	判タ1415・277	104 343
9.5	最高裁	判時2240・60	81
9.25	札幌高	判時2245・31	91

月 日	裁判所	出 典 等	設問番号
平 成 27 年			
2.17	最高裁	民集69・1・1	278
3.6	大阪高	刊行物未登載	8
6.24	大阪地	判時2284・94	218
7.8	最高裁	家判4・66	91
7.16	東京地	判時2283・51	11
11.19	最高裁	民集69・7・1988	276
平 成 28 年			
3.31	最高裁	民集70・3・969	274
6.6	浜松簡	金法2055・91	8
7.29	東京地	金法2068・72	215
12.19	最高裁	民集70・8・2121	25 48
12.27	東京地	金法2072・101	201
平 成 29 年			
3.13	最高裁	判時2340・68	189 267

≪著者略歴≫

酒井　廣幸（さかい　ひろゆき）

昭和25年名古屋市に生まれる。名古屋地方裁判所を経て、昭和55年名古屋弁護士会に弁護士登録。弁護士。
愛知大学法科大学院教授、家裁調停委員などを歴任。

≪主な著書≫

時効の管理〔新版〕（平成19年・新日本法規）
続　時効の管理〔新版〕（平成22年・新日本法規）
損害賠償請求における　不法行為の時効（平成25年・新日本法規）

≪事務所≫

名古屋市東区白壁１丁目45番地　白壁ビル701
酒井・柴田法律総合事務所
（TEL　052－961－0504）

〔民法改正対応版〕
時効の管理

平成30年6月12日　初版一刷発行
四刷発行

著　者　酒　井　廣　幸
発行者　新日本法規出版株式会社
代表者　星　　謙一郎

発行所　新日本法規出版株式会社

本　社 総轄本部	(460-8455)	名古屋市中区栄１－23－20 電話　代表　052(211)1525
東京本社	(162-8407)	東京都新宿区市谷砂土原町２－6 電話　代表　03(3269)2220
支　社		札幌・仙台・東京・関東・名古屋・大阪・広島 高松・福岡
ホームページ		https://www.sn-hoki.co.jp/

※本書の無断転載・複製は、著作権法上の例外を除き禁じられています。
※落丁・乱丁本はお取替えします。
5100017　改正時効

ISBN978-4-7882-8431-9
©酒井廣幸 2018 Printed in Japan